2021 年

江苏省高等学校 社科统计资料汇编

《江苏省高等学校社科统计资料汇编》课题组　编著

东南大学出版社
SOUTHEAST UNIVERSITY PRESS
·南京·

图书在版编目(CIP)数据

2021年江苏省高等学校社科统计资料汇编／《江苏省高等学校社科统计资料汇编》课题组编著．— 南京：东南大学出版社，2022.11
 ISBN 978-7-5766-0275-3

Ⅰ.①2…　Ⅱ.①江…　Ⅲ.①高等学校—社会科学—统计资料汇总—江苏—2021　Ⅳ.①G644-66

中国版本图书馆CIP数据核字(2022)第190128号

责任编辑：叶　娟　　责任校对：张万莹　　封面设计：毕　真　　责任印制：周荣虎

2021年江苏省高等学校社科统计资料汇编
2021 Nian Jiangsu Sheng Gaodeng Xuexiao Sheke Tongji Ziliao Huibian

编　　著	《江苏省高等学校社科统计资料汇编》课题组
出版发行	东南大学出版社
社　　址	南京市四牌楼2号(邮编：210096　电话：025-83793330)
经　　销	全国各地新华书店
印　　刷	江苏凤凰数码印务有限公司
开　　本	787mm×1092mm　1/16
印　　张	37.5
字　　数	912千字
版　　次	2022年11月第1版
印　　次	2022年11月第1次印刷
书　　号	ISBN 978-7-5766-0275-3
定　　价	120.00元

本社图书若有印装质量问题，请直接与营销部联系，电话：025-83791830。

编委会名单

胡汉辉　王贤梅　张淼　张向阳
宋　瑜　戚啸艳　赵澎　谢呈阳
何玉梅　顾永红　杨洋　孙雨亭

2021年社科统计审核专家组名单
（以姓氏笔画排序）

毛　竹　南京农业大学
史华伟　江南大学
卢晶晶　河海大学
石　霏　南京财经大学
朱　茜　江苏大学
许　悦　江苏理工学院
问筱平　扬州大学
李　伟　南京信息工程大学
张美书　江苏科技大学
李建梅　东南大学
李笑荸　南京邮电大学
周　宏　淮阴师范学院
周　玲　南京审计大学
赵　澎　南京大学
郭才正　苏州大学
黄　璜　南京信息职业技术学院

Contents 目录

一	编写说明	001
二	参与统计的高校名单	002

   1. 参与统计的公办本科高校名单 ········ 002
   2. 参与统计的公办专科高校名单 ········ 004
   3. 参与统计的民办及中外合作办学高校名单 ········ 006

三	社科研究与发展概况	008

   1. 江苏省十三市高等学校人文、社会科学活动人员情况表 ········ 008
   2. 江苏省十三市高等学校人文、社会科学研究与发展经费情况表 ········ 009
   3. 江苏省十三市高等学校人文、社会科学研究与课题来源情况表 ········ 010
   4. 江苏省十三市高等学校人文、社会科学研究与发展课题成果表 ········ 011
   5. 江苏省十三市高等学校人文、社会科学学术交流情况表 ········ 012

四	社科人力	013

   1. 全省高等学校人文、社会科学活动人员情况表 ········ 013
   2. 公办本科高等学校人文、社会科学活动人员情况表 ········ 014
      2.1 管理学人文、社会科学活动人员情况表 ········ 015
      2.2 马克思主义人文、社会科学活动人员情况表 ········ 017
      2.3 哲学人文、社会科学活动人员情况表 ········ 019
      2.4 逻辑学人文、社会科学活动人员情况表 ········ 021
      2.5 宗教学人文、社会科学活动人员情况表 ········ 022
      2.6 语言学人文、社会科学活动人员情况表 ········ 023
      2.7 中国文学人文、社会科学活动人员情况表 ········ 025
      2.8 外国文学人文、社会科学活动人员情况表 ········ 027
      2.9 艺术学人文、社会科学活动人员情况表 ········ 029
      2.10 历史学人文、社会科学活动人员情况表 ········ 031
      2.11 考古学人文、社会科学活动人员情况表 ········ 033
      2.12 经济学人文、社会科学活动人员情况表 ········ 034

- 2.13 政治学人文、社会科学活动人员情况表 ……………………………………… 036
- 2.14 法学人文、社会科学活动人员情况表 ………………………………………… 038
- 2.15 社会学人文、社会科学活动人员情况表 ……………………………………… 040
- 2.16 民族学与文化学人文、社会科学活动人员情况表 …………………………… 042
- 2.17 新闻学与传播学人文、社会科学活动人员情况表 …………………………… 043
- 2.18 图书馆、情报与文献学人文、社会科学活动人员情况表 …………………… 045
- 2.19 教育学人文、社会科学活动人员情况表 ……………………………………… 047
- 2.20 统计学人文、社会科学活动人员情况表 ……………………………………… 049
- 2.21 心理学人文、社会科学活动人员情况表 ……………………………………… 051
- 2.22 体育科学人文、社会科学活动人员情况表 …………………………………… 053
- 2.23 其他学科人文、社会科学活动人员情况表 …………………………………… 055

3. 公办专科高等学校人文、社会科学活动人员情况表 …………………………… 056
   - 3.1 管理学人文、社会科学活动人员情况表 ……………………………………… 057
   - 3.2 马克思主义人文、社会科学活动人员情况表 ………………………………… 060
   - 3.3 哲学人文、社会科学活动人员情况表 ………………………………………… 063
   - 3.4 逻辑学人文、社会科学活动人员情况表 ……………………………………… 065
   - 3.5 宗教学人文、社会科学活动人员情况表 ……………………………………… 065
   - 3.6 语言学人文、社会科学活动人员情况表 ……………………………………… 066
   - 3.7 中国文学人文、社会科学活动人员情况表 …………………………………… 069
   - 3.8 外国文学人文、社会科学活动人员情况表 …………………………………… 072
   - 3.9 艺术学人文、社会科学活动人员情况表 ……………………………………… 074
   - 3.10 历史学人文、社会科学活动人员情况表 ……………………………………… 077
   - 3.11 考古学人文、社会科学活动人员情况表 ……………………………………… 079
   - 3.12 经济学人文、社会科学活动人员情况表 ……………………………………… 079
   - 3.13 政治学人文、社会科学活动人员情况表 ……………………………………… 082
   - 3.14 法学人文、社会科学活动人员情况表 ………………………………………… 084
   - 3.15 社会学人文、社会科学活动人员情况表 ……………………………………… 087
   - 3.16 民族学与文化学人文、社会科学活动人员情况表 …………………………… 090
   - 3.17 新闻学与传播学人文、社会科学活动人员情况表 …………………………… 091
   - 3.18 图书馆、情报与文献学人文、社会科学活动人员情况表 …………………… 093
   - 3.19 教育学人文、社会科学活动人员情况表 ……………………………………… 096
   - 3.20 统计学人文、社会科学活动人员情况表 ……………………………………… 099
   - 3.21 心理学人文、社会科学活动人员情况表 ……………………………………… 101
   - 3.22 体育科学人文、社会科学活动人员情况表 …………………………………… 104
   - 3.23 其他学科人文、社会科学活动人员情况表 …………………………………… 106

4. 民办及中外合作办学高等学校人文、社会科学活动人员情况表 ……………… 107
   - 4.1 管理学人文、社会科学活动人员情况表 ……………………………………… 108

4.2	马克思主义人文、社会科学活动人员情况表	110
4.3	哲学人文、社会科学活动人员情况表	112
4.4	逻辑学人文、社会科学活动人员情况表	113
4.5	宗教学人文、社会科学活动人员情况表	113
4.6	语言学人文、社会科学活动人员情况表	114
4.7	中国文学人文、社会科学活动人员情况表	116
4.8	外国文学人文、社会科学活动人员情况表	118
4.9	艺术学人文、社会科学活动人员情况表	120
4.10	历史学人文、社会科学活动人员情况表	122
4.11	考古学人文、社会科学活动人员情况表	123
4.12	经济学人文、社会科学活动人员情况表	123
4.13	政治学人文、社会科学活动人员情况表	126
4.14	法学人文、社会科学活动人员情况表	127
4.15	社会学人文、社会科学活动人员情况表	129
4.16	民族学与文化学人文、社会科学活动人员情况表	130
4.17	新闻学与传播学人文、社会科学活动人员情况表	130
4.18	图书馆、情报与文献学人文、社会科学活动人员情况表	132
4.19	教育学人文、社会科学活动人员情况表	134
4.20	统计学人文、社会科学活动人员情况表	136
4.21	心理学人文、社会科学活动人员情况表	137
4.22	体育科学人文、社会科学活动人员情况表	138
4.23	其他学科人文、社会科学活动人员情况表	140

五　社科研究与发展经费　　141

1. 全省高等学校人文、社会科学研究与发展经费情况表　　141
2. 公办本科高等学校人文、社会科学研究与发展经费情况表　　142
3. 公办专科高等学校人文、社会科学研究与发展经费情况表　　146
4. 民办及中外合作办学高等学校人文、社会科学研究与发展经费情况表　　153

六　社科研究与发展机构　　159

全省高等学校人文、社会科学研究机构一览表　　159

七　社科研究、课题与成果　　203

1. 全省高等学校人文、社会科学研究与课题成果情况表　　203
2. 公办本科高等学校人文、社会科学研究与课题成果情况表　　205
   - 2.1　管理学人文、社会科学研究与课题成果情况表　　206
   - 2.2　马克思主义人文、社会科学研究与课题成果情况表　　208

    2.3　哲学人文、社会科学研究与课题成果情况表 …………………………………… 210
    2.4　逻辑学人文、社会科学研究与课题成果情况表 ………………………………… 212
    2.5　宗教学人文、社会科学研究与课题成果情况表 ………………………………… 213
    2.6　语言学人文、社会科学研究与课题成果情况表 ………………………………… 214
    2.7　中国文学人文、社会科学研究与课题成果情况表 ……………………………… 216
    2.8　外国文学人文、社会科学研究与课题成果情况表 ……………………………… 218
    2.9　艺术学人文、社会科学研究与课题成果情况表 ………………………………… 220
    2.10　历史学人文、社会科学研究与课题成果情况表 ……………………………… 222
    2.11　考古学人文、社会科学研究与课题成果情况表 ……………………………… 223
    2.12　经济学人文、社会科学研究与课题成果情况表 ……………………………… 224
    2.13　政治学人文、社会科学研究与课题成果情况表 ……………………………… 226
    2.14　法学人文、社会科学研究与课题成果情况表 ………………………………… 228
    2.15　社会学人文、社会科学研究与课题成果情况表 ……………………………… 230
    2.16　民族学与文化学人文、社会科学研究与课题成果情况表 …………………… 232
    2.17　新闻学与传播学人文、社会科学研究与课题成果情况表 …………………… 234
    2.18　图书馆、情报与文献学人文、社会科学研究与课题成果情况表 …………… 236
    2.19　教育学人文、社会科学研究与课题成果情况表 ……………………………… 238
    2.20　统计学人文、社会科学研究与课题成果情况表 ……………………………… 240
    2.21　心理学人文、社会科学研究与课题成果情况表 ……………………………… 242
    2.22　体育科学人文、社会科学研究与课题成果情况表 …………………………… 244
    2.23　其他学科人文、社会科学研究与课题成果情况表 …………………………… 246
3. 公办专科高等学校人文、社会科学研究与课题成果情况表 …………………………… 248
    3.1　管理学人文、社会科学研究与课题成果情况表 ………………………………… 249
    3.2　马克思主义人文、社会科学研究与课题成果情况表 …………………………… 253
    3.3　哲学人文、社会科学研究与课题成果情况表 …………………………………… 257
    3.4　逻辑学人文、社会科学研究与课题成果情况表 ………………………………… 259
    3.5　宗教学人文、社会科学研究与课题成果情况表 ………………………………… 259
    3.6　语言学人文、社会科学研究与课题成果情况表 ………………………………… 260
    3.7　中国文学人文、社会科学研究与课题成果情况表 ……………………………… 264
    3.8　外国文学人文、社会科学研究与课题成果情况表 ……………………………… 267
    3.9　艺术学人文、社会科学研究与课题成果情况表 ………………………………… 269
    3.10　历史学人文、社会科学研究与课题成果情况表 ……………………………… 273
    3.11　考古学人文、社会科学研究与课题成果情况表 ……………………………… 274
    3.12　经济学人文、社会科学研究与课题成果情况表 ……………………………… 275
    3.13　政治学人文、社会科学研究与课题成果情况表 ……………………………… 279
    3.14　法学人文、社会科学研究与课题成果情况表 ………………………………… 282
    3.15　社会学人文、社会科学研究与课题成果情况表 ……………………………… 285

3.16 民族学与文化学人文、社会科学研究与课题成果情况表 …………………………… 289
3.17 新闻学与传播学人文、社会科学研究与课题成果情况表 …………………………… 292
3.18 图书馆、情报与文献学人文、社会科学研究与课题成果情况表 …………………… 295
3.19 教育学人文、社会科学研究与课题成果情况表 ……………………………………… 299
3.20 统计学人文、社会科学研究与课题成果情况表 ……………………………………… 303
3.21 心理学人文、社会科学研究与课题成果情况表 ……………………………………… 305
3.22 体育科学人文、社会科学研究与课题成果情况表 …………………………………… 309
3.23 其他学科人文、社会科学研究与课题成果情况表 …………………………………… 313
4. 民办及中外合作办学高等学校人文、社会科学研究与课题成果情况表 ……………… 315

八　社科研究、课题与成果（来源情况） ………………………………………… 316

1. 全省高等学校人文、社会科学研究与课题成果来源情况表 …………………………… 316
2. 公办本科高等学校人文、社会科学研究与课题成果来源情况表 ……………………… 318
   2.1 南京大学人文、社会科学研究与课题成果来源情况表 ……………………………… 320
   2.2 东南大学人文、社会科学研究与课题成果来源情况表 ……………………………… 322
   2.3 江南大学人文、社会科学研究与课题成果来源情况表 ……………………………… 324
   2.4 南京农业大学人文、社会科学研究与课题成果来源情况表 ………………………… 326
   2.5 中国矿业大学人文、社会科学研究与课题成果来源情况表 ………………………… 328
   2.6 河海大学人文、社会科学研究与课题成果来源情况表 ……………………………… 330
   2.7 南京理工大学人文、社会科学研究与课题成果来源情况表 ………………………… 332
   2.8 南京航空航天大学人文、社会科学研究与课题成果来源情况表 …………………… 334
   2.9 中国药科大学人文、社会科学研究与课题成果来源情况表 ………………………… 336
   2.10 南京森林警察学院人文、社会科学研究与课题成果来源情况表 …………………… 338
   2.11 苏州大学人文、社会科学研究与课题成果来源情况表 ……………………………… 340
   2.12 江苏科技大学人文、社会科学研究与课题成果来源情况表 ………………………… 342
   2.13 南京工业大学人文、社会科学研究与课题成果来源情况表 ………………………… 344
   2.14 常州大学人文、社会科学研究与课题成果来源情况表 ……………………………… 346
   2.15 南京邮电大学人文、社会科学研究与课题成果来源情况表 ………………………… 348
   2.16 南京林业大学人文、社会科学研究与课题成果来源情况表 ………………………… 350
   2.17 江苏大学人文、社会科学研究与课题成果来源情况表 ……………………………… 352
   2.18 南京信息工程大学人文、社会科学研究与课题成果来源情况表 …………………… 354
   2.19 南通大学人文、社会科学研究与课题成果来源情况表 ……………………………… 356
   2.20 盐城工学院人文、社会科学研究与课题成果来源情况表 …………………………… 358
   2.21 南京医科大学人文、社会科学研究与课题成果来源情况表 ………………………… 360
   2.22 徐州医科大学人文、社会科学研究与课题成果来源情况表 ………………………… 362
   2.23 南京中医药大学人文、社会科学研究与课题成果来源情况表 ……………………… 364
   2.24 南京师范大学人文、社会科学研究与课题成果来源情况表 ………………………… 366

2.25	江苏师范大学人文、社会科学研究与课题成果来源情况表	368
2.26	淮阴师范学院人文、社会科学研究与课题成果来源情况表	370
2.27	盐城师范学院人文、社会科学研究与课题成果来源情况表	372
2.28	南京财经大学人文、社会科学研究与课题成果来源情况表	374
2.29	江苏警官学院人文、社会科学研究与课题成果来源情况表	376
2.30	南京体育学院人文、社会科学研究与课题成果来源情况表	378
2.31	南京艺术学院人文、社会科学研究与课题成果来源情况表	380
2.32	苏州科技大学人文、社会科学研究与课题成果来源情况表	382
2.33	常熟理工学院人文、社会科学研究与课题成果来源情况表	384
2.34	淮阴工学院人文、社会科学研究与课题成果来源情况表	386
2.35	常州工学院人文、社会科学研究与课题成果来源情况表	388
2.36	扬州大学人文、社会科学研究与课题成果来源情况表	390
2.37	南京工程学院人文、社会科学研究与课题成果来源情况表	392
2.38	南京审计大学人文、社会科学研究与课题成果来源情况表	394
2.39	南京晓庄学院人文、社会科学研究与课题成果来源情况表	396
2.40	江苏理工学院人文、社会科学研究与课题成果来源情况表	398
2.41	江苏海洋大学人文、社会科学研究与课题成果来源情况表	400
2.42	徐州工程学院人文、社会科学研究与课题成果来源情况表	402
2.43	南京特殊教育师范学院人文、社会科学研究与课题成果来源情况表	404
2.44	泰州学院人文、社会科学研究与课题成果来源情况表	406
2.45	金陵科技学院人文、社会科学研究与课题成果来源情况表	408
2.46	江苏第二师范学院人文、社会科学研究与课题成果来源情况表	410
2.47	南京工业职业技术大学人文、社会科学研究与课题成果来源情况表	412
2.48	无锡学院人文、社会科学研究与课题成果来源情况表	414
2.49	苏州城市学院人文、社会科学研究与课题成果来源情况表	416
2.50	宿迁学院人文、社会科学研究与课题成果来源情况表	418
3.	公办专科高等学校人文、社会科学研究与课题成果来源情况表	420
3.1	盐城幼儿师范高等专科学校人文、社会科学研究与课题成果来源情况表	422
3.2	苏州幼儿师范高等专科学校人文、社会科学研究与课题成果来源情况表	424
3.3	无锡职业技术学院人文、社会科学研究与课题成果来源情况表	426
3.4	江苏建筑职业技术学院人文、社会科学研究与课题成果来源情况表	428
3.5	江苏工程职业技术学院人文、社会科学研究与课题成果来源情况表	430
3.6	苏州工艺美术职业技术学院人文、社会科学研究与课题成果来源情况表	432
3.7	连云港职业技术学院人文、社会科学研究与课题成果来源情况表	434
3.8	镇江市高等专科学校人文、社会科学研究与课题成果来源情况表	436
3.9	南通职业大学人文、社会科学研究与课题成果来源情况表	438
3.10	苏州职业大学人文、社会科学研究与课题成果来源情况表	440

编号	名称	页码
3.11	沙洲职业工学院人文、社会科学研究与课题成果来源情况表	442
3.12	扬州市职业大学人文、社会科学研究与课题成果来源情况表	444
3.13	连云港师范高等专科学校人文、社会科学研究与课题成果来源情况表	446
3.14	江苏经贸职业技术学院人文、社会科学研究与课题成果来源情况表	448
3.15	泰州职业技术学院人文、社会科学研究与课题成果来源情况表	450
3.16	常州信息职业技术学院人文、社会科学研究与课题成果来源情况表	452
3.17	江苏海事职业技术学院人文、社会科学研究与课题成果来源情况表	454
3.18	无锡科技职业学院人文、社会科学研究与课题成果来源情况表	456
3.19	江苏医药职业学院人文、社会科学研究与课题成果来源情况表	458
3.20	南通科技职业学院人文、社会科学研究与课题成果来源情况表	460
3.21	苏州经贸职业技术学院人文、社会科学研究与课题成果来源情况表	462
3.22	苏州工业职业技术学院人文、社会科学研究与课题成果来源情况表	464
3.23	苏州卫生职业技术学院人文、社会科学研究与课题成果来源情况表	466
3.24	无锡商业职业技术学院人文、社会科学研究与课题成果来源情况表	468
3.25	江苏航运职业技术学院人文、社会科学研究与课题成果来源情况表	470
3.26	南京交通职业技术学院人文、社会科学研究与课题成果来源情况表	472
3.27	江苏电子信息职业学院人文、社会科学研究与课题成果来源情况表	474
3.28	江苏农牧科技职业学院人文、社会科学研究与课题成果来源情况表	476
3.29	常州纺织服装职业技术学院人文、社会科学研究与课题成果来源情况表	478
3.30	苏州农业职业技术学院人文、社会科学研究与课题成果来源情况表	480
3.31	南京科技职业学院人文、社会科学研究与课题成果来源情况表	482
3.32	常州工业职业技术学院人文、社会科学研究与课题成果来源情况表	484
3.33	常州工程职业技术学院人文、社会科学研究与课题成果来源情况表	486
3.34	江苏农林职业技术学院人文、社会科学研究与课题成果来源情况表	488
3.35	江苏食品药品职业技术学院人文、社会科学研究与课题成果来源情况表	490
3.36	南京铁道职业技术学院人文、社会科学研究与课题成果来源情况表	492
3.37	徐州工业职业技术学院人文、社会科学研究与课题成果来源情况表	494
3.38	江苏信息职业技术学院人文、社会科学研究与课题成果来源情况表	496
3.39	南京信息职业技术学院人文、社会科学研究与课题成果来源情况表	498
3.40	常州机电职业技术学院人文、社会科学研究与课题成果来源情况表	500
3.41	江阴职业技术学院人文、社会科学研究与课题成果来源情况表	502
3.42	无锡城市职业技术学院人文、社会科学研究与课题成果来源情况表	504
3.43	无锡工艺职业技术学院人文、社会科学研究与课题成果来源情况表	506
3.44	苏州健雄职业技术学院人文、社会科学研究与课题成果来源情况表	508
3.45	盐城工业职业技术学院人文、社会科学研究与课题成果来源情况表	510
3.46	江苏财经职业技术学院人文、社会科学研究与课题成果来源情况表	512
3.47	扬州工业职业技术学院人文、社会科学研究与课题成果来源情况表	514

3.48 江苏城市职业学院人文、社会科学研究与课题成果来源情况表 …………………… 516
　　3.49 南京城市职业学院人文、社会科学研究与课题成果来源情况表 …………………… 518
　　3.50 南京机电职业技术学院人文、社会科学研究与课题成果来源情况表 ……………… 520
　　3.51 南京旅游职业学院人文、社会科学研究与课题成果来源情况表 …………………… 522
　　3.52 江苏卫生健康职业学院人文、社会科学研究与课题成果来源情况表 ……………… 524
　　3.53 苏州信息职业技术学院人文、社会科学研究与课题成果来源情况表 ……………… 526
　　3.54 苏州工业园区服务外包职业学院人文、社会科学研究与课题成果来源情况表 ……
　　　　　………………………………………………………………………………………… 528
　　3.55 徐州幼儿师范高等专科学校人文、社会科学研究与课题成果来源情况表 ………… 530
　　3.56 徐州生物工程职业技术学院人文、社会科学研究与课题成果来源情况表 ………… 532
　　3.57 江苏商贸职业学院人文、社会科学研究与课题成果来源情况表 …………………… 534
　　3.58 南通师范高等专科学校人文、社会科学研究与课题成果来源情况表 ……………… 536
　　3.59 江苏护理职业学院人文、社会科学研究与课题成果来源情况表 …………………… 538
　　3.60 江苏财会职业学院人文、社会科学研究与课题成果来源情况表 …………………… 540
　　3.61 江苏城乡建设职业学院人文、社会科学研究与课题成果来源情况表 ……………… 542
　　3.62 江苏航空职业技术学院人文、社会科学研究与课题成果来源情况表 ……………… 544
　　3.63 江苏安全技术职业学院人文、社会科学研究与课题成果来源情况表 ……………… 546
　　3.64 江苏旅游职业学院人文、社会科学研究与课题成果来源情况表 …………………… 548
　4. 民办及中外合作办学高等学校人文、社会科学研究与课题成果来源情况表 ……………… 550

九　社科研究成果获奖 ………………………………………………………………… 552

十　社科学术交流 …………………………………………………………………… 555

　1. 全省高等学校人文、社会科学学术交流情况表 ……………………………………………… 555
　2. 公办本科高等学校人文、社会科学学术交流情况表 ………………………………………… 555
　3. 公办专科高等学校人文、社会科学学术交流情况表 ………………………………………… 565
　4. 民办及中外合作办学高等学校人文、社会科学学术交流情况表 …………………………… 576

十一　社科专利 ……………………………………………………………………… 582

　1. 全省高等学校人文、社会科学专利情况表 …………………………………………………… 582
　2. 公办本科高等学校人文、社会科学专利情况表 ……………………………………………… 582
　3. 公办专科高等学校人文、社会科学专利情况表 ……………………………………………… 584
　4. 民办及中外合作办学高等学校人文、社会科学专利情况表 ………………………………… 586

一、编写说明

（一）高校名称说明

本报告中的高校名称以2021年底的名称为准，报告编写完成时部分高校做了更名，在此做出说明：

1. 南京信息工程大学滨江学院（高校代码：13982）已于2021年2月转设为无锡学院。
2. 苏州大学文正学院（高校代码：13983）已于2021年2月转设为苏州城市学院。

（二）指标说明

1. 社科人力：指高等学校职工中，在本年内从事大专以上人文社会科学教学、研究与咨询工作以及直接为教学、研究与咨询工作服务的教师和其他技术职务人员、辅助人员，按年末实有人数统计（校机关行政人员、离退休人员和校外兼职人员不在统计范围内，本年度从事社科活动累计工作时间在一个月以上的外籍和高教系统以外的专家和访问学者只录入数据库，不在统计范围）。

2. 社科研究与发展经费：用于统计本年度各个高校人文、社科 R&D 经费收入、支出和结余情况。

3. 社科研究与发展机构：用于统计经学校上级主管部门或非上级主管部门批准以及学校自建的人文、社会科学研究机构。

4. 社科研究、课题与成果：用于统计本年度列入学校上级主管部门、非上级主管部门和学校年度计划，以及虽未列入计划但通过签订协议、合同或计划任务书经学校社科研究管理部门确认并在当年开展活动的人文、社会科学各类研究课题。成果部分用于统计本年度人文、社科研究成果情况，包括立项和非立项研究成果。所有研究成果均由第一署名者单位（以成果的版权页为准）填报。

5. 社科研究、课题与成果（来源）：用于统计本年度列入学校上级主管部门、非上级主管部门和学校年度计划，以及虽未列入计划但通过签订协议、合同或计划任务书经学校社科研究管理部门确认并在当年开展活动的人文、社会科学各类研究课题的来源情况。成果部分用于统计本年度列入学校社科计划课题的研究成果来源情况，均由第一署名者单位（以成果的版权页为准）填报。

6. 社科研究成果获奖：用于统计本年度各个高校人文、社科立项和非立项研究成果获奖情况，只包括国家级、部级和省级奖。

7. 社科学术交流：用于统计本年度高校人文、社会科学学术交流情况。

8. 社科专利：用于统计本年度高校人文、社会科学专利情况。

二、参与统计的高校名单

1. 参与统计的公办本科高校名单

高校代码	高校名称	办学类型	办学层次	举办者	所在地
10284	南京大学	公办	本科	教育部	南京
10285	苏州大学	公办	本科	省教育厅	苏州
10286	东南大学	公办	本科	教育部	南京
10287	南京航空航天大学	公办	本科	工业与信息化部	南京
10288	南京理工大学	公办	本科	工业与信息化部	南京
10289	江苏科技大学	公办	本科	省教育厅	镇江
10290	中国矿业大学	公办	本科	教育部	徐州
10291	南京工业大学	公办	本科	省教育厅	南京
10292	常州大学	公办	本科	省教育厅	常州
10293	南京邮电大学	公办	本科	省教育厅	南京
10294	河海大学	公办	本科	教育部	南京
10295	江南大学	公办	本科	教育部	无锡
10298	南京林业大学	公办	本科	省教育厅	南京
10299	江苏大学	公办	本科	省教育厅	镇江
10300	南京信息工程大学	公办	本科	省教育厅	南京
10304	南通大学	公办	本科	省教育厅	南通
10305	盐城工学院	公办	本科	省教育厅	盐城
10307	南京农业大学	公办	本科	教育部	南京
10312	南京医科大学	公办	本科	省教育厅	南京
10313	徐州医科大学	公办	本科	省教育厅	徐州
10315	南京中医药大学	公办	本科	省教育厅	南京
10316	中国药科大学	公办	本科	教育部	南京
10319	南京师范大学	公办	本科	省教育厅	南京
10320	江苏师范大学	公办	本科	省教育厅	徐州

续表

高校代码	高校名称	办学类型	办学层次	举办者	所在地
10323	淮阴师范学院	公办	本科	省教育厅	淮安
10324	盐城师范学院	公办	本科	省教育厅	盐城
10327	南京财经大学	公办	本科	省教育厅	南京
10329	江苏警官学院	公办	本科	省公安厅	南京
10330	南京体育学院	公办	本科	省体育局	南京
10331	南京艺术学院	公办	本科	省教育厅	南京
10332	苏州科技大学	公办	本科	省教育厅	苏州
10333	常熟理工学院	公办	本科	省教育厅	苏州
10850	南京工业职业技术大学	公办	本科	省教育厅	南京
11049	淮阴工学院	公办	本科	省教育厅	淮安
11055	常州工学院	公办	本科	省教育厅	常州
11117	扬州大学	公办	本科	省教育厅	扬州
11276	南京工程学院	公办	本科	省教育厅	南京
11287	南京审计大学	公办	本科	省教育厅	南京
11460	南京晓庄学院	公办	本科	市政府	南京
11463	江苏理工学院	公办	本科	省教育厅	常州
11641	江苏海洋大学	公办	本科	省教育厅	连云港
11998	徐州工程学院	公办	本科	市政府	徐州
12048	南京特殊教育师范学院	公办	本科	省教育厅	南京
12213	南京森林警察学院	公办	本科	国家林业局	南京
12917	泰州学院	公办	本科	市政府	泰州
13573	金陵科技学院	公办	本科	市政府	南京
13982	无锡学院	公办	本科	市政府	无锡
13983	苏州城市学院	公办	本科	市政府	苏州
14160	宿迁学院	公办	本科	省教育厅	宿迁
14436	江苏第二师范学院	公办	本科	省教育厅	南京

2. 参与统计的公办专科高校名单

高校代码	高校名称	办学类型	办学层次	举办者	所在地
00466	盐城幼儿师范高等专科学校	公办	专科	省教育厅	盐城
00583	苏州幼儿师范高等专科学校	公办	专科	省教育厅	苏州
10848	无锡职业技术学院	公办	专科	省教育厅	无锡
10849	江苏建筑职业技术学院	公办	专科	省教育厅	徐州
10958	江苏工程职业技术学院	公办	专科	省教育厅	南通
10960	苏州工艺美术职业技术学院	公办	专科	省教育厅	苏州
11050	连云港职业技术学院	公办	专科	市政府	连云港
11051	镇江市高等专科学校	公办	专科	市政府	镇江
11052	南通职业大学	公办	专科	市政府	南通
11054	苏州职业大学	公办	专科	市政府	苏州
11288	沙洲职业工学院	公办	专科	市政府	苏州
11462	扬州市职业大学	公办	专科	市政府	扬州
11585	连云港师范高等专科学校	公办	专科	市政府	连云港
12047	江苏经贸职业技术学院	公办	专科	省教育厅	南京
12106	泰州职业技术学院	公办	专科	市政府	泰州
12317	常州信息职业技术学院	公办	专科	省工业和信息化厅	常州
12679	江苏海事职业技术学院	公办	专科	省教育厅	南京
12681	无锡科技职业学院	公办	专科	市政府	无锡
12682	江苏医药职业学院	公办	专科	省卫生健康委员会	盐城
12684	南通科技职业学院	公办	专科	市政府	南通
12685	苏州经贸职业技术学院	公办	专科	省教育厅	苏州
12686	苏州工业职业技术学院	公办	专科	市政府	苏州
12688	苏州卫生职业技术学院	公办	专科	省卫生健康委员会	苏州
12702	无锡商业职业技术学院	公办	专科	省教育厅	无锡
12703	江苏航运职业技术学院	公办	专科	省交通运输厅	南通
12804	南京交通职业技术学院	公办	专科	省交通运输厅	南京
12805	江苏电子信息职业学院	公办	专科	省工业和信息化厅	淮安
12806	江苏农牧科技职业学院	公办	专科	省农业农村厅	泰州
12807	常州纺织服装职业技术学院	公办	专科	省教育厅	常州
12808	苏州农业职业技术学院	公办	专科	省农业农村厅	苏州
12920	南京科技职业学院	公办	专科	省教育厅	南京
13101	常州工业职业技术学院	公办	专科	省教育厅	常州
13102	常州工程职业技术学院	公办	专科	省教育厅	常州

续表

高校代码	高校名称	办学类型	办学层次	举办者	所在地
13103	江苏农林职业技术学院	公办	专科	省农业农村厅	镇江
13104	江苏食品药品职业技术学院	公办	专科	省教育厅	淮安
13106	南京铁道职业技术学院	公办	专科	省教育厅	南京
13107	徐州工业职业技术学院	公办	专科	省教育厅	徐州
13108	江苏信息职业技术学院	公办	专科	省教育厅	无锡
13112	南京信息职业技术学院	公办	专科	省工业和信息化厅	南京
13114	常州机电职业技术学院	公办	专科	省教育厅	常州
13137	江阴职业技术学院	公办	专科	市政府	无锡
13748	无锡城市职业技术学院	公办	专科	市政府	无锡
13749	无锡工艺职业技术学院	公办	专科	省教育厅	无锡
13751	苏州健雄职业技术学院	公办	专科	市政府	苏州
13752	盐城工业职业技术学院	公办	专科	省教育厅	盐城
13753	江苏财经职业技术学院	公办	专科	省教育厅	淮安
13754	扬州工业职业技术学院	公办	专科	省教育厅	扬州
14000	江苏城市职业学院	公办	专科	省教育厅	南京
14001	南京城市职业学院	公办	专科	市政府	南京
14056	南京机电职业技术学院	公办	专科	市政府	南京
14180	南京旅游职业学院	公办	专科	省文化和旅游厅	南京
14255	江苏卫生健康职业学院	公办	专科	省卫生健康委员会	南京
14256	苏州信息职业技术学院	公办	专科	市政府	苏州
14295	苏州工业园区服务外包职业学院	公办	专科	市政府	苏州
14329	徐州幼儿师范高等专科学校	公办	专科	市政府	徐州
14401	徐州生物工程职业技术学院	公办	专科	市政府	徐州
14475	江苏商贸职业学院	公办	专科	省供销合作总社	南通
14493	南通师范高等专科学校	公办	专科	省教育厅	南通

续表

高校代码	高校名称	办学类型	办学层次	举办者	所在地
14541	江苏护理职业学院	公办	专科	省卫生健康委员会	淮安
14542	江苏财会职业学院	公办	专科	省财政厅	连云港
14543	江苏城乡建设职业学院	公办	专科	省住房和城乡建设厅	常州
14568	江苏航空职业技术学院	公办	专科	省教育厅	镇江
14589	江苏安全技术职业学院	公办	专科	省应急管理厅	徐州
14604	江苏旅游职业学院	公办	专科	教科研处	扬州

3. 参与统计的民办及中外合作办学高校名单

高校代码	高校名称	办学类型	办学层次	举办者	所在地
10826	明达职业技术学院	民办	专科	民办	盐城
11122	三江学院	民办	本科	民办	南京
12054	九州职业技术学院	民办	专科	民办	徐州
12056	南通理工学院	民办	本科	民办	南通
12078	硅湖职业技术学院	民办	专科	民办	苏州
12680	应天职业技术学院	民办	专科	民办	南京
12687	苏州托普信息职业技术学院	民办	专科	民办	苏州
12689	东南大学成贤学院	民办	本科	民办	南京
12809	苏州工业园区职业技术学院	民办	专科	民办	苏州
12918	太湖创意职业技术学院	民办	专科	民办	无锡
12919	炎黄职业技术学院	民办	专科	民办	淮安
12921	正德职业技术学院	民办	专科	民办	南京
12922	钟山职业技术学院	民办	专科	民办	南京
12923	无锡南洋职业技术学院	民办	专科	民办	无锡
13017	江南影视艺术职业学院	民办	专科	民办	无锡
13100	金肯职业技术学院	民办	专科	民办	南京
13105	建东职业技术学院	民办	专科	民办	常州
13110	宿迁职业技术学院	民办	专科	民办	宿迁
13113	江海职业技术学院	民办	专科	民办	扬州

续表

高校代码	高校名称	办学类型	办学层次	举办者	所在地
13571	无锡太湖学院	民办	本科	民办	无锡
13579	中国矿业大学徐海学院	民办	本科	民办	徐州
13646	南京大学金陵学院	民办	本科	民办	南京
13654	南京理工大学紫金学院	民办	本科	民办	南京
13655	南京航空航天大学金城学院	民办	本科	民办	南京
13687	南京传媒学院	民办	本科	民办	南京
13750	金山职业技术学院	民办	专科	民办	镇江
13842	南京理工大学泰州科技学院	民办	本科	民办	泰州
13843	南京师范大学泰州学院	民办	本科	民办	泰州
13905	南京工业大学浦江学院	民办	本科	民办	南京
13906	南京师范大学中北学院	民办	专科	民办	镇江
13962	苏州百年职业学院	中外合作办学	专科	民办	苏州
13963	昆山登云科技职业学院	民办	专科	民办	苏州
13964	南京视觉艺术职业学院	民办	专科	民办	南京
13980	南京医科大学康达学院	民办	本科	民办	连云港
13981	南京中医药大学翰林学院	民办	本科	民办	泰州
13984	苏州大学应用技术学院	民办	本科	民办	苏州
13985	苏州科技大学天平学院	民办	本科	民办	苏州
13986	江苏大学京江学院	民办	本科	民办	镇江
13987	扬州大学广陵学院	民办	本科	民办	扬州
13988	江苏师范大学科文学院	民办	本科	民办	徐州
13989	南京邮电大学通达学院	民办	本科	民办	扬州
13990	南京财经大学红山学院	民办	本科	民办	镇江
13991	江苏科技大学苏州理工学院	民办	本科	民办	苏州
13992	常州大学怀德学院	民办	专科	民办	泰州
13993	南通大学杏林学院	民办	本科	民办	南通
13994	南京审计大学金审学院	民办	本科	民办	南京
14163	苏州高博软件技术职业学院	民办	专科	民办	苏州
14293	宿迁泽达职业技术学院	民办	专科	民办	宿迁
14528	扬州中瑞酒店职业学院	民办	专科	民办	扬州
14606	昆山杜克大学	中外合作办学	本科	民办	苏州
16403	西交利物浦大学	中外合作办学	本科	民办	苏州

三、社科研究与发展概况

1. 江苏省十三市高等学校人文、社会科学活动人员情况表

各市名称	编号	总计		按职称划分						按最后学历划分			按最后学位划分		其他人员
			女性	小计	教授	副教授	讲师	助教	初级	研究生	本科生	其他	博士	硕士	
		L01	L02	L03	L04	L05	L06	L07	L08	L09	L10	L11	L12	L13	L14
合 计	/	54 958	31 429	54 957	5889	16 533	27 046	5411	78	37 740	17 113	104	13 408	29 933	1
南京市	1	21 188	11 879	21 188	2897	6356	10 342	1590	3	16 456	4703	29	7394	10 531	0
无锡市	2	3589	2267	3589	241	1068	1751	521	8	2204	1379	6	480	2149	0
徐州市	3	3849	2153	3849	439	1218	1916	276	0	2632	1215	2	979	1939	0
常州市	4	3336	1905	3336	328	904	1730	366	8	1961	1375	0	576	1805	0
苏州市	5	6343	3700	6343	594	1846	3197	681	25	4353	1985	5	1496	3488	0
南通市	6	3267	1954	3267	284	1064	1638	272	9	1925	1339	3	399	2068	0
连云港市	7	1493	871	1493	91	488	766	147	1	730	763	0	127	926	0
淮安市	8	2634	1386	2634	250	852	1255	269	8	1622	992	20	447	1612	0
盐城市	9	2147	1219	2147	247	757	855	287	1	1280	838	29	338	1241	0
扬州市	10	2550	1405	2550	235	757	1188	369	1	1665	883	2	533	1380	0
镇江市	11	2799	1629	2798	202	743	1455	397	1	1894	898	6	505	1599	1
泰州市	12	1217	743	1217	52	350	656	159	0	709	507	1	73	832	0
宿迁市	13	546	318	546	29	130	297	77	13	309	236	1	61	363	0

2. 江苏省十三市高等学校人文、社会科学研究与发展经费情况表

各市名称	编号	总数					基础研究					应用研究					实验与发展				
		课题数(项)	当年投入人数(人年)	其中：研究生	当年拨入经费(千元)	当年支出经费(千元)	课题数(项)	当年投入人数(人年)	其中：研究生	当年拨入经费(千元)	当年支出经费(千元)	课题数(项)	当年投入人数(人年)	其中：研究生	当年拨入经费(千元)	当年支出经费(千元)	课题数(项)	当年投入人数(人年)	其中：研究生	当年拨入经费(千元)	当年支出经费(千元)
		L01	L02	L03	L04	L05	L06	L07	L08	L09	L10	L11	L12	L13	L14	L15	L16	L17	L18	L19	L20
合计	/	46 474	9483.1	817.4	1 217 461	1 073 194	19 065	4 089.2	348.9	356 557.8	314 831.4	27 406	5393.1	468.5	860 898.1	758 353.4	3	0.8	0	5	8.827
南京市	1	20 028	4050.4	386.6	550 255.3	434 859.7	8392	1754.8	124.6	183 978.8	154 784.1	11 636	2295.6	262	366 276.5	280 075.6	0	0	0	0	0
无锡市	2	3172	1007.9	328.9	97 026.11	86 666.2	1142	462.5	189.7	28 458.26	20 731.86	2029	545.1	139.2	68 567.85	65 930.12	1	0.3	0	0	4.227
徐州市	3	3261	791.4	38.9	123 060	136 781.7	1533	400.4	15.8	28 803.75	37 905.43	1728	391	23.1	94 256.29	98 876.29	0	0	0	0	0
常州市	4	3737	666.6	0	69 938.53	69 263.11	715	137.1	0	3451.8	5721.79	3022	529.5	0	66 486.73	63 541.32	0	0	0	0	0
苏州市	5	4736	949.3	22.2	128 774.5	105 752.6	2056	394	10.4	70 019.08	48 247.23	2680	555.3	11.8	58 755.44	57 505.4	0	0	0	0	0
南通市	6	1966	322.9	0	18 854.02	15 931.15	1406	228.1	0	11 892.92	8754.907	559	94.5	0	6958.1	7173.64	1	0.3	0	3	2.6
连云港市	7	994	133.6	1.4	21 741	16 748.4	291	35.6	1.4	2596.7	2067.35	702	97.8	0	19 142.3	14 679.05	1	0.2	0	2	2
淮安市	8	1845	298.3	0	79 400.77	79 455.31	810	145.7	0	5960	9588.17	1035	152.6	0	73 440.77	69 867.14	0	0	0	0	0
盐城市	9	1972	310.2	0	65 436.21	65 852.4	759	143.1	0	5933	10 744.92	1213	167.1	0	59 503.21	55 107.48	0	0	0	0	0
扬州市	10	1984	350.6	4.6	30 827.03	31 718.44	1045	179.3	4.5	11 914	12 362.28	939	171.3	0.1	18 913.03	19 356.16	0	0	0	0	0
镇江市	11	1721	382.6	34.8	27 426.44	25 777.74	702	152.8	2.5	2819.5	2923.856	1019	229.8	32.3	24 606.94	22 853.88	0	0	0	0	0
泰州市	12	515	129.5	0	2656.1	2906.843	197	52.7	0	729	973.47	318	76.8	0	1927.1	1933.373	0	0	0	0	0
宿迁市	13	543	89.8	0	2064.8	1480	17	3.1	0	1	26	526	86.7	0	2063.8	1454	0	0	0	0	0

3. 江苏省十三市高等学校人文、社会科学研究与课题来源情况表

各市名称		合计	课题来源														
			国家社科基金项目	国家社科基金单列学科项目	教育部人文社科研究项目	高校古籍整理研究项目	国家自然科学基金项目	中央其他部门社科专门项目	省、市、自治区社科基金项目	省教育厅社科项目	地、市厅、局等政府部门项目	国际合作研究项目	与港、澳、台地区合作研究项目	企事业单位委托项目	学校社科项目	外资项目	其他
	编号	L01	L02	L03	L04	L05	L06	L07	L08	L09	L10	L11	L12	L13	L14	L15	L16
合计	/	46 474	2901	260	1762	26	691	805	3043	11 998	8335	11	1	10 118	6404	2	117
南京市	1	20 028	1737	134	924	10	551	624	1759	4688	2173	6	1	4282	3113	1	25
无锡市	2	3172	66	13	108	0	21	24	100	818	638	2	0	873	499	0	10
徐州市	3	3261	228	7	140	5	51	27	206	858	875	0	0	463	393	0	8
常州市	4	3737	130	17	106	1	1	15	128	880	897	0	0	957	575	0	30
苏州市	5	4736	267	32	141	5	26	37	236	1403	1008	3	0	1114	443	1	20
南通市	6	1966	98	5	59	2	0	16	86	615	654	0	0	183	242	0	6
连云港市	7	994	10	0	4	0	0	0	62	289	294	0	0	289	46	0	0
淮安市	8	1845	44	1	58	0	2	4	74	482	245	0	0	685	248	0	2
盐城市	9	1972	66	8	37	0	0	12	115	487	393	0	0	526	328	0	0
扬州市	10	1984	159	31	85	2	4	28	136	507	384	0	0	382	254	0	12
镇江市	11	1721	94	9	90	1	35	18	130	481	417	0	0	310	136	0	0
泰州市	12	515	0	3	9	0	0	0	6	333	95	0	0	27	38	0	4
宿迁市	13	543	2	0	1	0	0	0	5	157	262	0	0	27	89	0	0

4. 江苏省十三市高等学校人文、社会科学研究与发展课题成果表

各市名称		出版著作(部)							古籍整理(部)	译著(部)	发表译文(篇)	电子出版物(件)	发表论文(篇)				获奖成果(项)				研究与咨询报告(篇)	
		合计	专著	专著：其中：被译成外文	编著教材	工具书/参考书	皮书/发展报告	科普读物					合计	国内学术刊物	国外学术刊物	港、澳、台地区刊物	合计	国家级奖	部级奖	省级奖	合计	其中：被采纳数
	编号	L01	L02	L03	L04	L05	L06	L07	L08	L09	L10	L11	L12	L13	L14	L15	L16	L17	L18	L19	L20	L21
合计	/	1622	1026	28	508	22	38	28	17	165	12	50	30 090	28 115	1964	11	26	1	22	3	3889	2144
南京市	1	688	451	16	186	5	22	24	8	110	8	50	12 191	11 059	1123	9	17	0	15	2	1272	858
无锡市	2	125	52	1	72	0	0	1	0	5	0	0	2354	2208	146	0	0	0	0	0	219	114
徐州市	3	138	89	2	49	0	0	0	0	4	3	0	2123	1946	175	2	0	0	0	0	264	163
常州市	4	57	36	0	19	0	2	0	1	3	0	0	1746	1713	33	0	2	0	2	0	559	147
苏州市	5	233	116	3	101	16	0	0	4	15	1	0	3682	3578	104	0	3	0	3	0	536	329
南通市	6	75	65	1	7	0	0	3	4	6	0	0	1796	1738	58	0	0	0	0	0	132	77
连云港市	7	17	16	0	1	0	0	0	0	0	0	0	649	622	27	0	0	0	0	0	126	56
淮安市	8	44	35	0	8	0	1	0	0	1	0	0	1094	1070	24	0	1	0	1	0	38	12
盐城市	9	60	47	1	13	0	0	0	0	3	0	0	1088	1048	40	0	0	0	0	0	282	45
扬州市	10	85	71	2	14	0	0	0	0	4	0	0	1536	1474	62	0	2	0	1	1	300	279
镇江市	11	58	32	2	25	1	0	0	0	13	0	0	967	829	138	0	1	1	0	0	65	53
泰州市	12	33	13	0	7	0	13	0	0	0	0	0	605	571	34	0	0	0	0	0	16	11
宿迁市	13	9	3	0	6	0	0	0	0	1	0	0	259	259	0	0	0	0	0	0	80	0

5. 江苏省十三市高等学校人文、社会科学学术交流情况表

各市名称		校办学术会议		学术会议			受聘讲学		社科考察		进修学习		合作研究		
		本校独办数	与外单位合办数	参加人次		提交论文(篇)	派出人次	来校人次	派出人次	来校人次	派出人次	来校人次	派出人次	来校人次	课题数（项）
				合计	其中:赴境外人次										
	编号	L01	L02	L03	L04	L05	L06	L07	L08	L09	L10	L11	L12	L13	L14
合计	/	1791	390	15 445	101	9908	2224	3576	2945	2691	4975	2868	1136	1102	593
南京市	1	1533	284	9957	30	6002	1308	1679	1186	1043	1316	1523	557	564	302
无锡市	2	30	5	933	1	494	160	295	216	165	304	146	43	69	73
徐州市	3	51	15	1352	62	827	212	562	373	273	624	348	315	257	54
常州市	4	9	16	353	1	387	58	75	37	55	207	16	19	16	28
苏州市	5	46	10	623	4	602	79	124	175	122	585	59	34	33	21
南通市	6	20	2	350	1	158	86	247	400	440	681	534	20	36	4
连云港市	7	7	0	94	0	54	0	16	24	12	20	16	0	0	0
淮安市	8	24	7	938	1	661	91	193	157	372	670	114	21	20	34
盐城市	9	5	15	261	1	233	57	94	87	46	109	35	45	37	31
扬州市	10	43	21	367	0	316	61	119	75	53	198	64	20	23	29
镇江市	11	17	11	117	0	122	87	90	36	28	105	10	28	26	4
泰州市	12	3	4	47	0	27	7	52	19	24	69	3	24	16	10
宿迁市	13	3	0	53	0	25	18	30	160	58	87	0	10	5	3

四、社科人力

1. 全省高等学校人文、社会科学活动人员情况表

学科门类		总计		按职称划分						按最后学历划分			按最后学位划分		其他
			女性	小计	教授	副教授	讲师	助教	初级	研究生	本科生	其他	博士	硕士	人员
	编号	L01	L02	L03	L04	L05	L06	L07	L08	L09	L10	L11	L12	L13	L14
合计	/	54 958	31 429	54 957	5889	16 533	27 046	5411	78	37 740	17 113	104	13 408	29 933	1
管理学	1	9933	5324	9932	1215	2761	4871	1072	13	7246	2672	14	3032	5245	1
马克思主义	2	2646	1461	2646	344	942	1048	309	3	2043	603	0	705	1610	0
哲学	3	857	388	857	142	276	376	63	0	772	84	1	446	358	0
逻辑学	4	107	43	107	7	26	57	17	0	52	54	1	12	54	0
宗教学	5	35	9	35	12	13	10	0	0	32	3	0	31	2	0
语言学	6	7086	5410	7086	369	2041	4260	408	8	4356	2728	2	946	4202	0
中国文学	7	1985	1117	1985	341	781	782	80	1	1466	519	0	868	781	0
外国文学	8	1351	978	1351	141	368	773	67	2	1015	336	0	367	752	0
艺术学	9	7300	4190	7300	597	2062	3518	1117	6	4829	2463	8	1004	4572	0
历史学	10	811	284	811	169	264	346	32	0	723	88	0	519	222	0
考古学	11	39	11	39	8	10	17	4	0	36	3	0	26	10	0
经济学	12	5458	3135	5458	716	1658	2575	502	7	4134	1323	1	1886	2707	0
政治学	13	668	331	668	91	217	301	58	1	509	159	0	230	351	0
法学	14	1994	920	1994	303	696	858	134	3	1495	499	0	747	948	0
社会学	15	1091	617	1091	133	326	554	75	3	883	191	17	457	495	0
民族学与文化学	16	74	45	74	9	20	36	9	0	55	19	0	27	29	0
新闻学与传播学	17	765	450	765	98	202	378	85	2	617	148	0	250	396	0
图书馆、情报与文献学	18	1823	1161	1823	154	455	1125	82	7	818	978	27	253	707	0
教育学	19	6148	3635	6148	642	1692	3006	787	21	4134	2005	9	974	4041	0
统计学	20	281	139	281	43	83	131	24	0	208	73	0	101	132	0
心理学	21	628	427	628	76	178	307	66	1	511	117	0	187	364	0
体育科学	22	3570	1216	3570	218	1400	1549	403	0	1613	1954	3	258	1805	0
其他学科	23	308	138	308	61	62	168	17	0	193	94	21	82	150	0

2. 公办本科高等学校人文、社会科学活动人员情况表

学科门类		总计		按职称划分						按最后学历划分			按最后学位划分		其他人员
			女性	小计	教授	副教授	讲师	助教	初级	研究生	本科生	其他	博士	硕士	
	编号	L01	L02	L03	L04	L05	L06	L07	L08	L09	L10	L11	L12	L13	L14
合计	/	31 859	16 434	31 859	4775	10 545	15 021	1515	3	24 819	6999	41	12 238	14 577	0
管理学	1	5617	2672	5617	919	1656	2718	323	1	4726	891	0	2749	2276	0
马克思主义	2	1503	709	1503	281	573	575	74	0	1253	250	0	645	718	0
哲学	3	615	240	615	127	209	260	19	0	572	43	0	401	185	0
逻辑学	4	31	13	31	7	5	15	4	0	28	3	0	11	18	0
宗教学	5	32	9	32	11	12	9	0	0	30	2	0	29	2	0
语言学	6	3879	2778	3879	311	1212	2242	114	0	2869	1010	0	866	2255	0
中国文学	7	1306	646	1306	287	498	503	18	0	1113	193	0	799	366	0
外国文学	8	997	711	997	133	292	542	30	0	794	203	0	351	510	0
艺术学	9	3744	1999	3744	497	1261	1688	296	2	2814	929	1	928	2167	0
历史学	10	671	226	671	158	215	282	16	0	624	47	0	488	141	0
考古学	11	32	8	32	8	10	14	0	0	29	3	0	25	4	0
经济学	12	3122	1474	3122	550	1053	1455	64	0	2609	512	1	1675	1083	0
政治学	13	426	180	426	79	157	177	13	0	355	71	0	204	181	0
法学	14	1490	592	1490	286	572	597	35	0	1188	302	0	726	585	0
社会学	15	744	368	744	119	254	357	14	0	662	81	1	421	269	0
民族学与文化学	16	58	35	58	7	16	28	7	0	44	14	0	23	20	0
新闻学与传播学	17	502	267	502	90	149	237	26	0	438	64	0	225	223	0
图书馆、情报与文献学	18	1201	725	1201	135	352	692	22	0	662	526	13	246	480	0
教育学	19	2814	1581	2814	421	861	1309	223	0	2223	588	3	826	1638	0
统计学	20	182	80	182	38	63	74	7	0	155	27	0	94	72	0
心理学	21	396	231	396	69	128	184	15	0	357	39	0	179	189	0
体育科学	22	2230	777	2230	183	939	920	188	0	1112	1117	1	253	1070	0
其他学科	23	267	113	267	59	58	143	7	0	162	84	21	74	125	0

2.1 管理学人文、社会科学活动人员情况表

高校名称		总计		按职称划分						按最后学历划分			按最后学位划分		其他人员
			女性	小计	教授	副教授	讲师	助教	初级	研究生	本科生	其他	博士	硕士	
	编号	L01	L02	L03	L04	L05	L06	L07	L08	L09	L10	L11	L12	L13	L14
合　计	/	5617	2672	5617	919	1656	2718	323	1	4726	891	0	2749	2276	0
南京大学	1	168	55	168	71	55	41	1	0	167	1	0	164	3	0
东南大学	2	104	38	104	31	38	29	6	0	97	7	0	73	24	0
江南大学	3	89	47	89	18	44	27	0	0	86	3	0	58	28	0
南京农业大学	4	247	102	247	62	82	87	16	0	214	33	0	126	94	0
中国矿业大学	5	173	64	173	36	66	70	1	0	165	8	0	139	29	0
河海大学	6	176	75	176	34	59	83	0	0	168	8	0	122	49	0
南京理工大学	7	102	46	102	18	42	40	2	0	98	4	0	79	19	0
南京航空航天大学	8	155	65	155	41	52	59	3	0	149	6	0	117	31	0
中国药科大学	9	35	21	35	5	14	13	3	0	30	5	0	18	12	0
南京森林警察学院	10	24	14	24	3	7	14	0	0	8	16	0	2	9	0
苏州大学	11	95	41	95	20	33	40	2	0	77	18	0	53	29	0
江苏科技大学	12	251	120	251	27	55	158	11	0	193	58	0	87	117	0
南京工业大学	13	83	40	83	13	35	34	1	0	78	5	0	44	36	0
常州大学	14	112	49	112	18	23	63	8	0	93	19	0	46	55	0
南京邮电大学	15	149	81	149	25	44	80	0	0	139	10	0	100	39	0
南京林业大学	16	59	22	59	8	14	37	0	0	56	3	0	32	24	0
江苏大学	17	214	83	214	39	73	90	12	0	192	22	0	101	93	0
南京信息工程大学	18	195	84	195	41	73	81	0	0	185	10	0	164	25	0
南通大学	19	122	57	122	8	49	64	1	0	104	18	0	31	81	0
盐城工学院	20	88	48	88	17	40	30	1	0	56	32	0	25	56	0
南京医科大学	21	62	32	62	5	8	32	17	0	61	1	0	28	33	0
徐州医科大学	22	65	25	65	7	10	48	0	0	42	23	0	15	45	0
南京中医药大学	23	75	48	75	8	8	59	0	0	70	5	0	25	48	0
南京师范大学	24	81	38	81	19	28	29	5	0	76	5	0	44	32	0
江苏师范大学	25	117	41	117	19	39	59	0	0	99	18	0	59	42	0

四、社科人力

续表

高校名称		总计		按职称划分						按最后学历划分			按最后学位划分		其他人员
			女性	小计	教授	副教授	讲师	助教	初级	研究生	本科生	其他	博士	硕士	
	编号	L01	L02	L03	L04	L05	L06	L07	L08	L09	L10	L11	L12	L13	L14
淮阴师范学院	26	83	39	83	9	34	34	6	0	74	9	0	26	51	0
盐城师范学院	27	76	44	76	12	30	26	8	0	68	8	0	26	46	0
南京财经大学	28	282	124	282	47	59	175	1	0	266	16	0	228	39	0
江苏警官学院	29	56	31	56	3	10	37	6	0	36	20	0	20	21	0
南京体育学院	30	22	9	22	1	3	17	1	0	9	13	0	1	8	0
南京艺术学院	31	24	13	24	2	5	16	1	0	19	5	0	3	20	0
苏州科技大学	32	64	36	64	10	19	35	0	0	61	3	0	41	20	0
常熟理工学院	33	156	86	156	6	44	56	50	0	125	31	0	48	95	0
淮阴工学院	34	183	73	183	24	56	101	2	0	134	49	0	66	102	0
常州工学院	35	75	37	75	14	17	42	2	0	54	21	0	27	32	0
扬州大学	36	100	43	100	18	29	53	0	0	80	20	0	64	19	0
南京工程学院	37	213	123	213	14	59	134	6	0	159	54	0	49	124	0
南京审计大学	38	300	167	300	35	70	147	48	0	270	30	0	155	129	0
南京晓庄学院	39	31	17	31	5	10	15	1	0	29	2	0	18	12	0
江苏理工学院	40	65	35	65	17	15	30	3	0	47	18	0	26	22	0
江苏海洋大学	41	90	42	90	13	22	54	1	0	52	38	0	23	35	0
徐州工程学院	42	179	77	179	24	54	91	10	0	121	58	0	49	81	0
南京特殊教育师范学院	43	22	12	22	4	4	12	2	0	14	8	0	8	8	0
泰州学院	44	33	21	33	3	6	16	8	0	23	10	0	4	27	0
金陵科技学院	45	138	84	138	33	41	58	6	0	95	43	0	49	59	0
江苏第二师范学院	46	30	22	30	1	3	16	10	0	29	1	0	8	21	0
南京工业职业技术大学	47	158	107	158	16	41	73	28	0	108	50	0	27	103	0
无锡学院	48	45	18	45	4	7	21	12	1	40	5	0	10	32	0
苏州城市学院	49	67	32	67	6	10	40	11	0	46	21	0	6	49	0
宿迁学院	50	84	44	84	5	17	52	10	0	64	20	0	15	68	0

2.2 马克思主义人文、社会科学活动人员情况表

高校名称		总计		按职称划分						按最后学历划分			按最后学位划分		其他
			女性	小计	教授	副教授	讲师	助教	初级	研究生	本科生	其他	博士	硕士	人员
	编号	L01	L02	L03	L04	L05	L06	L07	L08	L09	L10	L11	L12	L13	L14
合　计	/	1503	709	1503	281	573	575	74	0	1253	250	0	645	718	0
南京大学	1	46	13	46	23	16	7	0	0	42	4	0	41	1	0
东南大学	2	35	14	35	7	9	16	3	0	33	2	0	30	3	0
江南大学	3	33	13	33	8	20	5	0	0	32	1	0	18	8	0
南京农业大学	4	17	6	17	2	4	10	1	0	16	1	0	8	8	0
中国矿业大学	5	62	30	62	11	28	22	1	0	57	5	0	46	13	0
河海大学	6	32	17	32	9	13	10	0	0	30	2	0	25	6	0
南京理工大学	7	36	18	36	6	14	15	1	0	36	0	0	28	8	0
南京航空航天大学	8	37	16	37	7	17	10	3	0	36	1	0	22	14	0
中国药科大学	9	26	12	26	2	8	16	0	0	26	0	0	15	11	0
南京森林警察学院	10	3	2	3	1	0	2	0	0	3	0	0	1	2	0
苏州大学	11	56	23	56	12	24	20	0	0	40	16	0	28	17	0
江苏科技大学	12	31	10	31	6	15	10	0	0	19	12	0	5	17	0
南京工业大学	13	20	11	20	2	8	8	2	0	18	2	0	7	13	0
常州大学	14	32	12	32	6	7	19	0	0	29	3	0	10	21	0
南京邮电大学	15	15	9	15	3	9	3	0	0	14	1	0	11	3	0
南京林业大学	16	32	15	32	8	5	19	0	0	30	2	0	23	8	0
江苏大学	17	22	10	22	3	7	10	2	0	19	3	0	8	11	0
南京信息工程大学	18	57	26	57	16	18	23	0	0	48	9	0	31	22	0
南通大学	19	61	35	61	19	25	17	0	0	48	13	0	13	42	0
盐城工学院	20	90	49	90	12	29	33	16	0	71	19	0	17	71	0
南京医科大学	21	36	22	36	3	13	20	0	0	32	4	0	11	24	0
徐州医科大学	22	9	3	9	0	5	4	0	0	8	1	0	1	7	0
南京中医药大学	23	27	17	27	0	5	21	1	0	25	2	0	8	18	0
南京师范大学	24	70	32	70	21	21	22	6	0	66	4	0	34	33	0
江苏师范大学	25	18	9	18	4	5	9	0	0	13	5	0	7	8	0

续表

高校名称		总计		按职称划分						按最后学历划分			按最后学位划分		其他人员
			女性	小计	教授	副教授	讲师	助教	初级	研究生	本科生	其他	博士	硕士	
	编号	L01	L02	L03	L04	L05	L06	L07	L08	L09	L10	L11	L12	L13	L14
淮阴师范学院	26	83	29	83	18	34	24	7	0	76	7	0	35	47	0
盐城师范学院	27	35	18	35	11	8	12	4	0	27	8	0	11	22	0
南京财经大学	28	22	11	22	5	8	9	0	0	18	4	0	8	12	0
江苏警官学院	29	30	9	30	3	8	17	2	0	17	13	0	11	11	0
南京体育学院	30	11	9	11	2	4	5	0	0	6	5	0	4	3	0
南京艺术学院	31	15	10	15	2	10	2	1	0	13	2	0	3	12	0
苏州科技大学	32	9	1	9	2	3	4	0	0	8	1	0	2	6	0
常熟理工学院	33	24	6	24	1	17	6	0	0	20	4	0	14	10	0
淮阴工学院	34	30	13	30	3	15	12	0	0	20	10	0	13	14	0
常州工学院	35	20	12	20	3	4	11	2	0	10	10	0	1	14	0
扬州大学	36	48	22	48	9	32	7	0	0	36	12	0	22	14	0
南京工程学院	37	25	13	25	4	8	12	1	0	19	6	0	4	17	0
南京审计大学	38	23	9	23	3	8	10	2	0	18	5	0	13	9	0
南京晓庄学院	39	20	12	20	2	9	8	1	0	17	3	0	9	9	0
江苏理工学院	40	16	9	16	3	8	5	0	0	11	5	0	5	6	0
江苏海洋大学	41	46	16	46	7	15	23	1	0	31	15	0	4	33	0
徐州工程学院	42	24	13	24	3	9	12	0	0	15	9	0	6	13	0
南京特殊教育师范学院	43	14	8	14	2	9	2	1	0	11	3	0	5	7	0
泰州学院	44	14	10	14	1	4	4	5	0	12	2	0	1	11	0
金陵科技学院	45	16	11	16	0	8	6	2	0	15	1	0	5	11	0
江苏第二师范学院	46	16	12	16	1	11	4	0	0	12	4	0	8	8	0
南京工业职业技术大学	47	5	3	5	0	2	2	1	0	3	2	0	2	1	0
无锡学院	48	12	8	12	1	2	3	6	0	12	0	0	2	10	0
苏州城市学院	49	16	5	16	0	5	9	2	0	12	4	0	2	10	0
宿迁学院	50	26	16	26	4	7	15	0	0	23	3	0	7	19	0

2.3 哲学人文、社会科学活动人员情况表

高校名称		总计		按职称划分						按最后学历划分			按最后学位划分		其他人员
			女性	小计	教授	副教授	讲师	助教	初级	研究生	本科生	其他	博士	硕士	
	编号	L01	L02	L03	L04	L05	L06	L07	L08	L09	L10	L11	L12	L13	L14
合　计	/	615	240	615	127	209	260	19	0	572	43	0	401	185	0
南京大学	1	26	6	26	13	11	2	0	0	26	0	0	26	0	0
东南大学	2	49	22	49	15	19	12	3	0	49	0	0	46	3	0
江南大学	3	11	2	11	4	5	2	0	0	11	0	0	11	0	0
南京农业大学	4	15	4	15	2	4	7	2	0	15	0	0	9	5	0
中国矿业大学	5	4	2	4	1	1	2	0	0	4	0	0	4	0	0
河海大学	6	17	7	17	5	7	5	0	0	17	0	0	14	3	0
南京理工大学	7	21	10	21	2	10	9	0	0	21	0	0	17	4	0
南京航空航天大学	8	10	3	10	0	4	6	0	0	10	0	0	8	2	0
中国药科大学	9	1	0	1	0	0	1	0	0	1	0	0	1	0	0
南京森林警察学院	10	5	2	5	1	0	4	0	0	4	1	0	2	3	0
苏州大学	11	26	8	26	15	8	3	0	0	26	0	0	23	2	0
江苏科技大学	12	14	6	14	3	3	7	1	0	12	2	0	3	9	0
南京工业大学	13	9	6	9	3	2	3	1	0	9	0	0	7	2	0
常州大学	14	11	5	11	0	1	9	1	0	11	0	0	7	4	0
南京邮电大学	15	17	7	17	1	8	8	0	0	16	1	0	13	3	0
南京林业大学	16	6	2	6	0	0	6	0	0	6	0	0	5	1	0
江苏大学	17	15	5	15	4	6	5	0	0	14	1	0	10	4	0
南京信息工程大学	18	18	10	18	2	4	12	0	0	18	0	0	14	4	0
南通大学	19	26	5	26	4	14	8	0	0	21	5	0	11	14	0
南京医科大学	20	2	0	2	0	1	1	0	0	2	0	0	2	0	0
徐州医科大学	21	5	2	5	1	1	3	0	0	4	1	0	0	5	0
南京中医药大学	22	19	9	19	3	9	7	0	0	17	2	0	13	4	0
南京师范大学	23	40	15	40	13	18	9	0	0	38	2	0	24	14	0
江苏师范大学	24	22	6	22	9	8	5	0	0	19	3	0	15	4	0

续表

高校名称		总计		按职称划分						按最后学历划分			按最后学位划分		其他人员
			女性	小计	教授	副教授	讲师	助教	初级	研究生	本科生	其他	博士	硕士	
	编号	L01	L02	L03	L04	L05	L06	L07	L08	L09	L10	L11	L12	L13	L14
淮阴师范学院	25	2	2	2	0	0	2	0	0	2	0	0	0	2	0
盐城师范学院	26	12	4	12	0	6	6	0	0	12	0	0	7	5	0
南京财经大学	27	19	6	19	3	6	10	0	0	16	3	0	15	2	0
江苏警官学院	28	5	1	5	1	4	0	0	0	3	2	0	1	4	0
南京体育学院	29	4	1	4	1	1	2	0	0	4	0	0	2	2	0
苏州科技大学	30	21	5	21	4	5	12	0	0	21	0	0	15	6	0
常熟理工学院	31	2	0	2	1	1	0	0	0	2	0	0	2	0	0
淮阴工学院	32	13	4	13	3	5	5	0	0	10	3	0	3	8	0
常州工学院	33	6	1	6	0	0	6	0	0	4	2	0	2	3	0
扬州大学	34	18	7	18	2	1	15	0	0	18	0	0	17	1	0
南京工程学院	35	15	6	15	2	2	11	0	0	9	6	0	6	6	0
南京审计大学	36	20	14	20	0	4	15	1	0	18	2	0	10	8	0
南京晓庄学院	37	15	7	15	1	6	8	0	0	13	2	0	7	6	0
江苏理工学院	38	10	3	10	2	4	4	0	0	9	1	0	7	2	0
江苏海洋大学	39	12	5	12	1	0	9	2	0	11	1	0	7	4	0
徐州工程学院	40	15	9	15	1	5	8	1	0	15	0	0	4	11	0
南京特殊教育师范学院	41	2	0	2	0	1	0	1	0	2	0	0	0	2	0
泰州学院	42	3	2	3	0	1	0	2	0	3	0	0	1	2	0
金陵科技学院	43	4	2	4	0	3	0	1	0	3	1	0	2	1	0
江苏第二师范学院	44	4	1	4	1	1	1	1	0	4	0	0	3	1	0
南京工业职业技术大学	45	15	9	15	1	5	8	1	0	14	1	0	3	12	0
无锡学院	46	2	1	2	0	1	1	0	0	2	0	0	1	1	0
苏州城市学院	47	3	3	3	1	0	1	1	0	2	1	0	0	3	0
宿迁学院	48	4	3	4	1	3	0	0	0	4	0	0	1	3	0

2.4 逻辑学人文、社会科学活动人员情况表

高校名称		总计		按职称划分						按最后学历划分			按最后学位划分		其他人员
			女性	小计	教授	副教授	讲师	助教	初级	研究生	本科生	其他	博士	硕士	
	编号	L01	L02	L03	L04	L05	L06	L07	L08	L09	L10	L11	L12	L13	L14
合　计	/	31	13	31	7	5	15	4	0	28	3	0	11	18	0
南京大学	1	5	0	5	4	0	1	0	0	4	1	0	3	1	0
河海大学	2	1	1	1	0	1	0	0	0	1	0	0	0	1	0
江苏科技大学	3	1	0	1	0	0	1	0	0	0	1	0	0	0	0
南京工业大学	4	6	3	6	2	2	2	0	0	6	0	0	5	1	0
江苏大学	5	1	0	1	0	0	1	0	0	1	0	0	0	1	0
南京信息工程大学	6	1	0	1	1	0	0	0	0	1	0	0	1	0	0
南京中医药大学	7	1	1	1	0	0	1	0	0	1	0	0	0	1	0
淮阴师范学院	8	1	1	1	0	1	0	0	0	1	0	0	1	0	0
江苏警官学院	9	2	1	2	0	1	1	0	0	2	0	0	0	2	0
南京工程学院	10	5	2	5	0	0	5	0	0	4	1	0	0	5	0
南京审计大学	11	3	3	3	0	0	0	3	0	3	0	0	0	3	0
江苏海洋大学	12	1	0	1	0	0	1	0	0	1	0	0	0	1	0
南京工业职业技术大学	13	3	1	3	0	0	2	1	0	3	0	0	1	2	0

2.5 宗教学人文、社会科学活动人员情况表

高校名称	编号	总计		小计	按职称划分					按最后学历划分			按最后学位划分		其他人员
			女性		教授	副教授	讲师	助教	初级	研究生	本科生	其他	博士	硕士	
		L01	L02	L03	L04	L05	L06	L07	L08	L09	L10	L11	L12	L13	L14
合 计	/	32	9	32	11	12	9	0	0	30	2	0	29	2	0
南京大学	1	9	0	9	6	3	0	0	0	9	0	0	9	0	0
东南大学	2	3	2	3	0	2	1	0	0	3	0	0	3	0	0
南京农业大学	3	1	1	1	0	0	1	0	0	1	0	0	1	0	0
河海大学	4	1	0	1	1	0	0	0	0	1	0	0	1	0	0
苏州大学	5	4	1	4	3	0	1	0	0	4	0	0	4	0	0
南京工业大学	6	3	1	3	0	2	1	0	0	1	2	0	0	2	0
南京林业大学	7	1	1	1	0	0	1	0	0	1	0	0	1	0	0
南京信息工程大学	8	2	1	2	0	1	1	0	0	2	0	0	2	0	0
南通大学	9	1	0	1	0	1	0	0	0	1	0	0	1	0	0
江苏师范大学	10	1	0	1	1	0	0	0	0	1	0	0	1	0	0
江苏警官学院	11	2	0	2	0	1	1	0	0	2	0	0	2	0	0
淮阴工学院	12	1	1	1	0	1	0	0	0	1	0	0	1	0	0
扬州大学	13	3	1	3	0	1	2	0	0	3	0	0	3	0	0

2.6 语言学人文、社会科学活动人员情况表

高校名称		总计		按职称划分						按最后学历划分			按最后学位划分		其他人员
			女性	小计	教授	副教授	讲师	助教	初级	研究生	本科生	其他	博士	硕士	
	编号	L01	L02	L03	L04	L05	L06	L07	L08	L09	L10	L11	L12	L13	L14
合　计	/	3879	2778	3879	311	1212	2242	114	0	2869	1010	0	866	2255	0
南京大学	1	119	84	119	26	52	40	1	0	114	5	0	71	42	0
东南大学	2	132	92	132	17	53	59	3	0	113	19	0	43	70	0
江南大学	3	106	86	106	11	28	67	0	0	101	5	0	32	66	0
南京农业大学	4	83	71	83	6	22	52	3	0	64	19	0	13	53	0
中国矿业大学	5	46	29	46	2	22	21	1	0	42	4	0	8	37	0
河海大学	6	25	16	25	2	10	13	0	0	21	4	0	11	10	0
南京理工大学	7	58	41	58	3	12	41	2	0	47	11	0	19	27	0
南京航空航天大学	8	85	57	85	11	30	43	1	0	68	17	0	20	47	0
中国药科大学	9	47	32	47	2	10	25	10	0	39	8	0	4	34	0
南京森林警察学院	10	23	18	23	1	13	9	0	0	8	15	0	0	13	0
苏州大学	11	171	118	171	13	46	91	21	0	123	48	0	47	85	0
江苏科技大学	12	120	96	120	5	26	88	1	0	103	17	0	17	84	0
南京工业大学	13	29	23	29	1	11	17	0	0	24	5	0	7	19	0
常州大学	14	66	48	66	7	18	39	2	0	51	15	0	18	38	0
南京邮电大学	15	69	45	69	9	20	39	1	0	55	14	0	18	38	0
南京林业大学	16	72	54	72	7	24	41	0	0	62	10	0	15	47	0
江苏大学	17	147	110	147	7	49	91	0	0	84	63	0	27	66	0
南京信息工程大学	18	116	84	116	7	23	86	0	0	102	14	0	26	80	0
南通大学	19	135	95	135	15	72	48	0	0	90	45	0	25	93	0
盐城工学院	20	87	62	87	4	36	44	3	0	47	40	0	4	72	0
南京医科大学	21	47	39	47	0	11	34	2	0	32	15	0	2	31	0
徐州医科大学	22	40	26	40	0	10	30	0	0	20	20	0	1	19	0
南京中医药大学	23	46	35	46	2	11	33	0	0	27	19	0	11	23	0
南京师范大学	24	192	118	192	39	39	113	1	0	181	11	0	90	92	0
江苏师范大学	25	164	96	164	26	41	97	0	0	140	24	0	62	81	0

续表

高校名称	编号	总计		按职称划分						按最后学历划分			按最后学位划分		其他人员
			女性	小计	教授	副教授	讲师	助教	初级	研究生	本科生	其他	博士	硕士	
		L01	L02	L03	L04	L05	L06	L07	L08	L09	L10	L11	L12	L13	L14
淮阴师范学院	26	110	80	110	5	33	71	1	0	69	41	0	16	77	0
盐城师范学院	27	103	66	103	9	37	51	6	0	97	6	0	32	64	0
南京财经大学	28	73	47	73	4	29	40	0	0	46	27	0	8	41	0
江苏警官学院	29	36	28	36	1	13	20	2	0	18	18	0	7	20	0
南京体育学院	30	16	12	16	0	5	11	0	0	12	4	0	1	9	0
南京艺术学院	31	18	13	18	0	11	7	0	0	11	7	0	1	11	0
苏州科技大学	32	69	40	69	5	23	41	0	0	62	7	0	19	45	0
常熟理工学院	33	96	67	96	9	39	45	3	0	82	14	0	33	59	0
淮阴工学院	34	71	53	71	4	34	30	3	0	42	29	0	8	51	0
常州工学院	35	61	50	61	3	13	45	0	0	47	14	0	14	34	0
扬州大学	36	154	103	154	11	46	97	0	0	107	47	0	35	74	0
南京工程学院	37	66	48	66	2	16	44	4	0	34	32	0	1	37	0
南京审计大学	38	77	57	77	5	26	39	7	0	64	13	0	14	58	0
南京晓庄学院	39	113	91	113	8	27	78	0	0	68	45	0	12	57	0
江苏理工学院	40	96	66	96	4	21	68	3	0	65	31	0	18	50	0
江苏海洋大学	41	48	35	48	2	11	35	0	0	29	19	0	9	22	0
徐州工程学院	42	99	77	99	4	31	55	9	0	51	48	0	11	44	0
南京特殊教育师范学院	43	19	18	19	3	3	9	4	0	16	3	0	7	10	0
泰州学院	44	70	51	70	3	17	48	2	0	14	56	0	2	27	0
金陵科技学院	45	69	57	69	1	29	33	6	0	51	18	0	7	46	0
江苏第二师范学院	46	41	30	41	2	13	22	4	0	38	3	0	8	32	0
南京工业职业技术大学	47	31	25	31	1	10	18	2	0	22	9	0	3	25	0
无锡学院	48	13	10	13	0	4	7	2	0	11	2	0	3	9	0
苏州城市学院	49	31	20	31	0	5	22	4	0	28	3	0	4	25	0
宿迁学院	50	74	59	74	2	27	45	0	0	27	47	0	2	61	0

2.7 中国文学人文、社会科学活动人员情况表

高校名称		总计		按职称划分						按最后学历划分			按最后学位划分		其他人员
			女性	小计	教授	副教授	讲师	助教	初级	研究生	本科生	其他	博士	硕士	
	编号	L01	L02	L03	L04	L05	L06	L07	L08	L09	L10	L11	L12	L13	L14
合　计	/	1306	646	1306	287	498	503	18	0	1113	193	0	799	366	0
南京大学	1	57	9	57	30	15	12	0	0	54	3	0	54	0	0
东南大学	2	21	12	21	2	10	8	1	0	19	2	0	13	6	0
江南大学	3	32	19	32	7	15	9	1	0	32	0	0	23	6	0
南京农业大学	4	3	2	3	0	2	1	0	0	2	1	0	1	1	0
中国矿业大学	5	32	20	32	7	15	10	0	0	28	4	0	22	7	0
河海大学	6	4	1	4	2	1	1	0	0	4	0	0	1	3	0
南京理工大学	7	5	1	5	2	2	1	0	0	4	1	0	3	1	0
中国药科大学	8	1	0	1	0	1	0	0	0	0	1	0	0	0	0
苏州大学	9	58	20	58	24	23	11	0	0	57	1	0	48	10	0
江苏科技大学	10	14	9	14	1	3	10	0	0	8	6	0	3	8	0
南京工业大学	11	4	2	4	0	3	1	0	0	4	0	0	4	0	0
常州大学	12	16	9	16	1	3	12	0	0	16	0	0	9	7	0
南京邮电大学	13	9	7	9	0	7	2	0	0	6	3	0	3	4	0
南京林业大学	14	22	11	22	2	7	13	0	0	18	4	0	11	7	0
江苏大学	15	26	16	26	6	8	12	0	0	23	3	0	18	5	0
南京信息工程大学	16	44	33	44	3	24	17	0	0	42	2	0	39	3	0
南通大学	17	64	25	64	16	29	19	0	0	60	4	0	48	12	0
盐城工学院	18	16	8	16	4	11	1	0	0	10	6	0	4	11	0
南京医科大学	19	1	1	1	0	0	1	0	0	1	0	0	0	1	0
徐州医科大学	20	11	9	11	0	1	10	0	0	8	3	0	0	9	0
南京中医药大学	21	2	1	2	0	0	2	0	0	2	0	0	2	0	0
南京师范大学	22	104	50	104	35	39	29	1	0	101	3	0	84	17	0
江苏师范大学	23	64	26	64	25	23	16	0	0	59	5	0	44	15	0
淮阴师范学院	24	68	28	68	16	27	25	0	0	55	13	0	32	27	0

续表

高校名称	编号	总计	女性	按职称划分 小计	教授	副教授	讲师	助教	初级	按最后学历划分 研究生	本科生	其他	按最后学位划分 博士	硕士	其他人员
		L01	L02	L03	L04	L05	L06	L07	L08	L09	L10	L11	L12	L13	L14
盐城师范学院	25	62	35	62	10	26	21	5	0	48	14	0	35	18	0
南京财经大学	26	26	20	26	4	8	14	0	0	23	3	0	13	11	0
江苏警官学院	27	15	5	15	3	4	8	0	0	11	4	0	5	9	0
南京体育学院	28	3	2	3	0	0	2	1	0	3	0	0	0	3	0
南京艺术学院	29	4	3	4	1	3	0	0	0	3	1	0	3	1	0
苏州科技大学	30	33	15	33	8	11	14	0	0	30	3	0	22	9	0
常熟理工学院	31	20	11	20	5	6	8	1	0	20	0	0	14	6	0
淮阴工学院	32	16	9	16	1	5	10	0	0	10	6	0	6	7	0
常州工学院	33	34	17	34	7	12	15	0	0	20	14	0	15	10	0
扬州大学	34	80	26	80	20	25	35	0	0	77	3	0	70	7	0
南京工程学院	35	11	5	11	0	1	9	1	0	10	1	0	1	9	0
南京审计大学	36	21	11	21	2	7	10	2	0	16	5	0	10	6	0
南京晓庄学院	37	53	28	53	11	24	16	2	0	43	10	0	27	16	0
江苏理工学院	38	25	12	25	9	5	11	0	0	25	0	0	17	8	0
江苏海洋大学	39	40	19	40	6	12	20	2	0	30	10	0	18	16	0
徐州工程学院	40	54	41	54	4	14	35	1	0	41	13	0	17	28	0
南京特殊教育师范学院	41	9	7	9	0	6	3	0	0	8	1	0	3	5	0
泰州学院	42	38	17	38	2	21	15	0	0	8	30	0	7	11	0
金陵科技学院	43	23	11	23	3	13	7	0	0	18	5	0	12	7	0
江苏第二师范学院	44	34	18	34	7	14	13	0	0	34	0	0	28	6	0
南京工业职业技术大学	45	4	3	4	0	0	4	0	0	4	0	0	3	1	0
无锡学院	46	1	0	1	0	0	1	0	0	1	0	0	0	1	0
苏州城市学院	47	5	2	5	1	3	1	0	0	5	0	0	4	1	0
宿迁学院	48	17	10	17	0	9	8	0	0	12	5	0	3	10	0

2.8 外国文学人文、社会科学活动人员情况表

高校名称		总计		按职称划分						按最后学历划分			按最后学位划分		其他人员
			女性	小计	教授	副教授	讲师	助教	初级	研究生	本科生	其他	博士	硕士	
	编号	L01	L02	L03	L04	L05	L06	L07	L08	L09	L10	L11	L12	L13	L14
合　计	/	997	711	997	133	292	542	30	0	794	203	0	351	510	0
南京大学	1	76	40	76	21	24	31	0	0	74	2	0	65	9	0
东南大学	2	23	19	23	6	7	9	1	0	21	2	0	19	2	0
江南大学	3	4	2	4	2	0	2	0	0	4	0	0	2	2	0
南京农业大学	4	6	5	6	0	2	4	0	0	6	0	0	6	0	0
中国矿业大学	5	74	50	74	8	30	36	0	0	66	8	0	13	55	0
河海大学	6	5	3	5	2	1	2	0	0	5	0	0	3	2	0
南京理工大学	7	17	13	17	2	2	12	1	0	16	1	0	8	8	0
南京航空航天大学	8	16	12	16	0	8	8	0	0	16	0	0	12	4	0
中国药科大学	9	9	5	9	0	0	7	2	0	3	6	0	0	3	0
南京森林警察学院	10	3	3	3	0	0	3	0	0	3	0	0	0	3	0
苏州大学	11	45	29	45	12	6	22	5	0	43	2	0	24	17	0
江苏科技大学	12	25	15	25	1	8	16	0	0	22	3	0	5	17	0
南京工业大学	13	13	8	13	0	7	6	0	0	10	3	0	8	4	0
常州大学	14	7	5	7	1	1	2	3	0	7	0	0	4	3	0
南京邮电大学	15	31	22	31	2	11	18	0	0	28	3	0	19	9	0
南京林业大学	16	2	1	2	0	2	0	0	0	1	1	0	1	1	0
江苏大学	17	8	4	8	1	5	1	1	0	8	0	0	2	6	0
南京信息工程大学	18	26	15	26	8	7	11	0	0	25	1	0	8	18	0
南通大学	19	58	41	58	4	22	32	0	0	41	17	0	15	34	0
南京医科大学	20	3	2	3	0	1	2	0	0	3	0	0	1	2	0
徐州医科大学	21	1	1	1	0	0	1	0	0	1	0	0	0	1	0
南京中医药大学	22	8	6	8	0	1	7	0	0	1	7	0	0	3	0
南京师范大学	23	84	67	84	22	22	38	2	0	83	1	0	50	33	0
江苏师范大学	24	43	33	43	6	16	21	0	0	40	3	0	12	30	0

续表

高校名称		总计		按职称划分						按最后学历划分			按最后学位划分		其他人员
			女性	小计	教授	副教授	讲师	助教	初级	研究生	本科生	其他	博士	硕士	
	编号	L01	L02	L03	L04	L05	L06	L07	L08	L09	L10	L11	L12	L13	L14
淮阴师范学院	25	27	21	27	4	8	15	0	0	18	9	0	4	20	0
盐城师范学院	26	16	11	16	4	8	2	2	0	15	1	0	5	11	0
南京财经大学	27	8	6	8	0	2	6	0	0	8	0	0	2	6	0
江苏警官学院	28	1	1	1	0	0	1	0	0	1	0	0	0	1	0
南京体育学院	29	9	6	9	0	0	9	0	0	2	7	0	0	2	0
南京艺术学院	30	1	1	1	0	0	0	1	0	1	0	0	0	1	0
苏州科技大学	31	16	11	16	3	7	6	0	0	16	0	0	12	4	0
常熟理工学院	32	11	10	11	0	4	7	0	0	10	1	0	1	10	0
淮阴工学院	33	15	13	15	2	4	9	0	0	7	8	0	1	12	0
常州工学院	34	30	22	30	1	10	19	0	0	16	14	0	5	14	0
扬州大学	35	39	25	39	7	8	24	0	0	27	12	0	12	15	0
南京工程学院	36	23	16	23	1	3	14	5	0	19	4	0	5	17	0
南京审计大学	37	25	22	25	2	5	14	4	0	21	4	0	5	19	0
南京晓庄学院	38	5	3	5	1	1	3	0	0	5	0	0	0	5	0
江苏理工学院	39	16	12	16	2	8	6	0	0	9	7	0	2	7	0
江苏海洋大学	40	72	53	72	2	24	45	1	0	35	37	0	6	43	0
徐州工程学院	41	38	29	38	3	8	27	0	0	19	19	0	3	17	0
南京特殊教育师范学院	42	19	18	19	0	4	14	1	0	11	8	0	0	16	0
泰州学院	43	7	4	7	1	1	5	0	0	2	5	0	1	3	0
金陵科技学院	44	7	5	7	1	1	5	0	0	7	0	0	0	7	0
江苏第二师范学院	45	12	10	12	1	2	8	1	0	12	0	0	8	4	0
南京工业职业技术大学	46	1	1	1	0	0	1	0	0	1	0	0	1	0	0
无锡学院	47	1	1	1	0	0	1	0	0	1	0	0	0	1	0
苏州城市学院	48	3	2	3	0	1	2	0	0	3	0	0	1	2	0
宿迁学院	49	8	7	8	0	0	8	0	0	1	7	0	0	7	0

2.9 艺术学人文、社会科学活动人员情况表

高校名称		总计		按职称划分						按最后学历划分			按最后学位划分		其他
			女性	小计	教授	副教授	讲师	助教	初级	研究生	本科生	其他	博士	硕士	人员
	编号	L01	L02	L03	L04	L05	L06	L07	L08	L09	L10	L11	L12	L13	L14
合　计	/	3744	1999	3744	497	1261	1688	296	2	2814	929	1	928	2167	0
南京大学	1	46	21	46	18	14	14	0	0	43	3	0	41	2	0
东南大学	2	71	31	71	19	22	27	3	0	69	2	0	53	16	0
江南大学	3	208	108	208	33	121	52	2	0	208	0	0	71	110	0
南京农业大学	4	19	9	19	3	2	13	1	0	14	5	0	3	11	0
中国矿业大学	5	60	34	60	9	25	26	0	0	51	9	0	14	44	0
河海大学	6	5	3	5	1	0	4	0	0	4	1	0	0	4	0
南京理工大学	7	47	22	47	4	12	28	3	0	46	1	0	26	20	0
南京航空航天大学	8	53	25	53	9	14	28	2	0	35	18	0	17	18	0
南京森林警察学院	9	5	2	5	1	3	1	0	0	4	1	0	0	4	0
苏州大学	10	110	53	110	21	37	43	9	0	70	40	0	27	46	0
江苏科技大学	11	13	7	13	0	2	10	1	0	10	3	0	1	10	0
南京工业大学	12	28	11	28	4	11	12	1	0	28	0	0	13	15	0
常州大学	13	72	38	72	9	15	34	14	0	63	9	0	13	53	0
南京邮电大学	14	30	20	30	4	15	11	0	0	28	2	0	11	17	0
南京林业大学	15	106	65	106	14	28	61	3	0	100	6	0	43	57	0
江苏大学	16	63	32	63	4	32	24	3	0	44	19	0	13	32	0
南京信息工程大学	17	59	26	59	8	18	33	0	0	55	4	0	18	40	0
南通大学	18	157	84	157	22	66	63	6	0	109	48	0	50	82	0
盐城工学院	19	48	22	48	5	16	26	1	0	24	24	0	6	39	0
南京医科大学	20	1	1	1	0	0	1	0	0	0	1	0	0	0	0
徐州医科大学	21	4	4	4	0	0	4	0	0	2	2	0	0	2	0
南京中医药大学	22	3	3	3	0	1	2	0	0	3	0	0	1	2	0
南京师范大学	23	193	92	193	46	63	58	26	0	159	34	0	59	101	0
江苏师范大学	24	125	60	125	20	53	52	0	0	78	47	0	32	48	0

续表

高校名称		总计		按职称划分						按最后学历划分			按最后学位划分		其他
			女性	小计	教授	副教授	讲师	助教	初级	研究生	本科生	其他	博士	硕士	人员
	编号	L01	L02	L03	L04	L05	L06	L07	L08	L09	L10	L11	L12	L13	L14
淮阴师范学院	25	152	71	152	12	47	80	13	0	104	48	0	24	95	0
盐城师范学院	26	105	58	105	11	36	40	18	0	77	28	0	15	67	0
南京财经大学	27	51	25	51	4	16	31	0	0	46	5	0	14	34	0
江苏警官学院	28	2	1	2	0	0	2	0	0	2	0	0	1	1	0
南京体育学院	29	6	5	6	0	0	3	3	0	6	0	0	2	4	0
南京艺术学院	30	549	275	549	108	194	203	44	0	410	138	1	143	339	0
苏州科技大学	31	98	51	98	11	39	45	3	0	79	19	0	26	54	0
常熟理工学院	32	106	55	106	12	42	48	4	0	70	36	0	26	72	0
淮阴工学院	33	56	26	56	5	23	23	5	0	31	25	0	5	44	0
常州工学院	34	88	51	88	6	25	53	4	0	64	24	0	24	46	0
扬州大学	35	113	66	113	18	26	69	0	0	88	25	0	30	59	0
南京工程学院	36	81	41	81	5	22	48	6	0	57	24	0	13	57	0
南京审计大学	37	21	13	21	0	5	12	4	0	13	8	0	1	17	0
南京晓庄学院	38	108	71	108	7	35	63	3	0	71	37	0	13	62	0
江苏理工学院	39	75	43	75	7	23	38	7	0	43	32	0	8	39	0
江苏海洋大学	40	36	19	36	0	5	28	3	0	26	10	0	0	26	0
徐州工程学院	41	100	64	100	3	30	49	18	0	54	46	0	11	51	0
南京特殊教育师范学院	42	79	56	79	3	26	29	21	0	55	24	0	17	40	0
泰州学院	43	85	48	85	8	23	29	25	0	43	42	0	7	54	0
金陵科技学院	44	72	46	72	6	25	31	10	0	46	26	0	8	50	0
江苏第二师范学院	45	89	56	89	8	29	40	12	0	78	11	0	10	68	0
南京工业职业技术大学	46	68	41	68	3	8	48	9	0	50	18	0	6	58	0
无锡学院	47	11	5	11	2	2	4	1	2	8	3	0	1	10	0
苏州城市学院	48	16	13	16	1	1	14	0	0	15	1	0	0	15	0
宿迁学院	49	51	26	51	3	9	31	8	0	31	20	0	11	32	0

2.10 历史学人文、社会科学活动人员情况表

高校名称		总计		按职称划分						按最后学历划分			按最后学位划分		其他
			女性	小计	教授	副教授	讲师	助教	初级	研究生	本科生	其他	博士	硕士	人员
	编号	L01	L02	L03	L04	L05	L06	L07	L08	L09	L10	L11	L12	L13	L14
合　计	/	671	226	671	158	215	282	16	0	624	47	0	488	141	0
南京大学	1	75	17	75	35	21	19	0	0	74	1	0	74	0	0
东南大学	2	8	2	8	1	2	5	0	0	8	0	0	7	1	0
江南大学	3	14	2	14	4	2	8	0	0	14	0	0	12	2	0
南京农业大学	4	20	6	20	4	6	9	1	0	19	1	0	14	5	0
河海大学	5	3	2	3	0	2	1	0	0	3	0	0	3	0	0
南京理工大学	6	9	0	9	2	3	4	0	0	8	1	0	7	1	0
南京航空航天大学	7	5	3	5	0	1	3	1	0	5	0	0	4	1	0
中国药科大学	8	4	2	4	0	1	3	0	0	4	0	0	3	1	0
南京森林警察学院	9	1	0	1	0	0	1	0	0	1	0	0	0	1	0
苏州大学	10	38	13	38	16	12	10	0	0	37	1	0	34	3	0
江苏科技大学	11	11	4	11	0	6	5	0	0	11	0	0	7	4	0
南京工业大学	12	2	0	2	0	1	1	0	0	2	0	0	2	0	0
常州大学	13	10	3	10	3	0	7	0	0	10	0	0	8	2	0
南京邮电大学	14	13	6	13	2	8	3	0	0	10	3	0	9	1	0
南京林业大学	15	4	2	4	1	1	2	0	0	4	0	0	2	2	0
江苏大学	16	16	8	16	1	7	7	1	0	15	1	0	12	4	0
南京信息工程大学	17	18	3	18	5	1	12	0	0	18	0	0	15	3	0
南通大学	18	28	7	28	2	8	16	2	0	27	1	0	22	5	0
盐城工学院	19	7	3	7	2	3	2	0	0	7	0	0	6	1	0
南京医科大学	20	1	0	1	0	1	0	0	0	1	0	0	1	0	0
徐州医科大学	21	2	1	2	0	0	2	0	0	2	0	0	1	1	0
南京中医药大学	22	9	5	9	2	3	4	0	0	9	0	0	7	2	0
南京师范大学	23	52	17	52	18	13	19	2	0	49	3	0	45	4	0
江苏师范大学	24	43	17	43	12	17	14	0	0	40	3	0	37	3	0

续表

高校名称		总计		按职称划分						按最后学历划分			按最后学位划分		其他人员
			女性	小计	教授	副教授	讲师	助教	初级	研究生	本科生	其他	博士	硕士	
	编号	L01	L02	L03	L04	L05	L06	L07	L08	L09	L10	L11	L12	L13	L14
淮阴师范学院	25	27	7	27	8	10	8	1	0	25	2	0	17	8	0
盐城师范学院	26	23	11	23	4	9	6	4	0	20	3	0	10	12	0
南京财经大学	27	12	6	12	1	2	9	0	0	11	1	0	8	3	0
江苏警官学院	28	2	0	2	1	0	1	0	0	2	0	0	2	0	0
南京体育学院	29	1	0	1	0	1	0	0	0	0	1	0	0	0	0
南京艺术学院	30	1	1	1	0	0	1	0	0	1	0	0	0	1	0
苏州科技大学	31	35	12	35	11	7	17	0	0	33	2	0	26	7	0
常熟理工学院	32	5	2	5	1	4	0	0	0	4	1	0	3	1	0
淮阴工学院	33	8	2	8	0	4	4	0	0	8	0	0	4	4	0
常州工学院	34	8	4	8	0	1	7	0	0	6	2	0	4	2	0
扬州大学	35	55	13	55	13	21	21	0	0	51	4	0	44	8	0
南京工程学院	36	6	1	6	0	1	4	1	0	5	1	0	1	4	0
南京审计大学	37	11	2	11	1	2	8	0	0	11	0	0	7	4	0
南京晓庄学院	38	13	5	13	4	5	4	0	0	11	2	0	7	4	0
江苏理工学院	39	8	2	8	1	2	5	0	0	6	2	0	4	2	0
江苏海洋大学	40	6	0	6	0	2	3	1	0	5	1	0	2	4	0
徐州工程学院	41	18	14	18	0	8	10	0	0	13	5	0	2	11	0
南京特殊教育师范学院	42	2	2	2	0	1	0	1	0	2	0	0	1	1	0
泰州学院	43	9	6	9	0	7	2	0	0	6	3	0	1	5	0
金陵科技学院	44	6	3	6	0	4	2	0	0	5	1	0	4	1	0
江苏第二师范学院	45	10	3	10	3	4	3	0	0	9	1	0	4	5	0
南京工业职业技术大学	46	8	7	8	0	0	7	1	0	8	0	0	5	3	0
无锡学院	47	1	0	1	0	0	1	0	0	1	0	0	0	1	0
宿迁学院	48	3	0	3	0	1	2	0	0	3	0	0	0	3	0

2.11 考古学人文、社会科学活动人员情况表

高校名称		总计		按职称划分						按最后学历划分			按最后学位划分		其他人员
			女性	小计	教授	副教授	讲师	助教	初级	研究生	本科生	其他	博士	硕士	
	编号	L01	L02	L03	L04	L05	L06	L07	L08	L09	L10	L11	L12	L13	L14
合　计	/	32	8	32	8	10	14	0	0	29	3	0	25	4	0
南京大学	1	10	2	10	6	3	1	0	0	8	2	0	8	0	0
江苏大学	2	1	0	1	0	0	1	0	0	1	0	0	1	0	0
南京信息工程大学	3	3	0	3	0	2	1	0	0	3	0	0	3	0	0
南京师范大学	4	7	1	7	2	1	4	0	0	6	1	0	5	1	0
江苏师范大学	5	5	3	5	0	3	2	0	0	5	0	0	4	1	0
淮阴师范学院	6	1	1	1	0	0	1	0	0	1	0	0	0	1	0
淮阴工学院	7	1	0	1	0	0	1	0	0	1	0	0	1	0	0
南京工程学院	8	1	0	1	0	0	1	0	0	1	0	0	0	1	0
南京特殊教育师范学院	9	1	1	1	0	0	1	0	0	1	0	0	1	0	0
江苏第二师范学院	10	1	0	1	0	1	0	0	0	1	0	0	1	0	0
南京工业职业技术大学	11	1	0	1	0	0	1	0	0	1	0	0	1	0	0

2.12 经济学人文、社会科学活动人员情况表

高校名称		总计		按职称划分						按最后学历划分			按最后学位划分		其他
			女性	小计	教授	副教授	讲师	助教	初级	研究生	本科生	其他	博士	硕士	人员
	编号	L01	L02	L03	L04	L05	L06	L07	L08	L09	L10	L11	L12	L13	L14
合　计	/	3122	1474	3122	550	1053	1455	64	0	2609	512	1	1675	1083	0
南京大学	1	97	22	97	34	29	34	0	0	97	0	0	94	3	0
东南大学	2	96	40	96	19	43	29	5	0	82	14	0	64	20	0
江南大学	3	43	19	43	8	23	12	0	0	43	0	0	31	10	0
南京农业大学	4	60	32	60	20	20	17	3	0	59	1	0	53	6	0
中国矿业大学	5	35	18	35	6	14	15	0	0	31	4	0	20	15	0
河海大学	6	68	22	68	20	21	27	0	0	66	2	0	47	19	0
南京理工大学	7	61	35	61	12	30	19	0	0	56	5	0	37	23	0
南京航空航天大学	8	32	15	32	13	13	6	0	0	31	1	0	19	12	0
中国药科大学	9	23	9	23	3	11	9	0	0	22	1	0	15	7	0
苏州大学	10	87	47	87	18	44	25	0	0	69	18	0	45	31	0
江苏科技大学	11	99	52	99	7	34	57	1	0	59	40	0	32	34	0
南京工业大学	12	12	6	12	2	5	5	0	0	7	5	0	3	7	0
常州大学	13	43	18	43	10	13	20	0	0	36	7	0	26	12	0
南京邮电大学	14	48	26	48	5	16	27	0	0	46	2	0	28	18	0
南京林业大学	15	40	17	40	9	14	17	0	0	37	3	0	18	19	0
江苏大学	16	96	50	96	12	37	43	4	0	72	24	0	36	37	0
南京信息工程大学	17	84	49	84	13	27	44	0	0	74	10	0	60	16	0
南通大学	18	77	35	77	17	37	23	0	0	64	13	0	32	37	0
盐城工学院	19	32	15	32	7	13	12	0	0	22	10	0	12	18	0
南京医科大学	20	1	0	1	1	0	0	0	0	1	0	0	0	1	0
徐州医科大学	21	4	3	4	2	0	2	0	0	2	2	0	1	2	0
南京中医药大学	22	19	13	19	3	7	9	0	0	18	1	0	5	13	0

南京师范大学	23	97	38	97	25	30	41	1	0	87	10	0	58	30	0
江苏师范大学	24	91	37	91	23	28	40	0	0	76	15	0	54	30	0
淮阴师范学院	25	66	28	66	10	24	30	2	0	55	11	0	34	23	0
盐城师范学院	26	60	33	60	6	14	34	6	0	57	3	0	21	39	0
南京财经大学	27	418	186	418	70	126	221	1	0	375	43	0	275	102	0
江苏警官学院	28	7	2	7	3	0	4	0	0	4	3	0	2	2	0
南京体育学院	29	11	6	11	5	2	3	1	0	3	8	0	2	2	0
苏州科技大学	30	47	25	47	10	20	17	0	0	47	0	0	36	11	0
常熟理工学院	31	21	8	21	4	11	6	0	0	18	3	0	13	8	0
淮阴工学院	32	61	29	61	9	19	32	1	0	36	24	1	21	33	0
常州工学院	33	43	18	43	9	12	20	2	0	26	17	0	14	16	0
扬州大学	34	138	53	138	22	51	65	0	0	103	35	0	54	52	0
南京工程学院	35	79	37	79	2	12	61	4	0	59	20	0	13	52	0
南京审计大学	36	373	173	373	65	106	193	9	0	339	34	0	270	85	0
南京晓庄学院	37	42	24	42	2	16	24	0	0	41	1	0	17	24	0
江苏理工学院	38	91	50	91	13	35	38	5	0	52	39	0	26	36	0
江苏海洋大学	39	41	17	41	2	13	23	3	0	28	13	0	11	20	0
徐州工程学院	40	93	48	93	8	33	46	6	0	55	38	0	20	44	0
南京特殊教育师范学院	41	3	3	3	0	1	2	0	0	3	0	0	2	1	0
泰州学院	42	13	8	13	3	2	7	1	0	8	5	0	4	4	0
金陵科技学院	43	41	26	41	5	14	22	0	0	32	9	0	16	22	0
江苏第二师范学院	44	9	5	9	1	1	7	0	0	9	0	0	5	4	0
南京工业职业技术大学	45	56	37	56	4	12	38	2	0	42	14	0	11	38	0
无锡学院	46	16	6	16	4	7	4	1	0	15	1	0	8	7	0
苏州城市学院	47	17	14	17	1	5	11	0	0	17	0	0	4	13	0
宿迁学院	48	31	20	31	3	8	14	6	0	28	3	0	6	25	0

2.13 政治学人文、社会科学活动人员情况表

高校名称		总计		按职称划分						按最后学历划分			按最后学位划分		其他人员
			女性	小计	教授	副教授	讲师	助教	初级	研究生	本科生	其他	博士	硕士	
	编号	L01	L02	L03	L04	L05	L06	L07	L08	L09	L10	L11	L12	L13	L14
合　计	/	426	180	426	79	157	177	13	0	355	71	0	204	181	0
南京大学	1	39	15	39	6	16	17	0	0	39	0	0	39	0	0
东南大学	2	21	9	21	2	7	11	1	0	19	2	0	12	7	0
江南大学	3	5	2	5	1	3	1	0	0	5	0	0	5	0	0
南京农业大学	4	4	1	4	1	2	1	0	0	3	1	0	1	3	0
中国矿业大学	5	5	3	5	2	1	2	0	0	5	0	0	5	0	0
河海大学	6	13	6	13	5	5	3	0	0	13	0	0	9	4	0
南京理工大学	7	5	1	5	1	2	2	0	0	5	0	0	5	0	0
南京航空航天大学	8	10	5	10	3	6	1	0	0	10	0	0	7	3	0
中国药科大学	9	1	1	1	0	0	1	0	0	1	0	0	1	0	0
南京森林警察学院	10	9	2	9	0	6	3	0	0	7	2	0	3	5	0
苏州大学	11	19	8	19	10	3	5	1	0	19	0	0	9	8	0
江苏科技大学	12	14	6	14	2	3	7	2	0	11	3	0	4	7	0
南京工业大学	13	8	4	8	0	5	2	1	0	7	1	0	3	5	0
常州大学	14	7	1	7	2	0	5	0	0	7	0	0	4	3	0
南京邮电大学	15	7	3	7	3	2	2	0	0	7	0	0	4	3	0
江苏大学	16	8	3	8	3	3	2	0	0	6	2	0	5	1	0
南京信息工程大学	17	13	6	13	3	4	6	0	0	10	3	0	6	6	0
南通大学	18	14	5	14	3	8	2	1	0	11	3	0	7	6	0
徐州医科大学	19	3	2	3	0	2	1	0	0	2	1	0	2	1	0
南京中医药大学	20	4	2	4	0	0	4	0	0	3	1	0	1	2	0
南京师范大学	21	28	11	28	6	10	12	0	0	28	0	0	15	13	0

江苏师范大学	22	13	5	13	2	7	4	0	0	12	1	0	6	6	0
淮阴师范学院	23	10	4	10	2	2	6	0	0	7	3	0	2	7	0
盐城师范学院	24	17	7	17	0	7	7	3	0	15	2	0	4	12	0
南京财经大学	25	11	5	11	0	3	8	0	0	11	0	0	8	3	0
江苏警官学院	26	7	4	7	0	3	4	0	0	6	1	0	4	3	0
南京体育学院	27	3	2	3	0	0	3	0	0	3	0	0	0	3	0
苏州科技大学	28	14	7	14	2	4	8	0	0	14	0	0	7	7	0
常熟理工学院	29	1	0	1	1	0	0	0	0	1	0	0	0	1	0
淮阴工学院	30	13	5	13	4	5	4	0	0	6	7	0	0	11	0
常州工学院	31	4	2	4	1	2	1	0	0	3	1	0	1	3	0
扬州大学	32	13	5	13	3	5	5	0	0	10	3	0	6	4	0
南京工程学院	33	19	10	19	1	6	11	1	0	12	7	0	2	12	0
南京审计大学	34	13	5	13	2	3	8	0	0	13	0	0	10	3	0
南京晓庄学院	35	4	2	4	2	0	1	1	0	3	1	0	0	3	0
江苏理工学院	36	4	0	4	1	2	1	0	0	2	2	0	1	2	0
江苏海洋大学	37	4	1	4	0	2	2	0	0	3	1	0	1	3	0
徐州工程学院	38	9	4	9	1	4	4	0	0	2	7	0	0	6	0
泰州学院	39	11	4	11	1	8	2	0	0	0	11	0	0	6	0
金陵科技学院	40	10	5	10	1	5	4	0	0	5	5	0	2	3	0
江苏第二师范学院	41	2	2	2	1	0	1	0	0	2	0	0	1	1	0
南京工业职业技术大学	42	3	2	3	0	1	1	1	0	3	0	0	0	3	0
无锡学院	43	2	2	2	0	0	2	0	0	2	0	0	1	1	0
苏州城市学院	44	2	1	2	1	0	0	1	0	2	0	0	1	1	0

2.14 法学人文、社会科学活动人员情况表

高校名称		总计		按职称划分						按最后学历划分			按最后学位划分		其他
			女性	小计	教授	副教授	讲师	助教	初级	研究生	本科生	其他	博士	硕士	人员
	编号	L01	L02	L03	L04	L05	L06	L07	L08	L09	L10	L11	L12	L13	L14
合　计	/	1490	592	1490	286	572	597	35	0	1188	302	0	726	585	0
南京大学	1	72	25	72	29	29	14	0	0	70	2	0	66	4	0
东南大学	2	72	25	72	19	32	16	5	0	70	2	0	64	6	0
江南大学	3	33	16	33	2	20	11	0	0	33	0	0	19	12	0
南京农业大学	4	22	7	22	4	8	10	0	0	21	1	0	10	12	0
中国矿业大学	5	15	6	15	1	3	11	0	0	11	4	0	7	6	0
河海大学	6	47	18	47	8	23	16	0	0	47	0	0	39	8	0
南京理工大学	7	26	8	26	5	13	8	0	0	23	3	0	18	4	0
南京航空航天大学	8	36	16	36	6	14	15	1	0	34	2	0	22	11	0
中国药科大学	9	9	2	9	4	2	3	0	0	6	3	0	4	2	0
南京森林警察学院	10	75	34	75	10	31	33	1	0	56	19	0	6	61	0
苏州大学	11	67	12	67	23	28	16	0	0	60	7	0	52	11	0
江苏科技大学	12	9	4	9	1	4	4	0	0	5	4	0	1	5	0
南京工业大学	13	27	10	27	8	12	5	2	0	25	2	0	12	13	0
常州大学	14	50	22	50	14	10	25	1	0	45	5	0	33	16	0
南京邮电大学	15	14	11	14	1	7	6	0	0	13	1	0	7	7	0
南京林业大学	16	12	10	12	2	1	9	0	0	10	2	0	3	7	0
江苏大学	17	55	25	55	8	26	19	2	0	50	5	0	22	28	0
南京信息工程大学	18	40	20	40	5	14	21	0	0	39	1	0	25	15	0
南通大学	19	30	16	30	5	14	11	0	0	23	7	0	6	22	0
南京医科大学	20	2	1	2	0	1	1	0	0	2	0	0	1	1	0
徐州医科大学	21	14	7	14	0	3	11	0	0	5	9	0	0	9	0

南京中医药大学	22	12	5	12	4	3	5	0	0	11	1	0	5	6	0
南京师范大学	23	93	27	93	31	29	32	1	0	88	5	0	68	20	0
江苏师范大学	24	42	11	42	11	17	14	0	0	23	19	0	19	16	0
淮阴师范学院	25	42	13	42	8	17	16	1	0	39	3	0	18	23	0
盐城师范学院	26	28	14	28	1	17	10	0	0	26	2	0	13	14	0
南京财经大学	27	65	23	65	14	21	30	0	0	60	5	0	36	25	0
江苏警官学院	28	122	46	122	15	50	51	6	0	39	83	0	19	63	0
南京体育学院	29	3	2	3	1	0	1	1	0	2	1	0	0	2	0
苏州科技大学	30	7	3	7	0	2	5	0	0	7	0	0	3	4	0
常熟理工学院	31	2	0	2	1	1	0	0	0	2	0	0	2	0	0
淮阴工学院	32	14	6	14	3	5	6	0	0	13	1	0	6	8	0
常州工学院	33	13	8	13	1	3	6	3	0	6	7	0	1	10	0
扬州大学	34	56	21	56	15	22	19	0	0	43	13	0	31	13	0
南京工程学院	35	16	5	16	0	3	13	0	0	9	7	0	1	10	0
南京审计大学	36	85	36	85	16	29	35	5	0	77	8	0	49	30	0
南京晓庄学院	37	10	6	10	0	2	7	1	0	9	1	0	6	3	0
江苏理工学院	38	5	2	5	1	1	3	0	0	4	1	0	2	2	0
江苏海洋大学	39	32	12	32	1	11	19	1	0	15	17	0	9	11	0
徐州工程学院	40	32	15	32	1	11	17	3	0	9	23	0	2	13	0
泰州学院	41	14	5	14	2	8	4	0	0	8	6	0	3	9	0
金陵科技学院	42	17	9	17	1	7	9	0	0	9	8	0	0	12	0
江苏第二师范学院	43	11	7	11	0	4	7	0	0	7	4	0	1	7	0
南京工业职业技术大学	44	9	6	9	0	3	6	0	0	7	2	0	5	2	0
无锡学院	45	6	2	6	0	4	1	1	0	5	1	0	0	6	0
苏州城市学院	46	19	9	19	3	4	12	0	0	18	1	0	9	9	0
宿迁学院	47	8	4	8	1	3	4	0	0	4	4	0	1	7	0

2.15 社会学人文、社会科学活动人员情况表

高校名称		总计		按职称划分						按最后学历划分			按最后学位划分		其他人员
			女性	小计	教授	副教授	讲师	助教	初级	研究生	本科生	其他	博士	硕士	
	编号	L01	L02	L03	L04	L05	L06	L07	L08	L09	L10	L11	L12	L13	L14
合　计	/	744	368	744	119	254	357	14	0	662	81	1	421	269	0
南京大学	1	46	14	46	21	15	10	0	0	46	0	0	45	1	0
东南大学	2	21	11	21	2	8	10	1	0	21	0	0	17	4	0
江南大学	3	19	11	19	4	7	8	0	0	19	0	0	16	3	0
南京农业大学	4	23	15	23	3	12	7	1	0	20	3	0	15	5	0
中国矿业大学	5	1	1	1	0	0	1	0	0	1	0	0	0	1	0
河海大学	6	64	24	64	22	24	18	0	0	63	1	0	51	12	0
南京理工大学	7	18	7	18	3	7	8	0	0	18	0	0	16	2	0
南京航空航天大学	8	8	3	8	0	3	5	0	0	8	0	0	7	1	0
南京森林警察学院	9	4	2	4	0	2	2	0	0	3	1	0	0	4	0
苏州大学	10	31	11	31	9	13	9	0	0	30	1	0	18	12	0
江苏科技大学	11	24	11	24	2	5	16	1	0	19	5	0	8	11	0
南京工业大学	12	7	3	7	0	3	4	0	0	6	1	0	3	4	0
常州大学	13	31	12	31	6	6	18	1	0	30	1	0	20	10	0
南京邮电大学	14	49	25	49	5	19	25	0	0	47	2	0	33	14	0
南京林业大学	15	8	4	8	2	2	4	0	0	8	0	0	6	2	0
江苏大学	16	2	1	2	1	1	0	0	0	2	0	0	1	1	0
南京信息工程大学	17	25	16	25	2	6	17	0	0	24	1	0	17	7	0
南通大学	18	21	11	21	4	12	5	0	0	20	1	0	16	4	0
盐城工学院	19	1	1	1	0	1	0	0	0	1	0	0	1	0	0
南京医科大学	20	6	5	6	0	3	3	0	0	6	0	0	1	5	0
徐州医科大学	21	12	10	12	0	3	9	0	0	10	2	0	4	6	0

南京中医药大学	22	17	14	17	1	6	10	0	0	15	2	0	6	11	0
南京师范大学	23	29	12	29	10	10	9	0	0	27	2	0	18	9	0
江苏师范大学	24	19	11	19	0	11	8	0	0	13	6	0	8	9	0
淮阴师范学院	25	9	4	9	1	2	5	1	0	8	1	0	5	4	0
盐城师范学院	26	10	6	10	0	6	3	1	0	9	1	0	4	6	0
南京财经大学	27	13	6	13	0	9	4	0	0	12	1	0	8	4	0
江苏警官学院	28	14	7	14	1	2	11	0	0	9	5	0	4	8	0
南京体育学院	29	3	2	3	1	2	0	0	0	2	1	0	1	2	0
苏州科技大学	30	17	6	17	1	6	10	0	0	17	0	0	8	9	0
常熟理工学院	31	2	1	2	1	1	0	0	0	2	0	0	2	0	0
淮阴工学院	32	22	10	22	2	7	13	0	0	16	5	1	6	14	0
常州工学院	33	6	4	6	1	0	5	0	0	5	1	0	1	5	0
扬州大学	34	23	9	23	2	9	12	0	0	21	2	0	15	8	0
南京工程学院	35	27	12	27	4	2	20	1	0	24	3	0	10	17	0
南京审计大学	36	6	3	6	0	1	3	2	0	5	1	0	2	4	0
南京晓庄学院	37	17	13	17	1	4	10	2	0	15	2	0	5	10	0
江苏理工学院	38	3	2	3	0	2	1	0	0	3	0	0	2	1	0
江苏海洋大学	39	2	2	2	0	0	2	0	0	2	0	0	1	1	0
徐州工程学院	40	44	26	44	4	11	28	1	0	17	27	0	7	13	0
南京特殊教育师范学院	41	4	3	4	1	2	1	0	0	4	0	0	2	2	0
泰州学院	42	3	0	3	0	1	2	0	0	3	0	0	1	2	0
金陵科技学院	43	1	1	1	0	0	1	0	0	1	0	0	0	1	0
江苏第二师范学院	44	3	2	3	0	2	1	0	0	3	0	0	2	1	0
南京工业职业技术大学	45	8	4	8	0	3	5	0	0	8	0	0	2	5	0
无锡学院	46	5	3	5	0	1	2	2	0	5	0	0	2	3	0
苏州城市学院	47	7	3	7	2	1	4	0	0	6	1	0	3	3	0
宿迁学院	48	9	4	9	0	1	8	0	0	8	1	0	1	8	0

2.16 民族学与文化学人文、社会科学活动人员情况表

高校名称		总计		按职称划分						按最后学历划分			按最后学位划分		其他
			女性	小计	教授	副教授	讲师	助教	初级	研究生	本科生	其他	博士	硕士	人员
	编号	L01	L02	L03	L04	L05	L06	L07	L08	L09	L10	L11	L12	L13	L14
合　计	/	58	35	58	7	16	28	7	0	44	14	0	23	20	0
南京大学	1	4	0	4	2	2	0	0	0	4	0	0	4	0	0
东南大学	2	3	0	3	0	1	2	0	0	2	1	0	2	0	0
南京农业大学	3	3	2	3	0	0	1	2	0	3	0	0	0	3	0
河海大学	4	10	7	10	3	2	5	0	0	7	3	0	4	2	0
江苏科技大学	5	1	0	1	0	0	1	0	0	1	0	0	0	1	0
南京工业大学	6	5	4	5	0	4	1	0	0	5	0	0	1	4	0
江苏大学	7	2	2	2	0	0	2	0	0	2	0	0	2	0	0
南京中医药大学	8	2	2	2	0	2	0	0	0	1	1	0	0	1	0
南京师范大学	9	1	1	1	0	0	0	1	0	1	0	0	0	1	0
江苏师范大学	10	6	2	6	2	2	2	0	0	5	1	0	4	1	0
南京体育学院	11	1	0	1	0	1	0	0	0	0	1	0	0	0	0
常州工学院	12	4	4	4	0	0	4	0	0	4	0	0	4	0	0
扬州大学	13	2	2	2	0	1	1	0	0	2	0	0	2	0	0
南京工程学院	14	1	0	1	0	0	1	0	0	1	0	0	0	1	0
南京审计大学	15	1	1	1	0	0	0	1	0	1	0	0	0	1	0
江苏理工学院	16	1	1	1	0	0	0	1	0	1	0	0	0	1	0
徐州工程学院	17	11	7	11	0	1	8	2	0	4	7	0	0	4	0

2.17 新闻学与传播学人文、社会科学活动人员情况表

高校名称		总计		按职称划分						按最后学历划分			按最后学位划分		其他人员
			女性	小计	教授	副教授	讲师	助教	初级	研究生	本科生	其他	博士	硕士	
	编号	L01	L02	L03	L04	L05	L06	L07	L08	L09	L10	L11	L12	L13	L14
合　计	/	502	267	502	90	149	237	26	0	438	64	0	225	223	0
南京大学	1	44	18	44	19	13	12	0	0	42	2	0	39	3	0
东南大学	2	3	1	3	1	1	1	0	0	2	1	0	1	1	0
江南大学	3	2	2	2	0	2	0	0	0	2	0	0	0	1	0
中国矿业大学	4	1	1	1	0	0	1	0	0	1	0	0	1	0	0
河海大学	5	15	9	15	4	4	7	0	0	15	0	0	9	6	0
南京理工大学	6	14	4	14	1	3	10	0	0	7	7	0	4	4	0
南京航空航天大学	7	11	6	11	0	5	6	0	0	8	3	0	3	5	0
中国药科大学	8	1	1	1	0	0	0	1	0	1	0	0	0	1	0
南京森林警察学院	9	2	0	2	1	1	0	0	0	1	1	0	0	1	0
苏州大学	10	46	24	46	11	17	12	6	0	46	0	0	30	16	0
江苏科技大学	11	1	1	1	0	0	1	0	0	1	0	0	1	0	0
南京工业大学	12	5	4	5	0	1	3	1	0	5	0	0	0	5	0
常州大学	13	4	4	4	1	3	0	0	0	1	3	0	0	3	0
南京邮电大学	14	12	7	12	3	7	2	0	0	11	1	0	5	6	0
南京林业大学	15	13	8	13	3	1	9	0	0	13	0	0	5	8	0
江苏大学	16	1	1	1	0	0	1	0	0	1	0	0	0	1	0
南京信息工程大学	17	7	5	7	0	3	4	0	0	5	2	0	1	4	0
南通大学	18	8	5	8	1	2	5	0	0	8	0	0	1	7	0
南京医科大学	19	3	3	3	0	0	2	1	0	3	0	0	0	3	0
徐州医科大学	20	1	1	1	0	1	0	0	0	0	1	0	0	0	0
南京中医药大学	21	2	2	2	0	1	1	0	0	0	2	0	0	0	0
南京师范大学	22	70	26	70	18	26	26	0	0	64	6	0	41	22	0
江苏师范大学	23	22	12	22	8	6	8	0	0	19	3	0	13	6	0

续表

高校名称		总计		按职称划分						按最后学历划分			按最后学位划分		其他人员
			女性	小计	教授	副教授	讲师	助教	初级	研究生	本科生	其他	博士	硕士	
	编号	L01	L02	L03	L04	L05	L06	L07	L08	L09	L10	L11	L12	L13	L14
淮阴师范学院	24	26	12	26	2	9	12	3	0	23	3	0	6	17	0
盐城师范学院	25	7	5	7	0	1	3	3	0	6	1	0	0	7	0
南京财经大学	26	25	15	25	3	5	17	0	0	24	1	0	18	6	0
江苏警官学院	27	4	4	4	1	0	3	0	0	2	2	0	1	2	0
南京体育学院	28	5	2	5	1	1	1	2	0	5	0	0	1	4	0
苏州科技大学	29	4	2	4	0	1	3	0	0	4	0	0	2	2	0
常熟理工学院	30	1	1	1	0	0	1	0	0	1	0	0	1	0	0
淮阴工学院	31	1	1	1	0	0	0	1	0	1	0	0	0	1	0
常州工学院	32	15	11	15	2	2	11	0	0	10	5	0	4	9	0
扬州大学	33	37	13	37	5	12	20	0	0	30	7	0	13	17	0
南京工程学院	34	2	1	2	0	0	2	0	0	2	0	0	0	2	0
南京审计大学	35	4	3	4	0	0	2	2	0	4	0	0	0	4	0
南京晓庄学院	36	27	16	27	2	8	17	0	0	26	1	0	16	10	0
江苏海洋大学	37	7	4	7	0	0	7	0	0	6	1	0	0	7	0
徐州工程学院	38	4	2	4	0	0	4	0	0	3	1	0	0	3	0
南京特殊教育师范学院	39	2	1	2	0	1	1	0	0	1	1	0	0	1	0
泰州学院	40	7	6	7	1	1	2	3	0	7	0	0	1	6	0
金陵科技学院	41	11	7	11	1	4	5	1	0	8	3	0	4	4	0
江苏第二师范学院	42	7	5	7	0	3	4	0	0	6	1	0	3	4	0
南京工业职业技术大学	43	2	2	2	0	0	1	1	0	2	0	0	0	2	0
无锡学院	44	1	0	1	0	0	1	0	0	1	0	0	0	1	0
苏州城市学院	45	9	5	9	1	1	6	1	0	7	2	0	0	8	0
宿迁学院	46	6	4	6	0	3	3	0	0	3	3	0	1	3	0

2.18 图书馆、情报与文献学人文、社会科学活动人员情况表

高校名称	编号	总计			按职称划分					按最后学历划分			按最后学位划分		
		L01	女性 L02	小计 L03	教授 L04	副教授 L05	讲师 L06	助教 L07	初级 L08	研究生 L09	本科生 L10	其他 L11	博士 L12	硕士 L13	其他人员 L14
合　计	/	1201	725	1201	135	352	692	22	0	662	526	13	246	480	0
南京大学	1	54	19	54	30	17	7	0	0	52	2	0	47	5	0
东南大学	2	77	55	77	4	17	55	1	0	43	34	0	6	37	0
江南大学	3	38	26	38	4	15	19	0	0	15	23	0	0	16	0
南京农业大学	4	57	24	57	8	24	25	0	0	50	7	0	35	15	0
中国矿业大学	5	3	2	3	2	1	0	0	0	2	1	0	1	2	0
河海大学	6	36	8	36	12	14	10	0	0	35	1	0	25	11	0
南京理工大学	7	28	13	28	5	9	14	0	0	27	1	0	25	3	0
南京航空航天大学	8	57	44	57	0	7	45	5	0	26	31	0	2	25	0
中国药科大学	9	50	29	50	5	6	39	0	0	25	20	5	3	25	0
南京森林警察学院	10	10	7	10	2	3	5	0	0	3	7	0	0	4	0
苏州大学	11	21	11	21	8	9	3	1	0	20	1	0	13	6	0
江苏科技大学	12	48	31	48	3	5	37	3	0	18	30	0	2	15	0
南京工业大学	13	17	16	17	1	8	7	1	0	15	2	0	4	11	0
常州大学	14	7	7	7	0	1	6	0	0	6	1	0	0	7	0
南京邮电大学	15	25	14	25	2	11	12	0	0	15	10	0	3	12	0
南京林业大学	16	12	10	12	0	4	8	0	0	3	7	2	0	4	0
江苏大学	17	37	21	37	6	15	16	0	0	27	10	0	8	19	0
南京信息工程大学	18	32	23	32	6	9	17	0	0	17	15	0	8	11	0
南通大学	19	44	26	44	7	16	21	0	0	23	21	0	5	28	0
盐城工学院	20	8	7	8	1	4	3	0	0	2	6	0	0	5	0
南京医科大学	21	29	21	29	0	5	24	0	0	16	13	0	0	19	0
徐州医科大学	22	30	19	30	2	5	23	0	0	9	21	0	1	8	0
南京中医药大学	23	49	35	49	5	11	33	0	0	34	15	0	12	20	0
南京师范大学	24	42	28	42	1	17	24	0	0	20	22	0	7	17	0
江苏师范大学	25	2	1	2	0	0	2	0	0	1	1	0	1	0	0

续表

高校名称		总计		按职称划分						按最后学历划分			按最后学位划分		其他
			女性	小计	教授	副教授	讲师	助教	初级	研究生	本科生	其他	博士	硕士	人员
	编号	L01	L02	L03	L04	L05	L06	L07	L08	L09	L10	L11	L12	L13	L14
淮阴师范学院	26	36	18	36	2	13	21	0	0	18	18	0	2	19	0
盐城师范学院	27	21	12	21	1	10	9	1	0	11	10	0	3	10	0
南京财经大学	28	5	1	5	1	4	0	0	0	5	0	0	3	2	0
江苏警官学院	29	17	11	17	1	4	10	2	0	7	10	0	3	4	0
南京体育学院	30	6	3	6	0	1	5	0	0	2	4	0	0	1	0
南京艺术学院	31	18	15	18	1	6	11	0	0	7	11	0	0	8	0
苏州科技大学	32	10	2	10	0	3	7	0	0	9	1	0	2	7	0
常熟理工学院	33	19	10	19	1	9	9	0	0	6	13	0	3	7	0
淮阴工学院	34	25	13	25	1	8	16	0	0	7	15	3	2	8	0
常州工学院	35	12	8	12	0	5	7	0	0	1	11	0	0	2	0
扬州大学	36	13	7	13	2	4	7	0	0	11	2	0	9	2	0
南京工程学院	37	32	25	32	2	3	25	2	0	16	16	0	3	15	0
南京审计大学	38	22	13	22	2	7	12	1	0	12	10	0	5	11	0
南京晓庄学院	39	24	14	24	0	9	15	0	0	10	12	2	0	10	0
江苏理工学院	40	6	3	6	1	4	1	0	0	2	4	0	0	2	0
江苏海洋大学	41	41	27	41	0	12	29	0	0	2	39	0	0	6	0
徐州工程学院	42	8	4	8	1	1	6	0	0	2	6	0	0	2	0
南京特殊教育师范学院	43	13	10	13	1	3	8	1	0	5	8	0	1	4	0
泰州学院	44	13	10	13	0	2	10	1	0	3	9	1	0	5	0
金陵科技学院	45	10	4	10	1	3	6	0	0	4	6	0	1	6	0
江苏第二师范学院	46	14	9	14	0	5	9	0	0	6	8	0	0	8	0
南京工业职业技术大学	47	7	5	7	0	2	4	1	0	4	3	0	0	7	0
无锡学院	48	1	1	1	0	0	1	0	0	1	0	0	0	0	0
苏州城市学院	49	11	3	11	3	0	6	2	0	6	5	0	1	5	0
宿迁学院	50	4	0	4	0	1	3	0	0	1	3	0	0	4	0

2.19 教育学人文、社会科学活动人员情况表

高校名称		总计		按职称划分						按最后学历划分			按最后学位划分		其他人员
			女性	小计	教授	副教授	讲师	助教	初级	研究生	本科生	其他	博士	硕士	
	编号	L01	L02	L03	L04	L05	L06	L07	L08	L09	L10	L11	L12	L13	L14
合　计	/	2814	1581	2814	421	861	1309	223	0	2223	588	3	826	1638	0
南京大学	1	17	5	17	7	5	5	0	0	16	1	0	16	0	0
东南大学	2	14	9	14	2	6	6	0	0	10	4	0	8	3	0
江南大学	3	53	26	53	10	25	18	0	0	53	0	0	38	13	0
南京农业大学	4	14	2	14	3	5	6	0	0	11	3	0	3	9	0
中国矿业大学	5	8	6	8	2	3	3	0	0	8	0	0	2	6	0
河海大学	6	25	12	25	3	8	14	0	0	24	1	0	9	14	0
南京理工大学	7	22	12	22	1	8	11	2	0	19	3	0	6	14	0
南京航空航天大学	8	23	10	23	3	7	12	1	0	20	3	0	6	14	0
中国药科大学	9	18	9	18	0	0	18	0	0	14	3	1	0	14	0
南京森林警察学院	10	8	6	8	0	4	4	0	0	5	3	0	0	5	0
苏州大学	11	44	19	44	13	19	12	0	0	38	6	0	24	14	0
江苏科技大学	12	154	84	154	3	13	118	20	0	109	45	0	8	101	0
南京工业大学	13	25	14	25	1	8	14	2	0	20	5	0	5	19	0
常州大学	14	48	22	48	3	5	36	4	0	36	12	0	7	33	0
南京邮电大学	15	71	44	71	12	21	35	3	0	58	13	0	26	33	0
南京林业大学	16	10	5	10	0	2	7	1	0	9	0	1	1	8	0
江苏大学	17	38	13	38	8	20	10	0	0	29	9	0	22	9	0
南京信息工程大学	18	48	30	48	6	16	26	0	0	44	4	0	19	28	0
南通大学	19	212	117	212	45	78	83	6	0	167	45	0	43	156	0
盐城工学院	20	56	27	56	8	19	27	2	0	26	29	1	5	43	0
南京医科大学	21	15	10	15	1	3	6	5	0	8	7	0	2	8	0
徐州医科大学	22	66	45	66	1	13	52	0	0	46	20	0	4	51	0
南京中医药大学	23	38	27	38	0	11	27	0	0	36	2	0	9	27	0
南京师范大学	24	209	105	209	79	66	61	3	0	205	4	0	143	61	0
江苏师范大学	25	113	50	113	26	45	42	0	0	101	12	0	65	39	0

续表

高校名称		总计		按职称划分						按最后学历划分			按最后学位划分		其他
			女性	小计	教授	副教授	讲师	助教	初级	研究生	本科生	其他	博士	硕士	人员
	编号	L01	L02	L03	L04	L05	L06	L07	L08	L09	L10	L11	L12	L13	L14
淮阴师范学院	26	102	45	102	15	45	37	5	0	73	29	0	18	70	0
盐城师范学院	27	92	54	92	13	31	28	20	0	75	17	0	28	60	0
南京财经大学	28	18	8	18	1	3	14	0	0	15	3	0	6	10	0
江苏警官学院	29	10	3	10	2	1	7	0	0	3	7	0	1	3	0
南京体育学院	30	26	18	26	3	7	11	5	0	24	2	0	9	16	0
苏州科技大学	31	46	23	46	5	15	26	0	0	45	1	0	26	19	0
常熟理工学院	32	53	31	53	7	19	19	8	0	37	16	0	7	43	0
淮阴工学院	33	54	18	54	9	18	25	2	0	29	25	0	7	43	0
常州工学院	34	50	32	50	5	20	20	5	0	32	18	0	11	31	0
扬州大学	35	64	25	64	11	27	26	0	0	56	8	0	41	16	0
南京工程学院	36	64	33	64	3	12	44	5	0	52	12	0	6	51	0
南京审计大学	37	72	54	72	4	8	43	17	0	64	8	0	4	63	0
南京晓庄学院	38	112	68	112	16	38	58	0	0	92	20	0	50	51	0
江苏理工学院	39	60	34	60	15	25	17	3	0	47	13	0	21	28	0
江苏海洋大学	40	8	4	8	1	3	4	0	0	3	5	0	1	5	0
徐州工程学院	41	88	47	88	9	35	39	5	0	43	45	0	11	48	0
南京特殊教育师范学院	42	204	155	204	24	56	76	48	0	163	41	0	39	137	0
泰州学院	43	61	36	61	5	21	24	11	0	33	28	0	9	33	0
金陵科技学院	44	18	13	18	2	2	13	1	0	11	7	0	0	13	0
江苏第二师范学院	45	131	85	131	26	42	48	15	0	99	32	0	42	65	0
南京工业职业技术大学	46	52	39	52	1	4	36	11	0	51	1	0	5	46	0
无锡学院	47	7	4	7	0	2	4	1	0	7	0	0	1	6	0
苏州城市学院	48	9	4	9	2	2	5	0	0	8	1	0	1	8	0
宿迁学院	49	64	39	64	5	15	32	12	0	49	15	0	11	51	0

2.20 统计学人文、社会科学活动人员情况表

高校名称		总计		按职称划分						按最后学历划分			按最后学位划分		其他人员
			女性	小计	教授	副教授	讲师	助教	初级	研究生	本科生	其他	博士	硕士	
	编号	L01	L02	L03	L04	L05	L06	L07	L08	L09	L10	L11	L12	L13	L14
合　计	/	182	80	182	38	63	74	7	0	155	27	0	94	72	0
南京大学	1	1	0	1	1	0	0	0	0	1	0	0	1	0	0
东南大学	2	1	0	1	0	0	1	0	0	1	0	0	0	1	0
南京农业大学	3	2	1	2	0	2	0	0	0	2	0	0	1	1	0
中国矿业大学	4	1	1	1	0	0	1	0	0	1	0	0	1	0	0
河海大学	5	22	8	22	8	9	5	0	0	22	0	0	16	6	0
南京理工大学	6	2	0	2	0	1	1	0	0	2	0	0	1	1	0
中国药科大学	7	1	0	1	0	1	0	0	0	1	0	0	1	0	0
江苏科技大学	8	2	2	2	0	1	1	0	0	0	2	0	0	1	0
常州大学	9	5	3	5	0	0	5	0	0	5	0	0	1	4	0
南京邮电大学	10	2	1	2	1	1	0	0	0	2	0	0	1	1	0
南京林业大学	11	1	0	1	1	0	0	0	0	1	0	0	1	0	0
江苏大学	12	15	5	15	5	6	4	0	0	14	1	0	7	7	0
南京信息工程大学	13	6	4	6	3	1	2	0	0	6	0	0	4	2	0
南通大学	14	6	2	6	1	2	3	0	0	5	1	0	2	3	0
南京医科大学	15	2	1	2	0	1	0	1	0	2	0	0	0	2	0
徐州医科大学	16	9	3	9	0	5	4	0	0	6	3	0	1	7	0
南京中医药大学	17	1	0	1	1	0	0	0	0	1	0	0	1	0	0
南京师范大学	18	1	0	1	1	0	0	0	0	1	0	0	1	0	0
江苏师范大学	19	8	3	8	0	0	8	0	0	8	0	0	7	1	0

续表

高校名称	编号	总计	女性	按职称划分 小计	教授	副教授	讲师	助教	初级	按最后学历划分 研究生	本科生	其他	按最后学位划分 博士	硕士	其他人员
		L01	L02	L03	L04	L05	L06	L07	L08	L09	L10	L11	L12	L13	L14
淮阴师范学院	20	2	1	2	1	0	1	0	0	2	0	0	1	1	0
盐城师范学院	21	9	6	9	1	4	2	2	0	8	1	0	2	6	0
南京财经大学	22	23	11	23	6	7	10	0	0	19	4	0	14	6	0
江苏警官学院	23	2	2	2	0	1	1	0	0	1	1	0	0	1	0
南京体育学院	24	1	1	1	1	0	0	0	0	1	0	0	1	0	0
常熟理工学院	25	7	3	7	0	4	3	0	0	6	1	0	6	1	0
淮阴工学院	26	10	8	10	0	4	6	0	0	6	4	0	2	7	0
常州工学院	27	3	2	3	0	1	2	0	0	3	0	0	1	2	0
扬州大学	28	1	0	1	0	1	0	0	0	1	0	0	1	0	0
南京工程学院	29	1	1	1	0	1	0	0	0	1	0	0	0	1	0
南京审计大学	30	11	3	11	5	4	1	1	0	9	2	0	7	2	0
南京晓庄学院	31	1	1	1	0	0	1	0	0	0	1	0	0	1	0
江苏理工学院	32	5	3	5	0	3	1	1	0	5	0	0	2	3	0
徐州工程学院	33	10	3	10	0	2	6	2	0	6	4	0	5	2	0
南京特殊教育师范学院	34	3	0	3	2	1	0	0	0	3	0	0	3	0	0
金陵科技学院	35	4	1	4	0	0	4	0	0	2	2	0	2	1	0
宿迁学院	36	1	0	1	0	0	1	0	0	1	0	0	0	1	0

2.21 心理学人文、社会科学活动人员情况表

高校名称		总计		按职称划分						按最后学历划分			按最后学位划分		其他
			女性	小计	教授	副教授	讲师	助教	初级	研究生	本科生	其他	博士	硕士	人员
	编号	L01	L02	L03	L04	L05	L06	L07	L08	L09	L10	L11	L12	L13	L14
合　计	/	396	231	396	69	128	184	15	0	357	39	0	179	189	0
南京大学	1	9	3	9	6	3	0	0	0	8	1	0	8	0	0
东南大学	2	7	3	7	1	5	1	0	0	7	0	0	5	2	0
江南大学	3	1	0	1	0	1	0	0	0	1	0	0	1	0	0
南京农业大学	4	1	1	1	0	0	1	0	0	0	1	0	0	0	0
河海大学	5	9	6	9	3	2	4	0	0	9	0	0	7	2	0
南京理工大学	6	2	0	2	1	0	1	0	0	2	0	0	2	0	0
南京航空航天大学	7	2	2	2	0	0	1	1	0	2	0	0	1	1	0
中国药科大学	8	3	2	3	0	0	2	1	0	3	0	0	0	3	0
南京森林警察学院	9	3	3	3	0	1	2	0	0	3	0	0	0	3	0
苏州大学	10	33	15	33	12	14	7	0	0	33	0	0	21	9	0
江苏科技大学	11	6	3	6	0	3	3	0	0	4	2	0	1	3	0
南京工业大学	12	3	2	3	0	2	1	0	0	3	0	0	1	2	0
常州大学	13	3	1	3	0	0	3	0	0	3	0	0	0	3	0
南京邮电大学	14	1	0	1	1	0	0	0	0	1	0	0	1	0	0
南京林业大学	15	2	2	2	0	0	2	0	0	2	0	0	1	1	0
江苏大学	16	4	2	4	0	1	2	1	0	2	2	0	1	2	0
南京信息工程大学	17	9	3	9	0	3	6	0	0	9	0	0	4	5	0
南通大学	18	26	17	26	7	8	10	1	0	21	5	0	14	9	0
南京医科大学	19	1	1	1	0	0	1	0	0	1	0	0	1	0	0
徐州医科大学	20	12	9	12	1	0	11	0	0	9	3	0	1	9	0
南京中医药大学	21	24	16	24	0	8	16	0	0	23	1	0	7	16	0
南京师范大学	22	62	31	62	21	21	19	1	0	61	1	0	50	11	0
江苏师范大学	23	22	13	22	3	6	13	0	0	21	1	0	12	9	0

续表

高校名称		总计		按职称划分						按最后学历划分			按最后学位划分		其他
			女性	小计	教授	副教授	讲师	助教	初级	研究生	本科生	其他	博士	硕士	人员
	编号	L01	L02	L03	L04	L05	L06	L07	L08	L09	L10	L11	L12	L13	L14
淮阴师范学院	24	18	10	18	1	8	9	0	0	15	3	0	8	8	0
盐城师范学院	25	13	9	13	3	6	3	1	0	12	1	0	5	8	0
南京财经大学	26	7	4	7	1	2	4	0	0	6	1	0	1	5	0
江苏警官学院	27	7	4	7	1	3	3	0	0	5	2	0	0	6	0
南京体育学院	28	1	1	1	0	0	1	0	0	1	0	0	0	1	0
南京艺术学院	29	2	2	2	0	1	1	0	0	2	0	0	0	2	0
淮阴工学院	30	8	6	8	0	6	2	0	0	4	4	0	0	8	0
常州工学院	31	7	4	7	0	3	4	0	0	6	1	0	2	4	0
扬州大学	32	3	1	3	0	1	2	0	0	3	0	0	2	1	0
南京工程学院	33	4	2	4	0	1	3	0	0	4	0	0	0	4	0
南京审计大学	34	6	3	6	0	1	4	1	0	5	1	0	1	4	0
南京晓庄学院	35	35	24	35	3	8	22	2	0	31	4	0	14	18	0
江苏理工学院	36	5	3	5	0	3	2	0	0	5	0	0	3	2	0
江苏海洋大学	37	2	1	2	0	0	2	0	0	2	0	0	0	2	0
徐州工程学院	38	2	1	2	0	1	1	0	0	1	1	0	0	1	0
南京特殊教育师范学院	39	5	4	5	1	0	4	0	0	5	0	0	0	5	0
泰州学院	40	2	0	2	1	1	0	0	0	2	0	0	0	1	0
金陵科技学院	41	6	6	6	0	1	3	2	0	4	2	0	0	5	0
江苏第二师范学院	42	9	6	9	1	4	3	1	0	8	1	0	4	5	0
南京工业职业技术大学	43	3	1	3	0	0	0	3	0	3	0	0	0	3	0
无锡学院	44	1	1	1	0	0	1	0	0	1	0	0	0	1	0
苏州城市学院	45	3	2	3	0	0	3	0	0	3	0	0	0	3	0
宿迁学院	46	2	1	2	1	0	1	0	0	1	1	0	0	2	0

2.22 体育科学人文、社会科学活动人员情况表

高校名称		总计		按职称划分						按最后学历划分			按最后学位划分		其他人员
			女性	小计	教授	副教授	讲师	助教	初级	研究生	本科生	其他	博士	硕士	
	编号	L01	L02	L03	L04	L05	L06	L07	L08	L09	L10	L11	L12	L13	L14
合　计	/	2230	777	2230	183	939	920	188	0	1112	1117	1	253	1070	0
南京大学	1	40	15	40	5	19	16	0	0	22	18	0	2	20	0
东南大学	2	63	23	63	2	39	11	11	0	24	39	0	5	21	0
江南大学	3	57	23	57	1	24	26	6	0	37	20	0	1	34	0
南京农业大学	4	36	14	36	0	13	14	9	0	20	16	0	0	20	0
中国矿业大学	5	48	19	48	4	28	16	0	0	32	16	0	11	31	0
河海大学	6	18	4	18	3	11	4	0	0	10	8	0	3	8	0
南京理工大学	7	42	15	42	3	20	12	7	0	17	25	0	7	12	0
南京航空航天大学	8	40	7	40	3	18	18	1	0	13	27	0	1	12	0
中国药科大学	9	39	17	39	1	15	19	4	0	11	28	0	0	14	0
南京森林警察学院	10	37	6	37	2	10	24	1	0	10	27	0	2	18	0
苏州大学	11	108	30	108	19	48	36	5	0	60	48	0	24	41	0
江苏科技大学	12	55	21	55	1	21	29	4	0	19	36	0	5	31	0
南京工业大学	13	21	5	21	2	10	9	0	0	6	15	0	1	6	0
常州大学	14	38	11	38	3	13	20	2	0	27	11	0	3	25	0
南京邮电大学	15	38	15	38	3	27	8	0	0	17	21	0	2	16	0
南京林业大学	16	37	13	37	1	11	23	2	0	27	10	0	0	24	0
江苏大学	17	53	20	53	2	32	17	2	0	15	38	0	3	27	0
南京信息工程大学	18	57	25	57	2	24	31	0	0	43	14	0	3	42	0
南通大学	19	95	27	95	10	55	28	2	0	56	39	0	18	52	0
盐城工学院	20	38	13	38	4	21	11	2	0	20	18	0	4	24	0
南京医科大学	21	19	10	19	0	3	12	4	0	6	13	0	0	14	0
徐州医科大学	22	19	7	19	0	10	9	0	0	7	12	0	0	6	0
南京中医药大学	23	20	8	20	0	2	18	0	0	5	15	0	0	12	0
南京师范大学	24	79	31	79	16	35	21	7	0	56	23	0	24	38	0
江苏师范大学	25	62	26	62	7	29	26	0	0	26	36	0	10	26	0

续表

高校名称		总计		按职称划分						按最后学历划分			按最后学位划分		其他人员
			女性	小计	教授	副教授	讲师	助教	初级	研究生	本科生	其他	博士	硕士	
	编号	L01	L02	L03	L04	L05	L06	L07	L08	L09	L10	L11	L12	L13	L14
淮阴师范学院	26	51	14	51	6	27	14	4	0	22	29	0	7	16	0
盐城师范学院	27	71	19	71	9	25	23	14	0	51	20	0	11	47	0
南京财经大学	28	33	13	33	1	16	16	0	0	17	16	0	4	16	0
江苏警官学院	29	36	9	36	3	12	17	4	0	10	26	0	0	18	0
南京体育学院	30	285	120	285	26	87	142	30	0	117	167	1	47	81	0
南京艺术学院	31	11	5	11	1	8	2	0	0	3	8	0	0	7	0
苏州科技大学	32	31	4	31	0	10	21	0	0	17	14	0	2	15	0
常熟理工学院	33	33	11	33	3	15	13	2	0	15	18	0	1	20	0
淮阴工学院	34	39	9	39	2	15	22	0	0	17	22	0	4	15	0
常州工学院	35	33	12	33	3	16	10	4	0	12	21	0	2	13	0
扬州大学	36	53	18	53	14	18	21	0	0	45	8	0	22	23	0
南京工程学院	37	53	20	53	0	23	25	5	0	29	24	0	0	35	0
南京审计大学	38	33	12	33	2	10	11	10	0	22	11	0	2	20	0
南京晓庄学院	39	52	16	52	5	18	21	8	0	30	22	0	7	25	0
江苏理工学院	40	27	9	27	1	16	9	1	0	17	10	0	1	17	0
江苏海洋大学	41	41	14	41	2	20	19	0	0	8	33	0	3	12	0
徐州工程学院	42	36	11	36	2	15	17	2	0	14	22	0	4	14	0
南京特殊教育师范学院	43	19	6	19	3	5	5	6	0	14	5	0	3	11	0
泰州学院	44	16	5	16	0	2	7	7	0	6	10	0	0	8	0
金陵科技学院	45	26	11	26	0	14	8	4	0	10	16	0	0	13	0
江苏第二师范学院	46	25	10	25	1	7	7	10	0	16	9	0	1	20	0
南京工业职业技术大学	47	19	9	19	1	5	10	3	0	6	13	0	0	11	0
无锡学院	48	10	4	10	0	5	2	3	0	6	4	0	1	7	0
苏州城市学院	49	11	4	11	0	2	9	0	0	8	3	0	0	9	0
宿迁学院	50	27	7	27	4	10	11	2	0	14	13	0	2	23	0

2.23 其他学科人文、社会科学活动人员情况表

高校名称		总计		按职称划分						按最后学历划分			按最后学位划分		其他
			女性	小计	教授	副教授	讲师	助教	初级	研究生	本科生	其他	博士	硕士	人员
	编号	L01	L02	L03	L04	L05	L06	L07	L08	L09	L10	L11	L12	L13	L14
合　计	/	267	113	267	59	58	143	7	0	162	84	21	74	125	0
南京大学	1	5	2	5	2	1	2	0	0	5	0	0	5	0	0
东南大学	2	2	1	2	0	0	2	0	0	2	0	0	2	0	0
常州大学	3	33	14	33	2	9	20	2	0	27	6	0	13	17	0
南京邮电大学	4	1	0	1	0	0	1	0	0	1	0	0	1	0	0
南京林业大学	5	22	11	22	4	8	10	0	0	22	0	0	18	4	0
江苏大学	6	1	1	1	0	1	0	0	0	1	0	0	0	1	0
南京信息工程大学	7	4	3	4	0	2	2	0	0	4	0	0	2	2	0
盐城工学院	8	134	48	134	40	28	66	0	0	43	70	21	7	67	0
南京医科大学	9	3	2	3	2	0	1	0	0	3	0	0	2	1	0
徐州医科大学	10	2	1	2	0	1	1	0	0	1	1	0	1	1	0
南京中医药大学	11	2	0	2	1	1	0	0	0	2	0	0	1	1	0
江苏师范大学	12	2	0	2	0	1	1	0	0	2	0	0	2	0	0
盐城师范学院	13	16	7	16	3	4	6	3	0	13	3	0	6	8	0
南京财经大学	14	2	1	2	1	0	1	0	0	1	1	0	0	2	0
常州工学院	15	5	3	5	0	0	5	0	0	5	0	0	0	5	0
扬州大学	16	4	1	4	0	0	4	0	0	4	0	0	4	0	0
南京工程学院	17	1	0	1	1	0	0	0	0	1	0	0	1	0	0
南京审计大学	18	20	14	20	1	1	18	0	0	18	2	0	6	12	0
江苏理工学院	19	1	0	1	0	0	1	0	0	1	0	0	0	1	0
徐州工程学院	20	1	1	1	0	1	0	0	0	1	0	0	1	0	0
南京特殊教育师范学院	21	1	0	1	0	0	0	1	0	1	0	0	0	1	0
泰州学院	22	1	0	1	1	0	0	0	0	1	0	0	1	0	0
金陵科技学院	23	1	1	1	1	0	0	0	0	1	0	0	1	0	0
南京工业职业技术大学	24	2	1	2	0	0	1	1	0	1	1	0	0	1	0
宿迁学院	25	1	1	1	0	0	1	0	0	1	0	0	0	1	0

3. 公办专科高等学校人文、社会科学活动人员情况表

高校名称		总计		按职称划分						按最后学历划分			按最后学位划分		其他人员
			女性	小计	教授	副教授	讲师	助教	初级	研究生	本科生	其他	博士	硕士	
	编号	L01	L02	L03	L04	L05	L06	L07	L08	L09	L10	L11	L12	L13	L14
合　计	/	16 201	10 263	16 200	931	4691	8251	2300	27	8204	7953	43	683	10 518	1
管理学	1	2923	1729	2922	254	828	1436	401	3	1623	1292	7	189	2050	1
马克思主义	2	884	572	884	61	292	333	195	3	592	292	0	54	677	0
哲学	3	147	86	147	12	51	63	21	0	112	34	1	28	100	0
逻辑学	4	46	19	46	0	19	26	1	0	15	31	0	1	26	0
宗教学	5	1	0	1	0	1	0	0	0	0	1	0	0	0	0
语言学	6	2195	1781	2195	49	628	1376	141	1	774	1419	2	26	1201	0
中国文学	7	545	381	545	46	251	206	42	0	245	300	0	44	323	0
外国文学	8	186	137	186	4	58	112	10	2	89	97	0	4	117	0
艺术学	9	2283	1377	2283	69	579	1238	395	2	1172	1111	0	51	1431	0
历史学	10	95	41	95	7	39	41	8	0	61	34	0	14	58	0
考古学	11	3	0	3	0	0	2	1	0	3	0	0	1	2	0
经济学	12	1524	1048	1524	116	448	712	244	4	859	665	0	88	1053	0
政治学	13	180	116	180	9	54	88	29	0	101	79	0	7	134	0
法学	14	377	239	377	13	100	193	69	2	220	157	0	15	269	0
社会学	15	242	176	242	13	61	121	47	0	153	75	14	17	177	0
民族学与文化学	16	11	8	11	2	3	5	1	0	7	4	0	3	6	0
新闻学与传播学	17	98	67	98	2	18	54	24	0	60	38	0	4	60	0
图书馆、情报与文献学	18	494	341	494	18	91	343	41	1	128	354	12	5	194	0
教育学	19	2695	1627	2695	212	731	1305	438	9	1494	1196	5	119	1938	0
统计学	20	75	41	75	4	17	43	11	0	34	41	0	6	41	0
心理学	21	172	144	172	4	42	86	40	0	109	63	0	3	130	0
体育科学	22	1015	326	1015	34	378	464	139	0	347	666	2	3	524	0
其他学科	23	10	7	10	2	2	4	2	0	6	4	0	1	7	0

3.1 管理学人文、社会科学活动人员情况表

高校名称		总计		按职称划分						按最后学历划分			按最后学位划分		其他人员
			女性	小计	教授	副教授	讲师	助教	初级	研究生	本科生	其他	博士	硕士	
	编号	L01	L02	L03	L04	L05	L06	L07	L08	L09	L10	L11	L12	L13	L14
合　计	/	2923	1729	2922	254	828	1436	401	3	1623	1292	7	189	2050	1
盐城幼儿师范高等专科学校	1	8	7	8	0	2	3	3	0	4	4	0	0	5	0
苏州幼儿师范高等专科学校	2	1	0	1	1	0	0	0	0	1	0	0	0	1	0
无锡职业技术学院	3	77	37	77	9	22	34	12	0	62	15	0	18	48	0
江苏建筑职业技术学院	4	52	31	52	4	13	34	1	0	48	4	0	6	45	0
江苏工程职业技术学院	5	52	26	52	3	16	33	0	0	31	21	0	0	41	0
苏州工艺美术职业技术学院	6	15	8	15	1	1	12	1	0	6	9	0	0	9	0
连云港职业技术学院	7	54	30	54	3	22	24	5	0	29	25	0	4	41	0
镇江市高等专科学校	8	76	42	76	11	31	20	14	0	32	44	0	2	59	0
南通职业大学	9	31	23	31	2	12	15	2	0	15	16	0	3	18	0
苏州职业大学	10	98	63	98	6	38	51	3	0	51	47	0	7	68	0
沙洲职业工学院	11	22	13	22	2	6	11	3	0	9	12	1	0	13	0
扬州市职业大学	12	51	29	51	6	18	20	7	0	29	22	0	3	35	0
连云港师范高等专科学校	13	12	5	12	0	4	8	0	0	7	5	0	1	11	0
江苏经贸职业技术学院	14	135	84	135	22	49	57	7	0	83	52	0	13	97	0
泰州职业技术学院	15	20	14	20	0	7	12	1	0	14	6	0	1	17	0
常州信息职业技术学院	16	81	50	81	6	26	38	10	1	36	45	0	6	55	0
江苏海事职业技术学院	17	25	12	25	2	10	12	1	0	15	10	0	3	21	0
无锡科技职业学院	18	47	24	47	5	14	27	1	0	19	28	0	2	30	0
江苏医药职业学院	19	18	10	18	2	3	11	2	0	8	10	0	1	9	0
南通科技职业学院	20	18	10	18	2	5	7	4	0	11	7	0	0	13	0

续表

高校名称	编号	总计		按职称划分						按最后学历划分			按最后学位划分		其他人员
			女性	小计	教授	副教授	讲师	助教	初级	研究生	本科生	其他	博士	硕士	
		L01	L02	L03	L04	L05	L06	L07	L08	L09	L10	L11	L12	L13	L14
苏州经贸职业技术学院	21	109	66	109	4	23	62	20	0	87	22	0	34	67	0
苏州工业职业技术学院	22	53	35	53	6	13	31	3	0	23	30	0	5	29	0
苏州卫生职业技术学院	23	42	29	42	1	2	25	14	0	22	20	0	0	23	0
无锡商业职业技术学院	24	154	107	154	12	38	84	20	0	59	95	0	4	123	0
江苏航运职业技术学院	25	71	34	71	7	13	47	4	0	30	40	1	2	49	0
南京交通职业技术学院	26	47	31	47	7	13	20	7	0	29	18	0	3	35	0
江苏电子信息职业学院	27	37	17	37	1	8	16	12	0	29	8	0	4	29	0
江苏农牧科技职业学院	28	14	7	14	0	5	9	0	0	14	0	0	0	14	0
常州纺织服装职业技术学院	29	96	57	96	7	31	46	12	0	43	53	0	3	58	0
苏州农业职业技术学院	30	23	15	23	2	12	8	1	0	8	15	0	2	18	0
南京科技职业学院	31	77	43	77	5	28	43	1	0	45	32	0	4	52	0
常州工业职业技术学院	32	53	35	53	5	12	26	10	0	38	15	0	1	42	0
常州工程职业技术学院	33	14	7	14	1	0	11	2	0	7	7	0	0	7	0
江苏农林职业技术学院	34	45	20	45	3	13	24	5	0	28	17	0	3	32	0
江苏食品药品职业技术学院	35	19	5	19	3	6	10	0	0	5	14	0	0	9	0
南京铁道职业技术学院	36	95	49	95	5	26	60	4	0	50	45	0	7	71	0
徐州工业职业技术学院	37	31	20	31	1	10	10	10	0	24	7	0	1	27	0
江苏信息职业技术学院	38	62	37	62	3	18	38	3	0	23	39	0	2	43	0
南京信息职业技术学院	39	49	24	49	5	14	17	13	0	29	20	0	4	37	0
常州机电职业技术学院	40	71	31	71	17	23	24	7	0	29	42	0	2	51	0
江阴职业技术学院	41	29	21	29	1	11	12	5	0	7	22	0	0	18	0

无锡城市职业技术学院	42	32	24	32	2	8	21	1	0	21	11	0	3	22	0
无锡工艺职业技术学院	43	30	18	30	1	10	14	5	0	20	10	0	1	25	0
苏州健雄职业技术学院	44	31	23	31	2	8	16	5	0	19	12	0	2	23	0
盐城工业职业技术学院	45	59	26	59	9	17	23	10	0	36	22	1	0	39	0
江苏财经职业技术学院	46	86	44	86	15	31	23	15	2	38	47	1	3	60	0
扬州工业职业技术学院	47	26	11	26	2	5	6	13	0	22	4	0	1	22	0
江苏城市职业学院	48	91	60	91	10	20	55	6	0	62	29	0	14	57	0
南京城市职业学院	49	67	41	67	8	22	35	2	0	33	34	0	1	54	0
南京机电职业技术学院	50	28	18	28	1	3	9	15	0	5	22	1	0	8	0
南京旅游职业学院	51	62	39	62	4	12	27	19	0	47	13	2	4	44	0
江苏卫生健康职业学院	52	27	20	27	2	3	13	9	0	20	7	0	0	23	0
苏州信息职业技术学院	53	32	21	32	1	13	13	5	0	10	22	0	1	19	0
苏州工业园区服务外包职业学院	54	37	25	37	3	6	22	6	0	31	6	0	1	34	0
徐州幼儿师范高等专科学校	55	8	4	8	1	2	5	0	0	8	0	0	1	7	0
徐州生物工程职业技术学院	56	10	6	10	0	5	4	1	0	1	9	0	0	1	0
江苏商贸职业学院	57	50	33	50	2	15	18	15	0	27	23	0	1	32	0
南通师范高等专科学校	58	4	1	4	0	1	2	1	0	1	3	0	0	4	0
江苏护理职业学院	59	3	1	3	0	0	2	1	0	0	3	0	0	0	0
江苏财会职业学院	60	29	17	29	3	5	17	4	0	13	16	0	2	19	0
江苏城乡建设职业学院	61	37	23	37	1	8	19	9	0	12	25	0	0	18	0
江苏航空职业技术学院	62	19	13	18	0	4	8	6	0	8	10	0	0	11	1
江苏安全技术职业学院	63	2	2	2	0	0	1	1	0	1	1	0	0	1	0
江苏旅游职业学院	64	69	51	69	4	12	31	22	0	49	20	0	3	57	0

3.2 马克思主义人文、社会科学活动人员情况表

高校名称	编号	总计		按职称划分						按最后学历划分			按最后学位划分		其他人员
			女性	小计	教授	副教授	讲师	助教	初级	研究生	本科生	其他	博士	硕士	
		L01	L02	L03	L04	L05	L06	L07	L08	L09	L10	L11	L12	L13	L14
合　计	/	884	572	884	61	292	333	195	3	592	292	0	54	677	0
盐城幼儿师范高等专科学校	1	6	3	6	1	1	0	4	0	5	1	0	0	6	0
苏州幼儿师范高等专科学校	2	2	1	2	0	1	0	1	0	2	0	0	0	2	0
无锡职业技术学院	3	13	8	13	0	4	4	5	0	13	0	0	3	10	0
江苏建筑职业技术学院	4	23	16	23	4	5	13	1	0	20	3	0	0	23	0
江苏工程职业技术学院	5	21	13	21	1	2	18	0	0	18	3	0	0	20	0
苏州工艺美术职业技术学院	6	18	12	18	1	7	2	8	0	17	1	0	3	15	0
连云港职业技术学院	7	10	6	10	0	5	2	3	0	7	3	0	0	8	0
镇江市高等专科学校	8	22	15	22	1	8	10	3	0	6	16	0	0	14	0
南通职业大学	9	12	8	12	4	4	2	2	0	5	7	0	0	11	0
苏州职业大学	10	44	26	44	1	15	25	2	1	31	13	0	6	26	0
沙洲职业工学院	11	3	0	3	0	2	1	0	0	1	2	0	0	0	0
扬州市职业大学	12	17	9	17	2	6	4	5	0	8	9	0	0	14	0
连云港师范高等专科学校	13	4	3	4	0	2	2	0	0	4	0	0	0	4	0
江苏经贸职业技术学院	14	17	12	17	1	7	9	0	0	10	7	0	2	12	0
泰州职业技术学院	15	13	8	13	1	6	6	0	0	5	8	0	0	9	0
常州信息职业技术学院	16	13	7	13	1	7	5	0	0	12	1	0	3	10	0
江苏海事职业技术学院	17	37	24	37	1	17	17	2	0	22	15	0	3	28	0
无锡科技职业学院	18	4	4	4	1	0	3	0	0	2	2	0	0	3	0
江苏医药职业学院	19	9	5	9	1	3	1	4	0	4	5	0	0	6	0
南通科技职业学院	20	3	1	3	0	2	1	0	0	1	2	0	0	2	0

苏州经贸职业技术学院	21	2	0	2	1	0	1	0	0	2	0	0	1	1	0
苏州工业职业技术学院	22	15	11	15	1	5	8	1	0	4	11	0	2	8	0
苏州卫生职业技术学院	23	9	8	9	0	1	6	2	0	6	3	0	0	7	0
无锡商业职业技术学院	24	33	19	33	2	10	7	14	0	25	8	0	1	29	0
江苏航运职业技术学院	25	16	8	16	1	8	6	1	0	7	9	0	1	13	0
南京交通职业技术学院	26	11	6	11	1	5	2	3	0	5	6	0	1	9	0
江苏电子信息职业学院	27	16	8	16	4	5	2	5	0	11	5	0	2	13	0
江苏农牧科技职业学院	28	18	10	18	1	5	9	3	0	13	5	0	0	14	0
常州纺织服装职业技术学院	29	11	8	11	4	3	3	1	0	8	3	0	1	6	0
苏州农业职业技术学院	30	12	8	12	2	6	2	2	0	7	5	0	0	9	0
南京科技职业学院	31	35	23	35	1	9	19	6	0	26	9	0	1	30	0
常州工业职业技术学院	32	10	7	10	0	4	3	3	0	8	2	0	2	8	0
常州工程职业技术学院	33	14	8	14	0	1	0	13	0	12	2	0	0	13	0
江苏农林职业技术学院	34	19	10	19	1	5	11	2	0	11	8	0	0	18	0
江苏食品药品职业技术学院	35	14	9	14	0	9	5	0	0	6	8	0	1	10	0
南京铁道职业技术学院	36	15	9	15	1	6	8	0	0	12	3	0	4	11	0
徐州工业职业技术学院	37	15	10	15	1	2	5	7	0	9	6	0	0	11	0
江苏信息职业技术学院	38	15	8	15	1	8	4	2	0	6	9	0	1	9	0
南京信息职业技术学院	39	22	14	22	1	8	5	8	0	18	4	0	4	16	0
常州机电职业技术学院	40	19	11	19	1	4	5	9	0	15	4	0	0	18	0
江阴职业技术学院	41	7	7	7	0	4	3	0	0	2	5	0	0	4	0
无锡城市职业技术学院	42	19	12	19	1	7	10	1	0	9	10	0	2	11	0
无锡工艺职业技术学院	43	11	7	11	2	2	2	5	0	7	4	0	0	9	0
苏州健雄职业技术学院	44	5	2	5	0	4	1	0	0	3	2	0	0	4	0

4

续表

高校名称		总计		按职称划分						按最后学历划分			按最后学位划分		其他人员
			女性	小计	教授	副教授	讲师	助教	初级	研究生	本科生	其他	博士	硕士	
	编号	L01	L02	L03	L04	L05	L06	L07	L08	L09	L10	L11	L12	L13	L14
盐城工业职业技术学院	45	13	11	13	1	3	2	7	0	10	3	0	0	10	0
江苏财经职业技术学院	46	20	15	20	1	8	4	5	2	13	7	0	1	16	0
扬州工业职业技术学院	47	32	23	32	1	9	9	13	0	25	7	0	4	22	0
江苏城市职业学院	48	17	13	17	1	4	9	3	0	12	5	0	1	13	0
南京城市职业学院	49	6	3	6	0	1	5	0	0	5	1	0	0	6	0
南京机电职业技术学院	50	8	7	8	1	0	4	3	0	3	5	0	0	3	0
南京旅游职业学院	51	10	9	10	0	1	6	3	0	9	1	0	1	9	0
江苏卫生健康职业学院	52	10	8	10	0	2	4	4	0	9	1	0	0	9	0
苏州信息职业技术学院	53	7	3	7	0	6	0	1	0	1	6	0	0	1	0
苏州工业园区服务外包职业学院	54	9	7	9	0	2	7	0	0	9	0	0	1	8	0
徐州幼儿师范高等专科学校	55	7	5	7	3	3	0	1	0	2	5	0	1	0	0
徐州生物工程职业技术学院	56	3	2	3	1	1	0	1	0	2	1	0	1	1	0
江苏商贸职业学院	57	27	18	27	0	9	10	8	0	22	5	0	0	22	0
南通师范高等专科学校	58	5	5	5	0	1	3	1	0	2	3	0	0	4	0
江苏护理职业学院	59	10	8	10	0	3	3	4	0	8	2	0	0	9	0
江苏财会职业学院	60	4	2	4	1	2	1	0	0	1	3	0	0	2	0
江苏城乡建设职业学院	61	7	7	7	0	1	0	6	0	7	0	0	0	7	0
江苏航空职业技术学院	62	6	6	6	0	2	1	3	0	4	2	0	0	4	0
江苏安全技术职业学院	63	8	6	8	0	0	6	2	0	8	0	0	0	8	0
江苏旅游职业学院	64	21	10	21	3	9	7	2	0	15	6	0	0	19	0

3.3 哲学人文、社会科学活动人员情况表

高校名称		总计		按职称划分						按最后学历划分			按最后学位划分		其他人员
			女性	小计	教授	副教授	讲师	助教	初级	研究生	本科生	其他	博士	硕士	
	编号	L01	L02	L03	L04	L05	L06	L07	L08	L09	L10	L11	L12	L13	L14
合　计	/	147	86	147	12	51	63	21	0	112	34	1	28	100	0
苏州幼儿师范高等专科学校	1	1	1	1	0	0	1	0	0	1	0	0	0	1	0
无锡职业技术学院	2	5	4	5	0	3	2	0	0	4	1	0	2	2	0
江苏建筑职业技术学院	3	5	4	5	1	3	1	0	0	5	0	0	1	4	0
江苏工程职业技术学院	4	2	2	2	0	1	1	0	0	2	0	0	0	2	0
苏州工艺美术职业技术学院	5	2	1	2	0	1	1	0	0	2	0	0	1	1	0
连云港职业技术学院	6	2	1	2	0	0	1	1	0	1	1	0	0	1	0
南通职业大学	7	1	0	1	0	0	1	0	0	1	0	0	0	1	0
苏州职业大学	8	16	9	16	1	4	10	1	0	14	2	0	5	11	0
沙洲职业工学院	9	2	1	2	0	0	2	0	0	0	2	0	0	0	0
扬州市职业大学	10	10	6	10	2	5	3	0	0	1	9	0	0	6	0
连云港师范高等专科学校	11	1	0	1	0	0	1	0	0	1	0	0	0	1	0
江苏经贸职业技术学院	12	2	1	2	0	1	1	0	0	2	0	0	1	1	0
常州信息职业技术学院	13	7	4	7	1	3	2	1	0	3	4	0	1	5	0
江苏海事职业技术学院	14	4	2	4	0	2	2	0	0	4	0	0	1	3	0
无锡科技职业学院	15	2	2	2	0	1	1	0	0	2	0	0	0	2	0
江苏医药职业学院	16	4	2	4	1	0	2	1	0	3	0	1	1	3	0
苏州经贸职业技术学院	17	2	1	2	0	0	2	0	0	2	0	0	0	2	0
苏州卫生职业技术学院	18	1	1	1	0	0	1	0	0	1	0	0	0	1	0
无锡商业职业技术学院	19	3	3	3	0	0	0	3	0	3	0	0	0	3	0
江苏航运职业技术学院	20	1	1	1	0	0	1	0	0	1	0	0	0	1	0
南京交通职业技术学院	21	1	0	1	0	1	0	0	0	1	0	0	0	1	0
江苏电子信息职业学院	22	2	0	2	0	0	0	2	0	2	0	0	0	2	0
常州纺织服装职业技术学院	23	2	2	2	0	0	2	0	0	1	1	0	0	1	0
苏州农业职业技术学院	24	1	1	1	0	1	0	0	0	1	0	0	0	1	0
南京科技职业学院	25	4	2	4	1	1	2	0	0	4	0	0	0	4	0

续表

高校名称	编号	总计	女性	按职称划分 小计	教授	副教授	讲师	助教	初级	按最后学历划分 研究生	本科生	其他	按最后学位划分 博士	硕士	其他人员
		L01	L02	L03	L04	L05	L06	L07	L08	L09	L10	L11	L12	L13	L14
常州工业职业技术学院	26	4	2	4	0	1	0	3	0	4	0	0	1	3	0
常州工程职业技术学院	27	2	0	2	0	1	0	1	0	2	0	0	1	1	0
南京铁道职业技术学院	28	3	1	3	0	1	2	0	0	3	0	0	2	1	0
徐州工业职业技术学院	29	1	0	1	0	0	1	0	0	1	0	0	0	1	0
江苏信息职业技术学院	30	2	2	2	0	0	2	0	0	2	0	0	1	1	0
南京信息职业技术学院	31	1	0	1	0	1	0	0	0	0	1	0	0	0	0
常州机电职业技术学院	32	6	2	6	2	2	2	0	0	6	0	0	4	2	0
苏州健雄职业技术学院	33	2	2	2	0	2	0	0	0	1	1	0	0	2	0
盐城工业职业技术学院	34	3	1	3	0	1	0	2	0	3	0	0	1	2	0
江苏财经职业技术学院	35	9	4	9	1	3	3	2	0	8	1	0	3	5	0
扬州工业职业技术学院	36	2	1	2	0	0	2	0	0	2	0	0	0	2	0
江苏城市职业学院	37	3	3	3	0	1	2	0	0	3	0	0	0	3	0
南京城市职业学院	38	2	1	2	1	0	1	0	0	2	0	0	0	1	0
南京机电职业技术学院	39	1	1	1	0	0	0	1	0	0	1	0	0	0	0
南京旅游职业学院	40	2	2	2	0	1	0	1	0	1	1	0	0	1	0
江苏卫生健康职业学院	41	2	1	2	0	2	0	0	0	1	1	0	1	0	0
苏州工业园区服务外包职业学院	42	1	1	1	0	1	0	0	0	1	0	0	0	1	0
徐州幼儿师范高等专科学校	43	5	5	5	0	3	2	0	0	4	1	0	1	4	0
徐州生物工程职业技术学院	44	3	1	3	0	2	1	0	0	1	2	0	0	2	0
江苏商贸职业学院	45	1	0	1	0	0	1	0	0	1	0	0	0	1	0
江苏护理职业学院	46	7	3	7	1	1	4	1	0	3	4	0	0	6	0
江苏城乡建设职业学院	47	1	1	1	0	1	0	0	0	0	1	0	0	0	0
江苏航空职业技术学院	48	1	1	1	0	0	0	1	0	1	0	0	0	1	0

3.4 逻辑学人文、社会科学活动人员情况表

高校名称		总计		按职称划分						按最后学历划分			按最后学位划分		其他人员
			女性	小计	教授	副教授	讲师	助教	初级	研究生	本科生	其他	博士	硕士	
	编号	L01	L02	L03	L04	L05	L06	L07	L08	L09	L10	L11	L12	L13	L14
合　计	/	46	19	46	0	19	26	1	0	15	31	0	1	26	0
苏州幼儿师范高等专科学校	1	10	5	10	0	6	4	0	0	6	4	0	0	7	0
苏州职业大学	2	1	1	1	0	0	1	0	0	1	0	0	0	1	0
扬州市职业大学	3	1	0	1	0	0	1	0	0	0	1	0	0	1	0
南通科技职业学院	4	1	1	1	0	1	0	0	0	0	1	0	0	1	0
苏州卫生职业技术学院	5	4	2	4	0	0	4	0	0	0	4	0	0	0	0
江苏航运职业技术学院	6	1	0	1	0	0	1	0	0	1	0	0	1	0	0
常州纺织服装职业技术学院	7	8	1	8	0	2	6	0	0	3	5	0	0	4	0
常州工程职业技术学院	8	1	0	1	0	0	0	1	0	1	0	0	0	1	0
江苏食品药品职业技术学院	9	10	7	10	0	4	6	0	0	0	10	0	0	5	0
徐州工业职业技术学院	10	1	0	1	0	0	1	0	0	1	0	0	0	1	0
无锡工艺职业技术学院	11	1	0	1	0	1	0	0	0	0	1	0	0	0	0
苏州健雄职业技术学院	12	1	0	1	0	1	0	0	0	0	1	0	0	0	0
南京城市职业学院	13	2	1	2	0	2	0	0	0	0	2	0	0	1	0
江苏护理职业学院	14	1	0	1	0	0	1	0	0	0	1	0	0	1	0
江苏航空职业技术学院	15	1	1	1	0	0	1	0	0	1	0	0	0	1	0
江苏旅游职业学院	16	2	0	2	0	2	0	0	0	1	1	0	0	2	0

3.5 宗教学人文、社会科学活动人员情况表

高校名称		总计		按职称划分						按最后学历划分			按最后学位划分		其他人员
			女性	小计	教授	副教授	讲师	助教	初级	研究生	本科生	其他	博士	硕士	
	编号	L01	L02	L03	L04	L05	L06	L07	L08	L09	L10	L11	L12	L13	L14
合　计	/	1	0	1	0	1	0	0	0	0	1	0	0	0	0
连云港职业技术学院	1	1	0	1	0	1	0	0	0	0	1	0	0	0	0

3.6 语言学人文、社会科学活动人员情况表

高校名称		总计		按职称划分						按最后学历划分			按最后学位划分		其他人员
			女性	小计	教授	副教授	讲师	助教	初级	研究生	本科生	其他	博士	硕士	
	编号	L01	L02	L03	L04	L05	L06	L07	L08	L09	L10	L11	L12	L13	L14
合　计	/	2195	1781	2195	49	628	1376	141	1	774	1419	2	26	1201	0
盐城幼儿师范高等专科学校	1	89	75	89	1	38	45	5	0	10	79	0	1	34	0
苏州幼儿师范高等专科学校	2	16	14	16	4	5	6	1	0	9	7	0	0	15	0
无锡职业技术学院	3	53	42	53	1	6	37	9	0	36	17	0	3	33	0
江苏建筑职业技术学院	4	29	23	29	0	16	12	1	0	22	7	0	0	22	0
江苏工程职业技术学院	5	25	21	25	1	9	15	0	0	12	13	0	0	15	0
苏州工艺美术职业技术学院	6	14	12	14	0	8	6	0	0	7	7	0	0	12	0
连云港职业技术学院	7	39	29	39	0	11	25	3	0	4	35	0	0	15	0
镇江市高等专科学校	8	64	48	64	1	18	44	1	0	19	45	0	1	24	0
南通职业大学	9	36	30	36	0	7	26	3	0	10	26	0	0	20	0
苏州职业大学	10	76	62	76	1	20	54	1	0	41	35	0	3	48	0
沙洲职业工学院	11	24	21	24	0	10	13	1	0	0	24	0	0	4	0
扬州市职业大学	12	107	82	107	3	33	65	6	0	57	50	0	1	62	0
连云港师范高等专科学校	13	49	38	49	0	25	23	1	0	21	28	0	1	47	0
江苏经贸职业技术学院	14	54	43	54	3	14	31	6	0	21	33	0	0	37	0
泰州职业技术学院	15	19	16	19	0	9	10	0	0	2	17	0	0	5	0
常州信息职业技术学院	16	58	46	58	1	17	35	5	0	21	37	0	2	29	0
江苏海事职业技术学院	17	68	53	68	3	11	54	0	0	25	43	0	1	53	0
无锡科技职业学院	18	46	33	46	1	10	35	0	0	7	39	0	0	19	0
江苏医药职业学院	19	21	16	21	1	8	10	2	0	4	16	1	0	12	0
南通科技职业学院	20	21	16	21	0	4	17	0	0	10	11	0	0	9	0

苏州经贸职业技术学院	21	21	17	21	0	3	17	1	0	14	7	0	1	14	0
苏州工业职业技术学院	22	48	43	48	2	7	39	0	0	12	36	0	0	18	0
苏州卫生职业技术学院	23	33	29	33	1	7	20	5	0	15	18	0	0	16	0
无锡商业职业技术学院	24	52	38	52	0	11	38	3	0	13	39	0	1	32	0
江苏航运职业技术学院	25	38	25	38	0	18	20	0	0	10	28	0	0	22	0
南京交通职业技术学院	26	31	26	31	2	5	23	1	0	15	16	0	0	24	0
江苏电子信息职业学院	27	9	6	9	0	5	0	4	0	5	4	0	0	8	0
江苏农牧科技职业学院	28	2	1	2	0	0	2	0	0	0	2	0	0	0	0
常州纺织服装职业技术学院	29	44	31	44	1	17	22	4	0	11	33	0	2	17	0
苏州农业职业技术学院	30	25	20	25	0	12	12	1	0	3	22	0	0	12	0
南京科技职业学院	31	35	30	35	0	8	26	1	0	21	14	0	0	28	0
常州工业职业技术学院	32	32	27	32	0	9	20	3	0	5	27	0	0	16	0
常州工程职业技术学院	33	2	2	2	0	1	1	0	0	0	2	0	0	0	0
江苏农林职业技术学院	34	26	22	26	0	9	16	1	0	6	20	0	0	9	0
江苏食品药品职业技术学院	35	39	30	39	2	6	30	1	0	7	32	0	0	13	0
南京铁道职业技术学院	36	19	17	19	0	5	13	1	0	7	12	0	0	13	0
徐州工业职业技术学院	37	17	12	17	0	9	7	1	0	5	12	0	0	8	0
江苏信息职业技术学院	38	33	29	33	1	8	24	0	0	10	23	0	0	22	0
南京信息职业技术学院	39	30	24	30	0	12	16	2	0	15	15	0	1	21	0
常州机电职业技术学院	40	33	28	33	0	11	21	1	0	8	25	0	0	16	0
江阴职业技术学院	41	47	35	47	1	11	29	6	0	3	43	1	1	15	0
无锡城市职业技术学院	42	38	25	38	2	16	20	0	0	6	32	0	0	10	0
无锡工艺职业技术学院	43	27	23	27	0	6	21	0	0	10	17	0	0	14	0
苏州健雄职业技术学院	44	35	30	35	0	7	24	4	0	11	24	0	0	18	0

续表

高校名称		总计		按职称划分						按最后学历划分			按最后学位划分		其他人员
			女性	小计	教授	副教授	讲师	助教	初级	研究生	本科生	其他	博士	硕士	
	编号	L01	L02	L03	L04	L05	L06	L07	L08	L09	L10	L11	L12	L13	L14
盐城工业职业技术学院	45	18	16	18	0	8	7	3	0	6	12	0	0	6	0
江苏财经职业技术学院	46	22	19	22	0	7	12	2	1	7	15	0	0	9	0
扬州工业职业技术学院	47	40	33	40	0	10	24	6	0	23	17	0	1	24	0
江苏城市职业学院	48	44	35	44	1	16	24	3	0	29	15	0	2	33	0
南京城市职业学院	49	14	12	14	1	3	8	2	0	8	6	0	0	12	0
南京机电职业技术学院	50	12	12	12	0	0	8	4	0	4	8	0	0	5	0
南京旅游职业学院	51	28	22	28	0	4	21	3	0	21	7	0	0	23	0
江苏卫生健康职业学院	52	7	6	7	0	1	3	3	0	5	2	0	0	5	0
苏州信息职业技术学院	53	27	25	27	0	5	22	0	0	5	22	0	0	13	0
苏州工业园区服务外包职业学院	54	27	24	27	3	5	16	3	0	21	6	0	2	23	0
徐州幼儿师范高等专科学校	55	30	26	30	6	16	6	2	0	9	21	0	2	10	0
徐州生物工程职业技术学院	56	11	9	11	0	4	6	1	0	1	10	0	0	4	0
江苏商贸职业学院	57	42	35	42	0	11	29	2	0	13	29	0	0	24	0
南通师范高等专科学校	58	131	113	131	4	30	94	3	0	22	109	0	0	53	0
江苏护理职业学院	59	12	10	12	0	4	8	0	0	5	7	0	0	6	0
江苏财会职业学院	60	27	23	27	0	8	17	2	0	8	19	0	0	17	0
江苏城乡建设职业学院	61	14	12	14	0	5	8	1	0	2	12	0	0	6	0
江苏航空职业技术学院	62	12	10	12	0	0	8	4	0	5	7	0	0	5	0
江苏安全技术职业学院	63	14	14	14	0	1	9	4	0	8	6	0	0	11	0
江苏旅游职业学院	64	39	35	39	1	8	22	8	0	22	17	0	0	31	0

3.7 中国文学人文、社会科学活动人员情况表

高校名称		总计		按职称划分						按最后学历划分			按最后学位划分		其他
			女性	小计	教授	副教授	讲师	助教	初级	研究生	本科生	其他	博士	硕士	人员
	编号	L01	L02	L03	L04	L05	L06	L07	L08	L09	L10	L11	L12	L13	L14
合　计	/	545	381	545	46	251	206	42	0	245	300	0	44	323	0
盐城幼儿师范高等专科学校	1	54	37	54	6	31	15	2	0	11	43	0	1	20	0
苏州幼儿师范高等专科学校	2	10	7	10	1	5	4	0	0	8	2	0	0	9	0
无锡职业技术学院	3	7	5	7	1	2	3	1	0	7	0	0	2	5	0
江苏建筑职业技术学院	4	8	8	8	1	3	4	0	0	6	2	0	0	7	0
江苏工程职业技术学院	5	9	6	9	1	6	2	0	0	3	6	0	0	5	0
苏州工艺美术职业技术学院	6	9	5	9	2	4	2	1	0	7	2	0	2	5	0
连云港职业技术学院	7	13	8	13	0	7	5	1	0	4	9	0	1	7	0
镇江市高等专科学校	8	15	10	15	1	10	4	0	0	3	12	0	1	7	0
南通职业大学	9	6	4	6	0	3	3	0	0	2	4	0	0	4	0
苏州职业大学	10	30	17	30	9	13	8	0	0	17	13	0	7	16	0
沙洲职业工学院	11	3	2	3	0	3	0	0	0	1	2	0	0	1	0
扬州市职业大学	12	26	19	26	3	17	5	1	0	8	18	0	2	16	0
连云港师范高等专科学校	13	21	11	21	3	12	6	0	0	11	10	0	4	15	0
江苏经贸职业技术学院	14	3	3	3	0	0	3	0	0	3	0	0	0	3	0
泰州职业技术学院	15	4	1	4	0	1	3	0	0	2	2	0	1	1	0
常州信息职业技术学院	16	3	2	3	0	2	1	0	0	1	2	0	1	1	0
无锡科技职业学院	17	4	4	4	0	0	4	0	0	1	3	0	1	0	0
江苏医药职业学院	18	9	7	9	3	2	4	0	0	2	7	0	1	3	0
南通科技职业学院	19	6	3	6	0	1	5	0	0	2	4	0	0	3	0

续表

高校名称		总计		按职称划分						按最后学历划分			按最后学位划分		其他人员
			女性	小计	教授	副教授	讲师	助教	初级	研究生	本科生	其他	博士	硕士	
	编号	L01	L02	L03	L04	L05	L06	L07	L08	L09	L10	L11	L12	L13	L14
苏州经贸职业技术学院	20	5	4	5	0	4	1	0	0	3	2	0	1	2	0
苏州工业职业技术学院	21	4	2	4	0	0	3	1	0	1	3	0	1	2	0
苏州卫生职业技术学院	22	11	9	11	0	5	4	2	0	3	8	0	0	5	0
无锡商业职业技术学院	23	9	9	9	0	4	5	0	0	2	7	0	0	6	0
南京交通职业技术学院	24	4	1	4	0	2	2	0	0	4	0	0	1	3	0
江苏电子信息职业学院	25	8	2	8	0	3	2	3	0	4	4	0	0	6	0
江苏农牧科技职业学院	26	1	1	1	0	0	1	0	0	1	0	0	0	1	0
常州纺织服装职业技术学院	27	4	3	4	0	0	4	0	0	2	2	0	0	2	0
苏州农业职业技术学院	28	3	3	3	0	3	0	0	0	2	1	0	0	3	0
南京科技职业学院	29	3	1	3	0	1	2	0	0	2	1	0	0	2	0
常州工业职业技术学院	30	1	1	1	0	0	1	0	0	0	1	0	0	0	0
常州工程职业技术学院	31	10	9	10	0	3	6	1	0	6	4	0	1	8	0
江苏农林职业技术学院	32	2	2	2	1	0	1	0	0	0	2	0	0	1	0
江苏食品药品职业技术学院	33	5	3	5	0	4	1	0	0	1	4	0	0	2	0
南京铁道职业技术学院	34	8	8	8	0	3	5	0	0	5	3	0	1	5	0
徐州工业职业技术学院	35	2	2	2	0	0	0	2	0	2	0	0	0	2	0
江苏信息职业技术学院	36	4	3	4	0	3	1	0	0	3	1	0	0	3	0
南京信息职业技术学院	37	4	4	4	0	2	2	0	0	2	2	0	0	4	0
常州机电职业技术学院	38	4	3	4	0	3	1	0	0	2	2	0	0	3	0
江阴职业技术学院	39	11	9	11	2	6	1	2	0	3	8	0	0	6	0
无锡城市职业技术学院	40	2	0	2	0	1	1	0	0	1	1	0	1	1	0

无锡工艺职业技术学院	41	6	6	6	0	2	4	0	0	1	5	0	0	3	0
苏州健雄职业技术学院	42	2	0	2	0	1	1	0	0	1	1	0	0	1	0
盐城工业职业技术学院	43	1	0	1	0	1	0	0	0	1	0	0	0	1	0
江苏财经职业技术学院	44	17	15	17	1	6	7	3	0	5	12	0	0	10	0
扬州工业职业技术学院	45	8	6	8	0	1	3	4	0	8	0	0	1	7	0
江苏城市职业学院	46	14	10	14	4	4	6	0	0	8	6	0	4	6	0
南京城市职业学院	47	7	7	7	0	3	3	1	0	5	2	0	0	6	0
南京机电职业技术学院	48	2	2	2	1	0	0	1	0	0	2	0	0	0	0
南京旅游职业学院	49	3	2	3	0	2	1	0	0	3	0	0	2	1	0
江苏卫生健康职业学院	50	5	4	5	0	1	1	3	0	4	1	0	0	5	0
苏州工业园区服务外包职业学院	51	7	5	7	2	1	3	1	0	6	1	0	1	6	0
徐州幼儿师范高等专科学校	52	21	15	21	0	15	6	0	0	4	17	0	2	9	0
徐州生物工程职业技术学院	53	13	5	13	0	6	6	1	0	2	11	0	0	7	0
江苏商贸职业学院	54	16	11	16	1	8	6	1	0	9	7	0	0	13	0
南通师范高等专科学校	55	14	9	14	1	5	8	0	0	12	2	0	2	11	0
江苏护理职业学院	56	13	7	13	1	8	1	3	0	7	6	0	2	6	0
江苏财会职业学院	57	16	13	16	0	8	8	0	0	5	11	0	0	10	0
江苏城乡建设职业学院	59	10	9	10	1	3	4	2	0	2	8	0	0	5	0
江苏航空职业技术学院	59	2	0	2	0	1	1	0	0	0	2	0	0	1	0
江苏安全技术职业学院	60	7	6	7	0	1	3	3	0	5	2	0	0	5	0
江苏旅游职业学院	61	16	11	16	0	5	9	2	0	9	7	0	0	15	0

3.8 外国文学人文、社会科学活动人员情况表

高校名称		总计		按职称划分						按最后学历划分			按最后学位划分		其他人员
			女性	小计	教授	副教授	讲师	助教	初级	研究生	本科生	其他	博士	硕士	
	编号	L01	L02	L03	L04	L05	L06	L07	L08	L09	L10	L11	L12	L13	L14
合　计	/	186	137	186	4	58	112	10	2	89	97	0	4	117	0
盐城幼儿师范高等专科学校	1	4	3	4	0	3	1	0	0	2	2	0	0	2	0
苏州幼儿师范高等专科学校	2	1	1	1	0	1	0	0	0	1	0	0	0	1	0
无锡职业技术学院	3	1	1	1	0	0	1	0	0	1	0	0	1	0	0
江苏建筑职业技术学院	4	1	0	1	0	1	0	0	0	1	0	0	0	1	0
江苏工程职业技术学院	5	3	2	3	0	1	2	0	0	2	1	0	0	3	0
苏州工艺美术职业技术学院	6	5	3	5	0	4	1	0	0	4	1	0	0	5	0
连云港职业技术学院	7	2	2	2	0	0	2	0	0	2	0	0	0	2	0
镇江市高等专科学校	8	8	8	8	0	5	3	0	0	1	7	0	0	1	0
南通职业大学	9	8	5	8	0	1	6	1	0	1	7	0	0	1	0
苏州职业大学	10	21	12	21	0	3	18	0	0	9	12	0	2	13	0
沙洲职业工学院	11	1	1	1	0	1	0	0	0	0	1	0	0	0	0
扬州市职业大学	12	6	4	6	0	3	3	0	0	3	3	0	0	4	0
连云港师范高等专科学校	13	12	10	12	1	8	2	1	0	6	6	0	0	11	0
常州信息职业技术学院	14	2	2	2	0	0	1	1	0	2	0	0	0	2	0
无锡科技职业学院	15	4	4	4	0	0	4	0	0	1	3	0	0	2	0
南通科技职业学院	16	6	6	6	0	1	4	0	1	3	3	0	0	3	0
苏州经贸职业技术学院	17	1	1	1	0	1	0	0	0	1	0	0	0	1	0
无锡商业职业技术学院	18	7	2	7	0	5	2	0	0	1	6	0	0	2	0

江苏航运职业技术学院	19	1	0	1	1	0	0	0	0	0	1	0	0	1	0
江苏电子信息职业学院	20	26	16	26	1	7	17	1	0	14	12	0	0	20	0
江苏农牧科技职业学院	21	1	0	1	0	0	1	0	0	0	1	0	0	0	0
常州纺织服装职业技术学院	22	6	5	6	0	2	3	1	0	1	5	0	0	1	0
苏州农业职业技术学院	23	2	1	2	0	0	1	1	0	2	0	0	0	2	0
常州工业职业技术学院	24	2	2	2	0	1	1	0	0	1	1	0	0	2	0
江苏食品药品职业技术学院	25	1	1	1	0	0	1	0	0	0	1	0	0	0	0
南京铁道职业技术学院	26	7	6	7	0	0	7	0	0	3	4	0	0	6	0
江苏信息职业技术学院	27	1	0	1	0	0	1	0	0	0	1	0	0	1	0
南京信息职业技术学院	28	2	1	2	0	0	2	0	0	2	0	0	0	2	0
常州机电职业技术学院	29	7	7	7	0	1	6	0	0	0	7	0	0	1	0
苏州健雄职业技术学院	30	1	1	1	0	0	1	0	0	0	1	0	0	1	0
江苏财经职业技术学院	31	2	2	2	0	0	0	1	1	2	0	0	0	2	0
江苏城市职业学院	32	6	6	6	1	1	4	0	0	5	1	0	0	6	0
南京城市职业学院	33	3	2	3	0	2	1	0	0	0	3	0	0	0	0
南京旅游职业学院	34	4	3	4	0	0	2	2	0	4	0	0	0	4	0
江苏卫生健康职业学院	35	7	5	7	0	3	4	0	0	3	4	0	0	4	0
苏州工业园区服务外包职业学院	36	8	7	8	0	2	6	0	0	7	1	0	1	6	0
江苏商贸职业学院	37	3	3	3	0	1	2	0	0	3	0	0	0	3	0
南通师范高等专科学校	38	2	1	2	0	0	2	0	0	1	1	0	0	1	0
江苏护理职业学院	39	1	1	1	0	0	0	1	0	0	1	0	0	0	0

3.9 艺术学人文、社会科学活动人员情况表

高校名称		总计		按职称划分						按最后学历划分			按最后学位划分		其他人员
			女性	小计	教授	副教授	讲师	助教	初级	研究生	本科生	其他	博士	硕士	
	编号	L01	L02	L03	L04	L05	L06	L07	L08	L09	L10	L11	L12	L13	L14
合　计	/	2283	1377	2283	69	579	1238	395	2	1172	1111	0	51	1431	0
盐城幼儿师范高等专科学校	1	100	61	100	2	34	42	22	0	13	87	0	0	15	0
苏州幼儿师范高等专科学校	2	43	33	43	0	11	20	12	0	28	15	0	1	27	0
无锡职业技术学院	3	30	20	30	3	7	18	2	0	21	9	0	2	21	0
江苏建筑职业技术学院	4	60	39	60	3	16	39	2	0	50	10	0	0	53	0
江苏工程职业技术学院	5	53	21	53	5	19	29	0	0	31	22	0	1	33	0
苏州工艺美术职业技术学院	6	231	109	231	5	79	114	33	0	125	106	0	9	156	0
连云港职业技术学院	7	36	21	36	0	6	16	14	0	12	24	0	0	16	0
镇江市高等专科学校	8	51	30	51	0	13	25	13	0	24	27	0	0	29	0
南通职业大学	9	34	22	34	0	10	22	2	0	11	23	0	0	17	0
苏州职业大学	10	82	49	82	4	22	54	2	0	34	48	0	3	39	0
沙洲职业工学院	11	11	5	11	0	2	7	2	0	5	6	0	0	9	0
扬州市职业大学	12	96	54	96	1	24	49	22	0	50	46	0	2	64	0
连云港师范高等专科学校	13	69	39	69	2	31	26	10	0	28	41	0	0	44	0
江苏经贸职业技术学院	14	44	33	44	2	9	31	2	0	30	14	0	2	33	0
泰州职业技术学院	15	22	13	22	0	6	15	1	0	7	15	0	0	8	0
常州信息职业技术学院	16	41	28	41	1	11	19	10	0	26	15	0	2	32	0
江苏海事职业技术学院	17	11	9	11	0	0	7	4	0	11	0	0	0	11	0
无锡科技职业学院	18	17	9	17	0	3	14	0	0	4	13	0	0	10	0
江苏医药职业学院	19	4	3	4	0	0	3	1	0	1	3	0	0	1	0
南通科技职业学院	20	4	4	4	0	0	1	2	1	4	0	0	0	4	0

苏州经贸职业技术学院	21	33	19	33	1	11	21	0	0	12	21	0	2	18	0
苏州工业职业技术学院	22	10	7	10	0	1	6	3	0	4	6	0	2	4	0
无锡商业职业技术学院	23	43	29	43	2	17	13	11	0	24	19	0	0	32	0
江苏航运职业技术学院	24	23	12	23	0	6	16	1	0	5	18	0	0	10	0
南京交通职业技术学院	25	17	9	17	1	5	10	1	0	11	6	0	1	13	0
江苏电子信息职业学院	26	45	29	45	1	9	23	12	0	23	22	0	1	38	0
江苏农牧科技职业学院	27	3	2	3	0	0	3	0	0	2	1	0	0	2	0
常州纺织服装职业技术学院	28	95	55	95	5	14	61	15	0	36	59	0	0	52	0
苏州农业职业技术学院	29	4	2	4	0	0	2	2	0	4	0	0	0	4	0
南京科技职业学院	30	15	8	15	0	2	11	2	0	10	5	0	0	10	0
常州工业职业技术学院	31	42	22	42	1	7	28	6	0	18	24	0	0	26	0
常州工程职业技术学院	32	2	0	2	0	0	2	0	0	2	0	0	0	2	0
江苏农林职业技术学院	33	17	6	17	0	3	13	1	0	3	14	0	0	4	0
江苏食品药品职业技术学院	34	4	2	4	0	0	4	0	0	0	4	0	0	1	0
南京铁道职业技术学院	35	28	18	28	3	5	20	0	0	14	14	0	0	23	0
徐州工业职业技术学院	36	4	4	4	0	2	1	1	0	3	1	0	0	4	0
江苏信息职业技术学院	37	34	20	34	3	13	17	1	0	22	12	0	3	27	0
南京信息职业技术学院	38	26	16	26	1	7	9	9	0	16	10	0	0	25	0
常州机电职业技术学院	39	18	6	18	1	3	14	0	0	9	9	0	0	12	0
江阴职业技术学院	40	30	19	30	2	4	16	8	0	13	17	0	0	19	0
无锡城市职业技术学院	41	57	36	57	0	13	28	16	0	45	12	0	0	46	0
无锡工艺职业技术学院	42	173	109	173	5	41	91	36	0	119	54	0	2	135	0
苏州健雄职业技术学院	43	21	10	21	0	5	12	4	0	11	10	0	0	15	0

续表

高校名称		总计		按职称划分						按最后学历划分			按最后学位划分		其他人员
			女性	小计	教授	副教授	讲师	助教	初级	研究生	本科生	其他	博士	硕士	
	编号	L01	L02	L03	L04	L05	L06	L07	L08	L09	L10	L11	L12	L13	L14
盐城工业职业技术学院	44	52	36	52	2	20	23	7	0	23	29	0	0	23	0
江苏财经职业技术学院	45	14	13	14	0	5	3	5	1	7	7	0	0	7	0
扬州工业职业技术学院	46	34	22	34	1	6	14	13	0	23	11	0	1	23	0
江苏城市职业学院	47	69	42	69	1	17	46	5	0	53	16	0	10	50	0
南京城市职业学院	48	32	28	32	1	4	26	1	0	21	11	0	0	23	0
南京机电职业技术学院	49	11	10	11	0	0	7	4	0	3	8	0	0	4	0
南京旅游职业学院	50	14	6	14	1	1	8	4	0	10	4	0	0	10	0
江苏卫生健康职业学院	51	3	3	3	0	0	2	1	0	2	1	0	0	2	0
苏州信息职业技术学院	52	2	2	2	1	0	0	1	0	0	2	0	0	0	0
苏州工业园区服务外包职业学院	53	16	8	16	0	2	13	1	0	13	3	0	0	15	0
徐州幼儿师范高等专科学校	54	64	42	64	6	18	27	13	0	21	43	0	3	19	0
徐州生物工程职业技术学院	55	5	4	5	0	0	5	0	0	2	3	0	0	2	0
江苏商贸职业学院	56	32	23	32	0	4	13	15	0	19	13	0	0	22	0
南通师范高等专科学校	57	73	42	73	2	22	35	14	0	23	50	0	4	32	0
江苏财会职业学院	58	7	5	7	0	1	1	5	0	2	5	0	0	2	0
江苏城乡建设职业学院	59	22	14	22	0	4	11	7	0	7	15	0	0	13	0
江苏航空职业技术学院	60	3	3	3	0	0	2	1	0	3	0	0	0	3	0
江苏安全技术职业学院	61	4	3	4	0	0	2	2	0	3	1	0	0	3	0
江苏旅游职业学院	62	43	29	43	0	4	28	11	0	16	27	0	0	34	0

3.10 历史学人文、社会科学活动人员情况表

高校名称		总计		按职称划分						按最后学历划分			按最后学位划分		其他人员
			女性	小计	教授	副教授	讲师	助教	初级	研究生	本科生	其他	博士	硕士	
	编号	L01	L02	L03	L04	L05	L06	L07	L08	L09	L10	L11	L12	L13	L14
合　计	/	95	41	95	7	39	41	8	0	61	34	0	14	58	0
盐城幼儿师范高等专科学校	1	4	2	4	0	4	0	0	0	2	2	0	0	3	0
苏州幼儿师范高等专科学校	2	2	1	2	0	0	2	0	0	1	1	0	0	2	0
无锡职业技术学院	3	6	2	6	0	3	3	0	0	4	2	0	2	2	0
江苏建筑职业技术学院	4	3	1	3	0	2	1	0	0	3	0	0	0	3	0
江苏工程职业技术学院	5	2	1	2	0	2	0	0	0	2	0	0	0	2	0
苏州工艺美术职业技术学院	6	5	2	5	0	3	2	0	0	4	1	0	0	5	0
镇江市高等专科学校	7	4	2	4	1	1	2	0	0	1	3	0	0	1	0
南通职业大学	8	1	1	1	0	0	1	0	0	1	0	0	0	1	0
苏州职业大学	9	3	0	3	0	3	0	0	0	3	0	0	2	1	0
扬州市职业大学	10	8	3	8	1	2	3	2	0	5	3	0	0	5	0
连云港师范高等专科学校	11	5	4	5	2	2	1	0	0	1	4	0	0	4	0
江苏经贸职业技术学院	12	1	0	1	1	0	0	0	0	1	0	0	1	0	0
常州信息职业技术学院	13	2	0	2	0	0	2	0	0	2	0	0	0	2	0
江苏海事职业技术学院	14	1	1	1	0	0	1	0	0	1	0	0	1	0	0
江苏医药职业学院	15	1	1	1	0	0	1	0	0	1	0	0	0	1	0
苏州经贸职业技术学院	16	1	1	1	0	0	1	0	0	1	0	0	0	1	0
苏州工业职业技术学院	17	1	0	1	0	0	1	0	0	0	1	0	0	1	0
江苏电子信息职业学院	18	1	0	1	0	1	0	0	0	1	0	0	1	0	0
常州纺织服装职业技术学院	19	1	1	1	0	0	1	0	0	0	1	0	0	0	0
南京科技职业学院	20	1	1	1	0	1	0	0	0	0	1	0	0	0	0

续表

高校名称		总计		按职称划分						按最后学历划分			按最后学位划分		其他
			女性	小计	教授	副教授	讲师	助教	初级	研究生	本科生	其他	博士	硕士	人员
	编号	L01	L02	L03	L04	L05	L06	L07	L08	L09	L10	L11	L12	L13	L14
常州工程职业技术学院	21	1	0	1	0	0	0	1	0	1	0	0	0	1	0
江苏信息职业技术学院	22	1	1	1	0	0	1	0	0	1	0	0	0	1	0
常州机电职业技术学院	23	6	2	6	0	3	2	1	0	5	1	0	2	3	0
江阴职业技术学院	24	2	1	2	0	2	0	0	0	0	2	0	0	0	0
无锡城市职业技术学院	25	4	3	4	0	2	2	0	0	2	2	0	0	4	0
盐城工业职业技术学院	26	1	0	1	0	0	1	0	0	1	0	0	0	1	0
江苏财经职业技术学院	27	1	1	1	0	0	1	0	0	0	1	0	0	0	0
扬州工业职业技术学院	28	3	0	3	1	0	0	2	0	2	1	0	0	3	0
江苏城市职业学院	29	3	0	3	0	1	2	0	0	3	0	0	2	1	0
南京城市职业学院	30	2	1	2	0	0	2	0	0	2	0	0	0	2	0
南京旅游职业学院	31	1	0	1	0	0	1	0	0	1	0	0	1	0	0
苏州工业园区服务外包职业学院	32	1	1	1	0	0	1	0	0	1	0	0	0	1	0
徐州幼儿师范高等专科学校	33	2	2	2	0	2	0	0	0	0	2	0	0	0	0
徐州生物工程职业技术学院	34	1	0	1	0	0	1	0	0	0	1	0	0	0	0
江苏商贸职业学院	35	1	0	1	0	0	1	0	0	1	0	0	0	1	0
南通师范高等专科学校	36	5	3	5	0	3	2	0	0	0	5	0	0	1	0
江苏护理职业学院	37	4	1	4	0	1	2	1	0	4	0	0	1	3	0
江苏财会职业学院	38	1	0	1	1	0	0	0	0	1	0	0	1	0	0
江苏城乡建设职业学院	39	2	1	2	0	1	0	1	0	2	0	0	0	2	0

3.11　考古学人文、社会科学活动人员情况表

高校名称		总计		按职称划分						按最后学历划分			按最后学位划分		其他
			女性	小计	教授	副教授	讲师	助教	初级	研究生	本科生	其他	博士	硕士	人员
	编号	L01	L02	L03	L04	L05	L06	L07	L08	L09	L10	L11	L12	L13	L14
合　计	/	3	0	3	0	0	2	1	0	3	0	0	1	2	0
苏州工艺美术职业技术学院	1	1	0	1	0	0	0	1	0	1	0	0	0	1	0
镇江市高等专科学校	2	1	0	1	0	0	1	0	0	1	0	0	1	0	0
南通职业大学	3	1	0	1	0	0	1	0	0	1	0	0	0	1	0

3.12　经济学人文、社会科学活动人员情况表

高校名称		总计		按职称划分						按最后学历划分			按最后学位划分		其他
			女性	小计	教授	副教授	讲师	助教	初级	研究生	本科生	其他	博士	硕士	人员
	编号	L01	L02	L03	L04	L05	L06	L07	L08	L09	L10	L11	L12	L13	L14
合　计	/	1524	1048	1524	116	448	712	244	4	859	665	0	88	1053	0
盐城幼儿师范高等专科学校	1	7	6	7	0	1	5	1	0	2	5	0	0	4	0
无锡职业技术学院	2	25	16	25	2	7	13	3	0	18	7	0	5	16	0
江苏建筑职业技术学院	3	10	4	10	1	5	4	0	0	7	3	0	1	8	0
江苏工程职业技术学院	4	18	7	18	2	8	8	0	0	12	6	0	0	13	0
苏州工艺美术职业技术学院	5	5	3	5	0	0	5	0	0	1	4	0	0	1	0
连云港职业技术学院	6	24	18	24	1	7	12	4	0	6	18	0	1	13	0
镇江市高等专科学校	7	9	6	9	1	4	2	2	0	5	4	0	1	5	0
南通职业大学	8	44	24	44	3	15	22	4	0	20	24	0	3	33	0
苏州职业大学	9	61	38	61	3	22	34	2	0	41	20	0	6	52	0
沙洲职业工学院	10	15	12	15	0	7	6	2	0	4	11	0	0	6	0
扬州市职业大学	11	76	45	76	7	28	29	12	0	45	31	0	2	55	0
连云港师范高等专科学校	12	10	7	10	1	5	4	0	0	7	3	0	1	8	0
江苏经贸职业技术学院	13	30	19	30	6	9	11	4	0	22	8	0	5	21	0
泰州职业技术学院	14	14	6	14	1	6	6	1	0	4	10	0	0	12	0

续表

高校名称		总计		按职称划分						按最后学历划分			按最后学位划分		其他人员
			女性	小计	教授	副教授	讲师	助教	初级	研究生	本科生	其他	博士	硕士	
	编号	L01	L02	L03	L04	L05	L06	L07	L08	L09	L10	L11	L12	L13	L14
常州信息职业技术学院	15	29	22	29	3	2	19	5	0	22	7	0	3	23	0
江苏海事职业技术学院	16	16	5	16	4	5	7	0	0	10	6	0	3	10	0
无锡科技职业学院	17	18	15	18	1	3	14	0	0	7	11	0	1	12	0
江苏医药职业学院	18	5	4	5	1	0	4	0	0	1	4	0	0	1	0
南通科技职业学院	19	17	13	17	2	5	8	0	2	4	13	0	0	11	0
苏州经贸职业技术学院	20	48	30	48	7	14	23	4	0	34	14	0	10	30	0
苏州工业职业技术学院	21	3	3	3	0	2	1	0	0	3	0	0	3	0	0
苏州卫生职业技术学院	22	13	8	13	0	2	5	6	0	7	6	0	0	7	0
无锡商业职业技术学院	23	47	33	47	4	13	16	14	0	31	16	0	4	35	0
江苏航运职业技术学院	24	26	15	26	1	8	17	0	0	10	16	0	0	18	0
南京交通职业技术学院	25	11	8	11	0	4	4	3	0	4	7	0	0	6	0
江苏电子信息职业学院	26	33	22	33	1	4	23	5	0	17	16	0	0	27	0
江苏农牧科技职业学院	27	12	6	12	2	4	5	1	0	5	7	0	0	10	0
常州纺织服装职业技术学院	28	24	16	24	1	10	8	5	0	15	9	0	1	17	0
苏州农业职业技术学院	29	24	15	24	5	15	4	0	0	13	11	0	3	19	0
南京科技职业学院	30	18	14	18	6	5	6	1	0	10	8	0	0	11	0
常州工业职业技术学院	31	20	17	20	0	1	8	10	1	17	3	0	1	17	0
常州工程职业技术学院	32	8	6	8	2	1	4	1	0	4	4	0	0	5	0
江苏农林职业技术学院	33	7	3	7	1	2	3	1	0	4	3	0	0	5	0
江苏食品药品职业技术学院	34	40	27	40	5	10	25	0	0	20	20	0	1	20	0
南京铁道职业技术学院	35	36	25	36	4	6	23	3	0	18	18	0	1	21	0
徐州工业职业技术学院	36	17	14	17	2	3	1	11	0	17	0	0	0	16	0
江苏信息职业技术学院	37	40	26	40	2	12	22	4	0	27	13	0	2	31	0

南京信息职业技术学院	38	20	17	20	2	6	5	7	0	13	7	0	2	15	0
常州机电职业技术学院	39	16	13	16	2	2	12	0	0	8	8	0	2	8	0
江阴职业技术学院	40	33	23	33	0	13	15	5	0	7	26	0	0	14	0
无锡城市职业技术学院	41	40	29	40	5	14	21	0	0	23	17	0	5	27	0
无锡工艺职业技术学院	42	16	9	16	1	6	8	1	0	4	12	0	0	6	0
苏州健雄职业技术学院	43	16	9	16	2	4	9	1	0	8	8	0	1	11	0
盐城工业职业技术学院	44	26	19	26	3	7	11	5	0	18	8	0	1	18	0
江苏财经职业技术学院	45	70	52	70	0	14	37	18	1	48	22	0	2	53	0
扬州工业职业技术学院	46	37	22	37	1	14	10	12	0	26	11	0	4	25	0
江苏城市职业学院	47	44	33	44	5	15	23	1	0	31	13	0	6	33	0
南京城市职业学院	48	46	38	46	4	11	28	3	0	18	28	0	1	28	0
南京机电职业技术学院	49	10	5	10	0	0	1	9	0	0	10	0	0	0	0
南京旅游职业学院	50	29	17	29	1	12	14	2	0	27	2	0	4	23	0
江苏卫生健康职业学院	51	1	0	1	1	0	0	0	0	1	0	0	0	1	0
苏州信息职业技术学院	52	20	17	20	0	5	9	6	0	8	12	0	0	17	0
苏州工业园区服务外包职业学院	53	16	14	16	1	5	8	2	0	14	2	0	1	12	0
徐州幼儿师范高等专科学校	54	1	1	1	0	0	1	0	0	1	0	0	0	1	0
徐州生物工程职业技术学院	55	10	9	10	0	4	5	1	0	3	7	0	0	6	0
江苏商贸职业学院	56	60	48	60	1	19	17	23	0	29	31	0	0	37	0
南通师范高等专科学校	57	6	5	6	1	0	3	2	0	4	2	0	0	6	0
江苏财会职业学院	58	86	63	86	4	25	40	17	0	37	49	0	0	67	0
江苏城乡建设职业学院	59	15	12	15	0	2	5	8	0	9	6	0	1	9	0
江苏旅游职业学院	60	46	35	46	0	15	19	12	0	28	18	0	0	37	0

3.13 政治学人文、社会科学活动人员情况表

高校名称	编号	总计		按职称划分						按最后学历划分			按最后学位划分		其他人员
			女性	小计	教授	副教授	讲师	助教	初级	研究生	本科生	其他	博士	硕士	
	编号	L01	L02	L03	L04	L05	L06	L07	L08	L09	L10	L11	L12	L13	L14
合 计	/	180	116	180	9	54	88	29	0	101	79	0	7	134	0
盐城幼儿师范高等专科学校	1	19	8	19	2	8	7	2	0	8	11	0	1	8	0
苏州幼儿师范高等专科学校	2	4	4	4	1	3	0	0	0	1	3	0	0	4	0
无锡职业技术学院	3	1	1	1	0	0	1	0	0	1	0	0	0	1	0
江苏建筑职业技术学院	4	3	0	3	0	1	2	0	0	1	2	0	0	1	0
江苏工程职业技术学院	5	1	1	1	0	1	0	0	0	1	0	0	0	1	0
苏州工艺美术职业技术学院	6	1	0	1	0	0	1	0	0	0	1	0	0	1	0
连云港职业技术学院	7	1	0	1	1	0	0	0	0	1	0	0	1	0	0
镇江市高等专科学校	8	5	3	5	0	1	2	2	0	3	2	0	0	5	0
南通职业大学	9	1	0	1	0	0	1	0	0	0	1	0	0	0	0
苏州职业大学	10	3	2	3	0	1	2	0	0	3	0	0	1	2	0
沙洲职业工学院	11	2	0	2	0	0	2	0	0	0	2	0	0	0	0
扬州市职业大学	12	1	0	1	0	0	1	0	0	1	0	0	0	1	0
连云港师范高等专科学校	13	12	8	12	2	8	2	0	0	2	10	0	0	11	0
江苏经贸职业技术学院	14	1	1	1	0	0	0	1	0	1	0	0	0	1	0
泰州职业技术学院	15	1	0	1	0	0	0	1	0	1	0	0	0	1	0
常州信息职业技术学院	16	5	4	5	1	1	3	0	0	1	4	0	0	1	0
江苏医药职业学院	17	2	2	2	0	0	1	1	0	2	0	0	0	2	0
苏州经贸职业技术学院	18	1	1	1	0	0	1	0	0	1	0	0	0	1	0
苏州卫生职业技术学院	19	6	3	6	0	0	4	2	0	5	1	0	1	4	0
无锡商业职业技术学院	20	1	1	1	0	1	0	0	0	0	1	0	0	1	0
江苏航运职业技术学院	21	1	1	1	0	0	1	0	0	1	0	0	0	1	0
南京交通职业技术学院	22	4	3	4	1	1	1	1	0	3	1	0	0	4	0
江苏电子信息职业学院	23	1	1	1	0	0	0	1	0	1	0	0	0	1	0
江苏农牧科技职业学院	24	2	0	2	0	2	0	0	0	2	0	0	0	2	0

常州纺织服装职业技术学院	25	1	1	1	0	0	1	0	0	0	1	0	0	1	0
南京科技职业学院	26	5	2	5	0	1	4	0	0	4	1	0	0	5	0
常州工业职业技术学院	27	3	2	3	0	1	0	2	0	3	0	0	0	3	0
常州工程职业技术学院	28	1	0	1	0	1	0	0	0	1	0	0	0	1	0
江苏农林职业技术学院	29	19	15	19	0	3	14	2	0	8	11	0	0	19	0
江苏食品药品职业技术学院	30	5	3	5	0	3	2	0	0	3	2	0	0	4	0
南京铁道职业技术学院	31	4	2	4	0	0	4	0	0	3	1	0	0	4	0
徐州工业职业技术学院	32	3	2	3	0	2	0	1	0	1	2	0	0	3	0
江苏信息职业技术学院	33	3	0	3	0	0	2	1	0	2	1	0	0	3	0
常州机电职业技术学院	34	1	1	1	0	0	0	1	0	1	0	0	0	1	0
江阴职业技术学院	35	3	3	3	0	2	1	0	0	0	3	0	0	0	0
无锡工艺职业技术学院	36	1	1	1	0	0	1	0	0	1	0	0	1	0	0
苏州健雄职业技术学院	37	2	1	2	0	0	2	0	0	2	0	0	1	1	0
江苏财经职业技术学院	38	1	0	1	0	1	0	0	0	1	0	0	1	0	0
扬州工业职业技术学院	39	3	2	3	0	0	2	1	0	3	0	0	0	2	0
江苏城市职业学院	40	2	2	2	0	0	2	0	0	2	0	0	0	2	0
南京城市职业学院	41	4	3	4	0	1	3	0	0	4	0	0	0	4	0
南京旅游职业学院	42	2	2	2	0	0	1	1	0	1	1	0	0	2	0
江苏卫生健康职业学院	43	1	1	1	0	0	1	0	0	1	0	0	0	1	0
苏州工业园区服务外包职业学院	44	2	0	2	0	1	1	0	0	2	0	0	0	2	0
徐州生物工程职业技术学院	45	1	1	1	0	0	0	1	0	1	0	0	0	1	0
江苏商贸职业学院	46	6	6	6	0	2	3	1	0	4	2	0	0	4	0
南通师范高等专科学校	47	10	8	10	1	4	5	0	0	2	8	0	0	6	0
江苏护理职业学院	48	4	2	4	0	0	1	3	0	3	1	0	0	4	0
江苏财会职业学院	49	3	3	3	0	1	2	0	0	2	1	0	0	2	0
江苏城乡建设职业学院	50	3	3	3	0	2	1	0	0	0	3	0	0	0	0
江苏安全技术职业学院	51	5	4	5	0	1	2	2	0	3	2	0	0	2	0
江苏旅游职业学院	52	3	2	3	0	0	1	2	0	3	0	0	0	3	0

3.14 法学人文、社会科学活动人员情况表

高校名称		总计		按职称划分						按最后学历划分			按最后学位划分		其他人员
			女性	小计	教授	副教授	讲师	助教	初级	研究生	本科生	其他	博士	硕士	
	编号	L01	L02	L03	L04	L05	L06	L07	L08	L09	L10	L11	L12	L13	L14
合　计	/	377	239	377	13	100	193	69	2	220	157	0	15	269	0
盐城幼儿师范高等专科学校	1	2	1	2	0	2	0	0	0	1	1	0	0	1	0
苏州幼儿师范高等专科学校	2	1	1	1	0	0	0	1	0	1	0	0	0	1	0
无锡职业技术学院	3	17	9	17	0	5	11	1	0	15	2	0	2	13	0
江苏建筑职业技术学院	4	8	4	8	0	3	5	0	0	6	2	0	0	7	0
江苏工程职业技术学院	5	6	4	6	0	2	4	0	0	6	0	0	0	6	0
苏州工艺美术职业技术学院	6	1	0	1	0	0	1	0	0	0	1	0	0	0	0
连云港职业技术学院	7	10	6	10	1	5	4	0	0	3	7	0	0	6	0
镇江市高等专科学校	8	12	6	12	0	2	10	0	0	6	6	0	0	10	0
南通职业大学	9	9	5	9	1	1	4	3	0	3	6	0	1	4	0
苏州职业大学	10	16	11	16	0	5	11	0	0	8	8	0	0	12	0
沙洲职业工学院	11	5	5	5	0	2	2	1	0	1	4	0	0	1	0
扬州市职业大学	12	17	11	17	2	7	8	0	0	8	9	0	2	13	0
连云港师范高等专科学校	13	6	3	6	0	5	1	0	0	5	1	0	0	6	0
江苏经贸职业技术学院	14	13	5	13	1	5	7	0	0	7	6	0	2	8	0
常州信息职业技术学院	15	21	17	21	0	1	13	7	0	15	6	0	0	18	0
江苏海事职业技术学院	16	4	4	4	0	2	2	0	0	4	0	0	0	4	0
无锡科技职业学院	17	2	2	2	0	0	2	0	0	1	1	0	0	2	0
江苏医药职业学院	18	2	1	2	0	0	1	1	0	1	1	0	0	2	0
南通科技职业学院	19	12	9	12	0	4	4	2	2	5	7	0	0	6	0

四、社科人力

机构名称	序号	C1	C2	C3	C4	C5	C6	C7	C8	C9	C10	C11	C12	C13	C14	C15
苏州经贸职业技术学院	20	8	3	8	0	0	1	7	0	0	6	2	0	2	5	0
苏州工业职业技术学院	21	1	1	1	0	0	0	1	0	0	0	1	0	0	1	0
苏州卫生职业技术学院	22	7	5	7	0	2	2	1	0	0	6	1	0	1	5	0
无锡商业职业技术学院	23	5	2	5	2	0	0	3	0	0	2	1	0	0	4	0
江苏航运职业技术学院	24	7	5	7	0	1	2	3	0	1	4	3	0	0	4	0
南京交通职业技术学院	25	6	4	6	0	0	2	4	0	0	4	2	0	0	5	0
江苏电子信息职业技术学院	26	9	5	9	0	9	0	0	0	0	9	0	0	0	9	0
常州纺织服装职业技术学院	27	8	6	8	1	4	1	2	0	0	6	2	0	0	7	0
苏州农业职业技术学院	28	7	2	7	0	0	6	1	0	0	3	4	0	0	7	0
南京科技职业学院	29	7	5	7	1	2	1	3	0	0	6	1	1	0	5	0
常州工业职业技术学院	30	4	2	4	0	1	0	3	0	0	1	3	0	0	3	0
常州工程职业技术学院	31	3	2	3	0	1	0	2	0	0	1	2	0	0	1	0
江苏农林职业技术学院	32	4	3	4	0	2	0	4	0	0	2	2	0	0	4	0
江苏食品药品职业技术学院	33	1	0	1	0	0	0	1	0	0	1	0	0	0	1	0
南京铁道职业技术学院	34	2	2	2	0	0	1	1	0	0	1	1	1	0	0	0
徐州工业职业技术学院	35	2	2	2	0	0	0	1	0	1	2	0	0	0	2	0
江苏信息职业技术学院	36	6	3	6	0	1	2	2	0	0	4	2	0	0	5	0
南京信息职业技术学院	37	2	2	2	0	0	0	2	0	0	1	1	0	0	2	0
江阴职业技术学院	38	5	2	5	1	1	1	2	0	0	0	5	0	0	1	0
无锡城市职业技术学院	39	3	2	3	0	0	2	1	0	0	1	2	1	1	1	0
无锡工艺职业技术学院	40	3	3	3	0	0	0	3	0	0	1	1	0	0	1	0
苏州健雄职业技术学院	41	4	3	4	0	0	1	3	0	0	4	4	0	0	4	0
盐城工业职业技术学院	42	1	0	1	0	0	0	1	0	0	0	1	0	0	0	0

续表

高校名称		总计		按职称划分						按最后学历划分			按最后学位划分		其他人员
			女性	小计	教授	副教授	讲师	助教	初级	研究生	本科生	其他	博士	硕士	
	编号	L01	L02	L03	L04	L05	L06	L07	L08	L09	L10	L11	L12	L13	L14
江苏财经职业技术学院	43	20	11	20	0	7	9	4	0	12	8	0	1	14	0
扬州工业职业技术学院	44	4	2	4	0	1	1	2	0	3	1	0	0	3	0
江苏城市职业学院	45	12	8	12	2	4	6	0	0	8	4	0	1	9	0
南京城市职业学院	46	11	10	11	1	4	5	1	0	2	9	0	0	7	0
南京机电职业技术学院	47	3	3	3	0	1	2	0	0	1	2	0	0	1	0
南京旅游职业学院	48	2	2	2	0	0	0	2	0	2	0	0	0	2	0
江苏卫生健康职业学院	49	10	7	10	0	1	2	7	0	7	3	0	0	8	0
苏州信息职业技术学院	50	3	2	3	0	0	1	2	0	2	1	0	0	3	0
苏州工业园区服务外包职业学院	51	4	3	4	0	0	4	0	0	4	0	0	0	4	0
徐州幼儿师范高等专科学校	52	2	1	2	0	1	0	1	0	0	2	0	0	0	0
徐州生物工程职业技术学院	53	4	3	4	0	0	4	0	0	0	4	0	0	1	0
江苏商贸职业学院	54	9	8	9	0	3	4	2	0	4	5	0	0	6	0
南通师范高等专科学校	55	1	1	1	0	0	1	0	0	0	1	0	0	0	0
江苏护理职业学院	56	8	4	8	0	1	5	2	0	5	3	0	0	4	0
江苏财会职业学院	57	5	3	5	0	1	3	1	0	3	2	0	0	3	0
江苏城乡建设职业学院	58	3	1	3	0	2	1	0	0	1	2	0	0	1	0
江苏航空职业技术学院	59	1	1	1	0	0	0	1	0	1	0	0	0	1	0
江苏旅游职业学院	60	6	2	6	0	1	1	4	0	4	2	0	0	5	0

3.15 社会学人文、社会科学活动人员情况表

高校名称		总计		按职称划分						按最后学历划分			按最后学位划分		其他人员
			女性	小计	教授	副教授	讲师	助教	初级	研究生	本科生	其他	博士	硕士	
	编号	L01	L02	L03	L04	L05	L06	L07	L08	L09	L10	L11	L12	L13	L14
合　计	/	377	239	377	13	100	193	69	2	220	157	0	15	269	0
盐城幼儿师范高等专科学校	1	2	1	2	0	2	0	0	0	1	1	0	0	1	0
苏州幼儿师范高等专科学校	2	1	1	1	0	0	0	1	0	1	0	0	0	1	0
无锡职业技术学院	3	17	9	17	0	5	11	1	0	15	2	0	2	13	0
江苏建筑职业技术学院	4	8	4	8	0	3	5	0	0	6	2	0	0	7	0
江苏工程职业技术学院	5	6	4	6	0	2	4	0	0	6	0	0	0	6	0
苏州工艺美术职业技术学院	6	1	0	1	0	0	1	0	0	0	1	0	0	0	0
连云港职业技术学院	7	10	6	10	1	5	4	0	0	3	7	0	0	6	0
镇江市高等专科学校	8	12	6	12	0	2	10	0	0	6	6	0	0	10	0
南通职业大学	9	9	5	9	1	1	4	3	0	3	6	0	1	4	0
苏州职业大学	10	16	11	16	0	5	11	0	0	8	8	0	0	12	0
沙洲职业工学院	11	5	5	5	0	2	2	1	0	1	4	0	0	1	0
扬州市职业大学	12	17	11	17	2	7	8	0	0	8	9	0	2	13	0
连云港师范高等专科学校	13	6	3	6	0	5	1	0	0	5	1	0	0	6	0
江苏经贸职业技术学院	14	13	5	13	1	5	7	0	0	7	6	0	2	8	0
常州信息职业技术学院	15	21	17	21	0	1	13	7	0	15	6	0	0	18	0
江苏海事职业技术学院	16	4	4	4	0	2	2	0	0	4	0	0	0	4	0
无锡科技职业学院	17	2	2	2	0	0	2	0	0	1	1	0	0	2	0
江苏医药职业学院	18	2	1	2	0	0	1	1	0	1	1	0	0	2	0
南通科技职业学院	19	12	9	12	0	4	4	2	2	5	7	0	0	6	0
苏州经贸职业技术学院	20	8	3	8	0	1	7	0	0	6	2	0	2	5	0

续表

高校名称	编号	总计 L01	女性 L02	按职称划分 小计 L03	教授 L04	副教授 L05	讲师 L06	助教 L07	初级 L08	按最后学历划分 研究生 L09	本科生 L10	其他 L11	按最后学位划分 博士 L12	硕士 L13	其他人员 L14
苏州工业职业技术学院	21	1	1	1	0	0	1	0	0	0	1	0	0	1	0
苏州卫生职业技术学院	22	7	5	7	0	2	3	2	0	6	1	0	1	5	0
无锡商业职业技术学院	23	5	2	5	2	0	3	0	0	2	3	0	0	4	0
江苏航运职业技术学院	24	7	5	7	0	2	4	1	0	4	3	0	0	4	0
南京交通职业技术学院	25	6	4	6	0	2	4	0	0	4	2	0	0	5	0
江苏电子信息职业学院	26	9	5	9	0	0	0	9	0	9	0	0	0	9	0
常州纺织服装职业技术学院	27	8	6	8	1	1	2	4	0	6	2	0	0	7	0
苏州农业职业技术学院	28	7	2	7	0	6	1	0	0	3	4	0	0	7	0
南京科技职业学院	29	7	5	7	1	1	3	2	0	6	1	0	1	5	0
常州工业职业技术学院	30	4	2	4	0	0	3	1	0	1	3	0	0	3	0
常州工程职业技术学院	31	3	2	3	0	0	2	1	0	1	2	0	0	1	0
江苏农林职业技术学院	32	4	3	4	0	0	4	0	0	2	2	0	0	4	0
江苏食品药品职业技术学院	33	1	1	1	0	0	1	0	0	1	0	0	0	1	0
南京铁道职业技术学院	34	2	0	2	0	1	1	0	0	1	1	0	1	0	0
徐州工业职业技术学院	35	2	2	2	0	0	1	1	0	2	0	0	0	2	0
江苏信息职业技术学院	36	6	3	6	0	2	2	2	0	4	2	0	0	5	0
南京信息职业技术学院	37	2	2	2	0	0	2	0	0	1	1	0	0	2	0
江阴职业技术学院	38	5	2	5	1	1	2	1	0	0	5	0	0	1	0
无锡城市职业技术学院	39	3	2	3	0	2	1	0	0	1	2	0	1	1	0

无锡工艺职业技术学院	40	3	3	3	0	0	3	0	0	1	2	0	0	1	0
苏州健雄职业技术学院	41	4	3	4	0	1	3	0	0	4	0	0	0	4	0
盐城工业职业技术学院	42	1	0	1	0	0	1	0	0	0	1	0	0	0	0
江苏财经职业技术学院	43	20	11	20	0	7	9	4	0	12	8	0	1	14	0
扬州工业职业技术学院	44	4	2	4	0	1	1	2	0	3	1	0	0	3	0
江苏城市职业学院	45	12	8	12	2	4	6	0	0	8	4	0	1	9	0
南京城市职业学院	46	11	10	11	1	4	5	1	0	2	9	0	0	7	0
南京机电职业技术学院	47	3	3	3	0	1	2	0	0	1	2	0	0	1	0
南京旅游职业学院	48	2	2	2	0	0	0	2	0	2	0	0	0	2	0
江苏卫生健康职业学院	49	10	7	10	0	1	2	7	0	7	3	0	0	8	0
苏州信息职业技术学院	50	3	2	3	0	0	1	2	0	2	1	0	0	3	0
苏州工业园区服务外包职业学院	51	4	3	4	0	0	4	0	0	4	0	0	0	4	0
徐州幼儿师范高等专科学校	52	2	1	2	0	1	0	1	0	0	2	0	0	0	0
徐州生物工程职业技术学院	53	4	3	4	0	0	4	0	0	0	4	0	0	1	0
江苏商贸职业学院	54	9	8	9	0	3	4	2	0	4	5	0	0	6	0
南通师范高等专科学校	55	1	1	1	0	0	1	0	0	0	1	0	0	0	0
江苏护理职业学院	56	8	4	8	0	1	5	2	0	5	3	0	0	4	0
江苏财会职业学院	57	5	3	5	0	1	3	1	0	3	2	0	0	3	0
江苏城乡建设职业学院	58	3	1	3	0	2	1	0	0	1	2	0	0	1	0
江苏航空职业技术学院	59	1	1	1	0	0	0	1	0	1	0	0	0	1	0
江苏旅游职业学院	60	6	2	6	0	1	1	4	0	4	2	0	0	5	0

3.16 民族学与文化学人文、社会科学活动人员情况表

高校名称		总计		按职称划分						按最后学历划分			按最后学位划分		其他人员
			女性	小计	教授	副教授	讲师	助教	初级	研究生	本科生	其他	博士	硕士	
	编号	L01	L02	L03	L04	L05	L06	L07	L08	L09	L10	L11	L12	L13	L14
合　计	/	11	8	11	2	3	5	1	0	7	4	0	3	6	0
苏州工艺美术职业技术学院	1	1	1	1	0	0	1	0	0	1	0	0	1	0	0
苏州职业大学	2	2	1	2	1	1	0	0	0	1	1	0	1	1	0
扬州市职业大学	3	1	0	1	0	1	0	0	0	0	1	0	0	1	0
常州工业职业技术学院	4	1	0	1	0	0	1	0	0	0	1	0	0	0	0
徐州工业职业技术学院	5	1	1	1	0	0	0	1	0	1	0	0	0	1	0
无锡工艺职业技术学院	6	1	1	1	0	0	1	0	0	1	0	0	0	1	0
扬州工业职业技术学院	7	1	1	1	0	0	1	0	0	0	1	0	0	0	0
南京旅游职业学院	8	1	1	1	0	1	0	0	0	1	0	0	0	1	0
江苏卫生健康职业学院	9	1	1	1	0	0	1	0	0	1	0	0	0	1	0
江苏护理职业学院	10	1	1	1	1	0	0	0	0	1	0	0	1	0	0

3.17 新闻学与传播学人文、社会科学活动人员情况表

高校名称		总计		按职称划分						按最后学历划分			按最后学位划分		其他
			女性	小计	教授	副教授	讲师	助教	初级	研究生	本科生	其他	博士	硕士	人员
	编号	L01	L02	L03	L04	L05	L06	L07	L08	L09	L10	L11	L12	L13	L14
合　计	/	98	67	98	2	18	54	24	0	60	38	0	4	60	0
江苏工程职业技术学院	1	5	4	5	0	1	4	0	0	4	1	0	0	4	0
苏州工艺美术职业技术学院	2	4	0	4	0	4	0	0	0	3	1	0	1	2	0
连云港职业技术学院	3	4	3	4	0	0	3	1	0	4	0	0	0	4	0
镇江市高等专科学校	4	3	3	3	0	1	2	0	0	1	2	0	0	2	0
苏州职业大学	5	6	4	6	1	1	4	0	0	5	1	0	1	4	0
扬州市职业大学	6	7	7	7	0	0	5	2	0	4	3	0	0	4	0
连云港师范高等专科学校	7	2	1	2	0	0	1	1	0	1	1	0	0	1	0
江苏经贸职业技术学院	8	1	1	1	0	1	0	0	0	0	1	0	0	0	0
泰州职业技术学院	9	1	1	1	0	0	0	1	0	1	0	0	0	1	0
常州信息职业技术学院	10	2	0	2	0	1	1	0	0	2	0	0	0	2	0
苏州卫生职业技术学院	11	1	1	1	0	0	1	0	0	0	1	0	0	0	0
江苏航运职业技术学院	12	3	1	3	0	0	3	0	0	0	3	0	0	0	0
南京交通职业技术学院	13	2	2	2	0	0	0	2	0	1	1	0	0	1	0
江苏电子信息职业学院	14	1	0	1	0	0	0	1	0	1	0	0	0	1	0
江苏农牧科技职业学院	15	1	0	1	0	0	1	0	0	1	0	0	1	0	0
常州纺织服装职业技术学院	16	1	1	1	0	0	1	0	0	0	1	0	0	0	0
苏州农业职业技术学院	17	1	1	1	0	1	0	0	0	0	1	0	0	1	0
南京科技职业学院	18	2	2	2	0	1	1	0	0	0	2	0	0	0	0
常州工业职业技术学院	19	2	2	2	0	0	1	1	0	2	0	0	0	2	0
江苏食品药品职业技术学院	20	3	3	3	0	0	2	1	0	2	1	0	0	2	0
南京铁道职业技术学院	21	1	1	1	0	0	0	1	0	1	0	0	0	1	0

续表

高校名称		总计		按职称划分						按最后学历划分			按最后学位划分		其他人员
			女性	小计	教授	副教授	讲师	助教	初级	研究生	本科生	其他	博士	硕士	
	编号	L01	L02	L03	L04	L05	L06	L07	L08	L09	L10	L11	L12	L13	L14
徐州工业职业技术学院	22	1	1	1	0	1	0	0	0	1	0	0	0	1	0
江苏信息职业技术学院	23	1	1	1	0	0	1	0	0	0	1	0	0	0	0
常州机电职业技术学院	24	1	0	1	0	1	0	0	0	1	0	0	1	0	0
江阴职业技术学院	25	1	1	1	0	0	1	0	0	1	0	0	0	1	0
苏州健雄职业技术学院	26	1	0	1	0	1	0	0	0	0	1	0	0	0	0
盐城工业职业技术学院	27	1	0	1	0	0	0	1	0	1	0	0	0	1	0
江苏财经职业技术学院	28	1	1	1	0	0	1	0	0	0	1	0	0	0	0
扬州工业职业技术学院	29	1	0	1	0	0	0	1	0	1	0	0	0	1	0
江苏城市职业学院	30	9	8	9	0	3	6	0	0	5	4	0	0	6	0
南京城市职业学院	31	9	5	9	0	1	8	0	0	6	3	0	0	7	0
南京机电职业技术学院	32	5	2	5	0	0	2	3	0	1	4	0	0	1	0
江苏卫生健康职业学院	33	1	0	1	0	0	1	0	0	0	1	0	0	0	0
苏州工业园区服务外包职业学院	34	1	1	1	0	0	1	0	0	0	1	0	0	0	0
徐州幼儿师范高等专科学校	35	1	1	1	0	0	1	0	0	0	1	0	0	0	0
徐州生物工程职业技术学院	36	1	1	1	0	0	0	1	0	1	0	0	0	1	0
江苏商贸职业学院	37	4	4	4	0	0	1	3	0	4	0	0	0	4	0
南通师范高等专科学校	38	1	0	1	1	0	0	0	0	1	0	0	0	1	0
江苏护理职业学院	39	3	2	3	0	0	1	2	0	2	1	0	0	2	0
江苏城乡建设职业学院	40	1	1	1	0	0	0	1	0	1	0	0	0	1	0
江苏旅游职业学院	41	1	0	1	0	0	0	1	0	1	0	0	0	1	0

3.18 图书馆、情报与文献学人文、社会科学活动人员情况表

高校名称		总计		按职称划分						按最后学历划分			按最后学位划分		其他人员
			女性	小计	教授	副教授	讲师	助教	初级	研究生	本科生	其他	博士	硕士	
	编号	L01	L02	L03	L04	L05	L06	L07	L08	L09	L10	L11	L12	L13	L14
合 计	/	494	341	494	18	91	343	41	1	128	354	12	5	194	0
盐城幼儿师范高等专科学校	1	2	2	2	0	0	1	1	0	1	1	0	0	1	0
苏州幼儿师范高等专科学校	2	2	2	2	0	0	2	0	0	2	0	0	0	2	0
无锡职业技术学院	3	14	8	14	1	3	8	2	0	7	7	0	1	8	0
江苏建筑职业技术学院	4	2	1	2	0	1	1	0	0	2	0	0	0	2	0
江苏工程职业技术学院	5	17	11	17	1	3	13	0	0	5	12	0	0	7	0
苏州工艺美术职业技术学院	6	10	8	10	0	2	8	0	0	3	7	0	0	3	0
连云港职业技术学院	7	17	13	17	0	4	11	2	0	0	17	0	0	5	0
镇江市高等专科学校	8	21	18	21	0	6	14	1	0	2	17	2	0	4	0
南通职业大学	9	5	4	5	0	2	2	1	0	0	5	0	0	3	0
苏州职业大学	10	30	17	30	1	5	23	0	1	17	13	0	0	21	0
沙洲职业工学院	11	6	3	6	0	2	4	0	0	0	6	0	0	0	0
扬州市职业大学	12	13	7	13	0	5	8	0	0	3	10	0	0	3	0
连云港师范高等专科学校	13	5	5	5	0	1	4	0	0	2	3	0	0	5	0
江苏经贸职业技术学院	14	7	2	7	1	2	4	0	0	2	5	0	0	5	0
泰州职业技术学院	15	4	2	4	0	1	3	0	0	0	4	0	0	2	0
常州信息职业技术学院	16	15	7	15	1	1	6	7	0	2	13	0	0	5	0
江苏海事职业技术学院	17	14	12	14	0	1	13	0	0	1	13	0	0	11	0
无锡科技职业学院	18	8	5	8	0	1	7	0	0	2	6	0	1	2	0
江苏医药职业学院	19	7	5	7	0	0	7	0	0	2	3	2	0	2	0
南通科技职业学院	20	11	10	11	0	5	4	2	0	0	11	0	0	0	0

续表

高校名称		总计		按职称划分						按最后学历划分			按最后学位划分		其他人员
			女性	小计	教授	副教授	讲师	助教	初级	研究生	本科生	其他	博士	硕士	
	编号	L01	L02	L03	L04	L05	L06	L07	L08	L09	L10	L11	L12	L13	L14
苏州经贸职业技术学院	21	2	1	2	0	0	2	0	0	1	1	0	1	0	0
苏州工业职业技术学院	22	2	2	2	0	0	2	0	0	0	0	2	0	0	0
苏州卫生职业技术学院	23	11	5	11	0	2	4	5	0	8	3	0	0	8	0
无锡商业职业技术学院	24	15	12	15	0	5	10	0	0	2	13	0	0	8	0
江苏航运职业技术学院	25	3	0	3	0	2	1	0	0	0	3	0	0	0	0
南京交通职业技术学院	26	16	10	16	0	1	15	0	0	8	8	0	0	8	0
江苏电子信息职业学院	27	5	3	5	0	0	4	1	0	0	5	0	0	3	0
江苏农牧科技职业学院	28	1	1	1	0	0	0	1	0	1	0	0	0	1	0
常州纺织服装职业技术学院	29	11	7	11	0	1	10	0	0	0	11	0	0	3	0
苏州农业职业技术学院	30	2	1	2	0	1	1	0	0	0	2	0	0	0	0
南京科技职业学院	31	7	4	7	0	1	6	0	0	3	4	0	0	4	0
常州工业职业技术学院	32	1	0	1	0	0	1	0	0	0	1	0	0	1	0
常州工程职业技术学院	33	10	8	10	0	0	10	0	0	1	9	0	0	1	0
江苏农林职业技术学院	34	21	16	21	0	1	20	0	0	3	18	0	0	6	0
江苏食品药品职业技术学院	35	10	7	10	1	4	5	0	0	1	9	0	0	1	0
南京铁道职业技术学院	36	7	6	7	0	0	7	0	0	4	3	0	0	5	0
徐州工业职业技术学院	37	3	2	3	0	0	2	1	0	2	1	0	0	2	0
江苏信息职业技术学院	38	6	4	6	1	1	4	0	0	2	4	0	0	4	0
南京信息职业技术学院	39	5	4	5	0	1	3	1	0	2	3	0	0	3	0
常州机电职业技术学院	40	5	3	5	1	1	3	0	0	2	3	0	0	2	0
江阴职业技术学院	41	3	3	3	0	1	2	0	0	0	3	0	0	0	0

无锡城市职业技术学院	42	10	6	10	1	1	7	1	0	3	7	0	1	3	0
无锡工艺职业技术学院	43	12	9	12	0	1	11	0	0	1	11	0	0	2	0
苏州健雄职业技术学院	44	4	2	4	1	0	3	0	0	2	2	0	0	2	0
盐城工业职业技术学院	45	6	3	6	0	2	2	2	0	3	2	1	0	3	0
江苏财经职业技术学院	46	6	2	6	0	1	4	1	0	2	4	0	0	2	0
扬州工业职业技术学院	47	14	11	14	1	1	11	1	0	2	12	0	0	2	0
江苏城市职业学院	48	13	8	13	2	3	8	0	0	5	8	0	0	7	0
南京城市职业学院	49	8	7	8	2	1	4	1	0	3	5	0	1	3	0
南京机电职业技术学院	50	1	0	1	0	0	1	0	0	0	1	0	0	1	0
南京旅游职业学院	51	6	4	6	0	0	5	1	0	2	3	1	0	2	0
江苏卫生健康职业学院	52	5	4	5	1	1	3	0	0	1	4	0	0	3	0
苏州工业园区服务外包职业学院	53	2	2	2	0	0	2	0	0	1	1	0	0	0	0
徐州幼儿师范高等专科学校	54	7	7	7	0	2	4	1	0	2	3	2	0	2	0
徐州生物工程职业技术学院	55	2	1	2	0	1	1	0	0	0	2	0	0	0	0
江苏商贸职业学院	56	6	5	6	0	2	3	1	0	2	3	1	0	2	0
南通师范高等专科学校	57	15	13	15	1	4	9	1	0	0	15	0	0	1	0
江苏护理职业学院	58	5	5	5	0	1	2	2	0	4	1	0	0	4	0
江苏财会职业学院	59	2	2	2	0	0	2	0	0	0	2	0	0	0	0
江苏城乡建设职业学院	60	3	3	3	0	1	1	1	0	0	3	0	0	0	0
江苏航空职业技术学院	61	7	3	7	1	0	4	2	0	2	4	1	0	2	0
江苏安全技术职业学院	62	2	2	2	0	0	1	1	0	0	2	0	0	1	0
江苏旅游职业学院	63	2	1	2	0	2	0	0	0	0	2	0	0	1	0

3.19 教育学人文、社会科学活动人员情况表

高校名称		总计		按职称划分						按最后学历划分			按最后学位划分		其他人员
			女性	小计	教授	副教授	讲师	助教	初级	研究生	本科生	其他	博士	硕士	
	编号	L01	L02	L03	L04	L05	L06	L07	L08	L09	L10	L11	L12	L13	L14
合　计	/	2695	1627	2695	212	731	1305	438	9	1494	1196	5	119	1938	0
盐城幼儿师范高等专科学校	1	42	36	42	0	9	16	17	0	28	14	0	0	33	0
苏州幼儿师范高等专科学校	2	50	40	50	5	13	22	10	0	36	14	0	4	39	0
无锡职业技术学院	3	72	47	72	5	13	43	11	0	50	22	0	4	56	0
江苏建筑职业技术学院	4	13	7	13	1	1	10	1	0	13	0	0	0	13	0
江苏工程职业技术学院	5	46	27	46	7	16	23	0	0	31	15	0	1	35	0
苏州工艺美术职业技术学院	6	44	27	44	2	15	25	2	0	26	18	0	2	29	0
连云港职业技术学院	7	44	21	44	6	24	12	2	0	24	20	0	7	29	0
镇江市高等专科学校	8	40	22	40	2	15	16	7	0	11	29	0	0	16	0
南通职业大学	9	44	23	44	2	9	26	7	0	21	23	0	3	33	0
苏州职业大学	10	68	42	68	9	19	35	4	1	51	17	0	2	57	0
沙洲职业工学院	11	15	11	15	2	3	9	1	0	5	10	0	1	8	0
扬州市职业大学	12	36	28	36	1	7	19	9	0	20	16	0	0	32	0
连云港师范高等专科学校	13	118	72	118	11	45	45	17	0	64	54	0	3	103	0
江苏经贸职业技术学院	14	12	9	12	0	5	4	3	0	8	4	0	0	12	0
泰州职业技术学院	15	6	3	6	1	1	2	2	0	3	3	0	0	4	0
常州信息职业技术学院	16	68	44	68	6	20	27	10	5	38	30	0	3	58	0
江苏海事职业技术学院	17	30	18	30	3	12	14	1	0	16	14	0	1	26	0
无锡科技职业学院	18	18	11	18	0	6	12	0	0	4	14	0	1	10	0
江苏医药职业学院	19	33	24	33	0	5	13	15	0	21	12	0	1	24	0
南通科技职业学院	20	23	14	23	5	4	10	1	3	12	11	0	1	19	0

苏州经贸职业技术学院	21	14	10	14	0	4	3	7	0	10	4	0	1	12	0
苏州工业职业技术学院	22	12	11	12	0	3	9	0	0	0	12	0	0	9	0
苏州卫生职业技术学院	23	28	23	28	0	10	14	4	0	22	6	0	0	26	0
无锡商业职业技术学院	24	10	4	10	2	2	6	0	0	3	7	0	0	6	0
江苏航运职业技术学院	25	128	54	128	8	28	84	8	0	69	59	0	4	101	0
南京交通职业技术学院	26	14	10	14	0	3	10	1	0	10	4	0	2	12	0
江苏电子信息职业学院	27	51	26	51	0	7	22	22	0	33	18	0	0	44	0
江苏农牧科技职业学院	28	52	23	52	0	16	35	1	0	42	10	0	6	39	0
常州纺织服装职业技术学院	29	48	29	48	3	16	20	9	0	24	24	0	1	30	0
苏州农业职业技术学院	30	71	42	71	12	33	20	6	0	35	35	1	6	49	0
南京科技职业学院	31	73	46	73	9	35	28	1	0	51	22	0	5	55	0
常州工业职业技术学院	32	16	9	16	1	1	3	11	0	13	3	0	0	15	0
常州工程职业技术学院	33	63	33	63	0	28	33	2	0	16	47	0	0	25	0
江苏农林职业技术学院	34	27	15	27	0	9	17	1	0	13	13	1	2	24	0
江苏食品药品职业技术学院	35	80	47	80	6	20	53	1	0	59	21	0	8	65	0
南京铁道职业技术学院	36	46	30	46	3	6	35	2	0	29	17	0	3	36	0
徐州工业职业技术学院	37	11	6	11	1	0	4	6	0	11	0	0	0	11	0
江苏信息职业技术学院	38	28	19	28	0	11	16	1	0	13	15	0	0	20	0
南京信息职业技术学院	39	13	7	13	0	3	7	3	0	8	5	0	2	9	0
常州机电职业技术学院	40	139	60	139	23	46	70	0	0	65	74	0	25	72	0
江阴职业技术学院	41	29	16	29	1	9	16	3	0	5	24	0	0	14	0
无锡城市职业技术学院	42	41	37	41	2	8	23	8	0	17	24	0	0	35	0
无锡工艺职业技术学院	43	17	10	17	0	6	9	2	0	9	8	0	0	11	0
苏州健雄职业技术学院	44	23	14	23	2	9	10	2	0	13	10	0	2	18	0

续表

高校名称		总计		按职称划分						按最后学历划分			按最后学位划分		其他人员
			女性	小计	教授	副教授	讲师	助教	初级	研究生	本科生	其他	博士	硕士	
	编号	L01	L02	L03	L04	L05	L06	L07	L08	L09	L10	L11	L12	L13	L14
盐城工业职业技术学院	45	30	15	30	8	2	8	12	0	21	9	0	0	21	0
江苏财经职业技术学院	46	11	7	11	1	4	2	4	0	5	6	0	0	6	0
扬州工业职业技术学院	47	42	22	42	3	3	5	31	0	37	4	1	1	38	0
江苏城市职业学院	48	129	83	129	19	31	76	3	0	102	27	0	10	106	0
南京城市职业学院	49	47	33	47	4	16	25	2	0	25	22	0	0	38	0
南京机电职业技术学院	50	114	80	114	3	16	62	33	0	47	66	1	0	66	0
南京旅游职业学院	51	20	11	20	1	3	12	4	0	14	5	1	1	13	0
江苏卫生健康职业学院	52	14	10	14	0	1	5	8	0	10	4	0	0	10	0
苏州信息职业技术学院	53	5	5	5	0	2	3	0	0	1	4	0	0	3	0
苏州工业园区服务外包职业学院	54	10	6	10	0	3	7	0	0	7	3	0	0	7	0
徐州幼儿师范高等专科学校	55	69	45	69	14	16	28	11	0	37	32	0	2	38	0
徐州生物工程职业技术学院	56	11	5	11	0	3	8	0	0	4	7	0	0	4	0
江苏商贸职业学院	57	31	20	31	2	7	11	11	0	14	17	0	0	15	0
南通师范高等专科学校	58	31	26	31	3	6	20	2	0	11	20	0	2	24	0
江苏护理职业学院	59	23	19	23	1	3	9	10	0	15	8	0	0	17	0
江苏财会职业学院	60	20	14	20	3	0	10	7	0	9	11	0	1	14	0
江苏城乡建设职业学院	61	58	32	58	3	17	26	12	0	19	39	0	0	30	0
江苏航空职业技术学院	62	17	10	17	0	0	9	8	0	13	4	0	0	14	0
江苏安全技术职业学院	63	9	5	9	0	5	4	0	0	4	5	0	0	7	0
江苏旅游职业学院	64	148	72	148	6	38	45	59	0	47	101	0	1	93	0

3.20 统计学人文、社会科学活动人员情况表

高校名称		总计		按职称划分						按最后学历划分			按最后学位划分		其他
			女性	小计	教授	副教授	讲师	助教	初级	研究生	本科生	其他	博士	硕士	人员
	编号	L01	L02	L03	L04	L05	L06	L07	L08	L09	L10	L11	L12	L13	L14
合　计	/	75	41	75	4	17	43	11	0	34	41	0	6	41	0
江苏工程职业技术学院	1	1	0	1	0	1	0	0	0	1	0	0	0	1	0
苏州工艺美术职业技术学院	2	1	1	1	0	0	1	0	0	0	1	0	0	1	0
连云港职业技术学院	3	2	0	2	1	0	1	0	0	1	1	0	1	0	0
南通职业大学	4	1	0	1	0	0	1	0	0	0	1	0	0	0	0
苏州职业大学	5	1	0	1	0	0	1	0	0	1	0	0	0	1	0
沙洲职业工学院	6	3	2	3	0	1	2	0	0	0	3	0	0	0	0
扬州市职业大学	7	1	1	1	0	0	0	1	0	1	0	0	0	1	0
连云港师范高等专科学校	8	3	1	3	1	2	0	0	0	2	1	0	0	2	0
南通科技职业学院	9	2	2	2	0	0	2	0	0	1	1	0	0	1	0
苏州经贸职业技术学院	10	2	1	2	0	2	0	0	0	1	1	0	0	0	0
苏州卫生职业技术学院	11	4	3	4	0	0	2	2	0	0	4	0	0	0	0
无锡商业职业技术学院	12	2	1	2	0	0	0	2	0	2	0	0	0	2	0
江苏航运职业技术学院	13	3	1	3	0	0	3	0	0	0	3	0	0	1	0
南京交通职业技术学院	14	5	4	5	0	2	3	0	0	3	2	0	0	4	0
江苏农牧科技职业学院	15	1	1	1	0	0	1	0	0	1	0	0	0	1	0
常州纺织服装职业技术学院	16	2	1	2	2	0	0	0	0	0	2	0	0	0	0
南京科技职业学院	17	1	0	1	0	0	1	0	0	1	0	0	0	1	0

常州工程职业技术学院	18	1	0	1	0	0	1	0	0	0	1	0	0	0	0
江苏食品药品职业技术学院	19	3	2	3	0	0	3	0	0	1	2	0	1	0	0
南京铁道职业技术学院	20	9	7	9	0	4	5	0	0	4	5	0	2	4	0
江苏信息职业技术学院	21	1	1	1	0	0	0	1	0	1	0	0	0	1	0
南京信息职业技术学院	22	8	3	8	0	5	3	0	0	4	4	0	2	6	0
常州机电职业技术学院	23	3	3	3	0	0	3	0	0	0	3	0	0	3	0
无锡城市职业技术学院	24	1	0	1	0	0	1	0	0	0	1	0	0	1	0
江苏财经职业技术学院	25	1	0	1	0	0	0	1	0	1	0	0	0	1	0
扬州工业职业技术学院	26	1	0	1	0	0	1	0	0	1	0	0	0	1	0
江苏城市职业学院	27	3	1	3	0	0	1	2	0	3	0	0	0	3	0
南京城市职业学院	28	1	1	1	0	0	1	0	0	0	1	0	0	0	0
南京机电职业技术学院	29	1	0	1	0	0	1	0	0	0	1	0	0	0	0
南京旅游职业学院	30	1	0	1	0	0	0	1	0	0	1	0	0	0	0
江苏卫生健康职业学院	31	1	0	1	0	0	1	0	0	1	0	0	0	1	0
苏州信息职业技术学院	32	1	1	1	0	0	1	0	0	0	1	0	0	1	0
江苏护理职业学院	33	1	1	1	0	0	1	0	0	1	0	0	0	1	0
江苏财会职业学院	34	1	0	1	0	0	1	0	0	1	0	0	0	1	0
江苏航空职业技术学院	35	1	1	1	0	0	0	1	0	1	0	0	0	1	0
江苏安全技术职业学院	36	1	1	1	0	0	1	0	0	0	1	0	0	0	0

3.21 心理学人文、社会科学活动人员情况表

高校名称		总计		按职称划分						按最后学历划分			按最后学位划分		其他人员
			女性	小计	教授	副教授	讲师	助教	初级	研究生	本科生	其他	博士	硕士	
	编号	L01	L02	L03	L04	L05	L06	L07	L08	L09	L10	L11	L12	L13	L14
合　计	/	172	144	172	4	42	86	40	0	109	63	0	3	130	0
盐城幼儿师范高等专科学校	1	10	8	10	0	5	4	1	0	4	6	0	0	5	0
无锡职业技术学院	2	1	1	1	0	1	0	0	0	0	1	0	0	1	0
江苏建筑职业技术学院	3	3	2	3	0	0	3	0	0	3	0	0	0	3	0
苏州工艺美术职业技术学院	4	4	3	4	1	0	1	2	0	4	0	0	0	4	0
连云港职业技术学院	5	1	1	1	1	0	0	0	0	1	0	0	0	1	0
镇江市高等专科学校	6	7	5	7	1	3	2	1	0	4	3	0	0	5	0
南通职业大学	7	1	1	1	0	1	0	0	0	0	1	0	0	0	0
苏州职业大学	8	10	6	10	0	4	6	0	0	2	8	0	0	8	0
沙洲职业工学院	9	1	1	1	0	0	1	0	0	1	0	0	0	1	0
扬州市职业大学	10	4	2	4	0	2	1	1	0	1	3	0	0	3	0
连云港师范高等专科学校	11	5	5	5	0	1	1	3	0	4	1	0	0	5	0
江苏经贸职业技术学院	12	3	3	3	0	0	3	0	0	2	1	0	0	2	0
泰州职业技术学院	13	1	0	1	0	1	0	0	0	1	0	0	0	1	0
常州信息职业技术学院	14	1	1	1	0	0	1	0	0	1	0	0	0	1	0
江苏海事职业技术学院	15	1	1	1	0	0	1	0	0	1	0	0	1	0	0
无锡科技职业学院	16	2	2	2	0	1	1	0	0	0	2	0	0	0	0
江苏医药职业学院	17	8	6	8	0	0	6	2	0	5	3	0	0	5	0

续表

高校名称		总计		按职称划分						按最后学历划分			按最后学位划分		其他人员
			女性	小计	教授	副教授	讲师	助教	初级	研究生	本科生	其他	博士	硕士	
	编号	L01	L02	L03	L04	L05	L06	L07	L08	L09	L10	L11	L12	L13	L14
南通科技职业学院	18	3	3	3	1	0	2	0	0	1	2	0	0	2	0
苏州经贸职业技术学院	19	1	1	1	0	0	1	0	0	1	0	0	0	1	0
苏州卫生职业技术学院	20	6	6	6	0	0	0	6	0	3	3	0	0	3	0
江苏航运职业技术学院	21	5	5	5	0	0	5	0	0	3	2	0	0	5	0
南京交通职业技术学院	22	4	4	4	0	1	3	0	0	4	0	0	0	4	0
江苏电子信息职业学院	23	6	5	6	0	4	0	2	0	4	2	0	0	5	0
江苏农牧科技职业学院	24	5	4	5	0	0	5	0	0	4	1	0	0	4	0
常州纺织服装职业技术学院	25	5	4	5	0	1	3	1	0	1	4	0	0	1	0
苏州农业职业技术学院	26	2	2	2	0	2	0	0	0	2	0	0	0	2	0
南京科技职业学院	27	4	3	4	0	1	3	0	0	3	1	0	0	4	0
常州工业职业技术学院	28	2	0	2	0	0	1	1	0	1	1	0	0	1	0
江苏食品药品职业技术学院	29	3	3	3	0	0	3	0	0	3	0	0	0	3	0
南京铁道职业技术学院	30	5	5	5	0	1	4	0	0	5	0	0	1	4	0
徐州工业职业技术学院	31	5	4	5	0	2	3	0	0	4	1	0	0	4	0
江苏信息职业技术学院	32	1	1	1	0	1	0	0	0	1	0	0	0	1	0
南京信息职业技术学院	33	5	4	5	0	3	2	0	0	1	4	0	0	4	0
常州机电职业技术学院	34	2	1	2	0	0	1	1	0	1	1	0	0	1	0
江阴职业技术学院	35	1	1	1	0	0	1	0	0	0	1	0	0	0	0

无锡城市职业技术学院	36	1	1	1	0	0	1	0	0	1	0	0	1	0	0
无锡工艺职业技术学院	37	2	2	2	0	1	0	1	0	2	0	0	0	2	0
苏州健雄职业技术学院	38	2	2	2	0	0	2	0	0	0	2	0	0	0	0
盐城工业职业技术学院	39	2	1	2	0	1	0	1	0	2	0	0	0	2	0
江苏财经职业技术学院	40	1	1	1	0	1	0	0	0	1	0	0	0	1	0
扬州工业职业技术学院	41	1	1	1	0	0	1	0	0	1	0	0	0	1	0
江苏城市职业学院	42	3	3	3	0	1	1	1	0	1	2	0	0	3	0
南京城市职业学院	43	4	3	4	0	1	3	0	0	3	1	0	0	3	0
南京旅游职业学院	44	1	1	1	0	0	1	0	0	0	1	0	0	1	0
江苏卫生健康职业学院	45	5	4	5	0	0	2	3	0	4	1	0	0	4	0
苏州信息职业技术学院	46	2	2	2	0	1	0	1	0	1	1	0	0	1	0
苏州工业园区服务外包职业学院	47	2	2	2	0	0	2	0	0	2	0	0	0	2	0
徐州幼儿师范高等专科学校	48	2	2	2	0	1	1	0	0	2	0	0	0	2	0
徐州生物工程职业技术学院	49	1	1	1	0	0	1	0	0	0	1	0	0	0	0
江苏商贸职业学院	50	6	6	6	0	0	1	5	0	6	0	0	0	6	0
南通师范高等专科学校	51	2	1	2	0	0	1	1	0	2	0	0	0	2	0
江苏护理职业学院	52	2	2	2	0	0	1	1	0	0	2	0	0	1	0
江苏城乡建设职业学院	53	2	2	2	0	0	0	2	0	2	0	0	0	2	0
江苏航空职业技术学院	54	2	2	2	0	0	0	2	0	2	0	0	0	2	0
江苏旅游职业学院	55	1	1	1	0	0	0	1	0	1	0	0	0	1	0

四、社科人力 4

3.22 体育科学人文、社会科学活动人员情况表

高校名称		总计		按职称划分						按最后学历划分			按最后学位划分		其他
			女性	小计	教授	副教授	讲师	助教	初级	研究生	本科生	其他	博士	硕士	人员
	编号	L01	L02	L03	L04	L05	L06	L07	L08	L09	L10	L11	L12	L13	L14
合　计	/	1015	326	1015	34	378	464	139	0	347	666	2	3	524	0
盐城幼儿师范高等专科学校	1	32	11	32	0	16	8	8	0	9	23	0	0	13	0
苏州幼儿师范高等专科学校	2	8	2	8	2	1	4	1	0	6	2	0	0	8	0
无锡职业技术学院	3	23	6	23	1	6	8	8	0	14	9	0	1	15	0
江苏建筑职业技术学院	4	19	7	19	1	10	8	0	0	8	11	0	0	10	0
江苏工程职业技术学院	5	15	5	15	0	5	10	0	0	8	7	0	0	9	0
苏州工艺美术职业技术学院	6	14	5	14	1	7	4	2	0	6	8	0	0	9	0
连云港职业技术学院	7	21	4	21	1	11	5	4	0	6	15	0	0	10	0
镇江市高等专科学校	8	20	6	20	2	8	9	1	0	1	19	0	0	7	0
南通职业大学	9	9	5	9	0	7	2	0	0	0	9	0	0	5	0
苏州职业大学	10	24	10	24	3	12	7	2	0	9	15	0	0	14	0
沙洲职业工学院	11	10	2	10	0	6	2	2	0	2	8	0	0	2	0
扬州市职业大学	12	46	17	46	4	18	20	4	0	10	36	0	1	14	0
连云港师范高等专科学校	13	26	8	26	2	10	12	2	0	12	14	0	0	20	0
江苏经贸职业技术学院	14	28	9	28	1	9	18	0	0	16	12	0	0	20	0
泰州职业技术学院	15	12	4	12	0	8	2	2	0	4	8	0	0	7	0
常州信息职业技术学院	16	17	4	17	0	8	8	1	0	7	10	0	0	10	0
江苏海事职业技术学院	17	20	9	20	0	8	12	0	0	1	19	0	0	11	0
无锡科技职业学院	18	11	5	11	0	2	9	0	0	0	11	0	0	3	0
江苏医药职业学院	19	13	3	13	0	2	5	6	0	8	5	0	0	9	0
南通科技职业学院	20	9	2	9	0	2	6	1	0	1	8	0	0	1	0
苏州经贸职业技术学院	21	14	4	14	0	7	7	0	0	8	6	0	0	8	0
苏州工业职业技术学院	22	18	5	18	1	5	11	1	0	1	17	0	0	7	0
苏州卫生职业技术学院	23	16	9	16	0	7	9	0	0	5	11	0	0	7	0
无锡商业职业技术学院	24	19	6	19	0	5	11	3	0	7	12	0	0	10	0

江苏航运职业技术学院	25	13	1	13	0	2	11	0	0	6	7	0	0	8	0
南京交通职业技术学院	26	18	6	18	1	7	8	2	0	5	13	0	0	15	0
江苏电子信息职业学院	27	20	6	20	1	4	9	6	0	5	14	1	0	18	0
江苏农牧科技职业学院	28	2	0	2	0	0	2	0	0	2	0	0	0	2	0
常州纺织服装职业技术学院	29	14	3	14	1	2	9	2	0	4	10	0	1	5	0
苏州农业职业技术学院	30	8	3	8	0	6	2	0	0	1	7	0	0	6	0
南京科技职业学院	31	18	6	18	0	10	8	0	0	6	12	0	0	8	0
常州工业职业技术学院	32	20	7	20	0	4	9	7	0	6	14	0	0	8	0
常州工程职业技术学院	33	12	3	12	0	4	6	2	0	2	10	0	0	2	0
江苏农林职业技术学院	34	18	6	18	0	3	13	2	0	5	13	0	0	10	0
江苏食品药品职业技术学院	35	10	2	10	0	2	8	0	0	1	9	0	0	2	0
南京铁道职业技术学院	36	13	9	13	0	4	9	0	0	11	2	0	0	10	0
徐州工业职业技术学院	37	17	6	17	2	10	3	2	0	4	13	0	0	10	0
江苏信息职业技术学院	38	12	2	12	1	3	8	0	0	1	11	0	0	3	0
南京信息职业技术学院	39	17	6	17	2	6	6	3	0	6	11	0	0	12	0
常州机电职业技术学院	40	8	3	8	0	1	5	2	0	7	1	0	0	6	0
江阴职业技术学院	41	24	7	24	0	14	7	3	0	1	23	0	0	10	0
无锡城市职业技术学院	42	20	7	20	0	12	6	2	0	5	15	0	0	8	0
无锡工艺职业技术学院	43	14	4	14	0	5	7	2	0	8	6	0	0	10	0
苏州健雄职业技术学院	44	10	3	10	0	4	3	3	0	3	7	0	0	3	0
盐城工业职业技术学院	45	13	3	13	1	6	6	0	0	5	8	0	0	5	0
江苏财经职业技术学院	46	21	6	21	2	10	6	3	0	4	17	0	0	9	0
扬州工业职业技术学院	47	24	4	24	0	10	9	5	0	11	13	0	0	11	0
江苏城市职业学院	48	12	5	12	0	6	4	2	0	6	6	0	0	10	0
南京城市职业学院	49	9	4	9	0	2	6	1	0	8	1	0	0	8	0
南京机电职业技术学院	50	10	6	10	0	0	8	2	0	1	9	0	0	4	0
南京旅游职业学院	51	14	5	14	0	3	6	5	0	5	9	0	0	7	0
江苏卫生健康职业学院	52	9	2	9	0	3	3	3	0	5	4	0	0	6	0
苏州信息职业技术学院	53	8	3	8	0	3	5	0	0	1	7	0	0	1	0

续表

高校名称		总计		按职称划分						按最后学历划分			按最后学位划分		其他
			女性	小计	教授	副教授	讲师	助教	初级	研究生	本科生	其他	博士	硕士	人员
	编号	L01	L02	L03	L04	L05	L06	L07	L08	L09	L10	L11	L12	L13	L14
苏州工业园区服务外包职业学院	54	9	3	9	0	2	7	0	0	9	0	0	0	9	0
徐州幼儿师范高等专科学校	55	9	1	9	1	3	4	1	0	1	8	0	0	2	0
徐州生物工程职业技术学院	56	13	5	13	1	3	4	5	0	1	12	0	0	3	0
江苏商贸职业学院	57	15	7	15	0	7	7	1	0	1	14	0	0	5	0
南通师范高等专科学校	58	24	9	24	2	12	9	1	0	6	18	0	0	9	0
江苏护理职业学院	59	15	6	15	0	3	4	8	0	9	6	0	0	9	0
江苏财会职业学院	60	19	5	19	0	6	10	3	0	3	16	0	0	7	0
江苏城乡建设职业学院	61	19	3	19	0	6	7	6	0	9	10	0	0	10	0
江苏航空职业技术学院	62	6	0	6	0	1	4	1	0	1	4	1	0	1	0
江苏安全技术职业学院	63	11	3	11	0	2	8	1	0	4	7	0	0	5	0
江苏旅游职业学院	64	23	8	23	0	7	11	5	0	19	4	0	0	18	0

3.23 其他学科人文、社会科学活动人员情况表

高校名称		总计		按职称划分						按最后学历划分			按最后学位划分		其他
			女性	小计	教授	副教授	讲师	助教	初级	研究生	本科生	其他	博士	硕士	人员
	编号	L01	L02	L03	L04	L05	L06	L07	L08	L09	L10	L11	L12	L13	L14
合　计	/	10	7	10	2	2	4	2	0	6	4	0	1	7	0
江苏工程职业技术学院	1	2	1	2	0	0	2	0	0	1	1	0	1	0	0
连云港职业技术学院	2	1	1	1	0	0	0	1	0	1	0	0	0	1	0
镇江市高等专科学校	3	1	1	1	0	1	0	0	0	1	0	0	0	1	0
南通职业大学	4	1	1	1	0	0	0	1	0	1	0	0	0	1	0
常州机电职业技术学院	5	1	0	1	0	0	1	0	0	1	0	0	0	1	0
南京城市职业学院	6	3	2	3	2	0	1	0	0	1	2	0	0	2	0
江苏护理职业学院	7	1	1	1	0	1	0	0	0	0	1	0	0	1	0

4. 民办及中外合作办学高等学校人文、社会科学活动人员情况表

高校名称		总计		按职称划分						按最后学历划分			按最后学位划分		其他人员
			女性	小计	教授	副教授	讲师	助教	初级	研究生	本科生	其他	博士	硕士	
	编号	L01	L02	L03	L04	L05	L06	L07	L08	L09	L10	L11	L12	L13	L14
合　计	/	6898	4732	6898	183	1297	3774	1596	48	4717	2161	20	487	4838	0
管理学	1	1393	923	1393	42	277	717	348	9	897	489	7	94	919	0
马克思主义	2	259	180	259	2	77	140	40	0	198	61	0	6	215	0
哲学	3	95	62	95	3	16	53	23	0	88	7	0	17	73	0
逻辑学	4	30	11	30	0	2	16	12	0	9	20	1	0	10	0
宗教学	5	2	0	2	1	0	1	0	0	2	0	0	2	0	0
语言学	6	1012	851	1012	9	201	642	153	7	713	299	0	54	746	0
中国文学	7	134	90	134	8	32	73	20	1	108	26	0	25	92	0
外国文学	8	168	130	168	4	18	119	27	0	132	36	0	12	125	0
艺术学	9	1273	814	1273	31	222	592	426	2	843	423	7	25	974	0
历史学	10	45	17	45	4	10	23	8	0	38	7	0	17	23	0
考古学	11	4	3	4	0	0	1	3	0	4	0	0	0	4	0
经济学	12	812	613	812	50	157	408	194	3	666	146	0	123	571	0
政治学	13	62	35	62	3	6	36	16	1	53	9	0	19	36	0
法学	14	127	89	127	4	24	68	30	1	87	40	0	6	94	0
社会学	15	105	73	105	1	11	76	14	3	68	35	2	19	49	0
民族学与文化学	16	5	2	5	0	1	3	1	0	4	1	0	1	3	0
新闻学与传播学	17	165	116	165	6	35	87	35	2	119	46	0	21	113	0
图书馆、情报与文献学	18	128	95	128	1	12	90	19	6	28	98	2	2	33	0
教育学	19	639	427	639	9	100	392	126	12	417	221	1	29	465	0
统计学	20	24	18	24	1	3	14	6	0	19	5	0	1	19	0
心理学	21	60	52	60	3	8	37	11	1	45	15	0	5	45	0
体育科学	22	325	113	325	1	83	165	76	0	154	171	0	2	211	0
其他学科	23	31	18	31	0	2	21	8	0	25	6	0	7	18	0

四、社科人力

4.1 管理学人文、社会科学活动人员情况表

高校名称		总计		按职称划分						按最后学历划分			按最后学位划分		其他
			女性	小计	教授	副教授	讲师	助教	初级	研究生	本科生	其他	博士	硕士	人员
	编号	L01	L02	L03	L04	L05	L06	L07	L08	L09	L10	L11	L12	L13	L14
合　计	/	1393	923	1393	42	277	717	348	9	897	489	7	94	919	0
明达职业技术学院	1	3	2	3	0	0	2	1	0	0	3	0	0	0	0
三江学院	2	63	48	63	9	26	19	9	0	43	20	0	6	51	0
九州职业技术学院	3	47	28	47	2	3	21	21	0	15	32	0	0	17	0
南通理工学院	4	99	63	99	5	16	44	34	0	67	32	0	4	80	0
硅湖职业技术学院	5	29	20	29	0	9	18	2	0	16	13	0	0	20	0
应天职业技术学院	6	17	12	17	0	5	12	0	0	9	8	0	0	11	0
苏州托普信息职业技术学院	7	31	22	31	0	1	15	15	0	9	22	0	0	9	0
东南大学成贤学院	8	23	16	23	1	4	17	1	0	14	9	0	1	13	0
苏州工业园区职业技术学院	9	40	23	40	2	11	27	0	0	17	22	1	0	23	0
太湖创意职业技术学院	10	2	0	2	0	0	1	1	0	1	1	0	0	1	0
炎黄职业技术学院	11	12	8	12	0	2	10	0	0	2	10	0	0	7	0
正德职业技术学院	12	18	10	18	1	1	12	4	0	10	8	0	0	10	0
钟山职业技术学院	13	6	3	6	0	3	3	0	0	1	5	0	0	5	0
无锡南洋职业技术学院	14	35	27	35	0	9	19	3	4	7	27	1	0	10	0
江南影视艺术职业学院	15	19	12	19	0	1	2	16	0	15	4	0	1	14	0
金肯职业技术学院	16	14	12	14	0	1	13	0	0	7	7	0	0	9	0
建东职业技术学院	17	15	10	15	0	4	9	2	0	2	13	0	0	6	0
宿迁职业技术学院	18	10	5	10	0	1	4	2	3	2	8	0	0	2	0
江海职业技术学院	19	41	25	41	0	14	23	4	0	10	31	0	0	15	0
无锡太湖学院	20	112	78	112	5	24	60	23	0	84	28	0	5	86	0
中国矿业大学徐海学院	21	16	11	16	0	2	13	1	0	14	2	0	1	15	0
南京大学金陵学院	22	3	1	3	0	1	1	1	0	2	1	0	0	2	0
南京理工大学紫金学院	23	52	36	52	1	15	32	4	0	37	15	0	1	40	0

南京航空航天大学金城学院	24	29	19	29	0	3	16	10	0	17	12	0	0	20	0
南京传媒学院	25	30	23	30	0	7	13	10	0	23	7	0	0	24	0
金山职业技术学院	26	7	5	7	0	1	1	5	0	1	6	0	0	1	0
南京理工大学泰州科技学院	27	24	12	24	0	8	12	4	0	13	11	0	0	17	0
南京师范大学泰州学院	28	11	8	11	0	3	4	4	0	11	0	0	1	10	0
南京工业大学浦江学院	29	42	25	42	1	6	20	15	0	32	6	4	4	28	0
南京师范大学中北学院	30	21	19	21	0	2	11	8	0	20	1	0	0	21	0
苏州百年职业学院	31	13	12	13	0	0	9	4	0	13	0	0	0	13	0
昆山登云科技职业学院	32	38	23	38	1	5	14	17	1	17	21	0	1	18	0
南京视觉艺术职业学院	33	1	1	1	0	1	0	0	0	1	0	0	0	1	0
南京医科大学康达学院	34	18	9	18	1	5	8	4	0	14	4	0	2	12	0
南京中医药大学翰林学院	35	26	16	26	0	1	25	0	0	18	8	0	0	18	0
苏州大学应用技术学院	36	40	27	40	3	12	16	9	0	27	13	0	1	32	0
苏州科技大学天平学院	37	11	7	11	1	2	4	4	0	10	1	0	0	10	0
江苏大学京江学院	38	9	8	9	0	0	6	3	0	9	0	0	0	9	0
扬州大学广陵学院	39	17	11	17	0	4	9	4	0	14	3	0	0	16	0
江苏师范大学科文学院	40	31	22	31	0	2	12	17	0	28	3	0	0	30	0
南京邮电大学通达学院	41	9	9	9	0	2	3	4	0	8	1	0	0	8	0
南京财经大学红山学院	42	46	39	46	0	3	5	38	0	45	1	0	0	44	0
江苏科技大学苏州理工学院	43	24	13	24	0	4	19	1	0	24	0	0	5	19	0
常州大学怀德学院	44	28	17	28	2	3	10	13	0	27	1	0	2	25	0
南通大学杏林学院	45	36	20	36	0	9	24	3	0	27	9	0	0	30	0
南京审计大学金审学院	46	38	30	38	2	14	17	5	0	26	12	0	2	27	0
苏州高博软件技术职业学院	47	39	29	39	0	8	22	9	0	15	24	0	0	22	0
宿迁泽达职业技术学院	48	19	12	19	0	0	10	9	0	3	16	0	0	3	0
扬州中瑞酒店职业学院	49	9	6	9	0	0	6	2	1	2	6	1	0	3	0
昆山杜克大学	50	5	3	5	0	1	2	2	0	4	1	0	2	2	0
西交利物浦大学	51	65	26	65	5	18	42	0	0	64	1	0	55	10	0

4.2 马克思主义人文、社会科学活动人员情况表

高校名称		总计		按职称划分						按最后学历划分			按最后学位划分		其他
			女性	小计	教授	副教授	讲师	助教	初级	研究生	本科生	其他	博士	硕士	人员
	编号	L01	L02	L03	L04	L05	L06	L07	L08	L09	L10	L11	L12	L13	L14
合　计	/	259	180	259	2	77	140	40	0	198	61	0	6	215	0
明达职业技术学院	1	1	0	1	0	0	1	0	0	1	0	0	0	1	0
三江学院	2	45	31	45	0	13	25	7	0	29	16	0	1	36	0
九州职业技术学院	3	2	2	2	0	1	1	0	0	1	1	0	0	1	0
南通理工学院	4	10	9	10	0	3	4	3	0	8	2	0	0	9	0
硅湖职业技术学院	5	5	5	5	0	2	3	0	0	4	1	0	0	4	0
应天职业技术学院	6	6	5	6	0	0	5	1	0	5	1	0	0	6	0
东南大学成贤学院	7	2	2	2	0	0	2	0	0	1	1	0	0	1	0
苏州工业园区职业技术学院	8	1	0	1	0	0	1	0	0	0	1	0	0	0	0
太湖创意职业技术学院	9	2	0	2	0	0	1	1	0	1	1	0	0	1	0
炎黄职业技术学院	10	1	1	1	0	0	1	0	0	0	1	0	0	1	0
正德职业技术学院	11	4	2	4	0	1	3	0	0	1	3	0	0	3	0
钟山职业技术学院	12	5	4	5	0	4	1	0	0	3	2	0	1	4	0
无锡南洋职业技术学院	13	4	3	4	0	3	1	0	0	0	4	0	0	1	0
江南影视艺术职业学院	14	3	3	3	0	0	1	2	0	2	1	0	0	2	0
金肯职业技术学院	15	10	9	10	0	3	7	0	0	7	3	0	0	9	0
建东职业技术学院	16	3	3	3	0	3	0	0	0	1	2	0	0	2	0
江海职业技术学院	17	5	4	5	0	3	2	0	0	3	2	0	0	4	0
无锡太湖学院	18	24	21	24	0	3	9	12	0	21	3	0	0	21	0
中国矿业大学徐海学院	19	3	1	3	0	1	2	0	0	2	1	0	0	3	0
南京大学金陵学院	20	4	0	4	0	1	3	0	0	4	0	0	0	4	0
南京理工大学紫金学院	21	6	4	6	0	4	2	0	0	5	1	0	1	4	0

南京航空航天大学金城学院	22	10	9	10	0	3	6	1	0	9	1	0	0	9	0
南京传媒学院	23	6	3	6	0	2	2	2	0	6	0	0	0	6	0
金山职业技术学院	24	1	0	1	1	0	0	0	0	0	1	0	0	0	0
南京理工大学泰州科技学院	25	6	5	6	0	1	5	0	0	4	2	0	0	5	0
南京师范大学泰州学院	26	4	2	4	0	3	1	0	0	4	0	0	0	4	0
南京工业大学浦江学院	27	1	1	1	0	0	1	0	0	1	0	0	0	1	0
南京师范大学中北学院	28	7	6	7	0	1	6	0	0	7	0	0	0	7	0
苏州百年职业学院	29	4	2	4	1	1	2	0	0	3	1	0	0	3	0
昆山登云科技职业学院	30	5	5	5	0	2	2	1	0	4	1	0	0	4	0
南京视觉艺术职业学院	31	1	0	1	0	1	0	0	0	0	1	0	0	0	0
南京医科大学康达学院	32	9	6	9	0	1	6	2	0	9	0	0	0	9	0
南京中医药大学翰林学院	33	4	1	4	0	2	2	0	0	4	0	0	1	3	0
苏州大学应用技术学院	34	1	1	1	0	0	1	0	0	0	1	0	0	1	0
江苏大学京江学院	35	3	1	3	0	1	2	0	0	3	0	0	0	3	0
扬州大学广陵学院	36	9	4	9	0	4	4	1	0	8	1	0	0	8	0
江苏师范大学科文学院	37	4	1	4	0	1	3	0	0	2	2	0	0	2	0
南京邮电大学通达学院	38	3	1	3	0	2	1	0	0	2	1	0	0	3	0
南京财经大学红山学院	39	14	9	14	0	0	9	5	0	14	0	0	0	14	0
江苏科技大学苏州理工学院	40	1	1	1	0	0	1	0	0	1	0	0	1	0	0
常州大学怀德学院	41	3	0	3	0	2	1	0	0	3	0	0	0	3	0
南通大学杏林学院	42	8	8	8	0	0	8	0	0	8	0	0	0	7	0
南京审计大学金审学院	43	4	4	4	0	2	1	1	0	4	0	0	0	4	0
苏州高博软件技术职业学院	44	2	0	2	0	2	0	0	0	2	0	0	0	2	0
宿迁泽达职业技术学院	45	2	1	2	0	0	1	1	0	0	2	0	0	0	0
昆山杜克大学	46	1	0	1	0	1	0	0	0	1	0	0	1	0	0

4.3 哲学人文、社会科学活动人员情况表

高校名称		总计		按职称划分						按最后学历划分			按最后学位划分		其他人员
			女性	小计	教授	副教授	讲师	助教	初级	研究生	本科生	其他	博士	硕士	
	编号	L01	L02	L03	L04	L05	L06	L07	L08	L09	L10	L11	L12	L13	L14
合　计	/	95	62	95	3	16	53	23	0	88	7	0	17	73	0
明达职业技术学院	1	1	0	1	0	1	0	0	0	1	0	0	0	1	0
三江学院	2	9	7	9	0	0	7	2	0	8	1	0	0	9	0
九州职业技术学院	3	1	1	1	0	0	1	0	0	1	0	0	0	1	0
硅湖职业技术学院	4	1	1	1	0	1	0	0	0	1	0	0	0	1	0
苏州托普信息职业技术学院	5	1	1	1	0	0	1	0	0	1	0	0	0	1	0
正德职业技术学院	6	1	1	1	0	0	0	1	0	1	0	0	0	1	0
江南影视艺术职业学院	7	1	0	1	0	0	1	0	0	1	0	0	0	1	0
宿迁职业技术学院	8	2	1	2	0	0	2	0	0	2	0	0	0	2	0
无锡太湖学院	9	2	1	2	0	1	0	1	0	2	0	0	0	2	0
南京大学金陵学院	10	1	0	1	0	0	0	1	0	1	0	0	0	1	0
南京航空航天大学金城学院	11	1	1	1	0	0	1	0	0	1	0	0	0	1	0
南京传媒学院	12	4	4	4	0	0	4	0	0	3	1	0	0	4	0
南京理工大学泰州科技学院	13	4	3	4	0	0	2	2	0	4	0	0	0	4	0
南京师范大学泰州学院	14	4	2	4	0	2	2	0	0	4	0	0	1	3	0
南京工业大学浦江学院	15	3	3	3	0	1	1	1	0	3	0	0	1	2	0
南京师范大学中北学院	16	3	2	3	0	1	1	1	0	3	0	0	0	3	0
苏州百年职业学院	17	1	1	1	0	0	1	0	0	0	1	0	0	0	0
昆山登云科技职业学院	18	1	1	1	0	0	0	1	0	1	0	0	0	1	0
南京视觉艺术职业学院	19	1	1	1	0	0	1	0	0	0	1	0	0	0	0
南京医科大学康达学院	20	1	1	1	0	0	1	0	0	1	0	0	0	1	0
苏州大学应用技术学院	21	4	3	4	0	2	1	1	0	3	1	0	1	3	0

高校名称	编号	L01	L02	L03	L04	L05	L06	L07	L08	L09	L10	L11	L12	L13	L14
苏州科技大学天平学院	22	1	1	1	0	1	0	0	0	1	0	0	0	1	0
江苏大学京江学院	23	2	2	2	0	0	2	0	0	2	0	0	0	2	0
扬州大学广陵学院	24	3	2	3	1	0	2	0	0	2	1	0	0	1	0
江苏师范大学科文学院	25	5	2	5	0	2	3	0	0	4	1	0	0	4	0
南京财经大学红山学院	26	12	9	12	0	0	5	7	0	12	0	0	0	12	0
江苏科技大学苏州理工学院	27	3	1	3	0	1	2	0	0	3	0	0	0	3	0
常州大学怀德学院	28	4	3	4	2	0	1	1	0	4	0	0	2	2	0
南通大学杏林学院	29	1	0	1	0	0	1	0	0	1	0	0	0	1	0
南京审计大学金审学院	30	3	3	3	0	0	1	2	0	3	0	0	0	3	0
苏州高博软件技术职业学院	31	1	0	1	0	0	0	1	0	1	0	0	0	1	0
宿迁泽达职业技术学院	32	1	1	1	0	0	0	1	0	1	0	0	0	1	0
昆山杜克大学	33	8	2	8	0	1	7	0	0	8	0	0	8	0	0
西交利物浦大学	34	4	1	4	0	2	2	0	0	4	0	0	4	0	0

4.4 逻辑学人文、社会科学活动人员情况表

高校名称		总计		按职称划分						按最后学历划分			按最后学位划分		其他人员
			女性	小计	教授	副教授	讲师	助教	初级	研究生	本科生	其他	博士	硕士	
	编号	L01	L02	L03	L04	L05	L06	L07	L08	L09	L10	L11	L12	L13	L14
合　计	/	30	11	30	0	2	16	12	0	9	20	1	0	10	0
江苏师范大学科文学院	1	1	1	1	0	0	0	1	0	1	0	0	0	1	0
南京财经大学红山学院	2	1	1	1	0	0	1	0	0	1	0	0	0	1	0
宿迁泽达职业技术学院	3	28	9	28	0	2	15	11	0	7	20	1	0	8	0

4.5 宗教学人文、社会科学活动人员情况表

高校名称		总计		按职称划分						按最后学历划分			按最后学位划分		其他人员
			女性	小计	教授	副教授	讲师	助教	初级	研究生	本科生	其他	博士	硕士	
	编号	L01	L02	L03	L04	L05	L06	L07	L08	L09	L10	L11	L12	L13	L14
合　计	/	2	0	2	1	0	1	0	0	2	0	0	2	0	0
昆山杜克大学	1	2	0	2	1	0	1	0	0	2	0	0	2	0	0

4.6 语言学人文、社会科学活动人员情况表

高校名称		总计		按职称划分						按最后学历划分			按最后学位划分		其他人员
			女性	小计	教授	副教授	讲师	助教	初级	研究生	本科生	其他	博士	硕士	
	编号	L01	L02	L03	L04	L05	L06	L07	L08	L09	L10	L11	L12	L13	L14
合　计	/	1012	851	1012	9	201	642	153	7	713	299	0	54	746	0
明达职业技术学院	1	1	1	1	0	1	0	0	0	0	1	0	0	0	0
三江学院	2	68	61	68	1	17	47	3	0	51	17	0	7	53	0
九州职业技术学院	3	6	5	6	0	3	3	0	0	1	5	0	0	4	0
南通理工学院	4	31	28	31	0	6	21	4	0	16	15	0	0	17	0
硅湖职业技术学院	5	14	13	14	0	7	5	1	1	7	7	0	0	8	0
应天职业技术学院	6	11	11	11	0	2	9	0	0	3	8	0	0	6	0
苏州托普信息职业技术学院	7	17	13	17	0	2	9	6	0	8	9	0	0	8	0
东南大学成贤学院	8	19	16	19	1	7	11	0	0	16	3	0	1	15	0
苏州工业园区职业技术学院	9	21	18	21	0	5	16	0	0	7	14	0	0	10	0
太湖创意职业技术学院	10	6	6	6	0	0	3	2	1	2	4	0	0	2	0
炎黄职业技术学院	11	15	11	15	0	2	10	3	0	2	13	0	0	3	0
正德职业技术学院	12	10	8	10	0	4	4	2	0	3	7	0	0	7	0
钟山职业技术学院	13	6	3	6	0	4	2	0	0	0	6	0	0	6	0
无锡南洋职业技术学院	14	13	11	13	0	4	7	2	0	3	10	0	0	5	0
江南影视艺术职业学院	15	11	10	11	0	0	6	5	0	2	9	0	0	2	0
金肯职业技术学院	16	8	7	8	0	2	5	1	0	4	4	0	0	5	0
建东职业技术学院	17	9	6	9	0	4	5	0	0	1	8	0	0	2	0
宿迁职业技术学院	18	7	5	7	0	1	2	1	3	3	4	0	0	3	0
江海职业技术学院	19	24	17	24	0	7	16	1	0	4	20	0	0	6	0
无锡太湖学院	20	62	55	62	1	13	41	7	0	46	16	0	1	48	0
中国矿业大学徐海学院	21	28	23	28	0	2	23	3	0	24	4	0	0	26	0
南京大学金陵学院	22	5	4	5	0	1	4	0	0	5	0	0	1	4	0
南京理工大学紫金学院	23	27	26	27	0	8	18	1	0	25	2	0	0	26	0

南京航空航天大学金城学院	24	37	36	37	0	2	34	1	0	36	1	0	0	37	0
南京传媒学院	25	70	60	70	2	16	35	17	0	57	13	0	0	65	0
金山职业技术学院	26	6	6	6	0	1	1	3	1	0	6	0	0	0	0
南京理工大学泰州科技学院	27	21	18	21	0	3	17	1	0	16	5	0	0	18	0
南京师范大学泰州学院	28	45	39	45	0	10	35	0	0	24	21	0	0	40	0
南京工业大学浦江学院	29	23	18	23	0	4	10	9	0	18	5	0	0	19	0
南京师范大学中北学院	30	27	22	27	0	0	18	9	0	26	1	0	0	26	0
苏州百年职业学院	31	15	15	15	0	1	6	8	0	11	4	0	0	11	0
昆山登云科技职业学院	32	10	9	10	0	1	8	0	1	1	9	0	0	1	0
南京视觉艺术职业学院	33	2	1	2	0	0	1	1	0	2	0	0	0	2	0
南京医科大学康达学院	34	23	18	23	0	2	18	3	0	23	0	0	0	23	0
南京中医药大学翰林学院	35	7	6	7	0	0	7	0	0	6	1	0	1	5	0
苏州大学应用技术学院	36	20	17	20	0	1	10	9	0	20	0	0	0	20	0
苏州科技大学天平学院	37	38	35	38	1	3	24	10	0	36	2	0	0	37	0
江苏大学京江学院	38	11	11	11	0	0	8	3	0	11	0	0	0	11	0
扬州大学广陵学院	39	18	14	18	0	5	11	2	0	17	1	0	2	16	0
江苏师范大学科文学院	40	15	14	15	0	3	5	7	0	15	0	0	0	15	0
南京邮电大学通达学院	41	12	11	12	0	3	8	1	0	11	1	0	0	11	0
南京财经大学红山学院	42	11	10	11	0	0	4	7	0	11	0	0	0	11	0
江苏科技大学苏州理工学院	43	7	5	7	0	2	5	0	0	4	3	0	0	4	0
常州大学怀德学院	44	29	21	29	1	7	13	8	0	18	11	0	3	23	0
南通大学杏林学院	45	29	22	29	0	10	17	2	0	23	6	0	0	23	0
南京审计大学金审学院	46	19	16	19	0	9	6	4	0	10	9	0	0	16	0
苏州高博软件技术职业学院	47	23	20	23	0	7	14	2	0	17	6	0	0	16	0
宿迁泽达职业技术学院	48	8	7	8	0	2	5	1	0	3	5	0	0	3	0
扬州中瑞酒店职业学院	49	4	4	4	0	0	2	2	0	1	3	0	0	2	0
昆山杜克大学	50	38	24	38	1	0	36	1	0	38	0	0	16	22	0
西交利物浦大学	51	25	14	25	1	7	17	0	0	25	0	0	22	3	0

4.7 中国文学人文、社会科学活动人员情况表

高校名称		总计		按职称划分						按最后学历划分			按最后学位划分		其他
			女性	小计	教授	副教授	讲师	助教	初级	研究生	本科生	其他	博士	硕士	人员
	编号	L01	L02	L03	L04	L05	L06	L07	L08	L09	L10	L11	L12	L13	L14
合　计	/	134	90	134	8	32	73	20	1	108	26	0	25	92	0
三江学院	1	14	8	14	4	5	5	0	0	13	1	0	6	8	0
九州职业技术学院	2	3	1	3	0	1	2	0	0	0	3	0	0	1	0
南通理工学院	3	1	0	1	0	0	1	0	0	1	0	0	1	0	0
硅湖职业技术学院	4	2	1	2	0	1	1	0	0	1	1	0	0	1	0
应天职业技术学院	5	5	3	5	0	1	4	0	0	3	2	0	0	3	0
东南大学成贤学院	6	1	0	1	0	1	0	0	0	1	0	0	0	1	0
苏州工业园区职业技术学院	7	2	0	2	0	1	1	0	0	1	1	0	0	2	0
炎黄职业技术学院	8	1	1	1	0	1	0	0	0	0	1	0	0	1	0
正德职业技术学院	9	1	1	1	0	0	0	1	0	0	1	0	0	0	0
无锡南洋职业技术学院	10	3	3	3	0	1	1	1	0	1	2	0	0	3	0
江南影视艺术职业学院	11	6	5	6	0	0	2	4	0	3	3	0	0	3	0
江海职业技术学院	12	3	3	3	0	2	1	0	0	1	2	0	0	3	0
无锡太湖学院	13	1	1	1	0	1	0	0	0	1	0	0	0	1	0
中国矿业大学徐海学院	14	5	5	5	1	0	3	1	0	5	0	0	0	5	0

南京大学金陵学院	15	4	3	4	0	0	4	0	0	2	2	0	0	2	0
南京航空航天大学金城学院	16	2	1	2	0	1	1	0	0	2	0	0	0	2	0
南京传媒学院	17	7	5	7	0	2	5	0	0	7	0	0	1	6	0
金山职业技术学院	18	2	1	2	0	0	2	0	0	0	2	0	0	0	0
南京师范大学泰州学院	19	14	9	14	1	5	8	0	0	13	1	0	2	11	0
南京工业大学浦江学院	20	5	2	5	1	0	1	2	1	4	1	0	1	3	0
南京师范大学中北学院	21	11	9	11	0	4	4	3	0	11	0	0	1	10	0
昆山登云科技职业学院	22	1	0	1	0	0	0	1	0	0	1	0	0	0	0
南京视觉艺术职业学院	23	1	1	1	1	0	0	0	0	1	0	0	1	0	0
南京中医药大学翰林学院	24	1	0	1	0	0	1	0	0	1	0	0	0	1	0
扬州大学广陵学院	25	4	3	4	0	2	1	1	0	4	0	0	1	3	0
江苏师范大学科文学院	26	7	5	7	0	0	4	3	0	7	0	0	0	7	0
南京邮电大学通达学院	27	1	0	1	0	0	1	0	0	0	1	0	0	0	0
南京财经大学红山学院	28	3	2	3	0	0	0	3	0	3	0	0	0	3	0
南通大学杏林学院	29	6	5	6	0	1	5	0	0	6	0	0	0	6	0
苏州高博软件技术职业学院	30	1	1	1	0	1	0	0	0	1	0	0	1	0	0
昆山杜克大学	31	1	0	1	0	0	1	0	0	1	0	0	0	1	0
西交利物浦大学	32	15	11	15	0	1	14	0	0	14	1	0	10	5	0

4.8 外国文学人文、社会科学活动人员情况表

高校名称		总计		按职称划分						按最后学历划分			按最后学位划分		其他人员
			女性	小计	教授	副教授	讲师	助教	初级	研究生	本科生	其他	博士	硕士	
	编号	L01	L02	L03	L04	L05	L06	L07	L08	L09	L10	L11	L12	L13	L14
合　计	/	168	130	168	4	18	119	27	0	132	36	0	12	125	0
三江学院	1	7	6	7	1	2	4	0	0	6	1	0	1	5	0
应天职业技术学院	2	3	3	3	0	0	3	0	0	3	0	0	0	3	0
苏州托普信息职业技术学院	3	1	1	1	0	0	1	0	0	1	0	0	0	1	0
苏州工业园区职业技术学院	4	1	1	1	0	1	0	0	0	1	0	0	0	1	0
正德职业技术学院	5	3	1	3	0	0	2	1	0	0	3	0	0	2	0
钟山职业技术学院	6	1	1	1	0	0	1	0	0	0	1	0	0	1	0
无锡南洋职业技术学院	7	2	2	2	0	0	2	0	0	0	2	0	0	0	0
江南影视艺术职业学院	8	1	1	1	0	0	1	0	0	1	0	0	0	1	0
金肯职业技术学院	9	1	0	1	0	0	1	0	0	0	1	0	0	0	0
宿迁职业技术学院	10	1	1	1	0	0	1	0	0	1	0	0	0	1	0
中国矿业大学徐海学院	11	1	0	1	0	0	1	0	0	1	0	0	0	1	0
南京大学金陵学院	12	55	42	55	0	1	52	2	0	44	11	0	0	44	0

南京航空航天大学金城学院	13	6	6	6	0	1	4	1	0	6	0	0	0	6	0
南京传媒学院	14	5	4	5	0	0	4	1	0	5	0	0	0	4	0
南京师范大学泰州学院	15	6	5	6	0	0	1	5	0	5	1	0	0	6	0
南京工业大学浦江学院	16	11	11	11	1	1	6	3	0	9	2	0	1	9	0
南京师范大学中北学院	17	7	5	7	0	1	3	3	0	7	0	0	1	6	0
昆山登云科技职业学院	18	2	0	2	0	1	0	1	0	2	0	0	0	2	0
南京视觉艺术职业学院	19	1	1	1	0	0	1	0	0	1	0	0	0	1	0
苏州大学应用技术学院	20	2	2	2	0	0	0	2	0	2	0	0	0	2	0
江苏大学京江学院	21	4	2	4	0	0	4	0	0	4	0	0	0	4	0
江苏师范大学科文学院	22	22	17	22	0	3	16	3	0	11	11	0	0	11	0
南京财经大学红山学院	23	5	5	5	0	0	0	5	0	5	0	0	0	4	0
南通大学杏林学院	24	4	4	4	0	1	3	0	0	4	0	0	0	4	0
南京审计大学金审学院	25	4	4	4	0	3	1	0	0	1	3	0	0	3	0
昆山杜克大学	26	5	1	5	0	0	5	0	0	5	0	0	3	2	0
西交利物浦大学	27	7	4	7	2	3	2	0	0	7	0	0	6	1	0

4.9 艺术学人文、社会科学活动人员情况表

高校名称		总计		按职称划分						按最后学历划分			按最后学位划分		其他人员
			女性	小计	教授	副教授	讲师	助教	初级	研究生	本科生	其他	博士	硕士	
	编号	L01	L02	L03	L04	L05	L06	L07	L08	L09	L10	L11	L12	L13	L14
合　计	/	1273	814	1273	31	222	592	426	2	843	423	7	25	974	0
明达职业技术学院	1	1	1	1	0	0	0	1	0	1	0	0	0	0	0
三江学院	2	53	31	53	5	22	23	3	0	30	23	0	1	48	0
九州职业技术学院	3	9	8	9	1	2	4	2	0	2	7	0	0	3	0
南通理工学院	4	40	30	40	1	3	16	20	0	32	8	0	1	37	0
硅湖职业技术学院	5	20	16	20	2	5	11	1	1	7	13	0	0	9	0
应天职业技术学院	6	15	11	15	0	2	12	1	0	6	9	0	0	10	0
苏州托普信息职业技术学院	7	24	10	24	0	1	11	12	0	0	24	0	0	1	0
苏州工业园区职业技术学院	8	18	14	18	0	3	15	0	0	9	9	0	0	9	0
太湖创意职业技术学院	9	8	3	8	0	2	4	2	0	5	3	0	0	5	0
炎黄职业技术学院	10	3	2	3	0	0	3	0	0	1	2	0	0	1	0
正德职业技术学院	11	22	17	22	1	1	13	7	0	7	15	0	0	12	0
钟山职业技术学院	12	9	6	9	0	6	3	0	0	4	5	0	0	9	0
无锡南洋职业技术学院	13	17	11	17	0	2	10	5	0	6	11	0	0	7	0
江南影视艺术职业学院	14	91	68	91	0	6	24	61	0	43	45	3	2	44	0
金肯职业技术学院	15	5	5	5	0	0	5	0	0	3	2	0	0	3	0
建东职业技术学院	16	5	4	5	0	2	2	1	0	0	5	0	0	0	0
宿迁职业技术学院	17	7	4	7	0	2	4	1	0	2	5	0	0	2	0
江海职业技术学院	18	19	10	19	0	5	9	5	0	9	10	0	0	12	0
无锡太湖学院	19	73	43	73	2	24	36	11	0	45	28	0	0	59	0
中国矿业大学徐海学院	20	7	4	7	0	1	1	5	0	7	0	0	0	7	0
南京大学金陵学院	21	34	23	34	0	6	28	0	0	27	7	0	2	25	0

南京理工大学紫金学院	22	1	1	1	0	0	1	0	0	0	1	0	0	0	0
南京航空航天大学金城学院	23	46	30	46	0	5	11	30	0	37	9	0	0	42	0
南京传媒学院	24	254	151	254	6	49	88	111	0	194	56	4	3	224	0
金山职业技术学院	25	4	4	4	0	1	0	3	0	1	3	0	0	1	0
南京理工大学泰州科技学院	26	18	12	18	2	2	10	4	0	11	7	0	0	11	0
南京师范大学泰州学院	27	67	45	67	0	25	38	4	0	31	36	0	0	59	0
南京工业大学浦江学院	28	29	15	29	0	2	11	16	0	23	6	0	0	29	0
南京师范大学中北学院	29	41	27	41	0	5	20	16	0	40	1	0	0	40	0
苏州百年职业学院	30	15	11	15	1	0	4	10	0	14	1	0	0	14	0
昆山登云科技职业学院	31	22	16	22	0	2	9	10	1	11	11	0	0	14	0
南京视觉艺术职业学院	32	47	28	47	1	5	20	21	0	33	14	0	1	32	0
南京中医药大学翰林学院	33	1	1	1	0	0	1	0	0	1	0	0	0	1	0
苏州大学应用技术学院	34	18	13	18	1	0	10	7	0	15	3	0	0	16	0
苏州科技大学天平学院	35	32	23	32	1	3	17	11	0	28	4	0	0	30	0
江苏大学京江学院	36	4	4	4	0	0	2	2	0	4	0	0	0	4	0
扬州大学广陵学院	37	27	14	27	0	2	16	9	0	25	2	0	0	25	0
江苏师范大学科文学院	38	21	13	21	0	0	10	11	0	18	3	0	0	19	0
南京财经大学红山学院	39	4	2	4	1	0	0	3	0	3	1	0	0	3	0
常州大学怀德学院	40	15	8	15	0	0	9	6	0	15	0	0	0	15	0
南通大学杏林学院	41	10	6	10	1	2	7	0	0	8	2	0	0	10	0
南京审计大学金审学院	42	38	25	38	3	11	18	6	0	23	15	0	1	30	0
苏州高博软件技术职业学院	43	27	17	27	0	6	19	2	0	15	12	0	1	17	0
宿迁泽达职业技术学院	44	7	4	7	0	1	4	2	0	4	3	0	0	4	0
扬州中瑞酒店职业学院	45	5	5	5	0	1	1	3	0	4	1	0	0	5	0
昆山杜克大学	46	20	11	20	0	2	17	1	0	19	1	0	8	11	0
西交利物浦大学	47	20	7	20	2	3	15	0	0	20	0	0	5	15	0

4.10 历史学人文、社会科学活动人员情况表

高校名称		总计		按职称划分						按最后学历划分			按最后学位划分		其他
			女性	小计	教授	副教授	讲师	助教	初级	研究生	本科生	其他	博士	硕士	人员
	编号	L01	L02	L03	L04	L05	L06	L07	L08	L09	L10	L11	L12	L13	L14
合　计	/	45	17	45	4	10	23	8	0	38	7	0	17	23	0
三江学院	1	1	0	1	0	0	1	0	0	1	0	0	0	1	0
苏州托普信息职业技术学院	2	1	1	1	0	0	0	1	0	1	0	0	0	1	0
苏州工业园区职业技术学院	3	1	0	1	1	0	0	0	0	1	0	0	0	1	0
炎黄职业技术学院	4	1	0	1	0	0	0	1	0	0	1	0	0	0	0
江南影视艺术职业学院	5	1	1	1	0	0	0	1	0	1	0	0	0	1	0
无锡太湖学院	6	4	2	4	1	0	2	1	0	3	1	0	0	3	0
南京传媒学院	7	1	1	1	0	0	1	0	0	1	0	0	0	1	0
南京师范大学泰州学院	8	6	2	6	0	3	3	0	0	4	2	0	0	5	0
南京医科大学康达学院	9	1	1	1	0	0	0	1	0	1	0	0	0	1	0
苏州科技大学天平学院	10	2	0	2	0	1	1	0	0	2	0	0	0	2	0
扬州大学广陵学院	11	1	0	1	0	0	1	0	0	1	0	0	0	1	0
江苏师范大学科文学院	12	2	0	2	0	1	1	0	0	0	2	0	0	0	0
南京财经大学红山学院	13	1	0	1	0	0	0	1	0	1	0	0	0	1	0
江苏科技大学苏州理工学院	14	2	1	2	0	1	1	0	0	2	0	0	2	0	0
常州大学怀德学院	15	2	1	2	0	0	0	2	0	2	0	0	0	2	0
苏州高博软件技术职业学院	16	2	1	2	0	1	1	0	0	2	0	0	1	1	0
昆山杜克大学	17	15	5	15	2	3	10	0	0	15	0	0	14	1	0
西交利物浦大学	18	1	1	1	0	0	1	0	0	0	1	0	0	1	0

4.11 考古学人文、社会科学活动人员情况表

高校名称	编号	总计	女性	按职称划分 小计	教授	副教授	讲师	助教	初级	按最后学历划分 研究生	本科生	其他	按最后学位划分 博士	硕士	其他人员
		L01	L02	L03	L04	L05	L06	L07	L08	L09	L10	L11	L12	L13	L14
合　计	/	4	3	4	0	0	1	3	0	4	0	0	0	4	0
苏州工业园区职业技术学院	1	1	1	1	0	0	1	0	0	1	0	0	0	1	0
南京师范大学泰州学院	2	1	0	1	0	0	0	1	0	1	0	0	0	1	0
南京工业大学浦江学院	3	1	1	1	0	0	0	1	0	1	0	0	0	1	0
南京财经大学红山学院	4	1	1	1	0	0	0	1	0	1	0	0	0	1	0

4.12 经济学人文、社会科学活动人员情况表

高校名称	编号	总计	女性	按职称划分 小计	教授	副教授	讲师	助教	初级	按最后学历划分 研究生	本科生	其他	按最后学位划分 博士	硕士	其他人员
		L01	L02	L03	L04	L05	L06	L07	L08	L09	L10	L11	L12	L13	L14
合　计	/	812	613	812	50	157	408	194	3	666	146	0	123	571	0
明达职业技术学院	1	4	3	4	0	1	1	2	0	0	4	0	0	0	0
三江学院	2	30	20	30	5	14	9	2	0	27	3	0	5	23	0
九州职业技术学院	3	16	10	16	1	1	8	6	0	6	10	0	0	6	0
南通理工学院	4	16	14	16	3	8	4	1	0	9	7	0	0	15	0
硅湖职业技术学院	5	4	2	4	0	1	2	1	0	2	2	0	0	2	0
应天职业技术学院	6	8	8	8	0	1	7	0	0	5	3	0	0	7	0
苏州托普信息职业技术学院	7	17	16	17	0	0	6	11	0	5	12	0	0	5	0
东南大学成贤学院	8	18	17	18	1	10	6	1	0	18	0	0	2	16	0
苏州工业园区职业技术学院	9	9	7	9	1	3	5	0	0	4	5	0	0	5	0
太湖创意职业技术学院	10	1	0	1	1	0	0	0	0	0	1	0	0	0	0
炎黄职业技术学院	11	7	4	7	1	0	6	0	0	1	6	0	1	2	0

续表

高校名称	编号	总计	女性	按职称划分 小计	教授	副教授	讲师	助教	初级	按最后学历划分 研究生	本科生	其他	按最后学位划分 博士	硕士	其他人员
		L01	L02	L03	L04	L05	L06	L07	L08	L09	L10	L11	L12	L13	L14
正德职业技术学院	12	7	5	7	0	2	5	0	0	4	3	0	0	3	0
钟山职业技术学院	13	7	5	7	1	3	3	0	0	3	4	0	0	6	0
无锡南洋职业技术学院	14	8	4	8	0	1	5	2	0	2	6	0	0	3	0
江南影视艺术职业学院	15	4	4	4	0	0	0	4	0	2	2	0	0	2	0
金肯职业技术学院	16	6	5	6	0	0	6	0	0	5	1	0	0	5	0
建东职业技术学院	17	6	5	6	0	1	4	1	0	1	5	0	0	2	0
宿迁职业技术学院	18	5	4	5	0	0	2	1	2	2	3	0	0	2	0
江海职业技术学院	19	14	9	14	1	7	5	1	0	4	10	0	0	4	0
无锡太湖学院	20	87	69	87	5	12	52	18	0	76	11	0	8	69	0
中国矿业大学徐海学院	21	13	11	13	0	0	10	3	0	11	2	0	1	11	0
南京大学金陵学院	22	45	34	45	4	7	33	1	0	39	6	0	8	31	0
南京理工大学紫金学院	23	24	22	24	2	10	5	7	0	23	1	0	0	24	0
南京航空航天大学金城学院	24	23	22	23	0	4	13	6	0	22	1	0	0	23	0
南京传媒学院	25	3	2	3	0	0	2	1	0	3	0	0	0	3	0
金山职业技术学院	26	2	2	2	0	0	0	2	0	0	2	0	0	0	0
南京理工大学泰州科技学院	27	32	25	32	2	11	15	4	0	30	2	0	1	29	0
南京师范大学泰州学院	28	14	10	14	0	8	3	3	0	11	3	0	2	10	0
南京工业大学浦江学院	29	19	15	19	1	1	9	8	0	18	1	0	1	17	0
南京师范大学中北学院	30	10	9	10	0	0	6	4	0	10	0	0	0	10	0

苏州百年职业学院	31	9	6	9	0	1	7	1	0	8	1	0	0	8	0
昆山登云科技职业学院	32	7	3	7	1	2	3	0	1	5	2	0	1	4	0
南京视觉艺术职业学院	33	1	1	1	0	0	1	0	0	1	0	0	0	1	0
南京中医药大学翰林学院	34	6	5	6	0	0	5	1	0	5	1	0	0	5	0
苏州大学应用技术学院	35	14	11	14	1	3	4	6	0	14	0	0	2	12	0
苏州科技大学天平学院	36	12	11	12	1	2	6	3	0	11	1	0	0	11	0
江苏大学京江学院	37	6	5	6	0	1	3	2	0	6	0	0	0	6	0
扬州大学广陵学院	38	8	5	8	1	0	5	2	0	6	2	0	0	6	0
江苏师范大学科文学院	39	19	18	19	1	0	8	10	0	17	2	0	0	17	0
南京邮电大学通达学院	40	2	1	2	0	0	0	2	0	2	0	0	0	2	0
南京财经大学红山学院	41	63	55	63	0	1	18	44	0	63	0	0	0	63	0
江苏科技大学苏州理工学院	42	11	8	11	0	1	9	1	0	10	1	0	2	8	0
常州大学怀德学院	43	16	9	16	2	7	4	3	0	10	6	0	1	11	0
南通大学杏林学院	44	16	11	16	0	3	12	1	0	14	2	0	0	15	0
南京审计大学金审学院	45	59	47	59	4	5	23	27	0	53	6	0	4	52	0
苏州高博软件技术职业学院	46	13	11	13	4	1	7	1	0	7	6	0	1	7	0
宿迁泽达职业技术学院	47	1	1	1	0	0	1	0	0	1	0	0	0	1	0
扬州中瑞酒店职业学院	48	1	1	1	0	0	1	0	0	1	0	0	0	1	0
昆山杜克大学	49	8	3	8	1	1	6	0	0	8	0	0	8	0	0
西交利物浦大学	50	81	38	81	5	23	53	0	0	81	0	0	75	6	0

4.13 政治学人文、社会科学活动人员情况表

高校名称		总计		按职称划分						按最后学历划分			按最后学位划分		其他人员
			女性	小计	教授	副教授	讲师	助教	初级	研究生	本科生	其他	博士	硕士	
	编号	L01	L02	L03	L04	L05	L06	L07	L08	L09	L10	L11	L12	L13	L14
合　计	/	62	35	62	3	6	36	16	1	53	9	0	19	36	0
三江学院	1	6	5	6	0	2	4	0	0	4	2	0	0	5	0
南通理工学院	2	12	9	12	0	0	4	8	0	9	3	0	0	10	0
炎黄职业技术学院	3	1	0	1	0	0	1	0	0	1	0	0	0	1	0
宿迁职业技术学院	4	1	1	1	0	0	0	0	1	0	1	0	0	0	0
南京大学金陵学院	5	1	0	1	0	0	1	0	0	1	0	0	0	1	0
南京理工大学紫金学院	6	2	1	2	0	1	1	0	0	2	0	0	0	2	0
南京航空航天大学金城学院	7	3	2	3	0	0	3	0	0	2	1	0	0	2	0
南京传媒学院	8	3	2	3	2	0	0	1	0	3	0	0	1	2	0
金山职业技术学院	9	1	1	1	0	0	0	1	0	1	0	0	0	1	0
南京师范大学泰州学院	10	2	2	2	0	2	0	0	0	2	0	0	0	2	0
南京工业大学浦江学院	11	1	0	1	0	0	0	1	0	0	1	0	0	0	0
江苏师范大学科文学院	12	2	2	2	0	0	2	0	0	1	1	0	0	1	0
南京财经大学红山学院	13	4	1	4	0	0	1	3	0	4	0	0	0	4	0
江苏科技大学苏州理工学院	14	2	1	2	0	0	2	0	0	2	0	0	0	2	0
常州大学怀德学院	15	1	1	1	0	0	0	1	0	1	0	0	0	1	0
南京审计大学金审学院	16	1	1	1	0	0	0	1	0	1	0	0	0	1	0
昆山杜克大学	17	17	6	17	1	1	15	0	0	17	0	0	17	0	0
西交利物浦大学	18	2	0	2	0	0	2	0	0	2	0	0	1	1	0

4.14 法学人文、社会科学活动人员情况表

高校名称		总计		按职称划分						按最后学历划分			按最后学位划分		其他人员
			女性	小计	教授	副教授	讲师	助教	初级	研究生	本科生	其他	博士	硕士	
	编号	L01	L02	L03	L04	L05	L06	L07	L08	L09	L10	L11	L12	L13	L14
合　计	/	127	89	127	4	24	68	30	1	87	40	0	6	94	0
三江学院	1	12	9	12	1	5	6	0	0	7	5	0	1	10	0
九州职业技术学院	2	4	4	4	0	0	4	0	0	0	4	0	0	0	0
硅湖职业技术学院	3	5	3	5	0	0	4	1	0	1	4	0	0	2	0
应天职业技术学院	4	1	1	1	0	0	0	1	0	1	0	0	0	1	0
苏州托普信息职业技术学院	5	1	0	1	0	0	1	0	0	0	1	0	0	0	0
东南大学成贤学院	6	1	0	1	0	1	0	0	0	1	0	0	0	1	0
苏州工业园区职业技术学院	7	1	1	1	0	1	0	0	0	0	1	0	0	1	0
炎黄职业技术学院	8	1	1	1	0	0	1	0	0	0	1	0	0	0	0
正德职业技术学院	9	4	2	4	0	0	4	0	0	2	2	0	0	2	0
钟山职业技术学院	10	1	1	1	0	1	0	0	0	0	1	0	0	0	0
无锡南洋职业技术学院	11	2	1	2	0	0	2	0	0	0	2	0	0	1	0
江南影视艺术职业学院	12	4	3	4	0	1	0	3	0	1	3	0	0	1	0
建东职业技术学院	13	1	1	1	0	0	1	0	0	0	1	0	0	1	0
宿迁职业技术学院	14	2	2	2	0	1	1	0	0	2	0	0	0	2	0
无锡太湖学院	15	4	3	4	0	1	3	0	0	4	0	0	0	4	0
中国矿业大学徐海学院	16	1	1	1	0	0	1	0	0	1	0	0	0	1	0
南京理工大学紫金学院	17	8	7	8	0	1	6	1	0	7	1	0	0	7	0
南京航空航天大学金城学院	18	3	1	3	0	0	2	1	0	3	0	0	0	3	0
南京传媒学院	19	5	4	5	0	2	2	1	0	4	1	0	0	5	0

续表

高校名称		总计		按职称划分						按最后学历划分			按最后学位划分		其他人员
	编号		女性	小计	教授	副教授	讲师	助教	初级	研究生	本科生	其他	博士	硕士	
		L01	L02	L03	L04	L05	L06	L07	L08	L09	L10	L11	L12	L13	L14
金山职业技术学院	20	1	1	1	0	0	1	0	0	0	1	0	0	0	0
南京理工大学泰州科技学院	21	1	1	1	0	1	0	0	0	1	0	0	0	1	0
南京师范大学泰州学院	22	9	4	9	0	5	4	0	0	9	0	0	0	9	0
南京师范大学中北学院	23	5	4	5	0	0	4	1	0	4	1	0	0	4	0
昆山登云科技职业学院	24	3	3	3	0	0	1	1	1	2	1	0	0	2	0
南京视觉艺术职业学院	25	1	1	1	0	0	1	0	0	1	0	0	0	1	0
南京医科大学康达学院	26	1	1	1	0	0	0	1	0	0	1	0	0	0	0
南京中医药大学翰林学院	27	1	1	1	0	0	1	0	0	1	0	0	0	1	0
苏州大学应用技术学院	28	7	6	7	0	0	2	5	0	7	0	0	0	7	0
苏州科技大学天平学院	29	1	1	1	0	1	0	0	0	1	0	0	0	1	0
江苏大学京江学院	30	1	0	1	0	0	1	0	0	1	0	0	0	1	0
扬州大学广陵学院	31	6	3	6	2	0	4	0	0	5	1	0	1	5	0
南京财经大学红山学院	32	11	9	11	0	0	1	10	0	11	0	0	0	11	0
江苏科技大学苏州理工学院	33	3	1	3	0	1	2	0	0	3	0	0	0	3	0
南通大学杏林学院	34	1	0	1	0	0	1	0	0	0	1	0	0	1	0
南京审计大学金审学院	35	3	3	3	0	0	2	1	0	2	1	0	0	2	0
苏州高博软件技术职业学院	36	2	1	2	1	1	0	0	0	0	2	0	0	2	0
宿迁泽达职业技术学院	37	3	2	3	0	0	1	2	0	0	3	0	0	0	0
昆山杜克大学	38	2	2	2	0	0	1	1	0	1	1	0	1	0	0
西交利物浦大学	39	4	0	4	0	1	3	0	0	4	0	0	3	1	0

4.15 社会学人文、社会科学活动人员情况表

高校名称		总计		按职称划分						按最后学历划分			按最后学位划分		其他
			女性	小计	教授	副教授	讲师	助教	初级	研究生	本科生	其他	博士	硕士	人员
	编号	L01	L02	L03	L04	L05	L06	L07	L08	L09	L10	L11	L12	L13	L14
合　计	/	105	73	105	1	11	76	14	3	68	35	2	19	49	0
三江学院	1	3	3	3	0	0	2	1	0	2	1	0	1	1	0
九州职业技术学院	2	1	1	1	0	0	1	0	0	0	1	0	0	0	0
应天职业技术学院	3	2	2	2	0	1	1	0	0	2	0	0	0	2	0
苏州托普信息职业技术学院	4	1	1	1	0	0	0	1	0	1	0	0	0	1	0
东南大学成贤学院	5	46	26	46	0	3	36	6	1	16	28	2	0	16	0
炎黄职业技术学院	6	3	2	3	0	0	3	0	0	1	2	0	0	1	0
钟山职业技术学院	7	2	2	2	0	0	2	0	0	2	0	0	0	2	0
无锡南洋职业技术学院	8	1	0	1	0	0	1	0	0	0	1	0	0	0	0
建东职业技术学院	9	1	1	1	0	0	1	0	0	0	1	0	0	0	0
南京理工大学紫金学院	10	1	1	1	0	0	1	0	0	1	0	0	0	1	0
南京航空航天大学金城学院	11	1	1	1	0	0	1	0	0	1	0	0	0	1	0
南京传媒学院	12	2	2	2	0	2	0	0	0	2	0	0	0	2	0
南京工业大学浦江学院	13	2	1	2	0	0	1	1	0	2	0	0	0	2	0
昆山登云科技职业学院	14	1	1	1	0	0	0	1	0	1	0	0	0	1	0
南京视觉艺术职业学院	15	1	0	1	0	0	1	0	0	1	0	0	0	1	0
南京中医药大学翰林学院	16	8	7	8	0	1	7	0	0	8	0	0	1	7	0
扬州大学广陵学院	17	2	2	2	1	0	0	1	0	2	0	0	1	1	0
江苏师范大学科文学院	18	2	1	2	0	0	1	1	0	1	1	0	0	1	0
南京财经大学红山学院	19	2	2	2	0	0	0	2	0	2	0	0	0	2	0
江苏科技大学苏州理工学院	20	1	0	1	0	0	1	0	0	1	0	0	0	1	0
南通大学杏林学院	21	2	2	2	0	0	2	0	0	2	0	0	0	2	0
南京审计大学金审学院	22	1	1	1	0	1	0	0	0	1	0	0	0	1	0
昆山杜克大学	23	14	9	14	0	2	10	0	2	14	0	0	11	3	0
西交利物浦大学	24	5	5	5	0	1	4	0	0	5	0	0	5	0	0

4.16 民族学与文化学人文、社会科学活动人员情况表

高校名称		总计		按职称划分						按最后学历划分			按最后学位划分		其他
			女性	小计	教授	副教授	讲师	助教	初级	研究生	本科生	其他	博士	硕士	人员
	编号	L01	L02	L03	L04	L05	L06	L07	L08	L09	L10	L11	L12	L13	L14
合　计	/	5	2	5	0	1	3	1	0	4	1	0	1	3	0
苏州工业园区职业技术学院	1	1	1	1	0	0	1	0	0	1	0	0	0	1	0
炎黄职业技术学院	2	1	0	1	0	0	0	1	0	0	1	0	0	0	0
南京大学金陵学院	3	1	1	1	0	0	1	0	0	1	0	0	0	1	0
苏州大学应用技术学院	4	1	0	1	0	1	0	0	0	1	0	0	0	1	0
昆山杜克大学	5	1	0	1	0	0	1	0	0	1	0	0	1	0	0

4.17 新闻学与传播学人文、社会科学活动人员情况表

高校名称		总计		按职称划分						按最后学历划分			按最后学位划分		其他
			女性	小计	教授	副教授	讲师	助教	初级	研究生	本科生	其他	博士	硕士	人员
	编号	L01	L02	L03	L04	L05	L06	L07	L08	L09	L10	L11	L12	L13	L14
合　计	/	165	116	165	6	35	87	35	2	119	46	0	21	113	0
三江学院	1	18	10	18	2	8	7	1	0	12	6	0	2	13	0
苏州工业园区职业技术学院	2	3	2	3	0	0	3	0	0	0	3	0	0	0	0
正德职业技术学院	3	3	2	3	0	0	1	2	0	0	3	0	0	1	0
无锡南洋职业技术学院	4	1	1	1	0	0	0	1	0	1	0	0	0	1	0
江南影视艺术职业学院	5	10	8	10	0	0	5	5	0	3	7	0	0	5	0
宿迁职业技术学院	6	2	1	2	0	1	0	0	1	0	2	0	0	0	0
江海职业技术学院	7	1	1	1	0	0	0	1	0	0	1	0	0	0	0

南京大学金陵学院	8	26	18	26	2	5	19	0	0	19	7	0	1	19	0
南京理工大学紫金学院	9	1	1	1	0	0	0	1	0	1	0	0	0	1	0
南京传媒学院	10	52	42	52	1	14	23	14	0	43	9	0	3	47	0
南京师范大学泰州学院	11	5	2	5	0	1	4	0	0	3	2	0	0	3	0
南京工业大学浦江学院	12	1	1	1	0	0	1	0	0	1	0	0	0	1	0
南京师范大学中北学院	13	6	3	6	0	0	2	4	0	6	0	0	1	5	0
苏州百年职业学院	14	1	1	1	0	0	0	1	0	1	0	0	0	1	0
昆山登云科技职业学院	15	1	0	1	0	0	0	0	1	0	1	0	0	0	0
南京视觉艺术职业学院	16	2	2	2	0	0	0	2	0	1	1	0	0	1	0
南京医科大学康达学院	17	2	2	2	0	0	2	0	0	2	0	0	0	2	0
苏州大学应用技术学院	18	2	2	2	0	0	1	1	0	2	0	0	0	2	0
扬州大学广陵学院	19	2	2	2	0	0	2	0	0	2	0	0	0	2	0
江苏师范大学科文学院	20	2	2	2	0	0	2	0	0	1	1	0	0	1	0
南京邮电大学通达学院	21	1	0	1	0	1	0	0	0	1	0	0	0	1	0
南京财经大学红山学院	22	4	4	4	0	0	2	2	0	2	2	0	0	3	0
南通大学杏林学院	33	3	2	3	0	1	2	0	0	3	0	0	0	3	0
南京审计大学金审学院	24	1	1	1	0	0	1	0	0	0	1	0	0	0	0
西交利物浦大学	25	15	6	15	1	4	10	0	0	15	0	0	14	1	0

4.18 图书馆、情报与文献学人文、社会科学活动人员情况表

高校名称		总计		按职称划分						按最后学历划分			按最后学位划分		其他人员
			女性	小计	教授	副教授	讲师	助教	初级	研究生	本科生	其他	博士	硕士	
	编号	L01	L02	L03	L04	L05	L06	L07	L08	L09	L10	L11	L12	L13	L14
合　计	/	128	95	128	1	12	90	19	6	28	98	2	2	33	0
明达职业技术学院	1	1	0	1	0	0	0	1	0	0	0	1	0	0	0
三江学院	2	7	6	7	0	3	4	0	0	1	6	0	0	2	0
九州职业技术学院	3	2	1	2	0	0	2	0	0	1	1	0	0	0	0
南通理工学院	4	10	9	10	0	1	6	3	0	3	7	0	0	4	0
硅湖职业技术学院	5	2	0	2	0	0	2	0	0	0	2	0	0	0	0
应天职业技术学院	6	1	1	1	0	0	1	0	0	0	1	0	0	0	0
苏州托普信息职业技术学院	7	1	1	1	0	0	1	0	0	0	1	0	0	0	0
苏州工业园区职业技术学院	8	4	3	4	0	1	3	0	0	1	3	0	0	2	0
太湖创意职业技术学院	9	1	1	1	0	0	0	1	0	0	1	0	0	0	0
炎黄职业技术学院	10	1	1	1	0	0	1	0	0	1	0	0	0	1	0
钟山职业技术学院	11	1	0	1	0	0	1	0	0	0	1	0	0	1	0
江南影视艺术职业学院	12	1	0	1	0	0	1	0	0	0	1	0	0	0	0
金肯职业技术学院	13	1	0	1	0	0	1	0	0	0	1	0	0	0	0
建东职业技术学院	14	3	3	3	0	0	2	0	1	0	3	0	0	0	0
宿迁职业技术学院	15	1	0	1	0	1	0	0	0	0	1	0	0	0	0
江海职业技术学院	16	3	2	3	0	0	3	0	0	0	3	0	0	0	0
南京大学金陵学院	17	2	2	2	0	1	0	1	0	1	1	0	0	1	0

南京航空航天大学金城学院	18	4	4	4	0	0	0	4	0	0	4	0	0	0	0
南京传媒学院	19	10	6	10	0	0	9	1	0	2	8	0	0	3	0
南京理工大学泰州科技学院	20	15	10	15	0	0	15	0	0	0	15	0	0	0	0
南京师范大学泰州学院	21	6	5	6	0	2	4	0	0	0	6	0	0	3	0
南京工业大学浦江学院	22	1	0	1	0	0	0	1	0	1	0	0	0	1	0
苏州百年职业学院	23	1	1	1	0	0	1	0	0	0	1	0	0	0	0
昆山登云科技职业学院	24	1	0	1	0	0	1	0	0	0	1	0	0	0	0
南京视觉艺术职业学院	25	1	1	1	0	0	0	1	0	0	1	0	0	0	0
南京医科大学康达学院	26	12	8	12	0	0	11	0	1	1	11	0	0	1	0
南京中医药大学翰林学院	27	9	8	9	0	1	8	0	0	1	8	0	0	1	0
苏州大学应用技术学院	28	2	0	2	0	1	1	0	0	0	2	0	0	0	0
苏州科技大学天平学院	29	3	3	3	0	0	3	0	0	0	3	0	0	0	0
扬州大学广陵学院	30	2	2	2	0	1	1	0	0	2	0	0	1	1	0
江苏师范大学科文学院	31	1	1	1	0	0	1	0	0	0	1	0	0	0	0
南京邮电大学通达学院	32	2	2	2	0	0	1	1	0	1	1	0	0	1	0
南京财经大学红山学院	33	2	2	2	0	0	1	1	0	1	0	1	0	1	0
江苏科技大学苏州理工学院	34	1	1	1	0	0	0	1	0	1	0	0	0	1	0
南京审计大学金审学院	35	1	1	1	0	0	0	1	0	1	0	0	0	1	0
苏州高博软件技术职业学院	36	1	0	1	0	0	1	0	0	0	1	0	0	0	0
宿迁泽达职业技术学院	37	1	1	1	0	0	0	1	0	0	1	0	0	0	0
昆山杜克大学	38	10	9	10	1	0	4	1	4	9	1	0	1	8	0

4.19 教育学人文、社会科学活动人员情况表

高校名称		总计		按职称划分						按最后学历划分			按最后学位划分		其他人员
			女性	小计	教授	副教授	讲师	助教	初级	研究生	本科生	其他	博士	硕士	
	编号	L01	L02	L03	L04	L05	L06	L07	L08	L09	L10	L11	L12	L13	L14
合　计	/	639	427	639	9	100	392	126	12	417	221	1	29	465	0
三江学院	1	23	18	23	0	5	11	7	0	14	9	0	0	18	0
九州职业技术学院	2	12	9	12	0	3	8	1	0	2	10	0	0	6	0
南通理工学院	3	27	20	27	0	1	21	5	0	14	13	0	0	23	0
硅湖职业技术学院	4	23	17	23	0	3	11	8	1	16	7	0	0	16	0
应天职业技术学院	5	12	8	12	1	2	8	1	0	8	4	0	0	10	0
苏州托普信息职业技术学院	6	5	5	5	0	1	1	3	0	3	2	0	0	3	0
东南大学成贤学院	7	6	4	6	0	0	5	1	0	1	5	0	0	1	0
苏州工业园区职业技术学院	8	7	5	7	0	5	2	0	0	4	3	0	0	6	0
太湖创意职业技术学院	9	2	1	2	0	1	0	1	0	1	1	0	0	1	0
炎黄职业技术学院	10	5	2	5	1	1	3	0	0	0	5	0	0	2	0
正德职业技术学院	11	6	4	6	0	2	1	3	0	4	2	0	0	4	0
钟山职业技术学院	12	52	35	52	0	11	38	2	1	20	32	0	1	37	0
无锡南洋职业技术学院	13	15	11	15	0	1	10	4	0	5	9	1	0	5	0
江南影视艺术职业学院	14	16	14	16	0	3	4	9	0	9	7	0	0	9	0
金肯职业技术学院	15	11	9	11	0	0	11	0	0	5	6	0	0	4	0
建东职业技术学院	16	2	2	2	0	0	2	0	0	0	2	0	0	0	0
宿迁职业技术学院	17	7	3	7	0	2	1	1	3	1	6	0	0	1	0
江海职业技术学院	18	9	4	9	1	3	1	4	0	2	7	0	0	4	0
无锡太湖学院	19	2	2	2	0	0	1	1	0	2	0	0	0	2	0
中国矿业大学徐海学院	20	4	2	4	0	0	4	0	0	4	0	0	0	4	0
南京大学金陵学院	21	5	5	5	0	0	5	0	0	4	1	0	0	4	0
南京理工大学紫金学院	22	7	2	7	0	0	4	3	0	4	3	0	0	5	0

南京航空航天大学金城学院	23	7	6	7	0	0	6	1	0	5	2	0	0	6	0
南京传媒学院	24	5	4	5	0	0	4	1	0	3	2	0	0	5	0
南京理工大学泰州科技学院	25	11	6	11	1	3	7	0	0	3	8	0	0	7	0
南京师范大学泰州学院	26	15	11	15	0	5	9	1	0	13	2	0	0	15	0
南京工业大学浦江学院	27	29	13	29	2	11	7	9	0	22	7	0	3	24	0
南京师范大学中北学院	28	3	2	3	0	0	2	1	0	3	0	0	0	3	0
苏州百年职业学院	29	3	3	3	0	2	0	1	0	3	0	0	0	3	0
昆山登云科技职业学院	30	12	8	12	0	0	2	4	6	6	6	0	0	6	0
南京视觉艺术职业学院	31	4	2	4	0	1	2	1	0	1	3	0	0	2	0
南京医科大学康达学院	32	10	5	10	0	3	6	1	0	9	1	0	1	8	0
南京中医药大学翰林学院	33	28	15	28	1	2	25	0	0	22	6	0	1	21	0
苏州大学应用技术学院	34	16	9	16	0	0	10	6	0	15	1	0	1	14	0
苏州科技大学天平学院	35	1	0	1	0	0	0	1	0	1	0	0	0	1	0
江苏大学京江学院	36	8	5	8	0	0	8	0	0	8	0	0	1	7	0
扬州大学广陵学院	37	17	12	17	0	2	13	2	0	15	2	0	0	16	0
江苏师范大学科文学院	39	8	5	8	0	1	6	1	0	3	5	0	0	6	0
南京邮电大学通达学院	39	2	2	2	0	0	2	0	0	2	0	0	0	2	0
南京财经大学红山学院	40	8	8	8	0	0	1	7	0	8	0	0	0	8	0
江苏科技大学苏州理工学院	41	18	5	18	0	2	12	4	0	18	0	0	2	16	0
常州大学怀德学院	42	2	2	2	0	0	1	1	0	2	0	0	0	2	0
南通大学杏林学院	43	46	30	46	0	2	43	1	0	42	4	0	0	45	0
南京审计大学金审学院	44	21	18	21	0	6	13	2	0	18	3	0	1	19	0
苏州高博软件技术职业学院	45	60	42	60	1	11	23	24	1	29	31	0	0	39	0
宿迁泽达职业技术学院	46	4	2	4	0	1	1	2	0	0	4	0	0	0	0
扬州中瑞酒店职业学院	47	1	1	1	0	0	1	0	0	1	0	0	0	1	0
昆山杜克大学	48	3	2	3	0	0	2	1	0	3	0	0	2	1	0
西交利物浦大学	49	39	27	39	1	4	34	0	0	39	0	0	16	23	0

4.20 统计学人文、社会科学活动人员情况表

高校名称		总计		按职称划分						按最后学历划分			按最后学位划分		其他人员
			女性	小计	教授	副教授	讲师	助教	初级	研究生	本科生	其他	博士	硕士	
	编号	L01	L02	L03	L04	L05	L06	L07	L08	L09	L10	L11	L12	L13	L14
合　计	/	24	18	24	1	3	14	6	0	19	5	0	1	19	0
太湖创意职业技术学院	1	1	0	1	0	0	1	0	0	0	1	0	0	0	0
江南影视艺术职业学院	2	1	0	1	0	0	0	1	0	1	0	0	0	1	0
宿迁职业技术学院	3	1	1	1	0	0	1	0	0	0	1	0	0	0	0
中国矿业大学徐海学院	4	1	0	1	0	1	0	0	0	1	0	0	1	0	0
南京航空航天大学金城学院	5	8	8	8	0	1	7	0	0	8	0	0	0	8	0
金山职业技术学院	6	1	0	1	0	0	1	0	0	0	1	0	0	1	0
南京中医药大学翰林学院	7	1	1	1	0	0	1	0	0	1	0	0	0	1	0
江苏师范大学科文学院	8	1	1	1	0	0	0	1	0	1	0	0	0	1	0
南京财经大学红山学院	9	5	4	5	0	0	1	4	0	5	0	0	0	5	0
江苏科技大学苏州理工学院	10	1	1	1	0	0	1	0	0	1	0	0	0	1	0
南通大学杏林学院	11	1	1	1	0	1	0	0	0	1	0	0	0	1	0
苏州高博软件技术职业学院	12	1	0	1	1	0	0	0	0	0	1	0	0	0	0
宿迁泽达职业技术学院	13	1	1	1	0	0	1	0	0	0	1	0	0	0	0

4.21 心理学人文、社会科学活动人员情况表

高校名称		总计		按职称划分						按最后学历划分			按最后学位划分		其他
			女性	小计	教授	副教授	讲师	助教	初级	研究生	本科生	其他	博士	硕士	人员
	编号	L01	L02	L03	L04	L05	L06	L07	L08	L09	L10	L11	L12	L13	L14
合　计	/	60	52	60	3	8	37	11	1	45	15	0	5	45	0
明达职业技术学院	1	1	1	1	0	0	0	0	1	0	1	0	0	0	0
九州职业技术学院	2	1	1	1	0	0	1	0	0	0	1	0	0	0	0
南通理工学院	3	1	1	1	0	0	1	0	0	1	0	0	0	1	0
硅湖职业技术学院	4	2	1	2	0	1	0	1	0	2	0	0	0	2	0
应天职业技术学院	5	3	3	3	0	1	1	1	0	3	0	0	0	3	0
苏州托普信息职业技术学院	6	1	1	1	0	0	1	0	0	1	0	0	0	1	0
苏州工业园区职业技术学院	7	5	5	5	0	1	4	0	0	4	1	0	0	5	0
正德职业技术学院	8	1	1	1	0	0	1	0	0	1	0	0	0	1	0
钟山职业技术学院	9	2	2	2	0	0	2	0	0	0	2	0	0	1	0
金肯职业技术学院	10	2	2	2	0	0	2	0	0	1	1	0	0	2	0
建东职业技术学院	11	2	2	2	0	0	2	0	0	0	2	0	0	0	0
江海职业技术学院	12	1	1	1	0	0	1	0	0	0	1	0	0	1	0
无锡太湖学院	13	3	2	3	1	0	2	0	0	3	0	0	1	2	0
南京理工大学紫金学院	14	2	2	2	0	1	1	0	0	2	0	0	0	2	0
南京航空航天大学金城学院	15	2	2	2	0	0	2	0	0	1	1	0	0	2	0
南京传媒学院	16	3	2	3	0	1	2	0	0	2	1	0	0	2	0
南京理工大学泰州科技学院	17	3	2	3	0	1	1	1	0	2	1	0	0	2	0
南京师范大学泰州学院	18	2	1	2	0	1	0	1	0	2	0	0	0	2	0
南京工业大学浦江学院	19	1	1	1	0	0	0	1	0	1	0	0	0	1	0
苏州百年职业学院	20	2	2	2	0	0	1	1	0	2	0	0	0	2	0
南京医科大学康达学院	21	1	1	1	0	0	1	0	0	1	0	0	0	1	0
南京中医药大学翰林学院	22	2	2	2	0	0	2	0	0	1	1	0	0	1	0
江苏师范大学科文学院	23	1	1	1	0	0	1	0	0	1	0	0	0	1	0
南京财经大学红山学院	24	3	3	3	0	0	1	2	0	3	0	0	0	3	0
江苏科技大学苏州理工学院	25	1	1	1	0	0	1	0	0	1	0	0	0	1	0
常州大学怀德学院	26	1	1	1	0	0	0	1	0	1	0	0	0	1	0
南京审计大学金审学院	27	3	2	3	1	0	1	1	0	3	0	0	0	3	0
苏州高博软件技术职业学院	28	3	3	3	0	1	1	1	0	2	1	0	0	2	0
宿迁泽达职业技术学院	29	1	0	1	0	0	1	0	0	0	1	0	0	0	0
昆山杜克大学	30	3	2	3	1	0	2	0	0	3	0	0	3	0	0
西交利物浦大学	31	1	1	1	0	0	1	0	0	1	0	0	1	0	0

4.22 体育科学人文、社会科学活动人员情况表

高校名称		总计		按职称划分						按最后学历划分			按最后学位划分		其他
			女性	小计	教授	副教授	讲师	助教	初级	研究生	本科生	其他	博士	硕士	人员
	编号	L01	L02	L03	L04	L05	L06	L07	L08	L09	L10	L11	L12	L13	L14
合　计	/	325	113	325	1	83	165	76	0	154	171	0	2	211	0
明达职业技术学院	1	1	0	1	0	0	1	0	0	0	1	0	0	0	0
三江学院	2	22	8	22	0	14	7	1	0	7	15	0	0	21	0
九州职业技术学院	3	5	1	5	0	1	2	2	0	1	4	0	0	2	0
南通理工学院	4	12	4	12	0	7	4	1	0	4	8	0	0	6	0
硅湖职业技术学院	5	3	1	3	0	1	1	1	0	0	3	0	0	0	0
应天职业技术学院	6	2	0	2	0	0	2	0	0	0	2	0	0	2	0
苏州托普信息职业技术学院	7	8	3	8	0	0	3	5	0	1	7	0	0	1	0
苏州工业园区职业技术学院	8	11	5	11	0	2	9	0	0	6	5	0	0	7	0
太湖创意职业技术学院	9	3	0	3	0	0	3	0	0	0	3	0	0	0	0
炎黄职业技术学院	10	6	0	6	0	0	6	0	0	0	6	0	0	0	0
正德职业技术学院	11	8	2	8	0	3	4	1	0	1	7	0	0	5	0
钟山职业技术学院	12	1	0	1	0	1	0	0	0	0	1	0	0	0	0
无锡南洋职业技术学院	13	6	2	6	0	1	3	2	0	1	5	0	0	2	0
江南影视艺术职业学院	14	3	1	3	0	0	1	2	0	0	3	0	0	0	0
金肯职业技术学院	15	2	1	2	0	0	2	0	0	1	1	0	0	1	0
建东职业技术学院	16	4	2	4	0	2	1	1	0	0	4	0	0	1	0
宿迁职业技术学院	17	1	1	1	0	0	0	1	0	0	1	0	0	0	0
江海职业技术学院	18	4	1	4	0	0	4	0	0	0	4	0	0	1	0
无锡太湖学院	19	23	7	23	0	2	12	9	0	10	13	0	0	12	0
中国矿业大学徐海学院	20	10	3	10	0	0	8	2	0	7	3	0	0	7	0
南京大学金陵学院	21	5	1	5	0	1	4	0	0	5	0	0	0	5	0

南京理工大学紫金学院	22	8	2	8	0	7	1	0	0	4	4	0	0	8	0
南京航空航天大学金城学院	23	10	5	10	0	2	8	0	0	7	3	0	0	7	0
南京传媒学院	24	17	6	17	0	1	10	6	0	9	8	0	0	15	0
金山职业技术学院	25	4	2	4	0	1	1	2	0	2	2	0	1	2	0
南京理工大学泰州科技学院	26	8	2	8	0	2	6	0	0	1	7	0	0	5	0
南京师范大学泰州学院	27	18	8	18	0	8	7	3	0	12	6	0	0	17	0
南京工业大学浦江学院	28	7	3	7	0	5	2	0	0	3	4	0	0	5	0
南京师范大学中北学院	29	6	1	6	0	0	1	5	0	5	1	0	0	5	0
苏州百年职业学院	30	4	3	4	0	0	3	1	0	4	0	0	0	4	0
昆山登云科技职业学院	31	1	0	1	0	0	0	1	0	0	1	0	0	0	0
南京视觉艺术职业学院	32	3	0	3	0	0	2	1	0	1	2	0	0	1	0
南京医科大学康达学院	33	8	5	8	0	0	7	1	0	4	4	0	0	4	0
南京中医药大学翰林学院	34	3	2	3	0	0	3	0	0	2	1	0	0	2	0
苏州大学应用技术学院	35	4	1	4	0	0	1	3	0	3	1	0	0	3	0
苏州科技大学天平学院	36	11	6	11	1	5	2	3	0	6	5	0	1	6	0
江苏大学京江学院	37	4	1	4	0	0	1	3	0	4	0	0	0	4	0
扬州大学广陵学院	38	9	4	9	0	1	3	5	0	8	1	0	0	8	0
江苏师范大学科文学院	39	7	2	7	0	1	4	2	0	5	2	0	0	5	0
南京邮电大学通达学院	40	7	1	7	0	6	1	0	0	5	2	0	0	5	0
南京财经大学红山学院	41	6	1	6	0	0	2	4	0	6	0	0	0	6	0
江苏科技大学苏州理工学院	42	4	1	4	0	0	4	0	0	4	0	0	0	4	0
常州大学怀德学院	43	11	5	11	0	3	4	4	0	3	8	0	0	7	0
南通大学杏林学院	44	9	2	9	0	3	6	0	0	4	5	0	0	6	0
南京审计大学金审学院	45	7	3	7	0	1	4	2	0	6	1	0	0	6	0
苏州高博软件技术职业学院	46	8	4	8	0	2	4	2	0	2	6	0	0	3	0
扬州中瑞酒店职业学院	47	1	0	1	0	0	1	0	0	0	1	0	0	0	0

四、社科人力

4.23 其他学科人文、社会科学活动人员情况表

高校名称		总计		按职称划分						按最后学历划分			按最后学位划分		其他人员
			女性	小计	教授	副教授	讲师	助教	初级	研究生	本科生	其他	博士	硕士	
	编号	L01	L02	L03	L04	L05	L06	L07	L08	L09	L10	L11	L12	L13	L14
合　计	/	31	18	31	0	2	21	8	0	25	6	0	7	18	0
苏州工业园区职业技术学院	1	1	1	1	0	0	1	0	0	1	0	0	0	1	0
南京航空航天大学金城学院	2	12	9	12	0	0	11	1	0	12	0	0	0	12	0
苏州百年职业学院	3	1	0	1	0	0	1	0	0	0	1	0	0	0	0
昆山登云科技职业学院	4	1	0	1	0	0	1	0	0	0	1	0	0	0	0
江苏大学京江学院	5	1	1	1	0	0	1	0	0	1	0	0	0	1	0
南京审计大学金审学院	6	1	0	1	0	0	0	1	0	1	0	0	0	1	0
宿迁泽达职业技术学院	7	3	3	3	0	1	0	2	0	0	3	0	0	0	0
扬州中瑞酒店职业学院	8	4	2	4	0	0	0	4	0	3	1	0	0	3	0
西交利物浦大学	9	7	2	7	0	1	6	0	0	7	0	0	7	0	0

注：因篇幅有限，此章删除了各项数值均为0的高校。

五、社科研究与发展经费

1. 全省高等学校人文、社会科学研究与发展经费情况表

经费名称	编号	单位(千元)	经费名称	编号	单位(千元)
上年结转经费	1	701 761.97	当年 R&D 经费支出合计	23	1 678 837.268
当年经费收入合计	2	1 814 509.133	转拨给外单位经费	24	30 427.918
政府资金投入	3	812719.177	其中:对境外研究机构支出	25	5562.9
科研活动经费	4	526 066.771	对境内高等学校支出	26	1712.43
其中:教育部科研项目经费	5	32 356.772	对境内企业支出	27	7222.865
教育部其他科研经费	6	57 101.244	对境外机构支出	28	0
其中:中央高校基本科研业务费	7	36 537.347	R&D 经费内部支出合计	29	1 648 409.35
中央其他部门科研项目经费	8	199 890.483	其中:基础研究支出	30	500 496.21
省、市、自治区社科基金项目	9	33 501.935	应用研究支出	31	1 147 878.388
省教育厅科研项目经费	10	38 508.978	试验发展支出	32	34.752
省教育厅其他科研经费	11	29 773.17	其中:政府资金	33	826 993.468
其他各类地方政府经费	12	134 934.189	企业资金	34	710 036.335
科研活动人员工资	13	286 020.406	境外资金	35	1373.525
科研基建费	14	632	其他	36	110 006.022
非政府资金投入	15	1 001 789.956	其中:科研人员费	37	392 190.437
企、事业单位委托项目经费	16	749 535.33	业务费	38	675 028.885
金融机构贷款	17	0	科研基建费	39	491
自筹经费	18	222 388.83	仪器设备费	40	100 972.151
境外资金	19	1589.301	其中:单位在 1 万元以上的设备费	41	10 217.618
其中:港、澳、台地区合作项目经费	20	0	图书资料费	42	175 497.768
其他收入	21	4828.815	间接费	43	197 780.523
科技活动人员工资	22	23 447.68	其中:管理费	44	47 720.442
			其他支出	45	106 448.586
			当年结余经费	46	837 433.835
			银行存款	47	831 119.851
			暂付款	48	6313.984

2. 公办本科高等学校人文、社会科学研究与发展经费情况表

高校名称	编号	上年结转经费（千元）	当年经费收入合计（千元）	拨入（千元）政府资金投入	科研活动经费	教育部科研项目经费	教育部其他科研经费	其中：中央高校基本科研业务费	中央其他部门科研项目经费	省、市、自治区社科基金项目	省教育厅科研项目经费	省教育厅其他科研经费	其他各类地方政府经费	科技活动人员工资	科研基建费	非政府资金投入	企、事业单位委托项目经费	金融机构贷款	自筹经费	境外资金	其中：港、澳、台地区合作项目经费	其他收入	科技活动人员工资
		L01	L02	L03	L04	L05	L06	L07	L08	L09	L10	L11	L12	L13	L14	L15	L16	L17	L18	L19	L20	L21	L22
合计	/	629 881.46	1 579 020.735	712 929.882	486 720.011	29 300.172	56 670.744	36 537.347	196 330.023	32 315.735	23 681.578	27 049.37	121 372.389	225 587.871	622	866 090.853	686 642.308	0	176 715.147	919.043	0	1814.355	0
南京大学	1	66 787.33	140 210.942	68 359.824	59 479.824	2556.438	13 300	9500	31 591.88	3436	577	0	8 018.506	8880	0	71 851.118	66 221.312	0	5500	129.806	0	0	0
东南大学	2	11 904.78	40 258.952	27 985.405	22 125.405	1060	4530	4530	6186.961	3193.694	509	0	6645.75	5860	0	12 273.547	12 072.365	0	0	181.182	0	20	0
江南大学	3	914	91 453.313	31 790	18 550	1590	8010	8010	8052	555	308	0	35	13 240	0	59 663.313	59 623.313	0	40	0	0	0	0
南京农业大学	4	7020.84	51 087.79	38 436.98	31 445.38	650	4000	4000	12 117.5	541	140	4000	9996.88	6991.6	0	12 650.81	12 592.25	0	0	58.56	0	0	0
中国矿业大学	5	33 821.36	36 192.233	23 151.739	14 731.739	701	3571	1901	8042.495	950.204	648	0	819.04	8420	0	13 040.494	13 040.494	0	0	0	0	0	0
河海大学	6	16 024.14	57 549.031	33 026.344	28 466.344	604	6915.244	6731.347	9620.14	879	464	250	9733.96	4560	0	24 522.687	23 439.192	0	0	549.495	0	534	0
南京理工大学	7	8092.55	19 098.6	13 643.36	10 772.78	454.77	374.5	285	6339.92	834.64	291.62	0	2477.33	2870.58	0	5455.24	4899.5	0	555.74	0	0	0	0
南京航空航天大学	8	353.4	19 075.99	16 159.99	13 259.99	908	1300	1300	7165.2	1380	982	0	1524.79	2900	0	2916	2816	0	0	0	0	100	0
中国药科大学	9	5022.64	21 000.05	3559.05	1959.05	67	280	280	1171.05	110	33	0	298	1600	0	17 441	17 436	0	5	0	0	0	0
南京森林警察学院	10	4314.92	6029.55	2324.709	84.709	25	0	0	10	9.709	40	0	0	2240	0	3704.841	1302.841	0	2402	0	0	0	0
苏州大学	11	52 057.5	81 080.229	25 951.528	19 712.428	1445	0	0	13 277.378	1412	1057.65	300	2220.4	6239.1	0	55 128.701	48 757.047	0	6371.654	0	0	0	0
江苏科技大学	12	3235.93	11 173.5	6877.5	2647.5	498	0	0	550	342	481	0	776.5	4230	0	4296	1756	0	2540	0	0	0	0
南京工业大学	13	470	11 578.85	6829.35	4509.35	505	0	0	1340.55	610	906	286	861.8	2320	0	4749.5	180	0	4569.5	0	0	0	0
常州大学	14	9895.3	20 337.18	13 222.89	6907.39	531	0	0	4288	450	760	0	878.39	6315.5	0	7114.29	7114.29	0	0	0	0	0	0
南京邮电大学	15	8133.95	28 215.6	13 642	7990	1148	0	0	2710	1230	666	420	1816	5652	0	14573.6	13 535.6	0	1008	0	0	30	0
南京林业大学	16	2742.01	10 149.23	9490.62	6881.02	877	0	0	4285.52	532.5	294	0	892	2609.6	0	658.61	443.61	0	215	0	0	0	0
江苏大学	17	220	25 445.31	14 185.26	10 297.26	655	0	0	5283.76	710	120	0	3528.5	3888	0	11 260.05	10 780.05	0	480	0	0	0	0
南京信息工程大学	18	27 774.26	35 225.6	18 017.5	9350.5	1816	0	0	4155	1322	792	0	1265.5	8667	0	17 208.1	14 528.1	0	2680	0	0	0	0
南通大学	19	4875	15 431.1	9546.5	7611.5	925	0	0	4540	896	732	0	518.5	1935	0	5884.6	4934.6	0	350	0	0	600	0

盐城工学院	20	217	8159	3049	1876	250	0	0	641	150	510	0	325	1173	0	5110	4181	0	929	0	0	0	0
南京医科大学	21	979	2012	1182	472	0	0	0	0	0	0	60	412	710	0	830	0	0	830	0	0	0	0
徐州医科大学	22	601	1964	1473	600	155	0	0	0	0	390	0	55	873	0	491	230	0	261	0	0	0	0
南京中医药大学	23	2822.98	8293.5	6784.9	2324.9	305	0	0	1133.9	140	556	0	190	4460	0	1508.6	908.6	0	600	0	0	0	0
南京师范大学	24	76 771.75	69 166.152	30 218.877	22 429.577	1426	0	0	14 642.6	2272.35	935.487	0	3153.14	7789.3	0	38 947.275	38 947.275	0	0	0	0	0	0
江苏师范大学	25	32 626	105 780.783	43 266.093	23 634.093	379	0	0	6342.093	1508	1050	0	14 355	19410	222	62 514.69	20 873.5	0	41 641.19	0	0	0	0
淮阴师范学院	26	11 485.4	55 076.205	12 130	7245	1010	0	0	2020	506	527	1200	1982	4885	0	42 946.205	27 859.205	0	15 087	0	0	0	0
盐城师范学院	27	31 513.94	66 861.309	13 924.5	5548	621	0	0	2940	714	1160	0	113	8376.5	0	52 936.809	52 450.809	0	486	0	0	0	0
南京财经大学	28	33 412.37	55 009.582	38 128.24	33 007.24	1438	0	0	16 261.9	1830	545	630.04	12 302.3	5121	0	16 881.342	16 607.987	0	125	0	0	148.355	0
江苏警官学院	29	5652	12 577	11 245	9265	220	0	0	220	60	0	8680	85	1980	0	1332	283	0	1049	0	0	0	0
南京体育学院	30	5776.23	9749.448	3229.548	2641.548	237.038	0	0	1573.51	170	56	0	605	588	0	6519.9	819.9	0	5700	0	0	0	0
南京艺术学院	31	12 412.19	39 226.88	33 138	29 799	160	14 000	0	1958	534	620	8260	4267	3339	0	6088.88	1821.88	0	4267	0	0	0	0
苏州科技大学	32	1678	23 713.61	11 213.21	7913.21	900	0	0	1755.71	386	40	0	4831.5	3300	0	12 500.4	8683	0	3817.4	0	0	0	0
常熟理工学院	33	7671.36	45 232.652	15 214.2	11 105.6	608	0	0	30.6	580	440	80	9367	4108.6	0	30 018.452	16 123.365	0	13 735.087	0	0	160	0
淮阴工学院	34	3644.5	56 211.876	4755.551	560.1	70	0	0	230	80	0	0	180.1	4195.451	0	51 456.325	41 638.36	0	9817.965	0	0	0	0
常州工学院	35	15 657.2	30 328.65	8758	3870	645	0	0	1060	226	621	0	1318	4888	0	21 570.65	18 361.95	0	3208.7	0	0	0	0
扬州大学	36	26 139.72	38 697.13	16 790.68	9579	283	0	0	7568	788	580	0	360	7211.68	0	21 906.45	13 906.45	0	8000	0	0	0	0
南京工程学院	37	5274.02	45 874.1	8072.04	2029.64	302	0	0	179.2	169.6	1278.84	0	100	6042.4	0	37 802.06	28 920.42	0	8690.64	0	0	191	0
南京审计大学	38	44 871.59	40 579.078	13 342.664	7609.664	1093.526	30	0	879.626	379.238	52.981	2733.33	2440.963	5733	0	27 236.414	12 031.603	0	15 204.811	0	0	0	0
南京晓庄学院	39	2220.5	15 555.73	8268.2	6632.2	611.4	0	0	1288	850.8	570	0	3312	1636	0	7287.53	3083.53	0	4204	0	0	0	0
江苏理工学院	40	12 353.87	32 218.7	9097	3709	547	0	0	2030	488	240	0	404	5388	0	23 121.7	19 861.3	0	3260.4	0	0	0	0
江苏海洋大学	41	4216	23 289	5066.5	2892.5	0	0	0	600	285	418	0	1589.5	2174	0	18 222.5	18 120	0	102.5	0	0	0	0
徐州工程学院	42	1836	18 397.03	8089.03	2749.03	110	110	0	1065.53	30	300	0	1133.5	5340	0	10 308	7398	0	2890	0	0	20	0
南京特殊教育师范学院	43	1046.1	8521	6772	4072	234	0	0	548	80	684	150	2376	2300	400	1749	979	0	770	0	0	0	0
泰州学院	44	1491.7	2389	1776	258	0	0	0	0	0	190	0	68	1518	0	613	183	0	430	0	0	0	0
金陵科技学院	45	2686.76	14 026.99	4294.64	2770.64	246	0	0	170	320	430	0	1604.64	1524	0	9732.35	9222.35	0	510	0	0	0	0
江苏第二师范学院	46	17 162.78	11 020.52	5841.2	1526.2	243	250	0	465	240	220	0	108.2	4315	0	5179.32	3270.26	0	1909.06	0	0	0	0
南京工业职业技术大学	47	2253.07	9183.66	5098.56	1286	90	0	0	0	40	580	0	576	3812.56	0	4085.1	2762.6	0	1322.5	0	0	0	0
无锡学院	48	652.77	1795.7	1460.7	761.7	50	0	0	0	5	139	0	567.7	699	0	335	335	0	0	0	0	0	0
苏州城市学院	49	391.85	1716.6	1134	780	0	0	0	0	0	217	0	563	354	0	582.6	421.6	0	150	0	0	11	0
宿迁学院	50	703.9	5800.8	3916	991	50	0	0	0	90	530	0	321	2925	0	1884.8	884.8	0	1000	0	0	0	0

五、社科研究与发展经费

高校名称	编号	当年R&D经费支出合计(千元)	支出(千元) 转拨给外单位经费	其中 对国内研究机构支出	对国内高等学校支出	对国内企业支出	对境外机构支出	R&D经费内部支出合计	其中 基础研究支出	应用研究支出	试验发展支出	其中 政府资金	企业资金	境外资金	其他	其中 科研人员费	业务费	科研基建费	仪器设备费	其中 单价在1万元以上的设备费	图书资料费	间接费	其中 管理费	其他支出	当年结余经费(千元)	其中 银行存款(千元)	暂付款
	编号	L23	L24	L25	L26	L27	L28	L29	L30	L31	L32	L33	L34	L35	L36	L37	L38	L39	L40	L41	L42	L43	L44	L45	L46	L47	L48
合计	/	1 449 610.463	29 018.902	5557.1	1709.43	7208.865	0	1 420 591.561	445 208.24	975 372.392	15.929	702 319.451	637 929.35	1024.825	79 317.935	289 809.45	599 840.343	400	93 209.194	9356.123	160 154.225	184 390.411	44 746.251	92 787.938	759 291.732	756 721.062	2570.67
南京大学	1	93 471.467	1020	0	20	0	0	92 451.467	35 078.026	57 373.441	0	52 831.241	31 714.931	181.927	7723.368	26 450.71	28 840.549	0	1468.412	59.209	18 183.197	7447.407	1241.216	10 061.192	113 526.805	113 526.805	0
东南大学	2	44 583.62	0	0	0	0	0	44 583.62	13 463.754	31 119.866	0	29 554.225	14 790.441	216.228	22.726	6200	22 083.177	0	2554.157	160	2114.08	10 597.487	2330.84	1034.719	7580.112	7580.112	0
江南大学	3	82 116.313	1324	340	25	540	0	80 792.313	21 200.708	59 591.605	0	18 208.617	62 538.987	0	44.709	14 240	6715	0	3817	409	3532.4	19 831	5805.54	32 656.913	10 251	10 171	80
南京农业大学	4	51 980.672	1639.04	22.56	21.78	26.08	0	50 341.632	3903.966	46 437.666	0	37 528.273	12 748.585	64.774	0	7201.6	14 346.52	0	4109.78	147.58	8059.872	7305.83	3094.805	9318.03	6127.958	4336.338	1791.62
中国矿业大学	5	30 706.471	0	0	0	0	0	30 706.471	12 278.322	18 428.149	0	18 313.851	12 392.62	0	0	8425	13 188.711	0	243	0	5892.921	2956.839	1594.752	0	39 307.122	39 307.122	0
河海大学	6	55 434.873	4967.86	4512.04	120.8	219.2	0	50 467.013	13 584.382	36 882.631	0	23 491.435	26 415.406	559.896	0.276	4618.583	16 906.859	0	8298.59	203.28	3807.852	14 195.739	5027.39	2639.39	18 138.298	18 138.298	0
南京理工大学	7	16 111.941	6454.15	20	90	121.185	0	9657.791	4496.418	5161.373	0	6945.783	2405.623	0	306.385	3070.58	3751.362	0	217	158	389.13	1380.2	329.15	849.519	11 079.209	11 064.209	15
南京航空航天大学	8	18 333.39	0	0	0	0	0	18 333.39	6934.052	11 399.338	0	15 183.267	3039.825	0	110.298	2900	8153.872	0	1274.42	0	2183.978	2957.499	859.087	863.621	1096	1096	0
中国药科大学	9	20 857.732	0	0	0	0	0	20 857.732	382.633	20 475.099	0	4455.697	16 397.285	0	4.75	1880	4767.85	0	20	0	4426.14	7964.675	1726.038	1799.067	5164.958	5054.958	110
南京森林警察学院	10	6463.674	0	0	0	0	0	6463.674	3883.518	2580.156	0	4669.397	1514.277	0	280	4362	1961.333	0	0	0	140.341	0	0	0	3880.796	3880.796	0
苏州大学	11	66 858.194	0	0	0	0	0	66 858.194	49 518.506	17 339.688	0	31 583.059	33 137.02	0	2138.115	8500	11 860.667	0	4792.422	0	12 711.015	28 992.09	1309.645	2	66 279.535	66 279.535	0
江苏科技大学	12	10 224.7	0	0	0	0	0	10 224.7	2566.839	7657.861	0	8141.909	1611.576	0	471.215	4630	3588.72	0	27.5	0	210.5	1724.98	178.8	43	4184.73	4184.73	0
南京工业大学	13	11 762.55	1424	252	379	73	0	10 338.55	5859.581	4478.969	0	9625.813	269.684	0	443.053	2795	2360.05	0	944	176	2411.5	1804	0	24	286.3	286.3	0
常州大学	14	20 183.02	0	0	0	0	0	20 183.02	4389.015	15 794.005	0	14 594.82	5588.2	0	0	6380	5459.492	0	1569.31	1316.845	1638.185	3208.43	1646.495	1927.603	10 049.46	10 049.46	0
南京邮电大学	15	27 808	0	0	0	0	0	27 808	1375.605	26 432.395	0	12 925.445	14 838.961	0	43.594	6217.2	13 835.519	0	237	0	349.2	7119.081	1428.026	50	8541.55	8541.55	0
南京林业大学	16	8752.96	0	0	0	0	0	8752.96	4531.033	4221.927	0	8453.103	299.857	0	0	2688.2	2679.05	0	566.2	396.5	1851.96	966.85	579.382	0.7	4138.28	4138.28	0
江苏大学	17	24 633.68	0	0	0	0	0	24 633.68	1418.531	23 215.149	0	14 163.26	10 470.42	0	0	4368	6049.547	0	0	0	5867.547	6321.547	1215.499	2027.039	1031.63	1031.63	0
南京信息工程大学	18	28 728.418	985.85	0	945.85	0	0	27 742.568	3670.985	24 071.583	0	18 200.426	9532.831	0	9.311	8767	11 630.91	0	1358.55	0	790.86	5195.248	873.22	0	34 271.442	34 271.442	0
南通大学	19	13 638.35	0	0	0	0	0	13 638.35	7626.479	6011.871	0	8521.103	4986.412	0	130.835	2235	3659	0	3254	0	2608.55	1749	308	132.8	6667.75	6652.75	15
盐城工学院	20	7949.14	0	0	0	0	0	7949.14	410.567	7538.573	0	3815.305	4133.835	0	0	1813	4561.63	0	1	0	759.51	516	257.36	298	426.86	426.86	0
南京医科大学	21	2425	0	0	0	0	0	2425	2129.268	295.732	0	2425	0	0	0	1600	0	0	158	0	662	5	1	0	566	566	0

徐州医科大学	22	1753.93	0	0	0	0	0	1753.93	614.752	1139.178	0	1604.166	149.764	0	0	903	732.7	0	0	0	83.23	35	0	0	811.07	811.07	0
南京中医药大学	23	8744.65	0	0	0	0	0	8744.65	7387.036	1357.614	0	7811.95	897.03	0	35.67	5120	2887.76	0	23.7	0	105.79	506.65	120.84	100.75	2371.83	2369.33	2.5
南京师范大学	24	47 916.842	4286.8	0	0	1773.4	0	43 630.042	23 293.622	20 336.42	0	28 298.847	15 329.195	2	0	7789.3	17 236.4	0	2125.19	0	4411.543	8751.834	5489.905	3315.775	98 021.06	98 021.06	0
江苏师范大学	25	133 428.437	0	0	0	0	0	133 428.437	34 350.644	99 077.793	0	57 071.747	20 777.5	0	55 579.19	20 500	77 410.911	0	17 231.5	0	16 832.56	1409.066	234.802	44.4	4978.346	4978.346	0
淮阴师范学院	26	60 119.405	40	0	0	0	0	60 079.405	13 219.694	46 859.711	0	12 983.764	47 095.641	0	0	6200	41 337.333	0	81.8	0	6615.172	1120.5	270	4724.6	6442.2	6442.2	0
盐城师范学院	27	66 742.03	0	0	0	0	0	66 742.03	11 955.875	54 786.155	0	13 677.06	52 954.57	0	110.4	8832.5	31 570.59	0	13 998.81	1374.86	10 256.01	1884	471	200.12	31 633.219	31 633.219	0
南京财经大学	28	49 449.596	0	0	0	0	0	49 449.596	23 550.032	25 899.564	0	34 568.961	14 688.85	0	191.785	7102.11	27 560.51	0	8	1	774.515	13 006.701	2498.541	997.76	38 972.356	38 972.356	0
江苏警官学院	29	15 413	0	0	0	0	0	15413	794.485	14 618.515	0	10 316.455	3358.189	0	1738.356	2000	10167	0	3100	1549	59	87	87	0	2816	2816	0
南京体育学院	30	8548.354	0	0	0	0	0	8548.354	3403.827	5144.527	0	5869.222	2679.132	0	0	716	6214.66	0	337.098	0	170.347	1106.916	262.47	3.333	6977.324	6977.324	0
南京艺术学院	31	34 293.181	0	0	0	0	0	34 293.181	24 415.158	9878.023	0	24 636.95	9481.035	0	175.196	3370	18 703.731	0	7392.694	2049.611	4576.23	250.526	121.276	0	17 345.889	17 345.889	0
苏州科技大学	32	24 360.61	0	0	0	0	0	24 360.61	3535.009	20 825.601	0	14 514.855	9501.891	0	343.864	6135.8	9177.44	0	80	0	6248.34	2262.305	1089.425	456.725	1031	1031	0
常熟理工学院	33	37 717.216	0	0	0	0	0	37 717.216	3431.254	34 285.962	0	13 472.958	24 093.863	0	150.395	10 195.2	25 255.325	0	458.93	0	586.702	1221.055	297.023	0.004	15 186.796	15 186.796	0
淮阴工学院	34	51 500.076	0	0	0	0	0	51 500.076	1236.622	50 263.454	0	8214.906	42 999.79	0	285.38	7442.37	34 199.332	0	2794.15	0	6187.224	157	0	720	8356.3	8356.3	0
常州工学院	35	33 699.87	4681	280	0	4401	0	29 018.87	410.311	28 608.559	0	10 298.072	17 959.313	0	761.485	7233.3	18 678.39	0	1190.56	51.5	200.27	1716.35	0	0	12 285.98	12 285.98	0
扬州大学	36	33 204.17	0	0	0	0	0	33 204.17	13 171.334	20 032.836	0	18 383.78	14 609.23	0	211.16	8057.32	13 974.25	0	2076.671	0	3054.59	2994.971	662.441	3046.368	31 632.68	31 632.68	0
南京工程学院	37	43 242.452	0	0	0	0	0	43 242.452	41 093.081	2149.371	0	8934.81	31 058.503	0	3249.139	6590	21 712.848	0	130.872	0	9529.638	278.6	145.5	5000.494	7905.668	7905.668	0
南京审计大学	38	36 086.26	50	0	0	50	0	36 036.26	11 241.818	24 794.442	0	26 313.6	8807.966	0	914.694	16 169.747	13 292.119	0	997.31	250.161	852.237	3895.185	571.736	829.662	49 364.408	49 295.208	69.2
南京晓庄学院	39	14 793.63	150	0	0	0	0	14 643.63	9694.491	4949.139	0	9291.218	4954.403	0	398.009	2000	4106.25	0	1833.5	800	3805.12	903.56	12.099	1995.2	2982.6	2982.6	0
江苏理工学院	40	28 902.29	0	0	0	0	0	28 902.29	1639.373	27 262.917	0	8181.536	19 160.482	0	1560.272	5393	12 400.88	0	1356.223	0	2551.722	5753.392	0	1447.073	15 670.28	15 670.28	0
江苏海洋大学	41	18 375.6	0	0	0	0	0	18 375.6	2181.418	16 194.182	0	4727.6	13 595	0	53	2200	9483.125	0	20	0	1076.95	1228.775	1228.275	4366.75	9129.4	9129.4	0
徐州工程学院	42	10 994.83	190	80	105	5	0	10 804.83	660.219	10 144.611	0	8947.356	1150.89	0	706.584	6000	1730.2	0	0	0	530.2	1738.8	636.1	805.63	9238.2	8765.2	473
南京特殊教育师范学院	43	7168.81	0	0	0	0	0	7168.81	1437.424	5731.386	0	5868.929	1299.881	0	0	2600	3344.31	400	340	0	222.3	229.15	36.15	33.05	2398.29	2398.29	0
泰州学院	44	2173.5	0	0	0	0	0	2173.5	1780.497	393.003	0	1899.5	53	0	221	1720	291	0	48	0	82.5	32	0	0	1707.2	1707.2	0
金陵科技学院	45	11 892.69	1566.5	50.5	2	0	0	10 326.19	2390.851	7935.339	0	3980.94	6305.25	0	40	1906	3844.735	0	1904.5	10	1701.04	361.082	301.47	608.833	4821.06	4821.06	0
江苏第二师范学院	46	9775.693	239.702	0	0	0	0	9535.991	5264.061	4271.93	0	6912.98	2294.967	0	328.044	4746.5	3982.139	0	127.606	26.278	220.714	408.331	203.834	50.701	18 407.607	18 407.607	0
南京工业职业技术大学	47	7878.763	0	0	0	0	0	7878.763	2217.702	5661.061	0	4644.743	2711.72	0	522.3	3912.73	2094.815	0	554.411	195.1	431.436	640.62	133.932	244.751	3557.967	3543.617	14.35
无锡学院	48	1786.43	0	0	0	0	0	1786.43	795.369	975.132	15.929	1471.786	301.532	0	13.112	928.7	360.4	0	56.38	0	258.76	128.71	22.757	53.48	662.04	662.04	0
苏州城市学院	49	1317.983	0	0	0	0	0	1317.983	1280.43	37.553	0	915.931	401.787	0	0.265	854	398.722	0	30.948	22.199	5.047	14.38	14.38	14.886	790.467	790.467	0
宿迁学院	50	5306	0	0	0	0	0	5306	54.663	5251.337	0	4873.8	432.2	0	0	3850	1292.65	0	0	0	134.3	29.05	29.05	0	1198.7	1198.7	0

五、社科研究与发展经费

3. 公办专科高等学校人文、社会科学研究与发展经费情况表

高校名称	编号	上年结转经费（千元）	当年经费收入合计（千元）	拨入（千元）：政府资金投入	其中：科研活动经费	其中：教育部科研项目经费	其中：教育部其他科研经费	其中：中央高校基本科研业务费	其中：中央其他部门科研项目经费	其中：省、市、自治区社科基金项目	其中：省教育厅科研项目经费	其中：省教育厅其他科研经费	其中：其他各类地方政府经费	其中：科技活动人员工资	其中：科研基建费	非政府资金投入	其中：企、事业单位委托项目经费	其中：金融机构贷款	其中：自筹经费	其中：境外资金	其中：港、澳、台地区合作项目经费	其中：其他收入	其中：科技活动人员工资
		L01	L02	L03	L04	L05	L06	L07	L08	L09	L10	L11	L12	L13	L14	L15	L16	L17	L18	L19	L20	L21	L22
合计	/	49 309.76	173 298.704	88 689.695	28 257.16	2684	425	0	732.16	974.2	10 420.7	2140.8	10 880.3	60 432.535	0	84 609.009	47 823.87	0	34 414.039	20	0	2351.1	0
盐城幼儿师范高等专科学校	1	1806.4	2866.4	1311.8	288.8	25	0	0	0	0	181.8	0	82	1023	0	1554.6	464.6	0	1090	0	0	0	0
苏州幼儿师范高等专科学校	2	986.98	634.2	614.2	312	0	0	0	0	0	140	140	32	302.2	0	20	10	0	0	0	0	10	0
无锡职业技术学院	3	1493.98	3478	2706	531	65	0	0	10	54	196	100	106	2175	0	772	260	0	512	0	0	0	0
江苏建筑职业技术学院	4	202.4	2593	1523	23	0	0	0	0	0	0	0	23	1500	0	1070	300	0	770	0	0	0	0
江苏工程职业技术学院	5	118.3	739.8	736.8	146	0	0	0	0	0	72	0	74	590.8	0	3	0	0	3	0	0	0	0
苏州工艺美术职业技术学院	6	223	2467	1422	972	96	0	0	147	14	208	230	277	450	0	1045	17	0	438	0	0	590	0
连云港职业技术学院	7	0	711	667	107	0	0	0	0	0	80	0	27	560	0	44	20	0	24	0	0	0	0
镇江市高等专科学校	8	267.59	2141.2	1505.9	179.4	0	0	0	0	26.4	36	0	117	1326.5	0	635.3	55.23	0	580.07	0	0	0	0
南通职业大学	9	210	1660.4	1393	473	0	0	0	0	0	200	0	273	920	0	267.4	205.4	0	62	0	0	0	0
苏州职业大学	10	625.68	11 197.59	5355	1231	60	0	0	170	0	210	0	791	4124	0	5842.59	2611.4	0	3231.19	0	0	0	0
沙洲职业工学院	11	262.25	929	798	623	0	0	0	0	0	235	0	388	175	0	131	106	0	25	0	0	0	0
扬州市职业大学	12	581.06	6176.576	2302	328	20	0	0	0	0	0	0	308	1974	0	3874.576	2874.576	0	1000	0	0	0	0
连云港师范高等专科学校	13	304.8	1565.8	1335.8	415.8	50	60	0	0	2.8	40	78	185	920	0	230	0	0	230	0	0	0	0
江苏经贸职业技术学院	14	5058.31	6343.5	3555	626	100	0	0	230	30	200	0	66	2929	0	2788.5	2012.5	0	776	0	0	0	0
泰州职业技术学院	15	1647.69	638.22	552.42	150	0	0	0	0	0	80	0	70	402.42	0	85.8	49.8	0	36	0	0	0	0
常州信息职业技术学院	16	244.53	5627	3021	839	75	75	0	0	0	56	106	527	2182	0	2606	1096	0	389	0	0	1121	0

江苏海事职业技术学院	17	1399.12	5652.88	1593.96	393.96	0	0	0	2.16	74	134	0	183.8	1200	0	4058.92	3805.72	0	253.2	0	0	0	0
无锡科技职业学院	18	87.5	1800	1384	207.5	20	0	0	0	5	100	0	82.5	1176.5	0	416	166	0	200	0	0	50	0
江苏医药职业学院	19	1888.74	4807.44	3554.84	656	0	0	0	0	0	0	100	556	2898.84	0	1252.6	0	0	1192	0	0	60.6	0
南通科技职业学院	20	293.7	3414.88	892.93	220	0	0	0	0	19	160	0	41	672.93	0	2521.95	493	0	2028.95	0	0	0	0
苏州经贸职业技术学院	21	2447.87	4316.9	2112.5	962	30	0	0	0	0	0	46	886	1150.5	0	2204.4	986.2	0	1218.2	0	0	0	0
苏州工业职业技术学院	22	548.7	2136	1401	963	10	0	0	0	0	130	0	823	438	0	735	675	0	60	0	0	0	0
苏州卫生职业技术学院	23	813.55	1178	917	574	0	0	0	10	46	400	0	118	343	0	261	0	0	223	0	0	38	0
无锡商业职业技术学院	24	3022.81	6475.065	2180.5	907	260	0	0	100	40	320	0	187	1273.5	0	4294.565	3938.565	0	336	20	0	0	0
江苏航运职业技术学院	25	297.3	1042	917	413	50	0	0	0	0	200	0	163	504	0	125	0	0	125	0	0	0	0
南京交通职业技术学院	26	2470.38	1962.75	1201.9	643	640	0	0	0	0	0	0	3	558.9	0	760.85	89	0	671.85	0	0	0	0
江苏电子信息职业学院	27	312	2531	1730	324	50	0	0	0	0	205	0	69	1406	0	801	10	0	791	0	0	0	0
江苏农牧科技职业学院	28	307.44	475	465	210	0	0	0	0	0	200	0	10	255	0	10	0	0	0	0	0	10	0
常州纺织服装职业技术学院	29	1593.28	2238.6	830.6	335	70	0	0	0	0	250	0	15	495.6	0	1408	94	0	1314	0	0	0	0
苏州农业职业技术学院	30	3.2	520.5	413.1	212.5	0	0	0	0	0	113	0	99.5	200.6	0	107.4	0	0	107.4	0	0	0	0
南京科技职业学院	31	179	3783	2490	942	60	0	0	0	50	279	109	444	1548	0	1293	824	0	469	0	0	0	0
常州工业职业技术学院	32	2794.66	4821.2	2466	566	110	0	0	0	0	210	0	246	1900	0	2355.2	1920.2	0	435	0	0	0	0
常州工程职业技术学院	33	2620.9	3390	1002	412	108	0	0	0	0	50	0	254	590	0	2388	1169.4	0	1218.6	0	0	0	0
江苏农林职业技术学院	34	35	834	818	406	70	0	0	0	0	200	0	136	412	0	16	0	0	0	0	0	16	0
江苏食品药品职业技术学院	35	705.2	1958	970	335	0	0	0	30	0	200	0	105	635	0	988	375	0	310	0	0	303	0
南京铁道职业技术学院	36	1870	5674.3	2056.6	1131.8	0	0	0	0	0	400	731.8	0	924.8	0	3617.7	56	0	3561.7	0	0	0	0
徐州工业职业技术学院	37	331.55	2663.4	1183	730	0	0	0	0	0	200	0	530	453	0	1480.4	28	0	1452.4	0	0	0	0
江苏信息职业技术学院	38	368.34	2957.3	972.8	344	0	0	0	0	0	239	0	105	628.8	0	1984.5	1824.5	0	160	0	0	0	0
南京信息职业技术学院	39	824.5	3901.1	1364	512	10	0	0	0	50	320	0	132	852	0	2537.1	1086	0	1451.1	0	0	0	0
常州机电职业技术学院	40	971.49	2245	1172	482	350	0	0	0	0	100	0	32	690	0	1073	90	0	983	0	0	0	0
江阴职业技术学院	41	111.8	594	399	207	0	0	0	0	0	100	0	107	192	0	195	120	0	75	0	0	0	0
无锡城市职业技术学院	42	224.2	2642.86	1448.5	260.5	0	0	0	0	10	200	0	50.5	1188	0	1194.36	1071.86	0	122.5	0	0	0	0
无锡工艺职业技术学院	43	782.9	9794.8	1976.3	676.3	96	250	0	0	0	200	0	130.3	1300	0	7818.5	7741	0	50	0	0	27.5	0

续表

高校名称	编号	上年结转经费（千元）	当年经费收入合计（千元）	拨入（千元）：政府资金投入	其中：科研活动经费	其中：教育部科研项目经费	教育部其他科研经费	其中：中央高校基本科研业务费	中央其他部门科研项目经费	省、市、自治区社科基金项目	省教育厅科研项目经费	省教育厅其他科研经费	其他各类地方政府经费	科技活动人员工资	科研基建费	非政府资金投入	其中：企、事业单位委托项目经费	金融机构贷款	自筹经费	境外资金	其中：港、澳、台地区合作项目经费	其他收入	科技活动人员工资
		L01	L02	L03	L04	L05	L06	L07	L08	L09	L10	L11	L12	L13	L14	L15	L16	L17	L18	L19	L20	L21	L22
苏州健雄职业技术学院	44	434.6	2068	1223	603	0	0	0	0	0	490	0	113	620	0	845	715	0	130	0	0	0	0
盐城工业职业技术学院	45	1285.4	1745.3	1182.3	453	20	0	0	0	0	200	0	233	729.3	0	563	78	0	485	0	0	0	0
江苏财经职业技术学院	46	1196.51	4724.6	1377.6	291.2	0	0	0	0	0	120	0	171.2	1086.4	0	3347	2956	0	391	0	0	0	0
扬州工业职业技术学院	47	109.7	4409	969	425	70	0	0	20	0	200	0	135	544	0	3440	2714	0	726	0	0	0	0
江苏城市职业学院	48	834.29	6033.143	4195	1338	50	0	0	10	317	720	80	161	2857	0	1838.143	436.564	0	1401.579	0	0	0	0
南京城市职业学院	49	0	1531	1237.9	616.9	0	0	0	0	147	303.9	20	146	621	0	293.1	3	0	290.1	0	0	0	0
南京机电职业技术学院	50	471.8	270	222	32	0	0	0	0	0	32	0	0	190	0	48	0	0	48	0	0	0	0
南京旅游职业学院	51	337.99	1136	508	208	15	0	0	0	0	113	0	80	300	0	628	128	0	500	0	0	0	0
江苏卫生健康职业学院	52	539.06	952	860	210	0	0	0	0	50	150	0	10	650	0	92	0	0	92	0	0	0	0
苏州信息职业技术学院	53	226.92	693.2	487	212	0	0	0	0	0	212	0	0	275	0	206.2	25	0	181.2	0	0	0	0
苏州工业园区服务外包职业学院	54	474.65	4035.355	1068	342	0	0	0	0	0	208	0	134	726	0	2967.355	2752.355	0	215	0	0	0	0
徐州幼儿师范高等专科学校	55	415	1412	1182	582	0	40	0	0	0	105	200	237	600	0	230	0	0	200	0	0	30	0
徐州生物工程职业技术学院	56	84.7	396.4	245.4	6	0	0	0	0	0	0	0	6	239.4	0	151	0	0	151	0	0	0	0
江苏商贸职业学院	57	514.86	2477	1495.2	145.5	0	0	0	0	0	140	0	5.5	1349.7	0	981.8	312	0	669.8	0	0	0	0
南通师范高等专科学校	58	85.07	1818.805	671.805	223	80	0	0	0	32	0	0	111	448.805	0	1147	1008	0	139	0	0	0	0
江苏护理职业学院	59	29.3	1330	1330	630	0	0	0	0	0	186	200	244	700	0	0	0	0	0	0	0	0	0
江苏财会职业学院	60	4.6	1103.24	1014.44	191	0	0	0	0	2	96	0	93	823.44	0	88.8	50	0	38.8	0	0	0	0
江苏城乡建设职业学院	61	681.49	1992	1609.6	128	24	0	0	3	0	45	0	56	1481.6	0	382.4	0	0	382.4	0	0	0	0
江苏航空职业技术学院	62	208.72	677	599	234	0	0	0	0	0	234	0	0	365	0	78	0	0	78	0	0	0	0
江苏安全技术职业学院	63	13	591	196	76	0	0	0	0	5	21	0	50	120	0	395	0	0	300	0	0	95	0
江苏旅游职业学院	64	24	325	305	40	0	0	0	0	0	0	0	40	265	0	20	0	0	20	0	0	0	0

高校名称	编号	当年R&D经费支出合计（千元）	支出（千元）：转拨给外单位经费	其中：对国内研究机构支出	对国内高等学校支出	对国内企业支出	对境外机构支出	R&D经费内部支出合计	其中：基础研究支出	应用研究支出	试验发展支出	其中：政府资金	企业资金	境外资金	其他	其中：科研人员费	业务费	科研基建费	仪器设备费	其中：单价在1万元以上的设备费	图书资料费	间接费	其中：管理费	其他支出	当年结余经费（千元）	其中：银行存款（千元）	暂付款
	编号	L23	L24	L25	L26	L27	L28	L29	L30	L31	L32	L33	L34	L35	L36	L37	L38	L39	L40	L41	L42	L43	L44	L45	L46	L47	L48
合计	/	170 838.548	1342.216	5.8	1	14	0	169 496.332	40 098.68	129 378.829	18.823	106 426.212	54 829.077	20	8221.043	74 465.445	51 957.317	82	6786.688	539.5	11 765.471	12 253.87	2350.054	12 185.541	51 769.916	48 037.853	3732.063
盐城幼儿师范高等专科学校	1	3412.5	0	0	0	0	0	3412.5	0	3412.5	0	2237.428	1175.072	0	0	1382.4	711	0	0	0	385.9	85.1	46.2	848.1	1260.3	1260.3	0
苏州幼儿师范高等专科学校	2	1058.04	0	0	0	0	0	1058.04	687.16	370.88	0	1015.04	43	0	0	392.2	261	0	214.44	0	12.2	92	4	86.2	563.14	563.14	0
无锡职业技术学院	3	3644.48	0	0	0	0	0	3644.48	124.204	3520.276	0	3088.75	412	0	143.73	2550	705.08	0	48.5	0	40.7	300.2	41	0	1327.5	1327.5	0
江苏建筑职业技术学院	4	2526.9	0	0	0	0	0	2526.9	141.194	2385.706	0	1833.441	406.165	0	287.294	1800	460.4	0	0	0	38.5	226	190	2	268.5	268.5	0
江苏工程职业技术学院	5	858.1	0	0	0	0	0	858.1	574.47	283.63	0	854.1	0	0	4	679.6	0	0	0.5	0	171.5	6.5	6.5	0	0	0	0
苏州工艺美术职业技术学院	6	2598	0	0	0	0	0	2598	95.828	2502.172	0	2532.823	42.616	0	22.561	763	1197	0	470	0	168	0	0	0	92	92	0
连云港职业技术学院	7	711	0	0	0	0	0	711	293.084	417.916	0	687	20	0	4	580	52.5	0	0	0	69	0	0	9.5	0	0	0
镇江市高等专科学校	8	2353.29	0	0	0	0	0	2353.29	355.697	1997.593	0	2198.27	115.52	0	39.5	1881.57	245.7	0	16.29	0	126.4	68.83	10.6	14.5	55.5	55.5	0
南通职业大学	9	1616.4	0	0	0	0	0	1616.4	256.684	1359.716	0	1470	107.4	0	39	930	553	0	0	0	84.3	1	0	48.1	254	254	0
苏州职业大学	10	10 270.653	0	0	0	0	0	10 270.653	1067.69	9202.963	0	6214.505	3916.496	0	139.652	4656.17	2065.823	0	969.71	142.5	218.55	2238.9	353.89	121.5	1552.617	1552.617	0
沙洲职业工学院	11	974.2	0	0	0	0	0	974.2	0	974.2	0	826.537	138.516	0	9.147	451.5	338.9	0	34	0	41.1	68	0	40.7	217.05	217.05	0
扬州市职业大学	12	5566.244	0	0	0	0	0	5566.244	49.988	5516.256	0	2740.838	2825.406	0	0	2469.8	1594.555	0	145.978	0	79.564	1276.347	30.335	0	1191.392	1191.392	0
连云港师范高等专科学校	13	1471	0	0	0	0	0	1471	0	1471	0	1471	0	0	0	955	181	82	0	0	233	20	5	0	399.6	92.8	306.8

续表

高校名称	经费名称	当年R&D经费支出合计(千元)	支出(千元)：转拨给外单位经费	其中：对国内研究机构支出	其中：对国内高等学校支出	其中：对国内企业支出	其中：对境外机构支出	R&D经费内部支出合计	其中：基础研究支出	其中：应用研究支出	其中：试验发展支出	其中：政府资金	其中：企业资金	其中：境外资金	其中：其他	其中：科研人员费	其中：业务费	其中：科研基建费	其中：仪器设备费	其中：单价在1万元以上的设备费	其中：图书资料费	其中：间接费	其中：管理费	其中：其他支出	当年结余经费(千元)	其中：银行存款(千元)	其中：暂付款
	编号	L23	L24	L25	L26	L27	L28	L29	L30	L31	L32	L33	L34	L35	L36	L37	L38	L39	L40	L41	L42	L43	L44	L45	L46	L47	L48
江苏经贸职业技术学院	14	6443.075	0	0	0	0	0	6443.075	65.41	6377.665	0	3860.2	2326.475	0	256.4	3291	74	0	635.4	0	554.675	838.55	118.925	1049.45	4958.735	4958.735	0
泰州职业技术学院	15	935.843	0	0	0	0	0	935.843	86.625	849.218	0	690.798	169.043	0	76.002	455.78	283.36	0	0	0	104.14	92.563	25.65	0	1350.067	1350.067	0
常州信息职业技术学院	16	5717.13	0	0	0	0	0	5717.13	175.125	5542.005	0	2960.197	2526.42	0	230.513	2556.5	1321	0	120	0	148	6	0	1565.63	154.4	154.4	0
江苏海事职业技术学院	17	5506.27	0	0	0	0	0	5506.27	248.051	5258.219	0	1723.65	3688.15	0	94.47	1450	2657.17	0	345.64	86	63.68	111.2	111.2	878.58	1545.73	1545.73	0
无锡科技职业学院	18	1760.5	0	0	0	0	0	1760.5	878.95	881.55	0	1477.352	283.148	0	0	1200	226	0	90	0	74.5	85	4	85	127	127	0
江苏医药职业学院	19	4337.115	518.416	0	0	0	0	3818.699	1909.35	1909.349	0	2898.84	0	0	919.859	3480	0	0	248.099	209.5	62.8	27.8	27.8	0	2359.065	2359.065	0
南通科技职业学院	20	3516.14	4.8	4.8	0	0	0	3511.34	458.402	3043.116	9.822	2790.023	638.928	0	82.389	2542.25	837.04	0	0	0	110.98	3.52	0	17.55	192.44	192.44	0
苏州经贸职业技术学院	21	4768.738	0	0	0	0	0	4768.738	2.476	4766.262	0	2966.252	963.848	0	838.638	1350.6	2143.182	0	20	0	267.958	876.617	106.63	110.381	1996.032	1685.248	310.784
苏州工业职业技术学院	22	2356.52	0	0	0	0	0	2356.52	0	2356.52	0	1655.02	675	0	26.5	558	1043.61	0	0	0	681.61	73.3	70.9	0	328.18	328.18	0
苏州卫生职业技术学院	23	1172.2	0	0	0	0	0	1172.2	267.956	904.244	0	978.374	0	0	193.826	369	67.4	0	225.8	0	211.3	181.8	38.3	116.9	819.35	819.35	0
无锡商业职业技术学院	24	6489.355	0	0	0	0	0	6489.355	4420.32	2069.035	0	2429.33	4027.525	20	12.5	1346.26	1800.825	0	400.025	0	201.644	1985.265	117.1	755.336	3008.52	0	3008.52
江苏航运职业技术学院	25	984.95	0	0	0	0	0	984.95	311.987	672.963	0	962.098	0	0	22.852	514	166.1	0	18	0	88.45	27.9	0	170.5	354.35	354.35	0
南京交通职业技术学院	26	2054.01	0	0	0	0	0	2054.01	0	2054.01	0	1613.719	126.718	0	313.573	877.36	1026.65	0	0	0	50	0	0	100	2379.12	2379.12	0
江苏电子信息职业学院	27	2474.5	0	0	0	0	0	2474.5	1363.309	1111.191	0	2205.476	13.931	0	255.093	1408	837.2	0	66	0	163.3	0	0	0	368.5	368.5	0
江苏农牧科技职业学院	28	501.88	0	0	0	0	0	501.88	124.793	377.087	0	496.832	0	0	5.048	272	157.7	0	0	0	57.1	14.45	14.45	0.63	280.56	280.56	0

常州纺织服装职业技术学院	29	1214.36	0	0	0	0	0	1214.36	154.698	1059.662	0	901.539	56.357	0	256.464	503	599.92	0	37.6	0	33.6	21.1	4.6	19.14	2617.52	2617.52	0
苏州农业职业技术学院	30	506.7	0	0	0	0	0	506.7	373.537	133.163	0	451.6	0	0	55.1	252.9	104.8	0	46.6	0	71.5	5.9	2.5	25	17	17	0
南京科技职业学院	31	3576.3	0	0	0	0	0	3576.3	826.365	2749.935	0	2371.137	882.841	0	322.322	1568	920	0	0	0	777.25	311.05	37.35	0	385.7	385.7	0
常州工业职业技术学院	32	5072.6	0	0	0	0	0	5072.6	65.56	5007.04	0	3111.167	1867.032	0	94.401	2723	902.2	0	533.8	41	183.7	34	21	695.9	2543.26	2543.26	0
常州工程职业技术学院	33	4068.4	0	0	0	0	0	4068.4	1490.02	2578.38	0	1413.21	2451.383	0	203.807	1080	2744.75	0	51.5	0	103.63	88.37	87.02	0.15	1942.5	1942.5	0
江苏农林职业技术学院	34	815	0	0	0	0	0	815	450.672	364.328	0	815	0	0	0	428	163	0	0	0	165	12	0	47	54	54	0
江苏食品药品职业技术学院	35	1942.6	0	0	0	0	0	1942.6	290.066	1652.534	0	988.011	829.755	0	124.834	665	80.7	0	18	10	114.4	143.9	8.5	920.6	720.6	720.6	0
南京铁道职业技术学院	36	4098.8	0	0	0	0	0	4098.8	1537.304	2561.496	0	3413.128	112.055	0	573.617	1942	1455.8	0	534.5	0	163.5	3	0	0	3445.5	3445.5	0
徐州工业职业技术学院	37	2548.11	0	0	0	0	0	2548.11	1797.067	751.043	0	2351.919	125.422	0	70.769	543	591.25	0	450.67	0	281.8	181.4	93.45	499.99	446.84	446.84	0
江苏信息职业技术学院	38	2004.103	0	0	0	0	0	2004.103	405.988	1598.115	0	762.552	1240.276	0	1.275	648.7	412.603	0	358.3	0	291.15	16.25	14.25	277.1	1321.537	1321.537	0
南京信息职业技术学院	39	3908.33	0	0	0	0	0	3908.33	263.415	3644.915	0	1750.304	1596.868	0	561.158	908	2317.275	0	224	0	72.29	382.31	0	4.455	817.27	817.27	0
常州机电职业技术学院	40	2394.19	0	0	0	0	0	2394.19	0	2394.19	0	2016.242	171.137	0	206.811	786.4	951.6	0	76.7	0	549.03	30.46	25.76	0	822.3	822.3	0
江阴职业技术学院	41	544.3	0	0	0	0	0	544.3	36.6	507.7	0	372.908	134.601	0	36.791	194	21	0	0	0	325.3	0	0	4	161.5	161.5	0
无锡城市职业技术学院	42	2418.86	0	0	0	0	0	2418.86	191.494	2227.366	0	1442.762	871.948	0	104.15	1208	987.48	0	30.6	0	130.43	62.35	57.95	0	448.2	448.2	0
无锡工艺职业技术学院	43	9710.575	0	0	0	0	0	9710.575	35.599	9674.976	0	1888.375	7741	0	81.2	1500	6103.125	0	0	0	844.38	427.29	427.29	835.78	867.125	867.125	0
苏州健雄职业技术学院	44	1951.6	0	0	0	0	0	1951.6	727.627	1223.973	0	1151.532	788.153	0	11.915	650	1115.6	0	0	0	146	40	10	0	551	551	0
盐城工业职业技术学院	45	2485.5	0	0	0	0	0	2485.5	17.201	2468.299	0	1391.941	1057.792	0	35.767	985	1399.6	0	2	0	97.9	1	0	0	545.2	545.2	0
江苏财经职业技术学院	46	4819.944	0	0	0	0	0	4819.944	89.207	4730.737	0	1734.084	2981.88	0	103.98	1401.4	2440.9	0	1	0	59.28	11.184	0.704	906.18	1101.166	1099.466	1.7
扬州工业职业技术学院	47	4046.7	645	0	0	10	0	3401.7	2611.465	790.235	0	985.011	2295.078	0	121.611	552	1453.2	0	69.5	0	542.5	145.5	20	639	472	472	0
江苏城市职业学院	48	5889.708	0	0	0	0	0	5889.708	3127.723	2761.985	0	4926.91	552.778	0	410.02	3420	1789.501	0	0	0	502.098	63.95	62.95	114.159	977.725	977.466	0.259

续表

高校名称	经费名称	当年R&D经费支出合计(千元)	支出(千元) 转拨给外单位经费	其中 对国内研究机构支出	对国内高等学校支出	对国内企业支出	对境外机构支出	R&D经费内部支出合计	其中 基础研究支出	应用研究支出	试验发展支出	其中 政府资金	企业资金	境外资金	其他	其中 科研人员费	业务费	科研基建费	仪器设备费	其中 单价在1万元以上的设备费	图书资料费	间接费	其中 管理费	其他支出	当年结余经费(千元)	其中 银行存款(千元)	暂付款
	编号	L23	L24	L25	L26	L27	L28	L29	L30	L31	L32	L33	L34	L35	L36	L37	L38	L39	L40	L41	L42	L43	L44	L45	L46	L47	L48
南京城市职业学院	49	1507	0	0	0	0	0	1507	286.875	1220.125	0	1271.025	3.131	0	232.844	814	300.4	0	2	0	211.6	1	0	178	24	24	0
南京机电职业技术学院	50	580.227	0	0	0	0	0	580.227	551.506	28.721	0	379.447	192.27	0	8.51	230	128	0	0	0	5	2	0	215.227	161.573	161.573	0
南京旅游职业学院	51	1136.5	4	0	0	4	0	1132.5	452.319	680.181	0	951.5	140	0	41	800	31.4	0	1	0	168.5	0	0	131.6	337.49	337.49	0
江苏卫生健康职业学院	52	1006.8	0	0	0	0	0	1006.8	561.974	444.826	0	863.9	38.8	0	104.1	651	355.8	0	0	0	0	0	0	0	484.26	484.26	0
苏州信息职业技术学院	53	354.42	0	0	0	0	0	354.42	6.492	347.928	0	342.937	11.483	0	0	280	35.38	0	17.8	10.5	1.74	19.5	19.5	0	565.7	565.7	0
苏州工业园区服务外包职业学院	54	4053.955	0	0	0	0	0	4053.955	0	4053.955	0	1170.563	2840.629	0	42.763	745.5	1585.991	0	0	0	317.2	1405.264	17.1	0	456.05	456.05	0
徐州幼儿师范高等专科学校	55	1625	0	0	0	0	0	1625	1625	0	0	1625	0	0	0	1011	300	0	0	0	43	1	1	270	202	202	0
徐州生物工程职业技术学院	56	392.1	0	0	0	0	0	392.1	351.677	40.423	0	353.244	0	0	38.856	332.9	7	0	0.5	0	51.7	0	0	0	89	89	0
江苏商贸职业学院	57	2591.589	0	0	0	0	0	2591.589	2274.419	317.17	0	1906.084	573.365	0	112.14	1765.25	725.361	0	61.746	0	21.982	17.25	16.65	0	400.271	400.271	0
南通师范高等专科学校	58	1252.382	0	0	0	0	0	1252.382	1190.605	61.777	0	677.382	572	0	3	569.805	185.005	0	139.49	0	178.16	0	0	179.922	651.493	651.493	0
江苏护理职业学院	59	1248.3	170	1	1	0	0	1078.3	908.042	170.258	0	1078.3	0	0	0	700	139	0	1	0	238.3	0	0	0	111	7	104
江苏财会职业学院	60	1084.6	0	0	0	0	0	1084.6	54.005	1021.594	9.001	1034.6	50	0	0	843.6	125.8	0	0	0	101.6	0	0	13.6	23.24	23.24	0
江苏城乡建设职业学院	61	2538.14	0	0	0	0	0	2538.14	2425.523	112.617	0	2412.128	9.666	0	116.346	1812	67.6	0	60	40	380.9	120	100	97.64	135.35	135.35	0
江苏航空职业技术学院	62	467.122	0	0	0	0	0	467.122	404.182	62.94	0	383.932	0	0	83.19	365	46.581	0	0	0	0	0	0	55.541	418.598	418.598	0
江苏安全技术职业学院	63	555.7	0	0	0	0	0	555.7	555.7	0	0	515.336	0	0	40.364	145	298.5	0	0	0	77.2	0	0	35	48.3	48.3	0
江苏旅游职业学院	64	349	0	0	0	0	0	349	0	349	0	343.609	0	0	5.391	280	64	0	0	0	5	0	0	0	0	0	0

4. 民办及中外合作办学高等学校人文、社会科学研究与发展经费情况表

高校名称	编号	上年结转经费(千元)	当年经费收入合计(千元)	拨入(千元)																			
				政府资金投入	其中										非政府资金投入	其中							
					科研活动经费	其中							科技活动人员工资	科研基建费		企、事业单位委托项目经费	金融机构贷款	自筹经费	境外资金	其中	其他收入	科技活动人员工资
						教育部科研项目经费	教育部其他科研经费	其中	中央其他部门科研项目经费	省、市、自治区社科基金项目	省教育厅科研项目经费	省教育厅其他科研经费	其他各类地方政府经费								港、澳、台地区合作项目经费		
								中央高校基本科研业务费															
		L01	L02	L03	L04	L05	L06	L07	L08	L09	L10	L11	L12	L13	L14	L15	L16	L17	L18	L19	L20	L21	L22
合计	/	22 570.75	62 189.694	11 099.6	11 089.6	372.6	5.5	0	2828.3	212	4406.7	583	2681.5	0	10	51 090.094	15 069.152	0	11 259.644	650.258	0	663.362	23 447.68
明达职业技术学院	1	0	26	20	20	0	0	0	0	0	20	0	0	0	0	6	0	0	0	0	0	0	6
三江学院	2	3654.1	9988.347	1174	1174	40	0	0	570	0	341	0	223	0	0	8814.347	4094.565	0	2163.782	0	0	0	2556
九州职业技术学院	3	289.4	798	109	109	0	0	0	0	0	100	0	9	0	0	689	20	0	5	0	0	0	664
南通理工学院	4	479.46	3223.305	650.1	650.1	0	0	0	200	0	231	0	219.1	0	0	2573.205	912.915	0	772.29	0	0	0	888
硅湖职业技术学院	5	210.1	700	221	221	0	0	0	0	99	43	32	47	0	0	479	21	0	194	0	0	20	244
应天职业技术学院	6	242.9	420.9	50	50	0	0	0	0	0	50	0	0	0	0	370.9	0	0	95.1	0	0	44.3	231.5
东南大学成贤学院	8	483.6	656.33	251.5	251.5	35	0	0	100	10	91.5	0	15	0	0	404.83	0	0	201.35	0	0	0	203.48
苏州工业园区职业技术学院	9	40.4	477.5	236.5	236.5	0	0	0	0	22	32	0	182.5	0	0	241	10	0	211	0	0	0	20
太湖创意职业技术学院	10	3	79	44	44	0	0	0	0	0	30	0	14	0	0	35	0	0	15	0	0	0	20
炎黄职业技术学院	11	0	71	30	30	0	0	0	0	0	30	0	0	0	0	41	0	0	25	0	0	0	16
正德职业技术学院	12	30	615	30	30	0	0	0	0	0	30	0	0	0	0	585	0	0	90	0	0	0	495
钟山职业技术学院	13	102.9	110	0	0	0	0	0	0	0	0	0	0	0	0	110	0	0	0	0	0	2	108
无锡南洋职业技术学院	14	404.85	706.4	5	5	0	0	0	0	0	0	0	5	0	0	701.4	10	0	245	0	0	5	441.4
江南影视艺术职业学院	15	117.28	594.6	26.5	26.5	0	0	0	0	0	0	0	26.5	0	0	568.1	0	0	18.7	0	0	0	549.4
金肯职业技术学院	16	166	565	100	100	0	0	0	0	0	0	100	0	0	0	465	0	0	200	0	0	0	265
建东职业技术学院	17	2	142	38	38	0	0	0	0	0	38	0	0	0	0	104	0	0	38	0	0	0	66
宿迁职业技术学院	18	0	24	4	4	0	0	0	0	0	4	0	0	0	0	20	0	0	4	0	0	0	16
江海职业技术学院	19	80	1085	123	123	0	0	0	0	0	103	0	20	0	0	962	206	0	96	0	0	0	660
无锡太湖学院	20	1384.51	13 498.376	1749.8	1749.8	65	5.5	0	444.3	0	390	300	545	0	0	11 748.576	6768.572	0	1704.004	0	0	0	3276
中国矿业大学徐海学院	21	148.19	305.5	120	120	0	0	0	0	0	100	20	0	0	0	185.5	0	0	20	0	0	0	165.5
南京大学金陵学院	22	3026.82	1865	8	8	0	0	0	0	0	0	0	8	0	0	1857	969	0	120	0	0	0	768
南京理工大学紫金学院	23	762.8	1575	203	203	0	0	0	0	26	152	0	25	0	0	1372	340	0	682	0	0	0	350

续表

高校名称	编号	上年结转经费(千元)	当年经费收入合计(千元)	拨入(千元) 政府资金投入	其中 科研活动经费	其中 教育部科研项目经费	教育部其他科研经费	其中 中央高校基本科研业务费	中央其他部门科研项目经费	省、市、自治区社科基金项目	省教育厅科研项目经费	省教育厅其他科研经费	其他各类地方政府经费	科技活动人员工资	科研基建费	非政府资金投入	其中 企、事业单位委托项目经费	金融机构贷款	自筹经费	境外资金	其中 港、澳、台地区合作项目经费	其他收入	科技活动人员工资
		L01	L02	L03	L04	L05	L06	L07	L08	L09	L10	L11	L12	L13	L14	L15	L16	L17	L18	L19	L20	L21	L22
南京航空航天大学金城学院	24	126.43	560	0	0	0	0	0	0	0	0	0	0	0	0	560	0	0	260	0	0	0	300
南京传媒学院	25	409.41	1016.54	218	218	35	0	0	0	50	80	0	53	0	0	798.54	0	0	367.24	0	0	120.5	310.8
金山职业技术学院	26	57	128.9	35	35	0	0	0	0	0	35	0	0	0	0	93.9	0	0	35	0	0	8.9	50
南京理工大学泰州科技学院	27	611.6	1075.8	174	174	0	0	0	0	0	120	0	54	0	0	901.8	95.8	0	0	0	0	0	806
南京师范大学泰州学院	28	408.3	1491.5	496	496	43	0	0	0	0	141	0	312	0	0	995.5	351.5	0	230	0	0	4	410
南京工业大学浦江学院	29	700.82	777	130	130	0	0	0	0	0	130	0	0	0	0	647	0	0	93	0	0	30	524
南京师范大学中北学院	30	355.5	914.6	150	150	0	0	0	0	0	150	0	0	0	0	764.6	0	0	242	0	0	0	522.6
苏州百年职业学院	31	80.8	279	44	44	0	0	0	0	5	25	0	14	0	0	235	0	0	90	0	0	0	145
昆山登云科技职业学院	32	333.04	888	186	186	0	0	0	0	0	15	0	171	0	0	702	23.5	0	428.5	0	0	5	245
南京视觉艺术职业学院	33	110	333	129	119	0	0	0	0	0	116	3	0	0	10	204	0	0	1	0	0	0	203
南京医科大学康达学院	34	99.4	369.9	261.4	261.4	0	0	0	0	0	0	0	261.4	0	0	108.5	0	0	6	0	0	0	102.5
南京中医药大学翰林学院	35	548.01	637	240	240	0	0	0	0	0	150	0	90	0	0	397	0	0	8	0	0	169	220
苏州大学应用技术学院	36	181.15	575.4	20	20	0	0	0	0	0	0	0	20	0	0	555.4	66.4	0	300	0	0	0	189
苏州科技大学天平学院	37	329.2	590	170	170	0	0	0	0	0	170	0	0	0	0	420	10	0	112	0	0	20	278
江苏大学京江学院	38	0	300	150	150	0	0	0	0	0	150	0	0	0	0	150	0	0	10	0	0	0	140
扬州大学广陵学院	39	335.7	1120	185	185	60	0	0	0	0	122	0	3	0	0	935	0	0	15	0	0	100	820
江苏师范大学科文学院	40	590.43	350	180	180	0	0	0	0	0	180	0	0	0	0	170	15	0	0	0	0	0	155
南京邮电大学通达学院	41	11	20	0	0	0	0	0	0	0	0	0	0	0	0	20	0	0	0	0	0	0	20
南京财经大学红山学院	42	235.62	580.41	173	173	0	0	0	0	0	170	0	3	0	0	407.41	5	0	67.75	0	0	19.66	315
江苏科技大学苏州理工学院	43	59	358	208	208	0	0	0	0	0	80	80	48	0	0	150	0	0	0	0	0	30	120
常州大学怀德学院	44	143.4	590.4	200	200	0	0	0	0	0	200	0	0	0	0	390.4	0	0	22.1	0	0	0	368.3
南通大学杏林学院	45	15.8	375.43	119.2	119.2	0	0	0	0	0	119.2	0	0	0	0	256.23	0	0	40.23	0	0	0	216
南京审计大学金审学院	46	344.6	824	246	246	0	0	0	0	0	230	0	16	0	0	578	0	0	0	0	0	0	578
苏州高博软件技术职业学院	47	81.5	792	96	96	0	0	0	0	0	48	48	0	0	0	696	85	0	116	0	0	85	410
宿迁泽达职业技术学院	48	43.5	795	185	185	0	0	0	0	0	120	0	65	0	0	610	0	0	0	0	0	0	610
扬州中瑞酒店职业学院	49	44.22	224.2	82	82	0	0	0	0	0	70	0	12	0	0	142.2	23	0	21	0	0	0	98.2
昆山杜克大学	51	270.1	713.121	280	280	0	0	0	280	0	0	0	0	0	0	433.121	100	0	0	303.121	0	0	30
西交利物浦大学	50	4416.91	7984.235	1548.6	1548.6	94.6	0	0	1234	0	0	0	220	0	0	6435.635	941.9	0	1894.598	347.137	0	0	3252

高校名称	经费名称	当年R&D经费支出合计（千元）	转拨给外单位经费	其中：对国内研究机构支出	其中：对国内高等学校支出	其中：对国内企业支出	其中：对境外机构支出	R&D经费内部支出合计	其中：基础研究支出	其中：应用研究支出	其中：试验发展支出	其中：政府资金	其中：企业资金	其中：境外资金	其中：其他	其中：科研人员费	其中：业务费	其中：科研基建费	其中：仪器设备费	其中：单价在1万元以上的设备费	其中：图书资料费	其中：间接费	其中：管理费	其中：其他支出	当年结余经费（千元）	其中：银行存款（千元）	其中：暂付款
	编号	L23	L24	L25	L26	L27	L28	L29	L30	L31	L32	L33	L34	L35	L36	L37	L38	L39	L40	L41	L42	L43	L44	L45	L46	L47	L48
合计	/	58 388.257	66.8	0	2	0	0	58 321.457	15 194.29	43 127.167	0	18 247.805	17 277.908	328.7	22 467.044	27 915.542	23 231.225	9	976.269	321.995	3578.072	1136.242	624.137	1475.107	26 372.187	26 360.936	11.251
明达职业技术学院	1	12	0	0	0	0	0	12	0	12	0	6	0	0	6	6	0	0	0	0	0	0	0	6	14	14	0
三江学院	2	8880.547	0	0	0	0	0	8880.547	356.748	8523.799	0	3010.782	3219.765	0	2650	4984.782	3425.965	0	156.37	0	234.93	55	0	23.5	4761.9	4761.9	0
九州职业技术学院	3	843.2	0	0	0	0	0	843.2	29.353	813.847	0	159.2	20	0	664	665.1	152.3	0	0.8	0	16	6.2	6.2	2.8	244.2	244.2	0
南通理工学院	4	2076.08	0	0	0	0	0	2076.08	1376.96	699.12	0	409.53	766.75	0	899.8	971.7	545.45	0	0	0	26.1	52.13	52.13	480.7	1626.685	1626.685	0
硅湖职业技术学院	5	674.7	0	0	0	0	0	674.7	339.235	335.465	0	420.646	60.753	0	193.301	282	136	0	0	0	222	0	0	34.7	235.4	235.4	0
应天职业技术学院	6	375.8	0	0	0	0	0	375.8	259.602	116.198	0	153.859	0	0	221.941	276.3	29.5	0	23	2.4	34.8	8.7	0.2	3.5	288	288	0
东南大学成贤学院	8	827.25	0	0	0	0	0	827.25	233.066	594.184	0	627.948	0	0	199.302	254.3	111.73	0	0	0	302.61	36.35	24.1	122.26	312.68	312.68	0
苏州工业园区职业技术学院	9	460	0	0	0	0	0	460	28.308	431.692	0	389.077	26.154	0	44.769	120	105.1	0	0	0	194	23.95	20.85	16.95	57.9	57.9	0
太湖创意职业技术学院	10	82	2	0	2	0	0	80	57.143	22.857	0	53.286	0	0	26.714	33	10	0	20	0	10.5	0	0	6.5	0	0	0
炎黄职业技术学院	11	71	0	0	0	0	0	71	0	71	0	62.273	0	0	8.727	18	36	0	4	0	5	0	0	8	0	0	0
正德职业技术学院	12	594	0	0	0	0	0	594	0	594	0	76	3	0	515	555	28	0	0	0	9.7	0	0	1.3	51	51	0
钟山职业技术学院	13	121.925	0	0	0	0	0	121.925	10.224	111.701	0	13.925	0	0	108	110	0	0	0	0	6.425	0	0	5.5	90.975	90.975	0
无锡南洋职业技术学院	14	884	0	0	0	0	0	884	0	884	0	206.179	23.687	0	654.134	591.7	56.3	0	0	0	21.1	2	0	212.9	227.25	227.25	0

续表

高校名称	编号	当年R&D经费支出合计(千元) L23	支出(千元) 转拨给外单位经费 L24	其中 对国内研究机构支出 L25	其中 对国内高等学校支出 L26	其中 对国内企业支出 L27	其中 对境外机构支出 L28	R&D经费内部支出合计 L29	其中 基础研究支出 L30	其中 应用研究支出 L31	其中 试验发展支出 L32	其中 政府资金 L33	其中 企业资金 L34	其中 境外资金 L35	其中 其他 L36	其中 科研人员费 L37	其中 业务费 L38	其中 科研基建费 L39	其中 仪器设备费 L40	其中 单价在1万元以上的设备费 L41	其中 图书资料费 L42	其中 间接费 L43	其中 管理费 L44	其中 其他支出 L45	当年结余经费(千元) L46	其中 银行存款(千元) L47	其中 暂付款 L48
江南影视艺术职业学院	15	672.7	0	0	0	0	0	672.7	672.7	0	0	92.82	0	0	579.88	618.3	0.5	0	0	0	53.4	0	0	0.5	39.18	39.18	0
金肯职业技术学院	16	678	50	0	0	0	0	628	25.808	602.192	0	396.974	0	0	231.026	306	46	0	85	43	164	0	0	27	53	48	5
建东职业技术学院	17	142	0	0	0	0	0	142	0	142	0	73.096	0	0	68.904	68	4	0	6	0	59	5	0.95	0	2	2	0
宿迁职业技术学院	18	24	0	0	0	0	0	24	6	18	0	9.778	0	0	14.222	16	4	0	0	0	4	0	0	0	0	0	0
江海职业技术学院	19	1099	0	0	0	0	0	1099	322.121	776.879	0	233	206	0	660	751	243	0	0	0	105	0	0	0	66	66	0
无锡太湖学院	20	13601.379	0	0	0	0	0	13 601.379	880.298	12721.081	0	2866.733	8792.576	0	1942.07	3508	9580.057	0	0	0	50.15	463.172	217.557	0	1281.507	1281.507	0
中国矿业大学徐海学院	21	255.491	0	0	0	0	0	255.491	235.815	19.676	0	104.417	0	0	151.074	170.1	49.67	0	0	0	31.721	4	4	0	198.199	198.198	0.001
南京大学金陵学院	22	2545.946	0	0	0	0	0	2545.946	107.741	2438.205	0	210.42	1678.442	0	657.084	793	1668.682	0	1.995	0	0	77.92	77.92	4.349	2345.874	2345.874	0
南京理工大学紫金学院	23	1909.8	0	0	0	0	0	1909.8	1723.87	185.93	0	677.512	761.727	0	470.561	390	60	0	426.8	190	918.5	46.5	30.5	68	428	428	0
南京航空航天大学金城学院	24	545.8	0	0	0	0	0	545.8	545.8	0	0	286.541	0	0	259.259	350	55	0	20	0	93.3	26	5	1.5	140.63	140.63	0
南京传媒学院	25	1085.96	0	0	0	0	0	1085.96	783.315	302.645	0	971.417	0	0	114.543	365.93	664.98	0	0	0	0	40.25	40.25	14.8	339.99	339.99	0
金山职业技术学院	26	101.9	0	0	0	0	0	101.9	83.704	18.196	0	57.257	0	0	44.643	50	12	0	0	0	27	2	2	10.9	84	84	0
南京理工大学泰州科技学院	27	1049	0	0	0	0	0	1049	292.254	756.746	0	180.9	62.1	0	806	820	138.9	0	0	0	67.2	22.9	13.43	0	638.4	638.4	0

南京师范大学泰州学院	28	1769.8	0	0	0	0	0	1769.8	191.143	1578.657	0	1006.773	394.914	0	368.113	510	1164.85	0	0	0	70.2	24.75	24.25	0	130	130	0
南京工业大学浦江学院	29	788.115	0	0	0	0	0	788.115	27.046	761.069	0	168.88	0	0	619.235	525	159.348	0	0	0	11	0	0	92.767	689.705	689.705	0
南京师范大学中北学院	30	784	0	0	0	0	0	784	762.579	21.421	0	245.4	2	0	536.6	601	143.5	0	0	0	38.5	1	0	0	486.1	486.1	0
苏州百年职业学院	31	265.6	5	0	0	0	0	260.6	0	260.6	0	74.822	0	0	185.778	165	20	0	16.5	0	52.5	3	3	3.6	94.2	94.2	0
昆山登云科技职业学院	32	914.77	0	0	0	0	0	914.77	396.442	518.328	0	642.742	32.734	0	239.294	370	404.3	0	0	0	119.27	10	0	11.2	306.27	303.92	2.35
南京视觉艺术职业学院	33	295	0	0	0	0	0	295	188.116	106.884	0	92	0	0	203	204	3	9	0	0	10	53	19	16	148	148	0
南京医科大学康达学院	34	341.3	0	0	0	0	0	341.3	243.229	98.071	0	249.323	0	0	91.977	110.5	147	0	0	0	74.2	6.4	0	3.2	128	128	0
南京中医药大学翰林学院	35	732.57	0	0	0	0	0	732.57	444.378	288.192	0	577.096	21.674	0	133.8	226	476.14	0	0	0	17.23	0.5	0	12.7	452.44	452.44	0
苏州大学应用技术学院	36	715.75	0	0	0	0	0	715.75	142.854	572.896	0	275.962	310.924	0	128.864	285	338.05	0	0	0	87.1	5.6	5.6	0	40.8	40.8	0
苏州科技大学天平学院	37	556	0	0	0	0	0	556	434.119	121.881	0	260.489	0	0	295.511	282	161.1	0	23.2	0	81.5	0	0	8.2	363.2	363.2	0
江苏大学京江学院	38	300	0	0	0	0	0	300	260	40	0	160	0	0	140	150	49	0	0	0	49	39	11	13	0	0	0
扬州大学广陵学院	39	1008.28	0	0	0	0	0	1008.28	166.999	841.281	0	158.03	0	0	850.25	835	33.05	0	0	0	26.55	0.55	0	113.13	447.42	443.72	3.7
江苏师范大学科文学院	40	304.056	9.8	0	0	0	0	294.256	224.471	69.785	0	137.41	1.846	0	155	160	118.145	0	5	0	8.021	0	0	3.09	636.374	636.374	0
南京邮电大学通达学院	41	20.2	0	0	0	0	0	20.2	0	20.2	0	0.2	0	0	20	20	0	0	0	0	0	0.2	0.2	0	10.8	10.6	0.2

续表

高校名称	经费名称	当年R&D经费支出合计(千元)	转拨给外单位经费	其中：对国内研究机构支出	对国内高等学校支出	对国内企业支出	对境外机构支出	R&D经费内部支出合计	其中：基础研究支出	应用研究支出	试验发展支出	其中：政府资金	企业资金	境外资金	其他	其中：科研人员费	业务费	科研基建费	仪器设备费	其中：单价在1万元以上的设备费	图书资料费	间接费	其中：管理费	其他支出	当年结余经费(千元)	其中：银行存款(千元)	暂付款
	编号	L23	L24	L25	L26	L27	L28	L29	L30	L31	L32	L33	L34	L35	L36	L37	L38	L39	L40	L41	L42	L43	L44	L45	L46	L47	L48
南京财经大学红山学院	42	466.985	0	0	0	0	0	466.985	434.399	32.586	0	178.775	2.344	0	285.866	355	36.18	0	0	0	15.51	0	0	60.295	349.045	349.045	0
江苏科技大学苏州理工学院	43	342	0	0	0	0	0	342	7.773	334.227	0	254.432	0	0	87.568	135	73.5	0	0	0	110.9	22.6	4.9	0	75	75	0
常州大学怀德学院	44	543.83	0	0	0	0	0	543.83	421.537	122.293	0	175.53	0	0	368.3	391.3	93.694	0	0	0	52.738	0	0	6.098	189.97	189.97	0
南通大学杏林学院	45	336.73	0	0	0	0	0	336.73	318.325	18.405	0	120.73	0	0	216	256.23	28.4	0	0	0	50.7	1	0	0.4	54.5	54.5	0
南京审计大学金审学院	46	848.8	0	0	0	0	0	848.8	21.318	827.482	0	270.8	0	0	578	590	187.3	0	29.5	0	30.3	0	0	11.7	319.8	319.8	0
苏州高博软件技术职业学院	47	773.7	0	0	0	0	0	773.7	24.073	749.627	0	256.652	180.047	0	337.001	432.1	327.2	0	0	0	11.3	3.1	3.1	0	99.8	99.8	0
宿迁泽达职业技术学院	48	630	0	0	0	0	0	630	315	315	0	20	0	0	610	610	0	0	0	0	0	0	0	20	208.5	208.5	0
扬州中瑞酒店职业学院	49	140.166	0	0	0	0	0	140.166	48.747	91.419	0	27.536	13	0	99.63	98.2	26.146	0	8.373	0	5.117	1.2	0	1.13	128.254	128.254	0
昆山杜克大学	50	683.857	0	0	0	0	0	683.857	484.243	199.614	0	264	69	320.857	30	30	561.587	0	0	0	0	92.27	58	0	299.364	299.364	0
西交利物浦大学	51	5213.27	0	0	0	0	0	5213.27	1267.434	3945.836	0	880.653	628.471	7.843	3696.303	3500	1516.601	0	149.731	86.595	0	0	0	46.938	7187.875	7187.875	0

六、社科研究与发展机构

全省高等学校人文、社会科学研究机构一览表

机构名称	编号	成立时间	批准部门	组成方式	机构类型	学科分类	服务的国民经济行业	组成类型	R&D活动人员(人) 合计	其中 博士毕业	其中 硕士毕业	其中 高级职称	其中 中级职称	其中 初级职称	培养研究生(人)	R&D经费支出(千元)	仪器设备原价(千元)	其中 进口(千元)
		L01	L02	L03	L04	L05	L06	L07	L08	L09	L10	L11	L12	L13	L14	L15	L16	L17
南京大学	001	/	/	/	/	/	/	/	530	360	87	289	156	10	592	11723	1552	500
长江三角洲经济社会发展研究中心	1	2000/8/10	学校上级主管部门	独立设置研究所	教育部重点研究基地	经济学	商务服务业	政府部门办	15	12	2	10	4	1	30	1200	200	0
当代外国文学与文化研究中心	2	2009/12/1	非学校上级主管部门	独立设置研究所	省级重点研究基地	外国文学	文化艺术业	政府部门办	16	10	6	8	6	2	33	48	22	0
公共事务与地方治理研究中心	3	2009/12/1	非学校上级主管部门	独立设置研究所	省级重点研究基地	政治学	社会保障	政府部门办	6	3	3	2	2	0	5	500	6	0
江苏省城市现代化研究中心	4	2008/1/1	非学校上级主管部门	跨系所	省级重点研究基地	社会学	公共设施管理业	政府部门办	13	4	8	5	7	0	0	35	29	0
江苏省社会风险管理研究中心	5	2008/1/1	非学校上级主管部门	跨系所	省级重点研究基地	管理学	社会保障	政府部门办	15	12	2	8	4	2	32	110	10	0
江苏省数据工程与知识服务重点实验室	6	2014/7/1	非学校上级主管部门	独立设置研究所	省级重点实验室	图书馆、情报与文献学	软件和信息技术服务业	政府部门办	8	4	3	4	2	0	22	600	400	300
马克思主义社会理论研究中心	7	2003/9/8	学校上级主管部门	独立设置研究所	教育部重点研究基地	马克思主义	中国共产党机关	政府部门办	15	10	5	12	3	0	0	800	10	0
区域经济转型与管理变革协同创新中心	8	2007/6/1	非学校上级主管部门	独立设置研究所	省级2011协同创新中心	经济学	商务服务业	政府部门办	168	160	8	88	68	0	80	200	20	0
全国中国特色社会主义政治经济学研究中心	9	2017/3/30	非学校上级主管部门	独立设置研究所	中央其他部委重点研究基地	经济学	商务服务业	与国内独立研究结构合办	22	18	4	14	8	0	0	1000	20	0
儒佛道与中国传统文化研究中心	10	2010/3/1	非学校上级主管部门	独立设置研究所	省级重点研究基地	宗教学	群众团体、社会团体和其他成员组织	政府部门办	10	5	4	6	1	1	0	400	60	0
社会舆情分析与决策支持研究中心	11	2004/1/1	非学校上级主管部门	跨系所	省级重点研究基地	新闻学与传播学	新闻和出版业	政府部门办	36	18	12	16	4	0	40	200	10	0

续表

机构名称	编号	成立时间	批准部门	组成方式	机构类型	学科分类	服务的国民经济行业	组成类型	R&D活动人员(人) 合计	其中 博士毕业	其中 硕士毕业	其中 高级职称	其中 中级职称	其中 初级职称	培养研究生(人)	R&D经费支出(千元)	仪器设备原价(千元)	其中 进口(千元)
		L01	L02	L03	L04	L05	L06	L07	L08	L09	L10	L11	L12	L13	L14	L15	L16	L17
社会与行为科学实验中心	12	2014/7/1	非学校上级主管部门	独立设置研究所	省级重点研究基地	社会学	社会工作	政府部门办	13	12	1	11	2	0	0	330	200	200
苏南率先基本实现现代化研究中心	13	2004/1/1	非学校上级主管部门	跨系所	省级重点研究基地	经济学	商务服务业	政府部门办	10	5	3	3	2	1	0	50	10	0
文化和旅游研究基地	14	2007/1/1	非学校上级主管部门	与校外合办所	中央其他部委重点实验室	经济学	文化艺术业	政府部门办	16	12	4	8	6	0	0	2000	30	0
中国南海研究协同创新中心	15	2013/6/1	学校上级主管部门	与校外合办所	国家级2011协同创新中心	国际问题研究	国际组织	政府部门办	20	16	3	12	5	2	0	500	40	0
中国特色社会主义理论体系研究基地	16	2004/1/1	非学校上级主管部门	跨系所	省级重点研究基地	马克思主义	中国共产党机关	政府部门办	28	17	4	12	8	0	28	200	50	0
中国文学与东亚文明研究协同创新中心	17	2007/1/1	非学校上级主管部门	独立设置研究所	省级2011协同创新中心	中国文学	文化艺术业	政府部门办	64	2	6	40	12	0	25	2600	200	0
中国新文学研究中心	18	1999/12/31	学校上级主管部门	独立设置研究所	教育部重点研究基地	中国文学	文化艺术业	政府部门办	28	18	5	14	8	0	160	600	15	0
中国语言战略研究中心	19	2007/1/1	非学校上级主管部门	与校外合办所	中央其他部委重点研究基地	语言学	教育	政府部门办	10	8	2	4	1	0	9	150	20	0
中华民国史研究中心	20	1993/6/18	学校上级主管部门	独立设置研究所	教育部重点研究基地	历史学	社会工作	政府部门办	17	14	2	12	3	1	128	200	200	0
东南大学	002	/	/	/	/	/	/	/	575	326	122	305	192	57	465	9684	2180	0
道德发展智库	1	2015/12/1	非学校上级主管部门	独立设置研究所	省级重点研究基地	哲学	社会工作	政府部门办	45	45	0	29	16	0	23	3762	84	0
反腐败法治研究中心	2	2015/1/30	非学校上级主管部门	独立设置研究所	省级重点研究基地	法学	国家机构	政府部门办	26	25	1	15	10	1	18	90	77	0
公民道德与社会风尚协同创新中心	3	2014/3/13	非学校上级主管部门	独立设置研究所	省级2011协同创新中心	哲学	社会工作	政府部门办	45	0	0	29	16	0	0	350	105	0
管理哲学与方法论研究所	4	2021/8/29	学校自建	跨系所	校级	管理学	商务服务业	单位自办	9	8	1	8	1	0	10	5	7	0
机关事务研究中心	5	2021/1/6	学校自建	与校外合办所	校级	管理学	中国共产党机关	其他	12	8	4	8	0	0	4	400	7	0

江苏社会文明建设研究基地	6	2019/4/3	非学校上级主管部门	跨系所	省级重点研究基地	哲学	教育	与国内独立研究结构合办	45	0	0	29	16	0	45	130	5	0
江苏省青少年工作研究基地（预防青少年违法犯罪）	7	2017/12/1	非学校上级主管部门	与校外合办所	共青团江苏省委授予基地	法学	教育	政府部门办	12	9	3	10	2	0	18	150	20	0
江苏省社区矫正损害修复项目研究基地	8	2017/9/1	非学校上级主管部门	与校外合办所	省级重点研究基地	法学	社会保障	政府部门办	11	8	0	3	3	2	11	100	7	0
江苏省学生体质健康数据信息管理中心	9	2020/3/12	非学校上级主管部门	独立设置研究所	省级重点研究基地	体育科学	教育	政府部门办	9	4	5	7	1	1	15	300	124	0
交通法治与发展研究中心	10	2012/6/6	非学校上级主管部门	独立设置研究所	江苏省交通运输行业政策法规重点研究基地	法学	国家机构	单位自办	9	9	0	8	1	0	10	200	325	0
教育立法研究基地	11	2017/12/7	非学校上级主管部门	与校外合办所	教育部政策法规司与东南大学合作共建	法学	国家机构	政府部门办	26	24	2	16	8	2	8	62	6	0
民事检察研究中心	12	2019/8/20	非学校上级主管部门	独立设置研究所	最高人民检察院检察研究基地	法学	社会保障	政府部门办	20	20	0	17	3	0	0	300	52	0
情报科学技术研究所	13	1994/1/1	学校自建	独立设置研究所	校级	图书馆、情报与文献学	教育	单位自办	107	10	63	20	52	27	91	160	10	0
区域国别研究中心	14	2021/11/1	学校自建	独立设置研究所	校级	语言学	国家机构	单位自办	48	42	6	33	13	2	30	463	7	0
区域经济与城乡发展研究中心	15	2021/11/8	学校自建	跨系所	校级	经济学	社会工作	单位自办	15	12	3	5	5	3	15	200	30	0
区域行政法治发展研究平台	16	2014/2/13	非学校上级主管部门	与校外合办所	省级 2011 协同创新中心	法学	国家机构	与国内高校合办	33	33	0	12	16	5	22	77	4	0
人民法院司法大数据研究基地	17	2016/7/1	非学校上级主管部门	与校外合办所	中央其他部委重点研究基地	法学	国家机构	其他	17	7	10	8	4	1	60	1790	905	0
人权研究院	18	2020/3/25	学校上级主管部门	独立设置研究所	共建国家高端智库	法学	国家机构	政府部门办	8	8	0	6	2	0	20	290	2	0
体育与健康教育研究所	19	2004/6/30	学校自建	独立设置研究所	校级	体育科学	教育	其他	15	5	10	10	3	2	15	100	40	0
网络安全法治研究中心	20	2019/8/28	非学校上级主管部门	独立设置研究所	省级重点研究基地	法学	社会保障	政府部门办	21	11	10	7	4	10	20	100	9	0

续表

机构名称	编号	成立时间	批准部门	组成方式	机构类型	学科分类	服务的国民经济行业	组成类型	R&D活动人员(人) 合计	其中 博士毕业	其中 硕士毕业	其中 高级职称	其中 中级职称	其中 初级职称	培养研究生(人)	R&D经费支出(千元)	仪器设备原价(千元)	其中 进口(千元)
		L01	L02	L03	L04	L05	L06	L07	L08	L09	L10	L11	L12	L13	L14	L15	L16	L17
中国特色社会主义发展研究院	21	2015/12/1	非学校上级主管部门	独立设置研究所	省级重点研究基地	政治学	中国共产党机关	政府部门办	12	12	0	3	9	0	13	300	88	0
中华民族视觉形象研究基地	22	2019/10/29	学校上级主管部门	独立设置研究所	共建国家高端智库	民族学与文化学	文化艺术业	单位自办	30	26	4	22	7	1	17	355	267	0
江南大学	003	/	/	/	/	/	/	/	258	136	110	181	64	1	315	3050	412	0
国家智能社会治理(养老)特色基地	1	2021/9/29	非学校上级主管部门	与校外合办所	中央其他部委重点研究基地	社会学	社会工作	单位自办	10	5	5	7	3	0	5	200	10	0
互联网+教育研究基地	2	2020/9/1	非学校上级主管部门	独立设置研究所	其他重点研究基地，省教育厅	教育学	教育	单位自办	16	12	4	12	4	0	40	330	10	0
江南民族音乐研究中心	3	2017/7/1	学校自建	独立设置研究所	校级重点研究基地	艺术学	广播、电视、电影和录音制作业	单位自办	10	3	7	9	1	0	5	70	10	0
江南设计文化整合创新研究基地	4	2021/4/12	学校自建	独立设置研究所	校级重点研究基地	艺术学	教育	单位自办	5	0	2	2	0	0	2	60	2	0
江苏党风廉政建设创新研究基地	5	2011/11/1	非学校上级主管部门	独立设置研究所	省级重点研究基地	马克思主义	中国共产党机关	单位自办	15	0	10	10	4	0	15	150	8	0
江苏省产品创意与文化重点研究基地	6	2010/1/1	非学校上级主管部门	跨系所	省级重点研究基地	艺术学	广播、电视、电影和录音制作业	单位自办	12	5	7	10	1	1	7	180	50	0
江苏省中国特色社会主义理论体系研究基地	7	2015/9/7	非学校上级主管部门	跨系所	其他重点研究基地，省委宣传部	马克思主义	中国共产党机关	政府部门办	18	15	3	15	3	0	13	180	20	0
金融创新与风险管理研究基地	8	2017/7/1	学校上级主管部门	独立设置研究所	校级重点研究基地	经济学	货币金融服务	单位自办	10	2	8	6	4	0	19	120	20	0
品牌战略与管理创新研究基地	9	2017/1/20	非学校上级主管部门	跨系所	省级智库，其他重点研究基地，省教育厅	管理学	资本市场服务	与国内高校合办	22	10	12	10	5	0	26	300	20	0

食品安全风险治理研究院	10	2016/7/8	非学校上级主管部门	跨系所	省级智库，其他重点研究基地，省规划办	管理学	社会保障	与国内高校合办	22	10	12	21	0	0	26	500	50	0
体育与健康科学研究基地	11	2017/7/1	学校自建	独立设置研究所	校级重点研究基地	体育科学	教育	单位自办	5	0	3	1	4	0	3	30	5	0
无锡党的建设研究基地	12	2013/3/6	学校自建	与校外合办所	校级重点研究基地	政治学	中国共产党机关	政府部门办	10	6	2	3	7	0	8	100	10	0
无锡古运河文化创意中心	13	2015/10/12	学校自建	与校外合办所	校级重点研究基地	艺术学	广播、电视、电影和录音制作业	政府部门办	9	5	4	6	3	0	0	120	30	0
无锡江南文化研究中心	14	2007/12/27	学校自建	与校外合办所	校级重点研究基地	中国文学	广播、电视、电影和录音制作业	政府部门办	14	8	6	9	5	0	12	70	20	0
无锡老龄科学研究中心	15	2010/11/1	学校自建	与校外合办所	校级重点研究基地	社会学	卫生	其他	14	10	4	13	1	0	30	120	20	0
无锡旅游与区域发展研究基地	16	2013/3/6	学校自建	与校外合办所	校级重点研究基地	经济学	社会工作	政府部门办	8	5	3	3	5	0	10	70	20	0
无锡人力资源开发研究基地	17	2013/3/8	学校自建	与校外合办所	校级重点研究基地	管理学	商务服务业	与国内高校合办	16	14	2	15	1	0	6	120	30	0
语言认知与文化传播研究中心	18	2017/7/1	学校自建	独立设置研究所	校级重点研究基地	语言学	教育	单位自办	10	7	3	9	1	0	20	30	3	0
中国物联网发展战略研究基地	19	2012/3/15	非学校上级主管部门	独立设置研究所	省级重点研究基地	管理学	商务服务业	与国内独立研究结构合办	10	8	2	6	4	0	10	90	30	0
中华优秀传统文化传承基地	20	2020/9/9	非学校上级主管部门	独立设置研究所	其他重点研究基地，教育部	艺术学	纺织服装、服饰业	政府部门办	12	3	9	10	2	0	48	150	40	0
铸牢中华民族共同体意识研究基地	21	2021/4/12	非学校上级主管部门	独立设置研究所	校级重点研究基地	民族学与文化学	群众团体、社会团体和其他成员组织	政府部门办	10	8	2	4	6	0	10	60	4	0
南京农业大学	004	/	/	/	/	/	/	/	568	457	102	377	136	32	542	11386	2766	159
不动产研究中心	1	2015/1/1	学校自建	独立设置研究所	其他智库，校级重点研究基地	管理学	房地产业	单位自办	10	10	0	8	2	0	4	400	60	0
城乡规划设计研究院	2	2004/1/1	学校自建	跨系所	校级重点研究基地	管理学	土地管理业	单位自办	10	8	2	5	3	2	7	108	39	0
地方治理与政策研究中心	3	2017/7/1	非学校上级主管部门	与校外合办所	省级重点研究基地	管理学	国家机构	政府部门办	40	15	25	26	4	0	30	850	80	0
典籍翻译与海外汉学研究中心	4	2015/11/23	学校自建	独立设置研究所	校级重点研究基地	外国文学	教育	单位自办	14	1	13	8	6	0	25	40	2	0

续表

机构名称	编号	成立时间	批准部门	组成方式	机构类型	学科分类	服务的国民经济行业	组成类型	R&D活动人员(人) 合计	其中 博士毕业	其中 硕士毕业	其中 高级职称	其中 中级职称	其中 初级职称	培养研究生(人)	R&D经费支出(千元)	仪器设备原价(千元)	其中 进口(千元)
		L01	L02	L03	L04	L05	L06	L07	L08	L09	L10	L11	L12	L13	L14	L15	L16	L17
电子商务与品牌研究中心	5	2004/1/1	学校自建	独立设置研究所	校级重点研究基地	管理学	互联网和相关服务	单位自办	11	11	0	7	4	0	6	120	3	0
管理工程研究室	6	2004/1/1	学校自建	独立设置研究所	校级重点研究基地	管理学	教育	单位自办	30	16	14	14	16	0	20	300	80	0
国际食品与农业经济研究中心	7	2004/6/10	学校自建	独立设置研究所	校级重点基地	管理学	农业	单位自办	10	10	0	5	3	2	15	35	30	0
国家梨产业技术体系贮藏加工与产业经济功能研究室	8	2008/1/1	非学校上级主管部门	独立设置研究所	中央其他部委重点研究基地	管理学	农业	单位自办	10	10	0	6	3	1	10	40	0	0
海峡两岸农业经济研究所	9	1998/3/1	学校自建	独立设置研究所	校级重点研究基地	经济学	农业	单位自办	8	8	0	4	1	3	8	8	0	0
江苏粮食安全研究中心	10	2015/6/1	非学校上级主管部门	独立设置研究所	省级重点研究基地	管理学	农业	单位自办	13	13	0	6	5	2	12	50	0	0
江苏农业现代化研究基地	11	2011/11/20	非学校上级主管部门	独立设置研究所	省级重点研究基地	管理学	农业	单位自办	5	5	0	4	1	0	7	21	60	0
江苏省农村发展与土地政策研究基地	12	2008/10/1	非学校上级主管部门	独立设置研究所	省级重点研究基地	管理学	农业	单位自办	7	7	0	6	1	0	12	50	50	0
江苏省统计科学研究基地	13	2013/12/13	非学校上级主管部门	与校外合办所	省级重点研究基地	经济学	国家机构	政府部门办	14	14	0	10	2	2	8	100	10	0
江苏省新农村科技创新思想库	14	2012/10/1	非学校上级主管部门	独立设置研究所	省级重点研究基地	管理学	农业	单位自办	7	7	0	4	1	2	5	13	30	0
金善宝农业现代化发展研究院	15	2015/12/1	非学校上级主管部门	独立设置研究所	省级智库	管理学	农业	政府部门办	30	26	4	27	1	2	0	1943	88	0
科技与社会发展研究所	16	1996/1/1	学校自建	独立设置研究所	校级重点研究基地	哲学	农业	单位自办	12	12	0	6	6	0	15	60	25	0
劳动就业与公共政策研究中心	17	2004/1/1	学校自建	独立设置研究所	校级重点研究基地	管理学	社会保障	单位自办	6	6	0	6	0	0	10	50	4	0
领域知识关联研究中心	18	2004/6/1	学校自建	跨系所	校级重点研究基地	图书馆、情报与文献学	科技推广和应用服务业	单位自办	7	5	2	5	2	0	9	290	600	0
马克思主义基本原理研究中心	19	2008/9/25	学校自建	独立设置研究所	校级重点研究基地	马克思主义	中国共产党机关	单位自办	15	13	2	6	9	0	10	50	2	0
美洲研究中心	20	2017/4/1	学校上级主管部门	跨系所	校级重点研究基地	政治学	农业	单位自办	10	8	2	6	3	1	5	100	2	0

民俗学研究所	21	2016/12/16	学校自建	跨系所	校级重点研究基地	社会学	文化艺术业	单位自办	8	7	1	6	2	0	14	700	5	0
农村产权与集体经济组织研究中心	22	2019/1/1	学校自建	独立设置研究所	校级重点研究基地	管理学	土地管理业	单位自办	10	1	5	1	5	0	18	121	11	0
农村土地资源利用与整治国家地方联合工程研究中心	23	2012/10/2	非学校上级主管部门	跨系所	中央其他部委重点研究基地	管理学	土地管理业	单位自办	16	16	0	12	4	0	15	649	357	159
农村专业技术培训与服务国家智能社会治理实验基地	24	2021/1/1	学校上级主管部门	跨系所	中央其他部委重点研究基地	图书馆、情报与文献学	农业	单位自办	10	10	0	8	2	0	0	0	0	0
农业经营制度研究中心	25	2015/1/1	学校自建	独立设置研究所	校级重点研究基地	管理学	农业	单位自办	10	10	0	6	2	2	10	45	0	0
农业考古研究中心	26	2020/10/21	学校自建	独立设置研究所	校级重点研究基地	考古学	农业	单位自办	8	8	0	5	1	2	0	100	98	0
农业伦理研究中心	27	2019/11/7	学校自建	独立设置研究所	校级重点研究基地	哲学	农业	单位自办	18	18	0	15	3	0	15	70	15	0
农业园区研究中心	28	2004/1/1	学校自建	跨系所	校级重点研究基地	管理学	农、林、牧、渔专业及辅助性活动	单位自办	16	16	0	13	3	0	4	80	30	0
农业转基因生物安全管理政策研究中心	29	2009/1/1	学校自建	独立设置研究所	校级重点研究基地	经济学	农业	与国内高校合办	4	4	0	2	2	0	0	150	20	0
区域农业研究院	30	2016/12/26	学校自建	独立设置研究所	校级重点研究基地	管理学	农业	单位自办	12	10	2	9	0	0	27	2995	80	0
人文与社会计算研究中心	31	2020/9/24	非学校上级主管部门	跨系所	省级重点研究基地	图书馆、情报与文献学	科技推广和应用服务业	单位自办	11	11	0	9	2	0	8	149	700	0
日本语言文化研究所	32	2004/10/1	学校自建	独立设置研究所	校级重点研究基地	语言学	教育	单位自办	14	8	6	8	6	0	43	83	4	0
食品经济与管理研究中心	33	2015/1/1	学校自建	独立设置研究所	校级重点研究基地	管理学	农业	单位自办	8	8	0	6	1	1	6	10	0	0
数字人文研究中心	34	2018/4/4	学校自建	独立设置研究所	校级重点研究基地	历史学	农业	单位自办	5	5	0	5	0	0	6	80	70	0
数字乡村发展与工程研究院	35	2009/9/1	学校自建	独立设置研究所	校级重点研究基地	管理学	科技推广和应用服务业	单位自办	15	8	4	4	2	5	5	550	5	0
统筹城乡发展与土地管理创新研究基地	36	2012/1/12	非学校上级主管部门	与校外合办所	省级重点研究基地	管理学	土地管理业	政府部门办	16	14	1	15	1	0	9	130	26	0
中国地标文化研究中心	37	2017/8/14	学校自建	独立设置研究所	校级重点研究基地	管理学	农业	单位自办	7	4	2	3	4	0	4	50	10	0
中国农业产业链管理研究与发展中心	38	2006/7/14	学校自建	独立设置研究所	校级重点研究基地	管理学	农业	单位自办	9	9	0	7	2	0	11	12	25	0

续表

机构名称	编号	成立时间	批准部门	组成方式	机构类型	学科分类	服务的国民经济行业	组成类型	R&D活动人员(人) 合计	其中 博士毕业	其中 硕士毕业	其中 高级职称	其中 中级职称	其中 初级职称	培养研究生(人)	R&D经费支出(千元)	仪器设备原价(千元)	其中 进口(千元)
		L01	L02	L03	L04	L05	L06	L07	L08	L09	L10	L11	L12	L13	L14	L15	L16	L17
中国农业历史研究中心	39	2009/11/20	非学校上级主管部门	独立设置研究所	省级重点研究基地	历史学	教育	单位自办	9	8	1	7	1	0	9	70	30	0
中国农业遗产研究室	40	1955/8/5	非学校上级主管部门	独立设置研究所	省级重点研究基地	历史学	教育	单位自办	15	15	0	13	2	0	23	100	30	0
中国畜产业发展研究中心	41	2015/1/1	学校自建	独立设置研究所	校级重点研究基地	管理学	农业	单位自办	8	8	0	5	2	1	9	25	0	0
中国资源环境与发展研究院	42	2020/4/1	非学校上级主管部门	独立设置研究所	省级智库	管理学	土地管理业	政府部门办	11	11	0	11	0	0	0	410	48	0
中荷土地规划与地籍发展中心	43	2007/1/1	学校自建	独立设置研究所	校级重点研究基地	管理学	土地管理业	单位自办	20	17	3	13	3	4	16	25	3	0
中华农业文明研究院	44	2014/10/1	非学校上级主管部门	独立设置研究所	省级重点研究基地	历史学	教育	单位自办	11	10	1	8	2	0	13	100	30	0
中日农业史比较中心	45	2015/3/31	学校自建	独立设置研究所	校级重点研究基地	历史学	农业	单位自办	14	12	2	12	2	0	4	1	0	0
中外语言比较中心	46	2012/10/1	学校自建	独立设置研究所	校级重点研究基地	语言学	教育	单位自办	14	4	10	5	9	0	55	53	3	0
中国矿业大学	005	/	/	/	/	/	/	/	167	135	32	128	39	0	279	6532	243	0
安全管理研究中心	1	2018/7/19	非学校上级主管部门	独立设置研究所	省级重点研究基地	管理学	国家机构	政府部门办	26	21	5	18	8	0	59	240	80	0
安全科学与应急管理研究中心	2	2020/7/6	非学校上级主管部门	独立设置研究所	省级重点研究基地	管理学	国家机构	政府部门办	25	11	14	15	10	0	46	1677	85	0
澳大利亚研究中心	3	2017/6/13	非学校上级主管部门	独立设置研究所	其他重点研究基地	国际问题研究	国家机构	政府部门办	14	10	4	10	4	0	6	120	3	0
国际能源政策研究中心	4	2013/7/1	非学校上级主管部门	独立设置研究所	省级重点研究基地	管理学	国家机构	政府部门办	30	29	1	28	2	0	90	1595	25	0
江苏省公共安全创新研究中心	5	2017/11/2	非学校上级主管部门	独立设置研究所	其他重点研究基地	管理学	国家机构	政府部门办	16	13	3	12	4	0	8	660	28	0
江苏省能源经济管理研究基地	6	2008/10/1	非学校上级主管部门	独立设置研究所	省级重点研究基地	管理学	国家机构	政府部门办	18	18	0	17	1	0	31	2120	10	0

江苏自然资源智库研究基地	7	2018/11/4	非学校上级主管部门	与校外合办所	其他重点研究基地	管理学	国家机构	政府部门办	38	33	5	28	10	0	39	120	12	0
河海大学	006	/	/	/	/	/	/	/	514	396	116	362	152	0	517	11400	3061	0
“世界水谷”与水生态文明协同创新中心	1	2014/12/4	非学校上级主管部门	独立设置研究所	省级2011协同创新中心	管理学	生态保护和环境治理业	政府部门办	28	24	4	22	6	0	40	1000	500	0
东部资源环境与持续发展研究中心	2	1994/12/1	非学校上级主管部门	与校外合办所	中央其他部委重点研究基地	经济学	中国共产党机关	政府部门办	23	18	5	15	8	0	19	400	100	0
公民道德发展与人的现代化研究基地	3	2012/12/12	非学校上级主管部门	独立设置研究所	省级重点研究基地	哲学	中国共产党机关	政府部门办	20	16	4	16	4	0	20	400	300	0
国际河流研究中心	4	2013/7/6	非学校上级主管部门	独立设置研究所	省级重点研究基地	国际问题研究	水利管理业	政府部门办	25	18	7	16	9	0	24	800	400	0
国家级人才理论研究基地	5	2014/5/9	非学校上级主管部门	独立设置研究所	中央其他部委重点研究基地	管理学	中国共产党机关	政府部门办	13	9	4	11	2	0	20	200	15	0
环境与社会研究中心	6	2015/2/4	非学校上级主管部门	独立设置研究所	省级重点研究基地	社会学	人民政协、民主党派	政府部门办	18	14	4	13	5	0	17	450	50	0
几内亚湾/科特迪瓦研究中心	7	2021/3/1	学校上级主管部门	独立设置研究所	教育部国别和区域研究中心	国际问题研究	教育	单位自办	10	5	5	5	5	0	3	100	100	0
江苏长江保护与高质量发展研究基地	8	2019/8/13	非学校上级主管部门	与校外合办所	省级重点研究基地	管理学	生态保护和环境治理业	单位自办	21	16	5	16	5	0	18	600	30	0
江苏企业国际化发展研究基地	9	2011/11/20	非学校上级主管部门	独立设置研究所	省级重点研究基地	逻辑学	商务服务业	政府部门办	21	16	5	14	7	0	20	500	45	0
江苏省科技体制改革科技思想库	10	2012/9/21	非学校上级主管部门	独立设置研究所	省级重点研究基地	管理学	中国共产党机关	政府部门办	13	11	2	10	3	0	15	200	20	0
江苏省老年学研究与培训基地	11	2015/12/6	非学校上级主管部门	与校外合办所	中央其他部委重点研究基地	社会学	人民政协、民主党派	政府部门办	21	16	5	14	7	0	25	300	200	0
江苏省水资源与可持续发展研究中心	12	2010/11/11	非学校上级主管部门	独立设置研究所	省级重点研究基地	经济学	中国共产党机关	政府部门办	21	18	3	17	4	0	26	450	20	0
江苏省循环经济工程研究中心	13	2005/12/1	非学校上级主管部门	独立设置研究所	省级重点研究基地	管理学	中国共产党机关	政府部门办	22	18	4	15	7	0	24	200	18	0
江苏省中国特色社会主义理论体系研究基地	14	2015/4/9	非学校上级主管部门	独立设置研究所	省级重点研究基地	马克思主义	中国共产党机关	政府部门办	21	16	5	16	5	0	28	400	32	0
江苏沿海资源经济研究中心	15	2011/12/31	非学校上级主管部门	与校外合办所	省级重点研究基地	经济学	水利管理业	政府部门办	18	14	4	13	5	0	24	400	30	0

续表

机构名称	编号	成立时间	批准部门	组成方式	机构类型	学科分类	服务的国民经济行业	组成类型	R&D活动人员(人) 合计	其中 博士毕业	其中 硕士毕业	其中 高级职称	其中 中级职称	其中 初级职称	培养研究生(人)	R&D经费支出(千元)	仪器设备原价(千元)	其中 进口(千元)
		L01	L02	L03	L04	L05	L06	L07	L08	L09	L10	L11	L12	L13	L14	L15	L16	L17
澜湄国家区域研究中心	16	2021/3/1	学校上级主管部门	独立设置研究所	教育部国别和区域研究中心	国际问题研究	教育	单位自办	10	5	5	5	5	0	0	50	50	0
全国性别/妇女研究与培训基地	17	2013/9/16	非学校上级主管部门	与校外合办所	中央其他部委重点研究基地	社会学	社会保障	政府部门办	19	14	5	13	6	0	25	200	26	0
人口老龄化科研基地	18	2014/10/16	非学校上级主管部门	独立设置研究所	省级重点研究基地	社会学	人民政协、民主党派	政府部门办	13	10	3	10	3	0	22	350	60	0
水利部人力资源研究院	19	2011/4/29	非学校上级主管部门	与校外合办所	中央其他部委重点研究基地	马克思主义	中国共产党机关	政府部门办	20	15	5	14	6	0	21	800	85	0
水利部水库移民经济研究中心	20	1992/9/15	非学校上级主管部门	独立设置研究所	中央其他部委重点研究基地	社会学	水利管理业	政府部门办	27	22	5	17	10	0	26	1000	90	0
水利部水利经济研究所	21	1985/12/28	非学校上级主管部门	独立设置研究所	中央其他部委重点研究基地	经济学	中国共产党机关	政府部门办	17	13	4	12	5	0	23	600	78	0
水利法治研究中心	22	2017/7/20	学校上级主管部门	与校外合办所	省级重点研究基地	法学	中国共产党机关	政府部门办	21	17	4	8	13	0	10	650	60	0
水利政策法制研究与培训中心	23	2011/10/18	非学校上级主管部门	独立设置研究所	中央其他部委重点研究基地	法学	生态保护和环境治理业	政府部门办	16	12	4	10	6	0	22	200	20	0
西非国家经济共同体研究中心	24	2021/3/1	学校上级主管部门	独立设置研究所	教育部国别和区域研究中心	国际问题研究	教育	单位自办	15	8	7	5	10	0	3	200	100	0
新时代基层党建与思想文化建设研究基地	25	2020/10/1	学校上级主管部门	独立设置研究所	省级重点研究基地	马克思主义	教育	单位自办	25	20	3	25	0	0	10	500	400	0
亚洲研究中心	26	2017/7/1	学校上级主管部门	独立设置研究所	中央其他部委重点研究基地	民族学与文化学	教育	单位自办	20	17	3	16	4	0	10	200	200	0

中国(南京)人才发展研究中心	27	2012/3/28	非学校上级主管部门	独立设置研究所	省级重点研究基地	管理学	教育	政府部门办	16	14	2	14	2	0	22	250	32	0
南京理工大学	007	/	/	/	/	/	/	/	129	104	25	56	47	4	65	917	418	0
国防知识产权研究中心	1	2016/1/1	非学校上级主管部门	独立设置研究所	中央其他部委重点研究基地	法学	教育	单位自办	4	3	1	2	2	0	6	90	60	0
江苏服务型政府建设研究基地	2	2011/11/5	非学校上级主管部门	独立设置研究所	省级重点研究基地	社会学	国家机构	其他	15	6	9	0	7	2	2	50	20	0
江苏人才发展战略研究院	3	2016/7/7	非学校上级主管部门	独立设置研究所	省级智库	管理学	中国共产党机关	政府部门办	10	5	5	0	5	2	2	12	50	0
江苏商标品牌研究中心	4	2018/7/15	非学校上级主管部门	独立设置研究所	省级重点研究基地	法学	教育	政府部门办	6	5	1	3	3	0	20	100	60	0
江苏省版权研究中心	5	2017/4/6	非学校上级主管部门	独立设置研究所	省级重点研究基地	法学	教育	政府部门办	6	5	1	3	3	0	22	100	50	0
江苏省国防科技工业军民融合发展政策评估中心	6	2021/11/1	非学校上级主管部门	跨系所	省级重点研究基地	管理学	国家机构	单位自办	30	28	2	25	5	0	0	150	0	0
江苏省军民融合发展研究院	7	2017/8/31	非学校上级主管部门	独立设置研究所	省级重点研究基地	管理学	国家机构	政府部门办	7	5	2	0	2	0	0	15	50	0
江苏省军民融合科技与产业创新研究中心	8	2016/4/14	非学校上级主管部门	独立设置研究所	省级重点研究基地	管理学	国家机构	政府部门办	6	4	2	0	2	0	0	50	6	0
江苏省知识产权思想库	9	2016/2/3	非学校上级主管部门	独立设置研究所	省级重点研究基地	法学	教育	政府部门办	6	5	1	3	3	0	4	150	60	0
沙特研究中心	10	2017/9/29	非学校上级主管部门	独立设置研究所	其他重点研究基地	国际问题研究	国家机构	单位自办	6	5	1	0	2	0	0	50	6	0
语言信息智能处理及应用工信部重点实验室	11	2020/1/1	非学校上级主管部门	独立设置研究所	中央其他部委重点实验室	语言学	软件和信息技术服务业	单位自办	17	17	0	10	7	0	3	120	50	0
政治建设与地方治理研究中心	12	2018/9/14	学校上级主管部门	独立设置研究所	江苏省高校哲学社会科学重点研究(建设)基地	政治学	国家机构	单位自办	6	6	0	4	2	0	0	15	6	0
中国工业文化研究中心	13	2019/3/27	学校自建	独立设置研究所	校级重点研究基地	马克思主义	教育	其他	10	10	0	6	4	0	6	15	0	0

续表

机构名称	编号	成立时间	批准部门	组成方式	机构类型	学科分类	服务的国民经济行业	组成类型	R&D活动人员(人) 合计	其中 博士毕业	硕士毕业	高级职称	中级职称	初级职称	培养研究生(人)	R&D经费支出(千元)	仪器设备原价(千元)	其中 进口(千元)
	编号	L01	L02	L03	L04	L05	L06	L07	L08	L09	L10	L11	L12	L13	L14	L15	L16	L17
南京航空航天大学	008	/	/	/	/	/	/	/	226	122	53	121	63	0	278	2685	791	0
巴尔干地区研究中心	1	2017/6/13	非学校上级主管部门	独立设置研究所	其他重点研究基地，教育部国际合作与交流司	国际问题研究	国家机构	单位自办	12	10	2	9	3	0	6	95	5	0
共青团中央中国特色社会主义理论体系研究基地	2	2018/5/30	非学校上级主管部门	独立设置研究所	中央其他部委重点研究基地	马克思主义	群众团体、社会团体和其他成员组织	单位自办	18	8	8	10	8	0	20	82	35	0
江苏军民融合发展研究基地	3	2019/7/1	非学校上级主管部门	独立设置研究所	省级重点研究基地	管理学	科技推广和应用服务业	单位自办	25	10	2	9	3	0	45	318	53	0
江苏省非物质文化遗产研究基地	4	2014/6/25	非学校上级主管部门	独立设置研究所	省级重点研究基地	艺术学	文化艺术业	单位自办	20	9	7	9	8	0	12	60	30	0
江苏省高校思想政治教育研究中心	5	2018/7/19	非学校上级主管部门	独立设置研究所	省级重点研究基地	马克思主义	科技推广和应用服务业	单位自办	21	18	3	10	11	0	27	40	15	0
江苏省军民融合产业发展研究中心	6	2016/4/25	非学校上级主管部门	独立设置研究所	省级重点研究基地	经济学	科技推广和应用服务业	单位自办	24	9	1	14	8	0	41	320	52	0
江苏省人力资源发展研究基地	7	2017/7/7	非学校上级主管部门	独立设置研究所	省级重点研究基地	管理学	科技推广和应用服务业	单位自办	31	3	12	9	3	0	25	132	20	0
江苏省中国特色社会主义理论体系研究基地	8	2015/4/2	非学校上级主管部门	独立设置研究所	省级重点研究基地	马克思主义	国家机构	单位自办	22	15	7	10	7	0	12	115	10	0
科学发展研究中心	9	2010/8/5	非学校上级主管部门	独立设置研究所	省级重点研究基地	管理学	科技推广和应用服务业	单位自办	35	32	3	31	4	0	79	1443	531	0
文化和旅游研究基地	10	2019/10/14	非学校上级主管部门	独立设置研究所	中央其他部委重点研究基地	艺术学	国家机构	单位自办	18	8	8	10	8	0	11	80	40	0
苏州大学	009	/	/	/	/	/	/	/	132	104	28	90	29	5	59	3595	624	0
东吴智库	1	2015/6/18	学校上级主管部门	跨系所	省级智库，省级重点研究基地	经济学	国家机构	单位自办	22	19	3	10	12	0	14	578	112	0

公法研究中心	2	2009/10/27	学校上级主管部门	独立设置研究所	省级重点研究基地	法学	国家机构	单位自办	22	16	6	21	1	0	9	441	51	0
国家体育总局体育社会科学重点研究基地	3	2001/5/18	非学校上级主管部门	独立设置研究所	中央其他部委重点研究基地	体育科学	体育	单位自办	19	12	7	9	5	5	11	504	246	0
江苏省吴文化研究基地	4	1996/12/5	非学校上级主管部门	独立设置研究所	省级重点研究基地	历史学	文化艺术业	单位自办	9	7	2	8	1	0	4	77	20	0
江苏省新型城镇化与社会治理协同创新中心	5	2014/3/20	学校上级主管部门	与校外合办所	省级2011协同创新中心	管理学	国家机构	与国内高校合办	26	22	4	17	5	0	6	779	108	0
苏州基层党建研究所	6	2007/6/26	学校上级主管部门	与校外合办所	省级重点研究基地	马克思主义	中国共产党机关	政府部门办	8	6	2	8	0	0	2	320	20	0
中国特色城镇化研究中心	7	2003/4/28	非学校上级主管部门	跨系所	教育部重点研究基地	管理学	国家机构	单位自办	26	22	4	17	5	0	13	897	67	0
江苏科技大学	010	/	/	/	/	/	/	/	15	9	6	10	5	0	29	100	10	0
服务制造模式与信息化研究中心	1	2015/5/1	学校上级主管部门	独立设置研究所	省级重点研究基地	管理学	铁路、船舶、航空航天和其他运输设备制造业	与国内独立研究结构合办	15	9	6	10	5	0	29	100	10	0
南京工业大学	011	/	/	/	/	/	/	/	135	66	68	62	64	6	23	1230	130	0
高校国家知识产权信息服务中心	1	2019/12/1	非学校上级主管部门	独立设置研究所	中央其他部委重点研究基地	图书馆、情报与文献学	教育	单位自办	18	13	4	10	7	0	6	55	20	0
互联网金融科技研究中心	2	2019/5/1	学校上级主管部门	独立设置研究所	其他重点研究基地，江苏省教育厅	经济学	资本市场服务	与国内独立研究结构合办	8	3	5	2	5	0	3	50	5	0
江苏产业科技创新研究中心	3	2017/3/5	学校上级主管部门	与校外合办所	省级重点研究基地	管理学	科技推广和应用服务业	与国内独立研究结构合办	10	5	5	3	6	0	6	250	16	0
江苏社会管理法制建设研究基地	4	2018/1/5	非学校上级主管部门	独立设置研究所	其他重点研究基地，江苏省社科联	法学	社会保障	政府部门办	9	1	8	2	3	4	2	50	12	0
江苏省军民融合发展智库“协同创新与产业发展研究中心”	5	2019/10/1	非学校上级主管部门	独立设置研究所	其他智库，江苏省委军民融合办	管理学	科技推广和应用服务业	单位自办	16	6	10	9	7	0	0	50	21	0
江苏省科技政策思想库	6	2014/5/1	学校上级主管部门	独立设置研究所	省级智库	管理学	科技推广和应用服务业	单位自办	18	5	13	5	13	0	3	55	5	0

续表

机构名称	编号	成立时间	批准部门	组成方式	机构类型	学科分类	服务的国民经济行业	组成类型	R&D活动人员(人) 合计	其中 博士毕业	其中 硕士毕业	其中 高级职称	其中 中级职称	其中 初级职称	培养研究生(人)	R&D经费支出(千元)	仪器设备原价(千元)	其中 进口(千元)
	编号	L01	L02	L03	L04	L05	L06	L07	L08	L09	L10	L11	L12	L13	L14	L15	L16	L17
江苏省科协科技创新智库基地	7	2019/5/1	非学校上级主管部门	独立设置研究所	其他重点研究基地,江苏省科协	管理学	教育	单位自办	9	5	4	2	5	2	3	50	5	0
新型城镇化研究院	8	2020/1/1	非学校上级主管部门	跨系所	省级智库	社会学	国家机构	单位自办	10	8	2	8	2	0	0	120	19	0
一带一路化工与建筑行业中外人文交流研究院	9	2020/1/1	学校上级主管部门	跨系所	其他重点研究基地	管理学	教育	单位自办	15	10	5	5	10	0	0	500	21	0
知识产权科普教育基地	10	2018/10/12	学校上级主管部门	跨系所	其他重点研究基地,省科技协会、科技厅、教育厅	教育学	教育	单位自办	22	10	12	16	6	0	0	50	7	0
常州大学	012	/	/	/	/	/	/	/	100	56	44	58	42	0	0	1140	610	0
常州社科院历史文化研究所	1	2013/4/10	学校自建	与校外合办所	校级重点研究基地	历史学	其他服务业	与国内独立研究结构合办	6	4	2	2	4	0	0	100	20	0
常州现代服务业研究院	2	2014/9/23	非学校上级主管部门	与校外合办所	校级重点研究基地	管理学	商务服务业	单位自办	6	4	2	5	1	0	0	200	30	0
城乡文明研究所	3	2014/6/5	学校自建	独立设置研究所	校级重点研究基地	马克思主义	中国共产党机关	单位自办	4	1	3	3	1	0	0	20	20	0
国家与江苏石油石化发展战略研究基地	4	2013/3/19	学校上级主管部门	与校外合办所	省级重点研究基地	管理学	石油、煤炭及其他燃料加工业	政府部门办	10	6	4	6	4	0	0	100	50	0
江苏省非物质文化遗产研究基地	5	2014/10/20	学校上级主管部门	跨系所	省级重点研究基地	艺术学	中国共产党机关	政府部门办	10	5	5	6	4	0	0	100	50	0
江苏中国特色社会主义理论研究基地	6	2015/5/6	学校上级主管部门	跨系所	省级重点研究基地	马克思主义	国家机构	政府部门办	10	6	4	7	3	0	0	100	50	0
旅游产业战略研究所	7	2014/1/7	学校自建	跨系所	校级重点研究基地	管理学	商务服务业	单位自办	4	2	2	2	2	0	0	20	20	0
马克思主义研究院	8	2014/4/24	学校自建	独立设置研究所	校级重点研究基地	马克思主义	教育	单位自办	10	4	6	6	4	0	0	200	200	0
人力资源管理研究中心	9	2014/2/1	学校自建	与校外合办所	校级重点研究基地	管理学	其他服务业	单位自办	6	4	2	3	3	0	0	20	20	0

书画艺术研究院	10	2014/8/6	学校自建	独立设置研究所	校级重点研究基地	艺术学	广播、电视、电影和录音制作业	单位自办	4	2	2	2	2	0	0	20	20	0
苏台经贸合作和科技创新研究中心	11	2015/5/18	学校上级主管部门	与校外合办所	省级重点研究基地	管理学	商务服务业	单位自办	10	6	4	5	5	0	0	100	50	0
体育健康教育研究所	12	2011/10/17	学校自建	独立设置研究所	校级重点研究基地	体育科学	文化艺术业	单位自办	4	2	2	2	2	0	0	20	20	0
应用语言学研究所	13	2014/1/7	学校自建	独立设置研究所	校级重点研究基地	语言学	其他服务业	单位自办	5	3	2	3	2	0	0	20	20	0
语言应用研究基地	14	2015/10/19	非学校上级主管部门	与校外合办所	省级重点研究基地	语言学	其他服务业	与国内独立研究结构合办	7	5	2	4	3	0	0	100	20	0
中国财经文学研究中心	15	2013/6/5	学校自建	独立设置研究所	校级重点研究基地	中国文学	广播、电视、电影和录音制作业	单位自办	4	2	2	2	2	0	0	20	20	0
南京邮电大学	013	/	/	/	/	/	/	/	139	90	49	83	56	0	0	1340	285	0
高质量发展评价研究院	1	2020/4/30	非学校上级主管部门	与校外合办所	省级智库	管理学	中国共产党机关	政府部门办	18	10	8	13	5	0	0	500	30	0
江苏高质量发展综合评估研究基地	2	2019/7/15	非学校上级主管部门	独立设置研究所	其他重点研究基地，江苏省社科联批准决策咨询研究基地	管理学	国家机构	单位自办	16	10	6	12	4	0	0	80	20	0
江苏省统计科学研究基地	3	2010/6/7	非学校上级主管部门	跨系所	其他重点研究基地，江苏省统计局批准	统计学	软件和信息技术服务业	单位自办	8	5	3	6	2	0	0	60	13	0
江苏省物联网产业发展研究基地	4	2010/8/5	学校上级主管部门	跨系所	其他重点研究基地，江苏省教育厅批准江苏高校哲学社会科学重点研究基地	管理学	互联网和相关服务	单位自办	15	11	4	8	7	0	0	80	30	0
江苏现代信息服务业研究基地	5	2011/12/22	非学校上级主管部门	跨系所	其他重点研究基地，江苏省社科联批准决策咨询研究基地	管理学	软件和信息技术服务业	单位自办	13	7	6	6	7	0	0	100	11	0

续表

机构名称	编号	成立时间	批准部门	组成方式	机构类型	学科分类	服务的国民经济行业	组成类型	R&D活动人员(人) 合计	其中 博士毕业	其中 硕士毕业	其中 高级职称	其中 中级职称	其中 初级职称	培养研究生(人)	R&D经费支出(千元)	仪器设备原价(千元)	其中 进口(千元)
		L01	L02	L03	L04	L05	L06	L07	L08	L09	L10	L11	L12	L13	L14	L15	L16	L17
江苏现代信息社会研究基地	6	2011/11/15	非学校上级主管部门	跨系所	其他重点研究基地,江苏省社科联批准决策咨询研究基地	管理学	科技推广和应用服务业	单位自办	14	6	8	5	9	0	0	100	21	0
江苏智慧养老研究院	7	2017/7/7	学校上级主管部门	与校外合办所	校级重点研究基地,其他重点研究基地,江苏省教育厅批准江苏高校人文社会科学校外研究基地	社会学	社会工作	与国内独立研究结构合办	10	6	4	6	4	0	0	100	30	0
教育人工智能研究中心	8	2020/9/16	学校上级主管部门	跨系所	其他重点研究基地,江苏高校哲学社会科学重点研究基地	教育学	教育	单位自办	27	24	3	16	11	0	0	150	80	0
科普动漫研究所	9	2019/9/16	非学校上级主管部门	独立设置研究所	其他重点研究基地,江苏省社科联批准社会科学普及研发基地	艺术学	文化艺术业	单位自办	10	6	4	5	5	0	0	60	20	0
信息产业融合创新与应急管理研究中心	10	2018/7/19	学校上级主管部门	跨系所	其他重点研究基地,江苏省教育厅批准江苏高校哲学社会科学重点研究基地	管理学	互联网和相关服务	单位自办	8	5	3	6	2	0	0	110	30	0
南京林业大学	014	/	/	/	/	/	/	/	69	37	27	47	22	0	0	887	1205	282
国家林业和草原局林业遗产与森林环境史研究中心	1	2020/5/1	学校上级主管部门	独立设置研究所	研究中心	历史学	林业	政府部门办	38	28	10	26	12	0	0	300	5	0

江苏环境与发展研究中心	2	2009/12/15	学校上级主管部门	独立设置研究所	省级重点研究基地	哲学	生态保护和环境治理业	政府部门办	10	4	5	7	3	0	0	335	854	246
生态经济研究中心	3	2010/10/28	学校上级主管部门	独立设置研究所	省级重点研究基地	经济学	生态保护和环境治理业	政府部门办	21	5	12	14	7	0	0	252	346	36
江苏大学	015	/	/	/	/	/	/	/	33	25	7	23	5	0	37	920	350	0
产业经济研究院	1	2019/6/6	学校自建	独立设置研究所	校级重点研究基地	经济学	其他金融业	单位自办	3	2	0	2	1	0	15	150	50	0
高等教育研究所	2	1983/8/1	学校自建	独立设置研究所	研究所	教育学	其他服务业	单位自办	2	1	1	1	0	0	1	40	10	0
江苏省统计应用研究基地	3	2012/1/11	非学校上级主管部门	与校外合办所	省级重点研究基地	统计学	其他服务业	与国内独立研究结构合办	3	3	0	3	0	0	3	100	10	0
江苏省知识产权研究中心	4	2008/9/27	非学校上级主管部门	独立设置研究所	省级重点研究基地	管理学	专业技术服务业	单位自办	4	2	2	2	0	0	2	80	20	0
江苏省中小企业发展研究基地	5	2008/10/3	非学校上级主管部门	跨系所	省级重点研究基地	管理学	专业技术服务业	政府部门办	4	2	2	2	0	0	2	90	10	0
江苏镇江法治政府研究院	6	2017/6/8	学校上级主管部门	与校外合办所	省级重点研究基地	法学	其他服务业	单位自办	5	3	2	3	2	0	5	50	50	0
绿色发展与环境治理研究中心	7	2020/6/10	学校上级主管部门	独立设置研究所	省级重点研究基地	管理学	生态保护和环境治理业	单位自办	5	5	0	4	1	0	0	80	50	0
能源发展与环境保护战略研究中心	8	2009/11/11	学校上级主管部门	独立设置研究所	省级重点研究基地	经济学	专业技术服务业	政府部门办	4	4	0	4	0	0	4	280	100	0
新时代“三农”问题研究中心	9	2018/5/9	学校上级主管部门	独立设置研究所	省级重点研究基地	马克思主义	农业	单位自办	3	3	0	2	1	0	5	50	50	0
南京信息工程大学	016	/	/	/	/	/	/	/	312	261	22	213	83	9	171	5173	2038	0
风险治理与应急决策研究院	1	2020/6/15	学校上级主管部门	独立设置研究所	省级重点研究基地	管理学	国家机构	单位自办	16	16	0	10	6	0	8	674	235	0
国家体育总局体育文化研究基地	2	2013/11/3	非学校上级主管部门	独立设置研究所	中央其他部委重点研究基地	体育科学	文化艺术业	单位自办	25	8	0	18	7	0	8	197	79	0
江北新区发展研究院	3	2017/8/29	学校上级主管部门	与校外合办所	省级重点研究基地	管理学	中国共产党机关	其他	37	35	0	23	10	0	9	1146	398	0
江苏人才强省建设研究基地	4	2011/10/22	非学校上级主管部门	与校外合办所	省级重点研究基地	管理学	中国共产党机关	其他	21	13	0	11	7	0	10	201	104	0
江苏省中国特色社会主义理论体系研究基地	5	2015/4/2	非学校上级主管部门	跨系所	省级重点研究基地	马克思主义	国家机构	单位自办	20	18	0	12	6	2	30	674	91	0
欧美再工业化战略研究中心	6	2013/7/2	学校上级主管部门	独立设置研究所	省级重点研究基地	管理学	其他制造业	单位自办	22	20	2	13	7	2	6	268	71	0

续表

机构名称	编号	成立时间	批准部门	组成方式	机构类型	学科分类	服务的国民经济行业	组成类型	R&D活动人员(人) 合计	其中 博士毕业	其中 硕士毕业	其中 高级职称	其中 中级职称	其中 初级职称	培养研究生(人)	R&D经费支出(千元)	仪器设备原价(千元)	其中 进口(千元)
		L01	L02	L03	L04	L05	L06	L07	L08	L09	L10	L11	L12	L13	L14	L15	L16	L17
气候变化与公共政策研究院	7	2007/3/6	学校上级主管部门	跨系所	省级重点研究基地	政治学	中国共产党机关	单位自办	21	19	2	18	3	0	23	278	71	0
气候与环境治理研究院	8	2016/7/8	非学校上级主管部门	跨系所	省级智库	管理学	中国共产党机关	单位自办	49	47	2	40	9	0	16	479	148	0
清华大学技术创新研究中心分中心	9	2008/5/15	非学校上级主管部门	与校外合办所	其他重点研究基地,教育部人文社会科学重点研究基地分支机构	管理学	专业技术服务业	与国内高校合办	16	16	0	12	4	0	12	145	113	0
文化遗产科学认知与保护研究基地	10	2017/7/7	学校上级主管部门	与校外合办所	省级重点研究基地	历史学	广播、电视、电影和录音制作业	与国内独立研究结构合办	26	21	5	14	10	2	9	265	185	0
中国科协科技人力资源研究基地	11	2007/6/3	非学校上级主管部门	与校外合办所	中央其他部委重点研究基地	管理学	科技推广和应用服务业	与国内独立研究结构合办	23	20	3	15	5	3	13	257	130	0
中国制造业发展研究院	12	2006/5/18	学校上级主管部门	独立设置研究所	省级重点研究基地	经济学	其他制造业	单位自办	36	28	8	27	9	0	27	587	413	0
南通大学	017	/	/	/	/	/	/	/	77	47	24	55	14	8	49	4021	1940	50
楚辞研究中心	1	2007/4/12	学校上级主管部门	独立设置研究所	省高校哲学社会科学重点研究基地	中国文学	文化艺术业	单位自办	11	7	2	8	2	1	7	588	357	0
江苏长江经济带研究院	2	2016/4/20	非学校上级主管部门	与校外合办所	省级智库	管理学	中国共产党机关	与国内独立研究结构合办	9	7	2	4	4	1	8	460	388	0
江苏省中国特色社会主义理论体系研究基地南通大学研究中心	3	2015/4/10	非学校上级主管部门	跨系所	省级研究基地	马克思主义	中国共产党机关	其他	20	13	7	18	1	1	6	130	37	0
江苏先进典型研究中心	4	2011/4/18	学校上级主管部门	与校外合办所	省高校人文社会科学校外研究基地	马克思主义	教育	单位自办	8	5	2	6	1	1	6	512	99	0

江苏沿海沿江发展研究中心	5	2009/10/12	学校上级主管部门	与校外合办所	其他重点研究基地，省教育厅校外研究基地	经济学	中国共产党机关	与国内独立研究结构合办	6	4	2	4	1	1	6	453	125	0
蓝印花布艺术研究所	6	2016/1/20	学校自建	独立设置研究所	研究所	艺术学	纺织服装、服饰业	单位自办	6	4	2	2	2	2	5	850	563	50
南通廉政文化研究所	7	2007/4/11	学校自建	与校外合办所	省高校哲学社会科学重点研究基地	政治学	国家机构	其他	11	3	5	8	2	1	5	668	179	0
张謇研究所	8	2004/10/20	学校自建	独立设置研究所	研究所	历史学	国家机构	单位自办	6	4	2	5	1	0	6	360	192	0
盐城工学院	018	/	/	/	/	/	/	/	48	23	25	31	16	1	0	75	0	0
公共安全与应急管理研究中心	1	2020/1/31	非学校上级主管部门	跨系所	省级智库	管理学	国家机构	政府部门办	10	6	4	5	5	0	0	15	0	0
黄海湿地生态文明建设研究中心	2	2020/1/26	非学校上级主管部门	跨系所	智库	管理学	国家机构	政府部门办	21	12	9	18	3	0	0	30	0	0
盐城产业经济研究院	3	2020/1/27	非学校上级主管部门	跨系所	智库	经济学	国家机构	政府部门办	17	5	12	8	8	1	0	30	0	0
南京医科大学	019	/	/	/	/	/	/	/	64	43	21	57	7	0	5	925	20	0
健康江苏建设与发展研究院	1	2016/6/30	非学校上级主管部门	与校外合办所	省级智库	管理学	教育	与国内高校合办	64	43	21	57	7	0	5	925	20	0
南京中医药大学	020	/	/	/	/	/	/	/	34	30	4	27	7	0	43	520	195	0
江苏重大健康风险管理与中医药防控政策研究中心	1	2020/9/14	学校上级主管部门	独立设置研究所	省级重点研究基地	管理学	卫生	单位自办	14	10	4	10	4	0	25	120	110	0
中医文化研究中心	2	1994/6/1	学校上级主管部门	独立设置研究所	省级重点研究基地	民族学与文化学	其他服务业	单位自办	20	20	0	17	3	0	18	400	85	0
南京师范大学	021	/	/	/	/	/	/	/	820	592	16	348	308	0	20	4193	10127	0
道德教育研究所	1	2000/1/1	非学校上级主管部门	独立设置研究所	教育部重点研究基地	教育学	教育	政府部门办	30	30	0	15	4	0	15	277	792	0
东亚国际问题研究中心	2	2013/6/1	学校上级主管部门	独立设置研究所	省级重点研究基地	政治学	教育	政府部门办	10	9	0	6	4	0	0	30	10	0
国家体育总局体育社科研究中心	3	2003/9/1	非学校上级主管部门	独立设置研究所	中央其他部委重点研究基地	体育科学	体育	政府部门办	28	17	4	21	7	0	0	0	20	0
国家体育总局体育文化研究中心	4	2007/9/1	非学校上级主管部门	独立设置研究所	中央其他部委重点研究基地	体育科学	体育	政府部门办	31	14	2	18	13	0	0	16	10	0

6

续表

机构名称	编号	成立时间	批准部门	组成方式	机构类型	学科分类	服务的国民经济行业	组成类型	R&D活动人员(人) 合计	其中 博士毕业	硕士毕业	高级职称	中级职称	初级职称	培养研究生(人)	R&D经费支出(千元)	仪器设备原价(千元)	其中 进口(千元)
		L01	L02	L03	L04	L05	L06	L07	L08	L09	L10	L11	L12	L13	L14	L15	L16	L17
江苏城乡一体研究基地	5	2011/11/1	非学校上级主管部门	独立设置研究所	省级重点研究基地	社会学	居民服务业	政府部门办	16	15	0	11	5	0	0	30	10	0
江苏创意文化研究基地	6	2013/1/1	非学校上级主管部门	独立设置研究所	省级重点研究基地	艺术学	文化艺术业	政府部门办	25	12	0	11	14	0	0	42	70	0
江苏当代作家研究基地	7	2013/10/31	非学校上级主管部门	独立设置研究所	省级重点研究基地	中国文学	文化艺术业	政府部门办	12	9	0	11	1	0	0	17	10	0
江苏国际法治动态研究中心	8	2015/3/26	非学校上级主管部门	独立设置研究所	省级重点研究基地	语言学	教育	政府部门办	10	8	0	6	4	0	0	11	10	0
江苏省创新经济研究基地	9	2008/6/30	非学校上级主管部门	独立设置研究所	省级重点研究基地	经济学	商务服务业	政府部门办	40	36	0	21	19	0	0	50	126	0
江苏省非物质文化遗产研究基地	10	2014/6/24	非学校上级主管部门	跨系所	省级重点研究基地	社会学	教育	政府部门办	19	14	0	11	6	0	0	122	180	0
江苏省老年学研究基地	11	2006/9/1	非学校上级主管部门	独立设置研究所	省级重点研究基地	社会学	社会保障	政府部门办	35	28	0	18	11	0	5	46	10	0
江苏省民营经济研究基地	12	2011/6/30	非学校上级主管部门	独立设置研究所	省级重点研究基地	经济学	商务服务业	政府部门办	27	24	0	17	8	0	0	26	115	0
江苏省社会主义文化理论研究中心	13	2018/3/9	非学校上级主管部门	独立设置研究所	省级重点研究基地	政治学	文化艺术业	政府部门办	22	18	0	15	7	0	0	90	10	0
江苏省学生体质健康促进研究中心	14	2011/1/1	学校上级主管部门	独立设置研究所	省级重点研究基地	体育科学	体育	政府部门办	30	13	0	15	15	0	0	291	1500	0
江苏文学翻译与研究中心	15	2013/11/1	非学校上级主管部门	独立设置研究所	省级重点研究基地	外国文学	教育	政府部门办	9	9	0	3	6	0	0	15	90	0
教育社会学研究中心	16	2009/6/30	学校上级主管部门	独立设置研究所	省级重点研究基地	教育学	教育	政府部门办	21	2	0	6	5	0	0	22	10	0
联合国教科文组织国际农村教育研究与培训中心南京基地	17	1999/1/1	非学校上级主管部门	独立设置研究所	其他重点研究基地,联合国教科文组织	教育学	国际组织	与境外机构合办	6	6	0	3	3	0	0	95	20	0
马克思主义研究院	18	2009/6/30	学校上级主管部门	独立设置研究所	省级重点研究基地	马克思主义	教育	政府部门办	27	22	0	10	8	0	0	14	10	0
全国大学生职业发展教育研发基地	19	2015/7/30	非学校上级主管部门	独立设置研究所	中央其他部委重点研究基地	教育学	教育	政府部门办	8	8	0	6	2	0	0	218	18	0

全国妇联妇女/性别研究与培训基地	20	2006/6/1	非学校上级主管部门	独立设置研究所	中央其他部委重点研究基地	社会学	群众团体、社会团体和其他成员组织	政府部门办	30	24	0	12	18	0	0	12	20	0
全国民政政策理论研究基地	21	2016/11/29	非学校上级主管部门	独立设置研究所	中央其他部委重点研究基地	政治学	群众团体、社会团体和其他成员组织	政府部门办	24	13	0	11	11	0	0	87	50	0
社会主义意识形态研究中心	22	2015/4/1	非学校上级主管部门	独立设置研究所	省级重点研究基地	马克思主义	文化艺术业	政府部门办	22	20	0	11	8	0	0	88	10	0
司法现代化研究中心	23	2012/3/31	学校上级主管部门	与校外合办所	省级重点研究基地	法学	教育	政府部门办	143	126	0	28	54	0	0	31	41	0
乡村文化振兴研究中心	24	2018/7/18	学校上级主管部门	独立设置研究所	省级重点研究基地	政治学	社会保障	政府部门办	46	43	0	11	15	0	0	194	10	0
语言信息科技研究中心	25	2010/8/1	学校上级主管部门	跨系所	省级重点研究基地	语言学	教育	政府部门办	34	4	10	14	16	0	0	31	6600	0
智慧教育研究院	26	2017/7/7	学校上级主管部门	与校外合办所	省级重点研究基地	教育学	教育	政府部门办	16	9	0	6	7	0	0	79	10	0
中国法治现代化研究院	27	2015/11/10	非学校上级主管部门	独立设置研究所	省级智库	法学	教育	政府部门办	22	15	0	6	7	0	0	2152	345	0
中国红色音乐文化传播研究中心	28	2020/10/8	学校上级主管部门	独立设置研究所	省级重点研究基地	艺术学	文化艺术业	政府部门办	69	40	0	22	25	0	0	64	10	0
中华优秀传统文化传承基地	29	2019/9/1	学校上级主管部门	跨系所	省级重点研究基地	艺术学	文化艺术业	政府部门办	8	4	0	3	5	0	0	39	10	0
江苏师范大学	022	/	/	/	/	/	/	/	578	548	30	452	126	0	411	12800	20430	3100
“一带一路”妇女发展研究基地	1	2019/9/2	非学校上级主管部门	与校外合办所	其他智库,省妇联共建	历史学	国家机构	单位自办	12	12	0	9	3	0	4	100	30	0
“一带一路”研究院	2	2016/7/4	非学校上级主管部门	与校外合办所	省级智库	经济学	国家机构	单位自办	30	29	1	25	5	0	15	1900	600	0
澳大利亚研究中心	3	2013/6/18	学校上级主管部门	独立设置研究所	其他重点研究基地,教育部国别和区域研究中心	国际问题研究	中国共产党机关	单位自办	15	15	0	12	3	0	5	100	170	0
巴基斯坦研究中心	4	2017/6/13	学校上级主管部门	独立设置研究所	其他重点研究基地,教育部国别和区域研究中心	国际问题研究	中国共产党机关	单位自办	10	9	1	8	2	0	4	100	120	0
大运河文化带建设研究院徐州分院	5	2018/8/23	非学校上级主管部门	独立设置研究所	其他智库,江苏省高端智库分院	历史学	生态保护和环境治理业	单位自办	20	19	1	17	3	0	16	100	300	0

续表

机构名称	编号	成立时间	批准部门	组成方式	机构类型	学科分类	服务的国民经济行业	组成类型	R&D活动人员(人) 合计	其中 博士毕业	其中 硕士毕业	其中 高级职称	其中 中级职称	其中 初级职称	培养研究生(人)	R&D经费支出(千元)	仪器设备原价(千元)	其中 进口(千元)
		L01	L02	L03	L04	L05	L06	L07	L08	L09	L10	L11	L12	L13	L14	L15	L16	L17
独联体国家研究中心	6	2017/6/13	学校上级主管部门	独立设置研究所	其他重点研究基地,教育部国别和区域研究中心	国际问题研究	中国共产党机关	单位自办	14	14	0	12	2	0	6	100	120	0
国家民委“一带一路”国别和区域研究中心澳大利亚研究中心	7	2020/8/4	非学校上级主管部门	独立设置研究所	其他智库,国家民委	国际问题研究	国家机构	单位自办	16	16	0	12	4	0	7	100	60	0
国家体育总局体育文化发展中心体育文化研究基地	8	2011/11/1	非学校上级主管部门	与校外合办所	其他重点研究基地,国家体育总局体育文化发展中心	体育科学	其他服务业	单位自办	15	9	6	10	5	0	10	50	220	0
国务院侨务办公室侨务理论研究江苏基地	9	2013/1/18	非学校上级主管部门	与校外合办所	中央其他部委重点研究基地	历史学	其他服务业	单位自办	15	15	0	12	3	0	6	100	110	0
汉文化研究院	10	2008/12/12	学校上级主管部门	独立设置研究所	省级重点研究基地	艺术学	其他服务业	单位自办	18	18	0	16	2	0	10	100	250	0
华侨华人与“一带一路”沿线国家发展研究中心	11	2020/9/14	学校上级主管部门	独立设置研究所	省级重点研究基地	历史学	国家机构	单位自办	15	15	0	10	5	0	9	100	60	0
淮海发展研究院	12	1998/7/1	非学校上级主管部门	独立设置研究所	省级重点研究基地	经济学	软件和信息技术服务业	单位自办	10	9	1	8	2	0	8	200	120	0
江苏省决策咨询研究基地江苏区域协调发展研究基地	13	2011/11/1	非学校上级主管部门	独立设置研究所	省级重点研究基地	经济学	国家机构	单位自办	12	11	1	10	2	0	5	100	380	0
江苏省中国特色社会主义理论体系研究基地	14	2015/4/2	非学校上级主管部门	独立设置研究所	省级重点研究基地	马克思主义	国家机构	单位自办	20	20	0	15	5	0	5	100	150	0
留学生与中国现代化研究基地	15	2018/7/19	学校上级主管部门	独立设置研究所	省级重点研究基地	历史学	教育	单位自办	15	14	1	12	3	0	10	350	700	0
欧美同学会留学报国研究基地	16	2016/11/22	非学校上级主管部门	与校外合办所	中央其他部委重点研究基地	历史学	教育	单位自办	12	12	0	7	5	0	12	100	200	0
苏北农村治理创新研究基地	17	2009/3/18	学校上级主管部门	与校外合办所	省级重点研究基地	社会学	社会工作	单位自办	15	15	0	12	3	0	8	100	500	0

苏台合作与发展研究中心	18	2017/10/18	非学校上级主管部门	与校外合办所	其他智库,江苏省人民政府台湾事务办公室立项建设	管理学	教育	单位自办	16	16	0	14	2	0	10	100	350	0
特色镇村建设与土地管理研究基地	19	2017/7/7	学校上级主管部门	与校外合办所	省级重点研究基地	经济学	土地管理业	单位自办	16	16	0	12	4	0	12	300	360	0
退役军人事务研究基地/江苏师范大学基地	20	2021/9/23	非学校上级主管部门	独立设置研究所	中央其他部委重点研究基地	管理学	国家机构	单位自办	28	24	4	20	8	0	20	100	100	0
语言能力高等研究院	21	2017/6/27	非学校上级主管部门	与校外合办所	省级智库	中国文学	其他服务业	单位自办	40	40	0	36	4	0	16	500	3000	0
语言能力协同创新中心	22	2014/3/14	学校上级主管部门	与校外合办所	省级2011协同创新中心	语言学	其他服务业	与国内高校合办	88	84	4	73	15	0	100	7000	8410	2200
语言研究所	23	1997/3/30	学校上级主管部门	独立设置研究所	省级重点研究基地	语言学	教育	单位自办	36	31	5	19	17	0	35	300	3000	900
智慧教育研究中心	24	2015/1/30	学校上级主管部门	独立设置研究所	省级重点研究基地	教育学	其他服务业	单位自办	21	21	0	17	4	0	24	100	350	0
中共中央编译局发展理论研究中心	25	2011/7/1	非学校上级主管部门	与校外合办所	中央其他部委重点研究基地	马克思主义	其他服务业	单位自办	12	12	0	9	3	0	9	100	200	0
中国/巴基斯坦教育文化研究中心	26	2013/6/18	学校上级主管部门	独立设置研究所	省级重点研究基地	国际问题研究	中国共产党机关	单位自办	10	9	1	8	2	0	8	100	120	0
中华家文化研究基地	27	2017/6/27	非学校上级主管部门	独立设置研究所	省级重点研究基地	马克思主义	社会工作	单位自办	15	11	4	12	3	0	12	200	200	0
中拉人文交流研究基地	28	2019/9/2	非学校上级主管部门	与校外合办所	其他智库,中科院、省外事办	外国文学	国家机构	单位自办	20	20	0	16	4	0	16	100	150	0
自贸区研究院	29	2019/9/2	非学校上级主管部门	与校外合办所	其他智库,江苏省商务厅	经济学	国家机构	单位自办	12	12	0	9	3	0	9	100	100	0
淮阴师范学院	023	/	/	/	/	/	/	/	156	116	33	123	33	0	12	2448	7822	0
楚州十番锣鼓非遗传承基地	1	2020/12/23	非学校上级主管部门	独立设置研究所	其他重点研究基地,市级重点研究基地	艺术学	文化艺术业	单位自办	5	2	3	3	2	0	0	28	49	0

续表

机构名称	编号	成立时间	批准部门	组成方式	机构类型	学科分类	服务的国民经济行业	组成类型	R&D活动人员(人) 合计	其中 博士毕业	其中 硕士毕业	其中 高级职称	其中 中级职称	其中 初级职称	培养研究生(人)	R&D经费支出(千元)	仪器设备原价(千元)	其中 进口(千元)
		L01	L02	L03	L04	L05	L06	L07	L08	L09	L10	L11	L12	L13	L14	L15	L16	L17
大运河文化带建设研究院淮安分院	2	2018/7/25	非学校上级主管部门	与校外合办所	省级智库	法学	生态保护和环境治理业	政府部门办	21	18	3	19	2	0	0	220	30	0
淮河生态经济带研究院	3	2020/9/14	学校上级主管部门	跨系所	省级重点研究基地	经济学	生态保护和环境治理业	政府部门办	25	24	1	20	5	0	0	250	7000	0
江苏省性别平等示范基地(淮安)	4	2019/9/20	非学校上级主管部门	独立设置研究所	其他重点研究基地,市级重点研究基地	社会学	社会工作	单位自办	5	2	3	2	3	0	0	20	18	0
教师教育协同创新研究中心	5	2018/7/19	学校上级主管部门	独立设置研究所	省级重点研究基地	教育学	教育	政府部门办	18	16	2	16	2	0	0	210	50	0
欧美国家边界争端与化解研究中心	6	2013/10/9	学校上级主管部门	独立设置研究所	省级重点研究基地	历史学	其他服务业	政府部门办	8	6	2	6	2	0	0	230	165	0
社会风险评估与治理法治化研究基地	7	2017/7/7	学校上级主管部门	独立设置研究所	省级重点研究基地	法学	社会保障	政府部门办	17	12	4	15	2	0	0	340	90	0
文化创意产业研究中心	8	2015/1/15	学校上级主管部门	跨系所	省级重点研究基地	中国文学	文化艺术业	政府部门办	32	19	9	26	6	0	12	800	100	0
周恩来精神与青少年教育研究中心	9	2010/10/22	学校上级主管部门	独立设置研究所	省级重点研究基地	教育学	教育	政府部门办	25	17	6	16	9	0	0	350	320	0
盐城师范学院	024	/	/	/	/	/	/	/	100	62	36	71	29	0	2	3889	4714	1794
江苏农村教育发展研究中心	1	2007/5/1	学校上级主管部门	独立设置研究所	省级重点研究基地	教育学	教育	政府部门办	17	12	3	12	5	0	0	200	1500	0
江苏省沿海开发研究基地	2	2009/3/1	非学校上级主管部门	独立设置研究所	省级重点研究基地	经济学	其他服务业	政府部门办	13	9	4	10	3	0	0	382	746	513
江苏沿海发展研究基地	3	2011/12/9	非学校上级主管部门	独立设置研究所	省级重点研究基地	经济学	其他服务业	政府部门办	13	9	4	10	3	0	0	365	746	399
苏北农业农村现代化研究院	4	2020/9/23	学校上级主管部门	独立设置研究所	省级重点研究基地	社会学	农业	政府部门办	23	11	12	11	12	0	2	2000	800	200
新四军研究院	5	2018/6/1	学校上级主管部门	独立设置研究所	省级重点研究基地	历史学	社会工作	政府部门办	20	12	8	17	3	0	0	150	45	0
沿海发展智库	6	2016/12/10	非学校上级主管部门	独立设置研究所	省级智库	经济学	其他服务业	政府部门办	14	9	5	11	3	0	0	792	877	682

南京财经大学	025	/	/	/	/	/	/	/	108	70	28	46	43	0	48	11281	2565	0
财务大数据研究院	1	2020/6/5	学校自建	独立设置研究所	校级社科研究基地	管理学	其他金融业	单位自办	17	7	0	7	10	0	0	0	0	0
江苏产业发展研究院	2	2001/1/15	学校上级主管部门	与校外合办所	省级重点研究基地	经济学	商务服务业	政府部门办	7	3	4	3	4	0	7	120	50	0
江苏高校现代服务业协同创新中心	3	2013/5/4	学校上级主管部门	与校外合办所	其他 2011 协同创新中心，江苏省教育厅，江苏省教育厅协同创新中心	经济学	其他服务业	与国内高校合办	10	2	8	2	8	0	4	4210	950	0
江苏省企业高质量发展研究院	4	2020/9/16	学校上级主管部门	独立设置研究所	其他重点研究基地	管理学	商务服务业	单位自办	41	41	0	22	0	0	0	800	800	0
江苏现代财税治理协同创新中心	5	2017/7/12	非学校上级主管部门	与校外合办所	省级 2011 协同创新中心	经济学	其他服务业	政府部门办	3	1	2	1	2	0	3	4350	120	0
江苏现代服务业研究院	6	2012/1/1	非学校上级主管部门	与校外合办所	省级重点研究基地	经济学	研究和试验发展	其他	10	5	5	4	6	0	12	141	25	0
江苏现代物流重点实验室	7	2014/6/15	学校上级主管部门	跨系所	省级重点实验室	管理学	商务服务业	单位自办	17	10	7	5	12	0	20	1200	600	0
现代服务业智库	8	2016/4/1	非学校上级主管部门	跨系所	省级智库	经济学	其他服务业	政府部门办	3	1	2	2	1	0	2	460	20	0
江苏警官学院	026	/	/	/	/	/	/	/	19	6	9	9	10	0	0	390	680	0
江苏现代警务研究中心	1	2010/7/20	学校上级主管部门	独立设置研究所	省级智库，其他智库，省级重点研究基地	法学	社会保障	其他	19	6	9	9	10	0	0	390	680	0
南京体育学院	027	/	/	/	/	/	/	/	73	19	50	39	14	19	34	3172	257	0
奥林匹克教育研究中心	1	2016/12/1	学校自建	独立设置研究所	校级重点研究基地	体育科学	体育	单位自办	8	2	6	2	4	2	0	30	6	0
江苏省体育赛事研究中心	2	2018/7/20	学校上级主管部门	独立设置研究所	其他重点研究基地，省高校社科重点建设基地	体育科学	体育	单位自办	7	2	5	1	3	3	6	18	0	0
江苏省体育足球研究中心	3	2017/6/8	学校上级主管部门	独立设置研究所	校级重点研究基地	体育科学	体育	单位自办	11	2	5	10	1	0	5	50	35	0

续表

机构名称	编号	成立时间	批准部门	组成方式	机构类型	学科分类	服务的国民经济行业	组成类型	R&D活动人员(人) 合计	其中 博士毕业	硕士毕业	高级职称	中级职称	初级职称	培养研究生(人)	R&D经费支出(千元)	仪器设备原价(千元)	其中 进口(千元)
		L01	L02	L03	L04	L05	L06	L07	L08	L09	L10	L11	L12	L13	L14	L15	L16	L17
江苏省学校体育高质量发展研究中心	4	2015/7/1	学校上级主管部门	独立设置研究所	其他重点研究基地,省教育厅批准研究中心	体育科学	教育	单位自办	9	1	8	2	3	4	3	1277	5	0
科学训练研究中心	5	2019/3/30	学校自建	独立设置研究所	校级重点研究基地	体育科学	体育	单位自办	13	2	11	4	0	9	1	823	117	0
体育发展与规划研究院	6	2018/3/28	学校自建	独立设置研究所	校级重点研究基地	体育科学	体育	单位自办	5	3	2	5	0	0	3	569	58	0
中国近代武术研究中心	7	2018/9/26	学校自建	独立设置研究所	校级重点研究基地	体育科学	体育	单位自办	11	3	8	7	2	1	6	305	4	0
中国体育非物质文化遗产研究中心	8	2019/9/12	学校自建	独立设置研究所	校级重点研究基地	体育科学	体育	单位自办	9	4	5	8	1	0	10	100	32	0
南京艺术学院	028	/	/	/	/	/	/	/	69	44	23	47	21	1	35	1197	148	9
江苏省文化创意与综合设计重点实验室	1	2014/9/1	学校上级主管部门	独立设置研究所	省级重点实验室	艺术学	文化艺术业	单位自办	15	4	9	6	9	0	10	53	38	9
江苏文艺产业决策咨询研究基地	2	2015/4/15	非学校上级主管部门	独立设置研究所	省级重点研究基地	艺术学	文化艺术业	单位自办	4	4	0	3	1	0	3	46	12	0
文化创意协同创新中心	3	2011/9/15	学校上级主管部门	与校外合办所	省级2011协同创新中心	艺术学	文化艺术业	与国内高校合办	21	12	9	16	4	1	9	210	53	0
艺术教育高等研究院	4	2019/9/1	学校自建	独立设置研究所	研究中心	艺术学	文化艺术业	单位自办	1	1	0	1	0	0	0	54	7	0
艺术学研究所	5	2004/10/19	学校自建	独立设置研究所	研究所	艺术学	文化艺术业	单位自办	12	11	1	10	2	0	10	142	9	0
音乐学研究所	6	2002/7/1	学校自建	独立设置研究所	研究中心	艺术学	文化艺术业	单位自办	1	1	0	1	0	0	0	6	2	0
紫金文创研究院	7	2015/11/10	学校上级主管部门	跨系所	省级智库	艺术学	文化艺术业	单位自办	15	11	4	10	5	0	3	685	27	0
苏州科技大学	029	/	/	/	/	/	/	/	211	139	58	151	60	0	76	1500	1063	350
长三角一体化发展研究基地	1	2019/8/15	学校上级主管部门	与校外合办所	省级重点研究基地	经济学	生态保护和环境治理业	政府部门办	20	18	2	15	5	0	0	150	50	0

城市发展智库	2	2018/7/26	学校上级主管部门	与校外合办所	省级重点研究基地	管理学	国家机构	政府部门办	37	31	6	37	0	0	0	480	50	0
苏州城乡一体化改革发展研究院	3	2012/1/17	学校上级主管部门	与校外合办所	省级重点研究基地	管理学	生态保护和环境治理业	政府部门办	60	35	25	41	19	0	20	300	200	0
苏州国家历史文化名城保护研究院	4	2014/3/26	学校上级主管部门	与校外合办所	省级重点研究基地	管理学	生态保护和环境治理业	政府部门办	49	21	14	28	21	0	25	280	213	0
苏州与国内外先进地区创新竞争力比较研究中心	5	2016/5/19	非学校上级主管部门	与校外合办所	校级重点研究基地	政治学	商务服务业	政府部门办	19	16	3	14	5	0	0	50	20	0
心理与行为科学研究中心	6	2020/9/14	学校上级主管部门	独立设置研究所	省级重点研究基地	教育学	教育	政府部门办	15	12	3	7	8	0	0	190	500	350
亚太国家现代化与国际问题研究中心	7	2013/6/3	学校上级主管部门	独立设置研究所	省级重点研究基地	政治学	国际组织	政府部门办	11	6	5	9	2	0	31	50	30	0
常熟理工学院	030	/	/	/	/	/	/	/	106	51	42	89	17	0	0	120	108	0
“琴川清风”预防职务犯罪研究中心	1	2014/12/1	学校自建	与校外合办所	校级重点研究基地	社会学	中国共产党机关	单位自办	6	3	2	5	1	0	0	10	10	0
苏南经济与社会发展研究基地	2	2012/9/2	学校自建	与校外合办所	校级重点研究基地	社会学	中国共产党机关	单位自办	18	11	6	18	0	0	0	10	10	0
苏南区域文化建设研究中心	3	2009/7/1	学校自建	与校外合办所	校级重点研究基地	中国文学	广播、电视、电影和录音制作业	单位自办	16	5	5	15	1	0	0	10	5	0
苏州农业现代化研究中心	4	2017/7/7	学校上级主管部门	与校外合办所	省级重点研究基地	管理学	农业	政府部门办	15	8	7	12	3	0	0	30	30	0
苏州琴川智库	5	2019/6/12	学校上级主管部门	与校外合办所	其他智库，苏州市新型智库	管理学	国家机构	单位自办	12	8	3	9	3	0	0	15	20	0
县域科技体制综合改革与发展研究中心	6	2015/11/30	学校自建	与校外合办所	校级重点研究基地	管理学	中国共产党机关	单位自办	10	6	4	8	2	0	0	10	10	0
现代民政研究中心	7	2015/4/30	学校自建	与校外合办所	校级重点研究基地	社会学	人民政协、民主党派	单位自办	7	4	3	6	1	0	0	15	10	0
学前教育研究中心	8	2018/11/9	学校自建	跨系所	校级重点研究基地	教育学	教育	与境内注册其他企业合办	15	4	7	11	4	0	0	10	10	0
中国县域金融研究中心	9	2014/12/1	学校自建	与校外合办所	校级重点研究基地	经济学	其他金融业	单位自办	7	2	5	5	2	0	0	10	3	0

六、社科研究与发展机构 6

续表

机构名称	编号	成立时间	批准部门	组成方式	机构类型	学科分类	服务的国民经济行业	组成类型	R&D活动人员(人) 合计	其中 博士毕业	其中 硕士毕业	其中 高级职称	其中 中级职称	其中 初级职称	培养研究生(人)	R&D经费支出(千元)	仪器设备原价(千元)	其中 进口(千元)
		L01	L02	L03	L04	L05	L06	L07	L08	L09	L10	L11	L12	L13	L14	L15	L16	L17
淮阴工学院	031	/	/	/	/	/	/	/	119	56	62	68	30	0	0	2225	263	0
创新创业研究中心	1	2018/10/18	学校上级主管部门	跨系所	省级重点研究基地	教育学	教育	单位自办	17	10	6	10	7	0	0	100	24	0
工业设计中心	2	2013/6/5	非学校上级主管部门	与校外合办所	其他重点实验室,江苏经济和信息化委员会批准	艺术学	文化艺术业	其他	26	4	22	13	13	0	0	100	76	0
苏北发展研究院	3	2015/2/3	非学校上级主管部门	与校外合办所	省级智库	经济学	其他服务业	与国内独立研究结构合办	45	20	25	23	1	0	0	1825	87	0
苏北社区治理现代化研究中心	4	2020/9/24	学校上级主管部门	跨系所	省级重点研究基地	社会学	社会工作	单位自办	19	11	8	11	8	0	0	100	56	0
台商研究中心	5	2017/7/20	学校上级主管部门	与校外合办所	省级重点研究基地	经济学	商务服务业	政府部门办	12	11	1	11	1	0	0	100	20	0
常州工学院	032	/	/	/	/	/	/	/	157	78	47	95	62	0	0	1921	49	0
产业工人队伍建设改革常州研究院	1	2020/12/1	非学校上级主管部门	独立设置研究所	其他智库,市级智库	管理学	社会工作	单位自办	5	3	1	4	1	0	0	113	0	0
长三角文旅休闲产业研究院	2	2020/7/1	学校自建	独立设置研究所	其他智库,校级智库	经济学	其他服务业	单位自办	13	10	3	5	8	0	0	70	0	0
常州市创新创业与改革发展研究中心	3	2016/3/29	非学校上级主管部门	与校外合办所	市级科技平台	经济学	专业技术服务业	政府部门办	10	4	6	10	0	0	0	37	8	0
常州市发展规划研究中心常工院分中心	4	2020/7/1	非学校上级主管部门	独立设置研究所	其他智库,市级高校智库	经济学	社会工作	单位自办	6	5	1	2	4	0	0	390	0	0
常州市社会科学院数据科学与经济社会发展研究中心	5	2016/10/26	非学校上级主管部门	独立设置研究所	市级科研平台	经济学	专业技术服务业	其他	6	2	4	6	0	0	0	147	0	0
常州市手球研究中心	6	2020/11/1	非学校上级主管部门	独立设置研究所	其他重点研究基地,市级研究基地	体育科学	体育	单位自办	5	2	0	4	1	0	0	94	0	0

常州市未成年人思想道德建设研究会	7	2014/2/1	非学校上级主管部门	独立设置研究所	其他智库，市级智库	教育学	教育	单位自办	6	3	2	4	2	0	0	198	0	0
常州研究中心	8	2009/5/1	非学校上级主管部门	独立设置研究所	其他智库，市级智库	管理学	社会工作	单位自办	6	0	3	5	1	0	0	60	0	0
常州中外文化交流研究院	9	2020/7/1	学校自建	独立设置研究所	其他智库，校级智库	语言学	文化艺术业	单位自办	14	9	5	5	9	0	0	19	15	0
大运河文化带建设研究院常州分院	10	2019/8/20	非学校上级主管部门	与校外合办所	省级智库	管理学	其他服务业	与国内独立研究结构合办	8	7	1	5	3	0	0	329	19	0
江南文史与文化传播研究院	11	2020/7/1	学校自建	独立设置研究所	其他智库，校级智库	中国文学	文化艺术业	单位自办	21	14	5	12	9	0	0	26	0	0
江苏当代文学研究基地	12	2020/11/1	非学校上级主管部门	独立设置研究所	其他重点研究基地，市级研究基地	中国文学	文化艺术业	单位自办	5	4	0	2	3	0	0	13	0	0
江苏高校文化创意协同创新中心	13	2014/3/13	非学校上级主管部门	与校外合办所	省级 2011 协同创新中心	艺术学	文化艺术业	政府部门办	19	9	6	9	10	0	0	50	0	0
瞿秋白研究中心	14	2020/6/1	非学校上级主管部门	独立设置研究所	其他重点研究基地，市级社科普及示范基地	中国文学	中国共产党机关	单位自办	5	1	2	4	1	0	0	15	0	0
习近平新时代中国特色社会主义思想研究院	15	2020/7/1	学校自建	独立设置研究所	其他智库，校级智库	马克思主义	中国共产党机关	单位自办	13	0	0	8	5	0	0	72	8	0
先进制造产业研究院	16	2020/7/1	学校自建	独立设置研究所	其他智库，校级智库	经济学	通用设备制造业	单位自办	6	3	3	3	3	0	0	60	0	0
乡村振兴战略研究院	17	2020/7/1	学校自建	独立设置研究所	其他智库，校级智库	经济学	农业	单位自办	9	2	5	7	2	0	0	231	0	0
扬州大学	033	/	/	/	/	/	/	/	298	207	70	240	49	6	275	1553	417	0
“美声之林”声乐艺术中心	1	2016/9/15	学校自建	独立设置研究所	校研究机构	艺术学	广播、电视、电影和录音制作业	单位自办	7	0	7	3	1	1	12	100	15	0
当代中国民主政治研究中心	2	2014/3/28	学校自建	独立设置研究所	校级重点研究基地	马克思主义	中国共产党机关	单位自办	12	10	2	12	0	0	32	100	22	0
淮扬文化研究中心	3	2010/8/5	学校上级主管部门	独立设置研究所	省级重点研究基地	历史学	文化艺术业	单位自办	15	2	4	15	0	0	26	50	16	0

续表

机构名称		成立时间	批准部门	组成方式	机构类型	学科分类	服务的国民经济行业	组成类型	R&D活动人员(人)						培养研究生(人)	R&D经费支出(千元)	仪器设备原价(千元)	其中
									合计	其中								进口(千元)
										博士毕业	硕士毕业	高级职称	中级职称	初级职称				
	编号	L01	L02	L03	L04	L05	L06	L07	L08	L09	L10	L11	L12	L13	L14	L15	L16	L17
江苏城乡融合发展研究中心	4	2018/8/16	学校上级主管部门	跨系所	其他重点研究基地,省教育厅	经济学	科技推广和应用服务业	单位自办	12	10	1	12	0	0	30	100	25	0
江苏省学生心理健康运动干预研究中心	5	2016/4/6	学校上级主管部门	独立设置研究所	其他重点研究基地,省教育厅研究基地	体育科学	教育	单位自办	6	0	2	4	2	0	4	100	30	0
江苏苏中发展研究基地	6	2013/8/6	非学校上级主管部门	独立设置研究所	其他重点研究基地	管理学	中国共产党机关	单位自办	3	3	0	3	0	0	0	12	7	0
江苏现代物流研究基地	7	2019/11/20	学校上级主管部门	独立设置研究所	其他重点研究基地,省社科联	管理学	装卸搬运和仓储业	单位自办	24	19	4	16	7	0	0	5	2	0
马克思主义大众化研究与传播中心	8	2012/11/30	学校上级主管部门	跨系所	其他重点研究基地,省马克思主义大众化学习实践基地	马克思主义	中国共产党机关	单位自办	16	12	4	16	0	0	32	100	28	0
儒家经典诠释与域外传播研究中心	9	2020/6/22	学校上级主管部门	独立设置研究所	其他重点研究基地	中国文学	文化艺术业	单位自办	33	31	2	29	4	0	32	20	6	0
苏丹和南苏丹研究中心	10	2020/8/4	非学校上级主管部门	独立设置研究所	国家民委“一带一路”国别和区域研究中心	国际问题研究	国际组织	单位自办	16	12	4	5	11	0	5	50	8	0
苏中发展研究院	11	1997/1/1	学校上级主管部门	独立设置研究所	其他重点研究基地	经济学	科技推广和应用服务业	政府部门办	5	5	0	5	0	0	0	90	30	0
体育运动与脑科学研究所	12	2017/2/24	学校自建	独立设置研究所	校研究机构	体育科学	体育	单位自办	14	5	9	8	6	0	0	200	48	0
政府治理与公共政策研究中心	13	2016/9/15	学校自建	与校外合办所	校研究机构	管理学	中国共产党机关	与国内高校合办	6	6	0	6	0	0	12	200	40	0
中餐非遗技艺传承文化和旅游部重点实验室	14	2021/6/2	非学校上级主管部门	独立设置研究所	中央其他部委重点实验室	管理学	文化艺术业	单位自办	27	19	6	10	12	5	25	50	10	0

中国大运河研究院	15	2017/5/12	学校上级主管部门	独立设置研究所	其他重点研究基地	管理学	生态保护和环境治理业	单位自办	18	8	6	18	0	0	0	100	30	0
中国法律文化与法治发展研究中心	16	2014/3/28	学校自建	独立设置研究所	校级重点研究基地	法学	社会保障	单位自办	15	13	2	14	1	0	8	100	22	0
中国近代史研究中心	17	1999/1/10	学校自建	独立设置研究所	校级重点研究基地	历史学	文化艺术业	单位自办	5	4	1	5	0	0	18	56	40	0
中国特色社会主义研究中心	18	2012/12/22	学校上级主管部门	跨系所	其他重点研究基地，省中国特色社会主义理论体系研究基地	马克思主义	中国共产党机关	单位自办	50	40	10	45	5	0	15	20	5	0
中外语言文化比较研究中心	19	2014/3/28	学校自建	独立设置研究所	校级重点研究基地	语言学	文化艺术业	单位自办	14	8	6	14	0	0	24	100	33	0
南京审计大学	034	/	/	/	/	/	/	/	240	194	18	126	109	3	223	1452	6052	0
城市发展研究院	1	2016/12/1	学校自建	独立设置研究所	校级研究院	管理学	其他服务业	单位自办	18	18	0	5	13	0	5	95	418	0
国家监察与审计法治研究院	2	2017/3/31	学校自建	独立设置研究所	校级研究院	法学	商务服务业	单位自办	14	13	1	10	4	0	20	15	0	0
国家审计大数据研究中心	3	2016/3/1	学校自建	独立设置研究所	校级研究中心	管理学	商务服务业	单位自办	3	3	0	1	2	0	3	100	2500	0
国民经济研究所	4	2006/7/3	学校自建	独立设置研究所	校级研究所	经济学	商务服务业	单位自办	2	2	0	2	0	0	8	15	16	0
江苏省劳动法治研究基地	5	2017/3/15	非学校上级主管部门	与校外合办所	省级重点研究基地	法学	其他服务业	政府部门办	22	3	4	10	10	2	7	3	10	0
金融风险管理研究中心	6	2010/8/1	学校上级主管部门	独立设置研究所	省级重点研究基地	经济学	其他金融业	政府部门办	15	9	0	6	9	0	10	30	50	0
经济与金融研究院	7	2015/10/27	学校自建	独立设置研究所	校级研究中心	经济学	其他金融业	单位自办	26	23	3	5	18	1	0	500	15	0
区块链实验室(新零售研究中心)	8	2018/12/19	学校自建	跨系所	其他重点实验室，院级实验室	经济学	社会工作	单位自办	8	7	1	4	4	0	5	54	0	0
社会与经济研究院	9	2016/9/1	学校自建	独立设置研究所	校级研究中心	经济学	商务服务业	单位自办	12	12	0	6	6	0	10	15	133	0
新经济研究院	10	2017/11/1	学校自建	独立设置研究所	校级研究院	经济学	商务服务业	单位自办	8	7	1	7	1	0	17	14	141	0
泽尔腾经济学实验室	11	2018/8/1	学校自建	独立设置研究所	校级重点实验室	经济学	其他服务业	单位自办	8	8	0	2	6	0	4	130	600	0

续表

机构名称	编号	成立时间	批准部门	组成方式	机构类型	学科分类	服务的国民经济行业	组成类型	R&D活动人员(人) 合计	其中 博士毕业	其中 硕士毕业	其中 高级职称	其中 中级职称	其中 初级职称	培养研究生(人)	R&D经费支出(千元)	仪器设备原价(千元)	其中 进口(千元)
		L01	L02	L03	L04	L05	L06	L07	L08	L09	L10	L11	L12	L13	L14	L15	L16	L17
政府审计与区域治理法治化研究院	12	2018/7/19	非学校上级主管部门	跨系所	省级重点研究基地	法学	商务服务业	政府部门办	60	46	8	44	16	0	98	61	30	0
政治与经济研究院	13	2016/4/1	学校自建	独立设置研究所	校级研究院	管理学	其他服务业	单位自办	16	16	0	6	10	0	18	15	138	0
智能管理会计与内部控制研究院	14	2020/10/28	学校自建	独立设置研究所	其他智库，校级智库	管理学	社会工作	单位自办	15	15	0	8	7	0	10	60	0	0
中国古典学研究中心	15	2014/9/24	学校自建	独立设置研究所	校级研究中心	中国文学	文化艺术业	单位自办	8	7	0	7	1	0	0	30	0	0
中国审计情报中心	16	2014/9/1	学校自建	独立设置研究所	校级研究院	管理学	商务服务业	单位自办	3	3	0	1	2	0	3	300	2000	0
中匈学术文化研究中心	17	2021/2/26	学校自建	独立设置研究所	研究中心	经济学	文化艺术业	单位自办	2	2	0	2	0	0	5	15	0	0
南京晓庄学院	035	/	/	/	/	/	/	/	74	36	37	35	32	7	0	800	230	0
基层社会治理创新研究基地	1	2017/7/1	学校上级主管部门	独立设置研究所	其他重点研究基地，江苏高校人文社科校外研究基地	社会学	社会工作	单位自办	9	3	5	5	4	0	0	150	50	0
江苏红色文化资源保护利用研究中心	2	2018/10/1	学校上级主管部门	独立设置研究所	其他重点研究基地，江苏高校人文社科校外研究基地	马克思主义	教育	单位自办	20	8	12	7	12	1	0	250	50	0
南京区域文化传承与创新研究基地	3	2021/11/15	学校上级主管部门	独立设置研究所	其他重点研究基地，市级哲学社会科学重点研究基地	历史学	其他服务业	单位自办	6	4	2	3	2	1	0	80	20	0
南京市中小学生心理援助中心	4	2017/5/1	学校上级主管部门	独立设置研究所	其他重点研究基地，江苏省社会科学普及研发基地	心理学	社会工作	单位自办	6	5	1	5	1	0	0	90	10	0

陶行知教育思想及其当代价值研究基地	5	2021/11/15	学校上级主管部门	独立设置研究所	其他重点研究基地,市级哲学社会科学重点研究基地	教育学	教育	单位自办	8	5	3	4	4	0	0	80	30	0
新时代师德教育研究基地	6	2021/11/15	学校上级主管部门	独立设置研究所	其他重点研究基地,市级哲学社会科学重点研究基地	教育学	教育	单位自办	12	8	4	6	5	1	0	80	20	0
幼儿体育与健康促进研究基地	7	2021/11/15	学校上级主管部门	独立设置研究所	其他重点研究基地,市级哲学社会科学重点研究基地	体育科学	体育	单位自办	13	3	10	5	4	4	0	70	50	0
江苏理工学院	036	/	/	/	/	/	/	/	257	111	117	163	90	0	0	428	199	0
财税法学研究中心	1	2014/9/17	学校自建	独立设置研究所	校级重点研究基地	经济学	商务服务业	单位自办	17	7	10	9	8	0	0	12	6	0
财务与会计研究中心	2	2014/7/16	学校自建	独立设置研究所	校级重点研究基地	经济学	商务服务业	单位自办	15	5	10	7	8	0	0	11	4	0
常州画派研究所	3	2009/3/27	学校自建	独立设置研究所	校级重点研究基地	艺术学	文化艺术业	单位自办	5	0	2	4	1	0	0	3	2	0
常州历史文化研究所	4	2015/7/14	学校自建	独立设置研究所	校级重点研究基地	民族学与文化学	文化艺术业	单位自办	12	6	6	5	7	0	0	3	2	0
常州旅游文化研究所	5	2015/9/16	学校自建	独立设置研究所	校级重点研究基地	民族学与文化学	文化艺术业	单位自办	14	6	8	7	7	0	0	11	4	0
常州民营经济研究所	6	2006/6/2	学校自建	独立设置研究所	校级重点研究基地	经济学	商务服务业	单位自办	8	2	5	7	1	0	0	20	5	0
常州市名人研究院	7	2015/10/16	学校自建	独立设置研究所	校级重点研究基地	民族学与文化学	文化艺术业	单位自办	7	7	0	6	1	0	0	20	5	0
常州市青少年心理研究与指导中心	8	2015/3/2	学校自建	独立设置研究所	校级重点研究基地	教育学	教育	单位自办	8	5	0	5	3	0	0	20	5	0
传统壁画研究所	9	2014/10/14	学校自建	独立设置研究所	校级重点研究基地	艺术学	文化艺术业	单位自办	11	3	8	5	6	0	0	3	2	0
传统文化艺术研究所	10	2006/4/6	学校自建	独立设置研究所	校级重点研究基地	艺术学	文化艺术业	单位自办	7	1	4	7	0	0	0	10	4	0
江苏理工学院创新设计研究院	11	2018/7/12	学校上级主管部门	独立设置研究所	其他重点研究基地	艺术学	文化艺术业	政府部门办	30	20	10	19	11	0	0	3	2	0
江苏省职业技术教育科学研究中心	12	1989/5/1	非学校上级主管部门	独立设置研究所	其他	教育学	教育	政府部门办	16	4	7	12	0	0	0	182	110	0

续表

机构名称	编号	成立时间	批准部门	组成方式	机构类型	学科分类	服务的国民经济行业	组成类型	R&D活动人员(人) 合计	其中 博士毕业	硕士毕业	高级职称	中级职称	初级职称	培养研究生(人)	R&D经费支出(千元)	仪器设备原价(千元)	其中 进口(千元)
		L01	L02	L03	L04	L05	L06	L07	L08	L09	L10	L11	L12	L13	L14	L15	L16	L17
江苏职业教育研究基地	13	2011/11/1	非学校上级主管部门	独立设置研究所	江苏省决策咨询研究基地	教育学	教育	政府部门办	12	4	4	12	0	0	0	25	6	0
跨语际文化与翻译研究所	14	2014/9/10	学校自建	独立设置研究所	校级重点研究基地	外国文学	文化艺术业	单位自办	14	4	10	7	7	0	0	11	4	0
马克思主义中国化研究所	15	2015/7/15	学校自建	独立设置研究所	校级重点研究基地	马克思主义	文化艺术业	单位自办	12	4	8	5	7	0	0	11	4	0
农村职业教育研究所	16	2006/2/10	学校自建	独立设置研究所	校级重点研究基地	教育学	其他服务业	单位自办	6	1	3	5	1	0	0	3	2	0
人力资源开发研究中心	17	2006/10/9	学校自建	独立设置研究所	校级重点研究基地	管理学	商务服务业	单位自办	6	4	1	5	1	0	0	5	4	0
双语教育研究所	18	2015/9/24	学校自建	独立设置研究所	校级重点研究基地	教育学	教育	单位自办	8	5	3	4	4	0	0	10	4	0
心理教育研究所	19	2004/4/8	学校自建	独立设置研究所	校级重点研究基地	心理学	教育	单位自办	8	5	0	5	3	0	0	10	6	0
艺术设计研究所	20	2014/8/20	学校自建	独立设置研究所	校级重点研究基地	艺术学	文化艺术业	单位自办	9	4	5	3	6	0	0	3	2	0
应用经济研究所	21	2015/2/19	学校自建	独立设置研究所	校级重点研究基地	经济学	商务服务业	单位自办	11	5	6	4	7	0	0	12	3	0
职业教育研究院	22	1989/5/11	学校自建	独立设置研究所	校级重点研究基地	教育学	教育	单位自办	11	5	4	11	0	0	0	20	5	0
职业教育与社会发展研究所	23	2006/10/20	学校自建	独立设置研究所	校级重点研究基地	教育学	教育	单位自办	5	4	1	5	0	0	0	10	4	0
职业心理研究所	24	2009/3/26	学校自建	独立设置研究所	校级重点研究基地	心理学	教育	单位自办	5	0	2	4	1	0	0	10	6	0
江苏海洋大学	037	/	/	/	/	/	/	/	105	54	51	60	45	0	0	435	63	0
国家东中西合作示范区研究基地	1	2013/11/1	非学校上级主管部门	与校外合办所	其他重点研究基地,国家东中西合作示范区研究基地	经济学	专业技术服务业	与国内独立研究结构合办	10	5	5	6	4	0	0	70	8	0

江苏海洋发展研究院	2	2016/11/4	学校自建	与校外合办所	校级重点研究基地，江苏海洋发展研究院	经济学	专业技术服务业	与国内独立研究结构合办	16	8	8	12	4	0	0	60	5	0
江苏省“一带一路”法律服务研究中心	3	2015/11/20	学校自建	与校外合办所	其他智库，江苏省“一带一路”法律服务研究中心	法学	专业技术服务业	与国内独立研究结构合办	12	6	6	4	8	0	0	65	8	0
江苏省海洋经济研究中心	4	2009/11/15	非学校上级主管部门	独立设置研究所	其他智库，江苏省海洋经济研究中心	经济学	专业技术服务业	单位自办	14	8	6	8	6	0	0	40	10	0
江苏省海洋文化产业研究院	5	2012/9/12	学校自建	与校外合办所	其他智库，江苏省海洋文化产业研究院	艺术学	广播、电视、电影和录音制作业	其他	9	3	6	3	6	0	0	85	15	0
连云港市地方立法咨询研究基地	6	2016/7/10	学校自建	独立设置研究所	其他智库，连云港市地方立法咨询研究基地	法学	专业技术服务业	单位自办	9	4	5	4	5	0	0	60	6	0
中国社科院“一带一路”（连云港）研究基地	7	2016/12/8	学校自建	独立设置研究所	其他智库，中国社科院“一带一路”（连云港）研究基地	经济学	专业技术服务业	与国内独立研究结构合办	21	12	9	15	6	0	0	35	6	0
中国社科院知识社会（连云港）研究基地	8	2016/12/8	学校自建	独立设置研究所	其他智库，中国社科院知识社会（连云港）研究基地	经济学	专业技术服务业	与国内独立研究结构合办	14	8	6	8	6	0	0	20	5	0
南京特殊教育师范学院	038	/	/	/	/	/	/	/	37	4	0	27	7	0	0	387	826	140
残障与发展研究基地	1	2017/7/15	学校上级主管部门	跨系所	省级重点研究基地	管理学	社会工作	政府部门办	10	0	0	8	2	0	0	108	260	0
江苏共享发展研究基地	2	2019/10/9	非学校上级主管部门	独立设置研究所	省级重点研究基地	管理学	社会保障	与国内高校合办	9	0	0	6	2	0	0	86	198	0
特殊教育发展研究中心	3	2020/9/14	学校上级主管部门	跨系所	省级重点研究基地	教育学	教育	单位自办	6	4	0	2	2	0	0	140	18	0
中国手语盲文研究院	4	2018/8/16	学校上级主管部门	跨系所	省级重点研究基地	语言学	教育	单位自办	12	0	0	11	1	0	0	53	350	140

续表

机构名称	编号	成立时间	批准部门	组成方式	机构类型	学科分类	服务的国民经济行业	组成类型	R&D活动人员(人) 合计	其中 博士毕业	其中 硕士毕业	其中 高级职称	其中 中级职称	其中 初级职称	培养研究生(人)	R&D经费支出(千元)	仪器设备原价(千元)	其中 进口(千元)
		L01	L02	L03	L04	L05	L06	L07	L08	L09	L10	L11	L12	L13	L14	L15	L16	L17
金陵科技学院	039	/	/	/	/	/	/	/	141	97	41	66	69	4	0	785	113	0
互联网经济与产业研究中心	1	2015/10/22	学校自建	独立设置研究所	校级重点研究基地	经济学	货币金融服务	单位自办	10	3	7	3	7	0	0	20	5	0
江苏省企业知识产权战略研究中心	2	2011/5/1	学校自建	独立设置研究所	校级重点研究基地	经济学	其他金融业	与国内独立研究结构合办	15	4	10	3	10	0	0	250	10	0
科技创新与区域经济高质量发展研究中心	3	2021/9/30	学校自建	独立设置研究所	校级重点研究基地	经济学	科技推广和应用服务业	政府部门办	14	14	0	11	3	0	0	50	10	0
南京产业协同创新研究院	4	2015/10/8	学校自建	与校外合办所	校级重点研究基地	经济学	科技推广和应用服务业	单位自办	35	28	7	5	30	0	0	10	4	0
南京城市文化数字创意研究基地	5	2021/12/13	学校自建	独立设置研究所	校级重点研究基地	艺术学	文化艺术业	单位自办	10	8	2	5	5	0	0	50	20	0
南京知识产权人才培训基地	6	2009/11/1	学校自建	独立设置研究所	校级重点研究基地	经济学	软件和信息技术服务业	单位自办	5	4	1	2	3	0	0	200	19	0
数字艺术创意与应用实验室	7	2014/9/10	非学校上级主管部门	跨系所	省级重点实验室	艺术学	广播、电视、电影和录音制作业	政府部门办	5	0	3	2	3	0	0	55	15	0
文旅融合与数字化研究中心	8	2021/9/30	学校自建	独立设置研究所	校级重点研究基地	民族学与文化学	文化艺术业	政府部门办	37	27	10	29	8	0	0	100	20	0
智能物流运输与配送技术研究中心	9	2016/12/10	学校自建	独立设置研究所	校级重点实验室	管理学	道路运输业	单位自办	10	9	1	6	0	4	0	50	10	0
江苏第二师范学院	040	/	/	/	/	/	/	/	70	57	12	49	13	3	0	1321	168	0
江苏区域文学与文化研究中心	1	2020/9/14	学校上级主管部门	独立设置研究所	省级重点研究基地	中国文学	文化艺术业	单位自办	20	20	0	20	0	0	0	700	50	0
教育现代化研究院	2	2016/7/4	学校上级主管部门	独立设置研究所	省级智库	教育学	教育	单位自办	7	6	1	6	1	0	0	252	19	0
全省高校示范马克思主义学院培育点	3	2018/7/19	学校上级主管部门	独立设置研究所	示范马院培育点	马克思主义	其他服务业	单位自办	20	15	5	10	5	0	0	86	28	0
新时代师德教育研究中心	4	2018/7/19	学校上级主管部门	独立设置研究所	省级重点研究基地	教育学	教育	单位自办	16	16	0	12	4	0	0	158	13	0

中华优秀传统文化传承基地(锡剧)	5	2019/11/1	学校上级主管部门	独立设置研究所	其他重点研究基地,全国中华传统文化传承基地	艺术学	文化艺术业	单位自办	7	0	6	1	3	3	0	124	58	0
南京工业职业技术大学	041	/	/	/	/	/	/	/	45	23	19	30	15	0	0	562	293	0
高等职业教育研究所	1	2002/11/1	学校自建	独立设置研究所	校级重点研究基地	教育学	其他服务业	单位自办	6	3	3	5	1	0	0	116	73	0
国际贸易与物流管理研究所	2	2011/5/11	学校自建	独立设置研究所	校级重点研究基地	管理学	其他金融业	单位自办	9	2	5	8	1	0	0	100	50	0
黄炎培职业教育思想研究会学术中心	3	2013/11/18	非学校上级主管部门	独立设置研究所	其他重点研究基地,江苏省教育厅高校哲社研究基地	教育学	其他服务业	与国内独立研究结构合办	12	4	7	11	1	0	0	100	38	0
江苏工匠文化传承与发展研究协同创新基地	4	2021/1/1	学校上级主管部门	跨系所	省级重点研究基地,校级重点研究基地	民族学与文化学	教育	单位自办	8	6	2	3	5	0	0	56	32	0
思政课虚拟仿真资源创新研究中心	5	2021/1/1	学校上级主管部门	独立设置研究所	省级重点研究基地	教育学	教育	单位自办	10	8	2	3	7	0	0	191	100	0
无锡学院	042	/	/	/	/	/	/	/	18	6	11	3	5	10	0	89	20	0
数字经济与产业发展研究院	1	2020/10/26	学校自建	独立设置研究所	研究院	经济学	其他金融业	单位自办	18	6	11	3	5	10	0	89	20	0
苏州城市学院	043	/	/	/	/	/	/	/	22	12	3	20	0	2	0	0	0	0
苏州发展研究院	1	2021/9/15	学校自建	独立设置研究所	校级科研平台	交叉学科	社会工作	单位自办	9	1	2	7	0	2	0	0	0	0
文正智库	2	2021/12/1	非学校上级主管部门	独立设置研究所	其他智库,市级新型智库	交叉学科	社会工作	单位自办	13	11	1	13	0	0	0	0	0	0
无锡职业技术学院	044	/	/	/	/	/	/	/	38	16	22	21	17	0	0	360	113	0
高职思想政治教育研究所	1	2016/7/1	学校自建	独立设置研究所	校级重点研究基地	马克思主义	教育	单位自办	10	4	6	6	4	0	0	100	37	0
管理与创新研究所	2	2016/6/15	学校自建	独立设置研究所	校级重点研究基地,其他重点研究基地,江苏高校哲学社会科学重点研究基地	管理学	社会工作	单位自办	15	7	8	10	5	0	0	100	43	0

续表

机构名称	编号	成立时间	批准部门	组成方式	机构类型	学科分类	服务的国民经济行业	组成类型	R&D活动人员(人) 合计	其中 博士毕业	硕士毕业	高级职称	中级职称	初级职称	培养研究生(人)	R&D经费支出(千元)	仪器设备原价(千元)	其中 进口(千元)
		L01	L02	L03	L04	L05	L06	L07	L08	L09	L10	L11	L12	L13	L14	L15	L16	L17
无锡现代职教研究中心	3	2016/7/1	学校自建	独立设置研究所	校级重点研究基地	教育学	教育	单位自办	13	5	8	5	8	0	0	160	33	0
苏州工艺美术职业技术学院	045	/	/	/	/	/	/	/	8	1	6	5	2	1	0	268	55	0
高等教育研究所	1	2017/4/15	学校自建	独立设置研究所	校级重点研究基地	教育学	教育	单位自办	4	1	2	3	1	0	0	260	25	0
桃花坞木刻年画研究所	2	2009/4/16	学校自建	与校外合办所	校级重点研究基地	艺术学	文化艺术业	与境内注册其他企业合办	4	0	4	2	1	1	0	8	30	0
苏州职业大学	046	/	/	/	/	/	/	/	114	29	85	58	55	0	0	1586	266	5
大运河(江苏段)文旅融合研究协同创新基地	1	2020/11/26	非学校上级主管部门	独立设置研究所	省级重点研究基地	中国文学	文化艺术业	政府部门办	14	2	12	12	2	0	0	550	60	0
江苏省作家协会儿童文学创研基地	2	2012/1/20	非学校上级主管部门	与校外合办所	其他重点研究基地,省作协基地	中国文学	教育	其他	5	2	3	1	4	0	0	2	16	5
石湖智库	3	2017/11/25	非学校上级主管部门	跨系所	其他智库,苏州市人民政府	管理学	教育	其他	5	1	4	3	2	0	0	750	50	0
数字经济研究中心	4	2018/12/20	学校自建	独立设置研究所	校级重点研究基地	经济学	其他服务业	单位自办	11	5	6	11	0	0	0	22	10	0
外国语言文化研究中心	5	2013/6/13	学校自建	独立设置研究所	校级重点研究基地	外国文学	教育	单位自办	18	3	15	8	9	0	0	11	10	0
吴文化传承与创新研究中心	6	2018/9/13	学校上级主管部门	跨系所	省级重点研究基地	中国文学	文化艺术业	政府部门办	61	16	45	23	38	0	0	250	120	0
泰州职业技术学院	047	/	/	/	/	/	/	/	6	1	3	4	2	0	0	9	5	0
泰州市工业经济研究院	1	2014/7/2	学校上级主管部门	与校外合办所	其他	经济学	研究和试验发展	政府部门办	6	1	3	4	2	0	0	9	5	0

江苏海事职业技术学院	048	/	/	/	/	/	/	/	34	11	22	12	18	0	0	400	253	0
江苏海事智慧航运研究	1	2021/6/30	非学校上级主管部门	跨系所	其他智库,江苏省社科应用协同创新智库	管理学	水上运输业	单位自办	12	5	7	6	6	0	0	100	23	0
一带一路应用型海事人才研究院	2	2018/10/18	学校上级主管部门	独立设置研究所	其他智库,省教育哲社基地	管理学	水上运输业	单位自办	22	6	15	6	12	0	0	300	230	0
无锡科技职业学院	049	/	/	/	/	/	/	/	12	3	8	2	8	2	0	10	0	0
新吴习近平新时代中国特色社会主义思想研究中心	1	2020/12/1	非学校上级主管部门	与校外合办所	其他智库,无锡高新区党工委(新吴区委宣传部)共建	马克思主义	社会工作	政府部门办	12	3	8	2	8	2	0	10	0	0
江苏医药职业学院	050	/	/	/	/	/	/	/	41	18	23	24	10	7	0	293	100	0
江苏基层卫生发展与全科医学教育研究中心	1	2018/7/19	学校上级主管部门	独立设置研究所	省级重点研究基地	管理学	卫生	单位自办	41	18	23	24	10	7	0	293	100	0
苏州经贸职业技术学院	051	/	/	/	/	/	/	/	12	5	7	3	7	2	0	100	0	0
跨境电子商务应用研究与人才培养协同创新中心	1	2019/6/10	非学校上级主管部门	独立设置研究所	协同创新中心	管理学	教育	单位自办	12	5	7	3	7	2	0	100	0	0
无锡商业职业技术学院	052	/	/	/	/	/	/	/	40	14	25	22	18	0	0	24	70	0
江苏省非物质文化遗产研究基地	1	2014/6/18	非学校上级主管部门	独立设置研究所	其他重点研究基地,江苏省文化厅非遗研究基地	艺术学	文教、工美、体育和娱乐用品制造业	单位自办	11	0	11	7	4	0	0	19	65	0
江苏省社科应用研究协同创新基地	2	2020/11/16	学校上级主管部门	与校外合办所	其他重点研究基地	经济学	商务服务业	单位自办	29	14	14	15	14	0	0	5	5	0
常州纺织服装职业技术学院	053	/	/	/	/	/	/	/	30	4	23	13	16	1	0	124	2	0
江苏服饰文化研究院	1	2020/9/14	学校上级主管部门	跨系所	省级重点研究基地	艺术学	纺织服装、服饰业	单位自办	29	4	23	13	15	1	0	119	2	0
口述历史研究中心	2	2020/1/1	学校自建	独立设置研究所	校级重点研究基地	历史学	文化艺术业	单位自办	1	0	0	0	1	0	0	5	0	0
苏州农业职业技术学院	054	/	/	/	/	/	/	/	25	3	22	13	10	2	0	90	30	0

续表

机构名称		成立时间	批准部门	组成方式	机构类型	学科分类	服务的国民经济行业	组成类型	R&D活动人员(人)						培养研究生(人)	R&D经费支出(千元)	仪器设备原价(千元)	其中
									合计	其中								进口(千元)
										博士毕业	硕士毕业	高级职称	中级职称	初级职称				
	编号	L01	L02	L03	L04	L05	L06	L07	L08	L09	L10	L11	L12	L13	L14	L15	L16	L17
苏州农村改革与发展研究院	1	2014/6/20	学校自建	独立设置研究所	校级重点研究基地	经济学	农、林、牧、渔专业及辅助性活动	单位自办	25	3	22	13	10	2	0	90	30	0
南京科技职业学院	055	/	/	/	/	/	/	/	5	0	4	4	1	0	0	110	55	0
现代职业教育研究院	1	2020/10/9	学校自建	跨系所	校级重点研究基地	教育学	教育	单位自办	5	0	4	4	1	0	0	110	55	0
南京铁道职业技术学院	056	/	/	/	/	/	/	/	13	0	9	8	5	0	0	400	160	0
高等教育研究所	1	2005/3/9	学校自建	独立设置研究所	校级研究机构	教育学	教育	单位自办	4	0	3	2	2	0	0	100	20	0
江苏社科应用研究协同创新培育基地	2	2020/10/20	非学校上级主管部门	跨系所	其他重点研究基地,江苏高职院校社科联协同创新培育基地	民族学与文化学	铁路运输业	单位自办	3	0	3	2	1	0	0	100	30	0
江苏铁路文化研究中心	3	2013/7/1	学校自建	独立设置研究所	校级研究机构	民族学与文化学	教育	单位自办	3	0	0	2	1	0	0	100	100	0
铁路文化研究基地	4	2020/6/20	学校上级主管部门	跨系所	其他重点研究基地,江苏高校铁路文化研究基地	民族学与文化学	铁路运输业	单位自办	3	0	3	2	1	0	0	100	10	0
南京信息职业技术学院	057	/	/	/	/	/	/	/	42	6	32	19	19	4	0	234	49	0
党建与思想政治教育研究会	1	2004/7/1	学校自建	独立设置研究所	校级研究会	马克思主义	教育	单位自办	19	3	15	9	10	0	0	51	12	0
江苏民营经济统战研究	2	2020/11/16	非学校上级主管部门	独立设置研究所	其他重点研究基地,江苏省社科应用协同创新研究基地	经济学	资本市场服务	单位自办	13	2	11	7	4	2	0	96	23	0

江苏协创民营经济研究院	3	2020/7/6	学校自建	独立设置研究所	校级重点研究基地	经济学	资本市场服务	单位自办	10	1	6	3	5	2	0	87	13	0
盐城工业职业技术学院	058	/	/	/	/	/	/	/	18	2	15	10	8	0	0	150	100	0
盐城产教融合发展研究中心	1	2020/9/5	非学校上级主管部门	独立设置研究所	其他智库，盐城市重点培育新型智库	教育学	教育	单位自办	18	2	15	10	8	0	0	150	100	0
江苏财经职业技术学院	059	/	/	/	/	/	/	/	12	3	7	6	6	0	0	32	112	0
周恩来文化研究所	1	2014/3/1	学校自建	跨系所	校级重点研究基地	教育学	文化艺术业	单位自办	12	3	7	6	6	0	0	32	112	0
扬州工业职业技术学院	060	/	/	/	/	/	/	/	65	11	50	32	25	1	0	81	0	0
高职院校“大思政”研究协同创新基地	1	2020/11/27	非学校上级主管部门	独立设置研究所	其他重点研究基地，江苏省高职院校社科应用研究协同创新	马克思主义	教育	单位自办	34	8	25	24	10	0	0	48	0	0
运河城市文化艺术研究中心	2	2021/12/8	学校自建	独立设置研究所	校级重点研究基地	艺术学	文化艺术业	单位自办	23	1	20	4	11	1	0	13	0	0
中国特色社会主义研究中心	3	2017/1/5	学校自建	独立设置研究所	校级重点研究基地	马克思主义	教育	单位自办	8	2	5	4	4	0	0	20	0	0
江苏城市职业学院	061	/	/	/	/	/	/	/	35	12	20	18	17	0	0	39	19	0
互联网产业链管理创新研究所	1	2018/10/31	学校自建	独立设置研究所	校级重点研究基地	管理学	装卸搬运和仓储业	单位自办	10	5	5	4	6	0	0	13	6	0
马克思主义中国化与中华传统文化研究中心	2	2018/10/31	学校自建	独立设置研究所	校级重点研究基地	马克思主义	教育	单位自办	6	4	1	4	2	0	0	7	4	0
美业文化研究中心	3	2018/10/31	学校自建	独立设置研究所	校级重点研究基地	艺术学	文化艺术业	单位自办	8	0	6	2	6	0	0	9	5	0
数字创意研发中心	4	2018/10/31	学校自建	独立设置研究所	校级重点研究基地	艺术学	科技推广和应用服务业	单位自办	11	3	8	8	3	0	0	11	4	0
江苏卫生健康职业学院	062	/	/	/	/	/	/	/	5	1	4	1	3	1	0	90	25	0
江苏省卫生职业院校文化研究室	1	2015/2/19	学校自建	与校外合办所	校级重点研究基地	教育学	卫生	单位自办	5	1	4	1	3	1	0	90	25	0
苏州工业园区服务外包职业学院	063	/	/	/	/	/	/	/	10	3	7	5	5	0	0	100	96	0
江苏服务外包研究中心	1	2017/7/13	学校上级主管部门	与校外合办所	省级重点研究基地	经济学	商务服务业	政府部门办	10	3	7	5	5	0	0	100	96	0

续表

机构名称	编号	成立时间	批准部门	组成方式	机构类型	学科分类	服务的国民经济行业	组成类型	R&D活动人员(人) 合计	其中 博士毕业	其中 硕士毕业	其中 高级职称	其中 中级职称	其中 初级职称	培养研究生(人)	R&D经费支出(千元)	仪器设备原价(千元)	其中 进口(千元)
		L01	L02	L03	L04	L05	L06	L07	L08	L09	L10	L11	L12	L13	L14	L15	L16	L17
徐州幼儿师范高等专科学校	064	/	/	/	/	/	/	/	91	5	86	41	0	0	0	60	21	0
儿童数字音乐研究中心	1	2019/9/15	学校自建	独立设置研究所	内设科研机构	艺术学	教育	单位自办	7	1	6	0	0	0	0	5	1	0
儿童戏曲教育研究中心	2	2019/9/15	学校自建	独立设置研究所	内设科研机构	艺术学	教育	单位自办	9	0	9	4	0	0	0	5	1	0
儿童音乐剧教育研究中心	3	2019/9/15	学校自建	独立设置研究所	内设科研机构	艺术学	教育	单位自办	6	1	5	2	0	0	0	5	1	0
淮海民间美术幼儿玩具研究中心	4	2019/9/15	学校自建	独立设置研究所	内设科研机构	艺术学	教育	单位自办	9	0	9	3	0	0	0	5	1	0
睢宁儿童画研究中心	5	2019/9/15	学校自建	独立设置研究所	内设科研机构	艺术学	教育	单位自办	6	0	6	3	0	0	0	5	1	0
特殊儿童音乐干预研究中心	6	2019/9/15	学校自建	独立设置研究所	内设科研机构	艺术学	教育	单位自办	8	0	8	5	0	0	0	5	1	0
幼儿健康大数据研究中心	7	2019/9/15	学校自建	独立设置研究所	内设科研机构	统计学	教育	单位自办	4	0	4	2	0	0	0	5	1	0
幼儿教育人工智能研究中心	8	2019/9/15	学校自建	独立设置研究所	内设科研机构	交叉学科	教育	单位自办	5	0	5	2	0	0	0	5	1	0
幼儿科学教育课程研究中心	9	2019/9/15	学校自建	独立设置研究所	内设科研机构	教育学	教育	单位自办	9	0	9	5	0	0	0	5	1	0
幼儿园空间与环境创设研究中心	10	2019/9/15	学校自建	独立设置研究所	内设科研机构	教育学	教育	单位自办	9	0	9	4	0	0	0	5	10	0
幼师生师德养成研究中心	11	2019/9/15	学校自建	独立设置研究所	内设科研机构	教育学	教育	单位自办	11	2	9	8	0	0	0	5	1	0
中外儿童文学比较研究中心	12	2019/9/15	学校自建	独立设置研究所	内设科研机构	语言学	教育	单位自办	8	1	7	3	0	0	0	5	1	0
三江学院	065	/	/	/	/	/	/	/	18	2	12	7	11	0	0	132	21	0
中外南海历史舆图研究基地	1	2020/9/14	学校上级主管部门	独立设置研究所	其他重点研究基地,江苏高校哲学社会科学重点研究基地	历史学	专业技术服务业	单位自办	18	2	12	7	11	0	0	132	21	0

南通理工学院	066	/	/	/	/	/	/	/	18	5	10	15	1	2	0	130	380	0
沪通产业协同发展研究基地	1	2017/7/1	学校上级主管部门	与校外合办所	省级重点研究基地	管理学	研究和试验发展	与境内注册其他企业合办	15	5	8	14	1	0	0	100	300	0
企业研究院	2	2021/8/31	学校自建	独立设置研究所	研究院	管理学	教育	单位自办	3	0	2	1	0	2	0	30	80	0
硅湖职业技术学院	067	/	/	/	/	/	/	/	32	4	12	8	12	10	0	110	150	0
电子商务重点实验室	1	2017/9/1	学校自建	独立设置研究所	校级重点实验室	管理学	其他服务业	单位自办	7	1	2	2	3	2	0	10	10	0
丝绸服饰文化创意产业设计研发中心	2	2017/9/11	学校自建	独立设置研究所	校级重点研究基地	艺术学	广播、电视、电影和录音制作业	与境内注册其他企业合办	9	1	3	2	3	3	0	80	120	0
物流管理研究基地	3	2017/11/1	学校自建	独立设置研究所	校级重点研究基地	管理学	其他服务业	单位自办	8	1	3	2	3	3	0	10	10	0
现代服务业研究室	4	2017/11/15	学校自建	独立设置研究所	校级重点实验室	管理学	商务服务业	与境内注册其他企业合办	8	1	4	2	3	2	0	10	10	0
无锡太湖学院	068	/	/	/	/	/	/	/	49	23	25	45	2	0	0	147	45	0
苏南产业转型创新发展研究中心	1	2018/7/19	学校上级主管部门	独立设置研究所	省级重点研究基地	管理学	商务服务业	单位自办	30	8	21	29	0	0	0	35	15	0
苏南资本市场研究中心	2	2017/9/1	学校上级主管部门	与校外合办所	省级重点研究基地	经济学	资本市场服务	与境内注册其他企业合办	19	15	4	16	2	0	0	112	30	0
南京大学金陵学院	069	/	/	/	/	/	/	/	65	8	47	24	39	1	0	746	180	0
拉丁美洲研究中心	1	2006/11/1	学校自建	独立设置研究所	校级重点研究基地	外国文学	其他服务业	单位自办	9	0	5	2	6	0	0	25	0	0
企业生态研究中心	2	2014/6/1	学校自建	独立设置研究所	校级重点研究基地	经济学	生态保护和环境治理业	单位自办	35	6	29	15	19	1	0	200	0	0
塞万提斯研究中心	3	2006/11/1	学校自建	独立设置研究所	校级重点研究基地	外国文学	其他服务业	单位自办	9	0	6	2	7	0	0	15	0	0
数字传播媒介研究中心	4	2014/12/30	学校自建	独立设置研究所	校级重点研究基地	新闻学与传播学	新闻和出版业	单位自办	2	0	0	2	0	0	0	100	100	0
丝路文明研究中心	5	2018/5/1	学校自建	独立设置研究所	其他智库	外国文学	教育	单位自办	6	0	5	2	4	0	0	5	80	0
学科交叉研究院	6	2019/9/5	学校自建	独立设置研究所	校级重点研究院	教育学	教育	单位自办	4	2	2	1	3	0	0	401	0	0

续表

机构名称		成立时间	批准部门	组成方式	机构类型	学科分类	服务的国民经济行业	组成类型	R&D活动人员(人) 合计	其中 博士毕业	硕士毕业	高级职称	中级职称	初级职称	培养研究生(人)	R&D经费支出(千元)	仪器设备原价(千元)	其中 进口(千元)
	编号	L01	L02	L03	L04	L05	L06	L07	L08	L09	L10	L11	L12	L13	L14	L15	L16	L17
南京师范大学中北学院	070	/	/	/	/	/	/	/	43	2	41	9	25	9	0	27	4	0
城乡环境设计研究所	1	2020/7/14	学校自建	独立设置研究所	校级社科重点研究基地	艺术学	文化艺术业	单位自办	8	0	8	2	4	2	0	1	0	0
思想政治理论课研究中心	2	2020/7/14	学校自建	独立设置研究所	校级社科重点研究基地	马克思主义	教育	单位自办	12	0	12	1	10	1	0	8	0	0
外国语言文化研究中心	3	2020/7/14	学校自建	独立设置研究所	校级社科重点研究基地	语言学	教育	单位自办	7	1	6	1	4	2	0	10	0	0
文化艺术传播研究中心	4	2020/7/14	学校自建	独立设置研究所	校级社科重点研究基地	新闻学与传播学	文化艺术业	单位自办	7	1	6	3	1	3	0	4	4	0
音乐应用研究所	5	2021/6/27	学校自建	独立设置研究所	校级社科重点研究基地	艺术学	文化艺术业	单位自办	9	0	9	2	6	1	0	4	0	0
苏州高博软件技术职业学院	071	/	/	/	/	/	/	/	10	0	6	7	3	0	0	10	0	0
苏南非遗文化传承与创新研究基地	1	2017/9/12	学校上级主管部门	与校外合办所	其他重点研究基地	艺术学	广播、电视、电影和录音制作业	其他	10	0	6	7	3	0	0	10	0	0
西交利物浦大学	072	/	/	/	/	/	/	/	21	7	14	1	3	6	3	797	150	0
和谐管理研究中心	1	2019/1/6	学校自建	独立设置研究所	校级重点研究基地，校级重点研究基地	管理学	商务服务业	单位自办	11	3	8	0	0	0	3	290	150	0
西浦智库	2	2017/10/1	非学校上级主管部门	与校外合办所	其他智库	社会学	其他服务业	其他	10	4	6	1	3	6	0	507	0	0

七、社科研究、课题与成果

1. 全省高等学校人文、社会科学研究与课题成果情况表

学科门类	编号	总数					出版著作(部)							古籍整理(部)	译著(部)	发表译文(篇)	电子出版物(件)	发表论文(篇)				获奖成果数(项)				研究与咨询报告(篇)	
		课题数(项)	当年投入人数(人年)	其中：研究生(人年)	当年拨入经费(千元)	当年支出经费(千元)	合计	专著	其中：被译成外文	编著教材	工具书参考书	皮书/发展报告	科普读物					合计	国内学术刊物	国外学术刊物	港、澳、台地区刊物	合计	国家级奖	部级奖	省级奖	合计	其中：被采纳数
	编号	L01	L02	L03	L04	L05	L06	L07	L08	L09	L10	L11	L12	L13	L14	L15	L16	L17	L18	L19	L20	L21	L22	L23	L24	L25	L26
合计	/	46 474	9483.10	817.40	1 217 460.83	1 073 193.62	1622	1026	28	508	22	38	28	17	165	12	50	30 090	28 115	1964	11	26	1	22	3	3889	2144
管理学	1	11 545	2275.80	212.80	400 381.13	369 456.81	294	198	5	87	2	4	3	0	4	1	34	5747	4992	755	0	2	0	2	0	1441	921
马克思主义	2	2759	555.70	42.30	38 917.42	34 975.02	66	39	1	17	3	1	6	1	2	0	4	1549	1534	15	0	0	0	0	0	133	75
哲学	3	479	114.80	13.80	10 533.32	9548.31	24	20	1	4	0	0	0	0	6	2	0	460	423	32	5	1	0	1	0	13	5
逻辑学	4	24	6.50	0.60	416.00	325.25	0	0	0	0	0	0	0	0	0	0	0	17	16	1	0	0	0	0	0	3	2
宗教学	5	42	8.40	1.10	341.00	451.27	1	0	0	1	0	0	0	0	0	0	0	15	12	3	0	0	0	0	0	1	0
语言学	6	1598	367.90	26.30	50 553.41	47 234.84	127	77	2	47	1	1	1	0	36	1	0	1500	1350	150	0	1	0	0	1	58	22
中国文学	7	1024	250.40	18.10	21 289.31	25 363.59	138	89	1	36	12	1	0	12	10	0	0	1310	1291	17	2	0	0	0	0	33	10
外国文学	8	567	126.10	5.50	8559.80	6625.27	60	39	9	19	0	1	1	0	59	3	0	516	448	67	1	0	0	0	0	5	2
艺术学	9	3655	858.40	134.20	142 340.84	119 471.93	210	121	1	81	2	5	1	1	5	2	0	3438	3330	108	0	1	0	1	0	260	122
历史学	10	655	152.30	17.60	19 584.66	16 836.73	58	43	1	15	0	0	0	0	11	0	0	458	436	22	0	0	0	0	0	40	18

续表

学科门类		总数					出版著作(部)							古籍整理(部)	译著(部)	发表译文(篇)	电子出版物(件)	发表论文(篇)				获奖成果数(项)				研究与咨询报告(篇)	
		课题数(项)	当年投入人数(人年)	其中:研究生(人年)	当年拨入经费(千元)	当年支出经费(千元)	合计	专著	其中:被译成外文	编著教材	工具书参考书	皮书/发展报告	科普读物					合计	国内学术刊物	国外学术刊物	港、澳、台地区刊物	合计	国家级奖	部级奖	省级奖	合计	其中:被采纳数
	编号	L01	L02	L03	L04	L05	L06	L07	L08	L09	L10	L11	L12	L13	L14	L15	L16	L17	L18	L19	L20	L21	L22	L23	L24	L25	L26
考古学	11	310	39.00	24.30	63 357.61	24 816.03	1	1	0	0	0	0	0	1	1	0	0	39	38	1	0	0	0	0	0	66	50
经济学	12	4582	948.30	100.70	138 911.98	124 178.20	130	75	2	52	0	2	1	0	1	0	5	2512	2199	313	0	1	0	1	0	591	357
政治学	13	772	155.30	7.40	9294.29	8541.99	15	10	1	2	0	2	1	0	1	1	0	350	335	15	0	0	0	0	0	46	22
法学	14	1457	322.60	31.90	42 507.10	37 955.71	76	47	0	19	0	5	5	0	3	0	0	969	941	27	1	0	0	0	0	135	91
社会学	15	2413	505.10	67.30	61 081.32	48 327.99	54	32	0	12	1	3	6	0	9	0	0	1029	942	87	0	0	0	0	0	225	114
民族学与文化学	16	384	72.30	1.80	4255.90	5153.46	8	7	0	1	0	0	0	0	1	1	0	120	110	10	0	0	0	0	0	26	19
新闻学与传播学	17	699	137.00	6.70	17 565.65	15 297.16	31	23	1	8	0	0	0	1	0	0	0	565	542	22	1	0	0	0	0	67	20
图书馆、情报与文献学	18	781	150.00	15.70	17 813.93	13 015.63	19	19	0	0	0	0	0	1	3	0	4	714	657	57	0	0	0	0	0	76	29
教育学	19	10 592	2010.40	61.50	117 997.74	116 737.51	224	132	3	80	0	11	1	0	8	1	0	7182	7044	137	1	19	1	17	1	444	180
统计学	20	223	46.90	2.90	5184.16	6667.06	5	2	0	1	1	1	0	0	0	0	2	119	92	27	0	0	0	0	0	29	13
心理学	21	467	90.50	5.50	6163.60	5841.47	6	4	0	2	0	0	0	0	3	0	0	274	237	37	0	1	0	0	1	23	8
体育科学	22	1183	238.00	17.40	28 821.51	28 662.57	65	45	0	18	0	0	2	0	0	0	1	1034	975	59	0	0	0	0	0	95	32
其他学科	23	263	51.4	2	11 589.159	7709.837	10	3	0	6	0	1	0	0	2	0	0	173	171	2	0	0	0	0	0	79	32

2. 公办本科高等学校人文、社会科学研究与课题成果情况表

学科门类		总数					出版著作(部)							古籍整理(部)	译著(部)	发表译文(篇)	电子出版物(件)	发表论文(篇)				获奖成果数(项)				研究与咨询报告(篇)	
		课题数(项)	当年投入人数(人年)	其中:研究生(人年)	当年拨入经费(千元)	当年支出经费(千元)	合计	专著	其中:被译成外文	编著教材	工具书参考书	皮书/发展报告	科普读物					合计	国内学术刊物	国外学术刊物	港、澳、台地区刊物	合计	国家级奖	部级奖	省级奖	合计	其中:被采纳数
	编号	L01	L02	L03	L04	L05	L06	L07	L08	L09	L10	L11	L12	L13	L14	L15	L16	L17	L18	L19	L20	L21	L22	L23	L24	L25	L26
合计	/	31 611	6723.90	816.30	1 113 389.89	976 311.05	1252	869	24	322	20	13	28	16	155	6	50	17 391	15 669	1711	11	23	1	22	0	2641	1461
管理学	1	8532	1693.50	211.90	369 257.85	338 108.59	227	173	4	47	2	2	3	0	4	0	34	3505	2800	705	0	2	0	2	0	948	649
马克思主义	2	1856	393.80	42.30	35 816.78	32 255.29	58	35	1	15	2	0	6	1	2	0	4	1038	1030	8	0	0	0	0	0	102	51
哲学	3	415	101.10	13.80	10 375.02	9400.77	22	19	1	3	0	0	0	0	6	2	0	393	366	22	5	1	0	1	0	12	4
逻辑学	4	19	4.00	0.60	350.00	271.73	0	0	0	0	0	0	0	0	0	0	0	14	13	1	0	0	0	0	0	1	1
宗教学	5	42	8.40	1.10	341.00	451.27	1	0	0	1	0	0	0	0	0	0	0	13	12	1	0	0	0	0	0	1	0
语言学	6	1250	298.70	26.30	47 329.70	44 772.96	93	61	2	30	1	0	1	0	34	1	0	943	817	126	0	0	0	0	0	41	14
中国文学	7	912	225.80	18.10	20 484.26	24 707.43	126	82	0	32	12	0	0	11	10	0	0	1037	1022	13	2	0	0	0	0	29	8
外国文学	8	521	115.60	5.50	8216.45	6495.56	59	38	9	19	0	1	1	0	53	0	0	443	380	62	1	0	0	0	0	4	2
艺术学	9	2505	627.30	134.20	123 515.06	102 246.32	147	97	1	48	1	0	1	1	5	2	0	2009	1932	77	0	1	0	1	0	133	67
历史学	10	610	144.20	17.60	18 747.66	16 311.37	53	39	1	14	0	0	0	0	11	0	0	417	402	15	0	0	0	0	0	33	13
考古学	11	308	38.10	24.30	63 354.61	24 802.05	1	1	0	0	0	0	0	1	1	0	0	35	34	1	0	0	0	0	0	66	50
经济学	12	3379	703.90	100.70	125 231.99	112 387.22	79	60	2	16	0	2	1	0	1	0	5	1558	1280	278	0	1	0	1	0	423	248
政治学	13	542	118.80	7.40	8218.59	7668.05	12	9	0	2	0	0	1	0	1	0	0	202	190	12	0	0	0	0	0	31	16
法学	14	1371	305.20	31.90	41 697.85	37 187.26	68	45	0	17	0	1	5	0	3	0	0	846	821	24	1	0	0	0	0	125	83
社会学	15	1862	405.20	67.10	57 756.42	45 367.07	46	27	0	9	1	3	6	0	8	0	0	741	657	84	0	0	0	0	0	173	84
民族学与文化学	16	219	42.50	1.80	3201.90	3449.20	5	4	0	1	0	0	0	0	1	1	0	52	43	9	0	0	0	0	0	10	5
新闻学与传播学	17	589	113.80	6.70	16 620.65	14 467.30	28	21	0	7	0	0	0	1	0	0	0	418	397	20	1	0	0	0	0	50	9
图书馆、情报与文献学	18	676	129.30	15.70	17 555.33	12 713.79	16	16	0	0	0	0	0	1	3	0	4	539	486	53	0	0	0	0	0	66	25
教育学	19	4397	924.80	61.50	97 701.17	98 413.16	138	96	3	39	0	2	1	0	7	0	0	2231	2144	86	1	18	1	17	0	216	73
统计学	20	188	40.10	2.90	4935.90	6331.62	4	2	0	0	1	1	0	0	0	0	2	81	55	26	0	0	0	0	0	27	11
心理学	21	298	61.80	5.50	5848.80	5417.28	5	3	0	2	0	0	0	0	3	0	0	142	108	34	0	0	0	0	0	18	6
体育科学	22	922	187.00	17.40	26 161.51	26 080.25	56	40	0	14	0	0	2	0	0	0	1	605	553	52	0	0	0	0	0	63	14
其他学科	23	198	41	2	10 671.399	7005.507	8	1	0	6	0	1	0	0	2	0	0	129	127	2	0	0	0	0	0	69	28

2.1 管理学人文、社会科学研究与课题成果情况表

高校名称		总数					出版著作(部)							古籍整理(部)	译著(部)	发表译文(篇)	电子出版物(件)	发表论文(篇)				获奖成果数(项)				研究与咨询报告(篇)	
		课题数(项)	当年投入人数(人年)	其中:研究生(人年)	当年拨入经费(千元)	当年支出经费(千元)	合计	专著	其中:被译成外文	编著教材	工具书参考书	皮书/发展报告	科普读物					合计	国内学术刊物	国外学术刊物	港澳、台地区刊物	合计	国家级奖	部级奖	省级奖	合计	其中:被采纳数
	编号	L01	L02	L03	L04	L05	L06	L07	L08	L09	L10	L11	L12	L13	L14	L15	L16	L17	L18	L19	L20	L21	L22	L23	L24	L25	L26
合计	/	8532	1693.5	211.9	369 257.9	338 108.6	227	173	4	47	2	2	3	0	4	0	34	3505	2800	705	0	2	0	2	0	948	649
南京大学	1	186	24.9	7.8	16 151.33	6528.438	1	1	0	0	0	0	0	0	1	0	0	163	126	37	0	0	0	0	0	3	3
东南大学	2	186	22.6	4.1	8195.9	8575.035	9	9	0	0	0	0	0	0	0	0	0	102	58	44	0	0	0	0	0	20	20
江南大学	3	119	87.6	43.1	3232	1261.4	5	2	0	3	0	0	0	0	0	0	0	98	59	39	0	0	0	0	0	27	27
南京农业大学	4	1162	157.2	13.3	24 854.09	27 124.31	10	6	0	4	0	0	0	0	0	0	0	275	208	67	0	1	0	1	0	51	34
中国矿业大学	5	406	78.2	13.4	18 565.88	14 416.21	10	5	0	5	0	0	0	0	0	0	0	140	71	69	0	0	0	0	0	70	57
河海大学	6	359	138.7	68.5	22 666.22	20 975.62	22	9	0	6	2	2	3	0	0	0	32	267	214	53	0	0	0	0	0	73	65
南京理工大学	7	191	31.3	0.5	6865.37	5247.47	2	2	0	0	0	0	0	0	0	0	0	39	25	14	0	0	0	0	0	1	1
南京航空航天大学	8	211	43.8	0.8	7826.99	7327.39	3	3	0	0	0	0	0	0	0	0	2	61	29	32	0	0	0	0	0	7	7
中国药科大学	9	343	36.6	0	10 143.85	11081.69	0	0	0	0	0	0	0	0	0	0	0	29	27	2	0	0	0	0	0	0	0
南京森林警察学院	10	15	4.6	0	16	25.05	0	0	0	0	0	0	0	0	0	0	0	19	18	1	0	0	0	0	0	0	0
苏州大学	11	300	41.1	3	23 222.91	12 525.87	14	9	0	5	0	0	0	0	0	0	0	71	71	0	0	0	0	0	0	7	2
江苏科技大学	12	208	53.4	9.5	2898	2467.55	4	4	0	0	0	0	0	0	0	0	0	53	43	10	0	0	0	0	0	9	2
南京工业大学	13	158	24.3	4.8	1350	1299	5	4	0	1	0	0	0	0	0	0	0	109	95	14	0	0	0	0	0	12	12
常州大学	14	134	35.3	0	2751	4803.507	1	1	0	0	0	0	0	0	0	0	0	61	57	4	0	0	0	0	0	0	0
南京邮电大学	15	320	65.4	3.6	14 758.2	14 612.2	9	9	0	0	0	0	0	0	0	0	0	111	67	44	0	0	0	0	0	104	104
南京林业大学	16	116	11.8	0.1	1807.5	1449.69	5	5	0	0	0	0	0	0	0	0	0	58	58	0	0	0	0	0	0	14	14
江苏大学	17	285	37.6	2.6	13 349.8	13 064.8	14	12	1	2	0	0	0	0	0	0	0	169	97	72	0	0	0	0	0	7	5
南京信息工程大学	18	344	122.8	13.9	12 026.2	8534.328	9	9	0	0	0	0	0	0	0	0	0	140	90	50	0	0	0	0	0	19	14
南通大学	19	18	5	0	0	7	1	1	0	0	0	0	0	0	0	0	0	53	50	3	0	0	0	0	0	3	3
盐城工学院	20	75	7.5	0	1350	1433.06	2	2	0	0	0	0	0	0	0	0	0	40	35	5	0	0	0	0	0	0	0
南京医科大学	21	95	12.2	0	292	397	3	2	0	1	0	0	0	0	0	0	0	25	25	0	0	0	0	0	0	0	0
徐州医科大学	22	36	9.1	1.6	411	264.83	0	0	0	0	0	0	0	0	0	0	0	11	9	2	0	0	0	0	0	8	0

南京中医药大学	23	114	34.6	0	1674.5	2087.16	1	1	0	0	0	0	0	0	0	0	0	45	45	0	0	0	0	0	0	10	10
南京师范大学	24	31	11	1.3	450	270.16	4	0	0	4	0	0	0	0	0	0	0	33	20	13	0	0	0	0	0	1	0
江苏师范大学	25	116	57	0.4	46 429.49	47 180.89	2	2	1	0	0	0	0	0	0	0	0	75	66	9	0	0	0	0	0	31	31
淮阴师范学院	26	102	13.6	0	5258.5	7523	2	2	0	0	0	0	0	0	0	0	0	55	50	5	0	0	0	0	0	2	0
盐城师范学院	27	226	38.7	0	18 564.01	22 407.19	10	8	1	2	0	0	0	0	0	0	0	63	52	11	0	0	0	0	0	86	11
南京财经大学	28	340	67.1	10.7	12 913.51	13 213.53	18	18	0	0	0	0	0	0	0	0	0	159	159	0	0	0	0	0	0	6	6
江苏警官学院	29	114	20.1	0	565	536	7	7	0	0	0	0	0	0	3	0	0	45	44	1	0	0	0	0	0	0	0
南京体育学院	30	1	0.1	0	0	0	0	0	0	0	0	0	0	0	0	0	0	7	7	0	0	0	0	0	0	0	0
南京艺术学院	31	28	6.4	0	60	58.417	0	0	0	0	0	0	0	0	0	0	0	22	22	0	0	0	0	0	0	0	0
苏州科技大学	32	189	36	3	9989.29	10 244.29	1	0	0	1	0	0	0	0	0	0	0	68	59	9	0	0	0	0	0	37	15
常熟理工学院	33	168	25.1	0	7176.495	5016.052	3	2	0	1	0	0	0	0	0	0	0	51	33	18	0	0	0	0	0	57	57
淮阴工学院	34	198	30.3	0	22 423.3	19 130.5	5	3	0	2	0	0	0	0	0	0	0	62	61	1	0	0	0	0	0	2	2
常州工学院	35	175	28.3	0	7176.75	8241.24	2	0	0	2	0	0	0	0	0	0	0	29	25	4	0	0	0	0	0	47	4
扬州大学	36	183	24.8	0.1	7634.05	8007.68	5	5	0	0	0	0	0	0	0	0	0	82	72	10	0	1	0	1	0	37	31
南京工程学院	37	84	14.7	0	4116.54	5024.436	7	7	0	0	0	0	0	0	0	0	0	47	43	4	0	0	0	0	0	1	1
南京审计大学	38	258	75.8	5.1	5974.633	3538.685	6	5	0	1	0	0	0	0	0	0	0	173	143	30	0	0	0	0	0	21	15
南京晓庄学院	39	39	4.7	0	903	955	0	0	0	0	0	0	0	0	0	0	0	2	2	0	0	0	0	0	0	6	6
江苏理工学院	40	184	25.1	0	10 383.7	9218.498	1	1	0	0	0	0	0	0	0	0	0	32	32	0	0	0	0	0	0	82	44
江苏海洋大学	41	212	21.9	0.7	7459.5	6289.1	4	4	0	0	0	0	0	0	0	0	0	74	64	10	0	0	0	0	0	47	26
徐州工程学院	42	64	12.3	0	468	501.9	4	4	0	0	0	0	0	0	0	0	0	47	42	5	0	0	0	0	0	0	0
南京特殊教育师范学院	43	17	2.8	0	343	172.5	1	1	0	0	0	0	0	0	0	0	0	5	4	1	0	0	0	0	0	2	2
泰州学院	44	17	7.2	0	10	2	1	1	0	0	0	0	0	0	0	0	0	24	24	0	0	0	0	0	0	1	1
金陵科技学院	45	110	12.4	0	2435.74	1883.14	8	4	1	4	0	0	0	0	0	0	0	54	43	11	0	0	0	0	0	16	16
江苏第二师范学院	46	16	3.3	0	34	102.618	1	1	0	0	0	0	0	0	0	0	0	27	26	1	0	0	0	0	0	1	1
南京工业职业技术大学	47	175	53.5	0	3110.6	2598.33	1	1	0	0	0	0	0	0	0	0	0	46	46	0	0	0	0	0	0	1	0
无锡学院	48	25	6.6	0	404	196.232	0	0	0	0	0	0	0	0	0	0	0	15	15	0	0	0	0	0	0	2	0
苏州城市学院	49	13	1.8	0	28	17.185	3	1	0	2	0	0	0	0	0	0	0	13	13	0	0	0	0	0	0	0	0
宿迁学院	50	66	7.3	0	538	271.4	1	0	0	1	0	0	0	0	0	0	0	56	56	0	0	0	0	0	0	17	0

七、社科研究、课题与成果

2.2 马克思主义人文、社会科学研究与课题成果情况表

高校名称		总数					出版著作(部)							古籍整理(部)	译著(部)	发表译文(篇)	电子出版物(件)	发表论文(篇)				获奖成果数(项)				研究与咨询报告(篇)	
		课题数(项)	当年投入人数(人年)	其中:研究生(人年)	当年拨入经费(千元)	当年支出经费(千元)	合计	专著	其中:被译成外文	编著教材	工具书参考书	皮书/发展报告	科普读物					合计	国内学术刊物	国外学术刊物	港、澳、台地区刊物	合计	国家级奖	部级奖	省级奖	合计	其中:被采纳数
	编号	L01	L02	L03	L04	L05	L06	L07	L08	L09	L10	L11	L12	L13	L14	L15	L16	L17	L18	L19	L20	L21	L22	L23	L24	L25	L26
合计	/	1856	393.8	42.3	35 816.78	32 255.29	58	35	1	15	2	0	6	1	2	0	4	1038	1030	8	0	0	0	0	0	102	51
南京大学	1	56	8.4	2.8	1336	844.592	2	2	0	0	0	0	0	0	1	0	0	79	78	1	0	0	0	0	0	0	0
东南大学	2	45	4.5	0	2316	2291.995	3	1	0	2	0	0	0	1	0	0	0	41	41	0	0	0	0	0	0	2	2
江南大学	3	41	28.2	12.2	2022.9	1426.9	4	2	0	2	0	0	0	0	1	0	0	39	38	1	0	0	0	0	0	0	0
南京农业大学	4	30	6.2	0.6	370	339.51	1	1	0	0	0	0	0	0	0	0	0	13	13	0	0	0	0	0	0	1	1
中国矿业大学	5	84	18	2.8	978.625	784.378	3	2	0	1	0	0	0	0	0	0	0	18	18	0	0	0	0	0	0	5	3
河海大学	6	143	47	14.9	1249	779.4	3	0	0	0	0	0	3	0	0	0	0	67	67	0	0	0	0	0	0	10	8
南京理工大学	7	39	8.4	0	313.5	299.4	1	1	0	0	0	0	0	0	0	0	0	17	17	0	0	0	0	0	0	0	0
南京航空航天大学	8	55	10.5	0.8	1796	1610	2	2	0	0	0	0	0	0	0	0	3	35	35	0	0	0	0	0	0	3	3
中国药科大学	9	8	0.8	0	13	16	0	0	0	0	0	0	0	0	0	0	0	7	7	0	0	0	0	0	0	0	0
南京森林警察学院	10	3	0.8	0	0	0	0	0	0	0	0	0	0	0	0	0	0	0	0	0	0	0	0	0	0	0	0
苏州大学	11	104	15.6	0.6	3899.011	4134.011	9	3	0	4	2	0	0	0	0	0	0	67	67	0	0	0	0	0	0	10	3
江苏科技大学	12	35	8.4	0.4	547	333.5	1	1	0	0	0	0	0	0	0	0	0	10	10	0	0	0	0	0	0	0	0
南京工业大学	13	37	7.4	2.3	436	407.4	1	0	0	1	0	0	0	0	0	0	0	30	30	0	0	0	0	0	0	0	0
常州大学	14	64	16.5	0	895	866.23	2	2	0	0	0	0	0	0	0	0	0	21	21	0	0	0	0	0	0	0	0
南京邮电大学	15	24	6.1	0.9	520	532	0	0	0	0	0	0	0	0	0	0	0	8	7	1	0	0	0	0	0	0	0
南京林业大学	16	32	3.3	0	900	746.11	1	1	0	0	0	0	0	0	0	0	0	8	8	0	0	0	0	0	0	1	1
江苏大学	17	34	8	0.9	610	710	6	2	0	4	0	0	0	0	0	0	0	18	17	1	0	0	0	0	0	0	0
南京信息工程大学	18	46	16.7	0	846.5	911.94	1	1	0	0	0	0	0	0	0	0	0	12	12	0	0	0	0	0	0	0	0
南通大学	19	52	10.7	0	863.5	631.5	4	1	0	0	0	0	3	0	0	0	0	72	72	0	0	0	0	0	0	7	7
盐城工学院	20	63	6.4	0	492	458	2	2	0	0	0	0	0	0	0	0	0	20	20	0	0	0	0	0	0	0	0
南京医科大学	21	3	0.5	0	0	3	1	1	0	0	0	0	0	0	0	0	0	5	5	0	0	0	0	0	0	0	0
徐州医科大学	22	8	1.6	0	70	34	0	0	0	0	0	0	0	0	0	0	0	3	3	0	0	0	0	0	0	4	0

南京中医药大学	23	6	2.1	0	20	14.61	0	0	0	0	0	0	0	0	0	0	0	6	6	0	0	0	0	0	0	0	0
南京师范大学	24	66	24.2	1.4	2904.16	3489.441	2	2	0	0	0	0	0	0	0	0	0	38	37	1	0	0	0	0	0	0	0
江苏师范大学	25	36	14.3	0.4	663	1178.7	0	0	0	0	0	0	0	0	0	0	0	16	16	0	0	0	0	0	0	10	10
淮阴师范学院	26	60	11.6	0	2652.2	2604.8	0	0	0	0	0	0	0	0	0	0	0	25	25	0	0	0	0	0	0	0	0
盐城师范学院	27	52	9.8	0	1274	962.18	1	0	0	1	0	0	0	0	0	0	0	22	22	0	0	0	0	0	0	5	0
南京财经大学	28	47	6.9	0.4	1124	973.89	0	0	0	0	0	0	0	0	0	0	0	21	21	0	0	0	0	0	0	1	1
江苏警官学院	29	19	4.1	0	33	31	0	0	0	0	0	0	0	0	0	0	0	3	3	0	0	0	0	0	0	0	0
南京体育学院	30	12	1.2	0	440	66.949	1	1	0	0	0	0	0	0	0	0	0	5	5	0	0	0	0	0	0	0	0
南京艺术学院	31	19	4.9	0.2	110	57.961	0	0	0	0	0	0	0	0	0	0	1	26	26	0	0	0	0	0	0	0	0
苏州科技大学	32	15	3.9	0.1	40	60	0	0	0	0	0	0	0	0	0	0	0	17	16	1	0	0	0	0	0	0	0
常熟理工学院	33	38	6.1	0	466.73	355.48	0	0	0	0	0	0	0	0	0	0	0	20	20	0	0	0	0	0	0	3	3
淮阴工学院	34	24	3.5	0	151.4	151.4	1	1	0	0	0	0	0	0	0	0	0	21	21	0	0	0	0	0	0	0	0
常州工学院	35	55	7.1	0	480.2	407.58	0	0	0	0	0	0	0	0	0	0	0	14	14	0	0	0	0	0	0	15	0
扬州大学	36	79	13.2	0.3	728	1035.11	1	1	0	0	0	0	0	0	0	0	0	52	52	0	0	0	0	0	0	2	2
南京工程学院	37	1	0.2	0	100	80	0	0	0	0	0	0	0	0	0	0	0	11	11	0	0	0	0	0	0	2	0
南京审计大学	38	22	5.3	0	127.41	166.443	0	0	0	0	0	0	0	0	0	0	0	11	11	0	0	0	0	0	0	1	1
南京晓庄学院	39	47	5	0	418	238	1	1	0	0	0	0	0	0	0	0	0	46	46	0	0	0	0	0	0	1	1
江苏理工学院	40	26	4.4	0	666	392.65	1	1	0	0	0	0	0	0	0	0	0	6	5	1	0	0	0	0	0	10	3
江苏海洋大学	41	55	5.8	0.3	1555	1049.5	2	2	0	0	0	0	0	0	0	0	0	14	14	0	0	0	0	0	0	3	1
徐州工程学院	42	38	5.2	0	171	102	0	0	0	0	0	0	0	0	0	0	0	0	0	0	0	0	0	0	0	0	0
南京特殊教育师范学院	43	19	3.3	0	40	18	0	0	0	0	0	0	0	0	0	0	0	1	1	0	0	0	0	0	0	0	0
泰州学院	44	3	1.1	0	30	21.5	0	0	0	0	0	0	0	0	0	0	0	8	7	1	0	0	0	0	0	0	0
金陵科技学院	45	41	4	0	688.64	408.64	0	0	0	0	0	0	0	0	0	0	0	9	9	0	0	0	0	0	0	0	0
江苏第二师范学院	46	9	1.6	0	110	100.791	0	0	0	0	0	0	0	0	0	0	0	1	1	0	0	0	0	0	0	0	0
南京工业职业技术大学	47	15	4.3	0	230	74.1	1	1	1	0	0	0	0	0	0	0	0	27	27	0	0	0	0	0	0	1	1
无锡学院	48	8	2.3	0	41	41.25	0	0	0	0	0	0	0	0	0	0	0	2	2	0	0	0	0	0	0	0	0
苏州城市学院	49	0	0	0	0	0	0	0	0	0	0	0	0	0	0	0	0	10	10	0	0	0	0	0	0	0	0
宿迁学院	50	38	4.4	0	79	13.45	0	0	0	0	0	0	0	0	0	0	0	16	16	0	0	0	0	0	0	5	0

七、社科研究、课题与成果

2.3 哲学人文、社会科学研究与课题成果情况表

高校名称		总数					出版著作(部)							古籍整理(部)	译著(部)	发表译文(篇)	电子出版物(件)	发表论文(篇)				获奖成果数(项)				研究与咨询报告(篇)	
		课题数(项)	当年投入人数(人年)	其中：研究生(人年)	当年拨入经费(千元)	当年支出经费(千元)	合计	专著	其中：被译成外文	编著教材	工具书参考书	皮书/发展报告	科普读物					合计	国内学术刊物	国外学术刊物	港、澳、台地区刊物	合计	国家级奖	部级奖	省级奖	合计	其中：被采纳数
	编号	L01	L02	L03	L04	L05	L06	L07	L08	L09	L10	L11	L12	L13	L14	L15	L16	L17	L18	L19	L20	L21	L22	L23	L24	L25	L26
合计	/	415	101.1	13.8	10 375.02	9 400.772	22	19	1	3	0	0	0	0	6	2	0	393	366	22	5	1	0	1	0	12	4
南京大学	1	33	7	1.4	910	478.212	1	1	0	0	0	0	0	0	1	0	0	124	119	5	0	1	0	1	0	0	0
东南大学	2	59	5.9	0	3320	3435.964	3	2	1	1	0	0	0	0	0	1	0	59	54	5	0	0	0	0	0	0	0
江南大学	3	27	17.2	9.1	1320	268	0	0	0	0	0	0	0	0	0	0	0	4	2	2	0	0	0	0	0	0	0
南京农业大学	4	8	1.9	0.1	180	156.51	0	0	0	0	0	0	0	0	0	0	0	15	11	1	3	0	0	0	0	1	1
中国矿业大学	5	4	1.3	0	0	131.458	0	0	0	0	0	0	0	0	0	0	0	0	0	0	0	0	0	0	0	0	0
河海大学	6	13	1.8	0.4	195	117	0	0	0	0	0	0	0	0	0	0	0	11	11	0	0	0	0	0	0	4	3
南京理工大学	7	5	1.6	0	2.52	2.52	0	0	0	0	0	0	0	0	0	0	0	0	0	0	0	0	0	0	0	0	0
南京航空航天大学	8	4	1	0	230	191	2	2	0	0	0	0	0	0	0	0	0	0	0	0	0	0	0	0	0	0	0
中国药科大学	9	3	0.3	0	0	0	0	0	0	0	0	0	0	0	0	0	0	2	2	0	0	0	0	0	0	0	0
南京森林警察学院	10	3	0.8	0	0	0	0	0	0	0	0	0	0	0	0	0	0	1	1	0	0	0	0	0	0	0	0
苏州大学	11	23	4.3	0.4	20	533	1	1	0	0	0	0	0	0	0	0	0	13	13	0	0	0	0	0	0	0	0
江苏科技大学	12	6	1.7	0.4	25	23.5	0	0	0	0	0	0	0	0	0	0	0	0	0	0	0	0	0	0	0	0	0
南京工业大学	13	5	0.7	0.1	45	45	0	0	0	0	0	0	0	0	1	0	0	6	6	0	0	0	0	0	0	0	0
常州大学	14	5	1.5	0	40	41.5	0	0	0	0	0	0	0	0	0	0	0	1	1	0	0	0	0	0	0	0	0
南京邮电大学	15	6	2.3	0.1	60	56	0	0	0	0	0	0	0	0	0	0	0	0	0	0	0	0	0	0	0	0	0
南京林业大学	16	16	1.7	0.1	100	116.67	3	3	0	0	0	0	0	0	0	0	0	3	3	0	0	0	0	0	0	0	0
江苏大学	17	3	0.7	0	50	50	0	0	0	0	0	0	0	0	0	0	0	1	1	0	0	0	0	0	0	0	0
南京信息工程大学	18	22	6.4	0	834.5	549.36	0	0	0	0	0	0	0	0	0	0	0	6	5	1	0	0	0	0	0	0	0
南通大学	19	4	1	0	10	15	0	0	0	0	0	0	0	0	0	0	0	11	10	1	0	0	0	0	0	0	0

盐城工学院	20	6	0.6	0	20	20	0	0	0	0	0	0	0	0	0	0	0	2	2	0	0	0	0	0	0	0	0
南京医科大学	21	3	0.4	0	0	10	0	0	0	0	0	0	0	0	0	0	0	0	0	0	0	0	0	0	0	0	0
徐州医科大学	22	1	0.2	0	10	2	0	0	0	0	0	0	0	0	0	0	0	0	0	0	0	0	0	0	0	0	0
南京中医药大学	23	7	2.2	0	0	161.28	2	2	0	0	0	0	0	0	0	0	0	9	9	0	0	0	0	0	0	0	0
南京师范大学	24	28	12.5	1.1	1285	919.1	2	1	0	1	0	0	0	0	1	0	0	48	41	6	1	0	0	0	0	0	0
江苏师范大学	25	7	4.1	0.3	50	408.8	1	0	0	1	0	0	0	0	2	0	0	17	16	0	1	0	0	0	0	0	0
淮阴师范学院	26	10	1.4	0	475	487	0	0	0	0	0	0	0	0	0	0	0	3	3	0	0	0	0	0	0	0	0
盐城师范学院	27	2	0.4	0	100	49	1	1	0	0	0	0	0	0	0	0	0	9	9	0	0	0	0	0	0	0	0
南京财经大学	28	1	0.1	0	0	0	1	1	0	0	0	0	0	0	0	0	0	3	3	0	0	0	0	0	0	0	0
江苏警官学院	29	3	0.6	0	0	0	0	0	0	0	0	0	0	0	0	0	0	0	0	0	0	0	0	0	0	0	0
南京体育学院	30	1	0.1	0	0	0	0	0	0	0	0	0	0	0	0	0	0	0	0	0	0	0	0	0	0	0	0
苏州科技大学	31	14	3.5	0	70	70	1	1	0	0	0	0	0	0	0	1	0	6	5	1	0	0	0	0	0	0	0
常熟理工学院	32	2	0.3	0	20	146	0	0	0	0	0	0	0	0	0	0	0	2	2	0	0	0	0	0	0	0	0
淮阴工学院	33	4	0.5	0	0	0	0	0	0	0	0	0	0	0	0	0	0	4	4	0	0	0	0	0	0	0	0
常州工学院	34	7	0.7	0	123	61	0	0	0	0	0	0	0	0	0	0	0	5	5	0	0	0	0	0	0	3	0
扬州大学	35	16	4	0.3	455	474.56	3	3	0	0	0	0	0	0	0	0	0	15	15	0	0	0	0	0	0	0	0
南京审计大学	36	19	4.9	0	0	24.243	1	1	0	0	0	0	0	0	1	0	0	1	1	0	0	0	0	0	0	0	0
南京晓庄学院	37	4	0.4	0	140	124	0	0	0	0	0	0	0	0	0	0	0	4	4	0	0	0	0	0	0	0	0
江苏理工学院	38	5	0.7	0	110	64.85	0	0	0	0	0	0	0	0	0	0	0	2	2	0	0	0	0	0	0	0	0
江苏海洋大学	39	1	0.1	0	100	60	0	0	0	0	0	0	0	0	0	0	0	5	5	0	0	0	0	0	0	0	0
金陵科技学院	40	1	0.1	0	0	2	0	0	0	0	0	0	0	0	0	0	0	0	0	0	0	0	0	0	0	0	0
江苏第二师范学院	41	4	1.8	0	0	57.745	0	0	0	0	0	0	0	0	0	0	0	0	0	0	0	0	0	0	0	0	0
南京工业职业技术大学	42	2	0.4	0	35	12	0	0	0	0	0	0	0	0	0	0	0	0	0	0	0	0	0	0	0	0	0
苏州城市学院	43	0	0	0	0	0	0	0	0	0	0	0	0	0	0	0	0	1	1	0	0	0	0	0	0	1	0
宿迁学院	44	18	2	0	40	36.5	0	0	0	0	0	0	0	0	0	0	0	0	0	0	0	0	0	0	0	3	0

2.4 逻辑学人文、社会科学研究与课题成果情况表

高校名称		总数					出版著作(部)							古籍整理(部)	译著(部)	发表译文(篇)	电子出版物(件)	发表论文(篇)				获奖成果数(项)				研究与咨询报告(篇)	
		课题数(项)	当年投入人数(人年)	其中:研究生(人年)	当年拨入经费(千元)	当年支出经费(千元)	合计	专著	其中:被译成外文	编著教材	工具书参考书	皮书/发展报告	科普读物					合计	国内学术刊物	国外学术刊物	港澳、台地区刊物	合计	国家级奖	部级奖	省级奖	合计	其中:被采纳数
	编号	L01	L02	L03	L04	L05	L06	L07	L08	L09	L10	L11	L12	L13	L14	L15	L16	L17	L18	L19	L20	L21	L22	L23	L24	L25	L26
合计	/	19	4	0.6	350	271.73	0	0	0	0	0	0	0	0	0	0	0	14	13	1	0	0	0	0	0	1	1
南京大学	1	5	0.9	0.4	100	100	0	0	0	0	0	0	0	0	0	0	0	3	3	0	0	0	0	0	0	0	0
河海大学	2	4	0.6	0.2	10	6	0	0	0	0	0	0	0	0	0	0	0	2	2	0	0	0	0	0	0	1	1
南京工业大学	3	0	0	0	0	0	0	0	0	0	0	0	0	0	0	0	0	7	6	1	0	0	0	0	0	0	0
南京邮电大学	4	0	0	0	10	10	0	0	0	0	0	0	0	0	0	0	0	0	0	0	0	0	0	0	0	0	0
南京信息工程大学	5	1	0.3	0	0	0	0	0	0	0	0	0	0	0	0	0	0	0	0	0	0	0	0	0	0	0	0
南京中医药大学	6	1	0.3	0	0	0	0	0	0	0	0	0	0	0	0	0	0	2	2	0	0	0	0	0	0	0	0
南京财经大学	7	1	0.1	0	0	5.73	0	0	0	0	0	0	0	0	0	0	0	0	0	0	0	0	0	0	0	0	0
扬州大学	8	2	0.4	0	0	0	0	0	0	0	0	0	0	0	0	0	0	0	0	0	0	0	0	0	0	0	0
徐州工程学院	9	4	0.4	0	230	150	0	0	0	0	0	0	0	0	0	0	0	0	0	0	0	0	0	0	0	0	0
南京工业职业技术大学	10	1	1	0	0	0	0	0	0	0	0	0	0	0	0	0	0	0	0	0	0	0	0	0	0	0	0

2.5 宗教学人文、社会科学研究与课题成果情况表

高校名称	编号	总数：课题数（项）	总数：当年投入人数（人年）	其中：研究生（人年）	当年拨入经费（千元）	当年支出经费（千元）	出版著作（部）：合计	专著	其中：被译成外文	编著教材	工具书参考书	皮书/发展报告	科普读物	古籍整理（部）	译著（部）	发表译文（篇）	电子出版物（件）	发表论文（篇）：合计	国内学术刊物	国外学术刊物	港、澳、台地区刊物	获奖成果数（项）：合计	国家级奖	部级奖	省级奖	研究与咨询报告（篇）：合计	其中：被采纳数
		L01	L02	L03	L04	L05	L06	L07	L08	L09	L10	L11	L12	L13	L14	L15	L16	L17	L18	L19	L20	L21	L22	L23	L24	L25	L26
合计	/	42	8.4	1.1	341	451.274	1	0	0	1	0	0	0	0	0	0	0	13	12	1	0	0	0	0	0	1	0
南京大学	1	11	1.4	0.3	226	111.561	1	0	0	1	0	0	0	0	0	0	0	3	3	0	0	0	0	0	0	0	0
东南大学	2	5	0.5	0	10	8.783	0	0	0	0	0	0	0	0	0	0	0	0	0	0	0	0	0	0	0	0	0
江南大学	3	1	0.6	0	0	0	0	0	0	0	0	0	0	0	0	0	0	0	0	0	0	0	0	0	0	0	0
南京农业大学	4	8	1.2	0.1	0	48	0	0	0	0	0	0	0	0	0	0	0	1	1	0	0	0	0	0	0	0	0
河海大学	5	2	1.2	0.7	60	36	0	0	0	0	0	0	0	0	0	0	0	2	2	0	0	0	0	0	0	1	0
中国药科大学	6	0	0	0	0	0	0	0	0	0	0	0	0	0	0	0	0	1	1	0	0	0	0	0	0	0	0
苏州大学	7	2	0.2	0	0	24	0	0	0	0	0	0	0	0	0	0	0	0	0	0	0	0	0	0	0	0	0
江苏科技大学	8	1	0.2	0	0	0.02	0	0	0	0	0	0	0	0	0	0	0	2	2	0	0	0	0	0	0	0	0
南京工业大学	9	1	0.2	0	0	0	0	0	0	0	0	0	0	0	0	0	0	1	0	1	0	0	0	0	0	0	0
常州大学	10	1	0.2	0	20	20	0	0	0	0	0	0	0	0	0	0	0	0	0	0	0	0	0	0	0	0	0
南京林业大学	11	1	0.1	0	0	51.91	0	0	0	0	0	0	0	0	0	0	0	0	0	0	0	0	0	0	0	0	0
南京信息工程大学	12	0	0	0	20	20	0	0	0	0	0	0	0	0	0	0	0	0	0	0	0	0	0	0	0	0	0
南京师范大学	13	1	0.5	0	0	27	0	0	0	0	0	0	0	0	0	0	0	0	0	0	0	0	0	0	0	0	0
江苏师范大学	14	3	1.4	0	0	81	0	0	0	0	0	0	0	0	0	0	0	1	1	0	0	0	0	0	0	0	0
淮阴师范学院	15	1	0.2	0	0	0	0	0	0	0	0	0	0	0	0	0	0	1	1	0	0	0	0	0	0	0	0
盐城师范学院	16	1	0.2	0	0	21	0	0	0	0	0	0	0	0	0	0	0	0	0	0	0	0	0	0	0	0	0
江苏警官学院	17	2	0.3	0	5	2	0	0	0	0	0	0	0	0	0	0	0	0	0	0	0	0	0	0	0	0	0
南京体育学院	18	0	0	0	0	0	0	0	0	0	0	0	0	0	0	0	0	1	1	0	0	0	0	0	0	0	0
扬州大学	19	1	0	0	0	0	0	0	0	0	0	0	0	0	0	0	0	0	0	0	0	0	0	0	0	0	0

2.6 语言学人文、社会科学研究与课题成果情况表

高校名称		总数					出版著作(部)							古籍整理(部)	译著(部)	发表译文(篇)	电子出版物(件)	发表论文(篇)				获奖成果数(项)				研究与咨询报告(篇)	
		课题数(项)	当年投入人数(人年)	其中:研究生(人年)	当年拨入经费(千元)	当年支出经费(千元)	合计	专著	其中:被译成外文	编著教材	工具书参考书	皮书/发展报告	科普读物					合计	国内学术刊物	国外学术刊物	港澳、台地区刊物	合计	国家级奖	部级奖	省级奖	合计	其中:被采纳数
	编号	L01	L02	L03	L04	L05	L06	L07	L08	L09	L10	L11	L12	L13	L14	L15	L16	L17	L18	L19	L20	L21	L22	L23	L24	L25	L26
合计	/	1250	298.7	26.3	47 329.7	44 772.96	93	61	2	30	1	0	1	0	34	1	0	943	817	126	0	0	0	0	0	41	14
南京大学	1	44	6.9	1.8	1757.738	891.512	7	5	0	2	0	0	0	0	0	0	0	43	36	7	0	0	0	0	0	0	0
东南大学	2	39	3.9	0	84	153.557	5	2	1	3	0	0	0	0	0	1	0	39	24	15	0	0	0	0	0	0	0
江南大学	3	48	34.9	17.2	614	338	7	3	0	4	0	0	0	0	3	0	0	29	19	10	0	0	0	0	0	0	0
南京农业大学	4	37	4.2	0	0	3.88	5	3	0	2	0	0	0	0	4	0	0	22	19	3	0	0	0	0	0	1	0
中国矿业大学	5	20	5.4	0.1	109.568	147.006	3	1	0	2	0	0	0	0	0	0	0	17	14	3	0	0	0	0	0	5	5
河海大学	6	8	1.3	0.3	0	0	2	0	0	1	0	0	1	0	0	0	0	2	2	0	0	0	0	0	0	1	0
南京理工大学	7	13	4.4	0	401.21	401.21	0	0	0	0	0	0	0	0	0	0	0	7	4	3	0	0	0	0	0	0	0
南京航空航天大学	8	23	5.3	0.2	460	460	7	5	0	2	0	0	0	0	9	0	0	30	30	0	0	0	0	0	0	0	0
中国药科大学	9	6	0.6	0	0	0	0	0	0	0	0	0	0	0	0	0	0	0	0	0	0	0	0	0	0	0	0
南京森林警察学院	10	2	0.5	0	0	0	0	0	0	0	0	0	0	0	0	0	0	2	2	0	0	0	0	0	0	0	0
苏州大学	11	40	7.8	0.5	2683	1783	0	0	0	0	0	0	0	0	0	0	0	24	24	0	0	0	0	0	0	0	0
江苏科技大学	12	34	9.2	0.4	90	151	2	2	0	0	0	0	0	0	0	0	0	20	14	6	0	0	0	0	0	0	0
南京工业大学	13	35	5.1	0.9	170	166	1	1	0	0	0	0	0	0	1	0	0	30	29	1	0	0	0	0	0	0	0
常州大学	14	24	5.9	0	298.01	271.81	0	0	0	0	0	0	0	0	0	0	0	7	6	1	0	0	0	0	0	0	0
南京邮电大学	15	28	8.3	0.1	330	288	2	2	0	0	0	0	0	0	1	0	0	0	0	0	0	0	0	0	0	0	0
南京林业大学	16	31	3.5	0.1	90	199.1	0	0	0	0	0	0	0	0	2	0	0	25	25	0	0	0	0	0	0	0	0
江苏大学	17	30	6.9	0	25	25	4	1	0	2	1	0	0	0	7	0	0	15	13	2	0	0	0	0	0	0	0
南京信息工程大学	18	33	12.1	0	386	337.01	1	1	0	0	0	0	0	0	0	0	0	14	14	0	0	0	0	0	0	0	0
南通大学	19	16	3.2	0	40	37	3	3	0	0	0	0	0	0	1	0	0	23	19	4	0	0	0	0	0	0	0
盐城工学院	20	12	1.2	0	400	380.2	1	1	0	0	0	0	0	0	0	0	0	42	42	0	0	0	0	0	0	0	0
南京医科大学	21	1	0.1	0	0	0	0	0	0	0	0	0	0	0	0	0	0	0	0	0	0	0	0	0	0	0	0
徐州医科大学	22	3	0.5	0	10	1	0	0	0	0	0	0	0	0	0	0	0	0	0	0	0	0	0	0	0	0	0

南京中医药大学	23	22	8.8	0	110	313.46	0	0	0	0	0	0	0	0	0	0	0	34	34	0	0	0	0	0	0	0
南京师范大学	24	68	26.5	3.9	438.8	1737.44	15	6	1	9	0	0	0	0	1	0	0	97	78	19	0	0	0	0	0	0
江苏师范大学	25	68	29.5	0.5	13 538.41	14 529.44	3	2	0	1	0	0	0	0	1	0	0	65	58	7	0	0	0	0	0	0
淮阴师范学院	26	40	6.2	0	3374.973	4093.973	1	1	0	0	0	0	0	0	0	0	0	18	17	1	0	0	0	0	0	0
盐城师范学院	27	58	10.6	0	7648	5877.46	1	1	0	0	0	0	0	0	1	0	0	20	16	4	0	0	0	0	6	0
南京财经大学	28	1	0.1	0	0	0	0	0	0	0	0	0	0	0	0	0	0	7	7	0	0	0	0	0	0	0
江苏警官学院	29	6	1.4	0	5	3	0	0	0	0	0	0	0	0	0	0	0	2	2	0	0	0	0	0	0	0
南京体育学院	30	3	0.3	0	0	0	0	0	0	0	0	0	0	0	0	0	0	0	0	0	0	0	0	0	0	0
南京艺术学院	31	5	1	0	20	11.68	0	0	0	0	0	0	0	0	0	0	0	4	4	0	0	0	0	0	0	0
苏州科技大学	32	17	4.4	0	625	551	1	1	0	0	0	0	0	0	1	0	0	19	19	0	0	0	0	0	0	0
常熟理工学院	33	49	8.1	0	1020	560.064	3	2	0	1	0	0	0	0	0	0	0	26	25	1	0	0	0	0	1	1
淮阴工学院	34	43	6	0	3670	3440	0	0	0	0	0	0	0	0	0	0	0	7	3	4	0	0	0	0	0	0
常州工学院	35	49	9.6	0	2585.3	2282.27	3	2	0	1	0	0	0	0	0	0	0	11	11	0	0	0	0	0	0	0
扬州大学	36	36	7.4	0.3	930	825.8	2	2	0	0	0	0	0	0	0	0	0	53	42	11	0	0	0	0	2	2
南京工程学院	37	6	1.1	0	300	236	0	0	0	0	0	0	0	0	0	0	0	24	22	2	0	0	0	0	0	0
南京审计大学	38	29	9.7	0	211.374	489.333	2	2	0	0	0	0	0	0	0	0	0	16	12	4	0	0	0	0	0	0
南京晓庄学院	39	17	2	0	525	397	3	3	0	0	0	0	0	0	1	0	0	17	13	4	0	0	0	0	0	0
江苏理工学院	40	36	6.9	0	773.8	635.421	2	2	0	0	0	0	0	0	1	0	0	10	9	1	0	0	0	0	8	3
江苏海洋大学	41	39	3.9	0	2856.5	1988.25	2	2	0	0	0	0	0	0	0	0	0	22	15	7	0	0	0	0	7	3
徐州工程学院	42	27	5.9	0	0	67	3	3	0	0	0	0	0	0	0	0	0	3	3	0	0	0	0	0	0	0
南京特殊教育师范学院	43	14	1.8	0	220	185	0	0	0	0	0	0	0	0	0	0	0	6	6	0	0	0	0	0	0	0
泰州学院	44	4	2	0	20	30	1	1	0	0	0	0	0	0	0	0	0	10	8	2	0	0	0	0	0	0
金陵科技学院	45	19	1.9	0	282.013	306.513	0	0	0	0	0	0	0	0	0	0	0	15	13	2	0	0	0	0	0	0
江苏第二师范学院	46	22	5	0	99	113.568	1	1	0	0	0	0	0	0	0	0	0	26	24	2	0	0	0	0	0	0
南京工业职业技术大学	47	4	1.9	0	0	0	0	0	0	0	0	0	0	0	0	0	0	14	14	0	0	0	0	0	0	0
无锡学院	48	3	0.9	0	3	5	0	0	0	0	0	0	0	0	0	0	0	1	1	0	0	0	0	0	0	0
苏州城市学院	49	2	0.2	0	5	0	0	0	0	0	0	0	0	0	0	0	0	2	2	0	0	0	0	0	0	0
宿迁学院	50	36	4.4	0	120	60	0	0	0	0	0	0	0	0	0	0	0	23	23	0	0	0	0	0	10	0

2.7 中国文学人文、社会科学研究与课题成果情况表

高校名称	编号	总数：课题数(项)	当年投入人数(人年)	其中：研究生(人年)	当年拨入经费(千元)	当年支出经费(千元)	出版著作(部)：合计	专著	其中：被译成外文	编著教材	工具书参考书	皮书/发展报告	科普读物	古籍整理(部)	译著(部)	发表译文(篇)	电子出版物(件)	发表论文(篇)：合计	国内学术刊物	国外学术刊物	港澳、台地区刊物	获奖成果数(项)：合计	国家级奖	部级奖	省级奖	研究与咨询报告(篇)：合计	其中：被采纳数
		L01	L02	L03	L04	L05	L06	L07	L08	L09	L10	L11	L12	L13	L14	L15	L16	L17	L18	L19	L20	L21	L22	L23	L24	L25	L26
合计	/	912	225.8	18.1	20 484.26	24 707.43	126	82	0	32	12	0	0	11	10	0	0	1037	1022	13	2	0	0	0	0	29	8
南京大学	1	70	13	3	3675	2137.445	18	13	0	4	1	0	0	1	0	0	0	196	194	1	1	0	0	0	0	0	0
东南大学	2	27	2.7	0	488	521.262	4	2	0	2	0	0	0	0	1	0	0	7	7	0	0	0	0	0	0	0	0
江南大学	3	36	23.7	9.4	647	243.8	3	3	0	0	0	0	0	0	0	0	0	29	29	0	0	0	0	0	0	0	0
南京农业大学	4	3	0.5	0	100	100	0	0	0	0	0	0	0	0	0	0	0	0	0	0	0	0	0	0	0	0	0
中国矿业大学	5	20	4.3	0.4	104.514	183.019	1	0	0	1	0	0	0	0	0	0	0	22	22	0	0	0	0	0	0	0	0
河海大学	6	5	1.5	0.7	104	432.4	0	0	0	0	0	0	0	0	0	0	0	9	9	0	0	0	0	0	0	1	1
南京理工大学	7	2	0.5	0	0	0	0	0	0	0	0	0	0	0	0	0	0	0	0	0	0	0	0	0	0	0	0
南京航空航天大学	8	2	0.3	0	40	40	0	0	0	0	0	0	0	0	0	0	0	0	0	0	0	0	0	0	0	0	0
苏州大学	8	72	13.9	1.5	2926.162	2149.162	29	10	0	8	11	0	0	2	0	0	0	84	84	0	0	0	0	0	0	0	0
江苏科技大学	9	10	2.1	0	65	45.02	0	0	0	0	0	0	0	0	4	0	0	2	2	0	0	0	0	0	0	0	0
南京工业大学	10	6	0.8	0.1	80	80	1	1	0	0	0	0	0	0	0	0	0	2	2	0	0	0	0	0	0	0	0
常州大学	11	18	5	0	485	489.35	1	1	0	0	0	0	0	1	0	0	0	12	12	0	0	0	0	0	0	0	0
南京邮电大学	12	0	0	0	0	0	0	0	0	0	0	0	0	0	0	0	0	5	5	0	0	0	0	0	0	0	0
南京林业大学	13	7	0.7	0	48	72.96	0	0	0	0	0	0	0	0	0	0	0	14	14	0	0	0	0	0	0	0	0
江苏大学	17	21	3.3	0.6	485.25	385.25	4	1	0	3	0	0	0	0	1	0	0	15	11	0	0	0	0	0	0	0	0
南京信息工程大学	16	23	7.4	0	517	370.94	0	0	0	0	0	0	0	0	0	0	0	13	13	0	0	0	0	0	0	0	0
南通大学	17	56	10.5	0	1605	859	7	7	0	0	0	0	0	4	0	0	0	43	42	1	0	0	0	0	0	0	0
盐城工学院	18	4	0.4	0	15	15	0	0	0	0	0	0	0	0	0	0	0	17	17	0	0	0	0	0	0	0	0
南京医科大学	19	0	0	0	0	0	0	0	0	0	0	0	0	0	0	0	0	1	1	0	0	0	0	0	0	0	0
徐州医科大学	20	1	0.3	0	0	11	0	0	0	0	0	0	0	0	0	0	0	0	0	0	0	0	0	0	0	0	0

南京中医药大学	21	1	0.4	0	0	0	0	0	0	0	0	0	0	0	0	0	0	0	0	0	0	0	0	0	0	0	0
南京师范大学	22	57	20.8	2	1310.8	1936.92	7	5	0	2	0	0	0	2	1	0	0	68	65	3	0	0	0	0	0	0	0
江苏师范大学	23	53	26.4	0	999	7549.58	1	1	0	0	0	0	0	0	0	0	0	85	80	4	1	0	0	0	0	5	5
淮阴师范学院	24	19	4.5	0	940	924	2	2	0	0	0	0	0	0	0	0	0	26	26	0	0	0	0	0	0	1	1
盐城师范学院	25	46	9.6	0	1894	2031.67	4	4	0	0	0	0	0	0	0	0	0	44	44	0	0	0	0	0	0	13	0
南京财经大学	26	3	0.4	0	10	28.483	1	1	0	0	0	0	0	0	1	0	0	18	18	0	0	0	0	0	0	0	0
江苏警官学院	27	2	0.6	0	15	55	0	0	0	0	0	0	0	0	0	0	0	2	2	0	0	0	0	0	0	0	0
南京艺术学院	28	2	0.3	0	10	15.176	2	1	0	1	0	0	0	0	0	0	0	3	3	0	0	0	0	0	0	0	0
苏州科技大学	29	20	4.2	0.1	184	224	0	0	0	0	0	0	0	0	0	0	0	17	17	0	0	0	0	0	0	0	0
常熟理工学院	30	24	5.8	0	340	238.52	4	3	0	1	0	0	0	0	0	0	0	19	19	0	0	0	0	0	0	0	0
淮阴工学院	31	14	2.8	0	70	80	1	1	0	0	0	0	0	0	0	0	0	7	7	0	0	0	0	0	0	0	0
常州工学院	32	30	4.8	0	375	499.47	1	1	0	0	0	0	0	0	0	0	0	9	9	0	0	0	0	0	0	4	0
扬州大学	33	63	13.2	0.3	478	898.18	8	6	0	2	0	0	0	0	1	0	0	133	130	3	0	0	0	0	0	0	0
南京审计大学	34	10	3	0	540	51.105	1	0	0	1	0	0	0	0	0	0	0	4	4	0	0	0	0	0	0	0	0
南京晓庄学院	35	28	3.7	0	370	446	4	4	0	0	0	0	0	0	0	0	0	28	28	0	0	0	0	0	0	0	0
江苏理工学院	36	25	4.2	0	350	277.877	7	0	0	7	0	0	0	0	0	0	0	10	10	0	0	0	0	0	0	2	0
江苏海洋大学	37	15	1.5	0	344	362.5	0	0	0	0	0	0	0	0	0	0	0	9	9	0	0	0	0	0	0	0	0
徐州工程学院	38	29	8.5	0	182.53	157.53	5	5	0	0	0	0	0	0	0	0	0	2	2	0	0	0	0	0	0	0	0
南京特殊教育师范学院	39	6	0.8	0	20	13	0	0	0	0	0	0	0	0	0	0	0	2	2	0	0	0	0	0	0	0	0
泰州学院	40	11	3.9	0	80	87	2	2	0	0	0	0	0	0	0	0	0	15	15	0	0	0	0	0	0	0	0
金陵科技学院	41	10	1	0	0	48	1	1	0	0	0	0	0	0	0	0	0	16	15	1	0	0	0	0	0	1	1
江苏第二师范学院	42	39	11	0	320	554.059	5	5	0	0	0	0	0	1	1	0	0	22	22	0	0	0	0	0	0	0	0
南京工业职业技术大学	43	4	0.8	0	135	61.8	0	0	0	0	0	0	0	0	0	0	0	13	13	0	0	0	0	0	0	0	0
无锡学院	44	3	0.6	0	8	7.6	0	0	0	0	0	0	0	0	0	0	0	1	1	0	0	0	0	0	0	0	0
苏州城市学院	45	2	0.2	0	64	1.95	1	1	0	0	0	0	0	0	0	0	0	5	5	0	0	0	0	0	0	0	0
宿迁学院	46	13	1.9	0	60	22.4	1	1	0	0	0	0	0	0	0	0	0	12	12	0	0	0	0	0	0	2	0

2.8 外国文学人文、社会科学研究与课题成果情况表

高校名称		总数					出版著作(部)							古籍整理(部)	译著(部)	发表译文(篇)	电子出版物(件)	发表论文(篇)				获奖成果数(项)				研究与咨询报告(篇)	
		课题数(项)	当年投入人数(人年)	其中:研究生(人年)	当年拨入经费(千元)	当年支出经费(千元)	合计	专著	其中:被译成外文	编著教材	工具书参考书	皮书/发展报告	科普读物					合计	国内学术刊物	国外学术刊物	港、澳、台地区刊物	合计	国家级奖	部级奖	省级奖	合计	其中:被采纳数
	编号	L01	L02	L03	L04	L05	L06	L07	L08	L09	L10	L11	L12	L13	L14	L15	L16	L17	L18	L19	L20	L21	L22	L23	L24	L25	L26
合计	/	521	115.6	5.5	8216.447	6495.56	59	38	9	19	0	1	1	0	53	0	0	443	380	62	1	0	0	0	0	4	2
南京大学	1	49	8.6	1.9	1348	409.826	24	12	5	12	0	0	0	0	17	0	0	87	65	22	0	0	0	0	0	0	0
东南大学	2	19	1.9	0	493.632	513.753	0	0	0	0	0	0	0	0	3	0	0	7	6	1	0	0	0	0	0	0	0
江南大学	3	8	3.9	1.5	40	44	2	1	0	1	0	0	0	0	0	0	0	10	9	1	0	0	0	0	0	0	0
南京农业大学	4	11	1.3	0	0	0	0	0	0	0	0	0	0	0	0	0	0	5	5	0	0	0	0	0	0	0	0
中国矿业大学	5	3	0.4	0	0	0	1	0	0	1	0	0	0	0	0	0	0	4	4	0	0	0	0	0	0	1	1
河海大学	6	7	1.7	0.7	170	102	1	0	0	0	0	0	1	0	1	0	0	5	4	1	0	0	0	0	0	2	1
南京理工大学	7	9	3.2	0	355.75	325.75	2	2	2	0	0	0	0	0	1	0	0	13	3	10	0	0	0	0	0	0	0
南京航空航天大学	8	19	5	0	305	294	1	1	0	0	0	0	0	0	1	0	0	10	10	0	0	0	0	0	0	0	0
中国药科大学	9	6	0.6	0	20	20	0	0	0	0	0	0	0	0	0	0	0	12	11	1	0	0	0	0	0	0	0
苏州大学	10	30	4.8	0.4	762.798	560.798	5	4	0	1	0	0	0	0	6	0	0	37	37	0	0	0	0	0	0	0	0
江苏科技大学	11	20	4.8	0	317	168.25	1	1	0	0	0	0	0	0	1	0	0	12	12	0	0	0	0	0	0	0	0
南京工业大学	12	19	2.6	0.2	35	35	0	0	0	0	0	0	0	0	1	0	0	12	12	0	0	0	0	0	0	0	0
常州大学	13	6	1.7	0	30	45.125	1	0	0	0	0	1	0	0	0	0	0	0	0	0	0	0	0	0	0	0	0
南京邮电大学	14	22	6.8	0.1	64	99	0	0	0	0	0	0	0	0	0	0	0	30	19	11	0	0	0	0	0	0	0
南京林业大学	15	9	1	0.1	175	59.8	1	1	0	0	0	0	0	0	1	0	0	20	20	0	0	0	0	0	0	0	0
江苏大学	16	7	1.5	0	0	0	0	0	0	0	0	0	0	0	0	0	0	1	1	0	0	0	0	0	0	0	0
南京信息工程大学	17	15	8	0	220	233.45	1	1	0	0	0	0	0	0	0	0	0	3	3	0	0	0	0	0	0	0	0
南通大学	18	27	4.8	0	560	301	0	0	0	0	0	0	0	0	0	0	0	12	11	1	0	0	0	0	0	0	0
盐城工学院	19	8	0.8	0	40	40	0	0	0	0	0	0	0	0	0	0	0	0	0	0	0	0	0	0	0	0	0
南京医科大学	20	0	0	0	0	0	1	1	0	0	0	0	0	0	0	0	0	0	0	0	0	0	0	0	0	0	0

南京中医药大学	21	0	0	0	0	0	0	0	0	0	0	0	0	0	0	0	0	1	1	0	0	0	0	0	0	0	0
南京师范大学	22	35	10	0.3	1674.767	1148.271	7	5	1	2	0	0	0	0	16	0	0	37	31	5	1	0	0	0	0	0	0
江苏师范大学	23	14	5.8	0	35	441	0	0	0	0	0	0	0	0	0	0	0	0	0	0	0	0	0	0	0	0	0
淮阴师范学院	24	3	0.4	0	353	258	1	1	0	0	0	0	0	0	0	0	0	8	8	0	0	0	0	0	0	0	0
盐城师范学院	25	9	1.9	0	10	90.2	3	2	0	1	0	0	0	0	1	0	0	10	8	2	0	0	0	0	0	0	0
南京财经大学	26	14	1.6	0	83	110.587	0	0	0	0	0	0	0	0	0	0	0	0	0	0	0	0	0	0	0	0	0
南京艺术学院	27	1	0.1	0	0	1.895	0	0	0	0	0	0	0	0	0	0	0	0	0	0	0	0	0	0	0	0	0
苏州科技大学	28	11	2.4	0	80	80	0	0	0	0	0	0	0	0	0	0	0	10	8	2	0	0	0	0	0	0	0
常熟理工学院	29	16	3.3	0	186	204.965	1	0	0	1	0	0	0	0	0	0	0	6	6	0	0	0	0	0	0	0	0
淮阴工学院	30	8	1.4	0	0	0	0	0	0	0	0	0	0	0	0	0	0	11	10	1	0	0	0	0	0	0	0
常州工学院	31	16	2.1	0	138	99.69	1	1	0	0	0	0	0	0	1	0	0	4	4	0	0	0	0	0	0	0	0
扬州大学	32	27	5.7	0.3	365	304.8	2	2	1	0	0	0	0	0	1	0	0	0	0	0	0	0	0	0	0	0	0
南京工程学院	33	4	0.8	0	0	16	0	0	0	0	0	0	0	0	0	0	0	25	24	1	0	0	0	0	0	0	0
南京审计大学	34	8	2.4	0	50	51.22	0	0	0	0	0	0	0	0	0	0	0	4	4	0	0	0	0	0	0	0	0
南京晓庄学院	35	8	1.1	0	26	94	0	0	0	0	0	0	0	0	0	0	0	0	0	0	0	0	0	0	0	0	0
江苏理工学院	36	16	4.3	0	60	142	2	2	0	0	0	0	0	0	1	0	0	11	11	0	0	0	0	0	0	0	0
江苏海洋大学	37	11	1.1	0	130	99	0	0	0	0	0	0	0	0	0	0	0	13	12	1	0	0	0	0	0	0	0
徐州工程学院	38	3	2.4	0	0	0	0	0	0	0	0	0	0	0	0	0	0	0	0	0	0	0	0	0	0	0	0
南京特殊教育师范学院	39	1	0.2	0	0	0	0	0	0	0	0	0	0	0	0	0	0	0	0	0	0	0	0	0	0	0	0
泰州学院	40	4	1.9	0	10	3	0	0	0	0	0	0	0	0	0	0	0	2	1	1	0	0	0	0	0	0	0
金陵科技学院	41	3	0.3	0	0	2	1	1	0	0	0	0	0	0	0	0	0	3	2	1	0	0	0	0	0	0	0
江苏第二师范学院	42	5	1	0	4.5	14.957	0	0	0	0	0	0	0	0	0	0	0	2	2	0	0	0	0	0	0	0	0
南京工业职业技术大学	43	2	0.4	0	45	9	0	0	0	0	0	0	0	0	0	0	0	3	3	0	0	0	0	0	0	0	0
无锡学院	44	2	0.6	0	20	2.223	0	0	0	0	0	0	0	0	0	0	0	1	1	0	0	0	0	0	0	0	0
宿迁学院	45	6	1	0	10	71	0	0	0	0	0	0	0	0	1	0	0	12	12	0	0	0	0	0	0	1	0

七、社科研究、课题与成果

2.9 艺术学人文、社会科学研究与课题成果情况表

高校名称		总数					出版著作(部)							古籍整理(部)	译著(部)	发表译文(篇)	电子出版物(件)	发表论文(篇)				获奖成果数(项)				研究与咨询报告(篇)	
		课题数(项)	当年投入人数(人年)	其中：研究生(人年)	当年拨入经费(千元)	当年支出经费(千元)	合计	专著	其中：被译成外文	编著教材	工具书参考书	皮书/发展报告	科普读物					合计	国内学术刊物	国外学术刊物	港、澳、台地区刊物	合计	国家级奖	部级奖	省级奖	合计	其中：被采纳数
	编号	L01	L02	L03	L04	L05	L06	L07	L08	L09	L10	L11	L12	L13	L14	L15	L16	L17	L18	L19	L20	L21	L22	L23	L24	L25	L26
合计	/	2505	627.3	134.2	123 515.1	102 246.3	147	97	1	48	1	0	1	1	5	2	0	2009	1932	77	0	1	0	1	0	133	67
南京大学	1	48	6.8	1.1	4478	687.001	5	4	0	1	0	0	0	0	2	0	0	89	87	2	0	0	0	0	0	1	1
东南大学	2	96	10.2	0.6	1622.5	1694.864	2	2	0	0	0	0	0	0	0	0	0	20	20	0	0	0	0	0	0	6	6
江南大学	3	296	179.4	108.9	43 375.12	40 707.52	20	11	0	9	0	0	0	0	0	0	0	114	91	23	0	0	0	0	0	0	0
南京农业大学	4	9	0.9	0	100	85	1	1	0	0	0	0	0	0	0	0	0	2	2	0	0	0	0	0	0	1	1
中国矿业大学	5	59	12.7	2.4	2570.226	915.841	2	1	0	1	0	0	0	0	0	0	0	12	8	4	0	0	0	0	0	10	10
河海大学	6	4	1.4	0.7	55.4	43.24	1	0	0	0	0	0	1	0	0	0	0	3	3	0	0	0	0	0	0	0	0
南京理工大学	7	35	4.9	0	1882.48	1507.135	1	1	0	0	0	0	0	0	0	0	0	5	5	0	0	0	0	0	0	1	1
南京航空航天大学	8	34	7.7	0	677	677	2	0	0	2	0	0	0	0	0	0	0	15	15	0	0	0	0	0	0	0	0
南京森林警察学院	9	1	0.6	0	0	0	0	0	0	0	0	0	0	0	0	0	0	3	3	0	0	0	0	0	0	0	0
苏州大学	10	93	15.6	1	4666.5	3903	14	6	0	7	1	0	0	0	0	0	0	26	26	0	0	0	0	0	0	0	0
江苏科技大学	11	2	0.5	0	0	0.1	0	0	0	0	0	0	0	0	0	0	0	3	3	0	0	0	0	0	0	0	0
南京工业大学	12	33	5.8	1.6	260	418	4	3	0	1	0	0	0	0	0	0	0	34	33	1	0	0	0	0	0	0	0
常州大学	13	54	16.1	0	1457	1153.15	3	3	0	0	0	0	0	0	0	0	0	37	37	0	0	0	0	0	0	0	0
南京邮电大学	14	25	6.9	0.7	491	292	0	0	0	0	0	0	0	0	0	0	0	22	15	7	0	0	0	0	0	0	0
南京林业大学	15	67	7.3	0.4	1435	986.8	4	3	0	1	0	0	0	0	0	0	0	49	49	0	0	0	0	0	0	0	0
江苏大学	16	73	18.6	14	1271.2	1181.2	1	1	0	0	0	0	0	0	0	0	0	35	35	0	0	0	0	0	0	2	0
南京信息工程大学	17	35	12.7	0	1704.3	588.8	0	0	0	0	0	0	0	0	0	0	0	17	16	1	0	0	0	0	0	2	0
南通大学	18	45	7.6	0	831	807	4	4	0	0	0	0	0	0	0	0	0	95	93	2	0	0	0	0	0	0	0
盐城工学院	19	50	5.1	0	2064	1892.24	2	2	0	0	0	0	0	0	0	0	0	41	41	0	0	0	0	0	0	0	0
南京中医药大学	20	1	0.2	0	10	10	0	0	0	0	0	0	0	0	0	0	0	2	2	0	0	0	0	0	0	0	0

南京师范大学	21	60	14.4	0.5	1015.09	1589.95	10	9	0	1	0	0	0	1	1	0	0	84	77	7	0	0	0	0	0	1	0
江苏师范大学	22	54	16.4	0.2	1708.1	2485.75	5	5	0	0	0	0	0	0	0	0	0	107	106	1	0	0	0	0	0	0	0
淮阴师范学院	23	71	9.9	0	7059.5	6783.5	2	2	0	0	0	0	0	0	0	0	0	37	34	3	0	1	0	1	0	0	0
盐城师范学院	24	70	13	0	8639	4192.72	5	4	0	1	0	0	0	0	0	0	0	66	61	5	0	0	0	0	0	29	1
南京财经大学	25	16	2.6	0.2	42.5	211.77	1	1	0	0	0	0	0	0	0	0	0	25	25	0	0	0	0	0	0	0	0
江苏警官学院	26	1	0.3	0	30	30	0	0	0	0	0	0	0	0	0	0	0	0	0	0	0	0	0	0	0	0	0
南京体育学院	27	1	0.1	0	0	0	0	0	0	0	0	0	0	0	0	0	0	1	1	0	0	0	0	0	0	0	0
南京艺术学院	28	284	94.1	0.7	5184.88	3290.147	27	17	1	10	0	0	0	0	1	2	0	462	459	3	0	0	0	0	0	11	10
苏州科技大学	29	76	20.1	0.5	1238.6	1271.6	4	0	0	4	0	0	0	0	0	0	0	40	38	2	0	0	0	0	0	1	0
常熟理工学院	30	54	9.2	0	3774.25	2938.6	3	1	0	2	0	0	0	0	0	0	0	48	44	4	0	0	0	0	0	2	2
淮阴工学院	31	46	8.7	0	6398.5	4858	2	2	0	0	0	0	0	0	0	0	0	20	20	0	0	0	0	0	0	0	0
常州工学院	32	126	18.5	0	5619.52	5373.28	3	2	0	1	0	0	0	0	0	0	0	47	46	1	0	0	0	0	0	19	0
扬州大学	33	96	16.4	0.6	2293.5	2401.06	4	3	0	1	0	0	0	0	1	0	0	111	109	2	0	0	0	0	0	3	3
南京工程学院	34	42	7.8	0	458.2	647	0	0	0	0	0	0	0	0	0	0	0	2	2	0	0	0	0	0	0	0	0
南京审计大学	35	4	0.7	0	0	141.408	0	0	0	0	0	0	0	0	0	0	0	2	2	0	0	0	0	0	0	0	0
南京晓庄学院	36	50	6.2	0	530	424	4	2	0	2	0	0	0	0	0	0	0	46	42	4	0	0	0	0	0	0	0
江苏理工学院	37	61	10.4	0	1489	1261.679	0	0	0	0	0	0	0	0	0	0	0	22	22	0	0	0	0	0	0	12	7
江苏海洋大学	38	49	5	0.1	2486	1593	1	1	0	0	0	0	0	0	0	0	0	31	29	2	0	0	0	0	0	9	3
徐州工程学院	39	78	11.3	0	1678	133	3	3	0	0	0	0	0	0	0	0	0	37	37	0	0	0	0	0	0	0	0
南京特殊教育师范学院	40	7	1.1	0	180	82	1	1	0	0	0	0	0	0	0	0	0	3	3	0	0	0	0	0	0	0	0
泰州学院	41	19	7.2	0	203	195	0	0	0	0	0	0	0	0	0	0	0	33	31	2	0	0	0	0	0	0	0
金陵科技学院	42	49	4.9	0	3728.297	3758.297	2	1	0	1	0	0	0	0	0	0	0	34	33	1	0	0	0	0	0	22	22
江苏第二师范学院	43	51	10.5	0	463.4	688.215	0	0	0	0	0	0	0	0	0	0	0	60	60	0	0	0	0	0	0	0	0
南京工业职业技术大学	44	42	12.5	0	150	192.95	0	0	0	0	0	0	0	0	0	0	0	20	20	0	0	0	0	0	0	0	0
无锡学院	45	2	0.6	0	3	3	0	0	0	0	0	0	0	0	0	0	0	3	3	0	0	0	0	0	0	0	0
苏州城市学院	46	9	1.3	0	7	5.505	1	0	0	1	0	0	0	0	0	0	0	6	6	0	0	0	0	0	0	0	0
宿迁学院	47	27	3.1	0	185	145	3	1	0	2	0	0	0	0	0	0	0	38	38	0	0	0	0	0	0	1	0

2.10 历史学人文、社会科学研究与课题成果情况表

高校名称	编号	总数 课题数(项)	总数 当年投入人数(人年)	总数 其中：研究生(人年)	总数 当年拨入经费(千元)	总数 当年支出经费(千元)	出版著作(部) 合计	出版著作(部) 专著	出版著作(部) 其中：被译成外文	出版著作(部) 编著教材	出版著作(部) 工具书参考书	出版著作(部) 皮书/发展报告	出版著作(部) 科普读物	古籍整理(部)	译著(部)	发表译文(篇)	电子出版物(件)	发表论文(篇) 合计	发表论文(篇) 国内学术刊物	发表论文(篇) 国外学术刊物	发表论文(篇) 港、澳、台地区刊物	获奖成果数(项) 合计	获奖成果数(项) 国家级奖	获奖成果数(项) 部级奖	获奖成果数(项) 省级奖	研究与咨询报告(篇) 合计	研究与咨询报告(篇) 其中：被采纳数
		L01	L02	L03	L04	L05	L06	L07	L08	L09	L10	L11	L12	L13	L14	L15	L16	L17	L18	L19	L20	L21	L22	L23	L24	L25	L26
合计	/	610	144.2	17.6	18 747.66	16 311.37	53	39	1	14	0	0	0	0	11	0	0	417	402	15	0	0	0	0	0	33	13
南京大学	1	94	16.6	4.5	5502.506	2645.714	4	3	0	1	0	0	0	0	2	0	0	90	85	5	0	0	0	0	0	0	0
东南大学	2	16	1.6	0	210	269.957	3	2	0	1	0	0	0	0	1	0	0	1	1	0	0	0	0	0	0	0	0
江南大学	3	13	10.2	6.2	40	28	3	2	0	1	0	0	0	0	0	0	0	4	4	0	0	0	0	0	0	0	0
南京农业大学	4	92	16.5	3.1	2689	2438.36	5	1	0	4	0	0	0	0	0	0	0	33	33	0	0	0	0	0	0	3	0
中国矿业大学	5	9	2.4	0.1	63.3	270.665	0	0	0	0	0	0	0	0	0	0	0	2	1	1	0	0	0	0	0	4	1
河海大学	6	16	2.6	0.7	200	200	0	0	0	0	0	0	0	0	0	0	0	2	2	0	0	0	0	0	0	3	0
南京理工大学	7	5	1.1	0	55	55	0	0	0	0	0	0	0	0	0	0	0	6	6	0	0	0	0	0	0	0	0
南京航空航天大学	8	0	0	0	0	0	0	0	0	0	0	0	0	0	0	0	0	2	2	0	0	0	0	0	0	0	0
中国药科大学	9	4	0.4	0	0	0	1	0	0	1	0	0	0	0	0	0	0	3	3	0	0	0	0	0	0	0	0
南京森林警察学院	10	0	0	0	0	0	0	0	0	0	0	0	0	0	0	0	0	1	1	0	0	0	0	0	0	0	0
苏州大学	11	33	6.7	0.7	720	1140	0	0	0	0	0	0	0	0	0	0	0	12	12	0	0	0	0	0	0	0	0
江苏科技大学	12	18	4.4	0.6	70	79.8	0	0	0	0	0	0	0	0	0	0	0	11	11	0	0	0	0	0	0	0	0
南京工业大学	13	2	0.3	0.1	20	20	0	0	0	0	0	0	0	0	0	0	0	0	0	0	0	0	0	0	0	0	0
常州大学	14	10	3.4	0	300	143.9	1	1	0	0	0	0	0	0	0	0	0	5	5	0	0	0	0	0	0	0	0
南京邮电大学	15	16	5.4	0.3	900	501	5	5	0	0	0	0	0	0	0	0	0	3	3	0	0	0	0	0	0	0	0
南京林业大学	16	4	0.4	0	120	71.5	0	0	0	0	0	0	0	0	0	0	0	0	0	0	0	0	0	0	0	0	0
江苏大学	17	3	0.7	0	10	10	0	0	0	0	0	0	0	0	0	0	0	21	17	4	0	0	0	0	0	0	0
南京信息工程大学	18	16	4.9	0	84	567.48	1	1	0	0	0	0	0	0	0	0	0	4	4	0	0	0	0	0	0	0	0
南通大学	19	3	0.5	0	0	5	0	0	0	0	0	0	0	0	0	0	0	16	16	0	0	0	0	0	0	2	2
盐城工学院	20	4	0.4	0	50	50	0	0	0	0	0	0	0	0	0	0	0	3	3	0	0	0	0	0	0	0	0
南京医科大学	21	1	0.2	0	0	0	0	0	0	0	0	0	0	0	0	0	0	0	0	0	0	0	0	0	0	0	0
徐州医科大学	22	1	0.1	0	0	0	0	0	0	0	0	0	0	0	0	0	0	4	4	0	0	0	0	0	0	0	0
南京中医药大学	23	10	3.3	0	40	75.27	2	2	1	0	0	0	0	0	0	0	0	4	4	0	0	0	0	0	0	0	0
南京师范大学	24	35	9.8	0	1107	1321.119	2	2	0	0	0	0	0	0	4	0	0	59	57	2	0	0	0	0	0	0	0
江苏师范大学	25	42	20	0.4	2055	2549	2	2	0	0	0	0	0	0	0	0	0	25	24	1	0	0	0	0	0	0	0
淮阴师范学院	26	12	2.2	0	150	443	8	8	0	0	0	0	0	0	0	0	0	8	8	0	0	0	0	0	0	0	0
盐城师范学院	27	12	2.6	0	610	365.4	1	0	0	1	0	0	0	0	0	0	0	5	5	0	0	0	0	0	0	11	3

江苏警官学院	28	1	0.3	0	50	50	0	0	0	0	0	0	0	0	0	0	0	3	3	0	0	0	0	0	0	0	0
南京体育学院	29	1	0.2	0	30	16.628	0	0	0	0	0	0	0	0	0	0	0	1	1	0	0	0	0	0	0	0	0
南京艺术学院	30	1	0.6	0.1	170	5.5	0	0	0	0	0	0	0	0	0	0	0	1	1	0	0	0	0	0	0	0	0
苏州科技大学	31	33	5.7	0.3	683.85	697.85	5	3	0	2	0	0	0	0	3	0	0	21	21	0	0	0	0	0	0	0	0
常熟理工学院	32	7	1.5	0	635	306.65	0	0	0	0	0	0	0	0	0	0	0	0	0	0	0	0	0	0	0	2	2
淮阴工学院	33	3	0.4	0	0	0	0	0	0	0	0	0	0	0	0	0	0	7	7	0	0	0	0	0	0	0	0
常州工学院	34	13	2.2	0	53	273.86	1	0	0	1	0	0	0	0	0	0	0	0	0	0	0	0	0	0	0	0	0
扬州大学	35	36	7.8	0.5	1190	1116.58	8	6	0	2	0	0	0	0	1	0	0	37	37	0	0	0	0	0	0	0	0
南京审计大学	36	3	1.1	0	0	56.443	0	0	0	0	0	0	0	0	0	0	0	6	6	0	0	0	0	0	0	0	0
南京晓庄学院	37	8	1.1	0	20	63	0	0	0	0	0	0	0	0	0	0	0	2	2	0	0	0	0	0	0	0	0
江苏理工学院	38	10	2.1	0	431	176.1	1	1	0	0	0	0	0	0	0	0	0	1	1	0	0	0	0	0	0	6	4
江苏海洋大学	39	6	0.6	0	181	81	0	0	0	0	0	0	0	0	0	0	0	4	2	2	0	0	0	0	0	0	0
南京特殊教育师范学院	40	0	0	0	0	0	0	0	0	0	0	0	0	0	0	0	0	1	1	0	0	0	0	0	0	0	0
泰州学院	41	1	0.2	0	0	0	0	0	0	0	0	0	0	0	0	0	0	0	0	0	0	0	0	0	0	0	0
金陵科技学院	42	3	0.4	0	240	165	0	0	0	0	0	0	0	0	0	0	0	0	0	0	0	0	0	0	0	1	1
江苏第二师范学院	43	8	2.4	0	68	50.596	0	0	0	0	0	0	0	0	0	0	0	7	7	0	0	0	0	0	0	0	0
南京工业职业技术大学	44	1	0.2	0	0	2	0	0	0	0	0	0	0	0	0	0	0	1	1	0	0	0	0	0	0	0	0
无锡学院	45	1	0.3	0	0	0	0	0	0	0	0	0	0	0	0	0	0	0	0	0	0	0	0	0	0	0	0
宿迁学院	46	3	0.4	0	0	0	0	0	0	0	0	0	0	0	0	0	0	1	1	0	0	0	0	0	0	1	0

2.11 考古学人文、社会科学研究与课题成果情况表

高校名称		总数					出版著作(部)							古籍整理(部)	译著(部)	发表译文(篇)	电子出版物(件)	发表论文(篇)				获奖成果数(项)				研究与咨询报告(篇)	
		课题数(项)	当年投入人数(人年)	其中：研究生(人年)	当年拨入经费(千元)	当年支出经费(千元)	合计	专著	其中：被译成外文	编著教材	工具书参考书	皮书/发展报告	科普读物					合计	国内学术刊物	国外学术刊物	港、澳、台地区刊物	合计	国家级奖	部级奖	省级奖	合计	其中：被采纳数
	编号	L01	L02	L03	L04	L05	L06	L07	L08	L09	L10	L11	L12	L13	L14	L15	L16	L17	L18	L19	L20	L21	L22	L23	L24	L25	L26
合计	/	308	38.1	24.3	63 354.61	24 802.05	1	1	0	0	0	0	0	1	1	0	0	35	34	1	0	0	0	0	0	66	50
南京大学	1	209	21.9	19.6	42 865.85	15 053.55	0	0	0	0	0	0	0	0	0	0	0	15	15	0	0	0	0	0	0	0	0
江苏科技大学	2	3	0.4	0.1	85	44	0	0	0	0	0	0	0	0	0	0	0	0	0	0	0	0	0	0	0	0	0
南京信息工程大学	3	4	1.8	0	0	34.63	0	0	0	0	0	0	0	0	0	0	0	0	0	0	0	0	0	0	0	0	0
南京中医药大学	4	1	0.3	0	0	6.52	0	0	0	0	0	0	0	0	0	0	0	0	0	0	0	0	0	0	0	0	0
南京师范大学	5	79	9.5	4.6	19 867.96	9009.555	1	1	0	0	0	0	0	1	1	0	0	17	16	1	0	0	0	0	0	64	48
江苏师范大学	6	11	4.1	0	523.8	643.8	0	0	0	0	0	0	0	0	0	0	0	2	2	0	0	0	0	0	0	0	0
南京艺术学院	7	0	0	0	0	0	0	0	0	0	0	0	0	0	0	0	0	1	1	0	0	0	0	0	0	0	0
常州工学院	8	1	0.1	0	12	10	0	0	0	0	0	0	0	0	0	0	0	0	0	0	0	0	0	0	0	0	0
金陵科技学院	9	0	0	0	0	0	0	0	0	0	0	0	0	0	0	0	0	0	0	0	0	0	0	0	0	2	2

7

2.12 经济学人文、社会科学研究与课题成果情况表

高校名称	编号	总数 课题数(项)	当年投入人数(人年)	其中：研究生(人年)	当年拨入经费(千元)	当年支出经费(千元)	出版著作(部) 合计	专著	其中：被译成外文	编著教材	工具书参考书	皮书/发展报告	科普读物	古籍整理(部)	译著(部)	发表译文(篇)	电子出版物(件)	发表论文(篇) 合计	国内学术刊物	国外学术刊物	港、澳、台地区刊物	获奖成果数(项) 合计	国家级奖	部级奖	省级奖	研究与咨询报告(篇) 合计	其中：被采纳数
		L01	L02	L03	L04	L05	L06	L07	L08	L09	L10	L11	L12	L13	L14	L15	L16	L17	L18	L19	L20	L21	L22	L23	L24	L25	L26
合计	/	3379	703.9	100.7	125 232	112 387.2	79	60	2	16	0	2	1	0	1	0	5	1558	1280	278	0	1	0	1	0	423	248
南京大学	1	176	23.2	6.4	10 486.42	5463.874	1	1	0	0	0	0	0	0	0	0	0	166	141	25	0	0	0	0	0	107	57
东南大学	2	104	12.2	1.8	4170.15	4172.752	4	4	0	0	0	0	0	0	0	0	0	40	23	17	0	0	0	0	0	7	7
江南大学	3	108	69	47.6	9949.3	9253.3	4	2	0	2	0	0	0	0	0	0	0	28	19	9	0	0	0	0	0	0	0
南京农业大学	4	158	23.5	3.2	3684	3839.325	3	3	0	0	0	0	0	0	0	0	0	83	52	31	0	0	0	0	0	7	6
中国矿业大学	5	55	10.9	2.2	689.865	745.362	0	0	0	0	0	0	0	0	0	0	0	48	14	34	0	0	0	0	0	5	1
河海大学	6	68	22.2	9.8	1732.5	2131.73	7	3	0	1	0	2	1	0	0	0	5	101	62	39	0	0	0	0	0	23	17
南京理工大学	7	42	6.7	0	1132.2	690.22	1	1	0	0	0	0	0	0	0	0	0	18	7	11	0	0	0	0	0	0	0
南京航空航天大学	8	23	4.3	0	347	347	0	0	0	0	0	0	0	0	0	0	0	6	4	2	0	0	0	0	0	0	0
中国药科大学	9	179	18.5	0	8943.2	7860.04	0	0	0	0	0	0	0	0	0	0	0	8	2	6	0	0	0	0	0	0	0
南京森林警察学院	10	1	0.4	0	0	0	0	0	0	0	0	0	0	0	0	0	0	1	1	0	0	0	0	0	0	0	0
苏州大学	11	103	15.8	0.7	6654.75	6681.75	10	3	0	7	0	0	0	0	0	0	0	32	32	0	0	0	0	0	0	39	15
江苏科技大学	12	46	8.1	0.1	0	197.56	0	0	0	0	0	0	0	0	0	0	0	21	18	3	0	0	0	0	0	1	0
南京工业大学	13	44	7.7	1.9	560	539	0	0	0	0	0	0	0	0	0	0	0	19	18	1	0	0	0	0	0	10	10
常州大学	14	43	12.4	0	1083	792.36	1	1	0	0	0	0	0	0	0	0	0	22	17	5	0	0	0	0	0	2	2
南京邮电大学	15	68	15.9	0.4	911	697	1	1	0	0	0	0	0	0	0	0	0	23	16	7	0	0	0	0	0	0	0
南京林业大学	16	34	3.8	0.3	1384.52	894.21	0	0	0	0	0	0	0	0	0	0	0	10	10	0	0	0	0	0	0	0	0
江苏大学	17	80	13.6	0.7	2172.8	1952.8	2	2	1	0	0	0	0	0	0	0	0	54	32	22	0	0	0	0	0	1	1
南京信息工程大学	18	52	13.7	0	1809.6	1289.32	0	0	0	0	0	0	0	0	0	0	0	24	13	11	0	0	0	0	0	7	4
南通大学	19	145	21.2	0	5649.3	4363.8	1	1	0	0	0	0	0	0	0	0	0	50	48	2	0	0	0	0	0	36	33
盐城工学院	20	51	5.2	0	842	784.24	1	1	0	0	0	0	0	0	0	0	0	20	20	0	0	0	0	0	0	0	0

徐州医科大学	22	3	1.1	0.4	60	52	0	0	0	0	0	0	0	0	0	0	0	2	2	0	0	0	0	0	0	0	0
南京中医药大学	23	4	1.4	0	10	9.25	0	0	0	0	0	0	0	0	0	0	0	8	8	0	0	0	0	0	0	0	0
南京师范大学	24	46	14.6	2.7	1634	993.324	1	1	0	0	0	0	0	0	0	0	0	19	14	5	0	0	0	0	0	5	0
江苏师范大学	25	82	33.4	0.8	2680	3156.2	3	2	0	1	0	0	0	0	1	0	0	53	50	3	0	0	0	0	0	15	15
淮阴师范学院	26	35	4.5	0	1157	1483.8	1	1	0	0	0	0	0	0	0	0	0	11	11	0	0	0	0	0	0	1	0
盐城师范学院	27	63	12.8	0	588	3360.71	3	3	0	0	0	0	0	0	0	0	0	43	39	4	0	0	0	0	0	15	0
南京财经大学	28	435	97.8	17.3	26 419.97	24 160.38	9	7	0	2	0	0	0	0	0	0	0	224	224	0	0	1	0	1	0	4	4
江苏警官学院	29	3	0.6	0	0	0	0	0	0	0	0	0	0	0	0	0	0	5	5	0	0	0	0	0	0	0	0
苏州科技大学	30	49	11.2	0.4	892	858	1	1	0	0	0	0	0	0	0	0	0	30	27	3	0	0	0	0	0	19	15
常熟理工学院	31	35	4.9	0	1164.6	734.68	0	0	0	0	0	0	0	0	0	0	0	17	13	4	0	0	0	0	0	17	17
淮阴工学院	32	71	11	0	4393.5	5885	2	2	0	0	0	0	0	0	0	0	0	6	6	0	0	0	0	0	0	0	0
常州工学院	33	57	7.6	0	398	459.12	0	0	0	0	0	0	0	0	0	0	0	12	12	0	0	0	0	0	0	4	0
扬州大学	34	64	10.3	0.5	2353	2255.7	2	2	1	0	0	0	0	0	0	0	0	36	29	7	0	0	0	0	0	5	5
南京工程学院	35	38	7.4	0	1542.96	2030.328	0	0	0	0	0	0	0	0	0	0	0	7	7	0	0	0	0	0	0	15	6
南京审计大学	36	272	98.3	3.2	5007.855	5177.043	4	3	0	1	0	0	0	0	0	0	0	116	101	15	0	0	0	0	0	15	8
南京晓庄学院	37	34	3.8	0	403	302.5	8	8	0	0	0	0	0	0	0	0	0	21	18	3	0	0	0	0	0	1	0
江苏理工学院	38	88	13.9	0	3635	2882.819	1	1	0	0	0	0	0	0	0	0	0	26	21	5	0	0	0	0	0	31	11
江苏海洋大学	39	81	8.4	0.3	3625	2770	0	0	0	0	0	0	0	0	0	0	0	41	40	1	0	0	0	0	0	16	10
徐州工程学院	40	110	16.7	0	3392.5	584.2	8	6	0	2	0	0	0	0	0	0	0	40	40	0	0	0	0	0	0	0	0
南京特殊教育师范学院	41	1	0.1	0	10	1	0	0	0	0	0	0	0	0	0	0	0	0	0	0	0	0	0	0	0	0	0
泰州学院	42	6	2.2	0	10	15	0	0	0	0	0	0	0	0	0	0	0	5	5	0	0	0	0	0	0	0	0
金陵科技学院	43	49	5.1	0	2702	1824	0	0	0	0	0	0	0	0	0	0	0	11	11	0	0	0	0	0	0	4	4
江苏第二师范学院	44	6	1.4	0	3	62.135	0	0	0	0	0	0	0	0	0	0	0	0	0	0	0	0	0	0	0	0	0
南京工业职业技术大学	45	37	9.5	0	446	177	0	0	0	0	0	0	0	0	0	0	0	16	16	0	0	0	0	0	0	0	0
无锡学院	46	20	5.4	0	90	111.743	0	0	0	0	0	0	0	0	0	0	0	6	3	3	0	0	0	0	0	0	0
苏州城市学院	47	7	1	0	75	47.448	0	0	0	0	0	0	0	0	0	0	0	6	6	0	0	0	0	0	0	0	0
宿迁学院	48	103	11.2	0	338	298.2	0	0	0	0	0	0	0	0	0	0	0	23	23	0	0	0	0	0	0	11	0

2.13 政治学人文、社会科学研究与课题成果情况表

高校名称	编号	总数：课题数(项)	总数：当年投入人数(人年)	总数：其中：研究生(人年)	总数：当年拨入经费(千元)	总数：当年支出经费(千元)	出版著作(部)：合计	出版著作(部)：专著	出版著作(部)：其中：被译成外文	出版著作(部)：编著教材	出版著作(部)：工具书参考书	出版著作(部)：皮书/发展报告	出版著作(部)：科普读物	古籍整理(部)	译著(部)	发表译文(篇)	电子出版物(件)	发表论文(篇)：合计	发表论文(篇)：国内学术刊物	发表论文(篇)：国外学术刊物	发表论文(篇)：港、澳、台地区刊物	获奖成果数(项)：合计	获奖成果数(项)：国家级奖	获奖成果数(项)：部级奖	获奖成果数(项)：省级奖	研究与咨询报告(篇)：合计	研究与咨询报告(篇)：其中：被采纳数
		L01	L02	L03	L04	L05	L06	L07	L08	L09	L10	L11	L12	L13	L14	L15	L16	L17	L18	L19	L20	L21	L22	L23	L24	L25	L26
合计	/	542	118.8	7.4	8218.589	7668.049	12	9	0	2	0	0	1	0	1	0	0	202	190	12	0	0	0	0	0	31	16
南京大学	1	76	11.4	2.5	3116.654	1040.135	1	1	0	0	0	0	0	0	1	0	0	34	29	5	0	0	0	0	0	4	3
东南大学	2	14	1.6	0.2	90	85.414	0	0	0	0	0	0	0	0	0	0	0	6	3	3	0	0	0	0	0	0	0
江南大学	3	16	6.9	1.6	40	12	0	0	0	0	0	0	0	0	0	0	0	4	4	0	0	0	0	0	0	0	0
南京农业大学	4	9	1	0	10	44	0	0	0	0	0	0	0	0	0	0	0	1	1	0	0	0	0	0	0	0	0
中国矿业大学	5	35	7.2	1.4	200.096	406.816	0	0	0	0	0	0	0	0	0	0	0	1	0	1	0	0	0	0	0	2	2
河海大学	6	11	1.5	0.2	10	6	4	3	0	0	0	0	1	0	0	0	0	18	17	1	0	0	0	0	0	1	0
南京理工大学	7	11	2.7	0	689	689.22	0	0	0	0	0	0	0	0	0	0	0	3	3	0	0	0	0	0	0	0	0
南京航空航天大学	8	4	0.7	0	170	170	0	0	0	0	0	0	0	0	0	0	0	2	2	0	0	0	0	0	0	0	0
南京森林警察学院	9	4	1.4	0	23.709	44.834	0	0	0	0	0	0	0	0	0	0	0	0	0	0	0	0	0	0	0	0	0
苏州大学	10	20	3.6	0.4	43	322	0	0	0	0	0	0	0	0	0	0	0	9	9	0	0	0	0	0	0	1	0
江苏科技大学	11	10	1.9	0	30	27.8	0	0	0	0	0	0	0	0	0	0	0	5	5	0	0	0	0	0	0	0	0
南京工业大学	12	10	1.4	0	220.55	530.55	0	0	0	0	0	0	0	0	0	0	0	1	1	0	0	0	0	0	0	1	1
常州大学	13	4	1.2	0	40	52	1	1	0	0	0	0	0	0	0	0	0	2	2	0	0	0	0	0	0	0	0
南京邮电大学	14	9	2.4	0	104	114	0	0	0	0	0	0	0	0	0	0	0	2	2	0	0	0	0	0	0	0	0
南京林业大学	15	7	0.8	0.1	53	61.9	0	0	0	0	0	0	0	0	0	0	0	1	1	0	0	0	0	0	0	0	0
江苏大学	16	1	0.1	0	0	0	0	0	0	0	0	0	0	0	0	0	0	2	2	0	0	0	0	0	0	0	0
南京信息工程大学	17	11	3.9	0	90	123.23	0	0	0	0	0	0	0	0	0	0	0	2	1	1	0	0	0	0	0	0	0
南通大学	18	39	7.3	0	168.5	302.5	0	0	0	0	0	0	0	0	0	0	0	10	10	0	0	0	0	0	0	0	0
南京医科大学	19	1	0.1	0	0	0	0	0	0	0	0	0	0	0	0	0	0	0	0	0	0	0	0	0	0	0	0
徐州医科大学	20	13	2	0	20	3	0	0	0	0	0	0	0	0	0	0	0	3	3	0	0	0	0	0	0	9	2

南京中医药大学	21	4	1.7	0	0	0	0	0	0	0	0	0	0	0	0	0	0	1	1	0	0	0	0	0	0	0	0
南京师范大学	22	53	18.5	0.6	1016	1388.446	1	1	0	0	0	0	0	0	0	0	0	28	28	0	0	0	0	0	0	3	0
江苏师范大学	23	18	8	0.1	284	249.18	1	1	0	0	0	0	0	0	0	0	0	7	7	0	0	0	0	0	0	0	0
淮阴师范学院	24	9	1	0	367	344	0	0	0	0	0	0	0	0	0	0	0	3	3	0	0	0	0	0	0	0	0
盐城师范学院	25	9	1.7	0	400	469.2	1	1	0	0	0	0	0	0	0	0	0	7	7	0	0	0	0	0	0	5	3
南京财经大学	26	7	0.8	0	10	16.082	0	0	0	0	0	0	0	0	0	0	0	1	1	0	0	0	0	0	0	0	0
江苏警官学院	27	17	3.3	0	220	89	2	0	0	2	0	0	0	0	0	0	0	9	8	1	0	0	0	0	0	0	0
南京体育学院	28	0	0	0	0	2	0	0	0	0	0	0	0	0	0	0	0	0	0	0	0	0	0	0	0	0	0
南京艺术学院	29	0	0	0	0	0	0	0	0	0	0	0	0	0	0	0	0	1	1	0	0	0	0	0	0	0	0
苏州科技大学	30	19	3.5	0.1	528.68	534.68	1	1	0	0	0	0	0	0	0	0	0	4	4	0	0	0	0	0	0	0	0
常熟理工学院	31	2	0.4	0	10	0	0	0	0	0	0	0	0	0	0	0	0	3	3	0	0	0	0	0	0	0	0
淮阴工学院	33	1	0.1	0	0	0	0	0	0	0	0	0	0	0	0	0	0	0	0	0	0	0	0	0	0	0	0
常州工学院	33	3	0.6	0	30	44.79	0	0	0	0	0	0	0	0	0	0	0	1	1	0	0	0	0	0	0	0	0
扬州大学	34	27	3.4	0	3	9.6	0	0	0	0	0	0	0	0	0	0	0	7	7	0	0	0	0	0	0	0	0
南京工程学院	35	1	0.2	0	2.4	2.88	0	0	0	0	0	0	0	0	0	0	0	0	0	0	0	0	0	0	0	0	0
南京审计大学	36	15	6	0.2	0	171.928	0	0	0	0	0	0	0	0	0	0	0	12	12	0	0	0	0	0	0	5	5
南京晓庄学院	37	2	0.3	0	0	7	0	0	0	0	0	0	0	0	0	0	0	1	1	0	0	0	0	0	0	0	0
江苏理工学院	38	8	1.3	0	10	59.5	0	0	0	0	0	0	0	0	0	0	0	2	2	0	0	0	0	0	0	0	0
江苏海洋大学	39	11	1.1	0	110	81.5	0	0	0	0	0	0	0	0	0	0	0	2	2	0	0	0	0	0	0	0	0
徐州工程学院	40	4	0.5	0	60	50	0	0	0	0	0	0	0	0	0	0	0	0	0	0	0	0	0	0	0	0	0
南京特殊教育师范学院	41	4	0.7	0	40	4	0	0	0	0	0	0	0	0	0	0	0	0	0	0	0	0	0	0	0	0	0
泰州学院	42	8	3.6	0	0	0	0	0	0	0	0	0	0	0	0	0	0	1	1	0	0	0	0	0	0	0	0
江苏第二师范学院	43	6	1.3	0	0	57.692	0	0	0	0	0	0	0	0	0	0	0	3	3	0	0	0	0	0	0	0	0
南京工业职业技术大学	44	6	1.3	0	8	12.94	0	0	0	0	0	0	0	0	0	0	0	2	2	0	0	0	0	0	0	0	0
无锡学院	45	2	0.3	0	1	5.312	0	0	0	0	0	0	0	0	0	0	0	0	0	0	0	0	0	0	0	0	0
苏州城市学院	46	0	0	0	0	32.92	0	0	0	0	0	0	0	0	0	0	0	0	0	0	0	0	0	0	0	0	0
宿迁学院	47	1	0.1	0	0	0	0	0	0	0	0	0	0	0	0	0	0	1	1	0	0	0	0	0	0	0	0

2.14 法学人文、社会科学研究与课题成果情况表

高校名称		总数					出版著作(部)							古籍整理(部)	译著(部)	发表译文(篇)	电子出版物(件)	发表论文(篇)				获奖成果数(项)				研究与咨询报告(篇)	
		课题数(项)	当年投入人数(人年)	其中:研究生(人年)	当年拨入经费(千元)	当年支出经费(千元)	合计	专著	其中:被译成外文	编著教材	工具书参考书	皮书/发展报告	科普读物					合计	国内学术刊物	国外学术刊物	港、澳、台地区刊物	合计	国家级奖	部级奖	省级奖	合计	其中:被采纳数
	编号	L01	L02	L03	L04	L05	L06	L07	L08	L09	L10	L11	L12	L13	L14	L15	L16	L17	L18	L19	L20	L21	L22	L23	L24	L25	L26
合计	/	1371	305.2	31.9	41 697.85	37 187.26	68	45	0	17	0	1	5	0	3	0	0	846	821	24	1	0	0	0	0	125	83
南京大学	1	74	11.4	2.4	2125	1193.263	7	5	0	2	0	0	0	0	0	0	0	109	107	2	0	0	0	0	0	0	0
东南大学	2	189	25	6.6	5820	5787.676	11	8	0	3	0	0	0	0	0	0	0	109	101	8	0	0	0	0	0	36	36
江南大学	3	13	9.3	4.4	89	61	5	1	0	4	0	0	0	0	0	0	0	13	13	0	0	0	0	0	0	3	3
南京农业大学	4	16	1.9	0	40	40	0	0	0	0	0	0	0	0	0	0	0	16	15	1	0	0	0	0	0	1	0
中国矿业大学	5	9	1.6	0.6	59.107	18.16	0	0	0	0	0	0	0	0	0	0	0	2	2	0	0	0	0	0	0	0	0
河海大学	6	54	19.5	9	1888.2	1386.92	10	4	0	0	0	1	5	0	0	0	0	71	68	3	0	0	0	0	0	13	7
南京理工大学	7	49	10	0.1	2166.47	2186.47	0	0	0	0	0	0	0	0	0	0	0	0	0	0	0	0	0	0	0	3	3
南京航空航天大学	8	30	5.2	0	1646	1526	2	2	0	0	0	0	0	0	0	0	0	11	10	1	0	0	0	0	0	0	0
南京森林警察学院	9	58	18.4	0	1323.841	1257.939	1	0	0	1	0	0	0	0	1	0	0	35	35	0	0	0	0	0	0	1	0
苏州大学	10	116	17.6	1.4	5444.809	5078.309	5	5	0	0	0	0	0	0	1	0	0	47	47	0	0	0	0	0	0	2	1
江苏科技大学	11	8	1.7	0	4	33.1	0	0	0	0	0	0	0	0	0	0	0	4	3	1	0	0	0	0	0	0	0
南京工业大学	12	39	8	1.6	460	423.3	1	1	0	0	0	0	0	0	0	0	0	25	23	2	0	0	0	0	0	1	1
常州大学	13	54	14	0	1212.05	1507.203	2	2	0	0	0	0	0	0	0	0	0	28	27	1	0	0	0	0	0	2	2
南京邮电大学	14	1	0.4	0	0	0	0	0	0	0	0	0	0	0	0	0	0	1	1	0	0	0	0	0	0	0	0
南京林业大学	15	2	0.2	0	0	51.33	0	0	0	0	0	0	0	0	0	0	0	1	1	0	0	0	0	0	0	0	0
江苏大学	16	54	17.5	2.3	1155	1100	2	1	0	1	0	0	0	0	0	0	0	21	20	1	0	0	0	0	0	4	4
南京信息工程大学	17	45	10.9	0	1895	1166.14	3	2	0	1	0	0	0	0	0	0	0	10	9	0	1	0	0	0	0	8	5
南通大学	18	3	0.7	0	0	90	0	0	0	0	0	0	0	0	0	0	0	11	11	0	0	0	0	0	0	0	0
盐城工学院	19	5	0.5	0	1	1	0	0	0	0	0	0	0	0	0	0	0	2	2	0	0	0	0	0	0	0	0
徐州医科大学	20	2	0.5	0.2	0	4	0	0	0	0	0	0	0	0	0	0	0	0	0	0	0	0	0	0	0	0	0

南京中医药大学	21	6	2.7	0	3	20.22	0	0	0	0	0	0	0	0	0	0	0	1	1	0	0	0	0	0	0	0	0
南京师范大学	22	101	27.8	1.7	5297.36	2720.44	3	1	0	2	0	0	0	0	1	0	0	96	96	0	0	0	0	0	0	10	5
江苏师范大学	23	54	16.8	0.2	2190.9	2326.3	0	0	0	0	0	0	0	0	0	0	0	23	23	0	0	0	0	0	0	0	0
淮阴师范学院	24	30	4	0	1310	1658	1	1	0	0	0	0	0	0	0	0	0	22	22	0	0	0	0	0	0	0	0
盐城师范学院	25	27	4.8	0	1292	1016.84	1	1	0	0	0	0	0	0	0	0	0	9	9	0	0	0	0	0	0	17	0
南京财经大学	26	38	6.4	0.5	1922.336	1660.159	4	3	0	1	0	0	0	0	0	0	0	16	16	0	0	0	0	0	0	0	0
江苏警官学院	27	63	14.3	0	150	372	3	3	0	0	0	0	0	0	0	0	0	8	8	0	0	0	0	0	0	0	0
苏州科技大学	28	1	0.1	0	18.05	18.05	1	0	0	1	0	0	0	0	0	0	0	3	3	0	0	0	0	0	0	0	0
常熟理工学院	29	19	3	0	574.9	561.68	0	0	0	0	0	0	0	0	0	0	0	3	3	0	0	0	0	0	0	4	4
淮阴工学院	30	6	1.2	0	700	530	0	0	0	0	0	0	0	0	0	0	0	2	2	0	0	0	0	0	0	0	0
常州工学院	31	8	1.2	0	251.7	390.7	0	0	0	0	0	0	0	0	0	0	0	0	0	0	0	0	0	0	0	1	0
扬州大学	32	46	9.5	0.5	986.8	1021.34	2	2	0	0	0	0	0	0	0	0	0	42	41	1	0	0	0	0	0	6	5
南京工程学院	33	2	0.4	0	12	9.6	0	0	0	0	0	0	0	0	0	0	0	0	0	0	0	0	0	0	0	0	0
南京审计大学	34	88	28.7	0.4	542.33	1124.72	1	1	0	0	0	0	0	0	0	0	0	69	68	1	0	0	0	0	0	4	2
南京晓庄学院	35	2	0.2	0	20	13	1	1	0	0	0	0	0	0	0	0	0	2	2	0	0	0	0	0	0	0	0
江苏理工学院	36	6	0.7	0	0	130.9	0	0	0	0	0	0	0	0	0	0	0	0	0	0	0	0	0	0	0	1	0
江苏海洋大学	37	14	1.4	0	713	502.5	0	0	0	0	0	0	0	0	0	0	0	8	6	2	0	0	0	0	0	3	2
南京特殊教育师范学院	38	1	0.1	0	10	2	0	0	0	0	0	0	0	0	0	0	0	0	0	0	0	0	0	0	0	1	1
泰州学院	39	11	3.5	0	190	52	0	0	0	0	0	0	0	0	0	0	0	3	3	0	0	0	0	0	0	0	0
金陵科技学院	40	1	0.1	0	0	0	0	0	0	0	0	0	0	0	0	0	0	4	4	0	0	0	0	0	0	2	2
江苏第二师范学院	41	3	0.8	0	2	43.6	0	0	0	0	0	0	0	0	0	0	0	0	0	0	0	0	0	0	0	0	0
南京工业职业技术大学	42	2	0.7	0	20	16	0	0	0	0	0	0	0	0	0	0	0	8	8	0	0	0	0	0	0	0	0
无锡学院	43	1	0.2	0	4	3.8	0	0	0	0	0	0	0	0	0	0	0	0	0	0	0	0	0	0	0	0	0
苏州城市学院	44	4	0.5	0	122	36.3	2	1	0	1	0	0	0	0	0	0	0	5	5	0	0	0	0	0	0	0	0
宿迁学院	45	16	1.8	0	36	45.3	0	0	0	0	0	0	0	0	0	0	0	6	6	0	0	0	0	0	0	2	0

2.15 社会学人文、社会科学研究与课题成果情况表

高校名称	编号	总数：课题数(项)	总数：当年投入人数(人年)	总数：其中：研究生(人年)	总数：当年拨入经费(千元)	总数：当年支出经费(千元)	出版著作(部)：合计	出版著作(部)：专著	出版著作(部)：其中：被译成外文	出版著作(部)：编著教材	出版著作(部)：工具书参考书	出版著作(部)：皮书/发展报告	出版著作(部)：科普读物	古籍整理(部)	译著(部)	发表译文(篇)	电子出版物(件)	发表论文(篇)：合计	发表论文(篇)：国内学术刊物	发表论文(篇)：国外学术刊物	发表论文(篇)：港澳台地区刊物	获奖成果数(项)：合计	获奖成果数(项)：国家级奖	获奖成果数(项)：部级奖	获奖成果数(项)：省级奖	研究与咨询报告(篇)：合计	研究与咨询报告(篇)：其中：被采纳数
		L01	L02	L03	L04	L05	L06	L07	L08	L09	L10	L11	L12	L13	L14	L15	L16	L17	L18	L19	L20	L21	L22	L23	L24	L25	L26
合计	/	1862	405.2	67.1	57 756.42	45 367.07	46	27	0	9	1	3	6	0	8	0	0	741	657	84	0	0	0	0	0	173	84
南京大学	1	94	12.2	1.7	4365	2373.882	0	0	0	0	0	0	0	0	1	0	0	88	75	13	0	0	0	0	0	0	0
东南大学	2	97	10.6	0.9	1602.088	1661.342	0	0	0	0	0	0	0	0	2	0	0	7	4	3	0	0	0	0	0	4	4
江南大学	3	49	29.6	18	2880.824	2481.624	1	1	0	0	0	0	0	0	1	0	0	12	12	0	0	0	0	0	0	0	0
南京农业大学	4	39	8.1	3	952.6	842.398	1	1	0	0	0	0	0	0	0	0	0	27	20	7	0	0	0	0	0	2	2
中国矿业大学	5	28	5.2	1.4	135	65.976	0	0	0	0	0	0	0	0	0	0	0	6	1	5	0	0	0	0	0	5	0
河海大学	6	148	57.6	30.7	9303.795	8128.945	12	3	0	0	0	3	6	0	1	0	0	123	100	23	0	0	0	0	0	38	31
南京理工大学	7	52	7.6	0	1018.42	1043.28	4	4	0	0	0	0	0	0	2	0	0	23	22	1	0	0	0	0	0	1	1
南京航空航天大学	8	16	3.2	0.4	265	251	0	0	0	0	0	0	0	0	1	0	0	11	11	0	0	0	0	0	0	0	0
南京森林警察学院	9	4	1.5	0	0	0	0	0	0	0	0	0	0	0	0	0	0	7	7	0	0	0	0	0	0	0	0
苏州大学	10	87	13	0.4	8036.2	4961.2	8	4	0	3	1	0	0	0	0	0	0	20	20	0	0	0	0	0	0	1	1
江苏科技大学	11	77	14.6	0.2	64	141.56	0	0	0	0	0	0	0	0	0	0	0	4	4	0	0	0	0	0	0	0	0
南京工业大学	12	50	6.5	1.1	226	226	0	0	0	0	0	0	0	0	0	0	0	14	13	1	0	0	0	0	0	2	2
常州大学	13	39	11.3	0	2412.39	1714.43	0	0	0	0	0	0	0	0	0	0	0	17	14	3	0	0	0	0	0	0	0
南京邮电大学	14	104	27.9	2.2	1512.9	1397.9	0	0	0	0	0	0	0	0	0	0	0	20	16	4	0	0	0	0	0	0	0
南京林业大学	15	23	2.5	0.1	150	126.16	5	3	0	2	0	0	0	0	0	0	0	13	13	0	0	0	0	0	0	0	0
江苏大学	16	3	0.5	0	0	0	1	0	0	1	0	0	0	0	0	0	0	1	1	0	0	0	0	0	0	0	0
南京信息工程大学	17	30	10.3	0	695	507.83	0	0	0	0	0	0	0	0	0	0	0	1	1	0	0	0	0	0	0	3	2
南通大学	18	92	17.9	0	123.5	239.5	0	0	0	0	0	0	0	0	0	0	0	15	3	12	0	0	0	0	0	0	0
盐城工学院	19	7	0.7	0	128	121.4	0	0	0	0	0	0	0	0	0	0	0	1	1	0	0	0	0	0	0	0	0
南京医科大学	20	1	0.1	0	0	0	0	0	0	0	0	0	0	0	0	0	0	0	0	0	0	0	0	0	0	0	0
徐州医科大学	21	17	4.1	1.1	53	101.4	0	0	0	0	0	0	0	0	0	0	0	21	18	3	0	0	0	0	0	6	2
南京中医药大学	22	17	6	0	70	122.52	0	0	0	0	0	0	0	0	0	0	0	21	21	0	0	0	0	0	0	0	0

南京师范大学	23	103	23.1	3	6200.82	2915.3	0	0	0	0	0	0	0	0	0	0	0	9	5	4	0	0	0	0	0	21	0
江苏师范大学	24	41	12.5	0.2	2339.88	2180.596	1	0	0	1	0	0	0	0	0	0	0	10	10	0	0	0	0	0	0	2	2
淮阴师范学院	25	15	2.1	0	769	1042	1	1	0	0	0	0	0	0	0	0	0	0	0	0	0	0	0	0	0	1	1
盐城师范学院	26	13	2.4	0	820	645.03	1	1	0	0	0	0	0	0	0	0	0	12	12	0	0	0	0	0	0	15	1
南京财经大学	27	20	3.6	0.5	614.8	760.314	1	0	0	1	0	0	0	0	0	0	0	1	1	0	0	0	0	0	0	0	0
江苏警官学院	28	15	3.1	0	5	70	0	0	0	0	0	0	0	0	0	0	0	31	31	0	0	0	0	0	0	0	0
南京体育学院	29	0	0	0	0	0	0	0	0	0	0	0	0	0	0	0	0	2	2	0	0	0	0	0	0	0	0
南京艺术学院	30	1	0.4	0	0	0	0	0	0	0	0	0	0	0	0	0	0	1	1	0	0	0	0	0	0	0	0
苏州科技大学	31	37	9	0.7	1436.34	1376.34	0	0	0	0	0	0	0	0	0	0	0	20	20	0	0	0	0	0	0	7	5
常熟理工学院	32	23	2.9	0	341.49	384.12	0	0	0	0	0	0	0	0	0	0	0	4	4	0	0	0	0	0	0	6	6
淮阴工学院	33	43	7.9	0	3428.58	2598.58	0	0	0	0	0	0	0	0	0	0	0	19	19	0	0	0	0	0	0	0	0
常州工学院	34	20	2.2	0	332.6	218.26	0	0	0	0	0	0	0	0	0	0	0	13	13	0	0	0	0	0	0	16	3
扬州大学	35	97	15.9	0.3	1571	1767.6	0	0	0	0	0	0	0	0	0	0	0	6	5	1	0	0	0	0	0	15	5
南京工程学院	36	80	15.1	0	1688.82	2697.93	0	0	0	0	0	0	0	0	0	0	0	12	12	0	0	0	0	0	0	0	0
南京审计大学	37	40	13.8	1.2	433.226	195.262	0	0	0	0	0	0	0	0	0	0	0	3	3	0	0	0	0	0	0	0	0
南京晓庄学院	38	24	2.7	0	651.15	621.15	2	1	0	1	0	0	0	0	0	0	0	14	12	2	0	0	0	0	0	1	1
江苏理工学院	39	41	5.7	0	190	264.247	0	0	0	0	0	0	0	0	0	0	0	9	9	0	0	0	0	0	0	20	11
江苏海洋大学	40	10	1	0	120	167	0	0	0	0	0	0	0	0	0	0	0	3	3	0	0	0	0	0	0	3	3
徐州工程学院	41	65	11.6	0	1809	381	7	7	0	0	0	0	0	0	0	0	0	97	97	0	0	0	0	0	0	0	0
南京特殊教育师范学院	42	27	4.5	0	611	282.3	1	1	0	0	0	0	0	0	0	0	0	5	5	0	0	0	0	0	0	0	0
泰州学院	43	3	1	0	0	0	0	0	0	0	0	0	0	0	0	0	0	1	1	0	0	0	0	0	0	0	0
金陵科技学院	44	2	0.2	0	90	60	0	0	0	0	0	0	0	0	0	0	0	0	0	0	0	0	0	0	0	1	1
江苏第二师范学院	45	6	1.8	0	0	5	0	0	0	0	0	0	0	0	0	0	0	6	6	0	0	0	0	0	0	0	0
南京工业职业技术大学	46	25	7.7	0	285	197.1	0	0	0	0	0	0	0	0	0	0	0	4	4	0	0	0	0	0	0	0	0
无锡学院	47	1	0.3	0	3	3	0	0	0	0	0	0	0	0	0	0	0	5	3	2	0	0	0	0	0	0	0
苏州城市学院	48	3	0.4	0	12	7.589	0	0	0	0	0	0	0	0	0	0	0	0	0	0	0	0	0	0	0	0	0
宿迁学院	49	33	3.3	0	10	19	0	0	0	0	0	0	0	0	0	0	0	2	2	0	0	0	0	0	0	3	0

2.16 民族学与文化学人文、社会科学研究与课题成果情况表

高校名称	编号	总数					出版著作(部)							古籍整理(部)	译著(部)	发表译文(篇)	电子出版物(件)	发表论文(篇)				获奖成果数(项)				研究与咨询报告(篇)	
		课题数(项)	当年投入人数(人年)	其中:研究生(人年)	当年拨入经费(千元)	当年支出经费(千元)	合计	专著	其中:被译成外文	编著教材	工具书参考书	皮书/发展报告	科普读物					合计	国内学术刊物	国外学术刊物	港澳、台地区刊物	合计	国家级奖	部级奖	省级奖	合计	其中:被采纳数
	编号	L01	L02	L03	L04	L05	L06	L07	L08	L09	L10	L11	L12	L13	L14	L15	L16	L17	L18	L19	L20	L21	L22	L23	L24	L25	L26
合计	/	219	42.5	1.8	3201.9	3449.197	5	4	0	1	0	0	0	0	1	1	0	52	43	9	0	0	0	0	0	10	5
南京大学	1	2	0.4	0.2	0	0	0	0	0	0	0	0	0	0	1	0	0	3	3	0	0	0	0	0	0	0	0
东南大学	2	4	0.4	0	189.182	179.252	0	0	0	0	0	0	0	0	0	1	0	2	2	0	0	0	0	0	0	0	0
江南大学	3	0	0	0	0	0	0	0	0	0	0	0	0	0	0	0	0	2	2	0	0	0	0	0	0	0	0
南京农业大学	4	7	0.7	0	0	12	0	0	0	0	0	0	0	0	0	0	0	6	6	0	0	0	0	0	0	0	0
中国矿业大学	5	6	1.4	0	3	0.12	0	0	0	0	0	0	0	0	0	0	0	1	1	0	0	0	0	0	0	0	0
河海大学	6	12	1.8	0.4	833.74	635.723	0	0	0	0	0	0	0	0	0	0	0	12	7	5	0	0	0	0	0	3	2
南京理工大学	7	1	0.1	0	0	0	0	0	0	0	0	0	0	0	0	0	0	0	0	0	0	0	0	0	0	0	0
南京航空航天大学	8	2	0.3	0	0	0	0	0	0	0	0	0	0	0	0	0	0	0	0	0	0	0	0	0	0	0	0
南京森林警察学院	9	0	0	0	0	0	0	0	0	0	0	0	0	0	0	0	0	1	1	0	0	0	0	0	0	0	0
江苏科技大学	10	21	4.5	0.2	148	77.82	1	1	0	0	0	0	0	0	0	0	0	4	1	3	0	0	0	0	0	0	0
南京工业大学	11	11	1.4	0.3	0	0	0	0	0	0	0	0	0	0	0	0	0	0	0	0	0	0	0	0	0	0	0
常州大学	12	4	0.9	0	300	198	0	0	0	0	0	0	0	0	0	0	0	0	0	0	0	0	0	0	0	0	0
南京林业大学	13	7	0.7	0	0	0.2	0	0	0	0	0	0	0	0	0	0	0	0	0	0	0	0	0	0	0	0	0
南通大学	14	10	1.7	0	43.5	41.5	0	0	0	0	0	0	0	0	0	0	0	0	0	0	0	0	0	0	0	0	0
盐城工学院	15	27	2.7	0	98	98	0	0	0	0	0	0	0	0	0	0	0	0	0	0	0	0	0	0	0	0	0
南京中医药大学	16	5	1.3	0	390	52.61	0	0	0	0	0	0	0	0	0	0	0	2	2	0	0	0	0	0	0	0	0

7

南京师范大学	17	1	0.2	0	40	0	0	0	0	0	0	0	0	0	0	0	0	0	0	0	0	0	0	0	0	0	0
江苏师范大学	18	10	4.3	0	65	119.5	0	0	0	0	0	0	0	0	0	0	0	1	1	0	0	0	0	0	0	0	0
淮阴师范学院	19	0	0	0	0	0	0	0	0	0	0	0	0	0	0	0	0	3	3	0	0	0	0	0	0	0	0
盐城师范学院	20	6	0.9	0	0	655.3	0	0	0	0	0	0	0	0	0	0	0	4	4	0	0	0	0	0	0	1	0
南京财经大学	21	2	0.2	0	0	14.786	0	0	0	0	0	0	0	0	0	0	0	0	0	0	0	0	0	0	0	0	0
江苏警官学院	22	3	0.8	0	0	0	0	0	0	0	0	0	0	0	0	0	0	0	0	0	0	0	0	0	0	0	0
南京艺术学院	23	1	0.4	0	0	34.377	0	0	0	0	0	0	0	0	0	0	0	0	0	0	0	0	0	0	0	0	0
苏州科技大学	24	4	1.4	0.7	130	130	0	0	0	0	0	0	0	0	0	0	0	0	0	0	0	0	0	0	0	1	1
常熟理工学院	25	7	1.3	0	244	430.38	0	0	0	0	0	0	0	0	0	0	0	0	0	0	0	0	0	0	0	0	0
淮阴工学院	26	4	0.9	0	0	0	0	0	0	0	0	0	0	0	0	0	0	0	0	0	0	0	0	0	0	0	0
常州工学院	27	7	1.1	0	250.8	218.44	0	0	0	0	0	0	0	0	0	0	0	0	0	0	0	0	0	0	0	1	0
扬州大学	28	26	3	0	331.7	362.96	3	2	0	1	0	0	0	0	0	0	0	8	7	1	0	0	0	0	0	2	1
南京工程学院	29	14	2.8	0	53.8	74.8	0	0	0	0	0	0	0	0	0	0	0	0	0	0	0	0	0	0	0	0	0
南京审计大学	30	2	0.8	0	62.178	62.178	0	0	0	0	0	0	0	0	0	0	0	0	0	0	0	0	0	0	0	0	0
江苏理工学院	31	4	0.4	0	15	21.251	0	0	0	0	0	0	0	0	0	0	0	0	0	0	0	0	0	0	0	1	0
徐州工程学院	32	7	5.4	0	0	30	1	1	0	0	0	0	0	0	0	0	0	2	2	0	0	0	0	0	0	0	0
南京特殊教育师范学院	33	1	0.1	0	0	0	0	0	0	0	0	0	0	0	0	0	0	1	1	0	0	0	0	0	0	0	0
泰州学院	34	1	0.2	0	4	0	0	0	0	0	0	0	0	0	0	0	0	0	0	0	0	0	0	0	0	0	0
金陵科技学院	35	0	0	0	0	0	0	0	0	0	0	0	0	0	0	0	0	0	0	0	0	0	0	0	0	1	1

2.17 新闻学与传播学人文、社会科学研究与课题成果情况表

高校名称	编号	总数					出版著作(部)							古籍整理(部)	译著(部)	发表译文(篇)	电子出版物(件)	发表论文(篇)				获奖成果数(项)				研究与咨询报告(篇)	
		课题数(项)	当年投入人数(人年)	其中：研究生(人年)	当年拨入经费(千元)	当年支出经费(千元)	合计	专著	其中：被译成外文	编著教材	工具书参考书	皮书/发展报告	科普读物					合计	国内学术刊物	国外学术刊物	港澳、台地区刊物	合计	国家级奖	部级奖	省级奖	合计	其中：被采纳数
	编号	L01	L02	L03	L04	L05	L06	L07	L08	L09	L10	L11	L12	L13	L14	L15	L16	L17	L18	L19	L20	L21	L22	L23	L24	L25	L26
合计	/	589	113.8	6.7	16 620.65	14 467.3	28	21	0	7	0	0	0	1	0	0	0	418	397	20	1	0	0	0	0	50	9
南京大学	1	62	10.2	2.7	2220.1	1356.947	0	0	0	0	0	0	0	0	0	0	0	100	95	5	0	0	0	0	0	0	0
东南大学	2	2	0.2	0	0	0	0	0	0	0	0	0	0	0	0	0	0	0	0	0	0	0	0	0	0	0	0
江南大学	3	6	1.6	0.2	0	0	0	0	0	0	0	0	0	0	0	0	0	1	1	0	0	0	0	0	0	0	0
南京农业大学	4	1	0.2	0	0	0	0	0	0	0	0	0	0	0	0	0	0	2	2	0	0	0	0	0	0	0	0
中国矿业大学	5	5	1	0.2	0	0	0	0	0	0	0	0	0	0	0	0	0	4	4	0	0	0	0	0	0	0	0
河海大学	6	16	2.6	0.7	51	500.6	1	0	0	1	0	0	0	0	0	0	0	14	11	3	0	0	0	0	0	5	2
南京理工大学	7	5	0.8	0	0	0	0	0	0	0	0	0	0	0	0	0	0	0	0	0	0	0	0	0	0	0	0
南京航空航天大学	8	12	2.8	0	550	536	0	0	0	0	0	0	0	0	0	0	0	6	6	0	0	0	0	0	0	0	0
南京森林警察学院	9	6	1.8	0	25	25	0	0	0	0	0	0	0	0	0	0	0	5	5	0	0	0	0	0	0	0	0
苏州大学	10	87	12.9	0.9	4628.931	4141.931	9	7	0	2	0	0	0	1	0	0	0	68	68	0	0	0	0	0	0	7	2
江苏科技大学	11	4	1.6	0	10	10	0	0	0	0	0	0	0	0	0	0	0	0	0	0	0	0	0	0	0	0	0
南京工业大学	12	3	0.3	0	10	10	0	0	0	0	0	0	0	0	0	0	0	6	6	0	0	0	0	0	0	1	1
常州大学	13	5	1.4	0	50	18.5	0	0	0	0	0	0	0	0	0	0	0	10	10	0	0	0	0	0	0	0	0
南京邮电大学	14	25	7.8	0.1	503	496	0	0	0	0	0	0	0	0	0	0	0	5	5	0	0	0	0	0	0	0	0
南京林业大学	15	23	2.6	0	166	173.91	2	2	0	0	0	0	0	0	0	0	0	10	10	0	0	0	0	0	0	0	0
江苏大学	16	4	0.8	0	20	20	1	0	0	1	0	0	0	0	0	0	0	2	2	0	0	0	0	0	0	0	0
南京信息工程大学	17	8	2.3	0	49.5	87.65	0	0	0	0	0	0	0	0	0	0	0	0	0	0	0	0	0	0	0	0	0
南通大学	18	8	1.8	0	0	0	0	0	0	0	0	0	0	0	0	0	0	3	3	0	0	0	0	0	0	0	0
徐州医科大学	19	4	0.6	0	30	5	0	0	0	0	0	0	0	0	0	0	0	1	1	0	0	0	0	0	0	0	0
南京中医药大学	20	2	0.9	0	10	5.3	0	0	0	0	0	0	0	0	0	0	0	2	2	0	0	0	0	0	0	0	0

南京师范大学	21	66	20.7	1	2631.6	1500.922	2	2	0	0	0	0	0	0	0	0	0	35	26	8	1	0	0	0	0	2	0
江苏师范大学	22	22	6.9	0.2	816	956.5	2	0	0	2	0	0	0	0	0	0	0	42	42	0	0	0	0	0	0	2	2
淮阴师范学院	23	17	2.5	0	142	537.6	0	0	0	0	0	0	0	0	0	0	0	10	10	0	0	0	0	0	0	0	0
盐城师范学院	24	9	1	0	960	519.2	0	0	0	0	0	0	0	0	0	0	0	1	1	0	0	0	0	0	0	2	0
南京财经大学	25	27	4.7	0.7	599.619	553.998	3	3	0	0	0	0	0	0	0	0	0	3	3	0	0	0	0	0	0	0	0
江苏警官学院	26	1	0.3	0	40	40	1	0	0	1	0	0	0	0	0	0	0	1	1	0	0	0	0	0	0	0	0
南京体育学院	27	2	0.2	0	0	0	0	0	0	0	0	0	0	0	0	0	0	7	7	0	0	0	0	0	0	0	0
南京艺术学院	28	1	0.4	0	0	0	0	0	0	0	0	0	0	0	0	0	0	1	1	0	0	0	0	0	0	0	0
苏州科技大学	29	1	0.2	0	0	0	0	0	0	0	0	0	0	0	0	0	0	2	2	0	0	0	0	0	0	0	0
常熟理工学院	30	1	0.1	0	0	0	0	0	0	0	0	0	0	0	0	0	0	4	4	0	0	0	0	0	0	0	0
淮阴工学院	31	1	0.1	0	3.6	3.6	0	0	0	0	0	0	0	0	0	0	0	0	0	0	0	0	0	0	0	0	0
常州工学院	32	44	5	0	809.3	792.94	0	0	0	0	0	0	0	0	0	0	0	14	14	0	0	0	0	0	0	21	0
扬州大学	33	37	6.2	0	749	785.51	2	2	0	0	0	0	0	0	0	0	0	14	13	1	0	0	0	0	0	2	1
南京审计大学	34	1	0.4	0	0	10	0	0	0	0	0	0	0	0	0	0	0	0	0	0	0	0	0	0	0	0	0
南京晓庄学院	35	17	2.3	0	453	253	0	0	0	0	0	0	0	0	0	0	0	24	24	0	0	0	0	0	0	0	0
江苏理工学院	36	10	1.7	0	309	241.1	0	0	0	0	0	0	0	0	0	0	0	0	0	0	0	0	0	0	0	6	1
江苏海洋大学	37	6	0.6	0	295	274	0	0	0	0	0	0	0	0	0	0	0	4	4	0	0	0	0	0	0	0	0
徐州工程学院	38	0	0	0	0	0	3	3	0	0	0	0	0	0	0	0	0	0	0	0	0	0	0	0	0	0	0
南京特殊教育师范学院	39	6	0.9	0	24	41	1	1	0	0	0	0	0	0	0	0	0	0	0	0	0	0	0	0	0	0	0
泰州学院	40	2	0.6	0	0	0	0	0	0	0	0	0	0	0	0	0	0	2	2	0	0	0	0	0	0	0	0
金陵科技学院	41	6	0.6	0	310	341	0	0	0	0	0	0	0	0	0	0	0	10	7	3	0	0	0	0	0	0	0
江苏第二师范学院	42	3	0.5	0	0	53.242	0	0	0	0	0	0	0	0	0	0	0	1	1	0	0	0	0	0	0	0	0
南京工业职业技术大学	43	6	1.5	0	0	14.32	0	0	0	0	0	0	0	0	0	0	0	1	1	0	0	0	0	0	0	0	0
无锡学院	44	2	0.6	0	0	0	0	0	0	0	0	0	0	0	0	0	0	0	0	0	0	0	0	0	0	0	0
苏州城市学院	45	5	0.6	0	20	52.527	0	0	0	0	0	0	0	0	0	0	0	1	1	0	0	0	0	0	0	0	0
宿迁学院	46	8	1	0	135	110	1	1	0	0	0	0	0	0	0	0	0	2	2	0	0	0	0	0	0	2	0

2.18 图书馆、情报与文献学人文、社会科学研究与课题成果情况表

高校名称		总数					出版著作(部)							古籍整理(部)	译著(部)	发表译文(篇)	电子出版物(件)	发表论文(篇)				获奖成果数(项)				研究与咨询报告(篇)	
		课题数(项)	当年投入人数(人年)	其中：研究生(人年)	当年拨入经费(千元)	当年支出经费(千元)	合计	专著	其中：被译成外文	编著教材	工具书参考书	皮书/发展报告	科普读物					合计	国内学术刊物	国外学术刊物	港澳、台地区刊物	合计	国家级奖	部级奖	省级奖	合计	其中：被采纳数
	编号	L01	L02	L03	L04	L05	L06	L07	L08	L09	L10	L11	L12	L13	L14	L15	L16	L17	L18	L19	L20	L21	L22	L23	L24	L25	L26
合计	/	676	129.3	15.7	17 555.33	12 713.79	16	16	0	0	0	0	0	1	3	0	4	539	486	53	0	0	0	0	0	66	25
南京大学	1	147	19.5	6.2	8733.239	4075.792	6	6	0	0	0	0	0	1	2	0	0	107	97	10	0	0	0	0	0	0	0
东南大学	2	21	2.1	0	190	182.821	0	0	0	0	0	0	0	0	0	0	0	12	12	0	0	0	0	0	0	0	0
江南大学	3	6	6.3	2.8	0	0	0	0	0	0	0	0	0	0	0	0	0	11	11	0	0	0	0	0	0	0	0
南京农业大学	4	66	10.6	1	1699	1574.47	2	2	0	0	0	0	0	0	0	0	0	56	38	18	0	0	0	0	0	3	1
中国矿业大学	5	9	2	0.3	45	5.855	0	0	0	0	0	0	0	0	0	0	0	0	0	0	0	0	0	0	0	0	0
河海大学	6	56	9	2.4	646.6	523.97	0	0	0	0	0	0	0	0	0	0	4	25	21	4	0	0	0	0	0	10	9
南京理工大学	7	33	5.6	0.2	929.79	551.88	2	2	0	0	0	0	0	0	0	0	0	33	24	9	0	0	0	0	0	0	0
南京航空航天大学	8	14	3.4	0	20	20	0	0	0	0	0	0	0	0	0	0	0	4	4	0	0	0	0	0	0	35	3
中国药科大学	9	6	0.6	0	0	0	0	0	0	0	0	0	0	0	0	0	0	19	19	0	0	0	0	0	0	0	0
南京森林警察学院	10	8	2.3	0	14	150.155	0	0	0	0	0	0	0	0	0	0	0	5	5	0	0	0	0	0	0	0	0
苏州大学	11	11	2.6	0.4	40	402	0	0	0	0	0	0	0	0	0	0	0	6	6	0	0	0	0	0	0	5	4
江苏科技大学	12	1	0.1	0	5	2.7	0	0	0	0	0	0	0	0	0	0	0	4	4	0	0	0	0	0	0	0	0
南京工业大学	13	17	3	1.1	91	91	0	0	0	0	0	0	0	0	0	0	0	25	25	0	0	0	0	0	0	0	0
常州大学	14	4	1.4	0	191	127.6	0	0	0	0	0	0	0	0	0	0	0	4	4	0	0	0	0	0	0	0	0
南京邮电大学	15	16	5.2	0	60	94	0	0	0	0	0	0	0	0	0	0	0	11	8	3	0	0	0	0	0	0	0
南京林业大学	16	8	0.9	0.1	90	115.5	0	0	0	0	0	0	0	0	0	0	0	2	2	0	0	0	0	0	0	0	0
江苏大学	17	27	5.6	0	460	460	0	0	0	0	0	0	0	0	0	0	0	32	29	3	0	0	0	0	0	3	3
南京信息工程大学	18	19	9	0	128	131.64	0	0	0	0	0	0	0	0	0	0	0	10	9	1	0	0	0	0	0	0	0
南通大学	19	17	3.2	0	295	444.5	0	0	0	0	0	0	0	0	0	0	0	11	10	1	0	0	0	0	0	0	0
盐城工学院	20	6	0.7	0	0	0	0	0	0	0	0	0	0	0	0	0	0	1	1	0	0	0	0	0	0	0	0
南京医科大学	21	3	0.6	0	0	0	0	0	0	0	0	0	0	0	0	0	0	2	2	0	0	0	0	0	0	0	0
徐州医科大学	22	6	0.9	0	10	12	0	0	0	0	0	0	0	0	0	0	0	5	5	0	0	0	0	0	0	0	0

南京中医药大学	23	16	4.7	0	90	157	1	1	0	0	0	0	0	0	0	0	0	18	18	0	0	0	0	0	0	0	0
南京师范大学	24	7	3.2	0.7	64	322.5	1	1	0	0	0	0	0	0	0	0	0	11	9	2	0	0	0	0	0	0	0
江苏师范大学	25	8	3.1	0	30	42	0	0	0	0	0	0	0	0	0	0	0	10	9	1	0	0	0	0	0	0	0
淮阴师范学院	26	9	1.7	0	646	470.2	0	0	0	0	0	0	0	0	0	0	0	11	11	0	0	0	0	0	0	0	0
盐城师范学院	27	5	1	0	0	258.7	1	1	0	0	0	0	0	0	0	0	0	9	9	0	0	0	0	0	0	3	0
南京财经大学	28	4	0.8	0.1	34.8	33.22	0	0	0	0	0	0	0	0	0	0	0	0	0	0	0	0	0	0	0	0	0
江苏警官学院	29	7	1.8	0	10	50	0	0	0	0	0	0	0	0	1	0	0	2	2	0	0	0	0	0	0	0	0
南京体育学院	30	3	0.3	0	0	0	0	0	0	0	0	0	0	0	0	0	0	1	1	0	0	0	0	0	0	0	0
南京艺术学院	31	3	0.8	0	0	0.82	0	0	0	0	0	0	0	0	0	0	0	8	8	0	0	0	0	0	0	0	0
苏州科技大学	32	0	0	0	0	0	0	0	0	0	0	0	0	0	0	0	0	10	10	0	0	0	0	0	0	0	0
常熟理工学院	33	6	1	0	20	33.57	0	0	0	0	0	0	0	0	0	0	0	4	4	0	0	0	0	0	0	0	0
淮阴工学院	34	2	0.2	0	0	0	0	0	0	0	0	0	0	0	0	0	0	4	4	0	0	0	0	0	0	0	0
常州工学院	35	8	1	0	5	19.31	0	0	0	0	0	0	0	0	0	0	0	2	2	0	0	0	0	0	0	1	0
扬州大学	36	19	3.6	0.4	934	738.63	0	0	0	0	0	0	0	0	0	0	0	13	13	0	0	0	0	0	0	0	0
南京工程学院	37	4	0.8	0	0	12.3	0	0	0	0	0	0	0	0	0	0	0	0	0	0	0	0	0	0	0	0	0
南京审计大学	38	3	0.6	0	0	9.194	0	0	0	0	0	0	0	0	0	0	0	9	9	0	0	0	0	0	0	0	0
南京晓庄学院	39	7	0.8	0	190	173.5	0	0	0	0	0	0	0	0	0	0	0	7	7	0	0	0	0	0	0	0	0
江苏理工学院	40	12	2.1	0	90	169.677	0	0	0	0	0	0	0	0	0	0	0	5	5	0	0	0	0	0	0	1	0
江苏海洋大学	41	4	0.4	0	10	8.5	1	1	0	0	0	0	0	0	0	0	0	18	18	0	0	0	0	0	0	0	0
徐州工程学院	42	1	0.1	0	230	30	0	0	0	0	0	0	0	0	0	0	0	1	1	0	0	0	0	0	0	0	0
南京特殊教育师范学院	43	3	0.4	0	20	35	0	0	0	0	0	0	0	0	0	0	0	1	1	0	0	0	0	0	0	0	0
泰州学院	44	1	0.5	0	0	0	0	0	0	0	0	0	0	0	0	0	0	0	0	0	0	0	0	0	0	0	0
金陵科技学院	45	28	3.1	0	1421.3	1054.1	1	1	0	0	0	0	0	0	0	0	0	6	6	0	0	0	0	0	0	5	5
江苏第二师范学院	46	3	0.8	0	3	14.47	0	0	0	0	0	0	0	0	0	0	0	0	0	0	0	0	0	0	0	0	0
南京工业职业技术大学	47	4	0.9	0	10	5.19	0	0	0	0	0	0	0	0	0	0	0	1	1	0	0	0	0	0	0	0	0
苏州城市学院	48	5	0.7	0	99.6	101.03	1	1	0	0	0	0	0	0	0	0	0	3	2	1	0	0	0	0	0	0	0
宿迁学院	49	3	0.3	0	0	9	0	0	0	0	0	0	0	0	0	0	0	0	0	0	0	0	0	0	0	0	0

2.19 教育学人文、社会科学研究与课题成果情况表

高校名称		总数					出版著作(部)							古籍整理(部)	译著(部)	发表译文(篇)	电子出版物(件)	发表论文(篇)				获奖成果数(项)				研究与咨询报告(篇)	
		课题数(项)	当年投入人数(人年)	其中：研究生(人年)	当年拨入经费(千元)	当年支出经费(千元)	合计	专著	其中：被译成外文	编著教材	工具书参考书	皮书/发展报告	科普读物					合计	国内学术刊物	国外学术刊物	港、澳、台地区刊物	合计	国家级奖	部级奖	省级奖	合计	其中：被采纳数
	编号	L01	L02	L03	L04	L05	L06	L07	L08	L09	L10	L11	L12	L13	L14	L15	L16	L17	L18	L19	L20	L21	L22	L23	L24	L25	L26
合计	/	4397	924.8	61.5	97 701.17	98 413.16	138	96	3	39	0	2	1	0	7	0	0	2231	2144	86	1	18	1	17	0	216	73
南京大学	1	37	4.6	0.9	2026	891.182	2	1	0	1	0	0	0	0	0	0	0	71	67	4	0	2	0	2	0	2	2
东南大学	2	47	4.7	0	80.5	74.062	0	0	0	0	0	0	0	0	0	0	0	1	1	0	0	0	0	0	0	0	0
江南大学	3	105	71.5	38.1	4417.272	3290.872	4	2	0	2	0	0	0	0	0	0	0	65	63	2	0	0	0	0	0	0	0
南京农业大学	4	89	9.8	0	1381.5	1305.32	0	0	0	0	0	0	0	0	0	0	0	19	17	2	0	0	0	0	0	1	1
中国矿业大学	5	63	14	2.5	165	185.117	1	1	0	0	0	0	0	0	0	0	0	27	27	0	0	0	0	0	0	5	1
河海大学	6	87	14.5	3.9	344	206.4	4	0	0	1	0	2	1	0	0	0	0	30	29	1	0	0	0	0	0	17	10
南京理工大学	7	19	3.1	0	19.6	19.6	0	0	0	0	0	0	0	0	0	0	0	5	4	1	0	0	0	0	0	0	0
南京航空航天大学	8	38	7.8	0	177	177	1	0	0	1	0	0	0	0	0	0	0	9	9	0	0	0	0	0	0	0	0
中国药科大学	9	4	0.4	0	0	0	0	0	0	0	0	0	0	0	0	0	0	1	1	0	0	0	0	0	0	0	0
南京森林警察学院	10	25	7.4	0	95	323.302	0	0	0	0	0	0	0	0	0	0	0	31	29	2	0	0	0	0	0	1	0
苏州大学	11	85	13.7	0.5	2723.841	3058.84	9	6	0	3	0	0	0	0	1	0	0	37	37	0	0	3	0	3	0	3	1
江苏科技大学	12	73	16.1	0.7	395.5	339.21	0	0	0	0	0	0	0	0	0	0	0	27	27	0	0	0	0	0	0	0	0
南京工业大学	13	162	18.9	2.7	209.8	209.8	2	1	0	1	0	0	0	0	0	0	0	29	28	1	0	0	0	0	0	1	1
常州大学	14	77	19.3	0	402	259.1	1	1	0	0	0	0	0	0	0	0	0	93	92	1	0	0	0	0	0	0	0
南京邮电大学	15	129	31.5	0.1	338.5	590.7	0	0	0	0	0	0	0	0	0	0	0	40	32	8	0	0	0	0	0	1	0
南京林业大学	16	31	3.2	0.1	10	10	0	0	0	0	0	0	0	0	0	0	0	2	2	0	0	0	0	0	0	0	0
江苏大学	17	62	11.6	0.8	929.5	767.87	2	0	0	2	0	0	0	0	0	0	0	31	31	0	0	1	1	0	0	1	1
南京信息工程大学	18	140	55.3	3.3	2200	1586.47	0	0	0	0	0	0	0	0	0	0	0	32	32	0	0	1	0	1	0	4	1
南通大学	19	114	20.8	0	2561.8	2662.3	9	9	1	0	0	0	0	0	0	0	0	85	79	6	0	0	0	0	0	14	11
盐城工学院	20	40	4	0	117	136.2	0	0	0	0	0	0	0	0	0	0	0	14	14	0	0	0	0	0	0	0	0
南京医科大学	21	2	0.2	0	0	0	1	1	0	0	0	0	0	0	0	0	0	19	19	0	0	0	0	0	0	1	0
徐州医科大学	22	53	8.8	0	81	32.2	2	1	1	1	0	0	0	0	0	0	0	30	30	0	0	0	0	0	0	17	1

南京中医药大学	23	60	20.4	0	566	401.32	0	0	0	0	0	0	0	0	0	0	0	34	34	0	0	0	0	0	0	0	0
南京师范大学	24	223	53	6.1	9798.7	5704.2	9	6	1	3	0	0	0	0	2	0	0	80	66	13	1	7	0	7	0	17	0
江苏师范大学	25	131	49	1.4	9438.6	24426.5	14	7	0	7	0	0	0	0	0	0	0	162	158	4	0	0	0	0	0	2	2
淮阴师范学院	26	77	10.6	0	3763.532	4072.532	0	0	0	0	0	0	0	0	1	0	0	68	65	3	0	0	0	0	0	0	0
盐城师范学院	27	137	23.4	0	8612	8545.61	5	3	0	2	0	0	0	0	0	0	0	85	78	7	0	0	0	0	0	31	0
南京财经大学	28	44	5.1	0	85	112.911	0	0	0	0	0	0	0	0	0	0	0	27	27	0	0	1	0	1	0	0	0
江苏警官学院	29	34	6.5	0	20	30	4	3	0	1	0	0	0	0	1	0	0	54	54	0	0	0	0	0	0	0	0
南京体育学院	30	57	5.7	0	78	20.623	0	0	0	0	0	0	0	0	0	0	0	17	17	0	0	0	0	0	0	0	0
南京艺术学院	31	12	3.2	0	76	18.378	0	0	0	0	0	0	0	0	0	0	0	2	2	0	0	0	0	0	0	0	0
苏州科技大学	32	105	26.3	0.4	914	1361	4	2	0	2	0	0	0	0	0	0	0	73	70	3	0	0	0	0	0	0	0
常熟理工学院	33	154	27.7	0	2369.1	1517.58	5	3	0	2	0	0	0	0	0	0	0	80	77	3	0	0	0	0	0	7	7
淮阴工学院	34	52	6.9	0	83.8	143.8	3	3	0	0	0	0	0	0	0	0	0	78	78	0	0	0	0	0	0	0	0
常州工学院	35	161	22.3	0	3063.78	3750.81	0	0	0	0	0	0	0	0	0	0	0	59	57	2	0	0	0	0	0	8	0
扬州大学	36	154	23.5	0	1232	1460.83	4	4	0	0	0	0	0	0	0	0	0	80	75	5	0	0	0	0	0	3	2
南京工程学院	37	282	55.8	0	25 339.38	20 395.46	0	0	0	0	0	0	0	0	0	0	0	33	33	0	0	0	0	0	0	0	0
南京审计大学	38	57	13.2	0	255.905	75.637	1	1	0	0	0	0	0	0	0	0	0	25	25	0	0	0	0	0	0	1	1
南京晓庄学院	39	123	15.1	0	1785.3	1437.2	9	8	0	1	0	0	0	0	1	0	0	81	74	7	0	0	0	0	0	3	2
江苏理工学院	40	257	42	0	4960.5	4696.017	2	1	0	1	0	0	0	0	0	0	0	54	54	0	0	2	0	2	0	48	21
江苏海洋大学	41	14	1.4	0	126	153.25	0	0	0	0	0	0	0	0	0	0	0	18	18	0	0	0	0	0	0	1	1
徐州工程学院	42	33	6.8	0	523	212.2	15	15	0	0	0	0	0	0	0	0	0	28	28	0	0	0	0	0	0	0	0
南京特殊教育师范学院	43	126	21.1	0	874	576.01	5	3	0	2	0	0	0	0	0	0	0	19	19	0	0	0	0	0	0	1	1
泰州学院	44	39	15	0	34	48	7	7	0	0	0	0	0	0	0	0	0	41	39	2	0	0	0	0	0	0	0
金陵科技学院	45	36	3.7	0	145	131	0	0	0	0	0	0	0	0	0	0	0	8	8	0	0	0	0	0	0	0	0
江苏第二师范学院	46	179	38.1	0	3522.26	1985.915	8	4	0	4	0	0	0	0	0	0	0	112	103	9	0	1	0	1	0	6	6
南京工业职业技术大学	47	173	58.9	0	686.5	505.353	2	2	0	0	0	0	0	0	0	0	0	120	120	0	0	0	0	0	0	0	0
无锡学院	48	38	10.6	0	73	83.905	0	0	0	0	0	0	0	0	0	0	0	16	16	0	0	0	0	0	0	0	0
苏州城市学院	49	43	4.9	0	430	161.529	3	1	0	2	0	0	0	0	1	0	0	37	37	0	0	0	0	0	0	1	0
宿迁学院	50	114	13.4	0	171	260.05	0	0	0	0	0	0	0	0	0	0	0	42	42	0	0	0	0	0	0	19	0

2.20 统计学人文、社会科学研究与课题成果情况表

高校名称	编号	总数					出版著作(部)							古籍整理(部)	译著(部)	发表译文(篇)	电子出版物(件)	发表论文(篇)				获奖成果数(项)				研究与咨询报告(篇)	
		课题数(项)	当年投入人数(人年)	其中：研究生(人年)	当年拨入经费(千元)	当年支出经费(千元)	合计	专著	其中：被译成外文	编著教材	工具书参考书	皮书/发展报告	科普读物					合计	国内学术刊物	国外学术刊物	港、澳、台地区刊物	合计	国家级奖	部级奖	省级奖	合计	其中：被采纳数
		L01	L02	L03	L04	L05	L06	L07	L08	L09	L10	L11	L12	L13	L14	L15	L16	L17	L18	L19	L20	L21	L22	L23	L24	L25	L26
合计	/	188	40.1	2.9	4935.896	6331.616	4	2	0	0	1	1	0	0	0	0	2	81	55	26	0	0	0	0	0	27	11
南京大学	1	2	0.2	0	60	19.893	0	0	0	0	0	0	0	0	0	0	0	0	0	0	0	0	0	0	0	0	0
中国矿业大学	2	5	0.8	0.2	71.432	69.672	0	0	0	0	0	0	0	0	0	0	0	0	0	0	0	0	0	0	0	0	0
河海大学	3	42	4.6	0.2	67.6	1456.56	4	2	0	0	1	1	0	0	0	0	2	43	27	16	0	0	0	0	0	11	10
南京理工大学	4	1	0.2	0	0	0	0	0	0	0	0	0	0	0	0	0	0	0	0	0	0	0	0	0	0	0	0
南京航空航天大学	5	1	0.1	0	10	10	0	0	0	0	0	0	0	0	0	0	0	0	0	0	0	0	0	0	0	0	0
中国药科大学	6	1	0.1	0	0	0	0	0	0	0	0	0	0	0	0	0	0	0	0	0	0	0	0	0	0	0	0
南京森林警察学院	7	4	1	0	0	0	0	0	0	0	0	0	0	0	0	0	0	2	2	0	0	0	0	0	0	0	0
江苏科技大学	8	1	0.3	0	0	0	0	0	0	0	0	0	0	0	0	0	0	0	0	0	0	0	0	0	0	0	0
南京工业大学	9	1	0.2	0.1	10	10	0	0	0	0	0	0	0	0	0	0	0	1	1	0	0	0	0	0	0	0	0
常州大学	10	5	2.4	0	180	127.1	0	0	0	0	0	0	0	0	0	0	0	1	1	0	0	0	0	0	0	0	0
南京邮电大学	11	1	0.3	0	0	0	0	0	0	0	0	0	0	0	0	0	0	1	0	1	0	0	0	0	0	0	0
南京林业大学	12	2	0.2	0	10	7.4	0	0	0	0	0	0	0	0	0	0	0	0	0	0	0	0	0	0	0	0	0
江苏大学	13	10	1.3	0	524.76	524.76	0	0	0	0	0	0	0	0	0	0	0	8	6	2	0	0	0	0	0	0	0
南京信息工程大学	14	4	1.2	0	81	60.78	0	0	0	0	0	0	0	0	0	0	0	0	0	0	0	0	0	0	0	0	0

南通大学	15	2	0.5	0	0	40	0	0	0	0	0	0	0	0	0	0	0	0	0	0	0	0	0	0	0	0	0
徐州医科大学	16	2	0.9	0.4	30	48	0	0	0	0	0	0	0	0	0	0	0	6	1	5	0	0	0	0	0	0	0
南京中医药大学	17	4	1.1	0	10	7.51	0	0	0	0	0	0	0	0	0	0	0	1	1	0	0	0	0	0	0	0	0
南京师范大学	18	1	0.3	0	170	89.518	0	0	0	0	0	0	0	0	0	0	0	0	0	0	0	0	0	0	0	0	0
江苏师范大学	19	4	1.7	0.4	20	45	0	0	0	0	0	0	0	0	0	0	0	0	0	0	0	0	0	0	0	0	0
淮阴师范学院	20	1	0.3	0	3	3	0	0	0	0	0	0	0	0	0	0	0	0	0	0	0	0	0	0	0	0	0
盐城师范学院	21	5	1.5	0	320	320.25	0	0	0	0	0	0	0	0	0	0	0	4	3	1	0	0	0	0	0	3	0
南京财经大学	22	3	0.4	0	0	87.668	0	0	0	0	0	0	0	0	0	0	0	6	6	0	0	0	0	0	0	0	0
常熟理工学院	23	13	2.1	0	104	117.29	0	0	0	0	0	0	0	0	0	0	0	0	0	0	0	0	0	0	0	0	0
淮阴工学院	24	1	0.2	0	0	0	0	0	0	0	0	0	0	0	0	0	0	1	1	0	0	0	0	0	0	0	0
常州工学院	25	12	2.5	0	1150	2085.44	0	0	0	0	0	0	0	0	0	0	0	1	1	0	0	0	0	0	0	0	0
南京审计大学	26	30	11.7	1.6	992.604	616.547	0	0	0	0	0	0	0	0	0	0	0	0	0	0	0	0	0	0	0	2	0
江苏理工学院	27	13	1.9	0	238.5	161.028	0	0	0	0	0	0	0	0	0	0	0	0	0	0	0	0	0	0	0	10	1
徐州工程学院	28	2	0.4	0	170	20	0	0	0	0	0	0	0	0	0	0	0	0	0	0	0	0	0	0	0	0	0
南京特殊教育师范学院	29	8	0.8	0	679	391	0	0	0	0	0	0	0	0	0	0	0	4	4	0	0	0	0	0	0	0	0
泰州学院	30	0	0	0	0	0	0	0	0	0	0	0	0	0	0	0	0	1	0	1	0	0	0	0	0	0	0
金陵科技学院	31	1	0.1	0	0	2	0	0	0	0	0	0	0	0	0	0	0	0	0	0	0	0	0	0	0	0	0
无锡学院	32	0	0	0	0	0	0	0	0	0	0	0	0	0	0	0	0	1	1	0	0	0	0	0	0	0	0
宿迁学院	33	6	0.8	0	34	11.2	0	0	0	0	0	0	0	0	0	0	0	0	0	0	0	0	0	0	0	1	0

2.21 心理学人文、社会科学研究与课题成果情况表

高校名称		总数					出版著作(部)							古籍整理(部)	译著(部)	发表译文(篇)	电子出版物(件)	发表论文(篇)				获奖成果数(项)				研究与咨询报告(篇)	
		课题数(项)	当年投入人数(人年)	其中:研究生(人年)	当年拨入经费(千元)	当年支出经费(千元)	合计	专著	其中:被译成外文	编著教材	工具书参考书	皮书/发展报告	科普读物					合计	国内学术刊物	国外学术刊物	港、澳、台地区刊物	合计	国家级奖	部级奖	省级奖	合计	其中:被采纳数
	编号	L01	L02	L03	L04	L05	L06	L07	L08	L09	L10	L11	L12	L13	L14	L15	L16	L17	L18	L19	L20	L21	L22	L23	L24	L25	L26
合计	/	298	61.8	5.5	5848.796	5417.283	5	3	0	2	0	0	0	0	3	0	0	142	108	34	0	0	0	0	0	18	6
南京大学	1	15	1.8	0.3	633.796	364.68	0	0	0	0	0	0	0	0	1	0	0	3	0	3	0	0	0	0	0	0	0
东南大学	2	15	3.6	2.1	0	42.2	0	0	0	0	0	0	0	0	1	0	0	7	1	6	0	0	0	0	0	0	0
河海大学	3	15	2	0.3	96	62.14	0	0	0	0	0	0	0	0	0	0	0	14	13	1	0	0	0	0	0	4	3
南京理工大学	4	2	0.4	0	0	0	0	0	0	0	0	0	0	0	0	0	0	0	0	0	0	0	0	0	0	0	0
南京航空航天大学	5	1	0.2	0	16	16	0	0	0	0	0	0	0	0	0	0	0	0	0	0	0	0	0	0	0	0	0
中国药科大学	6	0	0	0	0	0	0	0	0	0	0	0	0	0	0	0	0	1	1	0	0	0	0	0	0	0	0
南京森林警察学院	7	1	0.2	0	160	156	0	0	0	0	0	0	0	0	0	0	0	4	4	0	0	0	0	0	0	0	0
苏州大学	8	27	3.9	0.4	76	303	0	0	0	0	0	0	0	0	0	0	0	10	10	0	0	0	0	0	0	0	0
江苏科技大学	9	0	0	0	0	0	0	0	0	0	0	0	0	0	0	0	0	2	1	1	0	0	0	0	0	0	0
南京工业大学	10	5	0.5	0	0	0	0	0	0	0	0	0	0	0	0	0	0	3	3	0	0	0	0	0	0	0	0
常州大学	11	1	0.2	0	10	5	0	0	0	0	0	0	0	0	0	0	0	0	0	0	0	0	0	0	0	0	0
南京邮电大学	12	5	1.3	0	3	3	0	0	0	0	0	0	0	0	0	0	0	3	3	0	0	0	0	0	0	0	0
南京林业大学	13	4	0.6	0.2	0	0	0	0	0	0	0	0	0	0	0	0	0	2	2	0	0	0	0	0	0	0	0
江苏大学	14	1	0.1	0	0	0	0	0	0	0	0	0	0	0	0	0	0	0	0	0	0	0	0	0	0	0	0
南京信息工程大学	15	3	0.8	0	7	7	0	0	0	0	0	0	0	0	0	0	0	3	3	0	0	0	0	0	0	0	0
南通大学	16	14	3.4	0	95	267	0	0	0	0	0	0	0	0	0	0	0	0	0	0	0	0	0	0	0	0	0
盐城工学院	17	1	0.1	0	0	0	0	0	0	0	0	0	0	0	0	0	0	2	2	0	0	0	0	0	0	0	0
徐州医科大学	18	8	2.2	0.5	25	24	0	0	0	0	0	0	0	0	0	0	0	0	0	0	0	0	0	0	0	1	0

南京中医药大学	19	12	4.2	0	10	32.05	0	0	0	0	0	0	0	0	0	0	0	2	2	0	0	0	0	0	0	0	0
南京师范大学	20	38	9.6	0.9	3140	1853.8	2	0	0	2	0	0	0	0	0	0	0	33	21	12	0	0	0	0	0	3	0
江苏师范大学	21	8	3.2	0	40	80.5	0	0	0	0	0	0	0	0	0	0	0	0	0	0	0	0	0	0	0	0	0
淮阴师范学院	22	3	0.3	0	6	1.8	0	0	0	0	0	0	0	0	0	0	0	5	3	2	0	0	0	0	0	0	0
盐城师范学院	23	17	3.6	0	820	1338.55	0	0	0	0	0	0	0	0	0	0	0	6	6	0	0	0	0	0	0	3	0
南京财经大学	24	2	0.2	0	10	12	0	0	0	0	0	0	0	0	0	0	0	0	0	0	0	0	0	0	0	0	0
南京体育学院	25	1	0.1	0	0	0	0	0	0	0	0	0	0	0	0	0	0	3	3	0	0	0	0	0	0	0	0
南京艺术学院	26	1	0.4	0	0	4	0	0	0	0	0	0	0	0	0	0	0	0	0	0	0	0	0	0	0	0	0
苏州科技大学	27	4	1	0.7	98	98	0	0	0	0	0	0	0	0	0	0	0	1	0	1	0	0	0	0	0	0	0
常熟理工学院	28	4	0.6	0	0	3.87	0	0	0	0	0	0	0	0	1	0	0	0	0	0	0	0	0	0	0	0	0
淮阴工学院	29	4	0.6	0	0	0	0	0	0	0	0	0	0	0	0	0	0	5	5	0	0	0	0	0	0	0	0
常州工学院	30	8	1.3	0	8	124.15	0	0	0	0	0	0	0	0	0	0	0	1	1	0	0	0	0	0	0	0	0
扬州大学	31	11	1.9	0.1	168	180.02	1	1	0	0	0	0	0	0	0	0	0	7	3	4	0	0	0	0	0	1	1
南京审计大学	32	4	1.4	0	0	1.103	0	0	0	0	0	0	0	0	0	0	0	0	0	0	0	0	0	0	0	1	1
南京晓庄学院	33	20	2.6	0	108	154	2	2	0	0	0	0	0	0	0	0	0	11	11	0	0	0	0	0	0	0	0
江苏理工学院	34	16	2.2	0	129	149.25	0	0	0	0	0	0	0	0	0	0	0	1	1	0	0	0	0	0	0	5	1
江苏海洋大学	35	1	0.1	0	0	0.25	0	0	0	0	0	0	0	0	0	0	0	0	0	0	0	0	0	0	0	0	0
徐州工程学院	36	1	0.8	0	0	0	0	0	0	0	0	0	0	0	0	0	0	0	0	0	0	0	0	0	0	0	0
南京特殊教育师范学院	37	2	0.3	0	10	4	0	0	0	0	0	0	0	0	0	0	0	6	2	4	0	0	0	0	0	0	0
泰州学院	38	1	0.3	0	40	0	0	0	0	0	0	0	0	0	0	0	0	0	0	0	0	0	0	0	0	0	0
金陵科技学院	39	1	0.1	0	0	1	0	0	0	0	0	0	0	0	0	0	0	0	0	0	0	0	0	0	0	0	0
江苏第二师范学院	40	12	3	0	10	78.07	0	0	0	0	0	0	0	0	0	0	0	2	2	0	0	0	0	0	0	0	0
南京工业职业技术大学	41	8	2.4	0	130	50.85	0	0	0	0	0	0	0	0	0	0	0	3	3	0	0	0	0	0	0	0	0
无锡学院	42	1	0.3	0	0	0	0	0	0	0	0	0	0	0	0	0	0	0	0	0	0	0	0	0	0	0	0
苏州城市学院	43	0	0	0	0	0	0	0	0	0	0	0	0	0	0	0	0	2	2	0	0	0	0	0	0	0	0

2.22 体育科学人文、社会科学研究与课题成果情况表

高校名称	编号	总数：课题数(项)	总数：当年投入人数(人年)	总数：其中：研究生(人年)	总数：当年拨入经费(千元)	总数：当年支出经费(千元)	出版著作(部)：合计	出版著作(部)：专著	出版著作(部)：其中：被译成外文	出版著作(部)：编著教材	出版著作(部)：工具书参考书	出版著作(部)：皮书/发展报告	出版著作(部)：科普读物	古籍整理(部)	译著(部)	发表译文(篇)	电子出版物(件)	发表论文(篇)：合计	发表论文(篇)：国内学术刊物	发表论文(篇)：国外学术刊物	发表论文(篇)：港、澳、台地区刊物	获奖成果数(项)：合计	获奖成果数(项)：国家级奖	获奖成果数(项)：部级奖	获奖成果数(项)：省级奖	研究与咨询报告(篇)：合计	研究与咨询报告(篇)：其中：被采纳数
		L01	L02	L03	L04	L05	L06	L07	L08	L09	L10	L11	L12	L13	L14	L15	L16	L17	L18	L19	L20	L21	L22	L23	L24	L25	L26
合计	/	922	187	17.4	26 161.51	26 080.25	56	40	0	14	0	0	2	0	0	0	1	605	553	52	0	0	0	0	0	63	14
南京大学	1	8	1.1	0.3	9	7.74	0	0	0	0	0	0	0	0	0	0	0	10	9	1	0	0	0	0	0	0	0
东南大学	2	8	0.8	0	80	72.208	1	1	0	0	0	0	0	0	0	0	0	10	9	1	0	0	0	0	0	1	1
江南大学	3	19	13.8	8.6	1535.9	1449.9	4	1	0	2	0	0	1	0	0	0	0	14	11	3	0	0	0	0	0	0	0
南京农业大学	4	15	3	0	36	35.99	0	0	0	0	0	0	0	0	0	0	0	10	9	1	0	0	0	0	0	0	0
中国矿业大学	5	30	8.3	0.9	440.617	364.816	2	1	0	1	0	0	0	0	0	0	0	8	7	1	0	0	0	0	0	1	0
河海大学	6	19	8.9	4	504.38	342.628	1	0	0	0	0	0	1	0	0	0	1	16	12	4	0	0	0	0	0	0	0
南京理工大学	7	10	1.7	0	22.21	22.206	1	1	0	0	0	0	0	0	0	0	0	2	2	0	0	0	0	0	0	0	0
南京航空航天大学	8	17	3	0	70	70	1	1	0	0	0	0	0	0	0	0	0	3	3	0	0	0	0	0	0	0	0
中国药科大学	9	7	0.7	0	0	0	0	0	0	0	0	0	0	0	0	0	0	1	1	0	0	0	0	0	0	0	0
南京森林警察学院	10	12	3.1	0	10	119.394	0	0	0	0	0	0	0	0	0	0	0	9	8	1	0	0	0	0	0	0	0
苏州大学	11	81	11.8	0.9	3563.219	4187.219	7	5	0	2	0	0	0	0	0	0	0	13	13	0	0	0	0	0	0	1	0
江苏科技大学	12	32	9.4	0.3	70	52.21	0	0	0	0	0	0	0	0	0	0	0	5	5	0	0	0	0	0	0	0	0
南京工业大学	13	15	2.8	0.6	118	118	0	0	0	0	0	0	0	0	0	0	0	19	18	1	0	0	0	0	0	0	0
常州大学	14	36	9.8	0	796.23	766.655	0	0	0	0	0	0	0	0	0	0	0	10	10	0	0	0	0	0	0	0	0
南京邮电大学	15	9	2.4	0	40	18	0	0	0	0	0	0	0	0	0	0	0	4	3	1	0	0	0	0	0	0	0
南京林业大学	16	8	0.9	0.1	20	16.56	0	0	0	0	0	0	0	0	0	0	0	4	4	0	0	0	0	0	0	0	0
江苏大学	17	12	1.9	0	14	14	0	0	0	0	0	0	0	0	0	0	0	4	2	2	0	0	0	0	0	0	0
南京信息工程大学	18	6	2.9	0	56	64.45	0	0	0	0	0	0	0	0	0	0	0	5	4	1	0	0	0	0	0	0	0
南通大学	19	22	4.8	0	250	217	13	13	0	0	0	0	0	0	0	0	0	30	30	0	0	0	0	0	0	0	0
盐城工学院	20	16	1.6	0	440	417.8	3	3	0	0	0	0	0	0	0	0	0	13	12	1	0	0	0	0	0	0	0
徐州医科大学	21	2	0.4	0	20	5	0	0	0	0	0	0	0	0	0	0	0	0	0	0	0	0	0	0	0	0	0

南京中医药大学	22	2	0.7	0	50	48.72	0	0	0	0	0	0	0	0	0	0	0	0	0	0	0	0	0	0	0	0	0
南京师范大学	23	48	14.3	0.8	1295.95	929.986	2	0	0	2	0	0	0	0	0	0	0	37	31	6	0	0	0	0	0	2	0
江苏师范大学	24	20	6.1	0.3	1642.6	1736	1	1	0	0	0	0	0	0	0	0	0	41	40	1	0	0	0	0	0	0	0
淮阴师范学院	25	23	2.7	0	2126	2691	0	0	0	0	0	0	0	0	0	0	0	13	13	0	0	0	0	0	0	0	0
盐城师范学院	26	85	15.3	0	5477.8	4783.32	5	3	0	2	0	0	0	0	0	0	0	38	38	0	0	0	0	0	0	11	1
南京财经大学	27	11	2.2	0.5	50	312.847	1	1	0	0	0	0	0	0	0	0	0	9	9	0	0	0	0	0	0	0	0
江苏警官学院	28	3	0.6	0	0	0	1	1	0	0	0	0	0	0	0	0	0	11	10	1	0	0	0	0	0	0	0
南京体育学院	29	134	14.4	0	2913.448	2608.771	3	1	0	2	0	0	0	0	0	0	0	109	107	2	0	0	0	0	0	24	4
南京艺术学院	30	1	0.5	0	0	0	0	0	0	0	0	0	0	0	0	0	0	0	0	0	0	0	0	0	0	0	0
苏州科技大学	31	15	6	0	0	0	2	2	0	0	0	0	0	0	0	0	0	13	13	0	0	0	0	0	0	1	0
常熟理工学院	32	15	2.2	0	246.7	206.445	0	0	0	0	0	0	0	0	0	0	0	9	9	0	0	0	0	0	0	3	3
淮阴工学院	33	12	1.4	0	1120.18	910.18	0	0	0	0	0	0	0	0	0	0	0	13	11	2	0	0	0	0	0	0	0
常州工学院	34	26	4	0	197	1098.92	0	0	0	0	0	0	0	0	0	0	0	3	3	0	0	0	0	0	0	5	0
扬州大学	35	30	4.9	0.1	898.4	1054.26	3	3	0	0	0	0	0	0	0	0	0	24	12	12	0	0	0	0	0	1	1
南京工程学院	36	6	1.2	0	10	21.32	0	0	0	0	0	0	0	0	0	0	0	1	1	0	0	0	0	0	0	0	0
南京审计大学	37	2	1.7	0	0	7.714	0	0	0	0	0	0	0	0	0	0	0	2	2	0	0	0	0	0	0	0	0
南京晓庄学院	38	11	1.3	0	93.28	72.28	1	1	0	0	0	0	0	0	0	0	0	6	4	2	0	0	0	0	0	0	0
江苏理工学院	39	22	4.2	0	264.8	251.536	1	1	0	0	0	0	0	0	0	0	0	4	3	1	0	0	0	0	0	3	0
江苏海洋大学	40	21	2.1	0	978	696.25	0	0	0	0	0	0	0	0	0	0	0	19	19	0	0	0	0	0	0	7	4
徐州工程学院	41	13	1.4	0	382	118	0	0	0	0	0	0	0	0	0	0	0	8	8	0	0	0	0	0	0	0	0
南京特殊教育师范学院	42	2	0.4	0	100	46	0	0	0	0	0	0	0	0	0	0	0	0	0	0	0	0	0	0	0	1	0
泰州学院	43	1	0.5	0	0	0	0	0	0	0	0	0	0	0	0	0	0	21	14	7	0	0	0	0	0	0	0
金陵科技学院	44	1	0.1	0	0	0	0	0	0	0	0	0	0	0	0	0	0	0	0	0	0	0	0	0	0	0	0
江苏第二师范学院	45	6	1.5	0	87	32.323	0	0	0	0	0	0	0	0	0	0	0	10	10	0	0	0	0	0	0	0	0
南京工业职业技术大学	46	4	1.1	0	10	4.1	0	0	0	0	0	0	0	0	0	0	0	5	5	0	0	0	0	0	0	0	0
无锡学院	47	3	0.8	0	3	5	0	0	0	0	0	0	0	0	0	0	0	1	1	0	0	0	0	0	0	0	0
苏州城市学院	48	2	0.2	0	0	0	0	0	0	0	0	0	0	0	0	0	0	5	5	0	0	0	0	0	0	0	0
宿迁学院	49	19	2.1	0	119.8	83.5	3	0	0	3	0	0	0	0	0	0	0	13	13	0	0	0	0	0	0	2	0

2.23 其他学科人文、社会科学研究与课题成果情况表

高校名称	编号	总数：课题数（项）	总数：当年投入人数（人年）	总数：其中：研究生（人年）	总数：当年拨入经费（千元）	总数：当年支出经费（千元）	出版著作（部）：合计	出版著作（部）：专著	出版著作（部）：其中：被译成外文	出版著作（部）：编著教材	出版著作（部）：工具书参考书	出版著作（部）：皮书/发展报告	出版著作（部）：科普读物	古籍整理（部）	译著（部）	发表译文（篇）	电子出版物（件）	发表论文（篇）：合计	发表论文（篇）：国内学术刊物	发表论文（篇）：国外学术刊物	发表论文（篇）：港、澳、台地区刊物	获奖成果数（项）：合计	获奖成果数（项）：国家级奖	获奖成果数（项）：部级奖	获奖成果数（项）：省级奖	研究与咨询报告（篇）：合计	研究与咨询报告（篇）：其中：被采纳数
		L01	L02	L03	L04	L05	L06	L07	L08	L09	L10	L11	L12	L13	L14	L15	L16	L17	L18	L19	L20	L21	L22	L23	L24	L25	L26
合计	/	198	41	2	10 671.4	7005.507	8	1	0	6	0	1	0	0	2	0	0	129	127	2	0	0	0	0	0	69	28
南京大学	1	17	3.1	0.5	1905.306	345.523	0	0	0	0	0	0	0	0	0	0	0	41	40	1	0	0	0	0	0	5	5
东南大学	2	26	3.8	1.2	907	849.723	0	0	0	0	0	0	0	0	1	0	0	2	2	0	0	0	0	0	0	3	3
南京农业大学	3	2	0.6	0	0	0	0	0	0	0	0	0	0	0	0	0	0	0	0	0	0	0	0	0	0	0	0
南京航空航天大学	4	4	0.8	0	270	270	0	0	0	0	0	0	0	0	0	0	0	3	3	0	0	0	0	0	0	1	1
南京工业大学	5	2	0.3	0.1	0	0	0	0	0	0	0	0	0	0	0	0	0	0	0	0	0	0	0	0	0	0	0
常州大学	6	7	2.1	0	1069	400.5	1	0	0	0	0	1	0	0	0	0	0	0	0	0	0	0	0	0	0	0	0
南京邮电大学	7	1	0.9	0	0	10	0	0	0	0	0	0	0	0	0	0	0	0	0	0	0	0	0	0	0	0	0
南京林业大学	8	22	2.2	0	319.61	188.91	0	0	0	0	0	0	0	0	0	0	0	9	9	0	0	0	0	0	0	0	0
南京信息工程大学	9	9	2.7	0	237	116.97	0	0	0	0	0	0	0	0	0	0	0	1	1	0	0	0	0	0	0	0	0
南京医科大学	10	0	0	0	0	0	2	1	0	1	0	0	0	0	0	0	0	0	0	0	0	0	0	0	0	0	0
南京中医药大学	11	1	0.4	0	170	99.85	0	0	0	0	0	0	0	0	0	0	0	5	5	0	0	0	0	0	0	0	0
南京师范大学	12	4	3.8	0.2	34.85	260.15	4	0	0	4	0	0	0	0	1	0	0	10	10	0	0	0	0	0	0	0	0
江苏师范大学	13	11	5.3	0	600	562.2	0	0	0	0	0	0	0	0	0	0	0	0	0	0	0	0	0	0	0	2	2

淮阴师范学院	14	15	2.1	0	1651.5	1631.2	0	0	0	0	0	0	0	0	0	0	0	0	0	0	0	0	0	0	0	0	0
盐城师范学院	15	0	0	0	0	0	0	0	0	0	0	0	0	0	0	0	0	11	11	0	0	0	0	0	0	2	1
南京财经大学	16	2	0.3	0	87.7	79.128	0	0	0	0	0	0	0	0	0	0	0	0	0	0	0	0	0	0	0	0	0
常熟理工学院	17	8	1.4	0	645.2	310.17	0	0	0	0	0	0	0	0	0	0	0	0	0	0	0	0	0	0	0	0	0
淮阴工学院	18	1	0.1	0	0	0	0	0	0	0	0	0	0	0	0	0	0	3	3	0	0	0	0	0	0	0	0
常州工学院	19	0	0	0	0	0	0	0	0	0	0	0	0	0	0	0	0	0	0	0	0	0	0	0	0	1	0
扬州大学	20	9	1.6	0	435	446.63	0	0	0	0	0	0	0	0	0	0	0	1	1	0	0	0	0	0	0	4	3
南京工程学院	21	0	0	0	0	0	0	0	0	0	0	0	0	0	0	0	0	20	20	0	0	0	0	0	0	38	8
南京审计大学	22	6	1.9	0	567.233	487.553	0	0	0	0	0	0	0	0	0	0	0	0	0	0	0	0	0	0	0	0	0
南京晓庄学院	23	1	0.1	0	0	7	0	0	0	0	0	0	0	0	0	0	0	0	0	0	0	0	0	0	0	0	0
江苏理工学院	24	3	0.5	0	1225	790	0	0	0	0	0	0	0	0	0	0	0	19	19	0	0	0	0	0	0	13	5
徐州工程学院	25	37	3.7	0	451	108	0	0	0	0	0	0	0	0	0	0	0	0	0	0	0	0	0	0	0	0	0
南京特殊教育师范学院	26	2	0.3	0	20	3	1	0	0	1	0	0	0	0	0	0	0	1	1	0	0	0	0	0	0	0	0
南京工业职业技术大学	27	6	2.4	0	70	33	0	0	0	0	0	0	0	0	0	0	0	2	2	0	0	0	0	0	0	0	0
无锡学院	28	2	0.6	0	6	6	0	0	0	0	0	0	0	0	0	0	0	1	0	1	0	0	0	0	0	0	0

七、社科研究、课题与成果

3. 公办专科高等学校人文、社会科学研究与课题成果情况表

学科门类	编号	总数 课题数(项)	当年投入人数(人年)	其中:研究生(人年)	当年拨入经费(千元)	当年支出经费(千元)	出版著作(部) 合计	专著	其中:被译成外文	编著教材	工具书参考书	皮书/发展报告	科普读物	古籍整理(部)	译著(部)	发表译文(篇)	电子出版物(件)	发表论文(篇) 合计	国内学术刊物	国外学术刊物	港、澳、台地区刊物	获奖成果数(项) 合计	国家级奖	部级奖	省级奖	研究与咨询报告(篇) 合计	其中:被采纳数
		L01	L02	L03	L04	L05	L06	L07	L08	L09	L10	L11	L12	L13	L14	L15	L16	L17	L18	L19	L20	L21	L22	L23	L24	L25	L26
合计	/	11 462	2026.70	0	75 953.33	73 381.48	250	117	1	120	1	12	0	1	3	0	0	9745	9614	131	0	1	0	0	1	1099	615
管理学	1	2277	430.60	0	23 423.62	24 748.65	42	15	0	25	0	2	0	0	0	0	0	1627	1596	31	0	0	0	0	0	440	243
马克思主义	2	719	124.80	0	2391.34	2230.36	8	4	0	2	1	1	0	0	0	0	0	420	415	5	0	0	0	0	0	29	23
哲学	3	45	10.30	0	86.30	110.34	2	1	0	1	0	0	0	0	0	0	0	41	38	3	0	0	0	0	0	1	1
逻辑学	4	3	0.50	0	56.00	53.52	0	0	0	0	0	0	0	0	0	0	0	2	2	0	0	0	0	0	0	2	1
宗教学	5	0	0	0	0	0	0	0	0	0	0	0	0	0	0	0	0	1	0	1	0	0	0	0	0	0	0
语言学	6	183	34.90	0	1348.84	1198.32	15	6	0	9	0	0	0	0	0	0	0	269	257	12	0	0	0	0	0	14	6
中国文学	7	80	16.30	0	542.00	400.12	7	5	0	2	0	0	0	1	0	0	0	211	210	1	0	0	0	0	0	4	2
外国文学	8	15	3.70	0	57.00	47.37	1	1	0	0	0	0	0	0	1	0	0	40	40	0	0	0	0	0	0	1	0
艺术学	9	668	122.60	0	12 444.19	11 566.36	33	17	0	16	0	0	0	0	0	0	0	909	893	16	0	0	0	0	0	102	46
历史学	10	39	6.60	0	320.00	218.36	4	3	0	1	0	0	0	0	0	0	0	29	29	0	0	0	0	0	0	7	5
考古学	11	0	0	0	0	0	0	0	0	0	0	0	0	0	0	0	0	2	2	0	0	0	0	0	0	0	0
经济学	12	881	159.90	0	9307.10	8680.36	33	7	0	26	0	0	0	0	0	0	0	645	634	11	0	0	0	0	0	151	100
政治学	13	184	27.90	0	1000.70	725.60	2	1	1	0	0	1	0	0	0	0	0	123	123	0	0	0	0	0	0	10	2
法学	14	55	11.70	0	512.25	504.15	4	2	0	2	0	0	0	0	0	0	0	76	75	1	0	0	0	0	0	9	7
社会学	15	438	75.30	0	2085.00	2218.46	7	5	0	2	0	0	0	0	1	0	0	233	233	0	0	0	0	0	0	48	29
民族学与文化学	16	150	25.20	0	567.00	603.56	3	3	0	0	0	0	0	0	0	0	0	60	60	0	0	0	0	0	0	15	13
新闻学与传播学	17	65	14.00	0	648.00	611.60	2	1	0	1	0	0	0	0	0	0	0	54	54	0	0	0	0	0	0	8	8
图书馆、情报与文献学	18	81	15.60	0	211.60	245.46	3	3	0	0	0	0	0	0	0	0	0	152	149	3	0	0	0	0	0	4	0
教育学	19	5145	870.30	0	17 555.77	16 021.01	73	35	0	30	0	8	0	0	1	0	0	4345	4304	41	0	1	0	0	1	209	103
统计学	20	28	5.20	0	238.26	173.96	0	0	0	0	0	0	0	0	0	0	0	24	23	1	0	0	0	0	0	2	2
心理学	21	137	22.30	0	269.00	341.20	1	1	0	0	0	0	0	0	0	0	0	113	112	1	0	0	0	0	0	5	2
体育科学	22	212	41.30	0	2092.40	1988.41	8	5	0	3	0	0	0	0	0	0	0	332	328	4	0	0	0	0	0	30	18
其他学科	23	57	7.7	0	796.96	694.33	2	2	0	0	0	0	0	0	0	0	0	37	37	0	0	0	0	0	0	8	4

3.1 管理学人文、社会科学研究与课题成果情况表

高校名称		总数					出版著作(部)							古籍整理(部)	译著(部)	发表译文(篇)	电子出版物(件)	发表论文(篇)				获奖成果数(项)				研究与咨询报告(篇)	
		课题数(项)	当年投入人数(人年)	其中：研究生(人年)	当年拨入经费(千元)	当年支出经费(千元)	合计	专著	其中：被译成外文	编著教材	工具书参考书	皮书/发展报告	科普读物					合计	国内学术刊物	国外学术刊物	港、澳、台地区刊物	合计	国家级奖	部级奖	省级奖	合计	其中：被采纳数
	编号	L01	L02	L03	L04	L05	L06	L07	L08	L09	L10	L11	L12	L13	L14	L15	L16	L17	L18	L19	L20	L21	L22	L23	L24	L25	L26
合计	/	2277	430.6	0	23423.62	24 748.65	42	15	0	25	0	2	0	0	0	0	0	1627	1596	31	0	0	0	0	0	440	243
盐城幼儿师范高等专科学校	1	12	1.1	0	8	8	0	0	0	0	0	0	0	0	0	0	0	10	10	0	0	0	0	0	0	0	0
无锡职业技术学院	2	64	11.7	0	96	180.8	0	0	0	0	0	0	0	0	0	0	0	58	53	5	0	0	0	0	0	2	1
江苏建筑职业技术学院	3	83	20	0	106	182.4	5	1	0	4	0	0	0	0	0	0	0	31	29	2	0	0	0	0	0	1	1
江苏工程职业技术学院	4	18	1.9	0	1	1	0	0	0	0	0	0	0	0	0	0	0	7	7	0	0	0	0	0	0	0	0
苏州工艺美术职业技术学院	5	1	0.1	0	0	1	0	0	0	0	0	0	0	0	0	0	0	1	1	0	0	0	0	0	0	0	0
连云港职业技术学院	6	16	4.3	0	56	56	0	0	0	0	0	0	0	0	0	0	0	16	16	0	0	0	0	0	0	5	0
镇江市高等专科学校	7	33	13.9	0	151.43	219.22	1	0	0	1	0	0	0	0	0	0	0	38	38	0	0	0	0	0	0	32	32
南通职业大学	8	7	1.3	0	0	3	0	0	0	0	0	0	0	0	0	0	0	11	11	0	0	0	0	0	0	1	0
苏州职业大学	9	59	17.6	0	835.6	754.8	2	0	0	2	0	0	0	0	0	0	0	56	56	0	0	0	0	0	0	49	29
沙洲职业工学院	10	16	1.4	0	120	91.4	0	0	0	0	0	0	0	0	0	0	0	17	17	0	0	0	0	0	0	5	5
扬州市职业大学	11	72	14.8	0	1102.6	711.35	1	1	0	0	0	0	0	0	0	0	0	22	22	0	0	0	0	0	0	43	43
连云港师范高等专科学校	12	12	1.2	0	5	3	0	0	0	0	0	0	0	0	0	0	0	2	2	0	0	0	0	0	0	0	0
江苏经贸职业技术学院	13	161	27.7	0	1595	1739.75	8	0	0	8	0	0	0	0	0	0	0	96	91	5	0	0	0	0	0	33	0
泰州职业技术学院	14	14	2.8	0	95.8	83.44	2	0	0	2	0	0	0	0	0	0	0	17	17	0	0	0	0	0	0	1	0

续表

高校名称		总数					出版著作(部)							古籍整理(部)	译著(部)	发表译文(篇)	电子出版物(件)	发表论文(篇)				获奖成果数(项)				研究与咨询报告(篇)	
		课题数(项)	当年投入人数(人年)	其中:研究生(人年)	当年拨入经费(千元)	当年支出经费(千元)	合计	专著	其中:被译成外文	编著教材	工具书参考书	皮书/发展报告	科普读物					合计	国内学术刊物	国外学术刊物	港、澳、台地区刊物	合计	国家级奖	部级奖	省级奖	合计	其中:被采纳数
	编号	L01	L02	L03	L04	L05	L06	L07	L08	L09	L10	L11	L12	L13	L14	L15	L16	L17	L18	L19	L20	L21	L22	L23	L24	L25	L26
常州信息职业技术学院	15	31	9.9	0	754	784	0	0	0	0	0	0	0	0	0	0	0	57	56	1	0	0	0	0	0	0	0
江苏海事职业技术学院	16	32	8.3	0	2059.4	1923.47	2	1	0	0	0	1	0	0	0	0	0	14	11	3	0	0	0	0	0	13	13
无锡科技职业学院	17	32	9.3	0	10.5	33.5	0	0	0	0	0	0	0	0	0	0	0	67	65	2	0	0	0	0	0	0	0
江苏医药职业学院	18	110	20.8	0	0	37.818	0	0	0	0	0	0	0	0	0	0	0	46	46	0	0	0	0	0	0	0	0
南通科技职业学院	19	7	1.4	0	0	30.3	0	0	0	0	0	0	0	0	0	0	0	7	7	0	0	0	0	0	0	5	5
苏州经贸职业技术学院	20	143	64.4	0	920	2120.682	0	0	0	0	0	0	0	0	0	0	0	102	101	1	0	0	0	0	0	50	0
苏州工业职业技术学院	21	61	9.4	0	1465	1565.32	0	0	0	0	0	0	0	0	0	0	0	28	24	4	0	0	0	0	0	32	32
苏州卫生职业技术学院	22	19	2.9	0	197	109	0	0	0	0	0	0	0	0	0	0	0	27	27	0	0	0	0	0	0	0	0
无锡商业职业技术学院	23	70	8.6	0	2530.765	2382.845	0	0	0	0	0	0	0	0	0	0	0	35	33	2	0	0	0	0	0	17	17
江苏航运职业技术学院	24	39	5.2	0	5	97.45	0	0	0	0	0	0	0	0	0	0	0	18	18	0	0	0	0	0	0	0	0
南京交通职业技术学院	25	27	2.9	0	45	89.45	0	0	0	0	0	0	0	0	0	0	0	9	9	0	0	0	0	0	0	0	0
江苏电子信息职业学院	26	19	3.9	0	63	42.9	2	1	0	0	0	1	0	0	0	0	0	21	19	2	0	0	0	0	0	0	0
江苏农牧科技职业学院	27	2	0.2	0	0	11.55	0	0	0	0	0	0	0	0	0	0	0	1	1	0	0	0	0	0	0	0	0
常州纺织服装职业技术学院	28	45	5.9	0	113	66.28	0	0	0	0	0	0	0	0	0	0	0	58	58	0	0	0	0	0	0	1	1
苏州农业职业技术学院	29	7	2.9	0	22.5	22.5	0	0	0	0	0	0	0	0	0	0	0	7	7	0	0	0	0	0	0	0	0

南京科技职业学院	30	44	4.7	0	495.5	277.5	0	0	0	0	0	0	0	0	0	0	0	49	49	0	0	0	0	0	0	0	0
常州工业职业技术学院	31	121	22.9	0	1662	909.5	2	0	0	2	0	0	0	0	0	0	0	23	23	0	0	0	0	0	0	32	21
常州工程职业技术学院	32	80	8	0	362	1169.5	2	2	0	0	0	0	0	0	0	0	0	34	34	0	0	0	0	0	0	1	0
江苏农林职业技术学院	33	17	2.5	0	170	158	0	0	0	0	0	0	0	0	0	0	0	7	7	0	0	0	0	0	0	0	0
江苏食品药品职业技术学院	34	3	0.4	0	13	44.5	0	0	0	0	0	0	0	0	0	0	0	5	5	0	0	0	0	0	0	2	1
南京铁道职业技术学院	35	17	1.6	0	16	86	3	0	0	3	0	0	0	0	0	0	0	12	12	0	0	0	0	0	0	0	0
徐州工业职业技术学院	36	18	1.8	0	10	29	0	0	0	0	0	0	0	0	0	0	0	7	7	0	0	0	0	0	0	0	0
江苏信息职业技术学院	37	51	5.2	0	93	138.63	1	0	0	1	0	0	0	0	0	0	0	91	91	0	0	0	0	0	0	0	0
南京信息职业技术学院	38	42	5	0	682	691.945	2	2	0	0	0	0	0	0	0	0	0	35	35	0	0	0	0	0	0	3	3
常州机电职业技术学院	39	20	2.8	0	60	94.63	0	0	0	0	0	0	0	0	0	0	0	21	21	0	0	0	0	0	0	2	0
江阴职业技术学院	40	14	1.6	0	40	59	0	0	0	0	0	0	0	0	0	0	0	50	50	0	0	0	0	0	0	0	0
无锡城市职业技术学院	41	10	2.9	0	98.5	55.7	0	0	0	0	0	0	0	0	0	0	0	11	10	1	0	0	0	0	0	3	3
无锡工艺职业技术学院	42	38	5.3	0	881	925	1	1	0	0	0	0	0	0	0	0	0	27	26	1	0	0	0	0	0	23	4
苏州健雄职业技术学院	43	36	7.3	0	617	622	0	0	0	0	0	0	0	0	0	0	0	31	31	0	0	0	0	0	0	0	0
盐城工业职业技术学院	44	61	6.8	0	102	592.9	1	1	0	0	0	0	0	0	0	0	0	14	14	0	0	0	0	0	0	13	13
江苏财经职业技术学院	45	106	13.3	0	2196.6	2033.364	2	1	0	1	0	0	0	0	0	0	0	36	36	0	0	0	0	0	0	4	3
扬州工业职业技术学院	46	48	4.8	0	1295	1151	0	0	0	0	0	0	0	0	0	0	0	22	22	0	0	0	0	0	0	8	8
江苏城市职业学院	47	37	9.3	0	331.8	338.007	1	1	0	0	0	0	0	0	0	0	0	37	37	0	0	0	0	0	0	0	0

七、社科研究、课题与成果

续表

高校名称		总数					出版著作(部)							古籍整理(部)	译著(部)	发表译文(篇)	电子出版物(件)	发表论文(篇)				获奖成果数(项)				研究与咨询报告(篇)	
		课题数(项)	当年投入人数(人年)	其中:研究生(人年)	当年拨入经费(千元)	当年支出经费(千元)	合计	专著	其中:被译成外文	编著教材	工具书参考书	皮书/发展报告	科普读物					合计	国内学术刊物	国外学术刊物	港、澳、台地区刊物	合计	国家级奖	部级奖	省级奖	合计	其中:被采纳数
	编号	L01	L02	L03	L04	L05	L06	L07	L08	L09	L10	L11	L12	L13	L14	L15	L16	L17	L18	L19	L20	L21	L22	L23	L24	L25	L26
南京城市职业学院	48	22	3.2	0	98	98	0	0	0	0	0	0	0	0	0	0	0	0	0	0	0	0	0	0	0	0	0
南京机电职业技术学院	49	7	0.7	0	0	58	0	0	0	0	0	0	0	0	0	0	0	8	8	0	0	0	0	0	0	0	0
南京旅游职业学院	50	34	4.2	0	171.5	65.9	0	0	0	0	0	0	0	0	0	0	0	49	49	0	0	0	0	0	0	0	0
江苏卫生健康职业学院	51	47	8.1	0	71	125	0	0	0	0	0	0	0	0	0	0	0	12	12	0	0	0	0	0	0	0	0
苏州信息职业技术学院	52	3	0.7	0	0	12.92	0	0	0	0	0	0	0	0	0	0	0	4	4	0	0	0	0	0	0	2	2
苏州工业园区服务外包职业学院	53	40	5.4	0	1447.327	1428.327	3	3	0	0	0	0	0	0	0	0	0	28	26	2	0	0	0	0	0	6	6
徐州生物工程职业技术学院	54	11	1.1	0	0	3.4	0	0	0	0	0	0	0	0	0	0	0	5	5	0	0	0	0	0	0	0	0
江苏商贸职业学院	55	33	6.9	0	36.8	97.7	1	0	0	1	0	0	0	0	0	0	0	52	52	0	0	0	0	0	0	10	0
南通师范高等专科学校	56	4	0.9	0	38	34	0	0	0	0	0	0	0	0	0	0	0	2	2	0	0	0	0	0	0	0	0
江苏护理职业学院	57	5	1.2	0	10	8	0	0	0	0	0	0	0	0	0	0	0	0	0	0	0	0	0	0	0	0	0
江苏财会职业学院	58	3	0.8	0	15	15	0	0	0	0	0	0	0	0	0	0	0	0	0	0	0	0	0	0	0	1	0
江苏城乡建设职业学院	59	64	11.9	0	14	53	0	0	0	0	0	0	0	0	0	0	0	10	10	0	0	0	0	0	0	40	0
江苏航空职业技术学院	60	5	0.9	0	11	2	0	0	0	0	0	0	0	0	0	0	0	3	3	0	0	0	0	0	0	0	0
江苏安全技术职业学院	61	3	0.5	0	18	4	0	0	0	0	0	0	0	0	0	0	0	5	5	0	0	0	0	0	0	0	0
江苏旅游职业学院	62	21	2.1	0	10	15	0	0	0	0	0	0	0	0	0	0	0	58	58	0	0	0	0	0	0	0	0

3.2 马克思主义人文、社会科学研究与课题成果情况表

高校名称		总数					出版著作(部)							古籍整理(部)	译著(部)	发表译文(篇)	电子出版物(件)	发表论文(篇)				获奖成果数(项)				研究与咨询报告(篇)	
		课题数(项)	当年投入人数(人年)	其中：研究生(人年)	当年拨入经费(千元)	当年支出经费(千元)	合计	专著	其中：被译成外文	编著教材	工具书参考书	皮书/发展报告	科普读物					合计	国内学术刊物	国外学术刊物	港、澳、台地区刊物	合计	国家级奖	部级奖	省级奖	合计	其中：被采纳数
	编号	L01	L02	L03	L04	L05	L06	L07	L08	L09	L10	L11	L12	L13	L14	L15	L16	L17	L18	L19	L20	L21	L22	L23	L24	L25	L26
合计	/	719	124.8	0	2391.34	2230.355	8	4	0	2	1	1	0	0	0	0	0	420	415	5	0	0	0	0	0	29	23
盐城幼儿师范高等专科学校	1	14	2	0	44	44	0	0	0	0	0	0	0	0	0	0	0	5	5	0	0	0	0	0	0	0	0
苏州幼儿师范高等专科学校	2	5	0.5	0	0	19.5	1	0	0	0	1	0	0	0	0	0	0	7	7	0	0	0	0	0	0	0	0
无锡职业技术学院	3	24	4.1	0	40	46.2	0	0	0	0	0	0	0	0	0	0	0	7	7	0	0	0	0	0	0	1	1
江苏建筑职业技术学院	4	3	0.6	0	3	1	0	0	0	0	0	0	0	0	0	0	0	22	22	0	0	0	0	0	0	0	0
江苏工程职业技术学院	5	4	0.6	0	0	1	0	0	0	0	0	0	0	0	0	0	0	13	13	0	0	0	0	0	0	0	0
苏州工艺美术职业技术学院	6	4	0.8	0	63	99	0	0	0	0	0	0	0	0	0	0	0	8	8	0	0	0	0	0	0	0	0
连云港职业技术学院	7	9	2.6	0	8	8	0	0	0	0	0	0	0	0	0	0	0	8	8	0	0	0	0	0	0	0	0
镇江市高等专科学校	8	3	1.1	0	4	7	0	0	0	0	0	0	0	0	0	0	0	4	4	0	0	0	0	0	0	0	0
南通职业大学	9	21	4.1	0	112	258	0	0	0	0	0	0	0	0	0	0	0	9	9	0	0	0	0	0	0	0	0
苏州职业大学	10	18	9.9	0	50	30	0	0	0	0	0	0	0	0	0	0	0	19	19	0	0	0	0	0	0	0	0
扬州市职业大学	11	23	5.2	0	85	50	1	1	0	0	0	0	0	0	0	0	0	12	12	0	0	0	0	0	0	8	8
连云港师范高等专科学校	12	5	0.6	0	12	2	0	0	0	0	0	0	0	0	0	0	0	2	2	0	0	0	0	0	0	0	0
江苏经贸职业技术学院	13	25	5.7	0	174	169.5	1	0	0	1	0	0	0	0	0	0	0	19	19	0	0	0	0	0	0	0	0
泰州职业技术学院	14	4	0.8	0	0	10.91	0	0	0	0	0	0	0	0	0	0	0	2	2	0	0	0	0	0	0	0	0

续表

高校名称		总数					出版著作(部)							古籍整理(部)	译著(部)	发表译文(篇)	电子出版物(件)	发表论文(篇)				获奖成果数(项)				研究与咨询报告(篇)	
		课题数(项)	当年投入人数(人年)	其中：研究生(人年)	当年拨入经费(千元)	当年支出经费(千元)	合计	专著	其中：被译成外文	编著教材	工具书参考书	皮书/发展报告	科普读物					合计	国内学术刊物	国外学术刊物	港、澳、台地区刊物	合计	国家级奖	部级奖	省级奖	合计	其中：被采纳数
	编号	L01	L02	L03	L04	L05	L06	L07	L08	L09	L10	L11	L12	L13	L14	L15	L16	L17	L18	L19	L20	L21	L22	L23	L24	L25	L26
常州信息职业技术学院	15	15	6.4	0	41	41	0	0	0	0	0	0	0	0	0	0	0	8	7	1	0	0	0	0	0	0	0
江苏海事职业技术学院	16	14	2.5	0	55.8	39.64	1	0	0	0	0	1	0	0	0	0	0	15	11	4	0	0	0	0	0	4	4
无锡科技职业学院	17	1	0.2	0	0	0	0	0	0	0	0	0	0	0	0	0	0	0	0	0	0	0	0	0	0	0	0
江苏医药职业学院	18	8	1.5	0	0	1.14	0	0	0	0	0	0	0	0	0	0	0	2	2	0	0	0	0	0	0	0	0
南通科技职业学院	19	5	1.1	0	40	19.6	0	0	0	0	0	0	0	0	0	0	0	0	0	0	0	0	0	0	0	1	0
苏州经贸职业技术学院	20	3	0.7	0	0	1.472	0	0	0	0	0	0	0	0	0	0	0	16	16	0	0	0	0	0	0	0	0
苏州工业职业技术学院	21	6	0.8	0	20	18.2	0	0	0	0	0	0	0	0	0	0	0	10	10	0	0	0	0	0	0	3	3
苏州卫生职业技术学院	22	1	0.1	0	0	2.7	0	0	0	0	0	0	0	0	0	0	0	0	0	0	0	0	0	0	0	0	0
无锡商业职业技术学院	23	3	0.3	0	0	5	0	0	0	0	0	0	0	0	0	0	0	0	0	0	0	0	0	0	0	3	3
江苏航运职业技术学院	24	5	0.9	0	42	13.5	0	0	0	0	0	0	0	0	0	0	0	4	4	0	0	0	0	0	0	0	0
南京交通职业技术学院	25	4	0.4	0	10	4	1	0	0	1	0	0	0	0	0	0	0	8	8	0	0	0	0	0	0	0	0
江苏电子信息职业学院	26	15	2.5	0	117	43	0	0	0	0	0	0	0	0	0	0	0	4	4	0	0	0	0	0	0	0	0
江苏农牧科技职业学院	27	15	1.5	0	80	39	0	0	0	0	0	0	0	0	0	0	0	11	11	0	0	0	0	0	0	0	0
常州纺织服装职业技术学院	28	4	0.5	0	0	5	0	0	0	0	0	0	0	0	0	0	0	2	2	0	0	0	0	0	0	0	0
苏州农业职业技术学院	29	1	0.3	0	4.3	4.3	0	0	0	0	0	0	0	0	0	0	0	0	0	0	0	0	0	0	0	0	0

南京科技职业学院	30	33	3.8	0	61.5	68.5	0	0	0	0	0	0	0	0	0	0	0	10	10	0	0	0	0	0	0	0	0
常州工业职业技术学院	31	27	5.4	0	20	53	0	0	0	0	0	0	0	0	0	0	0	30	30	0	0	0	0	0	0	3	0
常州工程职业技术学院	32	0	0	0	0	0	0	0	0	0	0	0	0	0	0	0	0	1	1	0	0	0	0	0	0	0	0
江苏农林职业技术学院	33	15	2.5	0	120	113	0	0	0	0	0	0	0	0	0	0	0	17	17	0	0	0	0	0	0	0	0
江苏食品药品职业技术学院	34	2	0.4	0	0	6.5	0	0	0	0	0	0	0	0	0	0	0	0	0	0	0	0	0	0	0	0	0
南京铁道职业技术学院	35	47	4.6	0	88	85.1	0	0	0	0	0	0	0	0	0	0	0	8	8	0	0	0	0	0	0	0	0
江苏信息职业技术学院	36	17	1.7	0	118	115.815	0	0	0	0	0	0	0	0	0	0	0	6	6	0	0	0	0	0	0	0	0
南京信息职业技术学院	37	82	8.3	0	192.5	188.29	1	1	0	0	0	0	0	0	0	0	0	24	24	0	0	0	0	0	0	0	0
常州机电职业技术学院	38	2	0.4	0	0	5	0	0	0	0	0	0	0	0	0	0	0	4	4	0	0	0	0	0	0	1	0
江阴职业技术学院	39	5	0.5	0	0	12	0	0	0	0	0	0	0	0	0	0	0	2	2	0	0	0	0	0	0	0	0
无锡城市职业技术学院	40	25	6.1	0	132	37	0	0	0	0	0	0	0	0	0	0	0	4	4	0	0	0	0	0	0	1	1
无锡工艺职业技术学院	41	2	0.2	0	15.5	1.775	0	0	0	0	0	0	0	0	0	0	0	3	3	0	0	0	0	0	0	0	0
苏州健雄职业技术学院	42	9	1.8	0	64	34	0	0	0	0	0	0	0	0	0	0	0	0	0	0	0	0	0	0	0	0	0
盐城工业职业技术学院	43	11	1.2	0	117	57.8	0	0	0	0	0	0	0	0	0	0	0	0	0	0	0	0	0	0	0	0	0
江苏财经职业技术学院	44	21	2.3	0	18.4	32.1	1	1	0	0	0	0	0	0	0	0	0	3	3	0	0	0	0	0	0	0	0
扬州工业职业技术学院	45	18	2	0	90	71.7	1	1	0	0	0	0	0	0	0	0	0	4	4	0	0	0	0	0	0	0	0
江苏城市职业学院	46	15	5	0	117.5	133.723	0	0	0	0	0	0	0	0	0	0	0	13	13	0	0	0	0	0	0	0	0

续表

高校名称		总数					出版著作(部)							古籍整理(部)	译著(部)	发表译文(篇)	电子出版物(件)	发表论文(篇)				获奖成果数(项)				研究与咨询报告(篇)	
		课题数(项)	当年投入人数(人年)	其中:研究生(人年)	当年拨入经费(千元)	当年支出经费(千元)	合计	专著	其中:被译成外文	编著教材	工具书参考书	皮书/发展报告	科普读物					合计	国内学术刊物	国外学术刊物	港、澳、台地区刊物	合计	国家级奖	部级奖	省级奖	合计	其中:被采纳数
	编号	L01	L02	L03	L04	L05	L06	L07	L08	L09	L10	L11	L12	L13	L14	L15	L16	L17	L18	L19	L20	L21	L22	L23	L24	L25	L26
南京城市职业学院	47	3	0.3	0	13	13	0	0	0	0	0	0	0	0	0	0	0	0	0	0	0	0	0	0	0	0	0
南京机电职业技术学院	48	15	1.5	0	0	9	0	0	0	0	0	0	0	0	0	0	0	8	8	0	0	0	0	0	0	0	0
南京旅游职业学院	49	10	1.6	0	20	17	0	0	0	0	0	0	0	0	0	0	0	6	6	0	0	0	0	0	0	0	0
江苏卫生健康职业学院	50	25	4.7	0	60	48.2	0	0	0	0	0	0	0	0	0	0	0	1	1	0	0	0	0	0	0	0	0
苏州信息职业技术学院	51	5	0.8	0	0	7.5	0	0	0	0	0	0	0	0	0	0	0	0	0	0	0	0	0	0	0	0	0
苏州工业园区服务外包职业学院	52	16	2.6	0	65.14	78.54	0	0	0	0	0	0	0	0	0	0	0	10	10	0	0	0	0	0	0	3	3
徐州幼儿师范高等专科学校	53	1	0.2	0	0	0	0	0	0	0	0	0	0	0	0	0	0	1	1	0	0	0	0	0	0	0	0
徐州生物工程职业技术学院	54	11	1.1	0	1	1	0	0	0	0	0	0	0	0	0	0	0	12	12	0	0	0	0	0	0	0	0
江苏商贸职业学院	55	13	2.5	0	36.7	29.95	0	0	0	0	0	0	0	0	0	0	0	5	5	0	0	0	0	0	0	1	0
南通师范高等专科学校	56	4	0.6	0	2	2	0	0	0	0	0	0	0	0	0	0	0	0	0	0	0	0	0	0	0	0	0
江苏护理职业学院	57	7	1.8	0	0	0	0	0	0	0	0	0	0	0	0	0	0	0	0	0	0	0	0	0	0	0	0
江苏城乡建设职业学院	58	1	0.2	0	5	5	0	0	0	0	0	0	0	0	0	0	0	0	0	0	0	0	0	0	0	0	0
江苏航空职业技术学院	59	2	0.5	0	2	0	0	0	0	0	0	0	0	0	0	0	0	7	7	0	0	0	0	0	0	0	0
江苏安全技术职业学院	60	5	1.1	0	27	13.2	0	0	0	0	0	0	0	0	0	0	0	16	16	0	0	0	0	0	0	0	0
江苏旅游职业学院	61	8	0.8	0	0	7	0	0	0	0	0	0	0	0	0	0	0	8	8	0	0	0	0	0	0	0	0

3.3 哲学人文、社会科学研究与课题成果情况表

高校名称	编号	总数					出版著作(部)							古籍整理(部)	译著(部)	发表译文(篇)	电子出版物(件)	发表论文(篇)				获奖成果数(项)				研究与咨询报告(篇)	
		课题数(项)	当年投入人数(人年)	其中：研究生(人年)	当年拨入经费(千元)	当年支出经费(千元)	合计	专著	其中：被译成外文	编著教材	工具书参考书	皮书/发展报告	科普读物					合计	国内学术刊物	国外学术刊物	港、澳、台地区刊物	合计	国家级奖	部级奖	省级奖	合计	其中：被采纳数
		L01	L02	L03	L04	L05	L06	L07	L08	L09	L10	L11	L12	L13	L14	L15	L16	L17	L18	L19	L20	L21	L22	L23	L24	L25	L26
合计	/	45	10.3	0	86.3	110.336	2	1	0	1	0	0	0	0	0	0	0	41	38	3	0	0	0	0	0	1	1
苏州幼儿师范高等专科学校	1	1	0.1	0	0	3.8	0	0	0	0	0	0	0	0	0	0	0	0	0	0	0	0	0	0	0	0	0
江苏建筑职业技术学院	2	1	0.1	0	0	2	0	0	0	0	0	0	0	0	0	0	0	1	1	0	0	0	0	0	0	0	0
连云港职业技术学院	3	1	0.2	0	0	0	0	0	0	0	0	0	0	0	0	0	0	0	0	0	0	0	0	0	0	0	0
镇江市高等专科学校	4	1	0.2	0	4	2	0	0	0	0	0	0	0	0	0	0	0	0	0	0	0	0	0	0	0	0	0
苏州职业大学	5	13	4.4	0	5	10.5	0	0	0	0	0	0	0	0	0	0	0	4	4	0	0	0	0	0	0	0	0
江苏经贸职业技术学院	6	0	0	0	0	0	0	0	0	0	0	0	0	0	0	0	0	6	6	0	0	0	0	0	0	0	0
常州信息职业技术学院	7	1	0.5	0	0	0	0	0	0	0	0	0	0	0	0	0	0	3	3	0	0	0	0	0	0	0	0
江苏海事职业技术学院	8	8	1.2	0	18.8	14.77	1	1	0	0	0	0	0	0	0	0	0	8	5	3	0	0	0	0	0	1	1
江苏医药职业学院	9	3	0.4	0	0	0	0	0	0	0	0	0	0	0	0	0	0	0	0	0	0	0	0	0	0	0	0
南通科技职业学院	10	0	0	0	0	2.2	0	0	0	0	0	0	0	0	0	0	0	0	0	0	0	0	0	0	0	0	0
苏州经贸职业技术学院	11	1	0.4	0	0	0.448	0	0	0	0	0	0	0	0	0	0	0	0	0	0	0	0	0	0	0	0	0

续表

高校名称		总数					出版著作(部)							古籍整理(部)	译著(部)	发表译文(篇)	电子出版物(件)	发表论文(篇)				获奖成果数(项)				研究与咨询报告(篇)	
		课题数(项)	当年投入人数(人年)	其中：研究生(人年)	当年拨入经费(千元)	当年支出经费(千元)	合计	专著	其中：被译成外文	编著教材	工具书参考书	皮书/发展报告	科普读物					合计	国内学术刊物	国外学术刊物	港、澳、台地区刊物	合计	国家级奖	部级奖	省级奖	合计	其中：被采纳数
	编号	L01	L02	L03	L04	L05	L06	L07	L08	L09	L10	L11	L12	L13	L14	L15	L16	L17	L18	L19	L20	L21	L22	L23	L24	L25	L26
苏州卫生职业技术学院	12	1	0.1	0	0	4.3	0	0	0	0	0	0	0	0	0	0	0	0	0	0	0	0	0	0	0	0	0
苏州农业职业技术学院	13	0	0	0	0	0	0	0	0	0	0	0	0	0	0	0	0	1	1	0	0	0	0	0	0	0	0
南京科技职业学院	14	1	0.1	0	0	0	0	0	0	0	0	0	0	0	0	0	0	0	0	0	0	0	0	0	0	0	0
常州工程职业技术学院	15	0	0	0	0	0	0	0	0	0	0	0	0	0	0	0	0	4	4	0	0	0	0	0	0	0	0
南京铁道职业技术学院	16	0	0	0	0	0	1	0	0	1	0	0	0	0	0	0	0	0	0	0	0	0	0	0	0	0	0
徐州工业职业技术学院	17	1	0.1	0	0	0.5	0	0	0	0	0	0	0	0	0	0	0	3	3	0	0	0	0	0	0	0	0
常州机电职业技术学院	18	0	0	0	0	0	0	0	0	0	0	0	0	0	0	0	0	1	1	0	0	0	0	0	0	0	0
无锡城市职业技术学院	19	0	0	0	0	0	0	0	0	0	0	0	0	0	0	0	0	1	1	0	0	0	0	0	0	0	0
苏州健雄职业技术学院	20	0	0	0	0	0	0	0	0	0	0	0	0	0	0	0	0	1	1	0	0	0	0	0	0	0	0
江苏城市职业学院	21	2	0.8	0	5	19.518	0	0	0	0	0	0	0	0	0	0	0	0	0	0	0	0	0	0	0	0	0
南京城市职业学院	22	5	0.7	0	23.5	23.5	0	0	0	0	0	0	0	0	0	0	0	8	8	0	0	0	0	0	0	0	0
苏州工业园区服务外包职业学院	23	3	0.8	0	30	21.8	0	0	0	0	0	0	0	0	0	0	0	0	0	0	0	0	0	0	0	0	0
江苏旅游职业学院	24	2	0.2	0	0	5	0	0	0	0	0	0	0	0	0	0	0	0	0	0	0	0	0	0	0	0	0

3.4 逻辑学人文、社会科学研究与课题成果情况表

高校名称	编号	总数：课题数（项）	总数：当年投入人数（人年）	总数：其中：研究生（人年）	总数：当年拨入经费（千元）	总数：当年支出经费（千元）	出版著作（部）：合计	出版著作（部）：专著	出版著作（部）：其中：被译成外文	出版著作（部）：编著教材	出版著作（部）：工具书参考书	出版著作（部）：皮书/发展报告	出版著作（部）：科普读物	古籍整理（部）	译著（部）	发表译文（篇）	电子出版物（件）	发表论文（篇）：合计	发表论文（篇）：国内学术刊物	发表论文（篇）：国外学术刊物	发表论文（篇）：港、澳、台地区刊物	获奖成果数（项）：合计	获奖成果数（项）：国家级奖	获奖成果数（项）：部级奖	获奖成果数（项）：省级奖	研究与咨询报告（篇）：合计	研究与咨询报告（篇）：其中：被采纳数
		L01	L02	L03	L04	L05	L06	L07	L08	L09	L10	L11	L12	L13	L14	L15	L16	L17	L18	L19	L20	L21	L22	L23	L24	L25	L26
合计	/	3	0.5	0	56	53.52	0	0	0	0	0	0	0	0	0	0	0	2	2	0	0	0	0	0	0	2	1
苏州幼儿师范高等专科学校	1	0	0	0	0	0	0	0	0	0	0	0	0	0	0	0	0	0	0	0	0	0	0	0	0	1	0
江苏海事职业技术学院	2	2	0.3	0	56	53.52	0	0	0	0	0	0	0	0	0	0	0	0	0	0	0	0	0	0	0	1	1
无锡商业职业技术学院	3	0	0	0	0	0	0	0	0	0	0	0	0	0	0	0	0	1	1	0	0	0	0	0	0	0	0
江苏信息职业技术学院	4	0	0	0	0	0	0	0	0	0	0	0	0	0	0	0	0	1	1	0	0	0	0	0	0	0	0
常州机电职业技术学院	5	1	0.2	0	0	0	0	0	0	0	0	0	0	0	0	0	0	0	0	0	0	0	0	0	0	0	0

3.5 宗教学人文、社会科学研究与课题成果情况表

高校名称	编号	总数：课题数（项）	总数：当年投入人数（人年）	总数：其中：研究生（人年）	总数：当年拨入经费（千元）	总数：当年支出经费（千元）	出版著作（部）：合计	出版著作（部）：专著	出版著作（部）：其中：被译成外文	出版著作（部）：编著教材	出版著作（部）：工具书参考书	出版著作（部）：皮书/发展报告	出版著作（部）：科普读物	古籍整理（部）	译著（部）	发表译文（篇）	电子出版物（件）	发表论文（篇）：合计	发表论文（篇）：国内学术刊物	发表论文（篇）：国外学术刊物	发表论文（篇）：港、澳、台地区刊物	获奖成果数（项）：合计	获奖成果数（项）：国家级奖	获奖成果数（项）：部级奖	获奖成果数（项）：省级奖	研究与咨询报告（篇）：合计	研究与咨询报告（篇）：其中：被采纳数
		L01	L02	L03	L04	L05	L06	L07	L08	L09	L10	L11	L12	L13	L14	L15	L16	L17	L18	L19	L20	L21	L22	L23	L24	L25	L26
合计	/	0	0	0	0	0	0	0	0	0	0	0	0	0	0	0	0	1	0	1	0	0	0	0	0	0	0
江苏海事职业技术学院	1	0	0	0	0	0	0	0	0	0	0	0	0	0	0	0	0	1	0	1	0	0	0	0	0	0	0

3.6 语言学人文、社会科学研究与课题成果情况表

高校名称	编号	总数					出版著作(部)							古籍整理(部)	译著(部)	发表译文(篇)	电子出版物(件)	发表论文(篇)				获奖成果数(项)				研究与咨询报告(篇)	
		课题数(项)	当年投入人数(人年)	其中：研究生(人年)	当年拨入经费(千元)	当年支出经费(千元)	合计	专著	其中：被译成外文	编著教材	工具书参考书	皮书/发展报告	科普读物					合计	国内学术刊物	国外学术刊物	港、澳、台地区刊物	合计	国家级奖	部级奖	省级奖	合计	其中：被采纳数
		L01	L02	L03	L04	L05	L06	L07	L08	L09	L10	L11	L12	L13	L14	L15	L16	L17	L18	L19	L20	L21	L22	L23	L24	L25	L26
合计	/	183	34.9	0	1348.836	1198.316	15	6	0	9	0	0	0	0	0	0	0	269	257	12	0	0	0	0	0	14	6
盐城幼儿师范高等专科学校	1	4	0.4	0	4	4	0	0	0	0	0	0	0	0	0	0	0	6	6	0	0	0	0	0	0	0	0
苏州幼儿师范高等专科学校	2	8	0.8	0	52	6	0	0	0	0	0	0	0	0	0	0	0	4	4	0	0	0	0	0	0	0	0
无锡职业技术学院	3	8	1.2	0	9	2	0	0	0	0	0	0	0	0	0	0	0	7	7	0	0	0	0	0	0	0	0
江苏建筑职业技术学院	4	2	0.2	0	0	2	0	0	0	0	0	0	0	0	0	0	0	6	6	0	0	0	0	0	0	0	0
江苏工程职业技术学院	5	1	0.1	0	0	1	0	0	0	0	0	0	0	0	0	0	0	0	0	0	0	0	0	0	0	0	0
苏州工艺美术职业技术学院	6	0	0	0	0	0	0	0	0	0	0	0	0	0	0	0	0	2	2	0	0	0	0	0	0	0	0
连云港职业技术学院	7	1	0.3	0	2	2	0	0	0	0	0	0	0	0	0	0	0	0	0	0	0	0	0	0	0	0	0
镇江市高等专科学校	8	2	1.9	0	0	36.3	2	0	0	2	0	0	0	0	0	0	0	9	9	0	0	0	0	0	0	0	0
南通职业大学	9	4	0.8	0	0	10	0	0	0	0	0	0	0	0	0	0	0	0	0	0	0	0	0	0	0	0	0
苏州职业大学	10	8	2.3	0	26	18	0	0	0	0	0	0	0	0	0	0	0	10	10	0	0	0	0	0	0	0	0
沙洲职业工学院	11	3	0.3	0	0	8.5	0	0	0	0	0	0	0	0	0	0	0	1	1	0	0	0	0	0	0	0	0
扬州市职业大学	12	11	2.3	0	58.476	48.476	4	4	0	0	0	0	0	0	0	0	0	11	11	0	0	0	0	0	0	4	4
连云港师范高等专科学校	13	5	0.5	0	4	4	0	0	0	0	0	0	0	0	0	0	0	8	8	0	0	0	0	0	0	0	0
江苏经贸职业技术学院	14	4	0.4	0	57.5	54.625	1	0	0	1	0	0	0	0	0	0	0	11	11	0	0	0	0	0	0	4	0
泰州职业技术学院	15	0	0	0	0	0	1	0	0	1	0	0	0	0	0	0	0	1	1	0	0	0	0	0	0	0	0

常州信息职业技术学院	16	5	2	0	20	20	0	0	0	0	0	0	0	0	0	0	0	8	8	0	0	0	0	0	0	0	0
江苏海事职业技术学院	17	7	1.8	0	41.76	46.97	0	0	0	0	0	0	0	0	0	0	0	29	20	9	0	0	0	0	0	1	1
无锡科技职业学院	18	1	0.1	0	0	0	0	0	0	0	0	0	0	0	0	0	0	1	1	0	0	0	0	0	0	0	0
江苏医药职业学院	19	5	1	0	0	0	1	0	0	1	0	0	0	0	0	0	0	6	6	0	0	0	0	0	0	0	0
南通科技职业学院	20	2	0.5	0	0	7.8	0	0	0	0	0	0	0	0	0	0	0	0	0	0	0	0	0	0	0	0	0
苏州工业职业技术学院	21	1	0.2	0	0	3	0	0	0	0	0	0	0	0	0	0	0	7	7	0	0	0	0	0	0	1	1
苏州卫生职业技术学院	22	3	0.4	0	12	3.7	0	0	0	0	0	0	0	0	0	0	0	9	9	0	0	0	0	0	0	0	0
无锡商业职业技术学院	23	0	0	0	0	0	1	0	0	1	0	0	0	0	0	0	0	2	2	0	0	0	0	0	0	0	0
江苏航运职业技术学院	24	0	0	0	0	0	0	0	0	0	0	0	0	0	0	0	0	1	1	0	0	0	0	0	0	0	0
江苏电子信息职业学院	25	2	0.3	0	13	3	0	0	0	0	0	0	0	0	0	0	0	0	0	0	0	0	0	0	0	0	0
江苏农牧科技职业学院	26	0	0	0	0	0	0	0	0	0	0	0	0	0	0	0	0	1	1	0	0	0	0	0	0	0	0
常州纺织服装职业技术学院	27	2	0.2	0	0	5.5	0	0	0	0	0	0	0	0	0	0	0	4	4	0	0	0	0	0	0	0	0
苏州农业职业技术学院	28	0	0	0	0	0	0	0	0	0	0	0	0	0	0	0	0	1	1	0	0	0	0	0	0	0	0
南京科技职业学院	29	4	0.4	0	3	3	0	0	0	0	0	0	0	0	0	0	0	9	9	0	0	0	0	0	0	0	0
常州工业职业技术学院	30	4	0.6	0	100	40	0	0	0	0	0	0	0	0	0	0	0	0	0	0	0	0	0	0	0	0	0
江苏农林职业技术学院	31	6	0.9	0	30	28	0	0	0	0	0	0	0	0	0	0	0	8	8	0	0	0	0	0	0	0	0

续表

高校名称	编号	总数					出版著作(部)							古籍整理(部)	译著(部)	发表译文(篇)	电子出版物(件)	发表论文(篇)				获奖成果数(项)				研究与咨询报告(篇)	
		课题数(项)	当年投入人数(人年)	其中:研究生(人年)	当年拨入经费(千元)	当年支出经费(千元)	合计	专著	其中:被译成外文	编著教材	工具书参考书	皮书/发展报告	科普读物					合计	国内学术刊物	国外学术刊物	港、澳、台地区刊物	合计	国家级奖	部级奖	省级奖	合计	其中:被采纳数
	编号	L01	L02	L03	L04	L05	L06	L07	L08	L09	L10	L11	L12	L13	L14	L15	L16	L17	L18	L19	L20	L21	L22	L23	L24	L25	L26
江苏食品药品职业技术学院	32	2	0.3	0	123	80	0	0	0	0	0	0	0	0	0	0	0	4	4	0	0	0	0	0	0	1	0
南京铁道职业技术学院	33	2	0.2	0	12	0	3	1	0	2	0	0	0	0	0	0	0	0	0	0	0	0	0	0	0	0	0
徐州工业职业技术学院	34	2	0.2	0	0	3	0	0	0	0	0	0	0	0	0	0	0	0	0	0	0	0	0	0	0	0	0
南京信息职业技术学院	35	6	0.6	0	10	78.835	0	0	0	0	0	0	0	0	0	0	0	2	2	0	0	0	0	0	0	0	0
江阴职业技术学院	36	1	0.1	0	0	0.5	0	0	0	0	0	0	0	0	0	0	0	8	8	0	0	0	0	0	0	0	0
无锡城市职业技术学院	37	1	0.2	0	5	5	0	0	0	0	0	0	0	0	0	0	0	8	8	0	0	0	0	0	0	0	0
无锡工艺职业技术学院	38	8	1.3	0	275	265	1	0	0	1	0	0	0	0	0	0	0	8	6	2	0	0	0	0	0	1	0
苏州健雄职业技术学院	39	2	0.3	0	0	0.6	0	0	0	0	0	0	0	0	0	0	0	1	1	0	0	0	0	0	0	0	0
盐城工业职业技术学院	40	3	0.3	0	0	3.5	0	0	0	0	0	0	0	0	0	0	0	1	1	0	0	0	0	0	0	0	0
江苏财经职业技术学院	41	2	0.2	0	0	1.9	0	0	0	0	0	0	0	0	0	0	0	3	3	0	0	0	0	0	0	0	0
扬州工业职业技术学院	42	4	0.4	0	140	100	0	0	0	0	0	0	0	0	0	0	0	8	8	0	0	0	0	0	0	0	0

江苏城市职业学院	43	18	5.4	0	152.5	118.33	0	0	0	0	0	0	0	0	0	0	0	8	8	0	0	0	0	0	0	0	0
南京机电职业技术学院	44	5	0.5	0	0	0	0	0	0	0	0	0	0	0	0	0	0	4	4	0	0	0	0	0	0	0	0
南京旅游职业学院	45	0	0	0	0	0	0	0	0	0	0	0	0	0	0	0	0	2	2	0	0	0	0	0	0	0	0
江苏卫生健康职业学院	46	2	0.4	0	0	3	0	0	0	0	0	0	0	0	0	0	0	0	0	0	0	0	0	0	0	0	0
苏州工业园区服务外包职业学院	47	3	0.6	0	175	147.4	1	1	0	0	0	0	0	0	0	0	0	6	6	0	0	0	0	0	0	0	0
徐州幼儿师范高等专科学校	48	4	0.8	0	0	0	0	0	0	0	0	0	0	0	0	0	0	1	1	0	0	0	0	0	0	0	0
徐州生物工程职业技术学院	49	3	0.3	0	0	3	0	0	0	0	0	0	0	0	0	0	0	14	14	0	0	0	0	0	0	0	0
江苏商贸职业学院	50	9	2.2	0	13.6	27.38	0	0	0	0	0	0	0	0	0	0	0	13	13	0	0	0	0	0	0	2	0
南通师范高等专科学校	51	1	0.2	0	2	0	0	0	0	0	0	0	0	0	0	0	0	3	3	0	0	0	0	0	0	0	0
江苏护理职业学院	52	1	0.1	0	8	3	0	0	0	0	0	0	0	0	0	0	0	8	8	0	0	0	0	0	0	0	0
江苏财会职业学院	53	1	0.4	0	0	0	0	0	0	0	0	0	0	0	0	0	0	1	1	0	0	0	0	0	0	0	0
江苏航空职业技术学院	54	0	0	0	0	0	0	0	0	0	0	0	0	0	0	0	0	1	1	0	0	0	0	0	0	0	0
江苏旅游职业学院	55	0	0	0	0	0	0	0	0	0	0	0	0	0	0	0	0	3	2	1	0	0	0	0	0	0	0

七、社科研究、课题与成果 7

3.7 中国文学人文、社会科学研究与课题成果情况表

高校名称		总数					出版著作(部)							古籍整理(部)	译著(部)	发表译文(篇)	电子出版物(件)	发表论文(篇)				获奖成果数(项)				研究与咨询报告(篇)	
		课题数(项)	当年投入人数(人年)	其中：研究生(人年)	当年拨入经费(千元)	当年支出经费(千元)	合计	专著	其中：被译成外文	编著教材	工具书参考书	皮书/发展报告	科普读物					合计	国内学术刊物	国外学术刊物	港澳、台地区刊物	合计	国家级奖	部级奖	省级奖	合计	其中：被采纳数
	编号	L01	L02	L03	L04	L05	L06	L07	L08	L09	L10	L11	L12	L13	L14	L15	L16	L17	L18	L19	L20	L21	L22	L23	L24	L25	L26
合计	/	80	16.3	0	542	400.122	7	5	0	2	0	0	0	1	0	0	0	211	210	1	0	0	0	0	0	4	2
盐城幼儿师范高等专科学校	1	7	0.7	0	8	8	0	0	0	0	0	0	0	0	0	0	0	17	17	0	0	0	0	0	0	0	0
苏州幼儿师范高等专科学校	2	3	0.3	0	0	4.2	0	0	0	0	0	0	0	0	0	0	0	1	1	0	0	0	0	0	0	0	0
无锡职业技术学院	3	2	0.4	0	0	5	0	0	0	0	0	0	0	0	0	0	0	0	0	0	0	0	0	0	0	0	0
江苏建筑职业技术学院	4	0	0	0	0	0	1	1	0	0	0	0	0	0	0	0	0	3	3	0	0	0	0	0	0	0	0
连云港职业技术学院	5	0	0	0	0	0	0	0	0	0	0	0	0	0	0	0	0	1	1	0	0	0	0	0	0	0	0
镇江市高等专科学校	6	3	1.8	0	4	49	0	0	0	0	0	0	0	0	0	0	0	2	2	0	0	0	0	0	0	0	0
苏州职业大学	7	8	2.5	0	350	197.2	2	0	0	2	0	0	0	1	0	0	0	51	51	0	0	0	0	0	0	2	1
扬州市职业大学	8	4	0.8	0	0	0	0	0	0	0	0	0	0	0	0	0	0	2	2	0	0	0	0	0	0	0	0
连云港师范高等专科学校	9	8	0.9	0	0	2	1	1	0	0	0	0	0	0	0	0	0	6	6	0	0	0	0	0	0	0	0
江苏经贸职业技术学院	10	0	0	0	0	0	0	0	0	0	0	0	0	0	0	0	0	5	5	0	0	0	0	0	0	0	0
泰州职业技术学院	11	0	0	0	0	0	1	1	0	0	0	0	0	0	0	0	0	1	1	0	0	0	0	0	0	0	0
常州信息职业技术学院	12	1	0.3	0	16	16	0	0	0	0	0	0	0	0	0	0	0	1	1	0	0	0	0	0	0	0	0

江苏医药职业学院	13	1	0.2	0	0	0	0	0	0	0	0	0	0	0	0	0	0	2	2	0	0	0	0	0	0	0	0
苏州经贸职业技术学院	14	0	0	0	0	0	0	0	0	0	0	0	0	0	0	0	0	3	3	0	0	0	0	0	0	0	0
苏州工业职业技术学院	15	0	0	0	0	0	0	0	0	0	0	0	0	0	0	0	0	10	10	0	0	0	0	0	0	1	1
苏州卫生职业技术学院	16	0	0	0	0	0	0	0	0	0	0	0	0	0	0	0	0	1	1	0	0	0	0	0	0	0	0
无锡商业职业技术学院	17	0	0	0	0	0	0	0	0	0	0	0	0	0	0	0	0	4	4	0	0	0	0	0	0	0	0
南京交通职业技术学院	18	1	0.1	0	0	0	0	0	0	0	0	0	0	0	0	0	0	0	0	0	0	0	0	0	0	0	0
江苏电子信息职业学院	19	1	0.3	0	0	0	0	0	0	0	0	0	0	0	0	0	0	2	2	0	0	0	0	0	0	0	0
南京科技职业学院	20	1	0.1	0	0	0	0	0	0	0	0	0	0	0	0	0	0	0	0	0	0	0	0	0	0	0	0
常州工程职业技术学院	21	0	0	0	0	0	0	0	0	0	0	0	0	0	0	0	0	18	18	0	0	0	0	0	0	0	0
南京铁道职业技术学院	22	2	0.2	0	12	7	0	0	0	0	0	0	0	0	0	0	0	3	3	0	0	0	0	0	0	0	0
南京信息职业技术学院	23	1	0.1	0	3	1.785	0	0	0	0	0	0	0	0	0	0	0	0	0	0	0	0	0	0	0	0	0
无锡城市职业技术学院	24	1	0.2	0	10	0.5	0	0	0	0	0	0	0	0	0	0	0	7	7	0	0	0	0	0	0	0	0
苏州健雄职业技术学院	25	2	0.4	0	15	19	1	1	0	0	0	0	0	0	0	0	0	1	1	0	0	0	0	0	0	0	0
江苏财经职业技术学院	26	1	0.1	0	0	15	0	0	0	0	0	0	0	0	0	0	0	1	1	0	0	0	0	0	0	0	0
扬州工业职业技术学院	27	0	0	0	0	0	0	0	0	0	0	0	0	0	0	0	0	1	1	0	0	0	0	0	0	0	0
江苏城市职业学院	28	1	0.2	0	10	10.27	0	0	0	0	0	0	0	0	0	0	0	0	0	0	0	0	0	0	0	0	0

七、社科研究、课题与成果

续表

高校名称		总数					出版著作(部)							古籍整理(部)	译著(部)	发表译文(篇)	电子出版物(件)	发表论文(篇)				获奖成果数(项)				研究与咨询报告(篇)	
		课题数(项)	当年投入人数(人年)	其中：研究生(人年)	当年拨入经费(千元)	当年支出经费(千元)	合计	专著	其中：被译成外文	编著教材	工具书参考书	皮书/发展报告	科普读物					合计	国内学术刊物	国外学术刊物	港、澳、台地区刊物	合计	国家级奖	部级奖	省级奖	合计	其中：被采纳数
	编号	L01	L02	L03	L04	L05	L06	L07	L08	L09	L10	L11	L12	L13	L14	L15	L16	L17	L18	L19	L20	L21	L22	L23	L24	L25	L26
南京机电职业技术学院	29	1	0.1	0	0	0	0	0	0	0	0	0	0	0	0	0	0	0	0	0	0	0	0	0	0	0	0
南京旅游职业学院	30	1	0.1	0	0	2	1	1	0	0	0	0	0	0	0	0	0	0	0	0	0	0	0	0	0	0	0
苏州工业园区服务外包职业学院	31	0	0	0	0	0	0	0	0	0	0	0	0	0	0	0	0	2	2	0	0	0	0	0	0	0	0
徐州幼儿师范高等专科学校	32	2	0.4	0	0	0	0	0	0	0	0	0	0	0	0	0	0	0	0	0	0	0	0	0	0	0	0
徐州生物工程职业技术学院	33	1	0.1	0	0	1	0	0	0	0	0	0	0	0	0	0	0	6	6	0	0	0	0	0	0	0	0
江苏商贸职业学院	34	7	2.3	0	10	22.4	0	0	0	0	0	0	0	0	0	0	0	13	13	0	0	0	0	0	0	1	0
南通师范高等专科学校	35	7	1.3	0	88	33.767	0	0	0	0	0	0	0	0	0	0	0	11	11	0	0	0	0	0	0	0	0
江苏护理职业学院	36	5	1.6	0	10	5	0	0	0	0	0	0	0	0	0	0	0	20	20	0	0	0	0	0	0	0	0
江苏财会职业学院	37	0	0	0	0	0	0	0	0	0	0	0	0	0	0	0	0	1	1	0	0	0	0	0	0	0	0
江苏航空职业技术学院	38	0	0	0	0	0	0	0	0	0	0	0	0	0	0	0	0	1	1	0	0	0	0	0	0	0	0
江苏安全技术职业学院	39	1	0.1	0	6	1	0	0	0	0	0	0	0	0	0	0	0	1	1	0	0	0	0	0	0	0	0
江苏旅游职业学院	40	7	0.7	0	0	0	0	0	0	0	0	0	0	0	0	0	0	13	12	1	0	0	0	0	0	0	0

3.8 外国文学人文、社会科学研究与课题成果情况表

高校名称		总数					出版著作(部)							古籍整理(部)	译著(部)	发表译文(篇)	电子出版物(件)	发表论文(篇)				获奖成果数(项)				研究与咨询报告(篇)	
		课题数(项)	当年投入人数(人年)	其中：研究生(人年)	当年拨入经费(千元)	当年支出经费(千元)	合计	专著	其中：被译成外文	编著教材	工具书参考书	皮书/发展报告	科普读物					合计	国内学术刊物	国外学术刊物	港、澳、台地区刊物	合计	国家级奖	部级奖	省级奖	合计	其中：被采纳数
	编号	L01	L02	L03	L04	L05	L06	L07	L08	L09	L10	L11	L12	L13	L14	L15	L16	L17	L18	L19	L20	L21	L22	L23	L24	L25	L26
合计	/	15	3.7	0	57	47.372	1	1	0	0	0	0	0	0	1	0	0	40	40	0	0	0	0	0	0	1	0
盐城幼儿师范高等专科学校	1	0	0	0	0	0	0	0	0	0	0	0	0	0	0	0	0	2	2	0	0	0	0	0	0	0	0
苏州幼儿师范高等专科学校	2	0	0	0	0	0	0	0	0	0	0	0	0	0	0	0	0	2	2	0	0	0	0	0	0	0	0
无锡职业技术学院	3	0	0	0	0	0	0	0	0	0	0	0	0	0	0	0	0	1	1	0	0	0	0	0	0	0	0
江苏建筑职业技术学院	4	1	0.1	0	30	10	0	0	0	0	0	0	0	0	0	0	0	1	1	0	0	0	0	0	0	0	0
苏州工艺美术职业技术学院	5	2	0.3	0	4	5	0	0	0	0	0	0	0	0	0	0	0	2	2	0	0	0	0	0	0	0	0
镇江市高等专科学校	6	2	0.9	0	3	6	0	0	0	0	0	0	0	0	0	0	0	0	0	0	0	0	0	0	0	0	0
苏州职业大学	7	3	1.1	0	0	4	0	0	0	0	0	0	0	0	0	0	0	12	12	0	0	0	0	0	0	0	0
连云港师范高等专科学校	8	2	0.2	0	0	2	0	0	0	0	0	0	0	0	0	0	0	0	0	0	0	0	0	0	0	0	0
江苏经贸职业技术学院	9	0	0	0	0	0	0	0	0	0	0	0	0	0	1	0	0	0	0	0	0	0	0	0	0	0	0
南通科技职业学院	10	0	0	0	0	0	0	0	0	0	0	0	0	0	0	0	0	1	1	0	0	0	0	0	0	0	0
苏州卫生职业技术学院	11	0	0	0	0	0	0	0	0	0	0	0	0	0	0	0	0	2	2	0	0	0	0	0	0	0	0

续表

高校名称		总数					出版著作(部)							古籍整理(部)	译著(部)	发表译文(篇)	电子出版物(件)	发表论文(篇)				获奖成果数(项)				研究与咨询报告(篇)	
		课题数(项)	当年投入人数(人年)	其中：研究生(人年)	当年拨入经费(千元)	当年支出经费(千元)	合计	专著	其中：被译成外文	编著教材	工具书参考书	皮书/发展报告	科普读物					合计	国内学术刊物	国外学术刊物	港、澳、台地区刊物	合计	国家级奖	部级奖	省级奖	合计	其中：被采纳数
	编号	L01	L02	L03	L04	L05	L06	L07	L08	L09	L10	L11	L12	L13	L14	L15	L16	L17	L18	L19	L20	L21	L22	L23	L24	L25	L26
江苏电子信息职业学院	12	0	0	0	0	0	0	0	0	0	0	0	0	0	0	0	0	2	2	0	0	0	0	0	0	0	0
南京科技职业学院	13	0	0	0	0	0	0	0	0	0	0	0	0	0	0	0	0	1	1	0	0	0	0	0	0	0	0
江苏农林职业技术学院	14	0	0	0	0	0	0	0	0	0	0	0	0	0	0	0	0	1	1	0	0	0	0	0	0	0	0
南京铁道职业技术学院	15	0	0	0	0	0	0	0	0	0	0	0	0	0	0	0	0	4	4	0	0	0	0	0	0	0	0
南京信息职业技术学院	16	0	0	0	0	0	0	0	0	0	0	0	0	0	0	0	0	2	2	0	0	0	0	0	0	0	0
江苏财经职业技术学院	17	1	0.1	0	0	1.3	1	1	0	0	0	0	0	0	0	0	0	0	0	0	0	0	0	0	0	0	0
江苏城市职业学院	18	2	0.5	0	10	9.072	0	0	0	0	0	0	0	0	0	0	0	0	0	0	0	0	0	0	0	0	0
徐州幼儿师范高等专科学校	19	0	0	0	0	0	0	0	0	0	0	0	0	0	0	0	0	2	2	0	0	0	0	0	0	0	0
徐州生物工程职业技术学院	20	0	0	0	0	0	0	0	0	0	0	0	0	0	0	0	0	1	1	0	0	0	0	0	0	0	0
江苏商贸职业学院	21	1	0.3	0	10	10	0	0	0	0	0	0	0	0	0	0	0	4	4	0	0	0	0	0	0	1	0
南通师范高等专科学校	22	1	0.2	0	0	0	0	0	0	0	0	0	0	0	0	0	0	0	0	0	0	0	0	0	0	0	0

3.9 艺术学人文、社会科学研究与课题成果情况表

高校名称		总数					出版著作(部)							古籍整理(部)	译著(部)	发表译文(篇)	电子出版物(件)	发表论文(篇)				获奖成果数(项)				研究与咨询报告(篇)	
		课题数(项)	当年投入人数(人年)	其中:研究生(人年)	当年拨入经费(千元)	当年支出经费(千元)	合计	专著	其中:被译成外文	编著教材	工具书参考书	皮书/发展报告	科普读物					合计	国内学术刊物	国外学术刊物	港、澳、台地区刊物	合计	国家级奖	部级奖	省级奖	合计	其中:被采纳数
	编号	L01	L02	L03	L04	L05	L06	L07	L08	L09	L10	L11	L12	L13	L14	L15	L16	L17	L18	L19	L20	L21	L22	L23	L24	L25	L26
合计	/	668	122.6	0	12 444.19	11 566.36	33	17	0	16	0	0	0	0	0	0	0	909	893	16	0	0	0	0	0	102	46
盐城幼儿师范高等专科学校	1	17	1.7	0	21	21	1	0	0	1	0	0	0	0	0	0	0	40	40	0	0	0	0	0	0	0	0
苏州幼儿师范高等专科学校	2	6	0.6	0	20	12.8	0	0	0	0	0	0	0	0	0	0	0	25	25	0	0	0	0	0	0	1	0
无锡职业技术学院	3	17	3	0	34	28	0	0	0	0	0	0	0	0	0	0	0	9	8	1	0	0	0	0	0	0	0
江苏建筑职业技术学院	4	25	4.5	0	67	55	1	1	0	0	0	0	0	0	0	0	0	29	29	0	0	0	0	0	0	1	1
江苏工程职业技术学院	5	5	0.6	0	2	5.5	1	1	0	0	0	0	0	0	0	0	0	16	16	0	0	0	0	0	0	0	0
苏州工艺美术职业技术学院	6	39	8.6	0	373	394	4	4	0	0	0	0	0	0	0	0	0	124	119	5	0	0	0	0	0	6	6
连云港职业技术学院	7	10	2.7	0	13	13	0	0	0	0	0	0	0	0	0	0	0	6	6	0	0	0	0	0	0	3	1
镇江市高等专科学校	8	7	2.7	0	16	21	0	0	0	0	0	0	0	0	0	0	0	7	7	0	0	0	0	0	0	2	2
南通职业大学	9	2	0.4	0	0	10	0	0	0	0	0	0	0	0	0	0	0	16	16	0	0	0	0	0	0	0	0
苏州职业大学	10	32	10.3	0	553.2	415.2	1	1	0	0	0	0	0	0	0	0	0	72	72	0	0	0	0	0	0	1	1
沙洲职业工学院	11	2	0.2	0	15	6.3	0	0	0	0	0	0	0	0	0	0	0	5	5	0	0	0	0	0	0	0	0
扬州市职业大学	12	26	5.1	0	315	300.3	5	5	0	0	0	0	0	0	0	0	0	27	27	0	0	0	0	0	0	8	8
连云港师范高等专科学校	13	10	1.2	0	52	2	1	0	0	1	0	0	0	0	0	0	0	29	28	1	0	0	0	0	0	0	0
江苏经贸职业技术学院	14	14	2.1	0	264	267.1	3	0	0	3	0	0	0	0	0	0	0	24	24	0	0	0	0	0	0	0	0
泰州职业技术学院	15	9	1.7	0	28	25.29	0	0	0	0	0	0	0	0	0	0	0	7	7	0	0	0	0	0	0	0	0

续表

高校名称	编号	总数：课题数(项)	总数：当年投入人数(人年)	总数：其中：研究生(人年)	总数：当年拨入经费(千元)	总数：当年支出经费(千元)	出版著作(部)：合计	出版著作(部)：专著	出版著作(部)：其中：被译成外文	出版著作(部)：编著教材	出版著作(部)：工具书参考书	出版著作(部)：皮书/发展报告	出版著作(部)：科普读物	古籍整理(部)	译著(部)	发表译文(篇)	电子出版物(件)	发表论文(篇)：合计	发表论文(篇)：国内学术刊物	发表论文(篇)：国外学术刊物	发表论文(篇)：港、澳、台地区刊物	获奖成果数(项)：合计	获奖成果数(项)：国家级奖	获奖成果数(项)：部级奖	获奖成果数(项)：省级奖	研究与咨询报告(篇)：合计	研究与咨询报告(篇)：其中：被采纳数
		L01	L02	L03	L04	L05	L06	L07	L08	L09	L10	L11	L12	L13	L14	L15	L16	L17	L18	L19	L20	L21	L22	L23	L24	L25	L26
常州信息职业技术学院	16	11	3.9	0	210	219.13	0	0	0	0	0	0	0	0	0	0	0	8	8	0	0	0	0	0	0	0	0
江苏海事职业技术学院	17	10	1.9	0	395	388.93	0	0	0	0	0	0	0	0	0	0	0	9	7	2	0	0	0	0	0	5	5
无锡科技职业学院	18	4	1.4	0	5	5	0	0	0	0	0	0	0	0	0	0	0	10	10	0	0	0	0	0	0	0	0
江苏医药职业学院	19	1	0.2	0	0	0	0	0	0	0	0	0	0	0	0	0	0	5	5	0	0	0	0	0	0	0	0
南通科技职业学院	20	2	0.4	0	0	5.3	0	0	0	0	0	0	0	0	0	0	0	0	0	0	0	0	0	0	0	0	0
苏州经贸职业技术学院	21	1	0.4	0	0	0.512	0	0	0	0	0	0	0	0	0	0	0	35	35	0	0	0	0	0	0	0	0
苏州工业职业技术学院	22	1	0.1	0	0	1	0	0	0	0	0	0	0	0	0	0	0	5	5	0	0	0	0	0	0	0	0
无锡商业职业技术学院	23	10	1.4	0	720.8	490.35	1	1	0	0	0	0	0	0	0	0	0	20	19	1	0	0	0	0	0	0	0
江苏航运职业技术学院	24	5	0.9	0	21	15	0	0	0	0	0	0	0	0	0	0	0	15	15	0	0	0	0	0	0	0	0
南京交通职业技术学院	25	6	0.6	0	0	5.95	0	0	0	0	0	0	0	0	0	0	0	9	9	0	0	0	0	0	0	0	0
江苏电子信息职业学院	26	5	1.1	0	26	6.6	0	0	0	0	0	0	0	0	0	0	0	14	14	0	0	0	0	0	0	0	0
江苏农牧科技职业学院	27	0	0	0	0	0	0	0	0	0	0	0	0	0	0	0	0	1	1	0	0	0	0	0	0	0	0
常州纺织服装职业技术学院	28	20	2.8	0	53	42.25	2	0	0	2	0	0	0	0	0	0	0	47	47	0	0	0	0	0	0	0	0
苏州农业职业技术学院	29	1	0.3	0	10	10	0	0	0	0	0	0	0	0	0	0	0	0	0	0	0	0	0	0	0	0	0

南京科技职业学院	30	3	0.4	0	3	3	0	0	0	0	0	0	0	0	0	0	0	4	4	0	0	0	0	0	0	0	0
常州工业职业技术学院	31	9	1.8	0	229.8	120.5	1	0	0	1	0	0	0	0	0	0	0	4	4	0	0	0	0	0	0	1	0
常州工程职业技术学院	32	6	0.6	0	307.4	286.4	2	2	0	0	0	0	0	0	0	0	0	6	6	0	0	0	0	0	0	0	0
江苏农林职业技术学院	33	1	0.1	0	0	1	0	0	0	0	0	0	0	0	0	0	0	10	10	0	0	0	0	0	0	0	0
南京铁道职业技术学院	34	14	1.4	0	40	28	1	0	0	1	0	0	0	0	0	0	0	4	4	0	0	0	0	0	0	0	0
江苏信息职业技术学院	35	27	2.7	0	322.5	152.525	0	0	0	0	0	0	0	0	0	0	0	0	0	0	0	0	0	0	0	0	0
南京信息职业技术学院	36	16	1.7	0	163	152.52	0	0	0	0	0	0	0	0	0	0	0	12	11	1	0	0	0	0	0	4	4
常州机电职业技术学院	37	1	0.2	0	0	1	0	0	0	0	0	0	0	0	0	0	0	3	3	0	0	0	0	0	0	0	0
江阴职业技术学院	38	8	1.2	0	80	84.5	0	0	0	0	0	0	0	0	0	0	0	20	20	0	0	0	0	0	0	0	0
无锡城市职业技术学院	39	4	0.8	0	16	8.2	2	0	0	2	0	0	0	0	0	0	0	6	5	1	0	0	0	0	0	1	0
无锡工艺职业技术学院	40	137	24.6	0	6121.8	6060.2	6	1	0	5	0	0	0	0	0	0	0	88	88	0	0	0	0	0	0	56	9
苏州健雄职业技术学院	41	6	1.2	0	10	18	0	0	0	0	0	0	0	0	0	0	0	11	11	0	0	0	0	0	0	0	0
盐城工业职业技术学院	42	24	2.6	0	33	262.2	0	0	0	0	0	0	0	0	0	0	0	6	6	0	0	0	0	0	0	4	4
江苏财经职业技术学院	43	7	0.8	0	145	135.2	0	0	0	0	0	0	0	0	0	0	0	4	4	0	0	0	0	0	0	2	1
扬州工业职业技术学院	44	2	0.2	0	6	6	0	0	0	0	0	0	0	0	0	0	0	5	5	0	0	0	0	0	0	0	0
江苏城市职业学院	45	41	11.8	0	430	524.419	0	0	0	0	0	0	0	0	0	0	0	30	30	0	0	0	0	0	0	0	0

续表

高校名称		总数					出版著作(部)							古籍整理(部)	译著(部)	发表译文(篇)	电子出版物(件)	发表论文(篇)				获奖成果数(项)				研究与咨询报告(篇)	
		课题数(项)	当年投入人数(人年)	其中:研究生(人年)	当年拨入经费(千元)	当年支出经费(千元)	合计	专著	其中:被译成外文	编著教材	工具书参考书	皮书/发展报告	科普读物					合计	国内学术刊物	国外学术刊物	港、澳、台地区刊物	合计	国家级奖	部级奖	省级奖	合计	其中:被采纳数
	编号	L01	L02	L03	L04	L05	L06	L07	L08	L09	L10	L11	L12	L13	L14	L15	L16	L17	L18	L19	L20	L21	L22	L23	L24	L25	L26
南京城市职业学院	46	3	0.3	0	9	9	0	0	0	0	0	0	0	0	0	0	0	0	0	0	0	0	0	0	0	0	0
南京机电职业技术学院	47	8	0.8	0	0	3	0	0	0	0	0	0	0	0	0	0	0	4	4	0	0	0	0	0	0	0	0
南京旅游职业学院	48	2	0.5	0	1	2	0	0	0	0	0	0	0	0	0	0	0	3	3	0	0	0	0	0	0	0	0
江苏卫生健康职业学院	49	0	0	0	0	0	0	0	0	0	0	0	0	0	0	0	0	1	1	0	0	0	0	0	0	0	0
苏州工业园区服务外包职业学院	50	19	2.2	0	559.888	563.938	0	0	0	0	0	0	0	0	0	0	0	18	18	0	0	0	0	0	0	4	4
徐州幼儿师范高等专科学校	51	6	1.1	0	0	0	0	0	0	0	0	0	0	0	0	0	0	15	15	0	0	0	0	0	0	0	0
徐州生物工程职业技术学院	52	0	0	0	0	0	1	1	0	0	0	0	0	0	0	0	0	3	3	0	0	0	0	0	0	0	0
江苏商贸职业学院	53	11	2.1	0	40.8	30.25	0	0	0	0	0	0	0	0	0	0	0	12	12	0	0	0	0	0	0	3	0
南通师范高等专科学校	54	11	2.1	0	712	348	0	0	0	0	0	0	0	0	0	0	0	12	8	4	0	0	0	0	0	0	0
江苏城乡建设职业学院	55	0	0	0	0	0	0	0	0	0	0	0	0	0	0	0	0	1	1	0	0	0	0	0	0	0	0
江苏航空职业技术学院	56	1	0.3	0	0	0	0	0	0	0	0	0	0	0	0	0	0	0	0	0	0	0	0	0	0	0	0
江苏旅游职业学院	57	3	0.3	0	0	0	0	0	0	0	0	0	0	0	0	0	0	13	13	0	0	0	0	0	0	0	0

3.10 历史学人文、社会科学研究与课题成果情况表

高校名称		总数					出版著作(部)							古籍整理(部)	译著(部)	发表译文(篇)	电子出版物(件)	发表论文(篇)				获奖成果数(项)				研究与咨询报告(篇)	
		课题数(项)	当年投入人数(人年)	其中：研究生(人年)	当年拨入经费(千元)	当年支出经费(千元)	合计	专著	其中：被译成外文	编著教材	工具书参考书	皮书/发展报告	科普读物					合计	国内学术刊物	国外学术刊物	港、澳、台地区刊物	合计	国家级奖	部级奖	省级奖	合计	其中：被采纳数
	编号	L01	L02	L03	L04	L05	L06	L07	L08	L09	L10	L11	L12	L13	L14	L15	L16	L17	L18	L19	L20	L21	L22	L23	L24	L25	L26
合计	/	39	6.6	0	320	218.36	4	3	0	1	0	0	0	0	0	0	0	29	29	0	0	0	0	0	0	7	5
盐城幼儿师范高等专科学校	1	0	0	0	0	0	0	0	0	0	0	0	0	0	0	0	0	3	3	0	0	0	0	0	0	1	1
苏州幼儿师范高等专科学校	2	1	0.1	0	10	3.8	0	0	0	0	0	0	0	0	0	0	0	1	1	0	0	0	0	0	0	0	0
无锡职业技术学院	3	6	1.2	0	67	32.6	0	0	0	0	0	0	0	0	0	0	0	4	4	0	0	0	0	0	0	1	1
连云港职业技术学院	4	4	0.9	0	40	40	0	0	0	0	0	0	0	0	0	0	0	1	1	0	0	0	0	0	0	1	1
镇江市高等专科学校	5	0	0	0	0	0	0	0	0	0	0	0	0	0	0	0	0	0	0	0	0	0	0	0	0	1	1
苏州职业大学	6	4	0.4	0	130	83	1	0	0	1	0	0	0	0	0	0	0	4	4	0	0	0	0	0	0	1	1
扬州市职业大学	7	1	0.2	0	0	0	0	0	0	0	0	0	0	0	0	0	0	0	0	0	0	0	0	0	0	0	0
江苏经贸职业技术学院	8	0	0	0	0	0	0	0	0	0	0	0	0	0	0	0	0	1	1	0	0	0	0	0	0	0	0
江苏海事职业技术学院	9	1	0.1	0	6	2.36	1	1	0	0	0	0	0	0	0	0	0	0	0	0	0	0	0	0	0	0	0
江苏医药职业学院	10	1	0.2	0	0	0	0	0	0	0	0	0	0	0	0	0	0	0	0	0	0	0	0	0	0	0	0
南通科技职业学院	11	1	0.2	0	0	2.6	0	0	0	0	0	0	0	0	0	0	0	0	0	0	0	0	0	0	0	0	0
苏州经贸职业技术学院	12	0	0	0	0	0	0	0	0	0	0	0	0	0	0	0	0	2	2	0	0	0	0	0	0	0	0
江苏航运职业技术学院	13	0	0	0	0	0	0	0	0	0	0	0	0	0	0	0	0	1	1	0	0	0	0	0	0	0	0
常州纺织服装职业技术学院	14	1	0.2	0	10	0	0	0	0	0	0	0	0	0	0	0	0	2	2	0	0	0	0	0	0	0	0
常州工程职业技术学院	15	0	0	0	0	0	0	0	0	0	0	0	0	0	0	0	0	1	1	0	0	0	0	0	0	0	0
南京铁道职业技术学院	16	2	0.2	0	0	7	0	0	0	0	0	0	0	0	0	0	0	4	4	0	0	0	0	0	0	0	0

续表

高校名称		总数					出版著作(部)							古籍整理(部)	译著(部)	发表译文(篇)	电子出版物(件)	发表论文(篇)				获奖成果数(项)				研究与咨询报告(篇)	
		课题数(项)	当年投入人数(人年)	其中:研究生(人年)	当年拨入经费(千元)	当年支出经费(千元)	合计	专著	其中:被译成外文	编著教材	工具书参考书	皮书/发展报告	科普读物					合计	国内学术刊物	国外学术刊物	港、澳、台地区刊物	合计	国家级奖	部级奖	省级奖	合计	其中:被采纳数
	编号	L01	L02	L03	L04	L05	L06	L07	L08	L09	L10	L11	L12	L13	L14	L15	L16	L17	L18	L19	L20	L21	L22	L23	L24	L25	L26
江苏信息职业技术学院	17	1	0.1	0	0	0	0	0	0	0	0	0	0	0	0	0	0	0	0	0	0	0	0	0	0	0	0
常州机电职业技术学院	18	3	0.4	0	15	6.75	0	0	0	0	0	0	0	0	0	0	0	1	1	0	0	0	0	0	0	1	0
无锡城市职业技术学院	19	0	0	0	0	0	2	2	0	0	0	0	0	0	0	0	0	0	0	0	0	0	0	0	0	0	0
扬州工业职业技术学院	20	2	0.2	0	0	0	0	0	0	0	0	0	0	0	0	0	0	0	0	0	0	0	0	0	0	0	0
江苏城市职业学院	21	1	0.3	0	5	6.25	0	0	0	0	0	0	0	0	0	0	0	0	0	0	0	0	0	0	0	0	0
南京旅游职业学院	22	1	0.1	0	0	20	0	0	0	0	0	0	0	0	0	0	0	0	0	0	0	0	0	0	0	0	0
徐州生物工程职业技术学院	23	1	0.1	0	0	0	0	0	0	0	0	0	0	0	0	0	0	0	0	0	0	0	0	0	0	0	0
江苏商贸职业学院	24	2	0.3	0	0	0	0	0	0	0	0	0	0	0	0	0	0	0	0	0	0	0	0	0	0	0	0
江苏护理职业学院	25	3	1.1	0	10	7	0	0	0	0	0	0	0	0	0	0	0	0	0	0	0	0	0	0	0	0	0
江苏城乡建设职业学院	26	3	0.3	0	27	7	0	0	0	0	0	0	0	0	0	0	0	4	4	0	0	0	0	0	0	1	0

3.11 考古学人文、社会科学研究与课题成果情况表

高校名称		总数					出版著作(部)							古籍整理(部)	译著(部)	发表译文(篇)	电子出版物(件)	发表论文(篇)				获奖成果数(项)				研究与咨询报告(篇)	
		课题数(项)	当年投入人数(人年)	其中:研究生(人年)	当年拨入经费(千元)	当年支出经费(千元)	合计	专著	其中:被译成外文	编著教材	工具书参考书	皮书/发展报告	科普读物					合计	国内学术刊物	国外学术刊物	港、澳、台地区刊物	合计	国家级奖	部级奖	省级奖	合计	其中:被采纳数
	编号	L01	L02	L03	L04	L05	L06	L07	L08	L09	L10	L11	L12	L13	L14	L15	L16	L17	L18	L19	L20	L21	L22	L23	L24	L25	L26
合计	/	0	0	0	0	0	0	0	0	0	0	0	0	0	0	0	0	2	2	0	0	0	0	0	0	0	0
连云港师范高等专科学校	1	0	0	0	0	0	0	0	0	0	0	0	0	0	0	0	0	2	2	0	0	0	0	0	0	0	0

3.12 经济学人文、社会科学研究与课题成果情况表

高校名称		总数					出版著作(部)							古籍整理(部)	译著(部)	发表译文(篇)	电子出版物(件)	发表论文(篇)				获奖成果数(项)				研究与咨询报告(篇)	
		课题数(项)	当年投入人数(人年)	其中：研究生(人年)	当年拨入经费(千元)	当年支出经费(千元)	合计	专著	其中：被译成外文	编著教材	工具书参考书	皮书/发展报告	科普读物					合计	国内学术刊物	国外学术刊物	港、澳、台地区刊物	合计	国家级奖	部级奖	省级奖	合计	其中：被采纳数
	编号	L01	L02	L03	L04	L05	L06	L07	L08	L09	L10	L11	L12	L13	L14	L15	L16	L17	L18	L19	L20	L21	L22	L23	L24	L25	L26
合计	/	881	159.9	0	9307.1	8680.36	33	7	0	26	0	0	0	0	0	0	0	645	634	11	0	0	0	0	0	151	100
盐城幼儿师范高等专科学校	1	2	0.2	0	6	6	0	0	0	0	0	0	0	0	0	0	0	1	1	0	0	0	0	0	0	0	0
无锡职业技术学院	2	20	2.8	0	65	43.23	1	1	0	0	0	0	0	0	0	0	0	18	18	0	0	0	0	0	0	0	0
江苏建筑职业技术学院	3	27	6.1	0	184	119	3	0	0	3	0	0	0	0	0	0	0	4	4	0	0	0	0	0	0	4	2
江苏工程职业技术学院	4	24	2.9	0	6	10	1	1	0	0	0	0	0	0	0	0	0	15	15	0	0	0	0	0	0	0	0
苏州工艺美术职业技术学院	5	0	0	0	0	0	0	0	0	0	0	0	0	0	0	0	0	1	1	0	0	0	0	0	0	0	0
连云港职业技术学院	6	6	1.4	0	0	0	0	0	0	0	0	0	0	0	0	0	0	2	2	0	0	0	0	0	0	0	0
镇江市高等专科学校	7	3	1.2	0	2	17	0	0	0	0	0	0	0	0	0	0	0	1	1	0	0	0	0	0	0	0	0
南通职业大学	8	24	4.4	0	90	107	0	0	0	0	0	0	0	0	0	0	0	15	15	0	0	0	0	0	0	9	7
苏州职业大学	9	34	12.1	0	726.6	503.578	4	0	0	4	0	0	0	0	0	0	0	47	47	0	0	0	0	0	0	17	10
沙洲职业工学院	10	1	0.1	0	0	1	0	0	0	0	0	0	0	0	0	0	0	0	0	0	0	0	0	0	0	0	0
扬州市职业大学	11	77	16.2	0	630	726.23	1	1	0	0	0	0	0	0	0	0	0	20	20	0	0	0	0	0	0	43	43
连云港师范高等专科学校	12	5	0.5	0	9	0	0	0	0	0	0	0	0	0	0	0	0	12	12	0	0	0	0	0	0	0	0
江苏经贸职业技术学院	13	32	7.6	0	73	74.25	3	0	0	3	0	0	0	0	0	0	0	24	24	0	0	0	0	0	0	0	0
泰州职业技术学院	14	17	3.4	0	46	193.143	0	0	0	0	0	0	0	0	0	0	0	13	13	0	0	0	0	0	0	2	1

续表

高校名称		总数					出版著作(部)							古籍整理(部)	译著(部)	发表译文(篇)	电子出版物(件)	发表论文(篇)				获奖成果数(项)				研究与咨询报告(篇)	
		课题数(项)	当年投入人数(人年)	其中：研究生(人年)	当年拨入经费(千元)	当年支出经费(千元)	合计	专著	其中：被译成外文	编著教材	工具书参考书	皮书/发展报告	科普读物					合计	国内学术刊物	国外学术刊物	港、澳、台地区刊物	合计	国家级奖	部级奖	省级奖	合计	其中：被采纳数
	编号	L01	L02	L03	L04	L05	L06	L07	L08	L09	L10	L11	L12	L13	L14	L15	L16	L17	L18	L19	L20	L21	L22	L23	L24	L25	L26
常州信息职业技术学院	15	13	3.8	0	223	223	0	0	0	0	0	0	0	0	0	0	0	11	11	0	0	0	0	0	0	0	0
江苏海事职业技术学院	16	11	3.3	0	588	571.32	0	0	0	0	0	0	0	0	0	0	0	12	9	3	0	0	0	0	0	5	5
无锡科技职业学院	17	5	1.5	0	33	38	0	0	0	0	0	0	0	0	0	0	0	0	0	0	0	0	0	0	0	0	0
江苏医药职业学院	18	1	0.2	0	0	0.07	0	0	0	0	0	0	0	0	0	0	0	10	10	0	0	0	0	0	0	0	0
南通科技职业学院	19	7	1.2	0	3	131.1	0	0	0	0	0	0	0	0	0	0	0	5	5	0	0	0	0	0	0	2	2
苏州经贸职业技术学院	20	8	5	0	876.2	264.204	0	0	0	0	0	0	0	0	0	0	0	56	56	0	0	0	0	0	0	0	0
苏州工业职业技术学院	21	1	0.1	0	10	10	0	0	0	0	0	0	0	0	0	0	0	3	3	0	0	0	0	0	0	1	1
苏州卫生职业技术学院	22	1	0.1	0	0	0.5	0	0	0	0	0	0	0	0	0	0	0	1	1	0	0	0	0	0	0	0	0
无锡商业职业技术学院	23	15	2.5	0	801	1070	1	0	0	1	0	0	0	0	0	0	0	28	25	3	0	0	0	0	0	2	2
江苏航运职业技术学院	24	25	4.4	0	71	62	0	0	0	0	0	0	0	0	0	0	0	6	6	0	0	0	0	0	0	0	0
南京交通职业技术学院	25	5	0.5	0	5	2.5	0	0	0	0	0	0	0	0	0	0	0	2	2	0	0	0	0	0	0	0	0
江苏电子信息职业学院	26	8	1.6	0	9	18	0	0	0	0	0	0	0	0	0	0	0	3	3	0	0	0	0	0	0	0	0
江苏农牧科技职业学院	27	12	1.2	0	70	41.47	0	0	0	0	0	0	0	0	0	0	0	14	14	0	0	0	0	0	0	0	0
常州纺织服装职业技术学院	28	29	3.9	0	56	82.4	0	0	0	0	0	0	0	0	0	0	0	23	23	0	0	0	0	0	0	0	0
苏州农业职业技术学院	29	6	2.1	0	31.2	31.2	1	1	0	0	0	0	0	0	0	0	0	2	2	0	0	0	0	0	0	0	0

南京科技职业学院	30	31	3.8	0	436	418	1	1	0	0	0	0	0	0	0	0	0	8	8	0	0	0	0	0	0	1	1
常州工业职业技术学院	31	16	2.9	0	404	334	0	0	0	0	0	0	0	0	0	0	0	6	6	0	0	0	0	0	0	3	1
常州工程职业技术学院	32	2	0.2	0	220	195	0	0	0	0	0	0	0	0	0	0	0	6	6	0	0	0	0	0	0	1	0
江苏农林职业技术学院	33	3	0.5	0	23	18	0	0	0	0	0	0	0	0	0	0	0	17	17	0	0	0	0	0	0	0	0
江苏食品药品职业技术学院	34	15	3.9	0	187.5	223.7	0	0	0	0	0	0	0	0	0	0	0	4	4	0	0	0	0	0	0	5	0
南京铁道职业技术学院	35	9	0.9	0	52	24.6	2	0	0	2	0	0	0	0	0	0	0	4	4	0	0	0	0	0	0	0	0
徐州工业职业技术学院	36	11	1.1	0	25	25.04	1	0	0	1	0	0	0	0	0	0	0	11	11	0	0	0	0	0	0	0	0
江苏信息职业技术学院	37	84	8.4	0	1369	810.185	0	0	0	0	0	0	0	0	0	0	0	9	9	0	0	0	0	0	0	0	0
南京信息职业技术学院	38	11	1.4	0	90	74.99	0	0	0	0	0	0	0	0	0	0	0	0	0	0	0	0	0	0	0	1	1
常州机电职业技术学院	39	5	0.8	0	80	38.7	0	0	0	0	0	0	0	0	0	0	0	6	6	0	0	0	0	0	0	0	0
江阴职业技术学院	40	6	0.6	0	0	6.5	0	0	0	0	0	0	0	0	0	0	0	4	4	0	0	0	0	0	0	0	0
无锡城市职业技术学院	41	17	3.6	0	46	42.9	5	1	0	4	0	0	0	0	0	0	0	31	26	5	0	0	0	0	0	5	3
无锡工艺职业技术学院	42	8	1.3	0	200	200	2	0	0	2	0	0	0	0	0	0	0	14	14	0	0	0	0	0	0	7	0
苏州健雄职业技术学院	43	11	2.2	0	96	98	0	0	0	0	0	0	0	0	0	0	0	11	11	0	0	0	0	0	0	0	0
盐城工业职业技术学院	44	36	4.2	0	94	268.5	0	0	0	0	0	0	0	0	0	0	0	6	6	0	0	0	0	0	0	6	6
江苏财经职业技术学院	45	47	5.2	0	433	604.17	4	0	0	4	0	0	0	0	0	0	0	24	24	0	0	0	0	0	0	4	3
扬州工业职业技术学院	46	40	4	0	574	557	1	1	0	0	0	0	0	0	0	0	0	16	16	0	0	0	0	0	0	9	9
江苏城市职业学院	47	20	6.7	0	170.5	182.803	0	0	0	0	0	0	0	0	0	0	0	8	8	0	0	0	0	0	0	0	0

七、社科研究、课题与成果

续表

高校名称	编号	总数：课题数（项）	总数：当年投入人数（人年）	总数：其中：研究生（人年）	总数：当年拨入经费（千元）	总数：当年支出经费（千元）	出版著作（部）：合计	出版著作（部）：专著	出版著作（部）：其中：被译成外文	出版著作（部）：编著教材	出版著作（部）：工具书参考书	出版著作（部）：皮书/发展报告	出版著作（部）：科普读物	古籍整理（部）	译著（部）	发表译文（篇）	电子出版物（件）	发表论文（篇）：合计	发表论文（篇）：国内学术刊物	发表论文（篇）：国外学术刊物	发表论文（篇）：港、澳、台地区刊物	获奖成果数（项）：合计	获奖成果数（项）：国家级奖	获奖成果数（项）：部级奖	获奖成果数（项）：省级奖	研究与咨询报告（篇）：合计	研究与咨询报告（篇）：其中：被采纳数
		L01	L02	L03	L04	L05	L06	L07	L08	L09	L10	L11	L12	L13	L14	L15	L16	L17	L18	L19	L20	L21	L22	L23	L24	L25	L26
南京城市职业学院	48	3	0.7	0	13.6	11.6	0	0	0	0	0	0	0	0	0	0	0	4	4	0	0	0	0	0	0	0	0
南京机电职业技术学院	49	7	0.7	0	24	11.827	0	0	0	0	0	0	0	0	0	0	0	5	5	0	0	0	0	0	0	0	0
南京旅游职业学院	50	2	0.2	0	0	0	0	0	0	0	0	0	0	0	0	0	0	0	0	0	0	0	0	0	0	0	0
苏州信息职业技术学院	51	10	2.4	0	35	10.7	0	0	0	0	0	0	0	0	0	0	0	6	6	0	0	0	0	0	0	2	2
苏州工业园区服务外包职业学院	52	9	1.5	0	40	46.7	0	0	0	0	0	0	0	0	0	0	0	8	8	0	0	0	0	0	0	0	0
徐州生物工程职业技术学院	53	6	0.6	0	0	0	0	0	0	0	0	0	0	0	0	0	0	12	12	0	0	0	0	0	0	0	0
江苏商贸职业学院	54	21	5.1	0	43.5	91.25	2	0	0	2	0	0	0	0	0	0	0	42	42	0	0	0	0	0	0	13	1
南通师范高等专科学校	55	1	0.1	0	0	0	0	0	0	0	0	0	0	0	0	0	0	4	4	0	0	0	0	0	0	0	0
江苏财会职业学院	56	21	5	0	24	24	0	0	0	0	0	0	0	0	0	0	0	16	16	0	0	0	0	0	0	7	0
江苏城乡建设职业学院	57	5	1.1	0	3	6	0	0	0	0	0	0	0	0	0	0	0	1	1	0	0	0	0	0	0	2	0
江苏旅游职业学院	58	5	0.5	0	10	10	0	0	0	0	0	0	0	0	0	0	0	13	13	0	0	0	0	0	0	0	0

3.13 政治学人文、社会科学研究与课题成果情况表

高校名称	编号	总数：课题数(项)	总数：当年投入人数(人年)	总数：其中：研究生(人年)	总数：当年拨入经费(千元)	总数：当年支出经费(千元)	出版著作(部)：合计	出版著作(部)：专著	出版著作(部)：其中：被译成外文	出版著作(部)：编著教材	出版著作(部)：工具书参考书	出版著作(部)：皮书/发展报告	出版著作(部)：科普读物	古籍整理(部)	译著(部)	发表译文(篇)	电子出版物(件)	发表论文(篇)：合计	发表论文(篇)：国内学术刊物	发表论文(篇)：国外学术刊物	发表论文(篇)：港澳台地区刊物	获奖成果数(项)：合计	获奖成果数(项)：国家级奖	获奖成果数(项)：部级奖	获奖成果数(项)：省级奖	研究与咨询报告(篇)：合计	研究与咨询报告(篇)：其中：被采纳数
		L01	L02	L03	L04	L05	L06	L07	L08	L09	L10	L11	L12	L13	L14	L15	L16	L17	L18	L19	L20	L21	L22	L23	L24	L25	L26
合计	/	184	27.9	0	1000.7	725.595	2	1	1	0	0	1	0	0	0	0	0	123	123	0	0	0	0	0	0	10	2
盐城幼儿师范高等专科学校	1	6	0.6	0	25	25	0	0	0	0	0	0	0	0	0	0	0	6	6	0	0	0	0	0	0	0	0
苏州幼儿师范高等专科学校	2	6	0.6	0	32	23.8	0	0	0	0	0	0	0	0	0	0	0	0	0	0	0	0	0	0	0	1	0
无锡职业技术学院	3	4	0.9	0	5	13.5	1	1	1	0	0	0	0	0	0	0	0	2	2	0	0	0	0	0	0	0	0
江苏建筑职业技术学院	4	3	0.7	0	3	1	0	0	0	0	0	0	0	0	0	0	0	2	2	0	0	0	0	0	0	0	0
江苏工程职业技术学院	5	0	0	0	0	0	0	0	0	0	0	0	0	0	0	0	0	14	14	0	0	0	0	0	0	0	0
连云港职业技术学院	6	2	0.5	0	0	0	0	0	0	0	0	0	0	0	0	0	0	3	3	0	0	0	0	0	0	0	0
镇江市高等专科学校	7	2	0.7	0	4	12	0	0	0	0	0	0	0	0	0	0	0	1	1	0	0	0	0	0	0	0	0
苏州职业大学	8	5	1.4	0	204	172.8	0	0	0	0	0	0	0	0	0	0	0	9	9	0	0	0	0	0	0	1	0
沙洲职业工学院	9	6	0.6	0	40	26.1	0	0	0	0	0	0	0	0	0	0	0	1	1	0	0	0	0	0	0	0	0
扬州市职业大学	10	1	0.3	0	10	10	0	0	0	0	0	0	0	0	0	0	0	0	0	0	0	0	0	0	0	0	0
连云港师范高等专科学校	11	6	0.7	0	9	0	0	0	0	0	0	0	0	0	0	0	0	12	12	0	0	0	0	0	0	0	0
泰州职业技术学院	12	1	0.1	0	0	1.5	0	0	0	0	0	0	0	0	0	0	0	0	0	0	0	0	0	0	0	0	0
常州信息职业技术学院	13	2	0.6	0	0	0	0	0	0	0	0	0	0	0	0	0	0	1	1	0	0	0	0	0	0	0	0
江苏海事职业技术学院	14	4	0.8	0	20	18.26	1	0	0	0	0	1	0	0	0	0	0	3	3	0	0	0	0	0	0	2	2

续表

高校名称		总数					出版著作(部)							古籍整理(部)	译著(部)	发表译文(篇)	电子出版物(件)	发表论文(篇)				获奖成果数(项)				研究与咨询报告(篇)	
		课题数(项)	当年投入人数(人年)	其中：研究生(人年)	当年拨入经费(千元)	当年支出经费(千元)	合计	专著	其中：被译成外文	编著教材	工具书参考书	皮书/发展报告	科普读物					合计	国内学术刊物	国外学术刊物	港、澳、台地区刊物	合计	国家级奖	部级奖	省级奖	合计	其中：被采纳数
	编号	L01	L02	L03	L04	L05	L06	L07	L08	L09	L10	L11	L12	L13	L14	L15	L16	L17	L18	L19	L20	L21	L22	L23	L24	L25	L26
无锡科技职业学院	15	2	0.5	0	0	0	0	0	0	0	0	0	0	0	0	0	0	0	0	0	0	0	0	0	0	0	0
江苏医药职业学院	16	10	1.5	0	0	0	0	0	0	0	0	0	0	0	0	0	0	1	1	0	0	0	0	0	0	0	0
南通科技职业学院	17	6	0.8	0	25	16.65	0	0	0	0	0	0	0	0	0	0	0	10	10	0	0	0	0	0	0	0	0
苏州经贸职业技术学院	18	0	0	0	0	0	0	0	0	0	0	0	0	0	0	0	0	4	4	0	0	0	0	0	0	0	0
苏州卫生职业技术学院	19	17	1.7	0	106	57.5	0	0	0	0	0	0	0	0	0	0	0	11	11	0	0	0	0	0	0	2	0
无锡商业职业技术学院	20	3	0.4	0	122	74	0	0	0	0	0	0	0	0	0	0	0	0	0	0	0	0	0	0	0	0	0
江苏航运职业技术学院	21	8	1	0	16	16	0	0	0	0	0	0	0	0	0	0	0	2	2	0	0	0	0	0	0	0	0
常州纺织服装职业技术学院	22	1	0.1	0	0	2.17	0	0	0	0	0	0	0	0	0	0	0	0	0	0	0	0	0	0	0	0	0
苏州农业职业技术学院	23	0	0	0	0	0	0	0	0	0	0	0	0	0	0	0	0	1	1	0	0	0	0	0	0	0	0
南京科技职业学院	24	1	0.1	0	0	6	0	0	0	0	0	0	0	0	0	0	0	2	2	0	0	0	0	0	0	0	0
常州工业职业技术学院	25	1	0.2	0	0	0	0	0	0	0	0	0	0	0	0	0	0	2	2	0	0	0	0	0	0	0	0
江苏农林职业技术学院	26	9	0.9	0	0	0	0	0	0	0	0	0	0	0	0	0	0	0	0	0	0	0	0	0	0	0	0
江苏食品药品职业技术学院	27	6	1.4	0	54	20	0	0	0	0	0	0	0	0	0	0	0	9	9	0	0	0	0	0	0	0	0

徐州工业职业技术学院	28	10	1	0	13	20.32	0	0	0	0	0	0	0	0	0	0	0	4	4	0	0	0	0	0	0	0	0
江苏信息职业技术学院	29	6	0.6	0	0	0.475	0	0	0	0	0	0	0	0	0	0	0	0	0	0	0	0	0	0	0	0	0
常州机电职业技术学院	30	16	2.1	0	110	65.3	0	0	0	0	0	0	0	0	0	0	0	4	4	0	0	0	0	0	0	3	0
江阴职业技术学院	31	3	0.3	0	0	4	0	0	0	0	0	0	0	0	0	0	0	0	0	0	0	0	0	0	0	0	0
无锡工艺职业技术学院	32	3	0.3	0	0	0	0	0	0	0	0	0	0	0	0	0	0	0	0	0	0	0	0	0	0	0	0
江苏财经职业技术学院	33	2	0.2	0	0	2	0	0	0	0	0	0	0	0	0	0	0	1	1	0	0	0	0	0	0	0	0
扬州工业职业技术学院	34	2	0.2	0	11	11	0	0	0	0	0	0	0	0	0	0	0	5	5	0	0	0	0	0	0	0	0
江苏城市职业学院	35	3	1.4	0	72.5	42.32	0	0	0	0	0	0	0	0	0	0	0	3	3	0	0	0	0	0	0	0	0
江苏卫生健康职业学院	36	2	0.2	0	6	2	0	0	0	0	0	0	0	0	0	0	0	0	0	0	0	0	0	0	0	0	0
苏州信息职业技术学院	37	0	0	0	0	0	0	0	0	0	0	0	0	0	0	0	0	1	1	0	0	0	0	0	0	0	0
苏州工业园区服务外包职业学院	38	1	0.1	0	10	10	0	0	0	0	0	0	0	0	0	0	0	0	0	0	0	0	0	0	0	0	0
徐州生物工程职业技术学院	39	5	0.5	0	0	0.9	0	0	0	0	0	0	0	0	0	0	0	1	1	0	0	0	0	0	0	0	0
江苏商贸职业学院	40	7	1	0	23.2	17	0	0	0	0	0	0	0	0	0	0	0	6	6	0	0	0	0	0	0	1	0
南通师范高等专科学校	41	2	0.6	0	0	0	0	0	0	0	0	0	0	0	0	0	0	2	2	0	0	0	0	0	0	0	0
江苏护理职业学院	42	10	2.3	0	80	54	0	0	0	0	0	0	0	0	0	0	0	0	0	0	0	0	0	0	0	0	0

七、社科研究、课题与成果

3.14 法学人文、社会科学研究与课题成果情况表

高校名称	编号	总数：课题数(项)	总数：当年投入人数(人年)	总数：其中：研究生(人年)	总数：当年拨入经费(千元)	总数：当年支出经费(千元)	出版著作(部)：合计	出版著作(部)：专著	出版著作(部)：其中：被译成外文	出版著作(部)：编著教材	出版著作(部)：工具书参考书	出版著作(部)：皮书/发展报告	出版著作(部)：科普读物	古籍整理(部)	译著(部)	发表译文(篇)	电子出版物(件)	发表论文(篇)：合计	发表论文(篇)：国内学术刊物	发表论文(篇)：国外学术刊物	发表论文(篇)：港、澳、台地区刊物	获奖成果数(项)：合计	获奖成果数(项)：国家级奖	获奖成果数(项)：部级奖	获奖成果数(项)：省级奖	研究与咨询报告(篇)：合计	研究与咨询报告(篇)：其中：被采纳数
	编号	L01	L02	L03	L04	L05	L06	L07	L08	L09	L10	L11	L12	L13	L14	L15	L16	L17	L18	L19	L20	L21	L22	L23	L24	L25	L26
合计	/	55	11.7	0	512.25	504.148	4	2	0	2	0	0	0	0	0	0	0	76	75	1	0	0	0	0	0	9	7
江苏建筑职业技术学院	1	3	0.7	0	7	2	0	0	0	0	0	0	0	0	0	0	0	5	5	0	0	0	0	0	0	0	0
镇江市高等专科学校	2	2	1.1	0	2	3	0	0	0	0	0	0	0	0	0	0	0	1	1	0	0	0	0	0	0	0	0
苏州职业大学	3	5	1.1	0	58	40	0	0	0	0	0	0	0	0	0	0	0	7	7	0	0	0	0	0	0	4	3
沙洲职业工学院	4	1	0.1	0	0	0.6	0	0	0	0	0	0	0	0	0	0	0	0	0	0	0	0	0	0	0	0	0
扬州市职业大学	5	2	0.4	0	0	0	0	0	0	0	0	0	0	0	0	0	0	0	0	0	0	0	0	0	0	2	2
连云港师范高等专科学校	6	0	0	0	0	0	0	0	0	0	0	0	0	0	0	0	0	3	3	0	0	0	0	0	0	0	0
江苏经贸职业技术学院	7	5	1	0	20	19	1	0	0	1	0	0	0	0	0	0	0	12	12	0	0	0	0	0	0	1	0
常州信息职业技术学院	8	1	0.3	0	0	0	0	0	0	0	0	0	0	0	0	0	0	1	1	0	0	0	0	0	0	0	0
江苏海事职业技术学院	9	1	0.3	0	4	4.46	0	0	0	0	0	0	0	0	0	0	0	1	0	1	0	0	0	0	0	0	0
江苏医药职业学院	10	0	0	0	0	0	0	0	0	0	0	0	0	0	0	0	0	2	2	0	0	0	0	0	0	0	0
南通科技职业学院	11	3	0.7	0	35	40	0	0	0	0	0	0	0	0	0	0	0	0	0	0	0	0	0	0	0	1	1
苏州经贸职业技术学院	12	1	0.2	0	0	0.32	0	0	0	0	0	0	0	0	0	0	0	2	2	0	0	0	0	0	0	0	0

苏州卫生职业技术学院	13	1	0.3	0	20	20	0	0	0	0	0	0	0	0	0	0	0	0	0	0	0	0	0	0	0	0	0
无锡商业职业技术学院	14	1	0.1	0	3	3	1	0	0	1	0	0	0	0	0	0	0	0	0	0	0	0	0	0	0	0	0
江苏航运职业技术学院	15	0	0	0	0	0	0	0	0	0	0	0	0	0	0	0	0	5	5	0	0	0	0	0	0	0	0
南京交通职业技术学院	16	0	0	0	0	0	0	0	0	0	0	0	0	0	0	0	0	1	1	0	0	0	0	0	0	0	0
江苏电子信息职业学院	17	1	0.1	0	3	1	0	0	0	0	0	0	0	0	0	0	0	2	2	0	0	0	0	0	0	0	0
常州纺织服装职业技术学院	18	0	0	0	0	0	0	0	0	0	0	0	0	0	0	0	0	1	1	0	0	0	0	0	0	0	0
南京科技职业学院	19	0	0	0	0	0	0	0	0	0	0	0	0	0	0	0	0	4	4	0	0	0	0	0	0	0	0
常州工业职业技术学院	20	1	0.3	0	0	0	0	0	0	0	0	0	0	0	0	0	0	0	0	0	0	0	0	0	0	0	0
常州工程职业技术学院	21	0	0	0	0	0	0	0	0	0	0	0	0	0	0	0	0	6	6	0	0	0	0	0	0	0	0
南京信息职业技术学院	22	0	0	0	0	0	0	0	0	0	0	0	0	0	0	0	0	1	1	0	0	0	0	0	0	0	0
常州机电职业技术学院	23	0	0	0	0	0	0	0	0	0	0	0	0	0	0	0	0	2	2	0	0	0	0	0	0	0	0
无锡工艺职业技术学院	24	1	0.1	0	20	20	0	0	0	0	0	0	0	0	0	0	0	0	0	0	0	0	0	0	0	1	1
江苏财经职业技术学院	25	6	0.9	0	13.6	17.6	0	0	0	0	0	0	0	0	0	0	0	7	7	0	0	0	0	0	0	0	0

续表

高校名称	编号	总数: 课题数(项)	当年投入人数(人年)	其中:研究生(人年)	当年拨入经费(千元)	当年支出经费(千元)	出版著作(部): 合计	专著	其中:被译成外文	编著教材	工具书参考书	皮书/发展报告	科普读物	古籍整理(部)	译著(部)	发表译文(篇)	电子出版物(件)	发表论文(篇): 合计	国内学术刊物	国外学术刊物	港、澳、台地区刊物	获奖成果数(项): 合计	国家级奖	部级奖	省级奖	研究与咨询报告(篇): 合计	其中:被采纳数
		L01	L02	L03	L04	L05	L06	L07	L08	L09	L10	L11	L12	L13	L14	L15	L16	L17	L18	L19	L20	L21	L22	L23	L24	L25	L26
江苏城市职业学院	26	7	2.1	0	71.25	125.668	1	1	0	0	0	0	0	0	0	0	0	5	5	0	0	0	0	0	0	0	0
南京旅游职业学院	27	5	0.5	0	31	15	0	0	0	0	0	0	0	0	0	0	0	0	0	0	0	0	0	0	0	0	0
江苏卫生健康职业学院	28	2	0.3	0	0	2.5	0	0	0	0	0	0	0	0	0	0	0	1	1	0	0	0	0	0	0	0	0
苏州信息职业技术学院	29	0	0	0	0	3.3	0	0	0	0	0	0	0	0	0	0	0	0	0	0	0	0	0	0	0	0	0
苏州工业园区服务外包职业学院	30	2	0.4	0	150	147.2	0	0	0	0	0	0	0	0	0	0	0	0	0	0	0	0	0	0	0	0	0
徐州幼儿师范高等专科学校	31	1	0.2	0	0	0	0	0	0	0	0	0	0	0	0	0	0	0	0	0	0	0	0	0	0	0	0
江苏商贸职业学院	32	2	0.3	0	62.4	27.5	0	0	0	0	0	0	0	0	0	0	0	4	4	0	0	0	0	0	0	0	0
江苏财会职业学院	33	1	0.2	0	12	12	1	1	0	0	0	0	0	0	0	0	0	1	1	0	0	0	0	0	0	0	0
江苏旅游职业学院	34	0	0	0	0	0	0	0	0	0	0	0	0	0	0	0	0	2	2	0	0	0	0	0	0	0	0

3.15 社会学人文、社会科学研究与课题成果情况表

高校名称		总数					出版著作(部)							古籍整理(部)	译著(部)	发表译文(篇)	电子出版物(件)	发表论文(篇)				获奖成果数(项)				研究与咨询报告(篇)	
		课题数(项)	当年投入人数(人年)	其中：研究生(人年)	当年拨入经费(千元)	当年支出经费(千元)	合计	专著	其中：被译成外文	编著教材	工具书参考书	皮书/发展报告	科普读物					合计	国内学术刊物	国外学术刊物	港、澳、台地区刊物	合计	国家级奖	部级奖	省级奖	合计	其中：被采纳数
	编号	L01	L02	L03	L04	L05	L06	L07	L08	L09	L10	L11	L12	L13	L14	L15	L16	L17	L18	L19	L20	L21	L22	L23	L24	L25	L26
合计	/	438	75.3	0	2085	2218.459	7	5	0	2	0	0	0	0	1	0	0	233	233	0	0	0	0	0	0	48	29
盐城幼儿师范高等专科学校	1	6	0.5	0	0	0	0	0	0	0	0	0	0	0	0	0	0	0	0	0	0	0	0	0	0	0	0
苏州幼儿师范高等专科学校	2	2	0.2	0	0	2.8	0	0	0	0	0	0	0	0	0	0	0	0	0	0	0	0	0	0	0	0	0
无锡职业技术学院	3	11	2	0	12	123.4	0	0	0	0	0	0	0	0	0	0	0	8	8	0	0	0	0	0	0	2	2
江苏建筑职业技术学院	4	8	2.3	0	20	22	0	0	0	0	0	0	0	0	0	0	0	8	8	0	0	0	0	0	0	1	1
江苏工程职业技术学院	5	16	2.1	0	6	11	1	1	0	0	0	0	0	0	0	0	0	28	28	0	0	0	0	0	0	0	0
苏州工艺美术职业技术学院	6	1	0.2	0	3	5	0	0	0	0	0	0	0	0	0	0	0	2	2	0	0	0	0	0	0	0	0
连云港职业技术学院	7	3	0.6	0	0	0	0	0	0	0	0	0	0	0	0	0	0	3	3	0	0	0	0	0	0	1	0
南通职业大学	8	9	1.5	0	44	16	0	0	0	0	0	0	0	0	0	0	0	0	0	0	0	0	0	0	0	0	0
苏州职业大学	9	10	3.6	0	120	85	0	0	0	0	0	0	0	0	0	0	0	9	9	0	0	0	0	0	0	5	0
沙洲职业工学院	10	5	0.6	0	35	26.5	0	0	0	0	0	0	0	0	0	0	0	5	5	0	0	0	0	0	0	1	1
扬州市职业大学	11	15	2.9	0	0	5	1	1	0	0	0	0	0	0	0	0	0	7	7	0	0	0	0	0	0	14	14
连云港师范高等专科学校	12	5	0.5	0	2.8	4	0	0	0	0	0	0	0	0	0	0	0	5	5	0	0	0	0	0	0	0	0
江苏经贸职业技术学院	13	4	0.8	0	10	10	1	0	0	1	0	0	0	0	0	0	0	8	8	0	0	0	0	0	0	0	0
泰州职业技术学院	14	0	0	0	0	0	0	0	0	0	0	0	0	0	0	0	0	2	2	0	0	0	0	0	0	0	0

续表

高校名称		总数					出版著作(部)							古籍整理(部)	译著(部)	发表译文(篇)	电子出版物(件)	发表论文(篇)				获奖成果数(项)				研究与咨询报告(篇)	
		课题数(项)	当年投入人数(人年)	其中：研究生(人年)	当年拨入经费(千元)	当年支出经费(千元)	合计	专著	其中：被译成外文	编著教材	工具书参考书	皮书/发展报告	科普读物					合计	国内学术刊物	国外学术刊物	港、澳、台地区刊物	合计	国家级奖	部级奖	省级奖	合计	其中：被采纳数
	编号	L01	L02	L03	L04	L05	L06	L07	L08	L09	L10	L11	L12	L13	L14	L15	L16	L17	L18	L19	L20	L21	L22	L23	L24	L25	L26
常州信息职业技术学院	15	2	0.8	0	0	0	0	0	0	0	0	0	0	0	0	0	0	2	2	0	0	0	0	0	0	0	0
江苏海事职业技术学院	16	5	1.1	0	108	143.4	2	2	0	0	0	0	0	0	0	0	0	1	1	0	0	0	0	0	0	3	3
无锡科技职业学院	17	5	1.7	0	31	11	0	0	0	0	0	0	0	0	0	0	0	0	0	0	0	0	0	0	0	0	0
江苏医药职业学院	18	60	13.6	0	0	0.56	0	0	0	0	0	0	0	0	0	0	0	1	1	0	0	0	0	0	0	0	0
南通科技职业学院	19	11	1.6	0	188	195.2	0	0	0	0	0	0	0	0	0	0	0	3	3	0	0	0	0	0	0	2	2
苏州经贸职业技术学院	20	0	0	0	0	0	0	0	0	0	0	0	0	0	0	0	0	11	11	0	0	0	0	0	0	0	0
苏州工业职业技术学院	21	1	0.2	0	80	80	0	0	0	0	0	0	0	0	0	0	0	2	2	0	0	0	0	0	0	2	2
苏州卫生职业技术学院	22	21	2.3	0	30	91.8	0	0	0	0	0	0	0	0	0	0	0	28	28	0	0	0	0	0	0	0	0
无锡商业职业技术学院	23	19	2.1	0	24	162.5	0	0	0	0	0	0	0	0	0	0	0	11	11	0	0	0	0	0	0	3	3
江苏航运职业技术学院	24	3	0.5	0	20	9	0	0	0	0	0	0	0	0	0	0	0	5	5	0	0	0	0	0	0	0	0
南京交通职业技术学院	25	4	0.5	0	0	8.4	1	0	0	1	0	0	0	0	0	0	0	1	1	0	0	0	0	0	0	0	0
江苏电子信息职业学院	26	1	0.3	0	0	1	0	0	0	0	0	0	0	0	0	0	0	3	3	0	0	0	0	0	0	0	0
江苏农牧科技职业学院	27	2	0.2	0	0	1.5	0	0	0	0	0	0	0	0	0	0	0	0	0	0	0	0	0	0	0	0	0
常州纺织服装职业技术学院	28	1	0.1	0	0	0	0	0	0	0	0	0	0	0	0	0	0	0	0	0	0	0	0	0	0	0	0
苏州农业职业技术学院	29	6	2.8	0	24	22.2	0	0	0	0	0	0	0	0	0	0	0	4	4	0	0	0	0	0	0	0	0

南京科技职业学院	30	18	2.4	0	130.5	111.8	0	0	0	0	0	0	0	0	1	0	0	2	2	0	0	0	0	0	0	0
常州工业职业技术学院	31	1	0.2	0	0	0	0	0	0	0	0	0	0	0	0	0	0	2	2	0	0	0	0	0	0	0
常州工程职业技术学院	32	1	0.1	0	0	20	1	1	0	0	0	0	0	0	0	0	0	3	3	0	0	0	0	0	0	0
江苏农林职业技术学院	33	0	0	0	0	0	0	0	0	0	0	0	0	0	0	0	0	1	1	0	0	0	0	0	0	0
江苏食品药品职业技术学院	34	8	1.4	0	16	15.1	0	0	0	0	0	0	0	0	0	0	0	5	5	0	0	0	0	0	0	2	0
徐州工业职业技术学院	35	21	2.1	0	85	61.56	0	0	0	0	0	0	0	0	0	0	0	10	10	0	0	0	0	0	0	4	0
江苏信息职业技术学院	36	25	2.5	0	76.5	19.555	0	0	0	0	0	0	0	0	0	0	0	7	7	0	0	0	0	0	0	0	0
南京信息职业技术学院	37	3	0.3	0	0	108.905	0	0	0	0	0	0	0	0	0	0	0	0	0	0	0	0	0	0	0	0
常州机电职业技术学院	38	13	1.7	0	87	56.3	0	0	0	0	0	0	0	0	0	0	0	7	7	0	0	0	0	0	0	6	0
江阴职业技术学院	39	2	0.2	0	0	2	0	0	0	0	0	0	0	0	0	0	0	5	5	0	0	0	0	0	0	0	0
无锡城市职业技术学院	40	4	1	0	18	18	0	0	0	0	0	0	0	0	0	0	0	3	3	0	0	0	0	0	0	0	0
无锡工艺职业技术学院	41	0	0	0	0	6.5	0	0	0	0	0	0	0	0	0	0	0	0	0	0	0	0	0	0	0	0
苏州健雄职业技术学院	42	2	0.4	0	0	14	0	0	0	0	0	0	0	0	0	0	0	2	2	0	0	0	0	0	0	0	0
盐城工业职业技术学院	43	2	0.2	0	13	4	0	0	0	0	0	0	0	0	0	0	0	3	3	0	0	0	0	0	0	0	0
江苏财经职业技术学院	44	12	1.6	0	23.2	34.21	0	0	0	0	0	0	0	0	0	0	0	1	1	0	0	0	0	0	0	0	0
扬州工业职业技术学院	45	30	3	0	652	541	0	0	0	0	0	0	0	0	0	0	0	4	4	0	0	0	0	0	0	1	1
江苏城市职业学院	46	8	2.8	0	82.5	28.219	0	0	0	0	0	0	0	0	0	0	0	9	9	0	0	0	0	0	0	0	0

续表

高校名称	编号	总数					出版著作(部)							古籍整理(部)	译著(部)	发表译文(篇)	电子出版物(件)	发表论文(篇)				获奖成果数(项)				研究与咨询报告(篇)	
		课题数(项)	当年投入人数(人年)	其中:研究生(人年)	当年拨入经费(千元)	当年支出经费(千元)	合计	专著	其中:被译成外文	编著教材	工具书参考书	皮书/发展报告	科普读物					合计	国内学术刊物	国外学术刊物	港、澳、台地区刊物	合计	国家级奖	部级奖	省级奖	合计	其中:被采纳数
		L01	L02	L03	L04	L05	L06	L07	L08	L09	L10	L11	L12	L13	L14	L15	L16	L17	L18	L19	L20	L21	L22	L23	L24	L25	L26
南京城市职业学院	47	8	1	0	38	34	0	0	0	0	0	0	0	0	0	0	0	0	0	0	0	0	0	0	0	0	0
南京旅游职业学院	48	1	0.4	0	0	2	0	0	0	0	0	0	0	0	0	0	0	0	0	0	0	0	0	0	0	0	0
江苏卫生健康职业学院	49	3	0.5	0	3	3.5	0	0	0	0	0	0	0	0	0	0	0	1	1	0	0	0	0	0	0	0	0
苏州信息职业技术学院	50	1	0.2	0	0	0	0	0	0	0	0	0	0	0	0	0	0	0	0	0	0	0	0	0	0	0	0
苏州工业园区服务外包职业学院	51	3	0.6	0	10	10	0	0	0	0	0	0	0	0	0	0	0	0	0	0	0	0	0	0	0	0	0
徐州幼儿师范高等专科学校	52	9	1.6	0	0	0	0	0	0	0	0	0	0	0	0	0	0	0	0	0	0	0	0	0	0	0	0
徐州生物工程职业技术学院	53	8	0.8	0	2	2	0	0	0	0	0	0	0	0	0	0	0	1	1	0	0	0	0	0	0	0	0
江苏商贸职业学院	54	4	0.8	0	11.5	12.75	0	0	0	0	0	0	0	0	0	0	0	2	2	0	0	0	0	0	0	1	0
南通师范高等专科学校	55	1	0.1	0	2	2	0	0	0	0	0	0	0	0	0	0	0	0	0	0	0	0	0	0	0	0	0
江苏护理职业学院	56	4	1.5	0	32	21	0	0	0	0	0	0	0	0	0	0	0	0	0	0	0	0	0	0	0	0	0
江苏财会职业学院	57	3	1.2	0	40	40	0	0	0	0	0	0	0	0	0	0	0	3	3	0	0	0	0	0	0	0	0
江苏城乡建设职业学院	58	1	0.3	0	0	4.8	0	0	0	0	0	0	0	0	0	0	0	0	0	0	0	0	0	0	0	0	0
江苏航空职业技术学院	59	2	0.2	0	0	0	0	0	0	0	0	0	0	0	0	0	0	0	0	0	0	0	0	0	0	0	0
江苏安全技术职业学院	60	1	0.3	0	5	5	0	0	0	0	0	0	0	0	0	0	0	1	1	0	0	0	0	0	0	0	0
江苏旅游职业学院	61	3	0.3	0	0	3	0	0	0	0	0	0	0	0	0	0	0	4	4	0	0	0	0	0	0	0	0

3.16 民族学与文化学人文、社会科学研究与课题成果情况表

高校名称	编号	总数					出版著作(部)							古籍整理(部)	译著(部)	发表译文(篇)	电子出版物(件)	发表论文(篇)				获奖成果数(项)				研究与咨询报告(篇)	
		课题数(项)	当年投入人数(人年)	其中：研究生(人年)	当年拨入经费(千元)	当年支出经费(千元)	合计	专著	其中：被译成外文	编著教材	工具书参考书	皮书/发展报告	科普读物					合计	国内学术刊物	国外学术刊物	港、澳、台地区刊物	合计	国家级奖	部级奖	省级奖	合计	其中：被采纳数
		L01	L02	L03	L04	L05	L06	L07	L08	L09	L10	L11	L12	L13	L14	L15	L16	L17	L18	L19	L20	L21	L22	L23	L24	L25	L26
合计	/	150	25.2	0	567	603.561	3	3	0	0	0	0	0	0	0	0	0	60	60	0	0	0	0	0	0	15	13
盐城幼儿师范高等专科学校	1	8	0.8	0	0	0	0	0	0	0	0	0	0	0	0	0	0	0	0	0	0	0	0	0	0	0	0
苏州幼儿师范高等专科学校	2	1	0.1	0	0	72	0	0	0	0	0	0	0	0	0	0	0	0	0	0	0	0	0	0	0	0	0
无锡职业技术学院	3	2	0.3	0	0	6.35	3	3	0	0	0	0	0	0	0	0	0	4	4	0	0	0	0	0	0	0	0
江苏建筑职业技术学院	4	8	2.2	0	15	15	0	0	0	0	0	0	0	0	0	0	0	1	1	0	0	0	0	0	0	1	1
江苏工程职业技术学院	5	2	0.4	0	0	2.5	0	0	0	0	0	0	0	0	0	0	0	0	0	0	0	0	0	0	0	0	0
连云港职业技术学院	7	1	0.2	0	0	0	0	0	0	0	0	0	0	0	0	0	0	1	1	0	0	0	0	0	0	0	0
镇江市高等专科学校	8	7	2.7	0	16	14	0	0	0	0	0	0	0	0	0	0	0	0	0	0	0	0	0	0	0	0	0
苏州职业大学	9	3	1.1	0	10	5	0	0	0	0	0	0	0	0	0	0	0	2	2	0	0	0	0	0	0	0	0
扬州市职业大学	10	20	3.9	0	32.5	47.5	0	0	0	0	0	0	0	0	0	0	0	12	12	0	0	0	0	0	0	11	11
连云港师范高等专科学校	11	28	2.8	0	16	16	0	0	0	0	0	0	0	0	0	0	0	5	5	0	0	0	0	0	0	0	0
泰州职业技术学院	12	2	0.4	0	6	6.02	0	0	0	0	0	0	0	0	0	0	0	1	1	0	0	0	0	0	0	0	0

续表

高校名称	编号	总数					出版著作(部)							古籍整理(部)	译著(部)	发表译文(篇)	电子出版物(件)	发表论文(篇)				获奖成果数(项)				研究与咨询报告(篇)	
		课题数(项)	当年投入人数(人年)	其中：研究生(人年)	当年拨入经费(千元)	当年支出经费(千元)	合计	专著	其中：被译成外文	编著教材	工具书参考书	皮书/发展报告	科普读物					合计	国内学术刊物	国外学术刊物	港、澳、台地区刊物	合计	国家级奖	部级奖	省级奖	合计	其中：被采纳数
	编号	L01	L02	L03	L04	L05	L06	L07	L08	L09	L10	L11	L12	L13	L14	L15	L16	L17	L18	L19	L20	L21	L22	L23	L24	L25	L26
常州信息职业技术学院	13	1	0.2	0	0	0	0	0	0	0	0	0	0	0	0	0	0	0	0	0	0	0	0	0	0	0	0
江苏海事职业技术学院	14	2	0.3	0	4	2.85	0	0	0	0	0	0	0	0	0	0	0	3	3	0	0	0	0	0	0	1	1
江苏医药职业学院	15	1	0.1	0	0	0	0	0	0	0	0	0	0	0	0	0	0	0	0	0	0	0	0	0	0	0	0
南通科技职业学院	16	22	3.7	0	183	119.14	0	0	0	0	0	0	0	0	0	0	0	11	11	0	0	0	0	0	0	0	0
苏州卫生职业技术学院	17	0	0	0	0	0	0	0	0	0	0	0	0	0	0	0	0	2	2	0	0	0	0	0	0	0	0
南京交通职业技术学院	18	2	0.2	0	0	12.6	0	0	0	0	0	0	0	0	0	0	0	2	2	0	0	0	0	0	0	0	0
江苏电子信息职业学院	19	2	0.5	0	0	0.9	0	0	0	0	0	0	0	0	0	0	0	0	0	0	0	0	0	0	0	0	0
常州纺织服装职业技术学院	20	1	0.2	0	0	1	0	0	0	0	0	0	0	0	0	0	0	0	0	0	0	0	0	0	0	0	0
南京科技职业学院	21	2	0.2	0	3	3	0	0	0	0	0	0	0	0	0	0	0	0	0	0	0	0	0	0	0	0	0
江苏食品药品职业技术学院	22	2	0.5	0	13	7.5	0	0	0	0	0	0	0	0	0	0	0	4	4	0	0	0	0	0	0	1	0
南京铁道职业技术学院	23	3	0.3	0	10	2	0	0	0	0	0	0	0	0	0	0	0	2	2	0	0	0	0	0	0	0	0

徐州工业职业技术学院	24	4	0.4	0	0	8.24	0	0	0	0	0	0	0	0	0	0	0	0	0	0	0	0	0	0	0	1	0
江苏信息职业技术学院	25	3	0.3	0	0	0	0	0	0	0	0	0	0	0	0	0	0	0	0	0	0	0	0	0	0	0	0
南京信息职业技术学院	26	2	0.2	0	20	11.9	0	0	0	0	0	0	0	0	0	0	0	0	0	0	0	0	0	0	0	0	0
江阴职业技术学院	27	0	0	0	0	0	0	0	0	0	0	0	0	0	0	0	0	1	1	0	0	0	0	0	0	0	0
无锡城市职业技术学院	28	0	0	0	0	0	0	0	0	0	0	0	0	0	0	0	0	2	2	0	0	0	0	0	0	0	0
无锡工艺职业技术学院	29	1	0.2	0	0	10	0	0	0	0	0	0	0	0	0	0	0	0	0	0	0	0	0	0	0	0	0
江苏财经职业技术学院	30	5	0.6	0	22	18.5	0	0	0	0	0	0	0	0	0	0	0	5	5	0	0	0	0	0	0	0	0
扬州工业职业技术学院	31	8	0.8	0	206	206	0	0	0	0	0	0	0	0	0	0	0	0	0	0	0	0	0	0	0	0	0
江苏城市职业学院	32	1	0.4	0	5	5.061	0	0	0	0	0	0	0	0	0	0	0	0	0	0	0	0	0	0	0	0	0
南京机电职业技术学院	33	0	0	0	0	0	0	0	0	0	0	0	0	0	0	0	0	2	2	0	0	0	0	0	0	0	0
江苏卫生健康职业学院	34	2	0.5	0	0	7	0	0	0	0	0	0	0	0	0	0	0	0	0	0	0	0	0	0	0	0	0
徐州幼儿师范高等专科学校	35	1	0.2	0	0	0	0	0	0	0	0	0	0	0	0	0	0	0	0	0	0	0	0	0	0	0	0
徐州生物工程职业技术学院	36	2	0.2	0	5.5	3.5	0	0	0	0	0	0	0	0	0	0	0	0	0	0	0	0	0	0	0	0	0
江苏护理职业学院	37	1	0.3	0	0	0	0	0	0	0	0	0	0	0	0	0	0	0	0	0	0	0	0	0	0	0	0

3.17 新闻学与传播学人文、社会科学研究与课题成果情况表

高校名称		总数					出版著作(部)							古籍整理(部)	译著(部)	发表译文(篇)	电子出版物(件)	发表论文(篇)				获奖成果数(项)				研究与咨询报告(篇)	
		课题数(项)	当年投入人数(人年)	其中:研究生(人年)	当年拨入经费(千元)	当年支出经费(千元)	合计	专著	其中:被译成外文	编著教材	工具书参考书	皮书/发展报告	科普读物					合计	国内学术刊物	国外学术刊物	港澳、台地区刊物	合计	国家级奖	部级奖	省级奖	合计	其中:被采纳数
	编号	L01	L02	L03	L04	L05	L06	L07	L08	L09	L10	L11	L12	L13	L14	L15	L16	L17	L18	L19	L20	L21	L22	L23	L24	L25	L26
合计	/	65	14	0	648	611.598	2	1	0	1	0	0	0	0	0	0	0	54	54	0	0	0	0	0	0	8	8
无锡职业技术学院	1	2	0.3	0	0	3.6	0	0	0	0	0	0	0	0	0	0	0	0	0	0	0	0	0	0	0	0	0
江苏建筑职业技术学院	2	7	1.8	0	0	2	0	0	0	0	0	0	0	0	0	0	0	4	4	0	0	0	0	0	0	0	0
江苏工程职业技术学院	3	0	0	0	0	0	0	0	0	0	0	0	0	0	0	0	0	3	3	0	0	0	0	0	0	0	0
苏州工艺美术职业技术学院	4	1	0.2	0	50	60	0	0	0	0	0	0	0	0	0	0	0	2	2	0	0	0	0	0	0	1	1
连云港职业技术学院	5	1	0.3	0	0	0	0	0	0	0	0	0	0	0	0	0	0	0	0	0	0	0	0	0	0	0	0
镇江市高等专科学校	6	1	0.5	0	0	1	1	1	0	0	0	0	0	0	0	0	0	0	0	0	0	0	0	0	0	0	0
苏州职业大学	7	4	0.7	0	150	125	0	0	0	0	0	0	0	0	0	0	0	9	9	0	0	0	0	0	0	0	0
沙洲职业工学院	8	0	0	0	0	0	0	0	0	0	0	0	0	0	0	0	0	2	2	0	0	0	0	0	0	0	0
扬州市职业大学	9	5	1	0	20	20	0	0	0	0	0	0	0	0	0	0	0	0	0	0	0	0	0	0	0	5	5
连云港师范高等专科学校	10	1	0.1	0	0	0	0	0	0	0	0	0	0	0	0	0	0	2	2	0	0	0	0	0	0	0	0
江苏经贸职业技术学院	11	3	0.5	0	10	10	0	0	0	0	0	0	0	0	0	0	0	7	7	0	0	0	0	0	0	0	0

泰州职业技术学院	12	1	0.2	0	10	0	0	0	0	0	0	0	0	0	0	0	0	0	0	0	0	0	0	0	0	0	0
江苏海事职业技术学院	13	1	0.1	0	20	20	0	0	0	0	0	0	0	0	0	0	0	0	0	0	0	0	0	0	0	1	1
无锡科技职业学院	14	3	1.8	0	169	166	0	0	0	0	0	0	0	0	0	0	0	0	0	0	0	0	0	0	0	0	0
南通科技职业学院	15	1	0.1	0	5	2.28	0	0	0	0	0	0	0	0	0	0	0	1	1	0	0	0	0	0	0	0	0
苏州卫生职业技术学院	16	4	0.4	0	40	23.6	0	0	0	0	0	0	0	0	0	0	0	3	3	0	0	0	0	0	0	0	0
常州纺织服装职业技术学院	17	2	0.2	0	0	0	0	0	0	0	0	0	0	0	0	0	0	2	2	0	0	0	0	0	0	0	0
江苏食品药品职业技术学院	18	3	0.4	0	3	5.5	0	0	0	0	0	0	0	0	0	0	0	0	0	0	0	0	0	0	0	0	0
南京铁道职业技术学院	19	1	0.1	0	2	0	0	0	0	0	0	0	0	0	0	0	0	0	0	0	0	0	0	0	0	0	0
南京信息职业技术学院	20	1	0.1	0	20	20	0	0	0	0	0	0	0	0	0	0	0	0	0	0	0	0	0	0	0	1	1
常州机电职业技术学院	21	0	0	0	0	0	0	0	0	0	0	0	0	0	0	0	0	1	1	0	0	0	0	0	0	0	0
江阴职业技术学院	22	0	0	0	0	0	0	0	0	0	0	0	0	0	0	0	0	1	1	0	0	0	0	0	0	0	0
无锡城市职业技术学院	23	1	0.4	0	15	15	1	0	0	1	0	0	0	0	0	0	0	2	2	0	0	0	0	0	0	0	0
江苏财经职业技术学院	24	1	0.1	0	0	1	0	0	0	0	0	0	0	0	0	0	0	0	0	0	0	0	0	0	0	0	0

续表

高校名称	编号	总数					出版著作(部)							古籍整理(部)	译著(部)	发表译文(篇)	电子出版物(件)	发表论文(篇)				获奖成果数(项)				研究与咨询报告(篇)	
		课题数(项)	当年投入人数(人年)	其中：研究生(人年)	当年拨入经费(千元)	当年支出经费(千元)	合计	专著	其中：被译成外文	编著教材	工具书参考书	皮书/发展报告	科普读物					合计	国内学术刊物	国外学术刊物	港、澳、台地区刊物	合计	国家级奖	部级奖	省级奖	合计	其中：被采纳数
		L01	L02	L03	L04	L05	L06	L07	L08	L09	L10	L11	L12	L13	L14	L15	L16	L17	L18	L19	L20	L21	L22	L23	L24	L25	L26
扬州工业职业技术学院	25	0	0	0	0	0	0	0	0	0	0	0	0	0	0	0	0	1	1	0	0	0	0	0	0	0	0
江苏城市职业学院	26	7	2.3	0	68	57.418	0	0	0	0	0	0	0	0	0	0	0	3	3	0	0	0	0	0	0	0	0
南京城市职业学院	27	1	0.1	0	5	5	0	0	0	0	0	0	0	0	0	0	0	0	0	0	0	0	0	0	0	0	0
南京机电职业技术学院	28	2	0.2	0	0	3	0	0	0	0	0	0	0	0	0	0	0	0	0	0	0	0	0	0	0	0	0
江苏卫生健康职业学院	29	4	0.8	0	6	12.2	0	0	0	0	0	0	0	0	0	0	0	5	5	0	0	0	0	0	0	0	0
苏州工业园区服务外包职业学院	30	3	0.3	0	55	56	0	0	0	0	0	0	0	0	0	0	0	0	0	0	0	0	0	0	0	0	0
徐州生物工程职业技术学院	31	0	0	0	0	0	0	0	0	0	0	0	0	0	0	0	0	5	5	0	0	0	0	0	0	0	0
江苏商贸职业学院	32	1	0.4	0	0	3	0	0	0	0	0	0	0	0	0	0	0	0	0	0	0	0	0	0	0	0	0
江苏护理职业学院	33	3	0.6	0	0	0	0	0	0	0	0	0	0	0	0	0	0	0	0	0	0	0	0	0	0	0	0
江苏旅游职业学院	34	0	0	0	0	0	0	0	0	0	0	0	0	0	0	0	0	1	1	0	0	0	0	0	0	0	0

3.18 图书馆、情报与文献学人文、社会科学研究与课题成果情况表

高校名称		总数					出版著作(部)							古籍整理(部)	译著(部)	发表译文(篇)	电子出版物(件)	发表论文(篇)				获奖成果数(项)				研究与咨询报告(篇)	
		课题数(项)	当年投入人数(人年)	其中:研究生(人年)	当年拨入经费(千元)	当年支出经费(千元)	合计	专著	其中:被译成外文	编著教材	工具书参考书	皮书/发展报告	科普读物					合计	国内学术刊物	国外学术刊物	港、澳、台地区刊物	合计	国家级奖	部级奖	省级奖	合计	其中:被采纳数
	编号	L01	L02	L03	L04	L05	L06	L07	L08	L09	L10	L11	L12	L13	L14	L15	L16	L17	L18	L19	L20	L21	L22	L23	L24	L25	L26
合计	/	81	15.6	0	211.6	245.463	3	3	0	0	0	0	0	0	0	0	0	152	149	3	0	0	0	0	0	4	0
盐城幼儿师范高等专科学校	1	2	0.2	0	10	10	0	0	0	0	0	0	0	0	0	0	0	1	1	0	0	0	0	0	0	0	0
苏州幼儿师范高等专科学校	2	1	0.1	0	0	0	0	0	0	0	0	0	0	0	0	0	0	1	1	0	0	0	0	0	0	0	0
无锡职业技术学院	3	4	0.7	0	0	14.5	0	0	0	0	0	0	0	0	0	0	0	10	10	0	0	0	0	0	0	0	0
江苏建筑职业技术学院	4	2	0.2	0	0	3	0	0	0	0	0	0	0	0	0	0	0	2	2	0	0	0	0	0	0	0	0
江苏工程职业技术学院	5	1	0.1	0	0	0.5	0	0	0	0	0	0	0	0	0	0	0	5	5	0	0	0	0	0	0	0	0
连云港职业技术学院	6	0	0	0	0	0	0	0	0	0	0	0	0	0	0	0	0	2	2	0	0	0	0	0	0	0	0
镇江市高等专科学校	7	1	0.6	0	0	2	0	0	0	0	0	0	0	0	0	0	0	0	0	0	0	0	0	0	0	0	0
南通职业大学	8	0	0	0	0	0	0	0	0	0	0	0	0	0	0	0	0	1	1	0	0	0	0	0	0	0	0
苏州职业大学	9	10	3.6	0	0	0	1	1	0	0	0	0	0	0	0	0	0	15	15	0	0	0	0	0	0	0	0
扬州市职业大学	10	0	0	0	0	0	2	2	0	0	0	0	0	0	0	0	0	6	6	0	0	0	0	0	0	0	0
连云港师范高等专科学校	11	2	0.2	0	0	2	0	0	0	0	0	0	0	0	0	0	0	0	0	0	0	0	0	0	0	0	0
江苏经贸职业技术学院	12	2	0.3	0	4	4	0	0	0	0	0	0	0	0	0	0	0	14	14	0	0	0	0	0	0	0	0
泰州职业技术学院	13	0	0	0	0	0	0	0	0	0	0	0	0	0	0	0	0	3	3	0	0	0	0	0	0	0	0

续表

高校名称		总数					出版著作(部)							古籍整理(部)	译著(部)	发表译文(篇)	电子出版物(件)	发表论文(篇)				获奖成果数(项)				研究与咨询报告(篇)	
		课题数(项)	当年投入人数(人年)	其中:研究生(人年)	当年拨入经费(千元)	当年支出经费(千元)	合计	专著	其中:被译成外文	编著教材	工具书参考书	皮书/发展报告	科普读物					合计	国内学术刊物	国外学术刊物	港、澳、台地区刊物	合计	国家级奖	部级奖	省级奖	合计	其中:被采纳数
	编号	L01	L02	L03	L04	L05	L06	L07	L08	L09	L10	L11	L12	L13	L14	L15	L16	L17	L18	L19	L20	L21	L22	L23	L24	L25	L26
常州信息职业技术学院	14	3	1.2	0	0	0	0	0	0	0	0	0	0	0	0	0	0	4	4	0	0	0	0	0	0	0	0
江苏海事职业技术学院	15	4	0.8	0	12	7.76	0	0	0	0	0	0	0	0	0	0	0	16	13	3	0	0	0	0	0	0	0
无锡科技职业学院	16	0	0	0	0	0	0	0	0	0	0	0	0	0	0	0	0	1	1	0	0	0	0	0	0	0	0
江苏医药职业学院	17	0	0	0	0	0	0	0	0	0	0	0	0	0	0	0	0	2	2	0	0	0	0	0	0	0	0
南通科技职业学院	18	0	0	0	0	0	0	0	0	0	0	0	0	0	0	0	0	1	1	0	0	0	0	0	0	0	0
苏州卫生职业技术学院	19	3	0.3	0	7	4.1	0	0	0	0	0	0	0	0	0	0	0	0	0	0	0	0	0	0	0	0	0
无锡商业职业技术学院	20	0	0	0	0	0	0	0	0	0	0	0	0	0	0	0	0	9	9	0	0	0	0	0	0	0	0
江苏航运职业技术学院	21	0	0	0	0	0	0	0	0	0	0	0	0	0	0	0	0	5	5	0	0	0	0	0	0	0	0
南京交通职业技术学院	22	6	0.7	0	5	3.3	0	0	0	0	0	0	0	0	0	0	0	4	4	0	0	0	0	0	0	0	0
江苏电子信息职业学院	23	0	0	0	0	0	0	0	0	0	0	0	0	0	0	0	0	2	2	0	0	0	0	0	0	0	0

南京科技职业学院	24	1	0.1	0	0	0	0	0	0	0	0	0	0	0	0	0	0	3	3	0	0	0	0	0	0	0	0
常州工业职业技术学院	25	1	0.2	0	0	0	0	0	0	0	0	0	0	0	0	0	0	0	0	0	0	0	0	0	0	0	0
常州工程职业技术学院	26	2	0.2	0	0	0	0	0	0	0	0	0	0	0	0	0	0	0	0	0	0	0	0	0	0	0	0
江苏农林职业技术学院	27	1	0.1	0	0	0	0	0	0	0	0	0	0	0	0	0	0	3	3	0	0	0	0	0	0	0	0
江苏食品药品职业技术学院	28	0	0	0	0	0	0	0	0	0	0	0	0	0	0	0	0	1	1	0	0	0	0	0	0	0	0
南京铁道职业技术学院	29	3	0.3	0	0	10	0	0	0	0	0	0	0	0	0	0	0	2	2	0	0	0	0	0	0	0	0
徐州工业职业技术学院	30	4	0.4	0	0	4.2	0	0	0	0	0	0	0	0	0	0	0	4	4	0	0	0	0	0	0	2	0
江苏信息职业技术学院	31	1	0.1	0	10	0	0	0	0	0	0	0	0	0	0	0	0	0	0	0	0	0	0	0	0	0	0
南京信息职业技术学院	32	1	0.1	0	0	0	0	0	0	0	0	0	0	0	0	0	0	0	0	0	0	0	0	0	0	0	0
常州机电职业技术学院	33	5	0.7	0	0	4.4	0	0	0	0	0	0	0	0	0	0	0	1	1	0	0	0	0	0	0	2	0
江阴职业技术学院	34	0	0	0	0	0	0	0	0	0	0	0	0	0	0	0	0	1	1	0	0	0	0	0	0	0	0
无锡城市职业技术学院	35	2	0.8	0	10	10	0	0	0	0	0	0	0	0	0	0	0	2	2	0	0	0	0	0	0	0	0
无锡工艺职业技术学院	36	1	0.1	0	0	8	0	0	0	0	0	0	0	0	0	0	0	8	8	0	0	0	0	0	0	0	0

续表

高校名称		总数					出版著作(部)							古籍整理(部)	译著(部)	发表译文(篇)	电子出版物(件)	发表论文(篇)				获奖成果数(项)				研究与咨询报告(篇)	
		课题数(项)	当年投入人数(人年)	其中:研究生(人年)	当年拨入经费(千元)	当年支出经费(千元)	合计	专著	其中:被译成外文	编著教材	工具书参考书	皮书/发展报告	科普读物					合计	国内学术刊物	国外学术刊物	港、澳、台地区刊物	合计	国家级奖	部级奖	省级奖	合计	其中:被采纳数
	编号	L01	L02	L03	L04	L05	L06	L07	L08	L09	L10	L11	L12	L13	L14	L15	L16	L17	L18	L19	L20	L21	L22	L23	L24	L25	L26
江苏财经职业技术学院	37	1	0.1	0	0	1.98	0	0	0	0	0	0	0	0	0	0	0	4	4	0	0	0	0	0	0	0	0
扬州工业职业技术学院	38	0	0	0	0	0	0	0	0	0	0	0	0	0	0	0	0	2	2	0	0	0	0	0	0	0	0
江苏城市职业学院	39	3	0.9	0	55	54.223	0	0	0	0	0	0	0	0	0	0	0	2	2	0	0	0	0	0	0	0	0
南京城市职业学院	40	1	0.1	0	5	5	0	0	0	0	0	0	0	0	0	0	0	0	0	0	0	0	0	0	0	0	0
南京机电职业技术学院	41	2	0.2	0	0	0	0	0	0	0	0	0	0	0	0	0	0	1	1	0	0	0	0	0	0	0	0
南京旅游职业学院	42	0	0	0	0	0	0	0	0	0	0	0	0	0	0	0	0	1	1	0	0	0	0	0	0	0	0
江苏卫生健康职业学院	43	4	0.7	0	3	5	0	0	0	0	0	0	0	0	0	0	0	0	0	0	0	0	0	0	0	0	0
苏州工业园区服务外包职业学院	44	3	0.7	0	90	90	0	0	0	0	0	0	0	0	0	0	0	1	1	0	0	0	0	0	0	0	0
江苏商贸职业学院	45	3	0.6	0	0.6	1.5	0	0	0	0	0	0	0	0	0	0	0	10	10	0	0	0	0	0	0	0	0
南通师范高等专科学校	46	0	0	0	0	0	0	0	0	0	0	0	0	0	0	0	0	2	2	0	0	0	0	0	0	0	0
江苏护理职业学院	47	1	0.2	0	0	0	0	0	0	0	0	0	0	0	0	0	0	0	0	0	0	0	0	0	0	0	0

3.19 教育学人文、社会科学研究与课题成果情况表

高校名称	编号	总数：课题数(项)	总数：当年投入人数(人年)	总数：其中：研究生(人年)	总数：当年拨入经费(千元)	总数：当年支出经费(千元)	出版著作(部)：合计	出版著作(部)：专著	出版著作(部)：其中：被译成外文	出版著作(部)：编著教材	出版著作(部)：工具书参考书	出版著作(部)：皮书/发展报告	出版著作(部)：科普读物	古籍整理(部)	译著(部)	发表译文(篇)	电子出版物(件)	发表论文(篇)：合计	发表论文(篇)：国内学术刊物	发表论文(篇)：国外学术刊物	发表论文(篇)：港、澳、台地区刊物	获奖成果数(项)：合计	获奖成果数(项)：国家级奖	获奖成果数(项)：部级奖	获奖成果数(项)：省级奖	研究与咨询报告(篇)：合计	研究与咨询报告(篇)：其中：被采纳数
		L01	L02	L03	L04	L05	L06	L07	L08	L09	L10	L11	L12	L13	L14	L15	L16	L17	L18	L19	L20	L21	L22	L23	L24	L25	L26
合计	/	5145	870.3	0	17 555.77	16 021.01	73	35	0	30	0	8	0	0	1	0	0	4345	4304	41	0	1	0	0	1	209	103
盐城幼儿师范高等专科学校	1	84	9.6	0	621.4	553.7	0	0	0	0	0	0	0	0	1	0	0	78	78	0	0	0	0	0	0	0	0
苏州幼儿师范高等专科学校	2	57	6.1	0	52	180.92	0	0	0	0	0	0	0	0	0	0	0	34	31	3	0	0	0	0	0	5	0
无锡职业技术学院	3	67	12.6	0	441	587.3	2	2	0	0	0	0	0	0	0	0	0	59	56	3	0	0	0	0	0	3	3
江苏建筑职业技术学院	4	51	14.6	0	143	99	4	2	0	2	0	0	0	0	0	0	0	109	109	0	0	0	0	0	0	1	0
江苏工程职业技术学院	5	79	11.8	0	134	146	1	1	0	0	0	0	0	0	0	0	0	69	69	0	0	0	0	0	0	0	0
苏州工艺美术职业技术学院	6	21	3.9	0	149	160	1	1	0	0	0	0	0	0	0	0	0	127	127	0	0	0	0	0	0	1	1
连云港职业技术学院	7	36	9.1	0	12	12	0	0	0	0	0	0	0	0	0	0	0	15	15	0	0	0	0	0	0	2	1
镇江市高等专科学校	8	14	7.1	0	37.2	69.2	0	0	0	0	0	0	0	0	0	0	0	16	16	0	0	0	0	0	0	2	2
南通职业大学	9	66	12.1	0	420.4	268.4	0	0	0	0	0	0	0	0	0	0	0	119	119	0	0	0	0	0	0	0	0
苏州职业大学	10	47	17.8	0	332	239	3	2	0	1	0	0	0	0	0	0	0	58	58	0	0	0	0	0	0	3	1
沙洲职业工学院	11	62	6.1	0	251	234.6	0	0	0	0	0	0	0	0	0	0	0	50	50	0	0	0	0	0	0	5	5
扬州市职业大学	12	78	17.1	0	804	972.588	5	5	0	0	0	0	0	0	0	0	0	134	134	0	0	0	0	0	0	37	37
连云港师范高等专科学校	13	55	5.6	0	30	48	1	1	0	0	0	0	0	0	0	0	0	47	47	0	0	0	0	0	0	0	0
江苏经贸职业技术学院	14	133	29.3	0	540	674.6	1	0	0	1	0	0	0	0	0	0	0	87	87	0	0	0	0	0	0	1	0
泰州职业技术学院	15	19	3.7	0	40	51.4	0	0	0	0	0	0	0	0	0	0	0	35	35	0	0	0	0	0	0	0	0

续表

高校名称		总数					出版著作(部)							古籍整理(部)	译著(部)	发表译文(篇)	电子出版物(件)	发表论文(篇)				获奖成果数(项)				研究与咨询报告(篇)	
		课题数(项)	当年投入人数(人年)	其中：研究生(人年)	当年拨入经费(千元)	当年支出经费(千元)	合计	专著	其中：被译成外文	编著教材	工具书参考书	皮书/发展报告	科普读物					合计	国内学术刊物	国外学术刊物	港、澳、台地区刊物	合计	国家级奖	部级奖	省级奖	合计	其中：被采纳数
	编号	L01	L02	L03	L04	L05	L06	L07	L08	L09	L10	L11	L12	L13	L14	L15	L16	L17	L18	L19	L20	L21	L22	L23	L24	L25	L26
常州信息职业技术学院	16	50	17.3	0	48	48	0	0	0	0	0	0	0	0	0	0	0	34	33	1	0	0	0	0	0	0	0
江苏海事职业技术学院	17	68	13.6	0	292.96	200.38	8	1	0	0	0	7	0	0	0	0	0	60	43	17	0	0	0	0	0	19	19
无锡科技职业学院	18	49	16.2	0	125	85	0	0	0	0	0	0	0	0	0	0	0	1	1	0	0	0	0	0	0	0	0
江苏医药职业学院	19	188	36.7	0	0	61.14	1	0	0	1	0	0	0	0	0	0	0	50	50	0	0	0	0	0	0	0	0
南通科技职业学院	20	46	6.3	0	158	163.28	0	0	0	0	0	0	0	0	0	0	0	21	21	0	0	0	0	0	0	1	1
苏州经贸职业技术学院	21	79	34.7	0	456	139.664	0	0	0	0	0	0	0	0	0	0	0	119	118	1	0	0	0	0	0	0	0
苏州工业职业技术学院	22	27	3.8	0	123	121	0	0	0	0	0	0	0	0	0	0	0	41	41	0	0	0	0	0	0	5	5
苏州卫生职业技术学院	23	83	8.5	0	269	298.1	0	0	0	0	0	0	0	0	0	0	0	59	59	0	0	0	0	0	0	0	0
无锡商业职业技术学院	24	188	20.5	0	644	935.4	5	3	0	2	0	0	0	0	0	0	0	187	183	4	0	0	0	0	0	4	4
江苏航运职业技术学院	25	65	9.7	0	208	158	0	0	0	0	0	0	0	0	0	0	0	57	57	0	0	0	0	0	0	0	0
南京交通职业技术学院	26	145	15	0	817	421.65	0	0	0	0	0	0	0	0	0	0	0	63	63	0	0	1	0	0	1	0	0
江苏电子信息职业学院	27	145	25.2	0	162	220.1	0	0	0	0	0	0	0	0	0	0	0	42	42	0	0	0	0	0	0	0	0
江苏农牧科技职业学院	28	36	3.6	0	60	120.76	0	0	0	0	0	0	0	0	0	0	0	44	44	0	0	0	0	0	0	0	0
常州纺织服装职业技术学院	29	205	26.2	0	899	258.06	1	0	0	1	0	0	0	0	0	0	0	146	146	0	0	0	0	0	0	0	0
苏州农业职业技术学院	30	29	10.1	0	175.6	163.6	0	0	0	0	0	0	0	0	0	0	0	12	12	0	0	0	0	0	0	0	0

南京科技职业学院	31	188	21.2	0	407.5	425.5	3	0	0	3	0	0	0	0	0	0	0	94	94	0	0	0	0	0	0	0	0
常州工业职业技术学院	32	102	19.4	0	99.8	287	0	0	0	0	0	0	0	0	0	0	0	47	47	0	0	0	0	0	0	3	1
常州工程职业技术学院	33	166	16.7	0	718	565.5	2	2	0	0	0	0	0	0	0	0	0	135	135	0	0	0	0	0	0	13	0
江苏农林职业技术学院	34	20	2.7	0	63	69	0	0	0	0	0	0	0	0	0	0	0	17	17	0	0	0	0	0	0	0	0
江苏食品药品职业技术学院	35	80	17.5	0	274	280	0	0	0	0	0	0	0	0	0	0	0	47	47	0	0	0	0	0	0	8	0
南京铁道职业技术学院	36	87	8.7	0	334	138	0	0	0	0	0	0	0	0	0	0	0	94	94	0	0	0	0	0	0	4	4
徐州工业职业技术学院	37	141	14.1	0	628	491.35	5	0	0	5	0	0	0	0	0	0	0	51	51	0	0	0	0	0	0	14	0
江苏信息职业技术学院	38	42	4.3	0	179.5	25.505	0	0	0	0	0	0	0	0	0	0	0	17	17	0	0	0	0	0	0	0	0
南京信息职业技术学院	39	92	9.8	0	313	353.15	1	1	0	0	0	0	0	0	0	0	0	77	76	1	0	0	0	0	0	0	0
常州机电职业技术学院	40	168	21.7	0	279	565.71	0	0	0	0	0	0	0	0	0	0	0	59	59	0	0	0	0	0	0	22	0
江阴职业技术学院	41	42	5.1	0	242	143.8	1	0	0	1	0	0	0	0	0	0	0	80	80	0	0	0	0	0	0	0	0
无锡城市职业技术学院	42	95	23	0	1049.86	947.06	2	1	0	1	0	0	0	0	0	0	0	137	137	0	0	0	0	0	0	12	9
无锡工艺职业技术学院	43	135	13.8	0	246.5	250.3	0	0	0	0	0	0	0	0	0	0	0	131	125	6	0	0	0	0	0	13	0
苏州健雄职业技术学院	44	65	13.5	0	516	396	1	1	0	0	0	0	0	0	0	0	0	156	156	0	0	0	0	0	0	0	0
盐城工业职业技术学院	45	30	3.4	0	208	88.6	1	1	0	0	0	0	0	0	0	0	0	50	50	0	0	0	0	0	0	0	0
江苏财经职业技术学院	46	97	11.6	0	322	359.02	1	0	0	1	0	0	0	0	0	0	0	111	111	0	0	0	0	0	0	0	0
扬州工业职业技术学院	47	67	7.2	0	153	140	0	0	0	0	0	0	0	0	0	0	0	41	41	0	0	0	0	0	0	8	8
江苏城市职业学院	48	71	21	0	368.75	359.35	1	0	0	1	0	0	0	0	0	0	0	69	69	0	0	0	0	0	0	0	0

续表

高校名称	编号	总数					出版著作(部)							古籍整理(部)	译著(部)	发表译文(篇)	电子出版物(件)	发表论文(篇)				获奖成果数(项)				研究与咨询报告(篇)	
		课题数(项)	当年投入人数(人年)	其中:研究生(人年)	当年拨入经费(千元)	当年支出经费(千元)	合计	专著	其中:被译成外文	编著教材	工具书参考书	皮书/发展报告	科普读物					合计	国内学术刊物	国外学术刊物	港、澳、台地区刊物	合计	国家级奖	部级奖	省级奖	合计	其中:被采纳数
	编号	L01	L02	L03	L04	L05	L06	L07	L08	L09	L10	L11	L12	L13	L14	L15	L16	L17	L18	L19	L20	L21	L22	L23	L24	L25	L26
南京城市职业学院	49	109	14.6	0	450.9	445.9	1	1	0	0	0	0	0	0	0	0	0	82	82	0	0	0	0	0	0	1	0
南京机电职业技术学院	50	62	6.2	0	8	132.4	0	0	0	0	0	0	0	0	0	0	0	67	67	0	0	0	0	0	0	0	0
南京旅游职业学院	51	52	9.9	0	102.5	210.6	3	2	0	0	0	1	0	0	0	0	0	36	36	0	0	0	0	0	0	0	0
江苏卫生健康职业学院	52	62	10.2	0	83	114	0	0	0	0	0	0	0	0	0	0	0	33	33	0	0	0	0	0	0	0	0
苏州信息职业技术学院	53	36	6.6	0	203.2	27.3	0	0	0	0	0	0	0	0	0	0	0	15	15	0	0	0	0	0	0	0	0
苏州工业园区服务外包职业学院	54	50	8.2	0	312	365.2	3	1	0	2	0	0	0	0	0	0	0	45	44	1	0	0	0	0	0	1	1
徐州幼儿师范高等专科学校	55	184	35	0	242	271	0	0	0	0	0	0	0	0	0	0	0	57	57	0	0	0	0	0	0	0	0
徐州生物工程职业技术学院	56	40	4	0	18.5	11.3	1	0	0	1	0	0	0	0	0	0	0	35	35	0	0	0	0	0	0	0	0
江苏商贸职业学院	57	72	14.2	0	207.2	181.7	0	0	0	0	0	0	0	0	0	0	0	107	107	0	0	0	0	0	0	4	1
南通师范高等专科学校	58	122	21.8	0	404	262.81	0	0	0	0	0	0	0	0	0	0	0	113	111	2	0	0	0	0	0	0	0
江苏护理职业学院	59	65	18.8	0	150	91	0	0	0	0	0	0	0	0	0	0	0	76	76	0	0	0	0	0	0	0	0
江苏财会职业学院	60	79	20.4	0	148	148	3	3	0	0	0	0	0	0	0	0	0	74	74	0	0	0	0	0	0	9	0
江苏城乡建设职业学院	61	127	27	0	79	126.14	0	0	0	0	0	0	0	0	0	0	0	68	68	0	0	0	0	0	0	8	0
江苏航空职业技术学院	62	61	17.4	0	281	40.475	0	0	0	0	0	0	0	0	0	0	0	36	36	0	0	0	0	0	0	0	0
江苏安全技术职业学院	63	5	1.5	0	20	13.5	0	0	0	0	0	0	0	0	0	0	0	9	9	0	0	0	0	0	0	0	0
江苏旅游职业学院	64	59	5.9	0	0	4	11	4	0	7	0	0	0	0	0	0	0	106	104	2	0	0	0	0	0	0	0

3.20 统计学人文、社会科学研究与课题成果情况表

高校名称	编号	总数：课题数(项)	总数：当年投入人数(人年)	总数：其中：研究生(人年)	总数：当年拨入经费(千元)	总数：当年支出经费(千元)	出版著作(部)：合计	出版著作(部)：专著	出版著作(部)：其中：被译成外文	出版著作(部)：编著教材	出版著作(部)：工具书参考书	出版著作(部)：皮书/发展报告	出版著作(部)：科普读物	古籍整理(部)	译著(部)	发表译文(篇)	电子出版物(件)	发表论文(篇)：合计	发表论文(篇)：国内学术刊物	发表论文(篇)：国外学术刊物	发表论文(篇)：港、澳、台地区刊物	获奖成果数(项)：合计	获奖成果数(项)：国家级奖	获奖成果数(项)：部级奖	获奖成果数(项)：省级奖	研究与咨询报告(篇)：合计	研究与咨询报告(篇)：其中：被采纳数
		L01	L02	L03	L04	L05	L06	L07	L08	L09	L10	L11	L12	L13	L14	L15	L16	L17	L18	L19	L20	L21	L22	L23	L24	L25	L26
合计	/	28	5.2	0	238.264	173.961	0	0	0	0	0	0	0	0	0	0	0	24	23	1	0	0	0	0	0	2	2
苏州幼儿师范高等专科学校	1	0	0	0	0	0	0	0	0	0	0	0	0	0	0	0	0	2	2	0	0	0	0	0	0	0	0
南通职业大学	2	11	2	0	64	14	0	0	0	0	0	0	0	0	0	0	0	0	0	0	0	0	0	0	0	0	0
苏州职业大学	3	1	0.2	0	10	2	0	0	0	0	0	0	0	0	0	0	0	0	0	0	0	0	0	0	0	0	0
扬州市职业大学	4	1	0.2	0	0	0	0	0	0	0	0	0	0	0	0	0	0	2	2	0	0	0	0	0	0	0	0
连云港师范高等专科学校	5	1	0.1	0	0	0	0	0	0	0	0	0	0	0	0	0	0	2	2	0	0	0	0	0	0	0	0
江苏医药职业学院	6	1	0.2	0	0	0	0	0	0	0	0	0	0	0	0	0	0	0	0	0	0	0	0	0	0	0	0
南通科技职业学院	7	3	0.5	0	0	8.7	0	0	0	0	0	0	0	0	0	0	0	2	2	0	0	0	0	0	0	0	0
苏州经贸职业技术学院	8	0	0	0	0	0	0	0	0	0	0	0	0	0	0	0	0	1	0	1	0	0	0	0	0	0	0
苏州卫生职业技术学院	9	1	0.1	0	5	1.1	0	0	0	0	0	0	0	0	0	0	0	0	0	0	0	0	0	0	0	0	0
南京科技职业学院	10	1	0.2	0	0	0	0	0	0	0	0	0	0	0	0	0	0	0	0	0	0	0	0	0	0	0	0

续表

高校名称		总数					出版著作(部)							古籍整理(部)	译著(部)	发表译文(篇)	电子出版物(件)	发表论文(篇)				获奖成果数(项)				研究与咨询报告(篇)	
		课题数(项)	当年投入人数(人年)	其中：研究生(人年)	当年拨入经费(千元)	当年支出经费(千元)	合计	专著	其中：被译成外文	编著教材	工具书参考书	皮书/发展报告	科普读物					合计	国内学术刊物	国外学术刊物	港澳、台地区刊物	合计	国家级奖	部级奖	省级奖	合计	其中：被采纳数
	编号	L01	L02	L03	L04	L05	L06	L07	L08	L09	L10	L11	L12	L13	L14	L15	L16	L17	L18	L19	L20	L21	L22	L23	L24	L25	L26
江苏食品药品职业技术学院	11	1	0.3	0	4	3	0	0	0	0	0	0	0	0	0	0	0	2	2	0	0	0	0	0	0	0	0
江苏信息职业技术学院	12	0	0	0	0	0	0	0	0	0	0	0	0	0	0	0	0	1	1	0	0	0	0	0	0	0	0
南京信息职业技术学院	13	2	0.2	0	100	100	0	0	0	0	0	0	0	0	0	0	0	5	5	0	0	0	0	0	0	2	2
无锡城市职业技术学院	14	0	0	0	0	0	0	0	0	0	0	0	0	0	0	0	0	1	1	0	0	0	0	0	0	0	0
江苏城市职业学院	15	4	1	0	55.264	41.161	0	0	0	0	0	0	0	0	0	0	0	0	0	0	0	0	0	0	0	0	0
徐州生物工程职业技术学院	16	0	0	0	0	0	0	0	0	0	0	0	0	0	0	0	0	4	4	0	0	0	0	0	0	0	0
南通师范高等专科学校	17	0	0	0	0	0	0	0	0	0	0	0	0	0	0	0	0	1	1	0	0	0	0	0	0	0	0
江苏安全技术职业学院	18	1	0.2	0	0	4	0	0	0	0	0	0	0	0	0	0	0	1	1	0	0	0	0	0	0	0	0

3.21 心理学人文、社会科学研究与课题成果情况表

高校名称		总数					出版著作(部)							古籍整理(部)	译著(部)	发表译文(篇)	电子出版物(件)	发表论文(篇)				获奖成果数(项)				研究与咨询报告(篇)	
		课题数(项)	当年投入人数(人年)	其中:研究生(人年)	当年拨入经费(千元)	当年支出经费(千元)	合计	专著	其中:被译成外文	编著教材	工具书参考书	皮书/发展报告	科普读物					合计	国内学术刊物	国外学术刊物	港、澳、台地区刊物	合计	国家级奖	部级奖	省级奖	合计	其中:被采纳数
	编号	L01	L02	L03	L04	L05	L06	L07	L08	L09	L10	L11	L12	L13	L14	L15	L16	L17	L18	L19	L20	L21	L22	L23	L24	L25	L26
合计	/	137	22.3	0	269	341.196	1	1	0	0	0	0	0	0	0	0	0	113	112	1	0	0	0	0	0	5	2
盐城幼儿师范高等专科学校	1	5	0.6	0	6	6	0	0	0	0	0	0	0	0	0	0	0	2	2	0	0	0	0	0	0	0	0
无锡职业技术学院	2	1	0.2	0	0	5	0	0	0	0	0	0	0	0	0	0	0	3	3	0	0	0	0	0	0	0	0
江苏建筑职业技术学院	3	3	0.8	0	0	2	0	0	0	0	0	0	0	0	0	0	0	0	0	0	0	0	0	0	0	1	0
江苏工程职业技术学院	4	2	0.2	0	0	0	0	0	0	0	0	0	0	0	0	0	0	2	2	0	0	0	0	0	0	0	0
苏州工艺美术职业技术学院	5	1	0.2	0	5	8	0	0	0	0	0	0	0	0	0	0	0	1	1	0	0	0	0	0	0	0	0
连云港职业技术学院	6	3	0.9	0	0	0	0	0	0	0	0	0	0	0	0	0	0	0	0	0	0	0	0	0	0	0	0
苏州职业大学	7	2	0.8	0	0	0	0	0	0	0	0	0	0	0	0	0	0	7	7	0	0	0	0	0	0	0	0
沙洲职业工学院	8	1	0.1	0	5	5	0	0	0	0	0	0	0	0	0	0	0	2	2	0	0	0	0	0	0	1	1
扬州市职业大学	9	5	1	0	50	60	1	1	0	0	0	0	0	0	0	0	0	7	7	0	0	0	0	0	0	1	1
连云港师范高等专科学校	10	9	0.9	0	6	2	0	0	0	0	0	0	0	0	0	0	0	6	6	0	0	0	0	0	0	0	0
江苏经贸职业技术学院	11	7	0.9	0	37	35.75	0	0	0	0	0	0	0	0	0	0	0	0	0	0	0	0	0	0	0	2	0
泰州职业技术学院	12	3	0.6	0	10	6.3	0	0	0	0	0	0	0	0	0	0	0	2	2	0	0	0	0	0	0	0	0

续表

高校名称	编号	总数 课题数(项)	当年投入人数(人年)	其中：研究生(人年)	当年拨入经费(千元)	当年支出经费(千元)	出版著作(部) 合计	专著	其中：被译成外文	编著教材	工具书参考书	皮书/发展报告	科普读物	古籍整理(部)	译著(部)	发表译文(篇)	电子出版物(件)	发表论文(篇) 合计	国内学术刊物	国外学术刊物	港、澳、台地区刊物	获奖成果数(项) 合计	国家级奖	部级奖	省级奖	研究与咨询报告(篇) 合计	其中：被采纳数
		L01	L02	L03	L04	L05	L06	L07	L08	L09	L10	L11	L12	L13	L14	L15	L16	L17	L18	L19	L20	L21	L22	L23	L24	L25	L26
常州信息职业技术学院	13	1	0.3	0	0	0	0	0	0	0	0	0	0	0	0	0	0	0	0	0	0	0	0	0	0	0	0
江苏海事职业技术学院	14	2	0.6	0	4	7.72	0	0	0	0	0	0	0	0	0	0	0	6	6	0	0	0	0	0	0	0	0
无锡科技职业学院	15	1	0.4	0	0	0	0	0	0	0	0	0	0	0	0	0	0	0	0	0	0	0	0	0	0	0	0
江苏医药职业学院	16	7	1.3	0	0	2.07	0	0	0	0	0	0	0	0	0	0	0	0	0	0	0	0	0	0	0	0	0
南通科技职业学院	17	4	0.7	0	15	12.32	0	0	0	0	0	0	0	0	0	0	0	4	4	0	0	0	0	0	0	0	0
苏州经贸职业技术学院	18	0	0	0	0	0	0	0	0	0	0	0	0	0	0	0	0	4	4	0	0	0	0	0	0	0	0
苏州卫生职业技术学院	19	12	1.2	0	35	37.8	0	0	0	0	0	0	0	0	0	0	0	12	12	0	0	0	0	0	0	0	0
无锡商业职业技术学院	20	0	0	0	0	0	0	0	0	0	0	0	0	0	0	0	0	2	2	0	0	0	0	0	0	0	0
南京交通职业技术学院	21	0	0	0	0	0	0	0	0	0	0	0	0	0	0	0	0	4	4	0	0	0	0	0	0	0	0
江苏农牧科技职业学院	22	1	0.1	0	10	4.3	0	0	0	0	0	0	0	0	0	0	0	1	1	0	0	0	0	0	0	0	0
常州纺织服装职业技术学院	23	6	0.9	0	10	6.2	0	0	0	0	0	0	0	0	0	0	0	5	5	0	0	0	0	0	0	0	0

南京科技职业学院	24	3	0.3	0	0	0	0	0	0	0	0	0	0	0	0	0	0	0	0	0	0	0	0	0	0	0	0
常州工业职业技术学院	25	0	0	0	0	0	0	0	0	0	0	0	0	0	0	0	0	2	2	0	0	0	0	0	0	0	0
江苏食品药品职业技术学院	26	1	0.1	0	10	4	0	0	0	0	0	0	0	0	0	0	0	1	1	0	0	0	0	0	0	0	0
南京铁道职业技术学院	27	3	0.3	0	0	2	0	0	0	0	0	0	0	0	0	0	0	4	4	0	0	0	0	0	0	0	0
徐州工业职业技术学院	28	2	0.2	0	0	2.5	0	0	0	0	0	0	0	0	0	0	0	0	0	0	0	0	0	0	0	0	0
江苏信息职业技术学院	29	3	0.3	0	0	2.45	0	0	0	0	0	0	0	0	0	0	0	5	5	0	0	0	0	0	0	0	0
南京信息职业技术学院	30	2	0.2	0	0	0	0	0	0	0	0	0	0	0	0	0	0	4	4	0	0	0	0	0	0	0	0
常州机电职业技术学院	31	2	0.4	0	0	0	0	0	0	0	0	0	0	0	0	0	0	3	3	0	0	0	0	0	0	0	0
无锡城市职业技术学院	32	2	0.6	0	0	0	0	0	0	0	0	0	0	0	0	0	0	5	5	0	0	0	0	0	0	0	0
无锡工艺职业技术学院	33	3	0.3	0	10	0.5	0	0	0	0	0	0	0	0	0	0	0	0	0	0	0	0	0	0	0	0	0
盐城工业职业技术学院	34	2	0.3	0	0	16	0	0	0	0	0	0	0	0	0	0	0	1	1	0	0	0	0	0	0	0	0
江苏财经职业技术学院	35	6	0.8	0	10	59.5	0	0	0	0	0	0	0	0	0	0	0	1	1	0	0	0	0	0	0	0	0
扬州工业职业技术学院	36	4	0.4	0	18	18	0	0	0	0	0	0	0	0	0	0	0	1	1	0	0	0	0	0	0	0	0

续表

高校名称	编号	总数					出版著作(部)							古籍整理(部)	译著(部)	发表译文(篇)	电子出版物(件)	发表论文(篇)				获奖成果数(项)				研究与咨询报告(篇)	
		课题数(项)	当年投入人数(人年)	其中：研究生(人年)	当年拨入经费(千元)	当年支出经费(千元)	合计	专著	其中：被译成外文	编著教材	工具书参考书	皮书/发展报告	科普读物					合计	国内学术刊物	国外学术刊物	港、澳、台地区刊物	合计	国家级奖	部级奖	省级奖	合计	其中：被采纳数
		L01	L02	L03	L04	L05	L06	L07	L08	L09	L10	L11	L12	L13	L14	L15	L16	L17	L18	L19	L20	L21	L22	L23	L24	L25	L26
南京城市职业学院	37	1	0.1	0	1	1	0	0	0	0	0	0	0	0	0	0	0	1	1	0	0	0	0	0	0	0	0
南京机电职业技术学院	38	0	0	0	0	5	0	0	0	0	0	0	0	0	0	0	0	0	0	0	0	0	0	0	0	0	0
江苏卫生健康职业学院	39	10	1.5	0	0	13.2	0	0	0	0	0	0	0	0	0	0	0	1	1	0	0	0	0	0	0	0	0
苏州信息职业技术学院	40	1	0.1	0	0	1.5	0	0	0	0	0	0	0	0	0	0	0	0	0	0	0	0	0	0	0	0	0
徐州幼儿师范高等专科学校	41	2	0.4	0	0	0	0	0	0	0	0	0	0	0	0	0	0	0	0	0	0	0	0	0	0	0	0
徐州生物工程职业技术学院	42	3	0.3	0	0	3	0	0	0	0	0	0	0	0	0	0	0	2	2	0	0	0	0	0	0	0	0
江苏商贸职业学院	43	6	1.2	0	15	2.6	0	0	0	0	0	0	0	0	0	0	0	8	8	0	0	0	0	0	0	0	0
南通师范高等专科学校	44	1	0.1	0	1	0	0	0	0	0	0	0	0	0	0	0	0	3	2	1	0	0	0	0	0	0	0
江苏护理职业学院	45	1	0.4	0	0	0	0	0	0	0	0	0	0	0	0	0	0	0	0	0	0	0	0	0	0	0	0
江苏城乡建设职业学院	46	1	0.5	0	0	0.9	0	0	0	0	0	0	0	0	0	0	0	0	0	0	0	0	0	0	0	0	0
江苏航空职业技术学院	47	2	0.8	0	11	8.586	0	0	0	0	0	0	0	0	0	0	0	1	1	0	0	0	0	0	0	0	0

3.22 体育科学人文、社会科学研究与课题成果情况表

高校名称		总数					出版著作(部)							古籍整理(部)	译著(部)	发表译文(篇)	电子出版物(件)	发表论文(篇)				获奖成果数(项)				研究与咨询报告(篇)	
		课题数(项)	当年投入人数(人年)	其中：研究生(人年)	当年拨入经费(千元)	当年支出经费(千元)	合计	专著	其中：被译成外文	编著教材	工具书参考书	皮书/发展报告	科普读物					合计	国内学术刊物	国外学术刊物	港、澳、台地区刊物	合计	国家级奖	部级奖	省级奖	合计	其中：被采纳数
	编号	L01	L02	L03	L04	L05	L06	L07	L08	L09	L10	L11	L12	L13	L14	L15	L16	L17	L18	L19	L20	L21	L22	L23	L24	L25	L26
合计	/	212	41.3	0	2092.4	1988.405	8	5	0	3	0	0	0	0	0	0	0	332	328	4	0	0	0	0	0	30	18
盐城幼儿师范高等专科学校	1	2	0.2	0	0	0	0	0	0	0	0	0	0	0	0	0	0	4	4	0	0	0	0	0	0	0	0
苏州幼儿师范高等专科学校	2	6	0.6	0	0	3.3	0	0	0	0	0	0	0	0	0	0	0	7	7	0	0	0	0	0	0	1	0
无锡职业技术学院	3	14	2.1	0	12	3	0	0	0	0	0	0	0	0	0	0	0	7	7	0	0	0	0	0	0	0	0
江苏建筑职业技术学院	4	4	0.9	0	25	19.5	0	0	0	0	0	0	0	0	0	0	0	10	10	0	0	0	0	0	0	1	1
江苏工程职业技术学院	5	0	0	0	0	0	1	1	0	0	0	0	0	0	0	0	0	3	3	0	0	0	0	0	0	0	0
苏州工艺美术职业技术学院	6	0	0	0	0	0	0	0	0	0	0	0	0	0	0	0	0	9	9	0	0	0	0	0	0	0	0
连云港职业技术学院	7	1	0.3	0	0	0	0	0	0	0	0	0	0	0	0	0	0	0	0	0	0	0	0	0	0	0	0
镇江市高等专科学校	8	3	1.3	0	11	9	0	0	0	0	0	0	0	0	0	0	0	0	0	0	0	0	0	0	0	0	0
南通职业大学	9	0	0	0	0	0	0	0	0	0	0	0	0	0	0	0	0	7	7	0	0	0	0	0	0	0	0
苏州职业大学	10	31	12.3	0	422	370.385	0	0	0	0	0	0	0	0	0	0	0	27	27	0	0	0	0	0	0	7	5
沙洲职业工学院	11	2	0	0	0	0	0	0	0	0	0	0	0	0	0	0	0	0	0	0	0	0	0	0	0	0	0
扬州市职业大学	12	12	2.8	0	95	145	0	0	0	0	0	0	0	0	0	0	0	9	9	0	0	0	0	0	0	3	3
连云港师范高等专科学校	13	7	0.7	0	2	0	0	0	0	0	0	0	0	0	0	0	0	22	21	1	0	0	0	0	0	0	0

续表

高校名称	编号	总数					出版著作(部)							古籍整理(部)	译著(部)	发表译文(篇)	电子出版物(件)	发表论文(篇)				获奖成果数(项)				研究与咨询报告(篇)	
		课题数(项)	当年投入人数(人年)	其中：研究生(人年)	当年拨入经费(千元)	当年支出经费(千元)	合计	专著	其中：被译成外文	编著教材	工具书参考书	皮书/发展报告	科普读物					合计	国内学术刊物	国外学术刊物	港、澳、台地区刊物	合计	国家级奖	部级奖	省级奖	合计	其中：被采纳数
		L01	L02	L03	L04	L05	L06	L07	L08	L09	L10	L11	L12	L13	L14	L15	L16	L17	L18	L19	L20	L21	L22	L23	L24	L25	L26
江苏经贸职业技术学院	14	5	0.7	0	88	84	0	0	0	0	0	0	0	0	0	0	0	17	17	0	0	0	0	0	0	1	0
泰州职业技术学院	15	1	0.2	0	0	2.06	0	0	0	0	0	0	0	0	0	0	0	3	3	0	0	0	0	0	0	0	0
常州信息职业技术学院	16	5	2.2	0	20	20	0	0	0	0	0	0	0	0	0	0	0	1	1	0	0	0	0	0	0	0	0
江苏海事职业技术学院	17	4	1	0	208.8	205.48	0	0	0	0	0	0	0	0	0	0	0	8	6	2	0	0	0	0	0	1	1
江苏医药职业学院	18	5	0.9	0	0	0.73	0	0	0	0	0	0	0	0	0	0	0	10	10	0	0	0	0	0	0	0	0
南通科技职业学院	19	2	0.3	0	5	4.64	0	0	0	0	0	0	0	0	0	0	0	1	1	0	0	0	0	0	0	0	0
苏州经贸职业技术学院	20	0	0	0	0	0	0	0	0	0	0	0	0	0	0	0	0	21	20	1	0	0	0	0	0	0	0
苏州工业职业技术学院	21	0	0	0	0	0	0	0	0	0	0	0	0	0	0	0	0	26	26	0	0	0	0	0	0	0	0
苏州卫生职业技术学院	22	6	0.6	0	2	13.8	0	0	0	0	0	0	0	0	0	0	0	13	13	0	0	0	0	0	0	0	0
无锡商业职业技术学院	23	1	0.2	0	20	20	0	0	0	0	0	0	0	0	0	0	0	1	1	0	0	0	0	0	0	0	0
江苏航运职业技术学院	24	0	0	0	0	0	0	0	0	0	0	0	0	0	0	0	0	4	4	0	0	0	0	0	0	0	0
南京交通职业技术学院	25	2	0.2	0	0	0	0	0	0	0	0	0	0	0	0	0	0	2	2	0	0	0	0	0	0	0	0
江苏电子信息职业学院	26	2	0.3	0	10	8	0	0	0	0	0	0	0	0	0	0	0	3	3	0	0	0	0	0	0	0	0

江苏农牧科技职业学院	27	0	0	0	0	0	0	0	0	0	0	0	0	0	0	0	0	2	2	0	0	0	0	0	0	0	0
常州纺织服装职业技术学院	28	1	0.2	0	0	7	0	0	0	0	0	0	0	0	0	0	0	1	1	0	0	0	0	0	0	0	0
苏州农业职业技术学院	29	1	0.9	0	0	0	0	0	0	0	0	0	0	0	0	0	0	0	0	0	0	0	0	0	0	0	0
南京科技职业学院	30	9	0.9	0	1.5	1.5	1	0	0	1	0	0	0	0	0	0	0	11	11	0	0	0	0	0	0	0	0
常州工业职业技术学院	31	1	0.2	0	35.6	35.6	0	0	0	0	0	0	0	0	0	0	0	1	1	0	0	0	0	0	0	0	0
常州工程职业技术学院	32	8	0.8	0	94	73	0	0	0	0	0	0	0	0	0	0	0	0	0	0	0	0	0	0	0	0	0
江苏农林职业技术学院	33	1	0.1	0	0	0	0	0	0	0	0	0	0	0	0	0	0	6	6	0	0	0	0	0	0	0	0
南京铁道职业技术学院	34	5	0.5	0	2	14.5	3	1	0	2	0	0	0	0	0	0	0	11	11	0	0	0	0	0	0	0	0
南京信息职业技术学院	35	4	0.4	0	80	60.01	1	1	0	0	0	0	0	0	0	0	0	2	2	0	0	0	0	0	0	0	0
常州机电职业技术学院	36	7	0.8	0	4	6.8	0	0	0	0	0	0	0	0	0	0	0	0	0	0	0	0	0	0	0	3	0
江阴职业技术学院	37	0	0	0	0	0	0	0	0	0	0	0	0	0	0	0	0	4	4	0	0	0	0	0	0	0	0
无锡城市职业技术学院	38	0	0	0	0	0	0	0	0	0	0	0	0	0	0	0	0	8	8	0	0	0	0	0	0	0	0
无锡工艺职业技术学院	39	12	2.1	0	475	463.3	1	1	0	0	0	0	0	0	0	0	0	9	9	0	0	0	0	0	0	10	6
盐城工业职业技术学院	40	3	0.3	0	10	7	1	1	0	0	0	0	0	0	0	0	0	0	0	0	0	0	0	0	0	0	0
江苏财经职业技术学院	41	3	0.3	0	110	76	0	0	0	0	0	0	0	0	0	0	0	0	0	0	0	0	0	0	0	0	0
扬州工业职业技术学院	42	5	0.5	0	12	14	0	0	0	0	0	0	0	0	0	0	0	6	6	0	0	0	0	0	0	2	2

续表

高校名称	编号	总数 课题数(项)	总数 当年投入人数(人年)	总数 其中：研究生(人年)	总数 当年拨入经费(千元)	总数 当年支出经费(千元)	出版著作(部) 合计	出版著作(部) 专著	出版著作(部) 其中：被译成外文	出版著作(部) 编著教材	出版著作(部) 工具书参考书	出版著作(部) 皮书/发展报告	出版著作(部) 科普读物	古籍整理(部)	译著(部)	发表译文(篇)	电子出版物(件)	发表论文(篇) 合计	发表论文(篇) 国内学术刊物	发表论文(篇) 国外学术刊物	发表论文(篇) 港、澳、台地区刊物	获奖成果数(项) 合计	获奖成果数(项) 国家级奖	获奖成果数(项) 部级奖	获奖成果数(项) 省级奖	研究与咨询报告(篇) 合计	研究与咨询报告(篇) 其中：被采纳数
		L01	L02	L03	L04	L05	L06	L07	L08	L09	L10	L11	L12	L13	L14	L15	L16	L17	L18	L19	L20	L21	L22	L23	L24	L25	L26
江苏城市职业学院	43	4	0.7	0	47.5	38.05	0	0	0	0	0	0	0	0	0	0	0	0	0	0	0	0	0	0	0	0	0
南京城市职业学院	44	2	0.2	0	15	11	0	0	0	0	0	0	0	0	0	0	0	5	5	0	0	0	0	0	0	0	0
南京机电职业技术学院	45	3	0.3	0	0	0	0	0	0	0	0	0	0	0	0	0	0	7	7	0	0	0	0	0	0	0	0
南京旅游职业学院	46	2	0.2	0	10	2	0	0	0	0	0	0	0	0	0	0	0	4	4	0	0	0	0	0	0	0	0
江苏卫生健康职业学院	47	2	0.3	0	0	2.2	0	0	0	0	0	0	0	0	0	0	0	2	2	0	0	0	0	0	0	0	0
苏州信息职业技术学院	48	1	0.2	0	0	1.2	0	0	0	0	0	0	0	0	0	0	0	1	1	0	0	0	0	0	0	0	0
苏州工业园区服务外包职业学院	49	7	0.8	0	250	253.35	0	0	0	0	0	0	0	0	0	0	0	3	3	0	0	0	0	0	0	0	0
徐州幼儿师范高等专科学校	50	4	0.6	0	0	3	0	0	0	0	0	0	0	0	0	0	0	6	6	0	0	0	0	0	0	0	0
徐州生物工程职业技术学院	51	2	0.2	0	0	0	0	0	0	0	0	0	0	0	0	0	0	9	9	0	0	0	0	0	0	0	0
江苏商贸职业学院	52	2	0.7	0	16	8	0	0	0	0	0	0	0	0	0	0	0	7	7	0	0	0	0	0	0	0	0
南通师范高等专科学校	53	1	0.2	0	0	0	0	0	0	0	0	0	0	0	0	0	0	7	7	0	0	0	0	0	0	0	0
江苏财会职业学院	54	1	0.2	0	2	2	0	0	0	0	0	0	0	0	0	0	0	0	0	0	0	0	0	0	0	1	0
江苏城乡建设职业学院	55	1	0.4	0	0	0	0	0	0	0	0	0	0	0	0	0	0	1	1	0	0	0	0	0	0	0	0
江苏航空职业技术学院	56	1	0.1	0	7	0	0	0	0	0	0	0	0	0	0	0	0	0	0	0	0	0	0	0	0	0	0
江苏旅游职业学院	57	4	0.4	0	0	0	0	0	0	0	0	0	0	0	0	0	0	4	4	0	0	0	0	0	0	0	0

3.23 其他学科人文、社会科学研究与课题成果情况表

高校名称	编号	总数：课题数(项)	总数：当年投入人数(人年)	总数：其中：研究生(人年)	总数：当年拨入经费(千元)	总数：当年支出经费(千元)	出版著作(部)：合计	出版著作(部)：专著	出版著作(部)：其中：被译成外文	出版著作(部)：编著教材	出版著作(部)：工具书参考书	出版著作(部)：皮书/发展报告	出版著作(部)：科普读物	古籍整理(部)	译著(部)	发表译文(篇)	电子出版物(件)	发表论文(篇)：合计	发表论文(篇)：国内学术刊物	发表论文(篇)：国外学术刊物	发表论文(篇)：港澳、台地区刊物	获奖成果数(项)：合计	获奖成果数(项)：国家级奖	获奖成果数(项)：部级奖	获奖成果数(项)：省级奖	研究与咨询报告(篇)：合计	研究与咨询报告(篇)：其中：被采纳数
		L01	L02	L03	L04	L05	L06	L07	L08	L09	L10	L11	L12	L13	L14	L15	L16	L17	L18	L19	L20	L21	L22	L23	L24	L25	L26
合计	/	57	7.7	0	796.96	694.33	2	2	0	0	0	0	0	0	0	0	0	37	37	0	0	0	0	0	0	8	4
无锡职业技术学院	1	1	0.2	0	0	0	0	0	0	0	0	0	0	0	0	0	0	1	1	0	0	0	0	0	0	0	0
镇江市高等专科学校	2	2	0.5	0	5	4	2	2	0	0	0	0	0	0	0	0	0	0	0	0	0	0	0	0	0	0	0
江苏经贸职业技术学院	3	1	0.1	0	10	9.5	0	0	0	0	0	0	0	0	0	0	0	0	0	0	0	0	0	0	0	1	0
江苏海事职业技术学院	4	5	1	0	407.56	404.98	0	0	0	0	0	0	0	0	0	0	0	1	1	0	0	0	0	0	0	3	3
无锡科技职业学院	5	1	0.3	0	0	0	0	0	0	0	0	0	0	0	0	0	0	0	0	0	0	0	0	0	0	0	0
南通科技职业学院	6	7	1.1	0	176	173.15	0	0	0	0	0	0	0	0	0	0	0	0	0	0	0	0	0	0	0	0	0
苏州经贸职业技术学院	7	0	0	0	0	0	0	0	0	0	0	0	0	0	0	0	0	1	1	0	0	0	0	0	0	0	0
苏州卫生职业技术学院	8	0	0	0	0	0	0	0	0	0	0	0	0	0	0	0	0	1	1	0	0	0	0	0	0	0	0
苏州农业职业技术学院	9	0	0	0	0	0	0	0	0	0	0	0	0	0	0	0	0	1	1	0	0	0	0	0	0	0	0

七、社科研究、课题与成果

续表

高校名称		总数					出版著作(部)							古籍整理(部)	译著(部)	发表译文(篇)	电子出版物(件)	发表论文(篇)				获奖成果数(项)				研究与咨询报告(篇)	
		课题数(项)	当年投入人数(人年)	其中:研究生(人年)	当年拨入经费(千元)	当年支出经费(千元)	合计	专著	其中:被译成外文	编著教材	工具书参考书	皮书/发展报告	科普读物					合计	国内学术刊物	国外学术刊物	港、澳、台地区刊物	合计	国家级奖	部级奖	省级奖	合计	其中:被采纳数
	编号	L01	L02	L03	L04	L05	L06	L07	L08	L09	L10	L11	L12	L13	L14	L15	L16	L17	L18	L19	L20	L21	L22	L23	L24	L25	L26
江苏食品药品职业技术学院	10	0	0	0	0	0	0	0	0	0	0	0	0	0	0	0	0	0	0	0	0	0	0	0	0	2	0
江苏信息职业技术学院	11	7	0.7	0	35	0	0	0	0	0	0	0	0	0	0	0	0	0	0	0	0	0	0	0	0	0	0
盐城工业职业技术学院	12	0	0	0	0	0	0	0	0	0	0	0	0	0	0	0	0	4	4	0	0	0	0	0	0	0	0
江苏财经职业技术学院	13	4	0.6	0	29.4	25.7	0	0	0	0	0	0	0	0	0	0	0	7	7	0	0	0	0	0	0	0	0
扬州工业职业技术学院	14	9	1	0	37	32	0	0	0	0	0	0	0	0	0	0	0	12	12	0	0	0	0	0	0	1	1
南京城市职业学院	15	2	0.2	0	7	7	0	0	0	0	0	0	0	0	0	0	0	0	0	0	0	0	0	0	0	0	0
南京旅游职业学院	16	0	0	0	0	0	0	0	0	0	0	0	0	0	0	0	0	2	2	0	0	0	0	0	0	0	0
江苏卫生健康职业学院	17	12	1.3	0	70	18	0	0	0	0	0	0	0	0	0	0	0	7	7	0	0	0	0	0	0	0	0
江苏城乡建设职业学院	18	1	0.2	0	0	0	0	0	0	0	0	0	0	0	0	0	0	0	0	0	0	0	0	0	0	1	0
江苏旅游职业学院	19	5	0.5	0	20	20	0	0	0	0	0	0	0	0	0	0	0	0	0	0	0	0	0	0	0	0	0

注:因篇幅有限,此章删除了各项数值均为0的高校。

4. 民办及中外合作办学高等学校人文、社会科学研究与课题成果情况表

学科门类	编号	总数：课题数(项)	总数：当年投入人数(人年)	总数：其中：研究生(人年)	总数：当年拨入经费(千元)	总数：当年支出经费(千元)	出版著作(部)：合计	出版著作(部)：专著	出版著作(部)：其中：被译成外文	出版著作(部)：编著教材	出版著作(部)：工具书参考书	出版著作(部)：皮书/发展报告	出版著作(部)：科普读物	古籍整理(部)	译著(部)	发表译文(篇)	电子出版物(件)	发表论文(篇)：合计	发表论文(篇)：国内学术刊物	发表论文(篇)：国外学术刊物	发表论文(篇)：港、澳、台地区刊物	获奖成果数(项)：合计	获奖成果数(项)：国家级奖	获奖成果数(项)：部级奖	获奖成果数(项)：省级奖	研究与咨询报告(篇)：合计	研究与咨询报告(篇)：其中：被采纳数
		L01	L02	L03	L04	L05	L06	L07	L08	L09	L10	L11	L12	L13	L14	L15	L16	L17	L18	L19	L20	L21	L22	L23	L24	L25	L26
合计	/	3401	732.50	1.10	28 117.61	23 501.09	120	40	3	66	1	13	0	0	7	6	0	2954	2832	122	0	2	0	0	2	149	68
管理学	1	736	151.70	0.90	7699.66	6599.57	25	10	1	15	0	0	0	0	0	1	0	615	596	19	0	0	0	0	0	53	29
马克思主义	2	184	37.10	0	709.30	489.38	0	0	0	0	0	0	0	0	0	0	0	91	89	2	0	0	0	0	0	2	1
哲学	3	19	3.40	0	72.00	37.20	0	0	0	0	0	0	0	0	0	0	0	26	19	7	0	0	0	0	0	0	0
逻辑学	4	2	2.00	0	10.00	0	0	0	0	0	0	0	0	0	0	0	0	1	1	0	0	0	0	0	0	0	0
宗教学	5	0	0	0	0	0	0	0	0	0	0	0	0	0	0	0	0	1	0	1	0	0	0	0	0	0	0
语言学	6	165	34.30	0	1874.87	1263.56	19	10	0	8	0	1	0	0	2	0	0	288	276	12	0	1	0	0	1	3	2
中国文学	7	32	8.30	0	263.05	256.04	5	2	1	2	0	1	0	0	0	0	0	62	59	3	0	0	0	0	0	0	0
外国文学	8	31	6.80	0	286.35	82.34	0	0	0	0	0	0	0	0	5	3	0	33	28	5	0	0	0	0	0	0	0
艺术学	9	482	108.50	0	6381.60	5659.24	30	7	0	17	1	5	0	0	0	0	0	520	505	15	0	0	0	0	0	25	9
历史学	10	6	1.50	0	517.00	307.00	1	1	0	0	0	0	0	0	0	0	0	12	5	7	0	0	0	0	0	0	0
考古学	11	2	0.90	0	3.00	13.98	0	0	0	0	0	0	0	0	0	0	0	2	2	0	0	0	0	0	0	0	0
经济学	12	322	84.50	0	4372.88	3110.61	18	8	0	10	0	0	0	0	0	0	0	309	285	24	0	0	0	0	0	17	9
政治学	13	46	8.60	0	75.00	148.35	1	0	0	0	0	1	0	0	0	1	0	25	22	3	0	0	0	0	0	5	4
法学	14	31	5.70	0	297.00	264.31	4	0	0	0	0	4	0	0	0	0	0	47	45	2	0	0	0	0	0	1	1
社会学	15	113	24.60	0.20	1239.90	742.46	1	0	0	1	0	0	0	0	0	0	0	55	52	3	0	0	0	0	0	4	1
民族学与文化学	16	15	4.60	0	487.00	1100.70	0	0	0	0	0	0	0	0	0	0	0	8	7	1	0	0	0	0	0	1	1
新闻学与传播学	17	45	9.20	0	297.00	218.26	1	1	1	0	0	0	0	0	0	0	0	93	91	2	0	0	0	0	0	9	3
图书馆、情报与文献学	18	24	5.10	0	47.00	56.37	0	0	0	0	0	0	0	0	0	0	0	23	22	1	0	0	0	0	0	6	4
教育学	19	1050	215.30	0	2740.80	2303.33	13	1	0	11	0	1	0	0	0	1	0	606	596	10	0	0	0	0	0	19	4
统计学	20	7	1.60	0	10.00	161.49	1	0	0	1	0	0	0	0	0	0	0	14	14	0	0	0	0	0	0	0	0
心理学	21	32	6.40	0	45.80	82.99	0	0	0	0	0	0	0	0	0	0	0	19	17	2	0	1	0	0	1	0	0
体育科学	22	49	9.70	0	567.60	593.92	1	0	0	1	0	0	0	0	0	0	0	97	94	3	0	0	0	0	0	2	0
其他学科	23	8	2.7	0	120.8	10	0	0	0	0	0	0	0	0	0	0	0	7	7	0	0	0	0	0	0	2	0

注：由于篇幅限制，此节不对民办与中外合作办学高等学校人文、社会科学研究于课题成果情况细分说明。

八、社科研究、课题与成果(来源情况)

1. 全省高等学校人文、社会科学研究与课题成果来源情况表

			课题来源															
			合计	国家社科基金项目	国家社科基金单列学科项目	教育部人文社科研究项目	高校古籍整理研究项目	国家自然科学基金项目	中央其他部门社科专门项目	省、市、自治区社科基金项目	省教育厅社科项目	地、市、厅、局等政府部门项目	国际合作研究项目	与港、澳、台地区合作研究项目	企事业单位委托项目	学校社科项目	外资项目	其他
		编号	L01	L02	L03	L04	L05	L06	L07	L08	L09	L10	L11	L12	L13	L14	L15	L16
课题数(项)		1	46 474	2901	260	1762	26	691	805	3043	11 998	8335	11	1	10 118	6404	2	117
当年投入人数	合计(人年)	2	9483.10	903.40	104.50	506.10	6.90	166.30	180.50	680	2446.10	1524.70	2.40	0.10	1867.20	1070.30	1	23.60
	研究生(人年)	3	817.40	90	8.20	49.30	0.50	33.70	26.50	69.70	89.10	88	0.10	0	341.60	20.10	0.60	0
当年拨入经费	合计(千元)	4	1 217 460.83	127 715.52	12 928.25	32 356.77	115.80	44 756.76	14 374.16	33 501.94	38 508.98	93 481.14	1418.94	0	749 535.33	67 232.03	170.36	1364.86
	当年立项项目拨入经费(千元)	5	980 168.38	111 057.61	9348	13 189	85	25 549.87	9012.66	23 995.52	30 553.67	70 006.09	842.13	0	634 608.60	50 684.14	51.24	1184.86
当年支出经费(千元)		6	1 073 193.62	120 858.14	9020.09	29 203.19	110.80	34 751.69	21 231.33	31 453.81	34 846.08	91 237.51	932.58	2	619 749.84	78 892.61	221.60	682.35
当年新开课题数(项)		7	18 107	568	56	334	7	137	157	648	3672	4367	5	0	5708	2361	1	86
当年新开课题批准经费(千元)		8	1 401 310.84	145 013	13 080	29 898	255	53 211.10	13 967.20	34 165.90	51 264	91 969.12	928.41	0	861 682.31	104 209.94	55	1611.86
当年完成课题数(项)		9	14 284	457	29	315	4	133	237	651	2423	3546	2	1	4688	1757	1	40

出版著作(部)	合计		10	1151	217	24	80	1	31	20	148	192	174	2	0	71	177	0	14
	专著	合计	11	771	181	20	72	1	30	13	99	143	93	2	0	17	94	0	6
		被译成外文	12	19	8	0	1	0	1	0	0	2	1	1	0	2	3	0	0
	编著教材		13	295	27	4	5	0	1	7	36	45	69	0	0	29	67	0	5
	工具书/参考书		14	21	3	0	0	0	0	0	8	4	2	0	0	1	3	0	0
	皮书/发展报告		15	37	2	0	0	0	0	0	0	0	4	0	0	18	13	0	0
	科普读物		16	27	4	0	3	0	0	0	5	0	6	0	0	6	0	0	3
古籍整理(部)			17	14	3	1	2	2	0	0	3	1	1	0	0	1	0	0	0
译著(部)			18	74	22	1	6	0	0	5	12	4	7	0	0	3	11	0	3
发表译文(篇)			19	7	1	0	0	0	0	0	2	4	0	0	0	0	0	0	0
电子出版物(件)			20	48	5	0	0	0	10	1	0	0	3	0	0	17	11	0	1
发表论文(篇)	合计		21	20 762	2693	268	1157	6	967	219	1587	5846	3633	6	7	1112	3114	1	146
	国内学术刊物		22	19 335	2410	250	1021	6	610	194	1441	5672	3507	3	6	1068	3010	1	136
	国外学术刊物		23	1418	276	17	136	0	357	25	145	174	126	3	1	44	104	0	10
	港、澳、台刊物		24	9	7	1	0	0	0	0	1	0	0	0	0	0	0	0	0
研究与咨询报告(篇)	合计		25	3793	87	4	27	0	13	76	99	74	1103	0	0	2136	166	0	8
	被采纳数		26	2069	71	4	23	0	12	53	64	39	542	0	0	1204	49	0	8

2．公办本科高等学校人文、社会科学研究与课题成果来源情况表

			课题来源															
			合计	国家社科基金项目	国家社科基金单列学科项目	教育部人文社科研究项目	高校古籍整理研究项目	国家自然科学基金项目	中央其他部门社科专门项目	省、市、自治区社科基金项目	省教育厅社科项目	地、市、厅、局等政府部门项目	国际合作研究项目	与港、澳、台地区合作研究项目	企事业单位委托项目	学校社科项目	外资项目	其他
		编号	L01	L02	L03	L04	L05	L06	L07	L08	L09	L10	L11	L12	L13	L14	L15	L16
课题数(项)		1	31611	2885	254	1660	26	678	777	2759	6601	4819	5	1	8200	2898	1	47
当年投入人数	合计(人年)	2	6723.90	897.80	101.10	472.20	6.90	161.30	174.60	622.70	1397.40	842.60	0.60	0.10	1536.80	501	0.90	7.90
	研究生(人年)	3	816.30	90	8.20	48.90	0.50	33.70	26.50	69.70	89.10	87.80	0.10	0	341.60	19.60	0.60	0
当年拨入经费	合计(千元)	4	1 113 389.89	126 441.22	12 471.25	29 300.17	115.80	43 682.76	13 619	32 315.74	23 681.58	83 234.54	867.80	0	686 642.31	59 716.14	51.24	1250.36
	当年立项项目拨入经费(千元)	5	886 999.74	109 987.61	8988	11 235	85	24 993.87	8260.50	23 207.12	18 135.67	60 702.89	310.99	0	57 5647.26	44 324.24	51.24	1070.36
当年支出经费(千元)		6	976 311.05	120 117.25	8839.92	26 866.11	110.80	34 202.18	20 207.82	29 984.75	21 364.78	81 783.43	774.73	2	558 518.30	72 903.90	30.74	604.34
当年新开课题数(项)		7	11 514	562	54	303	7	132	146	575	1923	2323	2	0	4416	1040	1	30
当年新开课题批准经费(千元)		8	1 293 602.44	143 803	12 680	26 638	255	52 223.10	13 213.60	32 279.50	35 322	81 806.92	329.81	0	796 750.81	96 764.34	55	1481.36
当年完成课题数(项)		9	9023	456	29	296	4	131	228	556	1174	1844	1	1	3623	669	0	11

出版著作(部)	合计		10	934	216	24	72	1	31	20	144	140	92	2	0	46	133	0	13
	专著	合计	11	673	180	20	65	1	30	13	97	111	48	2	0	14	86	0	6
		被译成外文	12	18	8	0	0	0	1	0	0	2	1	1	0	2	3	0	0
	编著教材		13	202	27	4	4	0	1	7	34	26	33	0	0	21	41	0	4
	工具书/参考书		14	19	3	0	0	0	0	0	8	3	2	0	0	0	3	0	0
	皮书/发展报告		15	13	2	0	0	0	0	0	0	0	3	0	0	5	3	0	0
	科普读物		16	27	4	0	3	0	0	0	5	0	6	0	0	6	0	0	3
古籍整理(部)			17	13	3	1	2	2	0	0	3	1	0	0	0	1	0	0	0
译著(部)			18	73	22	1	6	0	0	5	11	4	7	0	0	3	11	0	3
发表译文(篇)			19	4	1	0	0	0	0	0	2	1	0	0	0	0	0	0	0
电子出版物(件)			20	48	5	0	0	0	10	1	0	0	3	0	0	17	11	0	1
发表论文(篇)	合计		21	12 859	2673	261	1065	6	963	199	1406	2480	1710	5	1	767	1263	1	59
	国内学术刊物		22	11 549	2391	243	932	6	606	174	1269	2362	1617	2	0	723	1170	1	53
	国外学术刊物		23	1301	275	17	133	0	357	25	136	118	93	3	1	44	93	0	6
	港、澳、台刊物		24	9	7	1	0	0	0	0	1	0	0	0	0	0	0	0	0
研究与咨询报告(篇)	合计		25	2556	80	4	25	0	13	73	88	50	543	0	0	1545	131	0	4
	被采纳数		26	1391	65	4	22	0	12	51	55	31	249	0	0	874	24	0	4

2.1 南京大学人文、社会科学研究与课题成果来源情况表

		编号	合计 L01	国家社科基金项目 L02	国家社科基金单列学科项目 L03	教育部人文社科研究项目 L04	高校古籍整理研究项目 L05	国家自然科学基金项目 L06	中央其他部门社科专门项目 L07	省、市、自治区社科基金项目 L08	省教育厅社科项目 L09	地、市、厅、局等政府部门项目 L10	国际合作研究项目 L11	与港、澳、台地区合作研究项目 L12	企事业单位委托项目 L13	学校社科项目 L14	外资项目 L15	其他 L16
课题数(项)		1	1515	378	24	138	4	128	19	191	31	94	2	0	439	67	0	0
当年投入人数	合计(人年)	2	215.50	75.90	2.40	20.60	0.80	19.20	2.80	28.20	4.70	9.60	0.20	0	44.40	6.70	0	0
	研究生(人年)	3	68.70	20.20	0	6.80	0.40	6.40	0.90	9.10	1.60	1.60	0	0	21.70	0	0	0
当年拨入经费	合计(千元)	4	114 030.94	16 550	1814.50	2556.44	0	12 755.38	472	3436	577	4018.51	129.81	0	66 221.31	5500	0	0
	当年立项项目拨入经费(千元)	5	93 248.94	13 150	880	760	0	10 425	397	2070	295	3347.51	129.81	0	59 794.63	2000	0	0
当年支出经费(千元)		6	47 020.76	8119.42	240.36	1922.67	0	5491.70	116.03	1366.59	121.36	1428.09	129.56	0	22 584.98	5500	0	0
当年新开课题数(项)		7	576	60	5	17	2	32	9	37	6	57	1	0	319	31	0	0
当年新开课题批准经费(千元)		8	162 582.83	18 350	1400	1490	80	20 670	620	2765	835	5030	129.81	0	103 008.03	8205	0	0
当年完成课题数(项)		9	445	64	3	22	0	25	0	20	0	12	1	0	287	11	0	0

出版著作(部)	合计		10	36	20	0	8	0	2	0	4	0	2	0	0	0	0	0	0
	专著	合计	11	33	19	0	8	0	2	0	4	0	0	0	0	0	0	0	0
		被译成外文	12	4	4	0	0	0	0	0	0	0	0	0	0	0	0	0	0
	编著教材		13	3	1	0	0	0	0	0	0	0	2	0	0	0	0	0	0
	工具书/参考书		14	0	0	0	0	0	0	0	0	0	0	0	0	0	0	0	0
	皮书/发展报告		15	0	0	0	0	0	0	0	0	0	0	0	0	0	0	0	0
	科普读物		16	0	0	0	0	0	0	0	0	0	0	0	0	0	0	0	0
古籍整理(部)			17	2	1	0	0	1	0	0	0	0	0	0	0	0	0	0	0
译著(部)			18	5	2	0	2	0	0	0	0	0	0	0	0	0	1	0	0
发表译文(篇)			19	0	0	0	0	0	0	0	0	0	0	0	0	0	0	0	0
电子出版物(件)			20	0	0	0	0	0	0	0	0	0	0	0	0	0	0	0	0
发表论文(篇)	合计		21	353	191	10	40	0	37	12	42	8	0	1	0	0	12	0	0
	国内学术刊物		22	311	180	8	37	0	21	12	35	8	0	1	0	0	9	0	0
	国外学术刊物		23	42	11	2	3	0	16	0	7	0	0	0	0	0	3	0	0
	港、澳、台刊物		24	0	0	0	0	0	0	0	0	0	0	0	0	0	0	0	0
研究与咨询报告(篇)	合计		25	102	30	0	0	0	0	30	13	0	16	0	0	13	0	0	0
	被采纳数		26	57	17	0	0	0	0	17	7	0	9	0	0	7	0	0	0

2.2 东南大学人文、社会科学研究与课题成果来源情况表

			课题来源															
			合计	国家社科基金项目	国家社科基金单列学科项目	教育部人文社科研究项目	高校古籍整理研究项目	国家自然科学基金项目	中央其他部门社科专门项目	省、市、自治区社科基金项目	省教育厅社科项目	地、市、厅、局等政府部门项目	国际合作研究项目	与港、澳、台地区合作研究项目	企事业单位委托项目	学校社科项目	外资项目	其他
		编号	L01	L02	L03	L04	L05	L06	L07	L08	L09	L10	L11	L12	L13	L14	L15	L16
课题数(项)		1	1019	193	15	59	0	0	46	145	63	140	1	0	147	208	0	2
当年投入人数	合计(人年)	2	118.80	19.30	1.50	5.90	0	0	4.60	14.50	6.30	13.90	0.10	0	31.70	20.80	0	0.20
	研究生(人年)	3	17.50	0	0	0	0	0	0	0	0	0.10	0	0	17.40	0	0	0
当年拨入经费	合计(千元)	4	29 868.95	5586.96	80	1060	0	0	520	3193.69	509	6645.75	181.18	0	12 072.37	0	0	20
	当年立项项目拨入经费(千元)	5	18 691.39	2460	0	300	0	0	369	2567.50	0	3896.40	181.18	0	8897.31	0	0	20
当年支出经费(千元)		6	30 572.62	6698.01	70.26	969.29	0	0	575.22	3369.92	501.55	6417.44	172.23	0	11 780.61	0	0	18.10
当年新开课题数(项)		7	265	31	0	10	0	0	10	28	5	42	1	0	78	59	0	1
当年新开课题批准经费(千元)		8	35 394	8400	0	880	0	0	736	3715	500	4386	200	0	12 428	4129	0	20
当年完成课题数(项)		9	231	26	1	22	0	0	4	31	19	59	0	0	55	13	0	1

出版著作(部)	合计	10	25	13	2	2	0	3	0	1	0	1	0	0	0	3	0	0
	专著 合计	11	19	9	2	2	0	3	0	1	0	0	0	0	0	2	0	0
	专著 被译成外文	12	1	0	0	0	0	0	0	0	0	0	0	0	0	1	0	0
	编著教材	13	6	4	0	0	0	0	0	0	0	1	0	0	0	1	0	0
	工具书/参考书	14	0	0	0	0	0	0	0	0	0	0	0	0	0	0	0	0
	皮书/发展报告	15	0	0	0	0	0	0	0	0	0	0	0	0	0	0	0	0
	科普读物	16	0	0	0	0	0	0	0	0	0	0	0	0	0	0	0	0
古籍整理(部)		17	0	0	0	0	0	0	0	0	0	0	0	0	0	0	0	0
译著(部)		18	1	0	0	0	0	0	0	0	0	1	0	0	0	0	0	0
发表译文(篇)		19	1	1	0	0	0	0	0	0	0	0	0	0	0	0	0	0
电子出版物(件)		20	0	0	0	0	0	0	0	0	0	0	0	0	0	0	0	0
发表论文(篇)	合计	21	353	206	11	11	0	23	6	40	9	17	0	0	0	30	0	0
	国内学术刊物	22	272	181	11	10	0	9	5	31	4	7	0	0	0	14	0	0
	国外学术刊物	23	81	25	0	1	0	14	1	9	5	10	0	0	0	16	0	0
	港、澳、台刊物	24	0	0	0	0	0	0	0	0	0	0	0	0	0	0	0	0
研究与咨询报告(篇)	合计	25	77	14	2	0	0	0	0	5	1	0	0	0	55	0	0	0
	被采纳数	26	77	14	2	0	0	0	0	5	1	0	0	0	55	0	0	0

2.3 江南大学人文、社会科学研究与课题成果来源情况表

		编号	合计	国家社科基金项目	国家社科基金单列学科项目	教育部人文社科研究项目	高校古籍整理研究项目	国家自然科学基金项目	中央其他部门社科专门项目	省、市、自治区社科基金项目	省教育厅社科项目	地、市、厅、局等政府部门项目	国际合作研究项目	与港、澳、台地区合作研究项目	企事业单位委托项目	学校社科项目	外资项目	其他
			L01	L02	L03	L04	L05	L06	L07	L08	L09	L10	L11	L12	L13	L14	L15	L16
课题数(项)		1	911	64	12	87	0	21	8	69	125	72	0	0	400	53	0	0
当年投入人数	合计(人年)	2	593.70	53.90	11.60	71.50	0	18.30	7.20	56.40	110.10	46.50	0	0	203	15.20	0	0
	研究生(人年)	3	328.90	17.70	2.30	23.50	0	9.10	3.30	40.60	60.10	19.90	0	0	149.30	3.10	0	0
当年拨入经费	合计(千元)	4	70 203.31	6278	490	1590	0	1284	0	555	308	35	0	0	59 623.31	40	0	0
	当年立项项目拨入经费(千元)	5	38 764.71	5630	480	1100	0	468	0	498	140	35	0	0	30 413.71	0	0	0
当年支出经费(千元)		6	60 866.31	1874	199	637	0	326.80	40	279.20	257.60	37	0	0	57 175.71	40	0	0
当年新开课题数(项)		7	385	23	3	24	0	3	0	12	43	4	0	0	273	0	0	0
当年新开课题批准经费(千元)		8	60 809.04	6550	600	2200	0	780	0	810	4300	35	0	0	45 534.04	0	0	0
当年完成课题数(项)		9	381	9	0	18	0	4	2	8	10	14	0	0	299	17	0	0

8

出版著作(部)	合计		10	35	9	3	4	0	0	0	1	3	2	0	0	7	6	0	0
	专著	合计	11	24	8	2	4	0	0	0	1	1	2	0	0	1	5	0	0
		被译成外文	12	0	0	0	0	0	0	0	0	0	0	0	0	0	0	0	0
	编著教材		13	11	1	1	0	0	0	0	0	2	0	0	0	6	1	0	0
	工具书/参考书		14	0	0	0	0	0	0	0	0	0	0	0	0	0	0	0	0
	皮书/发展报告		15	0	0	0	0	0	0	0	0	0	0	0	0	0	0	0	0
	科普读物		16	0	0	0	0	0	0	0	0	0	0	0	0	0	0	0	0
古籍整理(部)			17	0	0	0	0	0	0	0	0	0	0	0	0	0	0	0	0
译著(部)			18	4	0	0	0	0	0	1	0	0	3	0	0	0	0	0	0
发表译文(篇)			19	0	0	0	0	0	0	0	0	0	0	0	0	0	0	0	0
电子出版物(件)			20	0	0	0	0	0	0	0	0	0	0	0	0	0	0	0	0
发表论文(篇)	合计		21	408	63	16	56	0	71	6	39	52	10	0	0	63	32	0	0
	国内学术刊物		22	331	54	12	45	0	42	6	35	44	10	0	0	55	28	0	0
	国外学术刊物		23	77	9	4	11	0	29	0	4	8	0	0	0	8	4	0	0
	港、澳、台刊物		24	0	0	0	0	0	0	0	0	0	0	0	0	0	0	0	0
研究与咨询报告(篇)	合计		25	28	3	0	1	0	2	0	1	0	1	0	0	19	1	0	0
	被采纳数		26	28	3	0	1	0	2	0	1	0	1	0	0	19	1	0	0

八、社科研究、课题与成果(来源情况)

2.4 南京农业大学人文、社会科学研究与课题成果来源情况表

			课题来源															
			合计	国家社科基金项目	国家社科基金单列学科项目	教育部人文社科研究项目	高校古籍整理研究项目	国家自然科学基金项目	中央其他部门社科专门项目	省、市、自治区社科基金项目	省教育厅社科项目	地、市、厅、局等政府部门项目	国际合作研究项目	与港、澳、台地区合作研究项目	企事业单位委托项目	学校社科项目	外资项目	其他
		编号	L01	L02	L03	L04	L05	L06	L07	L08	L09	L10	L11	L12	L13	L14	L15	L16
课题数(项)		1	1762	81	2	54	0	104	147	63	121	445	1	0	402	342	0	0
当年投入人数	合计(人年)	2	249.30	15.70	0.20	6.90	0	13.10	21.10	8.60	16.40	61.30	0.10	0	56.70	49.20	0	0
	研究生(人年)	3	24.40	1.10	0	0.50	0	0.50	3	0.80	0.10	8.50	0	0	9.30	0.60	0	0
当年拨入经费	合计(千元)	4	36 096.19	5850	170	650	0	4711.50	1386	541	140	9996.88	58.56	0	12 592.25	0	0	0
	当年立项项目拨入经费(千元)	5	26 747.73	4750	170	355	0	2275	1160	459	90	6030.18	0	0	11 458.55	0	0	0
当年支出经费(千元)		6	37989.07	6579.59	144.51	665	0	5318.84	2120.15	579	162	10 882.57	58.56	0	11 478.85	0	0	0
当年新开课题数(项)		7	415	17	2	12	0	12	16	16	35	125	0	0	81	99	0	0
当年新开课题批准经费(千元)		8	42 986.98	5600	650	1640	0	4850	3343.60	630	530	9349.45	0	0	16 393.93	0	0	0
当年完成课题数(项)		9	422	8	0	19	0	43	67	13	26	114	0	0	92	40	0	0

出版著作(部)	合计		10	17	4	3	3	0	2	1	0	1	0	0	0	0	3	0	0
	专著	合计	11	14	3	3	3	0	2	0	0	1	0	0	0	0	2	0	0
		被译成外文	12	0	0	0	0	0	0	0	0	0	0	0	0	0	0	0	0
	编著教材		13	3	1	0	0	0	0	1	0	0	0	0	0	0	1	0	0
	工具书/参考书		14	0	0	0	0	0	0	0	0	0	0	0	0	0	0	0	0
	皮书/发展报告		15	0	0	0	0	0	0	0	0	0	0	0	0	0	0	0	0
	科普读物		16	0	0	0	0	0	0	0	0	0	0	0	0	0	0	0	0
古籍整理(部)			17	0	0	0	0	0	0	0	0	0	0	0	0	0	0	0	0
译著(部)			18	0	0	0	0	0	0	0	0	0	0	0	0	0	0	0	0
发表译文(篇)			19	0	0	0	0	0	0	0	0	0	0	0	0	0	0	0	0
电子出版物(件)			20	0	0	0	0	0	0	0	0	0	0	0	0	0	0	0	0
发表论文(篇)	合计		21	479	146	4	37	0	180	15	23	20	18	1	0	2	33	0	0
	国内学术刊物		22	363	131	3	31	0	104	11	20	18	16	0	0	2	27	0	0
	国外学术刊物		23	113	12	1	6	0	76	4	3	2	2	1	0	0	6	0	0
	港、澳、台刊物		24	3	3	0	0	0	0	0	0	0	0	0	0	0	0	0	0
研究与咨询报告(篇)	合计		25	71	2	0	2	0	1	2	4	1	3	0	0	52	4	0	0
	被采纳数		26	46	2	0	1	0	1	2	4	1	3	0	0	29	3	0	0

2.5 中国矿业大学人文、社会科学研究与课题成果来源情况表

		编号	合计	国家社科基金项目	国家社科基金单列学科项目	教育部人文社科研究项目	高校古籍整理研究项目	国家自然科学基金项目	中央其他部门社科专门项目	省、市、自治区社科基金项目	省教育厅社科项目	地、市、厅、局等政府部门项目	国际合作研究项目	与港、澳、台地区合作研究项目	企事业单位委托项目	学校社科项目	外资项目	其他
			课题来源															
			L01	L02	L03	L04	L05	L06	L07	L08	L09	L10	L11	L12	L13	L14	L15	L16
课题数(项)		1	850	67	0	55	0	44	16	71	93	213	0	0	197	94	0	0
当年投入人数	合计(人年)	2	175.10	15.30	0	15	0	8.40	2.80	15.50	21.10	41.40	0	0	33.50	22.10	0	0
	研究生(人年)	3	28.90	1.20	0	0.50	0	1	0.40	1.70	3	9	0	0	9.10	3	0	0
当年拨入经费	合计(千元)	4	24 201.23	2627.17	0	701	0	5012.23	403.10	950.20	648	819.04	0	0	13 040.49	0	0	0
	当年立项项目拨入经费(千元)	5	15 386.55	2380	0	100	0	1495	50	651.50	280	384	0	0	10 046.05	0	0	0
当年支出经费(千元)		6	18 710.47	2722.65	2.10	551.99	0	3378.30	159.10	442.83	374.90	672.12	0	0	10 406.48	0	0	0
当年新开课题数(项)		7	255	10	0	4	0	8	2	15	34	76	0	0	81	25	0	0
当年新开课题批准经费(千元)		8	31 530.15	2750	0	260	0	3230	100	890	970	716	0	0	21 945.15	669	0	0
当年完成课题数(项)		9	195	4	0	9	0	0	0	9	9	91	0	0	73	0	0	0

出版著作(部)	合计		10	18	2	0	0	0	0	0	5	4	2	0	0	1	4	0	0
	专著	合计	11	7	1	0	0	0	0	0	1	3	1	0	0	1	0	0	0
		被译成外文	12	0	0	0	0	0	0	0	0	0	0	0	0	0	0	0	0
	编著教材		13	11	1	0	0	0	0	0	4	1	1	0	0	0	4	0	0
	工具书/参考书		14	0	0	0	0	0	0	0	0	0	0	0	0	0	0	0	0
	皮书/发展报告		15	0	0	0	0	0	0	0	0	0	0	0	0	0	0	0	0
	科普读物		16	0	0	0	0	0	0	0	0	0	0	0	0	0	0	0	0
古籍整理(部)			17	0	0	0	0	0	0	0	0	0	0	0	0	0	0	0	0
译著(部)			18	0	0	0	0	0	0	0	0	0	0	0	0	0	0	0	0
发表译文(篇)			19	0	0	0	0	0	0	0	0	0	0	0	0	0	0	0	0
电子出版物(件)			20	0	0	0	0	0	0	0	0	0	0	0	0	0	0	0	0
发表论文(篇)	合计		21	285	68	3	31	0	32	2	20	15	69	0	0	3	42	0	0
	国内学术刊物		22	171	31	1	18	0	13	1	8	12	55	0	0	3	29	0	0
	国外学术刊物		23	114	37	2	13	0	19	1	12	3	14	0	0	0	13	0	0
	港、澳、台刊物		24	0	0	0	0	0	0	0	0	0	0	0	0	0	0	0	0
研究与咨询报告(篇)	合计		25	113	0	0	0	0	0	1	22	13	1	0	0	76	0	0	0
	被采纳数		26	81	0	0	0	0	0	1	0	3	1	0	0	76	0	0	0

2.6 河海大学人文、社会科学研究与课题成果来源情况表

			课题来源															
			合计	国家社科基金项目	国家社科基金单列学科项目	教育部人文社科研究项目	高校古籍整理研究项目	国家自然科学基金项目	中央其他部门社科专门项目	省、市、自治区社科基金项目	省教育厅社科项目	地、市、厅、局等政府部门项目	国际合作研究项目	与港、澳、台地区合作研究项目	企事业单位委托项目	学校社科项目	外资项目	其他
		编号	L01	L02	L03	L04	L05	L06	L07	L08	L09	L10	L11	L12	L13	L14	L15	L16
课题数(项)		1	1089	95	4	48	0	54	69	93	85	83	1	0	256	300	1	0
当年投入人数	合计(人年)	2	342	22	0.70	9.50	0	7	31.10	15.60	15.60	36.70	0.20	0	143.70	59	0.90	0
	研究生(人年)	3	149.40	8.40	0.30	3.20	0	1.20	16.50	4.50	4.20	21.30	0.10	0	84.30	4.80	0.60	0
当年拨入经费	合计(千元)	4	40 187.44	4160	60	604	0	2353.50	3046.64	879	464	4631.61	498.26	0	23 439.19	0	51.24	0
	当年立项项目拨入经费(千元)	5	22 200.86	3920	0	274	0	1009	1195	380	440	2150.63	0	0	12 780.99	0	51.24	0
当年支出经费(千元)		6	38 073.28	4754	36	604	0	3348.10	3129.07	735.40	358.40	3226.30	414.39	0	21 436.48	0.40	30.74	0
当年新开课题数(项)		7	340	18	0	8	0	5	19	9	32	21	0	0	87	140	1	0
当年新开课题批准经费(千元)		8	53 330.35	4500	0	640	0	2030	1616	460	680	10 917.55	0	0	25 381.80	7050	55	0
当年完成课题数(项)		9	259	15	1	9	0	7	23	13	16	27	0	0	81	67	0	0

八、社科研究、课题与成果(来源情况)

出版著作(部)	合计		10	72	18	0	6	0	2	2	8	1	11	0	0	13	9	0	2
	专著	合计	11	24	12	0	3	0	2	0	3	0	0	0	0	0	4	0	0
		被译成外文	12	0	0	0	0	0	0	0	0	0	0	0	0	0	0	0	0
	编著教材		13	10	0	0	0	0	0	2	0	1	1	0	0	2	2	0	2
	工具书/参考书		14	3	2	0	0	0	0	0	0	0	1	0	0	0	0	0	0
	皮书/发展报告		15	11	0	0	0	0	0	0	0	0	3	0	0	5	3	0	0
	科普读物		16	24	4	0	3	0	0	0	5	0	6	0	0	6	0	0	0
古籍整理(部)			17	0	0	0	0	0	0	0	0	0	0	0	0	0	0	0	0
译著(部)			18	2	1	0	0	0	0	1	0	0	0	0	0	0	0	0	0
发表译文(篇)			19	0	0	0	0	0	0	0	0	0	0	0	0	0	0	0	0
电子出版物(件)			20	44	5	0	0	0	10	1	0	0	3	0	0	17	8	0	0
发表论文(篇)	合计		21	700	205	1	50	0	100	39	76	36	19	1	0	46	126	0	1
	国内学术刊物		22	546	140	1	32	0	75	30	56	33	15	1	0	41	122	0	0
	国外学术刊物		23	154	65	0	18	0	25	9	20	3	4	0	0	5	4	0	1
	港、澳、台刊物		24	0	0	0	0	0	0	0	0	0	0	0	0	0	0	0	0
研究与咨询报告(篇)	合计		25	221	11	1	6	0	7	24	8	16	18	0	0	70	58	0	2
	被采纳数		26	170	11	1	6	0	7	24	8	16	18	0	0	70	7	0	2

2.7 南京理工大学人文、社会科学研究与课题成果来源情况表

		编号	课题来源：合计	国家社科基金项目	国家社科基金单列学科项目	教育部人文社科研究项目	高校古籍整理研究项目	国家自然科学基金项目	中央其他部门社科专门项目	省、市、自治区社科基金项目	省教育厅社科项目	地、市、厅、局等政府部门项目	国际合作研究项目	与港、澳、台地区合作研究项目	企事业单位委托项目	学校社科项目	外资项目	其他
			L01	L02	L03	L04	L05	L06	L07	L08	L09	L10	L11	L12	L13	L14	L15	L16
课题数(项)		1	524	45	1	39	0	60	24	73	71	57	0	0	84	70	0	0
当年投入人数	合计(人年)	2	94.30	9.70	0.70	8.30	0	10.30	3.90	13.90	11.30	8.90	0	0	13.40	13.90	0	0
	研究生(人年)	3	0.80	0	0	0	0	0.10	0	0.20	0.10	0.10	0	0	0.30	0	0	0
当年拨入经费	合计(千元)	4	15 853.52	3005	156.15	454.77	0	2491.29	687.48	834.64	291.62	2477.33	0	0	4899.50	555.74	0	0
	当年立项项目拨入经费(千元)	5	4773.17	1360	0	210	0	13.17	0	160	76	0	0	0	2681.50	272.50	0	0
当年支出经费(千元)		6	13 041.36	2608.39	156.15	375.27	0	1609.77	587.98	743.29	270.92	2552.47	0	0	3564.85	572.28	0	0
当年新开课题数(项)		7	105	15	0	6	0	3	2	18	16	0	0	0	29	16	0	0
当年新开课题批准经费(千元)		8	13 894	3500	0	480	0	1001	110	906	679	0	0	0	6933	285	0	0
当年完成课题数(项)		9	21	1	0	1	0	0	1	2	1	1	0	0	7	7	0	0

出版著作(部)	合计		10	12	0	0	2	0	5	0	1	3	0	0	0	1	0	0	0
	专著	合计	11	12	0	0	2	0	5	0	1	3	0	0	0	1	0	0	0
		被译成外文	12	1	0	0	0	0	0	0	0	0	0	0	0	1	0	0	0
	编著教材		13	0	0	0	0	0	0	0	0	0	0	0	0	0	0	0	0
	工具书/参考书		14	0	0	0	0	0	0	0	0	0	0	0	0	0	0	0	0
	皮书/发展报告		15	0	0	0	0	0	0	0	0	0	0	0	0	0	0	0	0
	科普读物		16	0	0	0	0	0	0	0	0	0	0	0	0	0	0	0	0
古籍整理(部)			17	0	0	0	0	0	0	0	0	0	0	0	0	0	0	0	0
译著(部)			18	3	0	0	0	0	0	0	2	0	0	0	0	0	1	0	0
发表译文(篇)			19	0	0	0	0	0	0	0	0	0	0	0	0	0	0	0	0
电子出版物(件)			20	0	0	0	0	0	0	0	0	0	0	0	0	0	0	0	0
发表论文(篇)	合计		21	165	22	0	14	0	70	3	17	14	5	0	0	10	10	0	0
	国内学术刊物		22	116	19	0	14	0	34	3	15	10	3	0	0	10	8	0	0
	国外学术刊物		23	49	3	0	0	0	36	0	2	4	2	0	0	0	2	0	0
	港、澳、台刊物		24	0	0	0	0	0	0	0	0	0	0	0	0	0	0	0	0
研究与咨询报告(篇)	合计		25	6	0	0	0	0	0	0	0	0	0	0	0	6	0	0	0
	被采纳数		26	6	0	0	0	0	0	0	0	0	0	0	0	6	0	0	0

2.8 南京航空航天大学人文、社会科学研究与课题成果来源情况表

			课题来源															
			合计	国家社科基金项目	国家社科基金单列学科项目	教育部人文社科研究项目	高校古籍整理研究项目	国家自然科学基金项目	中央其他部门社科专门项目	省、市、自治区社科基金项目	省教育厅社科项目	地、市、厅、局等政府部门项目	国际合作研究项目	与港、澳、台地区合作研究项目	企事业单位委托项目	学校社科项目	外资项目	其他
		编号	L01	L02	L03	L04	L05	L06	L07	L08	L09	L10	L11	L12	L13	L14	L15	L16
课题数(项)		1	510	72	4	37	0	38	28	107	30	46	0	0	65	82	0	1
当年投入人数	合计(人年)	2	105.40	17.50	1	8.70	0	7.90	6.30	20.20	6.40	9.20	0	0	12	16.10	0	0.10
	研究生(人年)	3	2.20	1.20	0	0.80	0	0	0	0	0	0	0	0	0	0.20	0	0
当年拨入经费	合计(千元)	4	14 875.99	3950	0	908	0	2084	1131.20	1380	982	1524.79	0	0	2816	0	0	100
	当年立项项目拨入经费(千元)	5	11 654.99	3770	0	400	0	965	1131.20	928	120	1524.79	0	0	2716	0	0	100
当年支出经费(千元)		6	13 992.39	3628	0	808	0	2084	701.20	1371	932	1612.19	0	0	2756	0	0	100
当年新开课题数(项)		7	181	13	0	7	0	6	12	30	3	20	0	0	25	64	0	1
当年新开课题批准经费(千元)		8	17 724.99	4300	0	860	0	965	1164.20	1438	300	2321.79	0	0	4826	1300	0	250
当年完成课题数(项)		9	146	15	0	9	0	7	13	33	4	17	0	0	18	30	0	0

出版著作(部)	合计		10	17	2	0	0	0	0	1	1	1	0	0	0	0	12	0	0
	专著	合计	11	15	2	0	0	0	0	1	1	1	0	0	0	0	10	0	0
		被译成外文	12	0	0	0	0	0	0	0	0	0	0	0	0	0	0	0	0
	编著教材		13	2	0	0	0	0	0	0	0	0	0	0	0	0	2	0	0
	工具书/参考书		14	0	0	0	0	0	0	0	0	0	0	0	0	0	0	0	0
	皮书/发展报告		15	0	0	0	0	0	0	0	0	0	0	0	0	0	0	0	0
	科普读物		16	0	0	0	0	0	0	0	0	0	0	0	0	0	0	0	0
古籍整理(部)			17	0	0	0	0	0	0	0	0	0	0	0	0	0	0	0	0
译著(部)			18	9	2	0	0	0	0	0	1	0	0	0	0	1	5	0	0
发表译文(篇)			19	0	0	0	0	0	0	0	0	0	0	0	0	0	0	0	0
电子出版物(件)			20	4	0	0	0	0	0	0	0	0	0	0	0	0	3	0	1
发表论文(篇)	合计		21	189	37	0	9	0	34	3	18	3	0	0	0	1	84	0	0
	国内学术刊物		22	159	36	0	7	0	9	3	18	3	0	0	0	1	82	0	0
	国外学术刊物		23	30	1	0	2	0	25	0	0	0	0	0	0	0	2	0	0
	港、澳、台刊物		24	0	0	0	0	0	0	0	0	0	0	0	0	0	0	0	0
研究与咨询报告(篇)	合计		25	46	0	0	0	0	0	1	2	0	8	0	0	1	34	0	0
	被采纳数		26	14	0	0	0	0	0	1	2	0	8	0	0	1	2	0	0

2.9 中国药科大学人文、社会科学研究与课题成果来源情况表

			课题来源															
			合计	国家社科基金项目	国家社科基金单列学科项目	教育部人文社科研究项目	高校古籍整理研究项目	国家自然科学基金项目	中央其他部门社科专门项目	省、市、自治区社科基金项目	省教育厅社科项目	地、市、厅、局等政府部门项目	国际合作研究项目	与港、澳、台地区合作研究项目	企事业单位委托项目	学校社科项目	外资项目	其他
		编号	L01	L02	L03	L04	L05	L06	L07	L08	L09	L10	L11	L12	L13	L14	L15	L16
课题数(项)		1	567	3	0	6	0	7	63	31	23	28	0	0	390	16	0	0
当年投入人数	合计(人年)	2	59.60	0.30	0	0.80	0	0.70	6.30	3.10	2.30	3.30	0	0	41.20	1.60	0	0
	研究生(人年)	3	0	0	0	0	0	0	0	0	0	0	0	0	0	0	0	0
当年拨入经费	合计(千元)	4	19 120.05	0	0	67	0	434.10	736.95	110	33	298	0	0	17 436	5	0	0
	当年立项项目拨入经费(千元)	5	17313.40	0	0	0	0	299.10	511.30	0	33	298	0	0	16 172	0	0	0
当年支出经费(千元)		6	18 977.73	0	0	63.65	0	546.15	876.80	636	33	420.10	0	0	16 397.29	4.75	0	0
当年新开课题数(项)		7	282	1	0	0	0	4	8	1	4	15	0	0	241	8	0	0
当年新开课题批准经费(千元)		8	95 120.20	200	0	0	0	299.10	547.80	50	33	1815	0	0	62 080.30	30 095	0	0
当年完成课题数(项)		9	89	2	0	3	0	2	42	12	7	10	0	0	7	4	0	0

出版著作(部)	合计		10	1	1	0	0	0	0	0	0	0	0	0	0	0	0	0	0
	专著	合计	11	0	0	0	0	0	0	0	0	0	0	0	0	0	0	0	0
		被译成外文	12	0	0	0	0	0	0	0	0	0	0	0	0	0	0	0	0
	编著教材		13	1	1	0	0	0	0	0	0	0	0	0	0	0	0	0	0
	工具书/参考书		14	0	0	0	0	0	0	0	0	0	0	0	0	0	0	0	0
	皮书/发展报告		15	0	0	0	0	0	0	0	0	0	0	0	0	0	0	0	0
	科普读物		16	0	0	0	0	0	0	0	0	0	0	0	0	0	0	0	0
古籍整理(部)			17	0	0	0	0	0	0	0	0	0	0	0	0	0	0	0	0
译著(部)			18	0	0	0	0	0	0	0	0	0	0	0	0	0	0	0	0
发表译文(篇)			19	0	0	0	0	0	0	0	0	0	0	0	0	0	0	0	0
电子出版物(件)			20	0	0	0	0	0	0	0	0	0	0	0	0	0	0	0	0
发表论文(篇)	合计		21	71	6	0	7	0	1	3	14	10	0	0	0	19	11	0	0
	国内学术刊物		22	62	6	0	6	0	1	3	14	10	0	0	0	12	10	0	0
	国外学术刊物		23	9	0	0	1	0	0	0	0	0	0	0	0	7	1	0	0
	港、澳、台刊物		24	0	0	0	0	0	0	0	0	0	0	0	0	0	0	0	0
研究与咨询报告(篇)	合计		25	0	0	0	0	0	0	0	0	0	0	0	0	0	0	0	0
	被采纳数		26	0	0	0	0	0	0	0	0	0	0	0	0	0	0	0	0

2.10 南京森林警察学院人文、社会科学研究与课题成果来源情况表

			课题来源															
			合计	国家社科基金项目	国家社科基金单列学科项目	教育部人文社科研究项目	高校古籍整理研究项目	国家自然科学基金项目	中央其他部门社科专门项目	省、市、自治区社科基金项目	省教育厅社科项目	地、市、厅、局等政府部门项目	国际合作研究项目	与港、澳、台地区合作研究项目	企事业单位委托项目	学校社科项目	外资项目	其他
		编号	L01	L02	L03	L04	L05	L06	L07	L08	L09	L10	L11	L12	L13	L14	L15	L16
课题数(项)		1	147	5	0	2	0	0	2	8	92	0	0	0	20	18	0	0
当年投入人数	合计(人年)	2	44.80	1.50	0	0.50	0	0	0.80	2.70	27	0	0	0	5.80	6.50	0	0
	研究生(人年)	3	0	0	0	0	0	0	0	0	0	0	0	0	0	0	0	0
当年拨入经费	合计(千元)	4	1667.55	10	0	25	0	0	0	9.71	40	0	0	0	1302.84	280	0	0
	当年立项项目拨入经费(千元)	5	1555.84	0	0	0	0	0	0	0	0	0	0	0	1275.84	280	0	0
当年支出经费(千元)		6	2101.67	194.64	0	43.02	0	0	22.87	20	26.86	0	0	0	1514.28	280	0	0
当年新开课题数(项)		7	43	0	0	0	0	0	1	1	20	0	0	0	4	17	0	0
当年新开课题批准经费(千元)		8	1620	0	0	0	0	0	0	0	0	0	0	0	1340	280	0	0
当年完成课题数(项)		9	41	1	0	0	0	0	0	4	15	0	0	0	4	17	0	0

八、社科研究、课题与成果(来源情况)

出版著作(部)	合计		10	1	0	0	0	0	0	0	0	0	0	0	0	1	0	0	0
	专著	合计	11	0	0	0	0	0	0	0	0	0	0	0	0	0	0	0	0
		被译成外文	12	0	0	0	0	0	0	0	0	0	0	0	0	0	0	0	0
	编著教材		13	1	0	0	0	0	0	0	0	0	0	0	0	1	0	0	0
	工具书/参考书		14	0	0	0	0	0	0	0	0	0	0	0	0	0	0	0	0
	皮书/发展报告		15	0	0	0	0	0	0	0	0	0	0	0	0	0	0	0	0
	科普读物		16	0	0	0	0	0	0	0	0	0	0	0	0	0	0	0	0
古籍整理(部)			17	0	0	0	0	0	0	0	0	0	0	0	0	0	0	0	0
译著(部)			18	1	0	0	0	0	0	0	0	0	0	0	0	1	0	0	0
发表译文(篇)			19	0	0	0	0	0	0	0	0	0	0	0	0	0	0	0	0
电子出版物(件)			20	0	0	0	0	0	0	0	0	0	0	0	0	0	0	0	0
发表论文(篇)	合计		21	67	0	0	0	0	0	1	8	29	0	0	0	1	28	0	0
	国内学术刊物		22	64	0	0	0	0	0	1	7	29	0	0	0	1	26	0	0
	国外学术刊物		23	3	0	0	0	0	0	0	1	0	0	0	0	0	2	0	0
	港、澳、台刊物		24	0	0	0	0	0	0	0	0	0	0	0	0	0	0	0	0
研究与咨询报告(篇)	合计		25	2	1	0	0	0	0	0	0	0	0	0	0	1	0	0	0
	被采纳数		26	0	0	0	0	0	0	0	0	0	0	0	0	0	0	0	0

2.11 苏州大学人文、社会科学研究与课题成果来源情况表

			课题来源															
			合计	国家社科基金项目	国家社科基金单列学科项目	教育部人文社科研究项目	高校古籍整理研究项目	国家自然科学基金项目	中央其他部门社科专门项目	省、市、自治区社科基金项目	省教育厅社科项目	地、市、厅、局等政府部门项目	国际合作研究项目	与港、澳、台地区合作研究项目	企事业单位委托项目	学校社科项目	外资项目	其他
		编号	L01	L02	L03	L04	L05	L06	L07	L08	L09	L10	L11	L12	L13	L14	L15	L16
课题数(项)		1	1314	200	23	74	5	14	29	101	205	142	0	0	476	45	0	0
当年投入人数	合计(人年)	2	204.90	50.80	7.10	14.30	0.70	2.20	4.40	18.90	28.40	21	0	0	51.60	5.50	0	0
	研究生(人年)	3	14.10	7.20	1.20	0	0.10	0	0.30	0	1.10	0.30	0	0	3.60	0.30	0	0
当年拨入经费	合计(千元)	4	70 111.13	10 970	1622	1445	0	50	635.38	1412	1057.65	2220.40	0	0	48 757.05	1941.65	0	0
	当年立项项目拨入经费(千元)	5	53 463.27	10 700	940	395	0	0	434	1060	870	1774.40	0	0	35 378.22	1911.65	0	0
当年支出经费(千元)		6	55 889.09	11 212	1890	2000	22	379	725.38	1869	1295.65	2713.40	0	0	31 735.01	2047.65	0	0
当年新开课题数(项)		7	519	44	5	11	0	0	15	27	63	81	0	0	252	21	0	0
当年新开课题批准经费(千元)		8	64 564.04	11 950	1400	1160	0	0	1205	1590	1350	2052	0	0	41 495.38	2361.65	0	0
当年完成课题数(项)		9	402	24	5	8	0	0	8	14	41	55	0	0	232	15	0	0

八、社科研究、课题与成果（来源情况）

序号	项目	C1	C2	C3	C4	C5	C6	C7	C8	C9	C10	C11	C12	C13	C14	C15	C16
10	出版著作(部) 合计	120	3	0	1	0	2	0	42	28	5	0	0	39	0	0	0
11	专著 合计	63	2	0	0	0	1	0	21	17	3	0	0	19	0	0	0
12	被译成外文	0	0	0	0	0	0	0	0	0	0	0	0	0	0	0	0
13	编著教材	42	1	0	1	1	1	0	13	8	1	0	0	17	0	0	0
14	工具书/参考书	15	0	0	0	0	0	0	8	3	1	0	0	3	0	0	0
15	皮书/发展报告	0	0	0	0	0	0	0	0	0	0	0	0	0	0	0	0
16	科普读物	0	0	0	0	0	0	0	0	0	0	0	0	0	0	0	0
17	古籍整理(部)	3	0	0	0	0	0	0	3	0	0	0	0	0	0	0	0
18	译著(部)	8	2	0	0	0	0	0	4	0	0	0	0	2	0	0	0
19	发表译文(篇)	0	0	0	0	0	0	0	0	0	0	0	0	0	0	0	0
20	电子出版物(件)	0	0	0	0	0	0	0	0	0	0	0	0	0	0	0	0
21	发表论文(篇) 合计	458	54	10	93	4	8	5	37	36	127	0	0	79	5	0	0
22	国内学术刊物	458	54	10	93	4	8	5	37	36	127	0	0	79	5	0	0
23	国外学术刊物	0	0	0	0	0	0	0	0	0	0	0	0	0	0	0	0
24	港、澳、台刊物	0	0	0	0	0	0	0	0	0	0	0	0	0	0	0	0
25	研究与咨询报告(篇) 合计	76	0	0	0	0	0	0	0	0	0	0	0	11	65	0	0
26	被采纳数	29	0	0	0	0	0	0	0	0	0	0	0	6	23	0	0

2.12 江苏科技大学人文、社会科学研究与课题成果来源情况表

			课题来源															
			合计	国家社科基金项目	国家社科基金单列学科项目	教育部人文社科研究项目	高校古籍整理研究项目	国家自然科学基金项目	中央其他部门社科专门项目	省、市、自治区社科基金项目	省教育厅社科项目	地、市、厅、局等政府部门项目	国际合作研究项目	与港、澳、台地区合作研究项目	企事业单位委托项目	学校社科项目	外资项目	其他
		编号	L01	L02	L03	L04	L05	L06	L07	L08	L09	L10	L11	L12	L13	L14	L15	L16
课题数(项)		1	610	21	0	27	1	13	1	40	154	176	0	0	107	70	0	0
当年投入人数	合计(人年)	2	143.40	6.40	0	6.90	0.20	3.40	0.20	8.90	33.70	43.20	0	0	22.90	17.60	0	0
	研究生(人年)	3	12.90	0.50	0	0.50	0	0.20	0	0.60	1.10	5.20	0	0	3.20	1.60	0	0
当年拨入经费	合计(千元)	4	4823.50	430	0	498	0	120	0	342	481	776.50	0	0	1756	420	0	0
	当年立项项目拨入经费(千元)	5	4096	400	0	195	0	120	0	320	255	630	0	0	1756	420	0	0
当年支出经费(千元)		6	4194.70	418.80	0	345.40	2	400.20	0.10	290.20	432.88	743.52	0	0	1208.30	353.30	0	0
当年新开课题数(项)		7	182	2	0	6	0	1	0	8	30	88	0	0	25	22	0	0
当年新开课题批准经费(千元)		8	5524	450	0	410	0	300	0	320	435	657	0	0	2532	420	0	0
当年完成课题数(项)		9	108	3	0	4	0	1	0	0	1	84	0	0	4	11	0	0

出版著作(部)	合计		10	9	1	0	1	0	0	0	2	0	5	0	0	0	0	0	0
	专著	合计	11	9	1	0	1	0	0	0	2	0	5	0	0	0	0	0	0
		被译成外文	12	0	0	0	0	0	0	0	0	0	0	0	0	0	0	0	0
	编著教材		13	0	0	0	0	0	0	0	0	0	0	0	0	0	0	0	0
	工具书/参考书		14	0	0	0	0	0	0	0	0	0	0	0	0	0	0	0	0
	皮书/发展报告		15	0	0	0	0	0	0	0	0	0	0	0	0	0	0	0	0
	科普读物		16	0	0	0	0	0	0	0	0	0	0	0	0	0	0	0	0
古籍整理(部)			17	0	0	0	0	0	0	0	0	0	0	0	0	0	0	0	0
译著(部)			18	5	0	0	0	0	0	0	0	0	2	0	0	0	0	0	3
发表译文(篇)			19	0	0	0	0	0	0	0	0	0	0	0	0	0	0	0	0
电子出版物(件)			20	0	0	0	0	0	0	0	0	0	0	0	0	0	0	0	0
发表论文(篇)	合计		21	160	10	0	9	0	4	0	40	24	63	0	0	5	3	0	2
	国内学术刊物		22	139	9	0	6	0	2	0	33	23	58	0	0	5	1	0	2
	国外学术刊物		23	21	1	0	3	0	2	0	7	1	5	0	0	0	2	0	0
	港、澳、台刊物		24	0	0	0	0	0	0	0	0	0	0	0	0	0	0	0	0
研究与咨询报告(篇)	合计		25	10	0	0	0	0	0	0	0	0	0	0	0	10	0	0	0
	被采纳数		26	2	0	0	0	0	0	0	0	0	0	0	0	2	0	0	0

2.13 南京工业大学人文、社会科学研究与课题成果来源情况表

			课题来源															
			合计	国家社科基金项目	国家社科基金单列学科项目	教育部人文社科研究项目	高校古籍整理研究项目	国家自然科学基金项目	中央其他部门社科专门项目	省、市、自治区社科基金项目	省教育厅社科项目	地、市、厅、局等政府部门项目	国际合作研究项目	与港、澳、台地区合作研究项目	企事业单位委托项目	学校社科项目	外资项目	其他
		编号	L01	L02	L03	L04	L05	L06	L07	L08	L09	L10	L11	L12	L13	L14	L15	L16
课题数(项)		1	655	39	2	28	0	9	7	85	215	102	0	0	31	137	0	0
当年投入人数	合计(人年)	2	98.20	10.20	0.30	4.40	0	1	1	13.50	28.70	15.10	0	0	5.50	18.50	0	0
	研究生(人年)	3	19.60	1.60	0	0.30	0	0	0.20	1.90	5.50	3.50	0	0	2.10	4.50	0	0
当年拨入经费	合计(千元)	4	4301.35	1070	0	505	0	0	270.55	610	906	529.80	0	0	180	230	0	0
	当年立项项目拨入经费(千元)	5	3234	1020	0	105	0	0	50	504	682	463	0	0	180	230	0	0
当年支出经费(千元)		6	4628.05	988.70	160	505	0	0	569.55	567	906	521.80	0	0	180	230	0	0
当年新开课题数(项)		7	159	6	0	3	0	0	2	15	51	29	0	0	16	37	0	0
当年新开课题批准经费(千元)		8	4634	1200	0	260	0	0	150	750	1030	715	0	0	299	230	0	0
当年完成课题数(项)		9	68	4	0	3	0	0	0	13	20	16	0	0	0	12	0	0

出版著作(部)	合计		10	10	2	1	2	0	0	0	2	0	1	0	0	0	2	0	0
	专著	合计	11	8	2	1	2	0	0	0	2	0	0	0	0	0	1	0	0
		被译成外文	12	0	0	0	0	0	0	0	0	0	0	0	0	0	0	0	0
	编著教材		13	2	0	0	0	0	0	0	0	0	1	0	0	0	1	0	0
	工具书/参考书		14	0	0	0	0	0	0	0	0	0	0	0	0	0	0	0	0
	皮书/发展报告		15	0	0	0	0	0	0	0	0	0	0	0	0	0	0	0	0
	科普读物		16	0	0	0	0	0	0	0	0	0	0	0	0	0	0	0	0
古籍整理(部)			17	0	0	0	0	0	0	0	0	0	0	0	0	0	0	0	0
译著(部)			18	2	1	0	1	0	0	0	0	0	0	0	0	0	0	0	0
发表译文(篇)			19	0	0	0	0	0	0	0	0	0	0	0	0	0	0	0	0
电子出版物(件)			20	0	0	0	0	0	0	0	0	0	0	0	0	0	0	0	0
发表论文(篇)	合计		21	286	85	2	12	0	0	0	52	54	12	0	0	5	64	0	0
	国内学术刊物		22	267	75	2	10	0	0	0	48	52	12	0	0	5	63	0	0
	国外学术刊物		23	19	10	0	2	0	0	0	4	2	0	0	0	0	1	0	0
	港、澳、台刊物		24	0	0	0	0	0	0	0	0	0	0	0	0	0	0	0	0
研究与咨询报告(篇)	合计		25	21	0	0	7	0	0	0	2	2	6	0	0	3	1	0	0
	被采纳数		26	21	0	0	7	0	0	0	2	2	6	0	0	3	1	0	0

2.14 常州大学人文、社会科学研究与课题成果来源情况表

			课题来源															
			合计	国家社科基金项目	国家社科基金单列学科项目	教育部人文社科研究项目	高校古籍整理研究项目	国家自然科学基金项目	中央其他部门社科专门项目	省、市、自治区社科基金项目	省教育厅社科项目	地、市、厅、局等政府部门项目	国际合作研究项目	与港、澳、台地区合作研究项目	企事业单位委托项目	学校社科项目	外资项目	其他
		编号	L01	L02	L03	L04	L05	L06	L07	L08	L09	L10	L11	L12	L13	L14	L15	L16
课题数(项)		1	595	108	2	28	0	0	5	52	167	149	0	0	83	0	0	1
当年投入人数	合计(人年)	2	162	40.50	0.70	7.40	0	0	1.20	10.80	40.90	37.80	0	0	22.60	0	0	0.10
	研究生(人年)	3	0	0	0	0	0	0	0	0	0	0	0	0	0	0	0	0
当年拨入经费	合计(千元)	4	14 021.68	4288	0	531	0	0	0	450	760	878.39	0	0	7114.29	0	0	0
	当年立项项目拨入经费(千元)	5	13 235.68	4160	0	176	0	0	0	420	700	665.39	0	0	7114.29	0	0	0
当年支出经费(千元)		6	13 803.02	4499.07	150.40	345.40	0	0	95.80	266	342.40	2515.75	0	0	5588.20	0	0	0
当年新开课题数(项)		7	252	21	0	7	0	0	0	11	58	86	0	0	69	0	0	0
当年新开课题批准经费(千元)		8	16 261.08	4800	0	720	0	0	0	500	940	692.39	0	0	8608.69	0	0	0
当年完成课题数(项)		9	117	8	0	2	0	0	0	7	18	70	0	0	11	0	0	1

八、社科研究、课题与成果（来源情况）

	序号	v1	v2	v3	v4	v5	v6	v7	v8	v9	v10	v11	v12	v13	v14	v15
出版著作（部）	合计	10	13	6	0	0	2	0	0	5	0	0	0	0	0	0	0
	专著 合计	11	11	4	0	0	0	0	0	5	0	0	0	0	0	0	0
	被译成外文	12	0	0	0	0	0	0	0	0	0	0	0	0	0	0	0
	编著教材	13	0	0	0	0	0	0	0	0	0	0	0	0	0	0	0
	工具书/参考书	14	0	0	0	0	0	0	0	0	0	0	0	0	0	0	0
	皮书/发展报告	15	2	2	0	0	0	0	0	0	0	0	0	0	0	0	0
	科普读物	16	0	0	0	0	0	0	0	0	0	0	0	0	0	0	0
	古籍整理（部）	17	1	0	0	0	0	1	0	0	0	0	0	0	0	0	0
	译著（部）	18	0	0	0	0	0	0	0	0	0	0	0	0	0	0	0
	发表译文（篇）	19	0	0	0	0	0	0	0	0	0	0	0	0	0	0	0
	电子出版物（件）	20	0	0	0	0	0	0	0	0	0	0	0	0	0	0	0
发表论文（篇）	合计	21	285	65	3	13	0	0	4	36	50	111	0	0	3	0	0
	国内学术刊物	22	274	61	3	11	0	0	4	34	49	109	0	0	3	0	0
	国外学术刊物	23	11	4	0	2	0	0	0	2	1	2	0	0	0	0	0
	港、澳、台刊物	24	0	0	0	0	0	0	0	0	0	0	0	0	0	0	0
研究与咨询报告（篇）	合计	25	4	1	0	0	0	0	0	0	0	1	0	0	0	2	0
	被采纳数	26	4	1	0	0	0	0	0	0	0	1	0	0	0	2	0

2.15 南京邮电大学人文、社会科学研究与课题成果来源情况表

			课题来源															
			合计	国家社科基金项目	国家社科基金单列学科项目	教育部人文社科研究项目	高校古籍整理研究项目	国家自然科学基金项目	中央其他部门社科专门项目	省、市、自治区社科基金项目	省教育厅社科项目	地、市、厅、局等政府部门项目	国际合作研究项目	与港、澳、台地区合作研究项目	企事业单位委托项目	学校社科项目	外资项目	其他
		编号	L01	L02	L03	L04	L05	L06	L07	L08	L09	L10	L11	L12	L13	L14	L15	L16
课题数(项)		1	809	65	4	47	0	1	6	83	205	79	0	0	250	69	0	0
当年投入人数	合计(人年)	2	197.20	31.30	2.50	19	0	0.20	1.80	26.40	46.40	18.10	0	0	39.40	12.10	0	0
	研究生(人年)	3	8.60	1.40	0.50	0	0	0	0	1.80	0.90	2.20	0	0	1.80	0	0	0
当年拨入经费	合计(千元)	4	20 605.60	2390	320	1148	0	0	0	1230	666	1316	0	0	13535.60	0	0	0
	当年立项项目拨入经费(千元)	5	15 639	2320	320	190	0	0	0	1018	300	652	0	0	10 839	0	0	0
当年支出经费(千元)		6	19 810.80	1679	152	1083	0	90	31	832	972.20	1316	0	0	13 615.60	40	0	0
当年新开课题数(项)		7	294	12	2	7	0	0	1	22	50	23	0	0	177	0	0	0
当年新开课题批准经费(千元)		8	19 537.10	2920	400	510	0	0	0	1235	1130	970	0	0	12 372.10	0	0	0
当年完成课题数(项)		9	199	9	0	3	0	1	0	12	24	12	0	0	125	13	0	0

八、社科研究、课题与成果(来源情况) 8

出版著作(部)	合计		10	8	3	0	1	0	0	0	2	1	0	0	0	0	1	0	0
	专著	合计	11	8	3	0	1	0	0	0	2	1	0	0	0	0	1	0	0
		被译成外文	12	0	0	0	0	0	0	0	0	0	0	0	0	0	0	0	0
	编著教材		13	0	0	0	0	0	0	0	0	0	0	0	0	0	0	0	0
	工具书/参考书		14	0	0	0	0	0	0	0	0	0	0	0	0	0	0	0	0
	皮书/发展报告		15	0	0	0	0	0	0	0	0	0	0	0	0	0	0	0	0
	科普读物		16	0	0	0	0	0	0	0	0	0	0	0	0	0	0	0	0
古籍整理(部)			17	0	0	0	0	0	0	0	0	0	0	0	0	0	0	0	0
译著(部)			18	0	0	0	0	0	0	0	0	0	0	0	0	0	0	0	0
发表译文(篇)			19	0	0	0	0	0	0	0	0	0	0	0	0	0	0	0	0
电子出版物(件)			20	0	0	0	0	0	0	0	0	0	0	0	0	0	0	0	0
发表论文(篇)	合计		21	171	19	5	30	0	0	2	19	34	24	0	0	33	5	0	0
	国内学术刊物		22	133	16	5	23	0	0	2	16	24	16	0	0	26	5	0	0
	国外学术刊物		23	38	3	0	7	0	0	0	3	10	8	0	0	7	0	0	0
	港、澳、台刊物		24	0	0	0	0	0	0	0	0	0	0	0	0	0	0	0	0
研究与咨询报告(篇)	合计		25	105	0	0	0	0	1	0	0	0	0	0	0	104	0	0	0
	被采纳数		26	104	0	0	0	0	0	0	0	0	0	0	0	104	0	0	0

2.16 南京林业大学人文、社会科学研究与课题成果来源情况表

		编号	合计 L01	国家社科基金项目 L02	国家社科基金单列学科项目 L03	教育部人文社科研究项目 L04	高校古籍整理研究项目 L05	国家自然科学基金项目 L06	中央其他部门社科专门项目 L07	省、市、自治区社科基金项目 L08	省教育厅社科项目 L09	地、市、厅、局等政府部门项目 L10	国际合作研究项目 L11	与港、澳、台地区合作研究项目 L12	企事业单位委托项目 L13	学校社科项目 L14	外资项目 L15	其他 L16
课题数(项)		1	454	36	3	56	0	0	11	58	202	35	0	0	20	33	0	0
当年投入人数	合计(人年)	2	48.40	3.80	0.30	6	0	0	1.10	6	22	3.60	0	0	2.30	3.30	0	0
	研究生(人年)	3	1.80	0	0	0	0	0	0	0	1.80	0	0	0	0	0	0	0
当年拨入经费	合计(千元)	4	6878.63	3612.52	458	877	0	0	215	532.50	294	446	0	0	443.61	0	0	0
	当年立项项目拨入经费(千元)	5	5654.02	3572.52	280	362	0	0	75	422.50	248	424	0	0	270	0	0	0
当年支出经费(千元)		6	5400.62	2750.18	216.10	630.13	0	0	273.88	439.85	399.50	423.96	0	0	267.02	0	0	0
当年新开课题数(项)		7	130	15	1	12	0	0	2	16	62	16	0	0	6	0	0	0
当年新开课题批准经费(千元)		8	8271.50	4200	350	1040	0	0	150	583.50	1158	485	0	0	305	0	0	0
当年完成课题数(项)		9	47	2	0	3	0	0	3	5	27	7	0	0	0	0	0	0

出版著作（部）	合计		10	17	4	1	4	0	3	0	2	3	0	0	0	0	0	0	0
	专著	合计	11	16	4	1	4	0	3	0	2	2	0	0	0	0	0	0	0
		被译成外文	12	0	0	0	0	0	0	0	0	0	0	0	0	0	0	0	0
	编著教材		13	1	0	0	0	0	0	0	0	1	0	0	0	0	0	0	0
	工具书/参考书		14	0	0	0	0	0	0	0	0	0	0	0	0	0	0	0	0
	皮书/发展报告		15	0	0	0	0	0	0	0	0	0	0	0	0	0	0	0	0
	科普读物		16	0	0	0	0	0	0	0	0	0	0	0	0	0	0	0	0
古籍整理(部)			17	0	0	0	0	0	0	0	0	0	0	0	0	0	0	0	0
译著(部)			18	0	0	0	0	0	0	0	0	0	0	0	0	0	0	0	0
发表译文(篇)			19	0	0	0	0	0	0	0	0	0	0	0	0	0	0	0	0
电子出版物(件)			20	0	0	0	0	0	0	0	0	0	0	0	0	0	0	0	0
发表论文（篇）	合计		21	176	39	2	24	0	11	6	22	54	11	0	0	0	7	0	0
	国内学术刊物		22	176	39	2	24	0	11	6	22	54	11	0	0	0	7	0	0
	国外学术刊物		23	0	0	0	0	0	0	0	0	0	0	0	0	0	0	0	0
	港、澳、台刊物		24	0	0	0	0	0	0	0	0	0	0	0	0	0	0	0	0
研究与咨询报告（篇）	合计		25	14	6	0	0	0	1	0	5	0	2	0	0	0	0	0	0
	被采纳数		26	14	6	0	0	0	1	0	5	0	2	0	0	0	0	0	0

2.17 江苏大学人文、社会科学研究与课题成果来源情况表

			课题来源															
			合计	国家社科基金项目	国家社科基金单列学科项目	教育部人文社科研究项目	高校古籍整理研究项目	国家自然科学基金项目	中央其他部门社科专门项目	省、市、自治区社科基金项目	省教育厅社科项目	地、市、厅、局等政府部门项目	国际合作研究项目	与港、澳、台地区合作研究项目	企事业单位委托项目	学校社科项目	外资项目	其他
		编号	L01	L02	L03	L04	L05	L06	L07	L08	L09	L10	L11	L12	L13	L14	L15	L16
课题数(项)		1	710	73	9	59	0	22	17	82	82	157	0	0	190	19	0	0
当年投入人数	合计(人年)	2	130.30	19.20	3.60	12.50	0	4.30	3.40	14.80	13.60	25.70	0	0	30.50	2.70	0	0
	研究生(人年)	3	21.90	1.80	1.10	0.70	0	0	0.20	1.10	1.40	3.40	0	0	12.20	0	0	0
当年拨入经费	合计(千元)	4	21 077.31	2790	579	655	0	1674.76	240	710	120	3528.50	0	0	10 780.05	0	0	0
	当年立项项目拨入经费(千元)	5	19 943.55	2630	570	495	0	1590	130	710	120	3268.50	0	0	10 430.05	0	0	0
当年支出经费(千元)		6	20 265.68	2790	477.60	674.40	0	1474.76	200	685	140	3353.50	0	0	10 470.42	0	0	0
当年新开课题数(项)		7	267	13	3	13	0	5	2	15	18	91	0	0	107	0	0	0
当年新开课题批准经费(千元)		8	21 896.35	2700	600	1020	0	2148	170	730	450	3578.50	0	0	10 499.85	0	0	0
当年完成课题数(项)		9	296	26	2	23	0	3	9	43	20	68	0	0	83	19	0	0

出版著作(部)	合计		10	25	10	0	1	0	4	1	0	3	3	0	0	2	1	0	0
	专著	合计	11	17	5	0	1	0	4	1	0	2	3	0	0	0	1	0	0
		被译成外文	12	2	0	0	0	0	0	0	0	0	1	0	0	0	1	0	0
	编著教材		13	7	4	0	0	0	0	0	0	1	0	0	0	2	0	0	0
	工具书/参考书		14	1	1	0	0	0	0	0	0	0	0	0	0	0	0	0	0
	皮书/发展报告		15	0	0	0	0	0	0	0	0	0	0	0	0	0	0	0	0
	科普读物		16	0	0	0	0	0	0	0	0	0	0	0	0	0	0	0	0
古籍整理(部)			17	0	0	0	0	0	0	0	0	0	0	0	0	0	0	0	0
译著(部)			18	1	0	0	0	0	0	0	0	0	1	0	0	0	0	0	0
发表译文(篇)			19	0	0	0	0	0	0	0	0	0	0	0	0	0	0	0	0
电子出版物(件)			20	0	0	0	0	0	0	0	0	0	0	0	0	0	0	0	0
发表论文(篇)	合计		21	369	120	13	17	0	101	6	25	18	50	0	0	6	13	0	0
	国内学术刊物		22	270	91	12	17	0	46	4	19	16	46	0	0	6	13	0	0
	国外学术刊物		23	99	29	1	0	0	55	2	6	2	4	0	0	0	0	0	0
	港、澳、台刊物		24	0	0	0	0	0	0	0	0	0	0	0	0	0	0	0	0
研究与咨询报告(篇)	合计		25	18	0	0	0	0	0	0	0	0	9	0	0	9	0	0	0
	被采纳数		26	14	0	0	0	0	0	0	0	0	9	0	0	5	0	0	0

2.18 南京信息工程大学人文、社会科学研究与课题成果来源情况表

			课题来源															
			合计	国家社科基金项目	国家社科基金单列学科项目	教育部人文社科研究项目	高校古籍整理研究项目	国家自然科学基金项目	中央其他部门社科专门项目	省、市、自治区社科基金项目	省教育厅社科项目	地、市、厅、局等政府部门项目	国际合作研究项目	与港、澳、台地区合作研究项目	企事业单位委托项目	学校社科项目	外资项目	其他
		编号	L01	L02	L03	L04	L05	L06	L07	L08	L09	L10	L11	L12	L13	L14	L15	L16
课题数(项)		1	866	74	3	77	0	33	39	90	242	57	0	0	240	11	0	0
当年投入人数	合计(人年)	2	306.10	22.50	1	34.80	0	11.80	15.60	31.60	91.80	18.80	0	0	77.10	1.10	0	0
	研究生(人年)	3	17.20	0	0	3.30	0	0	0	0	0	3.60	0	0	10.20	0.10	0	0
当年拨入经费	合计(千元)	4	23 886.60	2050	350	1816	0	1430	325	1322	792	1265.50	0	0	14 528.10	8	0	0
	当年立项项目拨入经费(千元)	5	18 982.90	1950	350	420	0	1430	105	604	712	642	0	0	12 769.90	0	0	0
当年支出经费(千元)		6	17 289.42	2255.76	103.97	1722.38	0	1322.55	312.83	1642	911.44	820	0	0	8190.49	8	0	0
当年新开课题数(项)		7	251	11	2	12	0	5	5	15	64	26	0	0	111	0	0	0
当年新开课题批准经费(千元)		8	25 512.39	2275	400	1060	0	1430	220	750	1360	746	0	0	17271.39	0	0	0
当年完成课题数(项)		9	218	18	1	7	0	14	19	19	49	16	0	0	74	1	0	0

八、社科研究、课题与成果(来源情况)

出版著作(部)	合计		10	16	9	0	0	0	0	0	4	0	3	0	0	0	0	0	0
	专著	合计	11	15	8	0	0	0	0	0	4	0	3	0	0	0	0	0	0
		被译成外文	12	0	0	0	0	0	0	0	0	0	0	0	0	0	0	0	0
	编著教材		13	1	1	0	0	0	0	0	0	0	0	0	0	0	0	0	0
	工具书/参考书		14	0	0	0	0	0	0	0	0	0	0	0	0	0	0	0	0
	皮书/发展报告		15	0	0	0	0	0	0	0	0	0	0	0	0	0	0	0	0
	科普读物		16	0	0	0	0	0	0	0	0	0	0	0	0	0	0	0	0
古籍整理(部)			17	0	0	0	0	0	0	0	0	0	0	0	0	0	0	0	0
译著(部)			18	0	0	0	0	0	0	0	0	0	0	0	0	0	0	0	0
发表译文(篇)			19	0	0	0	0	0	0	0	0	0	0	0	0	0	0	0	0
电子出版物(件)			20	0	0	0	0	0	0	0	0	0	0	0	0	0	0	0	0
发表论文(篇)	合计		21	282	46	9	33	0	61	1	41	56	14	0	0	21	0	0	0
	国内学术刊物		22	216	38	9	29	0	30	1	37	42	14	0	0	16	0	0	0
	国外学术刊物		23	65	8	0	4	0	31	0	3	14	0	0	0	5	0	0	0
	港、澳、台刊物		24	1	0	0	0	0	0	0	1	0	0	0	0	0	0	0	0
研究与咨询报告(篇)	合计		25	43	0	0	0	0	0	1	0	1	1	0	0	40	0	0	0
	被采纳数		26	26	0	0	0	0	0	0	0	0	1	0	0	25	0	0	0

2.19 南通大学人文、社会科学研究与课题成果来源情况表

		编号	课题来源 合计	国家社科基金项目	国家社科基金单列学科项目	教育部人文社科研究项目	高校古籍整理研究项目	国家自然科学基金项目	中央其他部门社科专门项目	省、市、自治区社科基金项目	省教育厅社科项目	地、市、厅、局等政府部门项目	国际合作研究项目	与港、澳、台地区合作研究项目	企事业单位委托项目	学校社科项目	外资项目	其他
			L01	L02	L03	L04	L05	L06	L07	L08	L09	L10	L11	L12	L13	L14	L15	L16
课题数(项)		1	687	98	4	56	2	0	16	60	181	220	0	0	41	3	0	6
当年投入人数	合计(人年)	2	126.60	22.80	0.60	12.40	0.40	0	4.10	10.30	31.90	33.30	0	0	9.90	0.30	0	0.60
	研究生(人年)	3	0	0	0	0	0	0	0	0	0	0	0	0	0	0	0	0
当年拨入经费	合计(千元)	4	13 096.10	4150	340	925	20	0	30	896	732	468.50	0	0	4934.60	0	0	600
	当年立项项目拨入经费(千元)	5	11 848.60	3850	340	310	20	0	20	855	700	219	0	0	4934.60	0	0	600
当年支出经费(千元)		6	11 330.60	3313	195	678	30	0	117	631	604	678	0	0	4954.60	0	0	130
当年新开课题数(项)		7	214	21	2	9	1	0	1	18	55	61	0	0	40	0	0	6
当年新开课题批准经费(千元)		8	13 998.60	4450	400	800	20	0	20	1200	1050	299	0	0	4935.60	0	0	824
当年完成课题数(项)		9	83	17	0	2	0	0	3	11	3	4	0	0	40	3	0	0

出版著作（部）	合计	10	22	5	0	0	0	0	1	0	4	3	0	0	1	0	0	8
	专著 合计	11	19	5	0	0	0	0	1	0	4	3	0	0	1	0	0	5
	专著 被译成外文	12	1	0	0	0	0	0	0	0	1	0	0	0	0	0	0	0
	编著教材	13	0	0	0	0	0	0	0	0	0	0	0	0	0	0	0	0
	工具书/参考书	14	0	0	0	0	0	0	0	0	0	0	0	0	0	0	0	0
	皮书/发展报告	15	0	0	0	0	0	0	0	0	0	0	0	0	0	0	0	0
	科普读物	16	3	0	0	0	0	0	0	0	0	0	0	0	0	0	0	3
古籍整理（部）		17	3	1	1	1	0	0	0	0	0	0	0	0	0	0	0	0
译著（部）		18	1	0	0	1	0	0	0	0	0	0	0	0	0	0	0	0
发表译文（篇）		19	0	0	0	0	0	0	0	0	0	0	0	0	0	0	0	0
电子出版物（件）		20	0	0	0	0	0	0	0	0	0	0	0	0	0	0	0	0
发表论文（篇）	合计	21	321	126	11	46	0	0	3	38	56	26	0	0	3	0	0	12
	国内学术刊物	22	302	116	11	40	0	0	3	37	56	24	0	0	3	0	0	12
	国外学术刊物	23	19	10	0	6	0	0	0	1	0	2	0	0	0	0	0	0
	港、澳、台刊物	24	0	0	0	0	0	0	0	0	0	0	0	0	0	0	0	0
研究与咨询报告（篇）	合计	25	52	3	0	0	0	0	0	3	1	0	0	0	43	0	0	2
	被采纳数	26	46	3	0	0	0	0	0	3	1	0	0	0	37	0	0	2

2.20 盐城工学院人文、社会科学研究与课题成果来源情况表

		编号	合计	国家社科基金项目	国家社科基金单列学科项目	教育部人文社科研究项目	高校古籍整理研究项目	国家自然科学基金项目	中央其他部门社科专门项目	省、市、自治区社科基金项目	省教育厅社科项目	地、市、厅、局等政府部门项目	国际合作研究项目	与港、澳、台地区合作研究项目	企事业单位委托项目	学校社科项目	外资项目	其他
			L01	L02	L03	L04	L05	L06	L07	L08	L09	L10	L11	L12	L13	L14	L15	L16
课题数(项)		1	375	17	1	11	0	0	2	28	125	146	0	0	43	2	0	0
当年投入人数	合计(人年)	2	37.90	1.90	0.20	1.10	0	0	0.20	2.80	12.60	14.60	0	0	4.30	0.20	0	0
	研究生(人年)	3	0	0	0	0	0	0	0	0	0	0	0	0	0	0	0	0
当年拨入经费	合计(千元)	4	6057	450	190	250	0	0	1	150	510	325	0	0	4181	0	0	0
	当年立项项目拨入经费(千元)	5	5804	400	190	120	0	0	1	120	490	317	0	0	4166	0	0	0
当年支出经费(千元)		6	5847.14	484	137	230	0	0	1	150	521	385	0	0	3939.14	0	0	0
当年新开课题数(项)		7	217	2	1	3	0	0	1	3	46	125	0	0	36	0	0	0
当年新开课题批准经费(千元)		8	6275	450	200	220	0	0	1	150	550	323	0	0	4381	0	0	0
当年完成课题数(项)		9	177	4	0	1	0	0	0	5	19	142	0	0	6	0	0	0

八、社科研究、课题与成果(来源情况)

出版著作(部)	合计		10	11	2	0	0	0	0	0	0	2	5	0	0	2	0	0	0
	专著	合计	11	11	2	0	0	0	0	0	0	2	5	0	0	2	0	0	0
		被译成外文	12	0	0	0	0	0	0	0	0	0	0	0	0	0	0	0	0
	编著教材		13	0	0	0	0	0	0	0	0	0	0	0	0	0	0	0	0
	工具书/参考书		14	0	0	0	0	0	0	0	0	0	0	0	0	0	0	0	0
	皮书/发展报告		15	0	0	0	0	0	0	0	0	0	0	0	0	0	0	0	0
	科普读物		16	0	0	0	0	0	0	0	0	0	0	0	0	0	0	0	0
古籍整理(部)			17	0	0	0	0	0	0	0	0	0	0	0	0	0	0	0	0
译著(部)			18	0	0	0	0	0	0	0	0	0	0	0	0	0	0	0	0
发表译文(篇)			19	0	0	0	0	0	0	0	0	0	0	0	0	0	0	0	0
电子出版物(件)			20	0	0	0	0	0	0	0	0	0	0	0	0	0	0	0	0
发表论文(篇)	合计		21	208	15	0	5	0	0	8	24	49	107	0	0	0	0	0	0
	国内学术刊物		22	204	15	0	5	0	0	7	24	49	104	0	0	0	0	0	0
	国外学术刊物		23	4	0	0	0	0	0	1	0	0	3	0	0	0	0	0	0
	港、澳、台刊物		24	0	0	0	0	0	0	0	0	0	0	0	0	0	0	0	0
研究与咨询报告(篇)	合计		25	0	0	0	0	0	0	0	0	0	0	0	0	0	0	0	0
	被采纳数		26	0	0	0	0	0	0	0	0	0	0	0	0	0	0	0	0

2.21 南京医科大学人文、社会科学研究与课题成果来源情况表

			课题来源															
			合计	国家社科基金项目	国家社科基金单列学科项目	教育部人文社科研究项目	高校古籍整理研究项目	国家自然科学基金项目	中央其他部门社科专门项目	省、市、自治区社科基金项目	省教育厅社科项目	地、市、厅、局等政府部门项目	国际合作研究项目	与港、澳、台地区合作研究项目	企事业单位委托项目	学校社科项目	外资项目	其他
		编号	L01	L02	L03	L04	L05	L06	L07	L08	L09	L10	L11	L12	L13	L14	L15	L16
课题数(项)		1	110	5	1	1	0	0	0	10	35	44	0	0	1	13	0	0
当年投入人数	合计(人年)	2	14.40	0.60	0.10	0.20	0	0	0	1.80	4.60	5.20	0	0	0.10	1.80	0	0
	研究生(人年)	3	0	0	0	0	0	0	0	0	0	0	0	0	0	0	0	0
当年拨入经费	合计(千元)	4	292	0	0	0	0	0	0	0	0	292	0	0	0	0	0	0
	当年立项项目拨入经费(千元)	5	292	0	0	0	0	0	0	0	0	292	0	0	0	0	0	0
当年支出经费(千元)		6	410	170	0	0	0	0	0	10	0	230	0	0	0	0	0	0
当年新开课题数(项)		7	22	0	0	0	0	0	0	0	0	22	0	0	0	0	0	0
当年新开课题批准经费(千元)		8	292	0	0	0	0	0	0	0	0	292	0	0	0	0	0	0
当年完成课题数(项)		9	53	0	0	0	0	0	0	3	34	2	0	0	1	13	0	0

八、社科研究、课题与成果（来源情况）

序号	项目	合计													
10	合计	10	8	0	0	0	0	2	2	0	0	0	0	3	1
11	专著 合计	8	6	0	0	0	0	1	2	0	0	0	0	3	0
12	被译成外文	0	0	0	0	0	0	0	0	0	0	0	0	0	0
13	编著教材	2	2	0	0	0	0	1	0	0	0	0	0	0	0
14	工具书/参考书	0	0	0	0	0	0	0	0	0	0	0	0	0	1
15	皮书/发展报告	0	0	0	0	0	0	0	0	0	0	0	0	0	0
16	科普读物	0	0	0	0	0	0	0	0	0	0	0	0	0	0
17	古籍整理（部）	0	0	0	0	0	0	0	0	0	0	0	0	0	0
18	译著（部）	0	0	0	0	0	0	0	0	0	0	0	0	0	0
19	发表译文篇	0	0	0	0	0	0	0	0	0	0	0	0	0	0
20	电子出版物（件）	0	0	0	0	0	0	0	0	0	0	0	0	0	0
21	发表论文 合计	52	4	0	0	0	0	0	35	6	0	0	3	4	0
22	国内学术刊物	52	4	0	0	0	0	0	35	6	0	0	3	4	0
23	国外学术刊物	0	0	0	0	0	0	0	0	0	0	0	0	0	0
24	港澳、台刊物	0	0	0	0	0	0	0	0	0	0	0	0	0	0
25	研究与咨询报告 合计	1	0	0	0	0	0	0	1	0	0	0	0	0	0
26	被采纳数	0	0	0	0	0	0	0	0	0	0	0	0	0	0

2.22 徐州医科大学人文、社会科学研究与课题成果来源情况表

			课题来源															
			合计	国家社科基金项目	国家社科基金单列学科项目	教育部人文社科研究项目	高校古籍整理研究项目	国家自然科学基金项目	中央其他部门社科专门项目	省、市、自治区社科基金项目	省教育厅社科项目	地、市、厅、局等政府部门项目	国际合作研究项目	与港、澳、台地区合作研究项目	企事业单位委托项目	学校社科项目	外资项目	其他
		编号	L01	L02	L03	L04	L05	L06	L07	L08	L09	L10	L11	L12	L13	L14	L15	L16
课题数(项)		1	160	2	0	5	0	0	0	4	97	26	0	0	12	14	0	0
当年投入人数	合计(人年)	2	33.30	1.40	0	2.30	0	0	0	1.30	17.90	3.90	0	0	3.70	2.80	0	0
	研究生(人年)	3	4.20	0.60	0	0.80	0	0	0	0.40	1.60	0	0	0	0.80	0	0	0
当年拨入经费	合计(千元)	4	830	0	0	155	0	0	0	0	390	55	0	0	230	0	0	0
	当年立项项目拨入经费(千元)	5	720	0	0	45	0	0	0	0	390	55	0	0	230	0	0	0
当年支出经费(千元)		6	599.43	70	0	134	0	0	0	19	161.93	109	0	0	105.50	0	0	0
当年新开课题数(项)		7	82	0	0	2	0	0	0	0	33	24	0	0	9	14	0	0
当年新开课题批准经费(千元)		8	955	0	0	160	0	0	0	0	510	55	0	0	230	0	0	0
当年完成课题数(项)		9	67	0	0	1	0	0	0	0	20	25	0	0	7	14	0	0

出版著作(部)	合计		10	1	0	0	0	0	0	0	0	1	0	0	0	0	0	0	0
	专著	合计	11	0	0	0	0	0	0	0	0	0	0	0	0	0	0	0	0
		被译成外文	12	0	0	0	0	0	0	0	0	0	0	0	0	0	0	0	0
	编著教材		13	1	0	0	0	0	0	0	0	1	0	0	0	0	0	0	0
	工具书/参考书		14	0	0	0	0	0	0	0	0	0	0	0	0	0	0	0	0
	皮书/发展报告		15	0	0	0	0	0	0	0	0	0	0	0	0	0	0	0	0
	科普读物		16	0	0	0	0	0	0	0	0	0	0	0	0	0	0	0	0
古籍整理(部)			17	0	0	0	0	0	0	0	0	0	0	0	0	0	0	0	0
译著(部)			18	0	0	0	0	0	0	0	0	0	0	0	0	0	0	0	0
发表译文(篇)			19	0	0	0	0	0	0	0	0	0	0	0	0	0	0	0	0
电子出版物(件)			20	0	0	0	0	0	0	0	0	0	0	0	0	0	0	0	0
发表论文(篇)	合计		21	73	3	0	5	0	0	0	2	56	0	0	0	7	0	0	0
	国内学术刊物		22	64	3	0	0	0	0	0	2	52	0	0	0	7	0	0	0
	国外学术刊物		23	9	0	0	5	0	0	0	0	4	0	0	0	0	0	0	0
	港、澳、台刊物		24	0	0	0	0	0	0	0	0	0	0	0	0	0	0	0	0
研究与咨询报告(篇)	合计		25	45	0	0	0	0	0	0	0	0	25	0	0	6	14	0	0
	被采纳数		26	5	0	0	0	0	0	0	0	0	5	0	0	0	0	0	0

2.23 南京中医药大学人文、社会科学研究与课题成果来源情况表

			课题来源															
			合计	国家社科基金项目	国家社科基金单列学科项目	教育部人文社科研究项目	高校古籍整理研究项目	国家自然科学基金项目	中央其他部门社科专门项目	省、市、自治区社科基金项目	省教育厅社科项目	地、市、厅、局等政府部门项目	国际合作研究项目	与港、澳、台地区合作研究项目	企事业单位委托项目	学校社科项目	外资项目	其他
		编号	L01	L02	L03	L04	L05	L06	L07	L08	L09	L10	L11	L12	L13	L14	L15	L16
课题数(项)		1	296	16	0	17	1	5	2	23	183	21	0	0	24	4	0	0
当年投入人数	合计(人年)	2	97.70	6.90	0	7.60	0.20	1.70	0.30	7.80	59.70	7.70	0	0	4.20	1.60	0	0
	研究生(人年)	3	0	0	0	0	0	0	0	0	0	0	0	0	0	0	0	0
当年拨入经费	合计(千元)	4	3233.50	1010	0	305	0	73.90	50	140	556	190	0	0	908.60	0	0	0
	当年立项项目拨入经费(千元)	5	2310.80	670	0	20	0	39.60	50	120	460	187	0	0	764.20	0	0	0
当年支出经费(千元)		6	3624.65	1002.18	0	387.60	5	422.10	50	178.19	536.68	110.20	0	0	897.03	35.67	0	0
当年新开课题数(项)		7	74	3	0	1	0	2	1	3	43	9	0	0	12	0	0	0
当年新开课题批准经费(千元)		8	3126	750	0	20	0	480	50	150	520	187	0	0	969	0	0	0
当年完成课题数(项)		9	62	1	0	3	0	2	2	5	27	10	0	0	10	2	0	0

八、社科研究、课题与成果（来源情况）

行号	项目	C1	C2	C3	C4	C5	C6	C7	C8	C9	C10	C11	C12	C13	C14	C15	C16
10	合计	0	0	0	0	0	0	0	0	2	0	1	1	0	0	3	6
11	合计（专著）	0	0	0	0	0	0	0	0	2	0	0	1	0	0	3	6
12	被译成外文	0	0	0	0	0	0	0	0	0	0	0	0	0	0	1	1
13	编著教材	0	0	0	0	0	0	0	0	0	0	0	0	0	0	0	0
14	工具书/参考书	0	0	0	0	0	0	0	0	0	0	0	0	0	0	0	0
15	皮书/发展报告	0	0	0	0	0	0	0	0	0	0	0	0	0	0	0	0
16	科普读物	0	0	0	0	0	0	0	0	0	0	0	0	0	0	0	0
17	古籍整理（部）	0	0	0	0	0	0	0	0	0	0	0	0	0	0	0	0
18	译著（部）	0	0	0	0	0	0	0	0	0	0	0	0	0	0	0	0
19	发表译文（篇）	0	0	0	0	0	0	0	0	0	0	0	0	0	0	0	0
20	电子出版物（件）	0	0	0	0	0	0	0	0	0	0	0	0	0	0	0	0
21	合计（发表论文）	0	0	0	0	0	0	4	81	28	2	7	0	26	0	35	188
22	国内学术刊物	0	0	0	0	0	0	4	81	28	2	7	0	26	0	35	188
23	国外学术刊物	0	0	0	0	0	0	0	0	0	0	0	0	0	0	0	0
24	港、澳、台刊物	0	0	0	0	0	0	0	0	0	0	0	0	0	0	0	0
25	合计（研究与咨询报告）	0	0	0	0	0	0	0	0	0	0	0	0	0	0	0	10
26	被采纳数	0	0	0	0	0	0	0	0	0	0	0	0	0	0	0	10

出版著作（部）：包含专著、编著教材、工具书/参考书、皮书/发展报告、科普读物
发表论文（篇）
研究与咨询报告（篇）

2.24 南京师范大学人文、社会科学研究与课题成果来源情况表

			课题来源															
			合计	国家社科基金项目	国家社科基金单列学科项目	教育部人文社科研究项目	高校古籍整理研究项目	国家自然科学基金项目	中央其他部门社科专门项目	省、市、自治区社科基金项目	省教育厅社科项目	地、市、厅、局等政府部门项目	国际合作研究项目	与港、澳、台地区合作研究项目	企事业单位委托项目	学校社科项目	外资项目	其他
		编号	L01	L02	L03	L04	L05	L06	L07	L08	L09	L10	L11	L12	L13	L14	L15	L16
课题数(项)		1	1151	294	26	91	3	0	22	177	156	64	0	1	317	0	0	0
当年投入人数	合计(人年)	2	328.30	138.90	9.30	43.10	0.30	0	3.30	53.70	39.30	8.60	0	0.10	31.70	0	0	0
	研究生(人年)	3	32.80	12.60	0.90	5.80	0	0	0.80	4.30	3.40	0	0	0	5	0	0	0
当年拨入经费	合计(千元)	4	61 376.85	13 072.30	1330	1426	30.80	0	209.50	2272.35	935.49	3153.14	0	0	38 947.28	0	0	0
	当年立项项目拨入经费(千元)	5	49270.85	11030	1330	601	0	0	50	1180	313.77	2821.15	0	0	31 944.93	0	0	0
当年支出经费(千元)		6	40 127.54	14 130.04	149.30	2025.01	2.80	0	203.45	1767.69	801.08	1750.18	0	2	19 296	0	0	0
当年新开课题数(项)		7	381	54	7	14	1	0	3	35	29	33	0	0	205	0	0	0
当年新开课题批准经费(千元)		8	75 205.40	13 090	1400	1650	40	0	230	1510	1010	4048.10	0	0	52 227.30	0	0	0
当年完成课题数(项)		9	339	43	1	4	0	0	0	31	24	24	0	1	211	0	0	0

8 八、社科研究、课题与成果(来源情况)

出版著作(部)	合计		10	32	15	2	2	0	0	2	1	1	3	1	0	0	5	0	0
	专著	合计	11	20	12	1	2	0	0	0	1	0	1	1	0	0	2	0	0
		被译成外文	12	2	1	0	0	0	0	0	0	0	0	1	0	0	0	0	0
	编著教材		13	12	3	1	0	0	0	2	0	1	2	0	0	0	3	0	0
	工具书/参考书		14	0	0	0	0	0	0	0	0	0	0	0	0	0	0	0	0
	皮书/发展报告		15	0	0	0	0	0	0	0	0	0	0	0	0	0	0	0	0
	科普读物		16	0	0	0	0	0	0	0	0	0	0	0	0	0	0	0	0
古籍整理(部)			17	3	1	0	0	1	0	0	0	0	0	0	0	1	0	0	0
译著(部)			18	6	4	1	0	0	0	0	1	0	0	0	0	0	0	0	0
发表译文(篇)			19	0	0	0	0	0	0	0	0	0	0	0	0	0	0	0	0
电子出版物(件)			20	0	0	0	0	0	0	0	0	0	0	0	0	0	0	0	0
发表论文(篇)	合计		21	549	315	34	30	0	10	12	55	27	15	2	1	29	10	0	9
	国内学术刊物		22	477	284	30	23	0	4	10	44	27	13	0	0	29	8	0	5
	国外学术刊物		23	69	29	3	7	0	6	2	11	0	2	2	1	0	2	0	4
	港、澳、台刊物		24	3	2	1	0	0	0	0	0	0	0	0	0	0	0	0	0
研究与咨询报告(篇)	合计		25	129	0	0	0	0	0	0	0	0	0	0	0	129	0	0	0
	被采纳数		26	53	0	0	0	0	0	0	0	0	0	0	0	53	0	0	0

2.25 江苏师范大学人文、社会科学研究与课题成果来源情况表

			课题来源															
			合计	国家社科基金项目	国家社科基金单列学科项目	教育部人文社科研究项目	高校古籍整理研究项目	国家自然科学基金项目	中央其他部门社科专门项目	省、市、自治区社科基金项目	省教育厅社科项目	地、市、厅、局等政府部门项目	国际合作研究项目	与港、澳、台地区合作研究项目	企事业单位委托项目	学校社科项目	外资项目	其他
		编号	L01	L02	L03	L04	L05	L06	L07	L08	L09	L10	L11	L12	L13	L14	L15	L16
课题数(项)		1	813	142	7	69	4	7	10	99	181	102	0	0	128	62	0	2
当年投入人数	合计(人年)	2	329.30	94.70	6.30	28	1.90	3.20	6.40	37.10	63.70	29.70	0	0	23	34.60	0	0.70
	研究生(人年)	3	5.80	3.20	1.20	0.60	0	0	0	0.40	0.40	0	0	0	0	0	0	0
当年拨入经费	合计(千元)	4	86 148.78	6077.09	190	379	25	0	50	1508	1050	14 355	0	0	20 873.50	41641.19	0	0
	当年立项项目拨入经费(千元)	5	76 908.78	6077.09	190	379	25	0	50	1468	1050	14355	0	0	20 873.50	32441.19	0	0
当年支出经费(千元)		6	112 928.44	9626.94	368.30	969.55	47	245	6132.50	1483.96	943.50	16755	0	0	20 777.50	55574.19	0	5
当年新开课题数(项)		7	373	28	1	13	1	0	3	31	60	90	0	0	123	23	0	0
当年新开课题批准经费(千元)		8	78 689.69	7150	200	930	25	0	50	1600	1050	14370	0	0	20 873.50	32 441.19	0	0
当年完成课题数(项)		9	548	90	5	41	3	7	8	54	64	84	0	0	128	62	0	2

出版著作(部)	合计		10	36	10	3	1	0	2	3	6	4	7	0	0	0	0	0	0
	专著	合计	11	23	7	3	1	0	2	3	3	4	0	0	0	0	0	0	0
		被译成外文	12	1	0	0	0	0	1	0	0	0	0	0	0	0	0	0	0
	编著教材		13	13	3	0	0	0	0	0	3	0	7	0	0	0	0	0	0
	工具书/参考书		14	0	0	0	0	0	0	0	0	0	0	0	0	0	0	0	0
	皮书/发展报告		15	0	0	0	0	0	0	0	0	0	0	0	0	0	0	0	0
	科普读物		16	0	0	0	0	0	0	0	0	0	0	0	0	0	0	0	0
古籍整理(部)			17	0	0	0	0	0	0	0	0	0	0	0	0	0	0	0	0
译著(部)			18	4	2	0	0	0	0	0	2	0	0	0	0	0	0	0	0
发表译文(篇)			19	0	0	0	0	0	0	0	0	0	0	0	0	0	0	0	0
电子出版物(件)			20	0	0	0	0	0	0	0	0	0	0	0	0	0	0	0	0
发表论文(篇)	合计		21	742	215	14	57	0	16	8	72	114	81	0	0	128	37	0	0
	国内学术刊物		22	709	210	14	53	0	11	8	71	104	78	0	0	127	33	0	0
	国外学术刊物		23	31	3	0	4	0	5	0	1	10	3	0	0	1	4	0	0
	港、澳、台刊物		24	2	2	0	0	0	0	0	0	0	0	0	0	0	0	0	0
研究与咨询报告(篇)	合计		25	69	2	0	0	0	0	0	4	0	63	0	0	0	0	0	0
	被采纳数		26	69	2	0	0	0	0	0	4	0	63	0	0	0	0	0	0

2.26 淮阴师范学院人文、社会科学研究与课题成果来源情况表

			课题来源															
			合计	国家社科基金项目	国家社科基金单列学科项目	教育部人文社科研究项目	高校古籍整理研究项目	国家自然科学基金项目	中央其他部门社科专门项目	省、市、自治区社科基金项目	省教育厅社科项目	地、市、厅、局等政府部门项目	国际合作研究项目	与港、澳、台地区合作研究项目	企事业单位委托项目	学校社科项目	外资项目	其他
		编号	L01	L02	L03	L04	L05	L06	L07	L08	L09	L10	L11	L12	L13	L14	L15	L16
课题数(项)		1	552	34	0	47	0	2	1	49	84	72	0	0	263	0	0	0
当年投入人数	合计(人年)	2	81.80	10.20	0	12	0	0.30	0.10	6.90	10.50	8.80	0	0	33	0	0	0
	研究生(人年)	3	0	0	0	0	0	0	0	0	0	0	0	0	0	0	0	0
当年拨入经费	合计(千元)	4	32 204.21	1720	0	1010	0	300	0	506	527	282	0	0	27 859.21	0	0	0
	当年立项项目拨入经费(千元)	5	32 147.21	1720	0	1010	0	300	0	506	527	279	0	0	27 805.21	0	0	0
当年支出经费(千元)		6	37 052.41	1771	0	1172	0	192	0	597.50	626	301.60	0	0	32 392.31	0	0	0
当年新开课题数(项)		7	267	8	0	12	0	1	0	13	44	58	0	0	131	0	0	0
当年新开课题批准经费(千元)		8	32 499.71	1750	0	1040	0	300	0	506	527	279	0	0	28 097.71	0	0	0
当年完成课题数(项)		9	268	8	0	16	0	0	0	19	22	50	0	0	153	0	0	0

八、社科研究、课题与成果（来源情况）

序号	项目	C1	C2	C3	C4	C5	C6	C7	C8	C9	C10	C11	C12	C13	C14	C15
10	出版著作（部）合计	18	6	0	3	0	0	8	0	1	0	0	0	0	0	0
11	专著 合计	18	6	0	3	0	0	8	0	1	0	0	0	0	0	0
12	专著 被译成外文	0	0	0	0	0	0	0	0	0	0	0	0	0	0	0
13	编著教材	0	0	0	0	0	0	0	0	0	0	0	0	0	0	0
14	工具书/参考书	0	0	0	0	0	0	0	0	0	0	0	0	0	0	0
15	皮书/发展报告	0	0	0	0	0	0	0	0	0	0	0	0	0	0	0
16	科普读物	0	0	0	0	0	0	0	0	0	0	0	0	0	0	0
17	古籍整理（部）	0	0	0	0	0	0	0	0	0	0	0	0	0	0	0
18	译著（部）	1	1	0	0	0	0	1	0	0	0	0	0	0	0	0
19	发表译文（篇）	0	0	0	0	0	0	0	0	0	0	0	0	0	0	0
20	电子出版物（件）	0	0	0	0	0	0	0	0	0	0	0	0	0	0	0
21	发表论文（篇）合计	292	30	1	39	0	5	29	0	43	0	0	83	0	0	0
22	国内学术刊物	279	30	1	39	0	3	28	0	41	0	0	75	0	0	0
23	国外学术刊物	13	0	0	0	0	2	1	0	2	0	0	8	0	0	0
24	港澳台刊物	0	0	0	0	0	0	0	0	0	0	0	0	0	0	0
25	研究与咨询报告（篇）合计	5	0	0	0	0	0	0	0	0	0	0	5	0	0	0
26	被采纳数	2	0	0	0	0	0	0	0	0	0	0	2	0	2	0

2.27 盐城师范学院人文、社会科学研究与课题成果来源情况表

			课题来源															
			合计	国家社科基金项目	国家社科基金单列学科项目	教育部人文社科研究项目	高校古籍整理研究项目	国家自然科学基金项目	中央其他部门社科专门项目	省、市、自治区社科基金项目	省教育厅社科项目	地、市、厅、局等政府部门项目	国际合作研究项目	与港、澳、台地区合作研究项目	企事业单位委托项目	学校社科项目	外资项目	其他
		编号	L01	L02	L03	L04	L05	L06	L07	L08	L09	L10	L11	L12	L13	L14	L15	L16
课题数(项)		1	852	49	7	23	0	0	10	74	164	48	0	0	434	43	0	0
当年投入人数	合计(人年)	2	155.20	12.80	3	4.40	0	0	1.70	14.80	29.10	6.80	0	0	75.70	6.90	0	0
	研究生(人年)	3	0	0	0	0	0	0	0	0	0	0	0	0	0	0	0	0
当年拨入经费	合计(千元)	4	58 028.81	2310	160	621	0	0	470	714	1160	113	0	0	52 450.81	30	0	0
	当年立项项目拨入经费(千元)	5	57 581.81	2300	160	250	0	0	470	648	1160	113	0	0	52 450.81	30	0	0
当年支出经费(千元)		6	57 909.53	1881.80	159	486.80	0	0	383	891	916.74	126.22	0	0	52 954.57	110.40	0	0
当年新开课题数(项)		7	316	12	1	6	0	0	2	16	53	17	0	0	199	10	0	0
当年新开课题批准经费(千元)		8	58 413.81	2650	200	480	0	0	550	780	1160	113	0	0	52 450.81	30	0	0
当年完成课题数(项)		9	323	2	1	2	0	0	0	7	20	26	0	0	233	32	0	0

八、社科研究、课题与成果(来源情况)

出版著作(部)	合计		10	26	8	0	3	0	0	2	2	6	4	0	0	0	1	0	0
	专著	合计	11	22	7	0	3	0	0	2	2	6	2	0	0	0	0	0	0
		被译成外文	12	1	1	0	0	0	0	0	0	0	0	0	0	0	0	0	0
	编著教材		13	4	1	0	0	0	0	0	0	0	2	0	0	0	1	0	0
	工具书/参考书		14	0	0	0	0	0	0	0	0	0	0	0	0	0	0	0	0
	皮书/发展报告		15	0	0	0	0	0	0	0	0	0	0	0	0	0	0	0	0
	科普读物		16	0	0	0	0	0	0	0	0	0	0	0	0	0	0	0	0
古籍整理(部)			17	0	0	0	0	0	0	0	0	0	0	0	0	0	0	0	0
译著(部)			18	0	0	0	0	0	0	0	0	0	0	0	0	0	0	0	0
发表译文(篇)			19	0	0	0	0	0	0	0	0	0	0	0	0	0	0	0	0
电子出版物(件)			20	0	0	0	0	0	0	0	0	0	0	0	0	0	0	0	0
发表论文(篇)	合计		21	319	44	3	17	0	6	10	42	85	58	0	0	13	41	0	0
	国内学术刊物		22	311	42	3	16	0	5	10	42	82	57	0	0	13	41	0	0
	国外学术刊物		23	8	2	0	1	0	1	0	0	3	1	0	0	0	0	0	0
	港、澳、台刊物		24	0	0	0	0	0	0	0	0	0	0	0	0	0	0	0	0
研究与咨询报告(篇)	合计		25	256	0	0	0	0	0	1	0	0	8	0	0	247	0	0	0
	被采纳数		26	20	0	0	0	0	0	0	0	0	0	0	0	20	0	0	0

2.28 南京财经大学人文、社会科学研究与课题成果来源情况表

			课题来源															
			合计	国家社科基金项目	国家社科基金单列学科项目	教育部人文社科研究项目	高校古籍整理研究项目	国家自然科学基金项目	中央其他部门社科专门项目	省、市、自治区社科基金项目	省教育厅社科项目	地、市、厅、局等政府部门项目	国际合作研究项目	与港、澳、台地区合作研究项目	企事业单位委托项目	学校社科项目	外资项目	其他
		编号	L01	L02	L03	L04	L05	L06	L07	L08	L09	L10	L11	L12	L13	L14	L15	L16
课题数(项)		1	1018	122	3	56	0	111	6	103	163	126	0	0	283	39	0	6
当年投入人数	合计(人年)	2	201.40	34.30	0.60	7.20	0	46.40	1.50	12.20	18.10	18.80	0	0	57.70	4	0	0.60
	研究生(人年)	3	30.90	6	0	0.10	0	14.70	0.30	0.50	0.20	1.40	0	0	7.70	0	0	0
当年拨入经费	合计(千元)	4	44 007.24	7281.80	380	1438	0	8428.10	172	1830	545	7101	0	0	16 607.99	75	0	148.36
	当年立项项目拨入经费(千元)	5	28 006.16	6140	190	310	0	4085	160	1112	335	2004	0	0	13 446.81	75	0	148.36
当年支出经费(千元)		6	42 347.49	7378.99	343.22	1278.74	0	7173.66	263.13	2210.50	418.76	8399.85	0	0	14 688.85	90.32	0	101.46
当年新开课题数(项)		7	394	31	1	10	0	41	4	26	53	61	0	0	146	15	0	6
当年新开课题批准经费(千元)		8	45 917.66	7700	200	840	0	12540	200	1820	710	2202	0	0	19 447.30	75	0	183.36
当年完成课题数(项)		9	292	10	0	14	0	15	1	26	46	37	0	0	130	13	0	0

八、社科研究、课题与成果(来源情况)

出版著作(部)	合计		10	29	6	0	4	0	6	0	3	0	0	1	0	8	1	0	0
	专著	合计	11	25	6	0	4	0	6	0	3	0	0	1	0	4	1	0	0
		被译成外文	12	0	0	0	0	0	0	0	0	0	0	0	0	0	0	0	0
	编著教材		13	4	0	0	0	0	0	0	0	0	0	0	0	4	0	0	0
	工具书/参考书		14	0	0	0	0	0	0	0	0	0	0	0	0	0	0	0	0
	皮书/发展报告		15	0	0	0	0	0	0	0	0	0	0	0	0	0	0	0	0
	科普读物		16	0	0	0	0	0	0	0	0	0	0	0	0	0	0	0	0
古籍整理(部)			17	0	0	0	0	0	0	0	0	0	0	0	0	0	0	0	0
译著(部)			18	0	0	0	0	0	0	0	0	0	0	0	0	0	0	0	0
发表译文(篇)			19	0	0	0	0	0	0	0	0	0	0	0	0	0	0	0	0
电子出版物(件)			20	0	0	0	0	0	0	0	0	0	0	0	0	0	0	0	0
发表论文(篇)	合计		21	444	50	9	78	0	132	3	41	32	16	0	0	83	0	0	0
	国内学术刊物		22	444	50	9	78	0	132	3	41	32	16	0	0	83	0	0	0
	国外学术刊物		23	0	0	0	0	0	0	0	0	0	0	0	0	0	0	0	0
	港、澳、台刊物		24	0	0	0	0	0	0	0	0	0	0	0	0	0	0	0	0
研究与咨询报告(篇)	合计		25	11	0	0	0	0	1	0	1	0	2	0	0	7	0	0	0
	被采纳数		26	11	0	0	0	0	1	0	1	0	2	0	0	7	0	0	0

2.29 江苏警官学院人文、社会科学研究与课题成果来源情况表

			课题来源															
			合计	国家社科基金项目	国家社科基金单列学科项目	教育部人文社科研究项目	高校古籍整理研究项目	国家自然科学基金项目	中央其他部门社科专门项目	省、市、自治区社科基金项目	省教育厅社科项目	地、市、厅、局等政府部门项目	国际合作研究项目	与港、澳、台地区合作研究项目	企事业单位委托项目	学校社科项目	外资项目	其他
		编号	L01	L02	L03	L04	L05	L06	L07	L08	L09	L10	L11	L12	L13	L14	L15	L16
课题数(项)		1	294	2	0	11	0	0	32	18	128	44	0	0	19	40	0	0
当年投入人数	合计(人年)	2	59	0.60	0	3.10	0	0	6.50	3.30	26.60	9.30	0	0	3.70	5.90	0	0
	研究生(人年)	3	0	0	0	0	0	0	0	0	0	0	0	0	0	0	0	0
当年拨入经费	合计(千元)	4	1148	170	0	220	0	0	50	60	0	85	0	0	283	280	0	0
	当年立项项目拨入经费(千元)	5	910	170	0	55	0	0	50	40	0	85	0	0	240	270	0	0
当年支出经费(千元)		6	1358	30	0	336	0	0	254	156	0	66	0	0	340	176	0	0
当年新开课题数(项)		7	86	1	0	2	0	0	5	5	31	10	0	0	3	29	0	0
当年新开课题批准经费(千元)		8	1035	200	0	140	0	0	50	50	0	85	0	0	240	270	0	0
当年完成课题数(项)		9	82	1	0	1	0	0	3	6	39	18	0	0	5	9	0	0

出版著作(部)	合计		10	18	1	0	1	0	0	3	4	8	1	0	0	0	0	0	0
	专著	合计	11	14	1	0	1	0	0	2	4	5	1	0	0	0	0	0	0
		被译成外文	12	0	0	0	0	0	0	0	0	0	0	0	0	0	0	0	0
	编著教材		13	4	0	0	0	0	0	1	0	3	0	0	0	0	0	0	0
	工具书/参考书		14	0	0	0	0	0	0	0	0	0	0	0	0	0	0	0	0
	皮书/发展报告		15	0	0	0	0	0	0	0	0	0	0	0	0	0	0	0	0
	科普读物		16	0	0	0	0	0	0	0	0	0	0	0	0	0	0	0	0
古籍整理(部)			17	0	0	0	0	0	0	0	0	0	0	0	0	0	0	0	0
译著(部)			18	5	0	0	0	0	0	2	0	3	0	0	0	0	0	0	0
发表译文(篇)			19	0	0	0	0	0	0	0	0	0	0	0	0	0	0	0	0
电子出版物(件)			20	0	0	0	0	0	0	0	0	0	0	0	0	0	0	0	0
发表论文(篇)	合计		21	176	3	0	5	0	0	7	4	83	38	0	0	0	36	0	0
	国内学术刊物		22	173	3	0	5	0	0	7	4	81	37	0	0	0	36	0	0
	国外学术刊物		23	3	0	0	0	0	0	0	0	2	1	0	0	0	0	0	0
	港、澳、台刊物		24	0	0	0	0	0	0	0	0	0	0	0	0	0	0	0	0
研究与咨询报告(篇)	合计		25	0	0	0	0	0	0	0	0	0	0	0	0	0	0	0	0
	被采纳数		26	0	0	0	0	0	0	0	0	0	0	0	0	0	0	0	0

2.30 南京体育学院人文、社会科学研究与课题成果来源情况表

		编号	合计	国家社科基金项目	国家社科基金单列学科项目	教育部人文社科研究项目	高校古籍整理研究项目	国家自然科学基金项目	中央其他部门社科专门项目	省、市、自治区社科基金项目	省教育厅社科项目	地、市、厅、局等政府部门项目	国际合作研究项目	与港、澳、台地区合作研究项目	企事业单位委托项目	学校社科项目	外资项目	其他
			L01	L02	L03	L04	L05	L06	L07	L08	L09	L10	L11	L12	L13	L14	L15	L16
课题数(项)		1	216	22	1	9	0	0	4	21	82	19	0	0	9	49	0	0
当年投入人数	合计(人年)	2	22.70	2.80	0.10	1	0	0	0.50	2.30	8.30	1.90	0	0	0.90	4.90	0	0
	研究生(人年)	3	0	0	0	0	0	0	0	0	0	0	0	0	0	0	0	0
当年拨入经费	合计(千元)	4	3461.45	1398.51	0	237.04	0	0	175	170	56	605	0	0	819.90	0	0	0
	当年立项项目拨入经费(千元)	5	2100.90	1280	0	80	0	0	64	144	0	13	0	0	519.90	0	0	0
当年支出经费(千元)		6	2714.97	414.54	2	74.84	0	0	479.71	184.17	67.36	563.67	0	0	928.68	0	0	0
当年新开课题数(项)		7	65	5	0	4	0	0	1	4	22	5	0	0	5	19	0	0
当年新开课题批准经费(千元)		8	3529.90	1650	0	220	0	0	100	200	220	15	0	0	942.90	182	0	0
当年完成课题数(项)		9	36	1	0	1	0	0	0	1	14	2	0	0	5	12	0	0

出版著作(部)	合计		10	1	0	0	1	0	0	0	0	0	0	0	0	0	0	0	0
	专著	合计	11	1	0	0	1	0	0	0	0	0	0	0	0	0	0	0	0
		被译成外文	12	0	0	0	0	0	0	0	0	0	0	0	0	0	0	0	0
	编著教材		13	0	0	0	0	0	0	0	0	0	0	0	0	0	0	0	0
	工具书/参考书		14	0	0	0	0	0	0	0	0	0	0	0	0	0	0	0	0
	皮书/发展报告		15	0	0	0	0	0	0	0	0	0	0	0	0	0	0	0	0
	科普读物		16	0	0	0	0	0	0	0	0	0	0	0	0	0	0	0	0
古籍整理(部)			17	0	0	0	0	0	0	0	0	0	0	0	0	0	0	0	0
译著(部)			18	0	0	0	0	0	0	0	0	0	0	0	0	0	0	0	0
发表译文(篇)			19	0	0	0	0	0	0	0	0	0	0	0	0	0	0	0	0
电子出版物(件)			20	0	0	0	0	0	0	0	0	0	0	0	0	0	0	0	0
发表论文(篇)	合计		21	87	31	0	2	0	0	4	18	25	7	0	0	0	0	0	0
	国内学术刊物		22	87	31	0	2	0	0	4	18	25	7	0	0	0	0	0	0
	国外学术刊物		23	0	0	0	0	0	0	0	0	0	0	0	0	0	0	0	0
	港、澳、台刊物		24	0	0	0	0	0	0	0	0	0	0	0	0	0	0	0	0
研究与咨询报告(篇)	合计		25	24	1	0	0	0	0	6	2	6	5	0	0	4	0	0	0
	被采纳数		26	4	0	0	0	0	0	0	0	0	0	0	0	4	0	0	0

2.31 南京艺术学院人文、社会科学研究与课题成果来源情况表

		编号	课题来源 合计	国家社科基金项目	国家社科基金单列学科项目	教育部人文社科研究项目	高校古籍整理研究项目	国家自然科学基金项目	中央其他部门社科专门项目	省、市、自治区社科基金项目	省教育厅社科项目	地、市、厅、局等政府部门项目	国际合作研究项目	与港、澳、台地区合作研究项目	企事业单位委托项目	学校社科项目	外资项目	其他
			L01	L02	L03	L04	L05	L06	L07	L08	L09	L10	L11	L12	L13	L14	L15	L16
课题数(项)		1	360	3	31	8	0	0	28	34	160	29	0	0	39	28	0	0
当年投入人数	合计(人年)	2	113.50	1.80	27.30	3.50	0	0	6.90	9.70	45.10	7.30	0	0	5.90	6	0	0
	研究生(人年)	3	1	0.10	0.10	0	0	0	0	0	0.70	0.10	0	0	0	0	0	0
当年拨入经费	合计(千元)	4	5630.88	170	1643	160	0	0	145	534	620	227	0	0	1821.88	310	0	0
	当年立项项目拨入经费(千元)	5	3537.48	170	488	80	0	0	130	320	540	192	0	0	1307.48	310	0	0
当年支出经费(千元)		6	3498.35	99.10	954.42	133.10	0	0	472.38	265.24	316.82	164.88	0	0	1072.59	19.82	0	0
当年新开课题数(项)		7	95	1	6	2	0	0	3	7	48	4	0	0	13	11	0	0
当年新开课题批准经费(千元)		8	5928	200	1880	180	0	0	130	390	660	250	0	0	1928	310	0	0
当年完成课题数(项)		9	68	0	3	0	0	0	5	4	28	10	0	0	12	6	0	0

出版著作(部)	合计		10	9	0	2	1	0	0	2	1	0	2	0	0	0	1	0	0
	专著	合计	11	8	0	2	1	0	0	2	1	0	1	0	0	0	1	0	0
		被译成外文	12	0	0	0	0	0	0	0	0	0	0	0	0	0	0	0	0
	编著教材		13	1	0	0	0	0	0	0	0	0	1	0	0	0	0	0	0
	工具书/参考书		14	0	0	0	0	0	0	0	0	0	0	0	0	0	0	0	0
	皮书/发展报告		15	0	0	0	0	0	0	0	0	0	0	0	0	0	0	0	0
	科普读物		16	0	0	0	0	0	0	0	0	0	0	0	0	0	0	0	0
古籍整理(部)			17	0	0	0	0	0	0	0	0	0	0	0	0	0	0	0	0
译著(部)			18	1	0	0	0	0	0	1	0	0	0	0	0	0	0	0	0
发表译文(篇)			19	2	0	0	0	0	0	0	1	1	0	0	0	0	0	0	0
电子出版物(件)			20	0	0	0	0	0	0	0	0	0	0	0	0	0	0	0	0
发表论文(篇)	合计		21	209	17	42	8	0	0	3	24	86	24	0	0	1	4	0	0
	国内学术刊物		22	207	16	42	8	0	0	3	24	85	24	0	0	1	4	0	0
	国外学术刊物		23	2	1	0	0	0	0	0	0	1	0	0	0	0	0	0	0
	港、澳、台刊物		24	0	0	0	0	0	0	0	0	0	0	0	0	0	0	0	0
研究与咨询报告(篇)	合计		25	4	0	0	0	0	0	0	0	0	0	0	0	4	0	0	0
	被采纳数		26	3	0	0	0	0	0	0	0	0	0	0	0	3	0	0	0

八、社科研究、课题与成果(来源情况)

2.32 苏州科技大学人文、社会科学研究与课题成果来源情况表

			课题来源															
			合计	国家社科基金项目	国家社科基金单列学科项目	教育部人文社科研究项目	高校古籍整理研究项目	国家自然科学基金项目	中央其他部门社科专门项目	省、市、自治区社科基金项目	省教育厅社科项目	地、市、厅、局等政府部门项目	国际合作研究项目	与港、澳、台地区合作研究项目	企事业单位委托项目	学校社科项目	外资项目	其他
		编号	L01	L02	L03	L04	L05	L06	L07	L08	L09	L10	L11	L12	L13	L14	L15	L16
课题数(项)		1	610	52	6	32	0	0	0	48	151	168	0	0	117	36	0	0
当年投入人数	合计(人年)	2	138.90	11.70	2.90	11.70	0	0	0	17.30	36.30	38.20	0	0	12.60	8.20	0	0
	研究生(人年)	3	7	0	0	0.70	0	0	0	0.90	0.70	3.10	0	0	0.50	1.10	0	0
当年拨入经费	合计(千元)	4	16 927.81	1585.71	170	900	0	0	0	386	40	4831.50	0	0	8683	331.60	0	0
	当年立项项目拨入经费(千元)	5	13 699.11	1370	160	290	0	0	0	300	0	4556	0	0	6783.11	240	0	0
当年支出经费(千元)		6	17 574.81	1471.71	171	900	0	0	0	386	40	5111.50	0	0	9163	331.60	0	0
当年新开课题数(项)		7	235	7	1	11	0	0	0	6	45	75	0	0	75	15	0	0
当年新开课题批准经费(千元)		8	16 744.81	1550	200	920	0	0	0	340	450	4629	0	0	8355.81	300	0	0
当年完成课题数(项)		9	222	5	1	2	0	0	0	12	32	82	0	0	79	9	0	0

出版著作(部)	合计		10	21	4	0	3	0	0	0	5	2	6	0	0	0	1	0	0
	专著	合计	11	11	3	0	3	0	0	0	2	1	2	0	0	0	0	0	0
		被译成外文	12	0	0	0	0	0	0	0	0	0	0	0	0	0	0	0	0
	编著教材		13	10	1	0	0	0	0	0	3	1	4	0	0	0	1	0	0
	工具书/参考书		14	0	0	0	0	0	0	0	0	0	0	0	0	0	0	0	0
	皮书/发展报告		15	0	0	0	0	0	0	0	0	0	0	0	0	0	0	0	0
	科普读物		16	0	0	0	0	0	0	0	0	0	0	0	0	0	0	0	0
古籍整理(部)			17	0	0	0	0	0	0	0	0	0	0	0	0	0	0	0	0
译著(部)			18	4	3	0	0	0	0	0	0	1	0	0	0	0	0	0	0
发表译文(篇)			19	1	0	0	0	0	0	0	1	0	0	0	0	0	0	0	0
电子出版物(件)			20	0	0	0	0	0	0	0	0	0	0	0	0	0	0	0	0
发表论文(篇)	合计		21	322	36	4	29	0	0	0	46	69	106	0	0	7	25	0	0
	国内学术刊物		22	303	34	2	25	0	0	0	41	68	102	0	0	7	24	0	0
	国外学术刊物		23	19	2	2	4	0	0	0	5	1	4	0	0	0	1	0	0
	港、澳、台刊物		24	0	0	0	0	0	0	0	0	0	0	0	0	0	0	0	0
研究与咨询报告(篇)	合计		25	64	0	0	0	0	0	0	0	0	13	0	0	51	0	0	0
	被采纳数		26	34	0	0	0	0	0	0	0	0	6	0	0	28	0	0	0

2.33 常熟理工学院人文、社会科学研究与课题成果来源情况表

		编号	合计	国家社科基金项目	国家社科基金单列学科项目	教育部人文社科研究项目	高校古籍整理研究项目	国家自然科学基金项目	中央其他部门社科专门项目	省、市、自治区社科基金项目	省教育厅社科项目	地、市、厅、局等政府部门项目	国际合作研究项目	与港、澳、台地区合作研究项目	企事业单位委托项目	学校社科项目	外资项目	其他
			L01	L02	L03	L04	L05	L06	L07	L08	L09	L10	L11	L12	L13	L14	L15	L16
课题数(项)		1	645	10	1	22	0	0	4	31	190	119	0	0	248	16	0	4
当年投入人数	合计(人年)	2	107	3.20	0.30	7	0	0	0.40	9.60	40.60	18.60	0	0	25.20	1.60	0	0.50
	研究生(人年)	3	0	0	0	0	0	0	0	0	0	0	0	0	0	0	0	0
当年拨入经费	合计(千元)	4	19 338.47	30	0.60	608	0	0	0	580	440	1323.50	0	0	16 123.37	73	0	160
	当年立项项目拨入经费(千元)	5	17 639.87	0	0	150	0	0	0	380	440	1294.50	0	0	15 302.37	73	0	0
当年支出经费(千元)		6	14 066.12	152.28	38.60	390.53	0	0	1.38	334.99	330.85	426.59	0	0	12 314.04	28	0	48.87
当年新开课题数(项)		7	276	0	0	4	0	0	0	11	46	59	0	0	145	11	0	0
当年新开课题批准经费(千元)		8	18 300.39	0	0	340	0	0	0	460	540	1415	0	0	15 472.39	73	0	0
当年完成课题数(项)		9	267	3	0	4	0	0	3	8	32	54	0	0	163	0	0	0

八、社科研究、课题与成果（来源情况）

序号	项目	子项	值1	值2	值3	值4	值5	值6	值7	值8	值9	值10	值11	值12	值13	值14	值15	值16
10	出版著作（部）	合计	0	0	0	0	0	0	1	2	3	0	0	0	3	0	2	11
11		专著 合计	0	0	0	0	0	0	0	1	2	0	0	0	2	0	2	7
12		被译成外文	0	0	0	0	0	0	0	0	0	0	0	0	0	0	0	0
13		编著教材	0	0	0	0	0	0	1	1	0	0	0	0	0	0	0	4
14		工具书/参考书	0	0	0	0	0	0	0	0	1	0	0	0	1	0	0	0
15		皮书/发展报告	0	0	0	0	0	0	0	0	0	0	0	0	0	0	0	0
16		科普读物	0	0	0	0	0	0	0	0	0	0	0	0	0	0	0	0
17		古籍整理（部）	0	0	0	0	0	0	0	0	0	0	0	0	0	0	0	0
18		译著（部）	0	0	0	0	0	0	0	0	0	0	0	0	0	0	0	0
19		发表译文（篇）	0	0	0	0	0	0	0	0	0	0	0	0	0	0	0	0
20		电子出版物（件）	0	0	0	0	0	0	0	0	0	0	0	0	0	0	0	0
21	发表论文（篇）	合计	0	0	21	1	0	0	17	59	24	2	0	0	10	2	14	150
22		国内学术刊物	0	0	21	1	0	0	17	55	23	0	0	0	9	1	12	139
23		国外学术刊物	0	0	0	0	0	0	0	4	1	2	0	0	1	1	2	11
24		港澳台刊物	0	0	0	0	0	0	0	0	0	0	0	0	0	0	0	0
25	研究与咨询报告（篇）	合计	0	0	0	39	0	0	50	1	1	0	0	0	0	0	0	91
26		被采纳数	0	0	0	39	0	0	50	1	1	0	0	0	0	0	0	91

2.34 淮阴工学院人文、社会科学研究与课题成果来源情况表

		编号	课题来源：合计	国家社科基金项目	国家社科基金单列学科项目	教育部人文社科研究项目	高校古籍整理研究项目	国家自然科学基金项目	中央其他部门社科专门项目	省、市、自治区社科基金项目	省教育厅社科项目	地、市、厅、局等政府部门项目	国际合作研究项目	与港、澳、台地区合作研究项目	企事业单位委托项目	学校社科项目	外资项目	其他
			L01	L02	L03	L04	L05	L06	L07	L08	L09	L10	L11	L12	L13	L14	L15	L16
课题数(项)		1	538	10	1	8	0	0	1	23	143	24	0	0	280	48	0	0
当年投入人数	合计(人年)	2	84.20	3.80	0.70	2.10	0	0	0.40	5.80	20.20	2.70	0	0	42.40	6.10	0	0
	研究生(人年)	3	0	0	0	0	0	0	0	0	0	0	0	0	0	0	0	0
当年拨入经费	合计(千元)	4	42 442.86	230	0	70	0	0	0	80	0	180.10	0	0	41 638.36	244.40	0	0
	当年立项项目拨入经费(千元)	5	42 292.86	230	0	0	0	0	0	80	0	180.10	0	0	41 638.36	164.40	0	0
当年支出经费(千元)		6	37 731.06	161.50	0	100	0	0	0	100	120	180.10	0	0	36 825.06	244.40	0	0
当年新开课题数(项)		7	348	1	0	0	0	0	0	2	47	22	0	0	245	31	0	0
当年新开课题批准经费(千元)		8	43 341.36	250	0	0	0	0	0	100	425	254	0	0	42 038.36	274	0	0
当年完成课题数(项)		9	325	2	0	1	0	0	1	3	74	2	0	0	225	17	0	0

八、社科研究、课题与成果（来源情况）

出版著作（部）	合计		10	14	1	0	0	0	0	0	0	11	0	0	0	0	2	0	0
	专著	合计	11	12	0	0	0	0	0	0	0	10	0	0	0	0	2	0	0
		被译成外文	12	0	0	0	0	0	0	0	0	0	0	0	0	0	0	0	0
	编著教材		13	2	1	0	0	0	0	0	0	1	0	0	0	0	0	0	0
	工具书/参考书		14	0	0	0	0	0	0	0	0	0	0	0	0	0	0	0	0
	皮书/发展报告		15	0	0	0	0	0	0	0	0	0	0	0	0	0	0	0	0
	科普读物		16	0	0	0	0	0	0	0	0	0	0	0	0	0	0	0	0
古籍整理（部）			17	0	0	0	0	0	0	0	0	0	0	0	0	0	0	0	0
译著（部）			18	0	0	0	0	0	0	0	0	0	0	0	0	0	0	0	0
发表译文（篇）			19	0	0	0	0	0	0	0	0	0	0	0	0	0	0	0	0
电子出版物（件）			20	0	0	0	0	0	0	0	0	0	0	0	0	0	0	0	0
发表论文（篇）	合计		21	177	3	0	12	0	2	0	31	75	21	0	0	0	7	0	26
	国内学术刊物		22	169	3	0	12	0	2	0	29	75	18	0	0	0	4	0	26
	国外学术刊物		23	8	0	0	0	0	0	0	2	0	3	0	0	0	3	0	0
	港、澳、台刊物		24	0	0	0	0	0	0	0	0	0	0	0	0	0	0	0	0
研究与咨询报告（篇）	合计		25	2	0	0	0	0	0	0	0	0	1	0	0	0	1	0	0
	被采纳数		26	2	0	0	0	0	0	0	0	0	1	0	0	0	1	0	0

2.35 常州工学院人文、社会科学研究与课题成果来源情况表

			课题来源															
			合计	国家社科基金项目	国家社科基金单列学科项目	教育部人文社科研究项目	高校古籍整理研究项目	国家自然科学基金项目	中央其他部门社科专门项目	省、市、自治区社科基金项目	省教育厅社科项目	地、市、厅、局等政府部门项目	国际合作研究项目	与港、澳、台地区合作研究项目	企事业单位委托项目	学校社科项目	外资项目	其他
		编号	L01	L02	L03	L04	L05	L06	L07	L08	L09	L10	L11	L12	L13	L14	L15	L16
课题数(项)		1	826	6	5	22	1	1	3	21	163	173	0	0	318	113	0	0
当年投入人数	合计(人年)	2	122.20	1.50	1.10	4	0.20	0.30	0.30	2.90	25.90	19.40	0	0	53	13.60	0	0
	研究生(人年)	3	0	0	0	0	0	0	0	0	0	0	0	0	0	0	0	0
当年拨入经费	合计(千元)	4	23 058.95	490	570	645	0	0	0	226	621	1318	0	0	18 361.95	827	0	0
	当年立项项目拨入经费(千元)	5	19 243.23	490	570	255	0	0	0	170	560	1136	0	0	15 267.23	795	0	0
当年支出经费(千元)		6	26 451.27	215.54	371.78	528.75	0	42.15	2.88	185.75	492.66	1223.11	0	0	22 627.70	760.95	0	0
当年新开课题数(项)		7	358	2	3	6	0	0	0	6	36	122	0	0	136	47	0	0
当年新开课题批准经费(千元)		8	23 175.93	550	600	580	0	0	0	200	740	1174	0	0	18 536.93	795	0	0
当年完成课题数(项)		9	363	0	0	4	1	0	1	5	18	145	0	0	165	24	0	0

八、社科研究、课题与成果(来源情况)

出版著作(部)	合计		10	11	0	0	2	0	0	0	1	1	0	0	0	5	2	0	0
	专著	合计	11	6	0	0	2	0	0	0	1	1	0	0	0	1	1	0	0
		被译成外文	12	0	0	0	0	0	0	0	0	0	0	0	0	0	0	0	0
	编著教材		13	5	0	0	0	0	0	0	0	0	0	0	0	4	1	0	0
	工具书/参考书		14	0	0	0	0	0	0	0	0	0	0	0	0	0	0	0	0
	皮书/发展报告		15	0	0	0	0	0	0	0	0	0	0	0	0	0	0	0	0
	科普读物		16	0	0	0	0	0	0	0	0	0	0	0	0	0	0	0	0
古籍整理(部)			17	0	0	0	0	0	0	0	0	0	0	0	0	0	0	0	0
译著(部)			18	1	0	0	0	0	0	0	0	0	0	0	0	1	0	0	0
发表译文(篇)			19	0	0	0	0	0	0	0	0	0	0	0	0	0	0	0	0
电子出版物(件)			20	0	0	0	0	0	0	0	0	0	0	0	0	0	0	0	0
发表论文(篇)	合计		21	225	5	5	21	1	2	1	11	54	27	0	0	85	13	0	0
	国内学术刊物		22	218	5	5	19	1	1	1	11	52	27	0	0	84	12	0	0
	国外学术刊物		23	7	0	0	2	0	1	0	0	2	0	0	0	1	1	0	0
	港、澳、台刊物		24	0	0	0	0	0	0	0	0	0	0	0	0	0	0	0	0
研究与咨询报告(篇)	合计		25	146	0	0	0	0	0	0	1	0	127	0	0	16	2	0	0
	被采纳数		26	7	0	0	0	0	0	0	1	0	5	0	0	1	0	0	0

2.36 扬州大学人文、社会科学研究与课题成果来源情况表

		编号	合计	国家社科基金项目	国家社科基金单列学科项目	教育部人文社科研究项目	高校古籍整理研究项目	国家自然科学基金项目	中央其他部门社科专门项目	省、市、自治区社科基金项目	省教育厅社科项目	地、市、厅、局等政府部门项目	国际合作研究项目	与港、澳、台地区合作研究项目	企事业单位委托项目	学校社科项目	外资项目	其他
			课题来源															
			L01	L02	L03	L04	L05	L06	L07	L08	L09	L10	L11	L12	L13	L14	L15	L16
课题数(项)		1	1059	159	31	79	2	4	26	128	217	133	0	0	163	117	0	0
当年投入人数	合计(人年)	2	176.70	43.70	8.40	16.90	0.40	1.60	5.40	24.30	28.20	13.50	0	0	22.60	11.70	0	0
	研究生(人年)	3	4.60	3.50	0.60	0	0	0.50	0	0	0	0	0	0	0	0	0	0
当年拨入经费	合计(千元)	4	23 735.45	5620	990	283	0	480	478	788	580	360	0	0	13 906.45	250	0	0
	当年立项项目拨入经费(千元)	5	16 026.40	5620	990	283	0	480	478	788	580	356	0	0	6201.40	250	0	0
当年支出经费(千元)		6	25 146.85	6209.17	1171.32	276.68	0	357.10	477.50	834.62	742.31	257.76	0	0	14 609.23	211.16	0	0
当年新开课题数(项)		7	319	28	6	11	0	4	7	21	52	69	0	0	71	50	0	0
当年新开课题批准经费(千元)		8	19 930.40	6500	1200	910	0	1200	520	1090	700	539	0	0	6771.40	500	0	0
当年完成课题数(项)		9	288	14	4	9	0	0	0	18	39	48	0	0	138	18	0	0

八、社科研究、课题与成果(来源情况)

出版著作(部)	合计		10	40	23	2	1	0	0	1	5	5	1	0	0	1	1	0	0
	专著	合计	11	36	22	2	1	0	0	0	4	5	0	0	0	1	1	0	0
		被译成外文	12	2	1	0	0	0	0	0	0	0	0	0	0	1	0	0	0
	编著教材		13	4	1	0	0	0	0	1	1	0	1	0	0	0	0	0	0
	工具书/参考书		14	0	0	0	0	0	0	0	0	0	0	0	0	0	0	0	0
	皮书/发展报告		15	0	0	0	0	0	0	0	0	0	0	0	0	0	0	0	0
	科普读物		16	0	0	0	0	0	0	0	0	0	0	0	0	0	0	0	0
古籍整理(部)			17	0	0	0	0	0	0	0	0	0	0	0	0	0	0	0	0
译著(部)			18	2	2	0	0	0	0	0	0	0	0	0	0	0	0	0	0
发表译文(篇)			19	0	0	0	0	0	0	0	0	0	0	0	0	0	0	0	0
电子出版物(件)			20	0	0	0	0	0	0	0	0	0	0	0	0	0	0	0	0
发表论文(篇)	合计		21	566	149	24	51	0	10	11	84	91	43	0	0	11	92	0	0
	国内学术刊物		22	524	146	23	44	0	9	8	76	86	36	0	0	10	86	0	0
	国外学术刊物		23	42	3	1	7	0	1	3	8	5	7	0	0	1	6	0	0
	港、澳、台刊物		24	0	0	0	0	0	0	0	0	0	0	0	0	0	0	0	0
研究与咨询报告(篇)	合计		25	74	2	0	2	0	0	5	4	2	12	0	0	47	0	0	0
	被采纳数		26	53	2	0	0	0	0	5	4	2	11	0	0	29	0	0	0

2.37 南京工程学院人文、社会科学研究与课题成果来源情况表

		编号	课题来源															
			合计	国家社科基金项目	国家社科基金单列学科项目	教育部人文社科研究项目	高校古籍整理研究项目	国家自然科学基金项目	中央其他部门社科专门项目	省、市、自治区社科基金项目	省教育厅社科项目	地、市、厅、局等政府部门项目	国际合作研究项目	与港、澳、台地区合作研究项目	企事业单位委托项目	学校社科项目	外资项目	其他
		编号	L01	L02	L03	L04	L05	L06	L07	L08	L09	L10	L11	L12	L13	L14	L15	L16
课题数(项)		1	564	2	0	8	0	0	3	11	141	26	0	0	194	167	0	12
当年投入人数	合计(人年)	2	108.30	0.40	0	1.50	0	0	0.50	2.10	27.90	4.90	0	0	35.80	32.80	0	2.40
	研究生(人年)	3	0	0	0	0	0	0	0	0	0	0	0	0	0	0	0	0
当年拨入经费	合计(千元)	4	33 624.10	176	0	302	0	0	3.20	169.60	1278.84	100	0	0	28 920.42	2483.04	0	191
	当年立项项目拨入经费(千元)	5	26 172	170	0	260	0	0	0	100	1145	0	0	0	23 716	590	0	191
当年支出经费(千元)		6	31 248.05	140.80	0	268.84	0	0	5.60	271.28	1131.89	180.66	0	0	26 478.93	2607.65	0	162.40
当年新开课题数(项)		7	200	1	0	3	0	0	0	2	61	0	0	0	109	12	0	12
当年新开课题批准经费(千元)		8	37 912	200	0	260	0	0	0	100	1145	0	0	0	35 336	680	0	191
当年完成课题数(项)		9	221	0	0	3	0	0	1	4	43	17	0	0	51	99	0	3

出版著作(部)	合计		10	7	7	0	0	0	0	0	0	0	0	0	0	0	0	0	0	0
	专著	合计	11	7	7	0	0	0	0	0	0	0	0	0	0	0	0	0	0	0
		被译成外文	12	0	0	0	0	0	0	0	0	0	0	0	0	0	0	0	0	0
	编著教材		13	0	0	0	0	0	0	0	0	0	0	0	0	0	0	0	0	0
	工具书/参考书		14	0	0	0	0	0	0	0	0	0	0	0	0	0	0	0	0	0
	皮书/发展报告		15	0	0	0	0	0	0	0	0	0	0	0	0	0	0	0	0	0
	科普读物		16	0	0	0	0	0	0	0	0	0	0	0	0	0	0	0	0	0
古籍整理(部)			17	0	0	0	0	0	0	0	0	0	0	0	0	0	0	0	0	0
译著(部)			18	0	0	0	0	0	0	0	0	0	0	0	0	0	0	0	0	0
发表译文(篇)			19	0	0	0	0	0	0	0	0	0	0	0	0	0	0	0	0	0
电子出版物(件)			20	0	0	0	0	0	0	0	0	0	0	0	0	0	0	0	0	0
发表论文(篇)	合计		21	166	0	0	3	0	0	1	27	32	16	0	0	0	84	0	3	
	国内学术刊物		22	159	0	0	3	0	0	1	27	29	16	0	0	0	80	0	3	
	国外学术刊物		23	7	0	0	0	0	0	0	0	3	0	0	0	0	4	0	0	
	港、澳、台刊物		24	0	0	0	0	0	0	0	0	0	0	0	0	0	0	0	0	
研究与咨询报告(篇)	合计		25	56	0	0	0	0	0	0	3	0	0	0	0	49	4	0	0	
	被采纳数		26	15	0	0	0	0	0	0	2	0	0	0	0	11	2	0	0	

八、社科研究、课题与成果(来源情况)

2.38 南京审计大学人文、社会科学研究与课题成果来源情况表

		编号	课题来源 合计	国家社科基金项目	国家社科基金单列学科项目	教育部人文社科研究项目	高校古籍整理研究项目	国家自然科学基金项目	中央其他部门社科专门项目	省、市、自治区社科基金项目	省教育厅社科项目	地、市、厅、局等政府部门项目	国际合作研究项目	与港、澳、台地区合作研究项目	企事业单位委托项目	学校社科项目	外资项目	其他
			L01	L02	L03	L04	L05	L06	L07	L08	L09	L10	L11	L12	L13	L14	L15	L16
课题数(项)		1	873	121	1	55	1	0	46	94	212	89	0	0	177	77	0	0
当年投入人数	合计(人年)	2	281.40	61.40	0.20	23.40	0.40	0	15.50	32.60	57.90	28.70	0	0	37	24.30	0	0
	研究生(人年)	3	11.70	1.70	0	0.80	0	0	0.60	0.90	1.20	3.10	0	0	3.10	0.30	0	0
当年拨入经费	合计(千元)	4	14 764.75	570.63	0	1093.53	0	0	309	379.24	52.98	275.96	0	0	12 031.60	51.81	0	0
	当年立项项目拨入经费(千元)	5	8587.74	410	0	160	0	0	70	189.62	0.91	88	0	0	7669.21	0	0	0
当年支出经费(千元)		6	12 457.76	4232.15	0	691.37	0	0	207.34	530.35	509.82	164.38	0	0	5551.07	571.28	0	0
当年新开课题数(项)		7	233	25	0	7	1	0	5	14	51	29	0	0	84	17	0	0
当年新开课题批准经费(千元)		8	23 964.88	5820	0	560	50	0	100	1110	1050	294	0	0	14 540.88	440	0	0
当年完成课题数(项)		9	112	7	0	0	0	0	6	8	33	7	0	0	51	0	0	0

出版著作(部)	合计		10	10	3	0	1	0	0	0	4	1	0	0	0	0	1	0	0
	专著	合计	11	8	2	0	1	0	0	0	4	0	0	0	0	0	1	0	0
		被译成外文	12	0	0	0	0	0	0	0	0	0	0	0	0	0	0	0	0
	编著教材		13	2	1	0	0	0	0	0	0	1	0	0	0	0	0	0	0
	工具书/参考书		14	0	0	0	0	0	0	0	0	0	0	0	0	0	0	0	0
	皮书/发展报告		15	0	0	0	0	0	0	0	0	0	0	0	0	0	0	0	0
	科普读物		16	0	0	0	0	0	0	0	0	0	0	0	0	0	0	0	0
古籍整理(部)			17	0	0	0	0	0	0	0	0	0	0	0	0	0	0	0	0
译著(部)			18	1	0	0	0	0	0	0	0	0	0	0	0	0	1	0	0
发表译文(篇)			19	0	0	0	0	0	0	0	0	0	0	0	0	0	0	0	0
电子出版物(件)			20	0	0	0	0	0	0	0	0	0	0	0	0	0	0	0	0
发表论文(篇)	合计		21	381	92	0	55	0	38	3	67	60	12	0	0	22	32	0	0
	国内学术刊物		22	332	91	0	39	0	25	3	54	54	12	0	0	22	32	0	0
	国外学术刊物		23	49	1	0	16	0	13	0	13	6	0	0	0	0	0	0	0
	港、澳、台刊物		24	0	0	0	0	0	0	0	0	0	0	0	0	0	0	0	0
研究与咨询报告(篇)	合计		25	50	4	0	7	0	0	1	5	2	2	0	0	29	0	0	0
	被采纳数		26	33	4	0	7	0	0	1	5	2	2	0	0	12	0	0	0

2.39 南京晓庄学院人文、社会科学研究与课题成果来源情况表

			课题来源															
			合计	国家社科基金项目	国家社科基金单列学科项目	教育部人文社科研究项目	高校古籍整理研究项目	国家自然科学基金项目	中央其他部门社科专门项目	省、市、自治区社科基金项目	省教育厅社科项目	地、市、厅、局等政府部门项目	国际合作研究项目	与港、澳、台地区合作研究项目	企事业单位委托项目	学校社科项目	外资项目	其他
		编号	L01	L02	L03	L04	L05	L06	L07	L08	L09	L10	L11	L12	L13	L14	L15	L16
课题数(项)		1	442	21	4	18	0	0	3	68	162	66	0	0	30	70	0	0
当年投入人数	合计(人年)	2	53.40	3.60	0.80	2.80	0	0	0.40	9.40	17.50	7.70	0	0	3.60	7.60	0	0
	研究生(人年)	3	0	0	0	0	0	0	0	0	0	0	0	0	0	0	0	0
当年拨入经费	合计(千元)	4	6635.73	1288	0	611.40	0	0	0	850.80	570	212	0	0	3083.53	20	0	0
	当年立项项目拨入经费(千元)	5	5523.53	910	0	120	0	0	0	608	570	212	0	0	3083.53	20	0	0
当年支出经费(千元)		6	5781.63	1169	88	523.80	0	0	10	722.80	498.50	322	0	0	2265.53	182	0	0
当年新开课题数(项)		7	119	5	0	6	0	0	0	15	49	21	0	0	22	1	0	0
当年新开课题批准经费(千元)		8	6711.53	1050	0	520	0	0	0	790	750	227	0	0	3354.53	20	0	0
当年完成课题数(项)		9	74	1	0	0	0	0	0	17	26	20	0	0	9	1	0	0

出版著作(部)	合计		10	35	3	0	2	0	0	0	2	9	7	0	0	0	12	0	0
	专著	合计	11	31	3	0	2	0	0	0	2	9	6	0	0	0	9	0	0
		被译成外文	12	0	0	0	0	0	0	0	0	0	0	0	0	0	0	0	0
	编著教材		13	4	0	0	0	0	0	0	0	0	1	0	0	0	3	0	0
	工具书/参考书		14	0	0	0	0	0	0	0	0	0	0	0	0	0	0	0	0
	皮书/发展报告		15	0	0	0	0	0	0	0	0	0	0	0	0	0	0	0	0
	科普读物		16	0	0	0	0	0	0	0	0	0	0	0	0	0	0	0	0
古籍整理(部)			17	0	0	0	0	0	0	0	0	0	0	0	0	0	0	0	0
译著(部)			18	2	1	0	0	0	0	0	1	0	0	0	0	0	0	0	0
发表译文(篇)			19	0	0	0	0	0	0	0	0	0	0	0	0	0	0	0	0
电子出版物(件)			20	0	0	0	0	0	0	0	0	0	0	0	0	0	0	0	0
发表论文(篇)	合计		21	312	22	7	15	0	0	0	38	126	37	0	0	2	65	0	0
	国内学术刊物		22	290	20	7	14	0	0	0	36	118	35	0	0	2	58	0	0
	国外学术刊物		23	22	2	0	1	0	0	0	2	8	2	0	0	0	7	0	0
	港、澳、台刊物		24	0	0	0	0	0	0	0	0	0	0	0	0	0	0	0	0
研究与咨询报告(篇)	合计		25	12	0	0	0	0	0	0	2	0	0	0	0	10	0	0	0
	被采纳数		26	10	0	0	0	0	0	0	0	0	0	0	0	10	0	0	0

2.40 江苏理工学院人文、社会科学研究与课题成果来源情况表

			课题来源															
			合计	国家社科基金项目	国家社科基金单列学科项目	教育部人文社科研究项目	高校古籍整理研究项目	国家自然科学基金项目	中央其他部门社科专门项目	省、市、自治区社科基金项目	省教育厅社科项目	地、市、厅、局等政府部门项目	国际合作研究项目	与港、澳、台地区合作研究项目	企事业单位委托项目	学校社科项目	外资项目	其他
		编号	L01	L02	L03	L04	L05	L06	L07	L08	L09	L10	L11	L12	L13	L14	L15	L16
课题数(项)		1	843	16	10	34	0	0	4	50	152	128	0	0	386	63	0	0
当年投入人数	合计(人年)	2	134.70	6.30	3.60	9.70	0	0	1.20	12.60	25	16.80	0	0	51.20	8.30	0	0
	研究生(人年)	3	0	0	0	0	0	0	0	0	0	0	0	0	0	0	0	0
当年拨入经费	合计(千元)	4	25 330.30	830	190	547	0	0	1010	488	240	404	0	0	19 861.30	1760	0	0
	当年立项项目拨入经费(千元)	5	24 396.30	800	190	145	0	0	770	356	120	404	0	0	19 851.30	1760	0	0
当年支出经费(千元)		6	21 986.40	591	315	555.05	0	0	238	521.65	136.20	251	0	0	17 919.30	1459.20	0	0
当年新开课题数(项)		7	359	4	1	5	0	0	1	10	44	125	0	0	150	19	0	0
当年新开课题批准经费(千元)		8	25 056.30	900	200	380	0	0	770	416	300	440	0	0	19 890.30	1760	0	0
当年完成课题数(项)		9	235	0	0	7	0	0	1	15	21	105	0	0	79	7	0	0

出版著作(部)	合计	10	18	6	2	5	0	0	0	5	0	0	0	0	0	0	0	0
	专著 合计	11	10	5	2	3	0	0	0	0	0	0	0	0	0	0	0	0
	专著 被译成外文	12	0	0	0	0	0	0	0	0	0	0	0	0	0	0	0	0
	编著教材	13	8	1	0	2	0	0	0	5	0	0	0	0	0	0	0	0
	工具书/参考书	14	0	0	0	0	0	0	0	0	0	0	0	0	0	0	0	0
	皮书/发展报告	15	0	0	0	0	0	0	0	0	0	0	0	0	0	0	0	0
	科普读物	16	0	0	0	0	0	0	0	0	0	0	0	0	0	0	0	0
古籍整理(部)		17	0	0	0	0	0	0	0	0	0	0	0	0	0	0	0	0
译著(部)		18	2	0	0	2	0	0	0	0	0	0	0	0	0	0	0	0
发表译文(篇)		19	0	0	0	0	0	0	0	0	0	0	0	0	0	0	0	0
电子出版物(件)		20	0	0	0	0	0	0	0	0	0	0	0	0	0	0	0	0
发表论文(篇)	合计	21	192	13	8	22	0	0	2	13	60	56	0	0	0	18	0	0
	国内学术刊物	22	192	13	8	22	0	0	2	13	60	56	0	0	0	18	0	0
	国外学术刊物	23	0	0	0	0	0	0	0	0	0	0	0	0	0	0	0	0
	港、澳、台刊物	24	0	0	0	0	0	0	0	0	0	0	0	0	0	0	0	0
研究与咨询报告(篇)	合计	25	251	0	0	0	0	0	0	0	0	86	0	0	165	0	0	0
	被采纳数	26	110	0	0	0	0	0	0	0	0	42	0	0	68	0	0	0

2.41 江苏海洋大学人文、社会科学研究与课题成果来源情况表

			课题来源															
			合计	国家社科基金项目	国家社科基金单列学科项目	教育部人文社科研究项目	高校古籍整理研究项目	国家自然科学基金项目	中央其他部门社科专门项目	省、市、自治区社科基金项目	省教育厅社科项目	地、市、厅、局等政府部门项目	国际合作研究项目	与港、澳、台地区合作研究项目	企事业单位委托项目	学校社科项目	外资项目	其他
		编号	L01	L02	L03	L04	L05	L06	L07	L08	L09	L10	L11	L12	L13	L14	L15	L16
课题数(项)		1	550	10	0	1	0	0	0	30	98	118	0	0	282	11	0	0
当年投入人数	合计(人年)	2	56.40	1	0	0.10	0	0	0	3	9.80	13.20	0	0	28.20	1.10	0	0
	研究生(人年)	3	1.40	0	0	0	0	0	0	0	0	1.40	0	0	0	0	0	0
当年拨入经费	合计(千元)	4	21 089	600	0	0	0	0	0	285	418	1589.50	0	0	18120	76.50	0	0
	当年立项项目拨入经费(千元)	5	20 991	590	0	0	0	0	0	245	370	1589.50	0	0	18 120	76.50	0	0
当年支出经费(千元)		6	16 175.60	261	0	0	0	0	0	353.50	528.50	1384.60	0	0	13 595	53	0	0
当年新开课题数(项)		7	343	3	0	0	0	0	0	8	47	91	0	0	186	8	0	0
当年新开课题批准经费(千元)		8	24 966	650	0	0	0	0	0	295	615	1979.50	0	0	21 350	76.50	0	0
当年完成课题数(项)		9	170	2	0	1	0	0	0	16	27	25	0	0	96	3	0	0

出版著作(部)	合计		10	5	0	0	0	0	0	0	1	4	0	0	0	0	0	0	0
	专著	合计	11	5	0	0	0	0	0	0	1	4	0	0	0	0	0	0	0
		被译成外文	12	0	0	0	0	0	0	0	0	0	0	0	0	0	0	0	0
	编著教材		13	0	0	0	0	0	0	0	0	0	0	0	0	0	0	0	0
	工具书/参考书		14	0	0	0	0	0	0	0	0	0	0	0	0	0	0	0	0
	皮书/发展报告		15	0	0	0	0	0	0	0	0	0	0	0	0	0	0	0	0
	科普读物		16	0	0	0	0	0	0	0	0	0	0	0	0	0	0	0	0
古籍整理(部)			17	0	0	0	0	0	0	0	0	0	0	0	0	0	0	0	0
译著(部)			18	0	0	0	0	0	0	0	0	0	0	0	0	0	0	0	0
发表译文(篇)			19	0	0	0	0	0	0	0	0	0	0	0	0	0	0	0	0
电子出版物(件)			20	0	0	0	0	0	0	0	0	0	0	0	0	0	0	0	0
发表论文(篇)	合计		21	226	22	0	2	0	0	0	40	81	76	0	0	0	5	0	0
	国内学术刊物		22	209	21	0	0	0	0	0	33	76	74	0	0	0	5	0	0
	国外学术刊物		23	17	1	0	2	0	0	0	7	5	2	0	0	0	0	0	0
	港、澳、台刊物		24	0	0	0	0	0	0	0	0	0	0	0	0	0	0	0	0
研究与咨询报告(篇)	合计		25	96	0	0	0	0	0	0	0	0	0	0	0	96	0	0	0
	被采纳数		26	53	0	0	0	0	0	0	0	0	0	0	0	53	0	0	0

2.42 徐州工程学院人文、社会科学研究与课题成果来源情况表

			课题来源															
			合计	国家社科基金项目	国家社科基金单列学科项目	教育部人文社科研究项目	高校古籍整理研究项目	国家自然科学基金项目	中央其他部门社科专门项目	省、市、自治区社科基金项目	省教育厅社科项目	地、市、厅、局等政府部门项目	国际合作研究项目	与港、澳、台地区合作研究项目	企事业单位委托项目	学校社科项目	外资项目	其他
		编号	L01	L02	L03	L04	L05	L06	L07	L08	L09	L10	L11	L12	L13	L14	L15	L16
课题数(项)		1	516	17	0	9	1	0	0	22	99	259	0	0	80	23	0	6
当年投入人数	合计(人年)	2	93.40	5.50	0	2.90	1	0	0	9.60	31.40	30.20	0	0	8	3.20	0	1.60
	研究生(人年)	3	0	0	0	0	0	0	0	0	0	0	0	0	0	0	0	0
当年拨入经费	合计(千元)	4	9747.03	1065.53	0	110	0	0	0	30	300	433.50	0	0	7398	390	0	20
	当年立项项目拨入经费(千元)	5	9570	910	0	110	0	0	0	30	300	432	0	0	7398	390	0	0
当年支出经费(千元)		6	2644.83	560.53	0	70	0	0	0	110	135.20	814.10	0	0	594	330	0	31
当年新开课题数(项)		7	255	5	0	3	0	0	0	3	30	144	0	0	56	14	0	0
当年新开课题批准经费(千元)		8	12 543.36	1050	0	110	0	0	0	155	300	432	0	0	10 076.36	420	0	0
当年完成课题数(项)		9	89	3	0	0	0	0	0	3	5	59	0	0	15	0	0	4

八、社科研究、课题与成果(来源情况)

出版著作(部)	合计		10	35	1	0	1	0	0	0	8	11	0	0	0	1	12	0	1
	专著	合计	11	33	1	0	1	0	0	0	8	10	0	0	0	1	12	0	0
		被译成外文	12	0	0	0	0	0	0	0	0	0	0	0	0	0	0	0	0
	编著教材		13	2	0	0	0	0	0	0	0	1	0	0	0	0	0	0	1
	工具书/参考书		14	0	0	0	0	0	0	0	0	0	0	0	0	0	0	0	0
	皮书/发展报告		15	0	0	0	0	0	0	0	0	0	0	0	0	0	0	0	0
	科普读物		16	0	0	0	0	0	0	0	0	0	0	0	0	0	0	0	0
古籍整理(部)			17	0	0	0	0	0	0	0	0	0	0	0	0	0	0	0	0
译著(部)			18	0	0	0	0	0	0	0	0	0	0	0	0	0	0	0	0
发表译文(篇)			19	0	0	0	0	0	0	0	0	0	0	0	0	0	0	0	0
电子出版物(件)			20	0	0	0	0	0	0	0	0	0	0	0	0	0	0	0	0
发表论文(篇)	合计		21	263	13	0	11	0	0	0	12	52	146	0	0	2	25	0	2
	国内学术刊物		22	258	13	0	8	0	0	0	12	51	146	0	0	2	25	0	1
	国外学术刊物		23	5	0	0	3	0	0	0	0	1	0	0	0	0	0	0	1
	港、澳、台刊物		24	0	0	0	0	0	0	0	0	0	0	0	0	0	0	0	0
研究与咨询报告(篇)	合计		25	0	0	0	0	0	0	0	0	0	0	0	0	0	0	0	0
	被采纳数		26	0	0	0	0	0	0	0	0	0	0	0	0	0	0	0	0

2.43 南京特殊教育师范学院人文、社会科学研究与课题成果来源情况表

			课题来源															
			合计	国家社科基金项目	国家社科基金单列学科项目	教育部人文社科研究项目	高校古籍整理研究项目	国家自然科学基金项目	中央其他部门社科专门项目	省、市、自治区社科基金项目	省教育厅社科项目	地、市、厅、局等政府部门项目	国际合作研究项目	与港、澳、台地区合作研究项目	企事业单位委托项目	学校社科项目	外资项目	其他
		编号	L01	L02	L03	L04	L05	L06	L07	L08	L09	L10	L11	L12	L13	L14	L15	L16
课题数(项)		1	247	8	2	10	0	0	12	9	175	22	0	0	9	0	0	0
当年投入人数	合计(人年)	2	39.70	1.30	0.40	1.50	0	0	1.90	1.30	29.60	2.60	0	0	1.10	0	0	0
	研究生(人年)	3	0	0	0	0	0	0	0	0	0	0	0	0	0	0	0	0
当年拨入经费	合计(千元)	4	3201	168	200	234	0	0	180	80	684	676	0	0	979	0	0	0
	当年立项项目拨入经费(千元)	5	2873	168	200	20	0	0	100	70	660	676	0	0	979	0	0	0
当年支出经费(千元)		6	1855.81	196	43	306	0	0	196.19	65	252.12	269.50	0	0	528	0	0	0
当年新开课题数(项)		7	78	1	1	1	0	0	1	2	49	16	0	0	7	0	0	0
当年新开课题批准经费(千元)		8	2913	198	200	20	0	0	100	70	670	676	0	0	979	0	0	0
当年完成课题数(项)		9	31	0	0	5	0	0	2	1	20	2	0	0	1	0	0	0

出版著作(部)	合计		10	10	0	3	0	0	0	0	1	5	1	0	0	0	0	0	0
	专著	合计	11	7	0	1	0	0	0	0	0	5	1	0	0	0	0	0	0
		被译成外文	12	0	0	0	0	0	0	0	0	0	0	0	0	0	0	0	0
	编著教材		13	3	0	2	0	0	0	0	1	0	0	0	0	0	0	0	0
	工具书/参考书		14	0	0	0	0	0	0	0	0	0	0	0	0	0	0	0	0
	皮书/发展报告		15	0	0	0	0	0	0	0	0	0	0	0	0	0	0	0	0
	科普读物		16	0	0	0	0	0	0	0	0	0	0	0	0	0	0	0	0
古籍整理(部)			17	0	0	0	0	0	0	0	0	0	0	0	0	0	0	0	0
译著(部)			18	0	0	0	0	0	0	0	0	0	0	0	0	0	0	0	0
发表译文(篇)			19	0	0	0	0	0	0	0	0	0	0	0	0	0	0	0	0
电子出版物(件)			20	0	0	0	0	0	0	0	0	0	0	0	0	0	0	0	0
发表论文(篇)	合计		21	49	2	1	6	0	0	4	2	29	4	0	0	1	0	0	0
	国内学术刊物		22	49	2	1	6	0	0	4	2	29	4	0	0	1	0	0	0
	国外学术刊物		23	0	0	0	0	0	0	0	0	0	0	0	0	0	0	0	0
	港、澳、台刊物		24	0	0	0	0	0	0	0	0	0	0	0	0	0	0	0	0
研究与咨询报告(篇)	合计		25	5	0	1	0	0	0	1	0	0	3	0	0	0	0	0	0
	被采纳数		26	4	0	1	0	0	0	0	0	0	3	0	0	0	0	0	0

2.44 泰州学院人文、社会科学研究与课题成果来源情况表

		编号	合计	国家社科基金项目	国家社科基金单列学科项目	教育部人文社科研究项目	高校古籍整理研究项目	国家自然科学基金项目	中央其他部门社科专门项目	省、市、自治区社科基金项目	省教育厅社科项目	地、市、厅、局等政府部门项目	国际合作研究项目	与港、澳、台地区合作研究项目	企事业单位委托项目	学校社科项目	外资项目	其他
			L01	L02	L03	L04	L05	L06	L07	L08	L09	L10	L11	L12	L13	L14	L15	L16
课题数(项)		1	132	0	3	4	0	0	0	4	91	12	0	0	7	11	0	0
当年投入人数	合计(人年)	2	50.90	0	1.40	2.40	0	0	0	1.50	37.30	3.90	0	0	1.40	3	0	0
	研究生(人年)	3	0	0	0	0	0	0	0	0	0	0	0	0	0	0	0	0
当年拨入经费	合计(千元)	4	631	0	0	0	0	0	0	0	190	68	0	0	183	190	0	0
	当年立项项目拨入经费(千元)	5	631	0	0	0	0	0	0	0	190	68	0	0	183	190	0	0
当年支出经费(千元)		6	453.50	0	112.50	3	0	0	0	0	48	16	0	0	53	221	0	0
当年新开课题数(项)		7	28	0	0	0	0	0	0	0	19	3	0	0	4	2	0	0
当年新开课题批准经费(千元)		8	631	0	0	0	0	0	0	0	190	68	0	0	183	190	0	0
当年完成课题数(项)		9	16	0	0	1	0	0	0	0	13	2	0	0	0	0	0	0

出版著作(部)	合计		10	7	0	0	0	0	0	0	1	2	0	0	0	0	4	0	0
	专著	合计	11	7	0	0	0	0	0	0	1	2	0	0	0	0	4	0	0
		被译成外文	12	0	0	0	0	0	0	0	0	0	0	0	0	0	0	0	0
	编著教材		13	0	0	0	0	0	0	0	0	0	0	0	0	0	0	0	0
	工具书/参考书		14	0	0	0	0	0	0	0	0	0	0	0	0	0	0	0	0
	皮书/发展报告		15	0	0	0	0	0	0	0	0	0	0	0	0	0	0	0	0
	科普读物		16	0	0	0	0	0	0	0	0	0	0	0	0	0	0	0	0
古籍整理(部)			17	0	0	0	0	0	0	0	0	0	0	0	0	0	0	0	0
译著(部)			18	0	0	0	0	0	0	0	0	0	0	0	0	0	0	0	0
发表译文(篇)			19	0	0	0	0	0	0	0	0	0	0	0	0	0	0	0	0
电子出版物(件)			20	0	0	0	0	0	0	0	0	0	0	0	0	0	0	0	0
发表论文(篇)	合计		21	77	2	0	4	1	1	0	1	31	11	0	0	0	26	0	0
	国内学术刊物		22	73	2	0	4	1	1	0	1	30	11	0	0	0	23	0	0
	国外学术刊物		23	4	0	0	0	0	0	0	0	1	0	0	0	0	3	0	0
	港、澳、台刊物		24	0	0	0	0	0	0	0	0	0	0	0	0	0	0	0	0
研究与咨询报告(篇)	合计		25	0	0	0	0	0	0	0	0	0	0	0	0	0	0	0	0
	被采纳数		26	0	0	0	0	0	0	0	0	0	0	0	0	0	0	0	0

2.45 金陵科技学院人文、社会科学研究与课题成果来源情况表

			课题来源															
			合计	国家社科基金项目	国家社科基金单列学科项目	教育部人文社科研究项目	高校古籍整理研究项目	国家自然科学基金项目	中央其他部门社科专门项目	省、市、自治区社科基金项目	省教育厅社科项目	地、市、厅、局等政府部门项目	国际合作研究项目	与港、澳、台地区合作研究项目	企事业单位委托项目	学校社科项目	外资项目	其他
		编号	L01	L02	L03	L04	L05	L06	L07	L08	L09	L10	L11	L12	L13	L14	L15	L16
课题数(项)		1	361	6	0	18	0	0	0	22	112	68	0	0	134	1	0	0
当年投入人数	合计(人年)	2	38.10	0.90	0	2	0	0	0	2.30	11.20	7.20	0	0	14.40	0.10	0	0
	研究生(人年)	3	0	0	0	0	0	0	0	0	0	0	0	0	0	0	0	0
当年拨入经费	合计(千元)	4	12 042.99	170	0	246	0	0	0	320	430	1604.64	0	0	9222.35	50	0	0
	当年立项项目拨入经费(千元)	5	11 202.87	170	0	130	0	0	0	300	300	1604.64	0	0	8648.23	50	0	0
当年支出经费(千元)		6	9986.69	79	0	226	0	0	0	301	384.30	1180.64	0	0	7775.75	40	0	0
当年新开课题数(项)		7	182	1	0	3	0	0	0	5	42	40	0	0	90	1	0	0
当年新开课题批准经费(千元)		8	11 439.76	200	0	188	0	0	0	310	360	1633.64	0	0	8698.12	50	0	0
当年完成课题数(项)		9	99	2	0	6	0	0	0	7	12	22	0	0	50	0	0	0

出版著作（部）	合计		10	11	1	0	2	0	0	0	1	2	1	0	0	1	3	0	0
	专著	合计	11	6	1	0	2	0	0	0	0	2	0	0	0	0	1	0	0
		被译成外文	12	1	0	0	0	0	0	0	0	0	0	0	0	0	1	0	0
	编著教材		13	5	0	0	0	0	0	0	1	0	1	0	0	1	2	0	0
	工具书/参考书		14	0	0	0	0	0	0	0	0	0	0	0	0	0	0	0	0
	皮书/发展报告		15	0	0	0	0	0	0	0	0	0	0	0	0	0	0	0	0
	科普读物		16	0	0	0	0	0	0	0	0	0	0	0	0	0	0	0	0
古籍整理（部）			17	0	0	0	0	0	0	0	0	0	0	0	0	0	0	0	0
译著（部）			18	0	0	0	0	0	0	0	0	0	0	0	0	0	0	0	0
发表译文（篇）			19	0	0	0	0	0	0	0	0	0	0	0	0	0	0	0	0
电子出版物（件）			20	0	0	0	0	0	0	0	0	0	0	0	0	0	0	0	0
发表论文（篇）	合计		21	130	11	0	12	0	0	0	3	27	33	0	0	8	36	0	0
	国内学术刊物		22	116	10	0	11	0	0	0	2	27	28	0	0	7	31	0	0
	国外学术刊物		23	14	1	0	1	0	0	0	1	0	5	0	0	1	5	0	0
	港、澳、台刊物		24	0	0	0	0	0	0	0	0	0	0	0	0	0	0	0	0
研究与咨询报告（篇）	合计		25	55	0	0	0	0	0	0	0	2	0	0	0	53	0	0	0
	被采纳数		26	55	0	0	0	0	0	0	0	2	0	0	0	53	0	0	0

2.46 江苏第二师范学院人文、社会科学研究与课题成果来源情况表

		编号	课题来源															
			合计	国家社科基金项目	国家社科基金单列学科项目	教育部人文社科研究项目	高校古籍整理研究项目	国家自然科学基金项目	中央其他部门社科专门项目	省、市、自治区社科基金项目	省教育厅社科项目	地、市、厅、局等政府部门项目	国际合作研究项目	与港、澳、台地区合作研究项目	企事业单位委托项目	学校社科项目	外资项目	其他
			L01	L02	L03	L04	L05	L06	L07	L08	L09	L10	L11	L12	L13	L14	L15	L16
课题数(项)		1	378	19	1	7	1	0	3	42	154	45	0	0	66	39	0	1
当年投入人数	合计(人年)	2	85.80	7.10	0.20	2.40	0.40	0	0.90	11.50	32.90	11.10	0	0	13.70	5.30	0	0.30
	研究生(人年)	3	0	0	0	0	0	0	0	0	0	0	0	0	0	0	0	0
当年拨入经费	合计(千元)	4	4726.16	190	18	243	40	0	217	240	220	108.20	0	0	3270.26	179.70	0	0
	当年立项项目拨入经费(千元)	5	4288.96	170	0	105	40	0	190	180	220	101.20	0	0	3167.76	115	0	0
当年支出经费(千元)		6	4015	479.77	222.03	88.94	2	0	173.90	550.64	295.80	134.35	0	0	1809	258.58	0	0
当年新开课题数(项)		7	102	1	0	3	1	0	1	6	35	10	0	0	28	17	0	0
当年新开课题批准经费(千元)		8	6785.26	200	0	280	40	0	200	210	400	102	0	0	5190.26	163	0	0
当年完成课题数(项)		9	81	1	1	2	0	0	0	6	27	7	0	0	15	22	0	0

出版著作(部)	合计		10	15	2	0	1	0	0	1	3	3	0	0	0	1	3	0	1
	专著	合计	11	11	2	0	1	0	0	1	2	2	0	0	0	0	2	0	1
		被译成外文	12	0	0	0	0	0	0	0	0	0	0	0	0	0	0	0	0
	编著教材		13	4	0	0	0	0	0	0	1	1	0	0	0	1	1	0	0
	工具书/参考书		14	0	0	0	0	0	0	0	0	0	0	0	0	0	0	0	0
	皮书/发展报告		15	0	0	0	0	0	0	0	0	0	0	0	0	0	0	0	0
	科普读物		16	0	0	0	0	0	0	0	0	0	0	0	0	0	0	0	0
古籍整理(部)			17	1	0	0	0	0	0	0	0	1	0	0	0	0	0	0	0
译著(部)			18	1	1	0	0	0	0	0	0	0	0	0	0	0	0	0	0
发表译文(篇)			19	0	0	0	0	0	0	0	0	0	0	0	0	0	0	0	0
电子出版物(件)			20	0	0	0	0	0	0	0	0	0	0	0	0	0	0	0	0
发表论文(篇)	合计		21	209	13	7	1	0	0	1	30	102	4	0	0	8	41	0	2
	国内学术刊物		22	201	13	7	1	0	0	1	30	95	4	0	0	8	40	0	2
	国外学术刊物		23	8	0	0	0	0	0	0	0	7	0	0	0	0	1	0	0
	港、澳、台刊物		24	0	0	0	0	0	0	0	0	0	0	0	0	0	0	0	0
研究与咨询报告(篇)	合计		25	7	0	0	0	0	0	0	0	0	0	0	0	7	0	0	0
	被采纳数		26	7	0	0	0	0	0	0	0	0	0	0	0	7	0	0	0

2.47 南京工业职业技术大学人文、社会科学研究与课题成果来源情况表

			课题来源															
			合计	国家社科基金项目	国家社科基金单列学科项目	教育部人文社科研究项目	高校古籍整理研究项目	国家自然科学基金项目	中央其他部门社科专门项目	省、市、自治区社科基金项目	省教育厅社科项目	地、市、厅、局等政府部门项目	国际合作研究项目	与港、澳、台地区合作研究项目	企事业单位委托项目	学校社科项目	外资项目	其他
		编号	L01	L02	L03	L04	L05	L06	L07	L08	L09	L10	L11	L12	L13	L14	L15	L16
课题数(项)		1	517	1	0	5	0	0	0	7	125	58	0	0	254	67	0	0
当年投入人数	合计(人年)	2	161.40	0.40	0	1.90	0	0	0	2.30	31.40	19.30	0	0	88.60	17.50	0	0
	研究生(人年)	3	0	0	0	0	0	0	0	0	0	0	0	0	0	0	0	0
当年拨入经费	合计(千元)	4	5371.10	0	0	90	0	0	0	40	580	576	0	0	2762.60	1322.50	0	0
	当年立项项目拨入经费(千元)	5	4697.50	0	0	80	0	0	0	40	540	416	0	0	2401.50	1220	0	0
当年支出经费(千元)		6	3966.03	0	0	43.30	0	0	0	14.50	396.51	277.70	0	0	2711.72	522.30	0	0
当年新开课题数(项)		7	187	0	0	2	0	0	0	2	48	21	0	0	73	41	0	0
当年新开课题批准经费(千元)		8	7299.70	0	0	160	0	0	0	50	660	458	0	0	3531.70	2440	0	0
当年完成课题数(项)		9	154	0	0	0	0	0	0	0	19	20	0	0	89	26	0	0

八、社科研究、课题与成果（来源情况）

项目			C1	C2	C3	C4	C5	C6	C7	C8	C9	C10	C11	C12	C13	C14
10	合计		4	0	0	0	0	2	1	0	0	0	0	0	0	0
11	出版著作(部)	合计	4	0	0	0	0	2	1	0	0	0	0	0	0	0
12		专著 被译成外文	1	0	0	0	0	1	0	0	0	0	0	0	0	0
13		编著教材	0	0	0	0	0	0	0	0	0	0	0	0	0	0
14		工具书/参考书	0	0	0	0	0	0	0	0	0	0	0	0	0	0
15		皮书/发展报告	0	0	0	0	0	0	0	0	0	0	0	0	0	0
16		科普读物	0	0	0	0	0	0	0	0	0	0	0	0	0	0
17	古籍整理(部)		0	0	0	0	0	0	0	0	0	0	0	0	0	0
18	译著(部)		0	0	0	0	0	0	0	0	0	0	0	0	0	0
19	发表译文(篇)		0	0	0	0	0	0	0	0	0	0	0	0	0	0
20	电子出版物(件)		0	0	0	0	0	0	0	0	0	0	0	0	0	0
21	发表论文(篇)	合计	161	0	0	3	0	70	12	0	0	3	0	29	30	0
22		国内学术刊物	161	0	0	3	0	70	12	0	0	3	0	29	30	0
23		国外学术刊物	0	0	0	0	0	0	0	0	0	0	0	0	0	0
24		港澳台刊物	0	0	0	0	0	0	0	0	0	0	0	0	0	0
25	研究与咨询报告(篇)	合计	2	0	0	0	0	1	0	0	0	0	0	0	1	0
26		被采纳数	1	0	0	0	0	0	0	0	0	0	0	0	1	0

2.48 无锡学院人文、社会科学研究与课题成果来源情况表

			课题来源															
			合计	国家社科基金项目	国家社科基金单列学科项目	教育部人文社科研究项目	高校古籍整理研究项目	国家自然科学基金项目	中央其他部门社科专门项目	省、市、自治区社科基金项目	省教育厅社科项目	地、市、厅、局等政府部门项目	国际合作研究项目	与港、澳、台地区合作研究项目	企事业单位委托项目	学校社科项目	外资项目	其他
		编号	L01	L02	L03	L04	L05	L06	L07	L08	L09	L10	L11	L12	L13	L14	L15	L16
课题数(项)		1	114	0	0	2	0	0	2	2	65	15	0	0	12	14	0	2
当年投入人数	合计(人年)	2	31	0	0	0.50	0	0	0.60	0.50	18.40	3.60	0	0	3	4	0	0.40
	研究生(人年)	3	0	0	0	0	0	0	0	0	0	0	0	0	0	0	0	0
当年拨入经费	合计(千元)	4	659	0	0	50	0	0	0	5	139	130	0	0	335	0	0	0
	当年立项项目拨入经费(千元)	5	578	0	0	30	0	0	0	5	78	130	0	0	335	0	0	0
当年支出经费(千元)		6	474.07	0	0	30.72	0	0	1.90	10.15	166.82	90.57	0	0	166.66	0	0	7.25
当年新开课题数(项)		7	45	0	0	1	0	0	1	2	26	10	0	0	5	0	0	0
当年新开课题批准经费(千元)		8	840	0	0	100	0	0	10	5	260	130	0	0	335	0	0	0
当年完成课题数(项)		9	13	0	0	0	0	0	0	2	4	7	0	0	0	0	0	0

出版著作(部)	合计		10	0	0	0	0	0	0	0	0	0	0	0	0	0	0	0	0
	专著	合计	11	0	0	0	0	0	0	0	0	0	0	0	0	0	0	0	0
		被译成外文	12	0	0	0	0	0	0	0	0	0	0	0	0	0	0	0	0
	编著教材		13	0	0	0	0	0	0	0	0	0	0	0	0	0	0	0	0
	工具书/参考书		14	0	0	0	0	0	0	0	0	0	0	0	0	0	0	0	0
	皮书/发展报告		15	0	0	0	0	0	0	0	0	0	0	0	0	0	0	0	0
	科普读物		16	0	0	0	0	0	0	0	0	0	0	0	0	0	0	0	0
古籍整理(部)			17	0	0	0	0	0	0	0	0	0	0	0	0	0	0	0	0
译著(部)			18	0	0	0	0	0	0	0	0	0	0	0	0	0	0	0	0
发表译文(篇)			19	0	0	0	0	0	0	0	0	0	0	0	0	0	0	0	0
电子出版物(件)			20	0	0	0	0	0	0	0	0	0	0	0	0	0	0	0	0
发表论文(篇)	合计		21	43	0	0	0	0	1	0	0	22	8	0	0	5	5	0	2
	国内学术刊物		22	39	0	0	0	0	1	0	0	22	4	0	0	5	5	0	2
	国外学术刊物		23	4	0	0	0	0	0	0	0	0	4	0	0	0	0	0	0
	港、澳、台刊物		24	0	0	0	0	0	0	0	0	0	0	0	0	0	0	0	0
研究与咨询报告(篇)	合计		25	2	0	0	0	0	0	0	0	0	0	0	0	2	0	0	0
	被采纳数		26	0	0	0	0	0	0	0	0	0	0	0	0	0	0	0	0

八、社科研究、课题与成果(来源情况)

2.49 苏州城市学院人文、社会科学研究与课题成果来源情况表

			课题来源															
			合计	国家社科基金项目	国家社科基金单列学科项目	教育部人文社科研究项目	高校古籍整理研究项目	国家自然科学基金项目	中央其他部门社科专门项目	省、市、自治区社科基金项目	省教育厅社科项目	地、市、厅、局等政府部门项目	国际合作研究项目	与港、澳、台地区合作研究项目	企事业单位委托项目	学校社科项目	外资项目	其他
		编号	L01	L02	L03	L04	L05	L06	L07	L08	L09	L10	L11	L12	L13	L14	L15	L16
课题数(项)		1	95	0	0	0	0	0	0	0	69	11	0	0	6	5	0	4
当年投入人数	合计(人年)	2	11.80	0	0	0	0	0	0	0	8.10	1.60	0	0	1.20	0.50	0	0.40
	研究生(人年)	3	0	0	0	0	0	0	0	0	0	0	0	0	0	0	0	0
当年拨入经费	合计(千元)	4	862.60	0	0	0	0	0	0	0	217	63	0	0	421.60	150	0	11
	当年立项项目拨入经费(千元)	5	746	0	0	0	0	0	0	0	205	20	0	0	360	150	0	11
当年支出经费(千元)		6	463.98	0	0	0	0	0	0	0	49.75	12.18	0	0	401.79	0	0	0.27
当年新开课题数(项)		7	58	0	0	0	0	0	0	0	41	6	0	0	2	5	0	4
当年新开课题批准经费(千元)		8	1083	0	0	0	0	0	0	0	410	50	0	0	360	250	0	13
当年完成课题数(项)		9	23	0	0	0	0	0	0	0	13	8	0	0	2	0	0	0

出版著作(部)	合计		10	2	0	0	0	0	0	0	0	0	1	0	0	0	1	0	0
	专著	合计	11	1	0	0	0	0	0	0	0	0	0	0	0	0	1	0	0
		被译成外文	12	0	0	0	0	0	0	0	0	0	0	0	0	0	0	0	0
	编著教材		13	1	0	0	0	0	0	0	0	0	1	0	0	0	0	0	0
	工具书/参考书		14	0	0	0	0	0	0	0	0	0	0	0	0	0	0	0	0
	皮书/发展报告		15	0	0	0	0	0	0	0	0	0	0	0	0	0	0	0	0
	科普读物		16	0	0	0	0	0	0	0	0	0	0	0	0	0	0	0	0
古籍整理(部)			17	0	0	0	0	0	0	0	0	0	0	0	0	0	0	0	0
译著(部)			18	0	0	0	0	0	0	0	0	0	0	0	0	0	0	0	0
发表译文(篇)			19	0	0	0	0	0	0	0	0	0	0	0	0	0	0	0	0
电子出版物(件)			20	0	0	0	0	0	0	0	0	0	0	0	0	0	0	0	0
发表论文(篇)	合计		21	66	0	0	0	0	0	0	0	32	6	0	0	12	16	0	0
	国内学术刊物		22	65	0	0	0	0	0	0	0	32	5	0	0	12	16	0	0
	国外学术刊物		23	1	0	0	0	0	0	0	0	0	1	0	0	0	0	0	0
	港、澳、台刊物		24	0	0	0	0	0	0	0	0	0	0	0	0	0	0	0	0
研究与咨询报告(篇)	合计		25	0	0	0	0	0	0	0	0	0	0	0	0	0	0	0	0
	被采纳数		26	0	0	0	0	0	0	0	0	0	0	0	0	0	0	0	0

八、社科研究、课题与成果(来源情况)

2.50 宿迁学院人文、社会科学研究与课题成果来源情况表

			课题来源															
			合计	国家社科基金项目	国家社科基金单列学科项目	教育部人文社科研究项目	高校古籍整理研究项目	国家自然科学基金项目	中央其他部门社科专门项目	省、市、自治区社科基金项目	省教育厅社科项目	地、市、厅、局等政府部门项目	国际合作研究项目	与港、澳、台地区合作研究项目	企事业单位委托项目	学校社科项目	外资项目	其他
		编号	L01	L02	L03	L04	L05	L06	L07	L08	L09	L10	L11	L12	L13	L14	L15	L16
课题数(项)		1	510	2	0	1	0	0	0	5	137	249	0	0	27	89	0	0
当年投入人数	合计(人年)	2	58.50	0.50	0	0.50	0	0	0	0.50	13.70	29.40	0	0	2.70	11.20	0	0
	研究生(人年)	3	0	0	0	0	0	0	0	0	0	0	0	0	0	0	0	0
当年拨入经费	合计(千元)	4	1875.80	0	0	50	0	0	0	90	530	321	0	0	884.80	0	0	0
	当年立项项目拨入经费(千元)	5	1815.80	0	0	0	0	0	0	80	530	321	0	0	884.80	0	0	0
当年支出经费(千元)		6	1456	54	0	11.90	0	0	0	14	753	190.90	0	0	432.20	0	0	0
当年新开课题数(项)		7	302	0	0	0	0	0	0	3	44	141	0	0	25	89	0	0
当年新开课题批准经费(千元)		8	2905	0	0	0	0	0	0	100	710	321	0	0	1774	0	0	0
当年完成课题数(项)		9	157	0	0	0	0	0	0	1	49	105	0	0	2	0	0	0

八、社科研究、课题与成果(来源情况)

出版著作(部)	合计		10	9	0	0	0	0	0	0	0	2	7	0	0	0	0	0	0
	专著	合计	11	3	0	0	0	0	0	0	0	1	2	0	0	0	0	0	0
		被译成外文	12	0	0	0	0	0	0	0	0	0	0	0	0	0	0	0	0
	编著教材		13	6	0	0	0	0	0	0	0	1	5	0	0	0	0	0	0
	工具书/参考书		14	0	0	0	0	0	0	0	0	0	0	0	0	0	0	0	0
	皮书/发展报告		15	0	0	0	0	0	0	0	0	0	0	0	0	0	0	0	0
	科普读物		16	0	0	0	0	0	0	0	0	0	0	0	0	0	0	0	0
古籍整理(部)			17	0	0	0	0	0	0	0	0	0	0	0	0	0	0	0	0
译著(部)			18	1	0	0	0	0	0	0	0	0	0	0	0	0	1	0	0
发表译文(篇)			19	0	0	0	0	0	0	0	0	0	0	0	0	0	0	0	0
电子出版物(件)			20	0	0	0	0	0	0	0	0	0	0	0	0	0	0	0	0
发表论文(篇)	合计		21	227	3	0	4	0	0	0	19	95	98	0	0	1	7	0	0
	国内学术刊物		22	227	3	0	4	0	0	0	19	95	98	0	0	1	7	0	0
	国外学术刊物		23	0	0	0	0	0	0	0	0	0	0	0	0	0	0	0	0
	港、澳、台刊物		24	0	0	0	0	0	0	0	0	0	0	0	0	0	0	0	0
研究与咨询报告(篇)	合计		25	80	0	0	0	0	0	0	0	0	80	0	0	0	0	0	0
	被采纳数		26	0	0	0	0	0	0	0	0	0	0	0	0	0	0	0	0

3. 公办专科高等学校人文、社会科学研究与课题成果来源情况表

			课题来源															
			合计	国家社科基金项目	国家社科基金单列学科项目	教育部人文社科研究项目	高校古籍整理研究项目	国家自然科学基金项目	中央其他部门社科专门项目	省、市、自治区社科基金项目	省教育厅社科项目	地、市、厅、局等政府部门项目	国际合作研究项目	与港、澳、台地区合作研究项目	企事业单位委托项目	学校社科项目	外资项目	其他
		编号	L01	L02	L03	L04	L05	L06	L07	L08	L09	L10	L11	L12	L13	L14	L15	L16
课题数(项)		1	11 462	6	2	82	0	1	20	205	3596	2888	3	0	1551	3046	0	62
当年投入人数	合计(人年)	2	2026.70	1.70	1.40	23.30	0	0.10	4.10	42.40	662.10	544.80	0.70	0	257.40	474.20	0	14.50
	研究生(人年)	3	0	0	0	0	0	0	0	0	0	0	0	0	0	0	0	0
当年拨入经费	合计(千元)	4	75 953.33	470	97	2684	0	0	165.16	974.20	10 420.70	8397.80	20	0	47 823.87	4800.10	0	100.50
	当年立项项目拨入经费(千元)	5	68 945.33	400	0	1834	0	0	162.16	608.40	8469	7762.40	0	0	45 554.57	4054.30	0	100.50
当年支出经费(千元)		6	73 381.48	441.43	102.95	1914.08	0	20	421.26	1135.70	9465.81	7961.20	20	0	46 896.67	4931.19	0	71.20
当年新开课题数(项)		7	5142	2	0	27	0	0	6	47	1157	1668	1	0	1072	1111	0	51
当年新开课题批准经费(千元)		8	77 797.55	450	0	2980	0	0	163.60	1613.40	10 871	8368.50	17.90	0	48 106.15	5112.50	0	114.50
当年完成课题数(项)		9	4195	1	0	13	0	1	5	69	829	1397	1	0	871	980	0	28

出版著作(部)	合计		10	162	0	0	8	0	0	0	4	38	66	0	0	8	38	0	0
	专著	合计	11	89	0	0	7	0	0	0	2	26	44	0	0	3	7	0	0
		被译成外文	12	1	0	0	1	0	0	0	0	0	0	0	0	0	0	0	0
	编著教材		13	61	0	0	1	0	0	0	2	12	22	0	0	3	21	0	0
	工具书/参考书		14	1	0	0	0	0	0	0	0	0	0	0	0	1	0	0	0
	皮书/发展报告		15	11	0	0	0	0	0	0	0	0	0	0	0	1	10	0	0
	科普读物		16	0	0	0	0	0	0	0	0	0	0	0	0	0	0	0	0
古籍整理(部)			17	1	0	0	0	0	0	0	0	0	1	0	0	0	0	0	0
译著(部)			18	1	0	0	0	0	0	0	1	0	0	0	0	0	0	0	0
发表译文(篇)			19	0	0	0	0	0	0	0	0	0	0	0	0	0	0	0	0
电子出版物(件)			20	0	0	0	0	0	0	0	0	0	0	0	0	0	0	0	0
发表论文(篇)	合计		21	6231	16	5	76	0	1	12	151	2276	1632	0	6	300	1684	0	72
	国内学术刊物		22	6158	15	5	75	0	1	12	142	2244	1612	0	6	300	1676	0	70
	国外学术刊物		23	73	1	0	1	0	0	0	9	32	20	0	0	0	8	0	2
	港、澳、台刊物		24	0	0	0	0	0	0	0	0	0	0	0	0	0	0	0	0
研究与咨询报告(篇)	合计		25	1098	3	0	1	0	0	0	8	19	501	0	0	528	34	0	4
	被采纳数		26	614	3	0	0	0	0	0	6	7	262	0	0	307	25	0	4

3.1 盐城幼儿师范高等专科学校人文、社会科学研究与课题成果来源情况表

			课题来源															
			合计	国家社科基金项目	国家社科基金单列学科项目	教育部人文社科研究项目	高校古籍整理研究项目	国家自然科学基金项目	中央其他部门社科专门项目	省、市、自治区社科基金项目	省教育厅社科项目	地、市、厅、局等政府部门项目	国际合作研究项目	与港、澳、台地区合作研究项目	企事业单位委托项目	学校社科项目	外资项目	其他
		编号	L01	L02	L03	L04	L05	L06	L07	L08	L09	L10	L11	L12	L13	L14	L15	L16
课题数(项)		1	169	0	0	1	0	0	0	0	64	75	0	0	7	22	0	0
当年投入人数	合计(人年)	2	18.60	0	0	0.10	0	0	0	0	8.30	7.40	0	0	0.70	2.10	0	0
	研究生(人年)	3	0	0	0	0	0	0	0	0	0	0	0	0	0	0	0	0
当年拨入经费	合计(千元)	4	753.40	0	0	25	0	0	0	0	181.80	82	0	0	464.60	0	0	0
	当年立项项目拨入经费(千元)	5	121	0	0	0	0	0	0	0	0	1	0	0	120	0	0	0
当年支出经费(千元)		6	685.70	0	0	25	0	0	0	0	181.80	82	0	0	396.90	0	0	0
当年新开课题数(项)		7	68	0	0	0	0	0	0	0	18	47	0	0	3	0	0	0
当年新开课题批准经费(千元)		8	614	0	0	0	0	0	0	0	380	114	0	0	120	0	0	0
当年完成课题数(项)		9	25	0	0	0	0	0	0	0	13	6	0	0	0	6	0	0

八、社科研究、课题与成果(来源情况)

出版著作(部)	合计		10	0	0	0	0	0	0	0	0	0	0	0	0	0	0	0	0
	专著	合计	11	0	0	0	0	0	0	0	0	0	0	0	0	0	0	0	0
		被译成外文	12	0	0	0	0	0	0	0	0	0	0	0	0	0	0	0	0
	编著教材		13	0	0	0	0	0	0	0	0	0	0	0	0	0	0	0	0
	工具书/参考书		14	0	0	0	0	0	0	0	0	0	0	0	0	0	0	0	0
	皮书/发展报告		15	0	0	0	0	0	0	0	0	0	0	0	0	0	0	0	0
	科普读物		16	0	0	0	0	0	0	0	0	0	0	0	0	0	0	0	0
古籍整理(部)			17	0	0	0	0	0	0	0	0	0	0	0	0	0	0	0	0
译著(部)			18	1	0	0	0	0	0	0	1	0	0	0	0	0	0	0	0
发表译文(篇)			19	0	0	0	0	0	0	0	0	0	0	0	0	0	0	0	0
电子出版物(件)			20	0	0	0	0	0	0	0	0	0	0	0	0	0	0	0	0
发表论文(篇)	合计		21	82	0	0	1	0	0	0	6	54	10	0	0	0	11	0	0
	国内学术刊物		22	82	0	0	1	0	0	0	6	54	10	0	0	0	11	0	0
	国外学术刊物		23	0	0	0	0	0	0	0	0	0	0	0	0	0	0	0	0
	港、澳、台刊物		24	0	0	0	0	0	0	0	0	0	0	0	0	0	0	0	0
研究与咨询报告(篇)	合计		25	0	0	0	0	0	0	0	0	0	0	0	0	0	0	0	0
	被采纳数		26	0	0	0	0	0	0	0	0	0	0	0	0	0	0	0	0

3.2 苏州幼儿师范高等专科学校人文、社会科学研究与课题成果来源情况表

课题来源表

		编号	合计 L01	国家社科基金项目 L02	国家社科基金单列学科项目 L03	教育部人文社科研究项目 L04	高校古籍整理研究项目 L05	国家自然科学基金项目 L06	中央其他部门社科专门项目 L07	省、市、自治区社科基金项目 L08	省教育厅社科项目 L09	地、市、厅、局等政府部门项目 L10	国际合作研究项目 L11	与港、澳、台地区合作研究项目 L12	企事业单位委托项目 L13	学校社科项目 L14	外资项目 L15	其他 L16
课题数(项)		1	97	0	0	0	0	0	0	0	58	36	0	0	3	0	0	0
当年投入人数	合计(人年)	2	10.10	0	0	0	0	0	0	0	5.80	4	0	0	0.30	0	0	0
	研究生(人年)	3	0	0	0	0	0	0	0	0	0	0	0	0	0	0	0	0
当年投入经费	合计(千元)	4	166	0	0	0	0	0	0	0	140	16	0	0	10	0	0	0
	当年立项项目拨入经费(千元)	5	156	0	0	0	0	0	0	0	130	16	0	0	10	0	0	0
当年支出经费(千元)		6	332.92	0	0	0	0	0	0	0	224.12	87.30	0	0	21.50	0	0	0
当年新开课题数(项)		7	25	0	0	0	0	0	0	0	13	11	0	0	1	0	0	0
当年新开课题批准经费(千元)		8	156	0	0	0	0	0	0	0	130	16	0	0	10	0	0	0
当年完成课题数(项)		9	27	0	0	0	0	0	0	0	15	10	0	0	2	0	0	0

八、社科研究、课题与成果(来源情况)

项目	列1	列2	列3	列4	列5	列6	列7	列8	列9	列10	列11	列12	列13
10 合计	0	0	0	1	0	0	0	0	0	0	0	0	1
11 专著 合计	0	0	0	0	0	0	0	0	0	0	0	0	1
12 专著 被译成外文	0	0	0	0	0	0	0	0	0	0	0	0	0
13 编著教材	0	0	0	0	0	0	0	0	0	0	0	0	0
14 工具书/参考书	0	0	0	1	0	0	0	0	0	0	0	0	1
15 皮书/发展报告	0	0	0	0	0	0	0	0	0	0	0	0	0
16 科普读物	0	0	0	0	0	0	0	0	0	0	0	0	0
17 古籍整理(部)	0	0	0	0	0	0	0	0	0	0	0	0	0
18 译著(部)	0	0	0	0	0	0	0	0	0	0	0	0	0
19 发表译文(篇)	0	0	0	0	0	0	0	0	0	0	0	0	0
20 电子出版物(件)	0	0	0	0	0	0	0	0	0	0	0	0	0
21 发表论文 合计	0	0	0	1	0	6	29	0	0	0	0	0	36
22 国内学术刊物	0	0	0	1	0	6	29	0	0	0	0	0	36
23 国外学术刊物	0	0	0	0	0	0	0	0	0	0	0	0	0
24 港、澳、台刊物	0	0	0	0	0	0	0	0	0	0	0	0	0
25 研究与咨询报告 合计	0	0	0	0	0	9	0	0	0	0	0	0	9
26 被采纳数	0	0	0	0	0	0	0	0	0	0	0	0	0

3.3 无锡职业技术学院人文、社会科学研究与课题成果来源情况表

			课题来源															
			合计	国家社科基金项目	国家社科基金单列学科项目	教育部人文社科研究项目	高校古籍整理研究项目	国家自然科学基金项目	中央其他部门社科专门项目	省、市、自治区社科基金项目	省教育厅社科项目	地、市、厅、局等政府部门项目	国际合作研究项目	与港、澳、台地区合作研究项目	企事业单位委托项目	学校社科项目	外资项目	其他
		编号	L01	L02	L03	L04	L05	L06	L07	L08	L09	L10	L11	L12	L13	L14	L15	L16
课题数(项)		1	247	1	0	8	0	0	2	10	92	56	0	0	10	67	0	1
当年投入人数	合计(人年)	2	43.70	0.30	0	2.20	0	0	0.70	2.30	17.70	8.80	0	0	2.10	9.40	0	0.20
	研究生(人年)	3	0	0	0	0	0	0	0	0	0	0	0	0	0	0	0	0
当年拨入经费	合计(千元)	4	781	10	0	65	0	0	0	54	196	106	0	0	260	90	0	0
	当年立项项目拨入经费(千元)	5	530	0	0	0	0	0	0	54	40	86	0	0	260	90	0	0
当年支出经费(千元)		6	1094.48	92	0	88.50	0	0	10	36	238.70	73.55	0	0	412	141.23	0	2.50
当年新开课题数(项)		7	84	0	0	0	0	0	0	3	22	30	0	0	8	21	0	0
当年新开课题批准经费(千元)		8	947	0	0	0	0	0	0	130	310	86	0	0	331	90	0	0
当年完成课题数(项)		9	69	1	0	2	0	0	2	1	18	17	0	0	2	25	0	1

出版著作(部)	合计		10	7	0	0	4	0	0	0	0	1	2	0	0	0	0	0	0
	专著	合计	11	7	0	0	4	0	0	0	0	1	2	0	0	0	0	0	0
		被译成外文	12	1	0	0	1	0	0	0	0	0	0	0	0	0	0	0	0
	编著教材		13	0	0	0	0	0	0	0	0	0	0	0	0	0	0	0	0
	工具书/参考书		14	0	0	0	0	0	0	0	0	0	0	0	0	0	0	0	0
	皮书/发展报告		15	0	0	0	0	0	0	0	0	0	0	0	0	0	0	0	0
	科普读物		16	0	0	0	0	0	0	0	0	0	0	0	0	0	0	0	0
古籍整理(部)			17	0	0	0	0	0	0	0	0	0	0	0	0	0	0	0	0
译著(部)			18	0	0	0	0	0	0	0	0	0	0	0	0	0	0	0	0
发表译文(篇)			19	0	0	0	0	0	0	0	0	0	0	0	0	0	0	0	0
电子出版物(件)			20	0	0	0	0	0	0	0	0	0	0	0	0	0	0	0	0
发表论文(篇)	合计		21	192	6	0	14	0	0	1	4	50	49	0	0	2	66	0	0
	国内学术刊物		22	183	5	0	13	0	0	1	2	50	44	0	0	2	66	0	0
	国外学术刊物		23	9	1	0	1	0	0	0	2	0	5	0	0	0	0	0	0
	港、澳、台刊物		24	0	0	0	0	0	0	0	0	0	0	0	0	0	0	0	0
研究与咨询报告(篇)	合计		25	9	3	0	0	0	0	0	0	0	4	0	0	2	0	0	0
	被采纳数		26	8	3	0	0	0	0	0	0	0	3	0	0	2	0	0	0

3.4 江苏建筑职业技术学院人文、社会科学研究与课题成果来源情况表

			课题来源															
			合计	国家社科基金项目	国家社科基金单列学科项目	教育部人文社科研究项目	高校古籍整理研究项目	国家自然科学基金项目	中央其他部门社科专门项目	省、市、自治区社科基金项目	省教育厅社科项目	地、市、厅、局等政府部门项目	国际合作研究项目	与港、澳、台地区合作研究项目	企事业单位委托项目	学校社科项目	外资项目	其他
		编号	L01	L02	L03	L04	L05	L06	L07	L08	L09	L10	L11	L12	L13	L14	L15	L16
课题数(项)		1	231	0	0	0	0	0	0	1	59	56	0	0	13	102	0	0
当年投入人数	合计(人年)	2	55.80	0	0	0	0	0	0	0.20	18	16.40	0	0	3.60	17.60	0	0
	研究生(人年)	3	0	0	0	0	0	0	0	0	0	0	0	0	0	0	0	0
当年拨入经费	合计(千元)	4	603	0	0	0	0	0	0	0	0	23	0	0	300	280	0	0
	当年立项项目拨入经费(千元)	5	603	0	0	0	0	0	0	0	0	23	0	0	300	280	0	0
当年支出经费(千元)		6	536.90	0	0	0	0	0	0	5	0	19.70	0	0	300	212.20	0	0
当年新开课题数(项)		7	134	0	0	0	0	0	0	0	20	46	0	0	12	56	0	0
当年新开课题批准经费(千元)		8	603	0	0	0	0	0	0	0	0	23	0	0	300	280	0	0
当年完成课题数(项)		9	130	0	0	0	0	0	0	1	19	43	0	0	12	55	0	0

出版著作(部)	合计		10	12	0	0	0	0	0	0	0	1	6	0	0	1	4	0	0
	专著	合计	11	5	0	0	0	0	0	0	0	1	3	0	0	0	1	0	0
		被译成外文	12	0	0	0	0	0	0	0	0	0	0	0	0	0	0	0	0
	编著教材		13	7	0	0	0	0	0	0	0	0	3	0	0	1	3	0	0
	工具书/参考书		14	0	0	0	0	0	0	0	0	0	0	0	0	0	0	0	0
	皮书/发展报告		15	0	0	0	0	0	0	0	0	0	0	0	0	0	0	0	0
	科普读物		16	0	0	0	0	0	0	0	0	0	0	0	0	0	0	0	0
古籍整理(部)			17	0	0	0	0	0	0	0	0	0	0	0	0	0	0	0	0
译著(部)			18	0	0	0	0	0	0	0	0	0	0	0	0	0	0	0	0
发表译文(篇)			19	0	0	0	0	0	0	0	0	0	0	0	0	0	0	0	0
电子出版物(件)			20	0	0	0	0	0	0	0	0	0	0	0	0	0	0	0	0
发表论文(篇)	合计		21	199	0	0	0	0	0	0	4	15	65	0	0	61	54	0	0
	国内学术刊物		22	197	0	0	0	0	0	0	4	15	65	0	0	61	52	0	0
	国外学术刊物		23	2	0	0	0	0	0	0	0	0	0	0	0	0	2	0	0
	港、澳、台刊物		24	0	0	0	0	0	0	0	0	0	0	0	0	0	0	0	0
研究与咨询报告(篇)	合计		25	11	0	0	0	0	0	0	0	0	0	0	0	11	0	0	0
	被采纳数		26	7	0	0	0	0	0	0	0	0	0	0	0	7	0	0	0

3.5 江苏工程职业技术学院人文、社会科学研究与课题成果来源情况表

			课题来源															
			合计	国家社科基金项目	国家社科基金单列学科项目	教育部人文社科研究项目	高校古籍整理研究项目	国家自然科学基金项目	中央其他部门社科专门项目	省、市、自治区社科基金项目	省教育厅社科项目	地、市、厅、局等政府部门项目	国际合作研究项目	与港、澳、台地区合作研究项目	企事业单位委托项目	学校社科项目	外资项目	其他
		编号	L01	L02	L03	L04	L05	L06	L07	L08	L09	L10	L11	L12	L13	L14	L15	L16
课题数(项)		1	152	0	0	0	0	0	0	2	57	83	0	0	0	10	0	0
当年投入人数	合计(人年)	2	20.70	0	0	0	0	0	0	0.50	7.80	11.30	0	0	0	1.10	0	0
	研究生(人年)	3	0	0	0	0	0	0	0	0	0	0	0	0	0	0	0	0
当年拨入经费	合计(千元)	4	149	0	0	0	0	0	0	0	72	74	0	0	0	3	0	0
	当年立项项目拨入经费(千元)	5	149	0	0	0	0	0	0	0	72	74	0	0	0	3	0	0
当年支出经费(千元)		6	178.50	0	0	0	0	0	0	0	90.50	84	0	0	0	4	0	0
当年新开课题数(项)		7	47	0	0	0	0	0	0	0	18	27	0	0	0	2	0	0
当年新开课题批准经费(千元)		8	170	0	0	0	0	0	0	0	90	77	0	0	0	3	0	0
当年完成课题数(项)		9	105	0	0	0	0	0	0	2	39	56	0	0	0	8	0	0

出版著作(部)	合计		10	4	0	0	0	0	0	0	0	0	4	0	0	0	0	0	0
	专著	合计	11	4	0	0	0	0	0	0	0	0	4	0	0	0	0	0	0
		被译成外文	12	0	0	0	0	0	0	0	0	0	0	0	0	0	0	0	0
	编著教材		13	0	0	0	0	0	0	0	0	0	0	0	0	0	0	0	0
	工具书/参考书		14	0	0	0	0	0	0	0	0	0	0	0	0	0	0	0	0
	皮书/发展报告		15	0	0	0	0	0	0	0	0	0	0	0	0	0	0	0	0
	科普读物		16	0	0	0	0	0	0	0	0	0	0	0	0	0	0	0	0
古籍整理(部)			17	0	0	0	0	0	0	0	0	0	0	0	0	0	0	0	0
译著(部)			18	0	0	0	0	0	0	0	0	0	0	0	0	0	0	0	0
发表译文(篇)			19	0	0	0	0	0	0	0	0	0	0	0	0	0	0	0	0
电子出版物(件)			20	0	0	0	0	0	0	0	0	0	0	0	0	0	0	0	0
发表论文(篇)	合计		21	161	0	0	0	0	0	0	2	38	69	0	0	0	52	0	0
	国内学术刊物		22	161	0	0	0	0	0	0	2	38	69	0	0	0	52	0	0
	国外学术刊物		23	0	0	0	0	0	0	0	0	0	0	0	0	0	0	0	0
	港、澳、台刊物		24	0	0	0	0	0	0	0	0	0	0	0	0	0	0	0	0
研究与咨询报告(篇)	合计		25	0	0	0	0	0	0	0	0	0	0	0	0	0	0	0	0
	被采纳数		26	0	0	0	0	0	0	0	0	0	0	0	0	0	0	0	0

3.6 苏州工艺美术职业技术学院人文、社会科学研究与课题成果来源情况表

		编号	合计	国家社科基金项目	国家社科基金单列学科项目	教育部人文社科研究项目	高校古籍整理研究项目	国家自然科学基金项目	中央其他部门社科专门项目	省、市、自治区社科基金项目	省教育厅社科项目	地、市、厅、局等政府部门项目	国际合作研究项目	与港、澳、台地区合作研究项目	企事业单位委托项目	学校社科项目	外资项目	其他
			L01	L02	L03	L04	L05	L06	L07	L08	L09	L10	L11	L12	L13	L14	L15	L16
课题数(项)		1	70	1	1	2	0	0	0	1	32	23	0	0	4	6	0	0
当年投入人数	合计(人年)	2	14.30	0.20	1.10	1.20	0	0	0	0.20	6	4.30	0	0	0.60	0.70	0	0
	研究生(人年)	3	0	0	0	0	0	0	0	0	0	0	0	0	0	0	0	0
当年拨入经费	合计(千元)	4	647	50	97	96	0	0	0	14	208	157	0	0	17	8	0	0
	当年立项项目拨入经费(千元)	5	281	0	0	80	0	0	0	0	48	136	0	0	17	0	0	0
当年支出经费(千元)		6	732	60	97	97	0	0	0	15	274	163	0	0	17	9	0	0
当年新开课题数(项)		7	31	0	0	1	0	0	0	0	12	14	0	0	4	0	0	0
当年新开课题批准经费(千元)		8	396	0	0	100	0	0	0	0	120	136	0	0	40	0	0	0
当年完成课题数(项)		9	38	0	0	1	0	0	0	0	10	21	0	0	0	6	0	0

出版著作(部)	合计		10	5	0	0	0	0	0	0	0	3	0	0	0	2	0	0	0
	专著	合计	11	5	0	0	0	0	0	0	0	3	0	0	0	2	0	0	0
		被译成外文	12	0	0	0	0	0	0	0	0	0	0	0	0	0	0	0	0
	编著教材		13	0	0	0	0	0	0	0	0	0	0	0	0	0	0	0	0
	工具书/参考书		14	0	0	0	0	0	0	0	0	0	0	0	0	0	0	0	0
	皮书/发展报告		15	0	0	0	0	0	0	0	0	0	0	0	0	0	0	0	0
	科普读物		16	0	0	0	0	0	0	0	0	0	0	0	0	0	0	0	0
古籍整理(部)			17	0	0	0	0	0	0	0	0	0	0	0	0	0	0	0	0
译著(部)			18	0	0	0	0	0	0	0	0	0	0	0	0	0	0	0	0
发表译文(篇)			19	0	0	0	0	0	0	0	0	0	0	0	0	0	0	0	0
电子出版物(件)			20	0	0	0	0	0	0	0	0	0	0	0	0	0	0	0	0
发表论文(篇)	合计		21	147	0	4	7	0	0	0	0	118	15	0	0	0	3	0	0
	国内学术刊物		22	144	0	4	7	0	0	0	0	115	15	0	0	0	3	0	0
	国外学术刊物		23	3	0	0	0	0	0	0	0	3	0	0	0	0	0	0	0
	港、澳、台刊物		24	0	0	0	0	0	0	0	0	0	0	0	0	0	0	0	0
研究与咨询报告(篇)	合计		25	8	0	0	0	0	0	0	0	0	0	0	0	8	0	0	0
	被采纳数		26	8	0	0	0	0	0	0	0	0	0	0	0	8	0	0	0

3.7 连云港职业技术学院人文、社会科学研究与课题成果来源情况表

			课题来源															
			合计	国家社科基金项目	国家社科基金单列学科项目	教育部人文社科研究项目	高校古籍整理研究项目	国家自然科学基金项目	中央其他部门社科专门项目	省、市、自治区社科基金项目	省教育厅社科项目	地、市、厅、局等政府部门项目	国际合作研究项目	与港、澳、台地区合作研究项目	企事业单位委托项目	学校社科项目	外资项目	其他
		编号	L01	L02	L03	L04	L05	L06	L07	L08	L09	L10	L11	L12	L13	L14	L15	L16
课题数(项)		1	94	0	0	0	0	0	0	0	46	36	0	0	3	9	0	0
当年投入人数	合计(人年)	2	24.30	0	0	0	0	0	0	0	12.40	9.10	0	0	0.60	2.20	0	0
	研究生(人年)	3	0	0	0	0	0	0	0	0	0	0	0	0	0	0	0	0
当年拨入经费	合计(千元)	4	131	0	0	0	0	0	0	0	80	27	0	0	20	4	0	0
	当年立项项目拨入经费(千元)	5	74	0	0	0	0	0	0	0	40	14	0	0	20	0	0	0
当年支出经费(千元)		6	131	0	0	0	0	0	0	0	80	27	0	0	20	4	0	0
当年新开课题数(项)		7	48	0	0	0	0	0	0	0	18	25	0	0	2	3	0	0
当年新开课题批准经费(千元)		8	155	0	0	0	0	0	0	0	100	27	0	0	20	8	0	0
当年完成课题数(项)		9	32	0	0	0	0	0	0	0	7	21	0	0	2	2	0	0

八、社科研究、课题与成果(来源情况)

序号	项目	C1	C2	C3	C4	C5	C6	C7	C8	C9	C10	C11	C12	C13	C14	C15
10	出版著作(部) 合计	0	0	0	0	0	0	0	0	0	0	0	0	0	0	0
11	专著 合计	0	0	0	0	0	0	0	0	0	0	0	0	0	0	0
12	被译成外文	0	0	0	0	0	0	0	0	0	0	0	0	0	0	0
13	编著教材	0	0	0	0	0	0	0	0	0	0	0	0	0	0	0
14	工具书/参考书	0	0	0	0	0	0	0	0	0	0	0	0	0	0	0
15	皮书/发展报告	0	0	0	0	0	0	0	0	0	0	0	0	0	0	0
16	科普读物	0	0	0	0	0	0	0	0	0	0	0	0	0	0	0
17	古籍整理(部)	0	0	0	0	0	0	0	0	0	0	0	0	0	0	0
18	译著(部)	0	0	0	0	0	0	0	0	0	0	0	0	0	0	0
19	发表译文(篇)	0	0	0	0	0	0	0	0	0	0	0	0	0	0	0
20	电子出版物(件)	0	0	0	0	0	0	0	0	0	0	0	0	0	0	0
21	发表论文(篇) 合计	44	0	0	0	0	0	0	26	13	0	0	0	0	0	0
22	国内学术刊物	44	0	0	0	0	0	0	26	13	0	0	0	0	0	0
23	国外学术刊物	0	0	0	0	0	0	0	0	0	5	0	0	0	0	0
24	港、澳、台刊物	0	0	0	0	0	0	0	0	0	0	0	0	0	0	0
25	研究与咨询报告(篇) 合计	12	0	0	0	0	0	0	0	10	5	2	0	0	0	0
26	被采纳数	3	0	0	0	0	0	0	0	1	0	2	0	0	0	0

3.8 镇江市高等专科学校人文、社会科学研究与课题成果来源情况表

			课题来源															
			合计	国家社科基金项目	国家社科基金单列学科项目	教育部人文社科研究项目	高校古籍整理研究项目	国家自然科学基金项目	中央其他部门社科专门项目	省、市、自治区社科基金项目	省教育厅社科项目	地、市、厅、局等政府部门项目	国际合作研究项目	与港、澳、台地区合作研究项目	企事业单位委托项目	学校社科项目	外资项目	其他
		编号	L01	L02	L03	L04	L05	L06	L07	L08	L09	L10	L11	L12	L13	L14	L15	L16
课题数(项)		1	86	0	0	2	0	0	0	4	21	40	0	0	8	11	0	0
当年投入人数	合计(人年)	2	38.20	0	0	2.40	0	0	0	2.60	8.70	15.60	0	0	2.50	6.40	0	0
	研究生(人年)	3	0	0	0	0	0	0	0	0	0	0	0	0	0	0	0	0
当年拨入经费	合计(千元)	4	259.63	0	0	0	0	0	0	26.40	36	117	0	0	55.23	25	0	0
	当年立项项目拨入经费(千元)	5	259.63	0	0	0	0	0	0	26.40	36	117	0	0	55.23	25	0	0
当年支出经费(千元)		6	471.72	0	0	78	0	0	0	29.40	68.30	141	0	0	115.52	39.50	0	0
当年新开课题数(项)		7	56	0	0	0	0	0	0	2	9	32	0	0	7	6	0	0
当年新开课题批准经费(千元)		8	290.63	0	0	0	0	0	0	42.40	36	117	0	0	55.23	40	0	0
当年完成课题数(项)		9	65	0	0	2	0	0	0	2	11	33	0	0	7	10	0	0

八、社科研究、课题与成果(来源情况)

出版著作(部)	合计		10	6	0	0	0	0	0	0	0	2	4	0	0	0	0	0	0
	专著	合计	11	3	0	0	0	0	0	0	0	2	1	0	0	0	0	0	0
		被译成外文	12	0	0	0	0	0	0	0	0	0	0	0	0	0	0	0	0
	编著教材		13	3	0	0	0	0	0	0	0	0	3	0	0	0	0	0	0
	工具书/参考书		14	0	0	0	0	0	0	0	0	0	0	0	0	0	0	0	0
	皮书/发展报告		15	0	0	0	0	0	0	0	0	0	0	0	0	0	0	0	0
	科普读物		16	0	0	0	0	0	0	0	0	0	0	0	0	0	0	0	0
古籍整理(部)			17	0	0	0	0	0	0	0	0	0	0	0	0	0	0	0	0
译著(部)			18	0	0	0	0	0	0	0	0	0	0	0	0	0	0	0	0
发表译文(篇)			19	0	0	0	0	0	0	0	0	0	0	0	0	0	0	0	0
电子出版物(件)			20	0	0	0	0	0	0	0	0	0	0	0	0	0	0	0	0
发表论文(篇)	合计		21	60	0	0	2	0	0	0	3	18	11	0	0	0	26	0	0
	国内学术刊物		22	60	0	0	2	0	0	0	3	18	11	0	0	0	26	0	0
	国外学术刊物		23	0	0	0	0	0	0	0	0	0	0	0	0	0	0	0	0
	港、澳、台刊物		24	0	0	0	0	0	0	0	0	0	0	0	0	0	0	0	0
研究与咨询报告(篇)	合计		25	37	0	0	0	0	0	0	1	1	26	0	0	8	1	0	0
	被采纳数		26	37	0	0	0	0	0	0	1	1	26	0	0	8	1	0	0

3.9 南通职业大学人文、社会科学研究与课题成果来源情况表

			课题来源															
			合计	国家社科基金项目	国家社科基金单列学科项目	教育部人文社科研究项目	高校古籍整理研究项目	国家自然科学基金项目	中央其他部门社科专门项目	省、市、自治区社科基金项目	省教育厅社科项目	地、市、厅、局等政府部门项目	国际合作研究项目	与港、澳、台地区合作研究项目	企事业单位委托项目	学校社科项目	外资项目	其他
		编号	L01	L02	L03	L04	L05	L06	L07	L08	L09	L10	L11	L12	L13	L14	L15	L16
课题数(项)		1	144	0	0	0	0	0	0	0	42	64	0	0	17	21	0	0
当年投入人数	合计(人年)	2	26.60	0	0	0	0	0	0	0	8.40	12.30	0	0	3.10	2.80	0	0
	研究生(人年)	3	0	0	0	0	0	0	0	0	0	0	0	0	0	0	0	0
当年拨入经费	合计(千元)	4	730.40	0	0	0	0	0	0	0	200	263	0	0	205.40	62	0	0
	当年立项项目拨入经费(千元)	5	730.40	0	0	0	0	0	0	0	200	263	0	0	205.40	62	0	0
当年支出经费(千元)		6	686.40	0	0	0	0	0	0	0	320	220	0	0	107.40	39	0	0
当年新开课题数(项)		7	84	0	0	0	0	0	0	0	20	42	0	0	12	10	0	0
当年新开课题批准经费(千元)		8	730.40	0	0	0	0	0	0	0	200	263	0	0	205.40	62	0	0
当年完成课题数(项)		9	90	0	0	0	0	0	0	0	20	47	0	0	12	11	0	0

出版著作(部)	合计		10	0	0	0	0	0	0	0	0	0	0	0	0	0	0	0	0
	专著	合计	11	0	0	0	0	0	0	0	0	0	0	0	0	0	0	0	0
		被译成外文	12	0	0	0	0	0	0	0	0	0	0	0	0	0	0	0	0
	编著教材		13	0	0	0	0	0	0	0	0	0	0	0	0	0	0	0	0
	工具书/参考书		14	0	0	0	0	0	0	0	0	0	0	0	0	0	0	0	0
	皮书/发展报告		15	0	0	0	0	0	0	0	0	0	0	0	0	0	0	0	0
	科普读物		16	0	0	0	0	0	0	0	0	0	0	0	0	0	0	0	0
古籍整理(部)			17	0	0	0	0	0	0	0	0	0	0	0	0	0	0	0	0
译著(部)			18	0	0	0	0	0	0	0	0	0	0	0	0	0	0	0	0
发表译文(篇)			19	0	0	0	0	0	0	0	0	0	0	0	0	0	0	0	0
电子出版物(件)			20	0	0	0	0	0	0	0	0	0	0	0	0	0	0	0	0
发表论文(篇)	合计		21	58	0	0	0	0	0	0	0	38	10	0	0	3	7	0	0
	国内学术刊物		22	58	0	0	0	0	0	0	0	38	10	0	0	3	7	0	0
	国外学术刊物		23	0	0	0	0	0	0	0	0	0	0	0	0	0	0	0	0
	港、澳、台刊物		24	0	0	0	0	0	0	0	0	0	0	0	0	0	0	0	0
研究与咨询报告(篇)	合计		25	10	0	0	0	0	0	0	0	0	8	0	0	2	0	0	0
	被采纳数		26	7	0	0	0	0	0	0	0	0	6	0	0	1	0	0	0

3.10 苏州职业大学人文、社会科学研究与课题成果来源情况表

		编号	合计	国家社科基金项目	国家社科基金单列学科项目	教育部人文社科研究项目	高校古籍整理研究项目	国家自然科学基金项目	中央其他部门社科专门项目	省、市、自治区社科基金项目	省教育厅社科项目	地、市、厅、局等政府部门项目	国际合作研究项目	与港、澳、台地区合作研究项目	企事业单位委托项目	学校社科项目	外资项目	其他
			课题来源															
			L01	L02	L03	L04	L05	L06	L07	L08	L09	L10	L11	L12	L13	L14	L15	L16
课题数(项)		1	297	2	0	2	0	0	0	3	68	119	0	0	84	18	0	1
当年投入人数	合计(人年)	2	103.20	0.40	0	1.40	0	0	0	0.90	31.10	38.90	0	0	23.20	7.20	0	0.10
	研究生(人年)	3	0	0	0	0	0	0	0	0	0	0	0	0	0	0	0	0
当年拨入经费	合计(千元)	4	3982.40	170	0	60	0	0	0	0	210	791	0	0	2611.40	140	0	0
	当年立项项目拨入经费(千元)	5	3826.80	170	0	0	0	0	0	0	210	791	0	0	2515.80	140	0	0
当年支出经费(千元)		6	3055.46	71.15	0	40.68	0	0	0	11.64	79.50	645.10	0	0	2131.40	76	0	0
当年新开课题数(项)		7	167	1	0	0	0	0	0	0	21	67	0	0	69	9	0	0
当年新开课题批准经费(千元)		8	3887.30	200	0	0	0	0	0	0	210	791	0	0	2516.30	170	0	0
当年完成课题数(项)		9	137	0	0	1	0	0	0	2	14	54	0	0	59	6	0	1

出版著作(部)	合计		10	14	0	0	0	0	0	0	0	5	9	0	0	0	0	0	0
	专著	合计	11	4	0	0	0	0	0	0	0	2	2	0	0	0	0	0	0
		被译成外文	12	0	0	0	0	0	0	0	0	0	0	0	0	0	0	0	0
	编著教材		13	10	0	0	0	0	0	0	0	3	7	0	0	0	0	0	0
	工具书/参考书		14	0	0	0	0	0	0	0	0	0	0	0	0	0	0	0	0
	皮书/发展报告		15	0	0	0	0	0	0	0	0	0	0	0	0	0	0	0	0
	科普读物		16	0	0	0	0	0	0	0	0	0	0	0	0	0	0	0	0
古籍整理(部)			17	1	0	0	0	0	0	0	0	0	1	0	0	0	0	0	0
译著(部)			18	0	0	0	0	0	0	0	0	0	0	0	0	0	0	0	0
发表译文(篇)			19	0	0	0	0	0	0	0	0	0	0	0	0	0	0	0	0
电子出版物(件)			20	0	0	0	0	0	0	0	0	0	0	0	0	0	0	0	0
发表论文(篇)	合计		21	253	4	0	13	0	0	0	0	53	85	0	0	31	67	0	0
	国内学术刊物		22	253	4	0	13	0	0	0	0	53	85	0	0	31	67	0	0
	国外学术刊物		23	0	0	0	0	0	0	0	0	0	0	0	0	0	0	0	0
	港、澳、台刊物		24	0	0	0	0	0	0	0	0	0	0	0	0	0	0	0	0
研究与咨询报告(篇)	合计		25	90	0	0	0	0	0	0	0	0	61	0	0	29	0	0	0
	被采纳数		26	51	0	0	0	0	0	0	0	0	36	0	0	15	0	0	0

八、社科研究、课题与成果(来源情况)

8

3.11 沙洲职业工学院人文、社会科学研究与课题成果来源情况表

		编号	合计	国家社科基金项目	国家社科基金单列学科项目	教育部人文社科研究项目	高校古籍整理研究项目	国家自然科学基金项目	中央其他部门社科专门项目	省、市、自治区社科基金项目	省教育厅社科项目	地、市、厅、局等政府部门项目	国际合作研究项目	与港、澳、台地区合作研究项目	企事业单位委托项目	学校社科项目	外资项目	其他
			L01	L02	L03	L04	L05	L06	L07	L08	L09	L10	L11	L12	L13	L14	L15	L16
课题数(项)		1	99	0	0	0	0	0	0	0	59	21	0	0	13	6	0	0
当年投入人数	合计(人年)	2	9.50	0	0	0	0	0	0	0	6	2.20	0	0	0.70	0.60	0	0
	研究生(人年)	3	0	0	0	0	0	0	0	0	0	0	0	0	0	0	0	0
当年拨入经费	合计(千元)	4	466	0	0	0	0	0	0	0	235	100	0	0	106	25	0	0
	当年立项项目拨入经费(千元)	5	466	0	0	0	0	0	0	0	235	100	0	0	106	25	0	0
当年支出经费(千元)		6	400	0	0	0	0	0	0	0	200.50	86.50	0	0	106	7	0	0
当年新开课题数(项)		7	49	0	0	0	0	0	0	0	23	15	0	0	6	5	0	0
当年新开课题批准经费(千元)		8	466	0	0	0	0	0	0	0	235	100	0	0	106	25	0	0
当年完成课题数(项)		9	31	0	0	0	0	0	0	0	11	13	0	0	6	1	0	0

出版著作(部)	合计		10	0	0	0	0	0	0	0	0	0	0	0	0	0	0	0	0
	专著	合计	11	0	0	0	0	0	0	0	0	0	0	0	0	0	0	0	0
		被译成外文	12	0	0	0	0	0	0	0	0	0	0	0	0	0	0	0	0
	编著教材		13	0	0	0	0	0	0	0	0	0	0	0	0	0	0	0	0
	工具书/参考书		14	0	0	0	0	0	0	0	0	0	0	0	0	0	0	0	0
	皮书/发展报告		15	0	0	0	0	0	0	0	0	0	0	0	0	0	0	0	0
	科普读物		16	0	0	0	0	0	0	0	0	0	0	0	0	0	0	0	0
古籍整理(部)			17	0	0	0	0	0	0	0	0	0	0	0	0	0	0	0	0
译著(部)			18	0	0	0	0	0	0	0	0	0	0	0	0	0	0	0	0
发表译文(篇)			19	0	0	0	0	0	0	0	0	0	0	0	0	0	0	0	0
电子出版物(件)			20	0	0	0	0	0	0	0	0	0	0	0	0	0	0	0	0
发表论文(篇)	合计		21	36	0	0	0	0	0	0	0	17	14	0	0	4	1	0	0
	国内学术刊物		22	36	0	0	0	0	0	0	0	17	14	0	0	4	1	0	0
	国外学术刊物		23	0	0	0	0	0	0	0	0	0	0	0	0	0	0	0	0
	港、澳、台刊物		24	0	0	0	0	0	0	0	0	0	0	0	0	0	0	0	0
研究与咨询报告(篇)	合计		25	12	0	0	0	0	0	0	0	0	9	0	0	3	0	0	0
	被采纳数		26	12	0	0	0	0	0	0	0	0	9	0	0	3	0	0	0

3.12 扬州市职业大学人文、社会科学研究与课题成果来源情况表

			课题来源															
			合计	国家社科基金项目	国家社科基金单列学科项目	教育部人文社科研究项目	高校古籍整理研究项目	国家自然科学基金项目	中央其他部门社科专门项目	省、市、自治区社科基金项目	省教育厅社科项目	地、市、厅、局等政府部门项目	国际合作研究项目	与港、澳、台地区合作研究项目	企事业单位委托项目	学校社科项目	外资项目	其他
		编号	L01	L02	L03	L04	L05	L06	L07	L08	L09	L10	L11	L12	L13	L14	L15	L16
课题数(项)		1	353	0	0	3	0	0	0	6	62	113	0	0	140	29	0	0
当年投入人数	合计(人年)	2	74.20	0	0	0.70	0	0	0	1.60	16.10	23.10	0	0	26.40	6.30	0	0
	研究生(人年)	3	0	0	0	0	0	0	0	0	0	0	0	0	0	0	0	0
当年拨入经费	合计(千元)	4	3202.58	0	0	20	0	0	0	0	0	308	0	0	2874.58	0	0	0
	当年立项项目拨入经费(千元)	5	3179.58	0	0	20	0	0	0	0	0	285	0	0	2874.58	0	0	0
当年支出经费(千元)		6	3096.44	0	0	10.23	0	0	0	27.81	10	223	0	0	2825.41	0	0	0
当年新开课题数(项)		7	219	0	0	1	0	0	0	0	15	99	0	0	104	0	0	0
当年新开课题批准经费(千元)		8	3179.58	0	0	20	0	0	0	0	0	285	0	0	2874.58	0	0	0
当年完成课题数(项)		9	226	0	0	0	0	0	0	1	9	100	0	0	116	0	0	0

出版著作(部)	合计		10	21	0	0	0	0	0	0	0	0	21	0	0	0	0	0	0
	专著	合计	11	21	0	0	0	0	0	0	0	0	21	0	0	0	0	0	0
		被译成外文	12	0	0	0	0	0	0	0	0	0	0	0	0	0	0	0	0
	编著教材		13	0	0	0	0	0	0	0	0	0	0	0	0	0	0	0	0
	工具书/参考书		14	0	0	0	0	0	0	0	0	0	0	0	0	0	0	0	0
	皮书/发展报告		15	0	0	0	0	0	0	0	0	0	0	0	0	0	0	0	0
	科普读物		16	0	0	0	0	0	0	0	0	0	0	0	0	0	0	0	0
古籍整理(部)			17	0	0	0	0	0	0	0	0	0	0	0	0	0	0	0	0
译著(部)			18	0	0	0	0	0	0	0	0	0	0	0	0	0	0	0	0
发表译文(篇)			19	0	0	0	0	0	0	0	0	0	0	0	0	0	0	0	0
电子出版物(件)			20	0	0	0	0	0	0	0	0	0	0	0	0	0	0	0	0
发表论文(篇)	合计		21	201	0	0	2	0	0	0	9	48	100	0	0	0	42	0	0
	国内学术刊物		22	201	0	0	2	0	0	0	9	48	100	0	0	0	42	0	0
	国外学术刊物		23	0	0	0	0	0	0	0	0	0	0	0	0	0	0	0	0
	港、澳、台刊物		24	0	0	0	0	0	0	0	0	0	0	0	0	0	0	0	0
研究与咨询报告(篇)	合计		25	179	0	0	0	0	0	0	0	0	98	0	0	81	0	0	0
	被采纳数		26	179	0	0	0	0	0	0	0	0	98	0	0	81	0	0	0

3.13 连云港师范高等专科学校人文、社会科学研究与课题成果来源情况表

			课题来源															
			合计	国家社科基金项目	国家社科基金单列学科项目	教育部人文社科研究项目	高校古籍整理研究项目	国家自然科学基金项目	中央其他部门社科专门项目	省、市、自治区社科基金项目	省教育厅社科项目	地、市、厅、局等政府部门项目	国际合作研究项目	与港、澳、台地区合作研究项目	企事业单位委托项目	学校社科项目	外资项目	其他
		编号	L01	L02	L03	L04	L05	L06	L07	L08	L09	L10	L11	L12	L13	L14	L15	L16
课题数(项)		1	161	0	0	3	0	0	0	31	58	57	0	0	0	12	0	0
当年投入人数	合计(人年)	2	16.70	0	0	0.50	0	0	0	3.10	5.80	6.10	0	0	0	1.20	0	0
	研究生(人年)	3	0	0	0	0	0	0	0	0	0	0	0	0	0	0	0	0
当年拨入经费	合计(千元)	4	147.80	0	0	50	0	0	0	2.80	40	55	0	0	0	0	0	0
	当年立项项目拨入经费(千元)	5	95	0	0	0	0	0	0	0	40	55	0	0	0	0	0	0
当年支出经费(千元)		6	87	0	0	0	0	0	0	48	28	11	0	0	0	0	0	0
当年新开课题数(项)		7	71	0	0	0	0	0	0	0	20	47	0	0	0	4	0	0
当年新开课题批准经费(千元)		8	235	0	0	0	0	0	0	0	40	145	0	0	0	50	0	0
当年完成课题数(项)		9	36	0	0	0	0	0	0	16	10	10	0	0	0	0	0	0

出版著作(部)	合计		10	3	0	0	0	0	0	0	0	0	0	0	0	0	3	0	0
	专著	合计	11	2	0	0	0	0	0	0	0	0	0	0	0	0	2	0	0
		被译成外文	12	0	0	0	0	0	0	0	0	0	0	0	0	0	0	0	0
	编著教材		13	1	0	0	0	0	0	0	0	0	0	0	0	0	1	0	0
	工具书/参考书		14	0	0	0	0	0	0	0	0	0	0	0	0	0	0	0	0
	皮书/发展报告		15	0	0	0	0	0	0	0	0	0	0	0	0	0	0	0	0
	科普读物		16	0	0	0	0	0	0	0	0	0	0	0	0	0	0	0	0
古籍整理(部)			17	0	0	0	0	0	0	0	0	0	0	0	0	0	0	0	0
译著(部)			18	0	0	0	0	0	0	0	0	0	0	0	0	0	0	0	0
发表译文(篇)			19	0	0	0	0	0	0	0	0	0	0	0	0	0	0	0	0
电子出版物(件)			20	0	0	0	0	0	0	0	0	0	0	0	0	0	0	0	0
发表论文(篇)	合计		21	83	0	0	0	0	0	0	0	38	37	0	0	0	8	0	0
	国内学术刊物		22	82	0	0	0	0	0	0	0	37	37	0	0	0	8	0	0
	国外学术刊物		23	1	0	0	0	0	0	0	0	1	0	0	0	0	0	0	0
	港、澳、台刊物		24	0	0	0	0	0	0	0	0	0	0	0	0	0	0	0	0
研究与咨询报告(篇)	合计		25	0	0	0	0	0	0	0	0	0	0	0	0	0	0	0	0
	被采纳数		26	0	0	0	0	0	0	0	0	0	0	0	0	0	0	0	0

3.14 江苏经贸职业技术学院人文、社会科学研究与课题成果来源情况表

		编号	合计 L01	国家社科基金项目 L02	国家社科基金单列学科项目 L03	教育部人文社科研究项目 L04	高校古籍整理研究项目 L05	国家自然科学基金项目 L06	中央其他部门社科专门项目 L07	省、市、自治区社科基金项目 L08	省教育厅社科项目 L09	地、市、厅、局等政府部门项目 L10	国际合作研究项目 L11	与港、澳、台地区合作研究项目 L12	企事业单位委托项目 L13	学校社科项目 L14	外资项目 L15	其他 L16
课题数(项)		1	396	1	0	3	0	0	0	15	79	30	0	0	86	181	0	1
当年投入人数	合计(人年)	2	77.10	0.40	0	1	0	0	0	3	18.60	7.30	0	0	10.60	36.10	0	0.10
	研究生(人年)	3	0	0	0	0	0	0	0	0	0	0	0	0	0	0	0	0
当年拨入经费	合计(千元)	4	2882.50	230	0	100	0	0	0	30	200	66	0	0	2012.50	244	0	0
	当年立项项目拨入经费(千元)	5	2882.50	230	0	100	0	0	0	30	200	66	0	0	2012.50	244	0	0
当年支出经费(千元)		6	3152.08	169	0	78	0	0	0	28.50	231	62.70	0	0	2326.48	256.40	0	0
当年新开课题数(项)		7	149	1	0	1	0	0	0	3	30	11	0	0	62	41	0	0
当年新开课题批准经费(千元)		8	2902.50	250	0	100	0	0	0	30	200	66	0	0	2012.50	244	0	0
当年完成课题数(项)		9	101	0	0	0	0	0	0	1	15	0	0	0	44	41	0	0

出版著作(部)	合计		10	3	0	0	0	0	0	0	0	2	1	0	0	0	0	0	0
	专著	合计	11	0	0	0	0	0	0	0	0	0	0	0	0	0	0	0	0
		被译成外文	12	0	0	0	0	0	0	0	0	0	0	0	0	0	0	0	0
	编著教材		13	3	0	0	0	0	0	0	0	2	1	0	0	0	0	0	0
	工具书/参考书		14	0	0	0	0	0	0	0	0	0	0	0	0	0	0	0	0
	皮书/发展报告		15	0	0	0	0	0	0	0	0	0	0	0	0	0	0	0	0
	科普读物		16	0	0	0	0	0	0	0	0	0	0	0	0	0	0	0	0
古籍整理(部)			17	0	0	0	0	0	0	0	0	0	0	0	0	0	0	0	0
译著(部)			18	0	0	0	0	0	0	0	0	0	0	0	0	0	0	0	0
发表译文(篇)			19	0	0	0	0	0	0	0	0	0	0	0	0	0	0	0	0
电子出版物(件)			20	0	0	0	0	0	0	0	0	0	0	0	0	0	0	0	0
发表论文(篇)	合计		21	86	0	0	0	0	0	0	7	34	9	0	0	0	36	0	0
	国内学术刊物		22	86	0	0	0	0	0	0	7	34	9	0	0	0	36	0	0
	国外学术刊物		23	0	0	0	0	0	0	0	0	0	0	0	0	0	0	0	0
	港、澳、台刊物		24	0	0	0	0	0	0	0	0	0	0	0	0	0	0	0	0
研究与咨询报告(篇)	合计		25	43	0	0	0	0	0	0	0	0	0	0	0	43	0	0	0
	被采纳数		26	0	0	0	0	0	0	0	0	0	0	0	0	0	0	0	0

3.15 泰州职业技术学院人文、社会科学研究与课题成果来源情况表

			课题来源															
			合计	国家社科基金项目	国家社科基金单列学科项目	教育部人文社科研究项目	高校古籍整理研究项目	国家自然科学基金项目	中央其他部门社科专门项目	省、市、自治区社科基金项目	省教育厅社科项目	地、市、厅、局等政府部门项目	国际合作研究项目	与港、澳、台地区合作研究项目	企事业单位委托项目	学校社科项目	外资项目	其他
		编号	L01	L02	L03	L04	L05	L06	L07	L08	L09	L10	L11	L12	L13	L14	L15	L16
课题数(项)		1	71	0	0	0	0	0	0	0	30	11	0	0	5	25	0	0
当年投入人数	合计(人年)	2	13.90	0	0	0	0	0	0	0	5.30	2.20	0	0	1	5.40	0	0
	其中:研究生(人年)	3	0	0	0	0	0	0	0	0	0	0	0	0	0	0	0	0
当年拨入经费	合计(千元)	4	235.80	0	0	0	0	0	0	0	80	70	0	0	49.80	36	0	0
	当年立项项目拨入经费(千元)	5	235.80	0	0	0	0	0	0	0	80	70	0	0	49.80	36	0	0
当年支出经费(千元)		6	380.06	0	0	0	0	0	0	0	97.14	88.92	0	0	133.83	60.17	0	0
当年新开课题数(项)		7	19	0	0	0	0	0	0	0	8	3	0	0	2	6	0	0
当年新开课题批准经费(千元)		8	235.80	0	0	0	0	0	0	0	80	70	0	0	49.80	36	0	0
当年完成课题数(项)		9	27	0	0	0	0	0	0	0	8	4	0	0	2	13	0	0

八、社科研究、课题与成果（来源情况）

出版著作（部）	合计		10	0	0	0	0	0	0	0	0	0	0	0	0	0	0	0	0
	专著	合计	11	0	0	0	0	0	0	0	0	0	0	0	0	0	0	0	0
		被译成外文	12	0	0	0	0	0	0	0	0	0	0	0	0	0	0	0	0
	编著教材		13	0	0	0	0	0	0	0	0	0	0	0	0	0	0	0	0
	工具书/参考书		14	0	0	0	0	0	0	0	0	0	0	0	0	0	0	0	0
	皮书/发展报告		15	0	0	0	0	0	0	0	0	0	0	0	0	0	0	0	0
	科普读物		16	0	0	0	0	0	0	0	0	0	0	0	0	0	0	0	0
古籍整理（部）			17	0	0	0	0	0	0	0	0	0	0	0	0	0	0	0	0
译著（部）			18	0	0	0	0	0	0	0	0	0	0	0	0	0	0	0	0
发表译文（篇）			19	0	0	0	0	0	0	0	0	0	0	0	0	0	0	0	0
电子出版物（件）			20	0	0	0	0	0	0	0	0	0	0	0	0	0	0	0	0
发表论文（篇）	合计		21	45	0	0	0	0	0	0	0	22	4	0	0	0	19	0	0
	国内学术刊物		22	45	0	0	0	0	0	0	0	22	4	0	0	0	19	0	0
	国外学术刊物		23	0	0	0	0	0	0	0	0	0	0	0	0	0	0	0	0
	港、澳、台刊物		24	0	0	0	0	0	0	0	0	0	0	0	0	0	0	0	0
研究与咨询报告（篇）	合计		25	3	0	0	0	0	0	0	0	0	2	0	0	1	0	0	0
	被采纳数		26	1	0	0	0	0	0	0	0	0	0	0	0	1	0	0	0

3.16 常州信息职业技术学院人文、社会科学研究与课题成果来源情况表

			课题来源															
			合计	国家社科基金项目	国家社科基金单列学科项目	教育部人文社科研究项目	高校古籍整理研究项目	国家自然科学基金项目	中央其他部门社科专门项目	省、市、自治区社科基金项目	省教育厅社科项目	地、市、厅、局等政府部门项目	国际合作研究项目	与港、澳、台地区合作研究项目	企事业单位委托项目	学校社科项目	外资项目	其他
		编号	L01	L02	L03	L04	L05	L06	L07	L08	L09	L10	L11	L12	L13	L14	L15	L16
课题数(项)		1	142	0	0	4	0	0	1	0	39	43	0	0	18	8	0	29
当年投入人数	合计(人年)	2	49.70	0	0	2.10	0	0	0.30	0	13.50	15	0	0	4.80	2.90	0	11.10
	研究生(人年)	3	0	0	0	0	0	0	0	0	0	0	0	0	0	0	0	0
当年拨入经费	合计(千元)	4	1332	0	0	75	0	0	0	0	56	5	0	0	1096	75	0	25
	当年立项项目拨入经费(千元)	5	1259	0	0	60	0	0	0	0	0	3	0	0	1096	75	0	25
当年支出经费(千元)		6	1371.13	0	0	84.13	0	0	0	0	56	35	0	0	1096	75	0	25
当年新开课题数(项)		7	79	0	0	2	0	0	0	0	0	23	0	0	17	8	0	29
当年新开课题批准经费(千元)		8	1319	0	0	120	0	0	0	0	0	3	0	0	1096	75	0	25
当年完成课题数(项)		9	79	0	0	1	0	0	1	0	10	16	0	0	18	8	0	25

出版著作(部)	合计		10	0	0	0	0	0	0	0	0	0	0	0	0	0	0	0	0
	专著	合计	11	0	0	0	0	0	0	0	0	0	0	0	0	0	0	0	0
		被译成外文	12	0	0	0	0	0	0	0	0	0	0	0	0	0	0	0	0
	编著教材		13	0	0	0	0	0	0	0	0	0	0	0	0	0	0	0	0
	工具书/参考书		14	0	0	0	0	0	0	0	0	0	0	0	0	0	0	0	0
	皮书/发展报告		15	0	0	0	0	0	0	0	0	0	0	0	0	0	0	0	0
	科普读物		16	0	0	0	0	0	0	0	0	0	0	0	0	0	0	0	0
古籍整理(部)			17	0	0	0	0	0	0	0	0	0	0	0	0	0	0	0	0
译著(部)			18	0	0	0	0	0	0	0	0	0	0	0	0	0	0	0	0
发表译文(篇)			19	0	0	0	0	0	0	0	0	0	0	0	0	0	0	0	0
电子出版物(件)			20	0	0	0	0	0	0	0	0	0	0	0	0	0	0	0	0
发表论文(篇)	合计		21	139	1	0	4	0	0	0	0	0	53	0	0	0	15	0	66
	国内学术刊物		22	136	1	0	4	0	0	0	0	0	52	0	0	0	15	0	64
	国外学术刊物		23	3	0	0	0	0	0	0	0	0	1	0	0	0	0	0	2
	港、澳、台刊物		24	0	0	0	0	0	0	0	0	0	0	0	0	0	0	0	0
研究与咨询报告(篇)	合计		25	0	0	0	0	0	0	0	0	0	0	0	0	0	0	0	0
	被采纳数		26	0	0	0	0	0	0	0	0	0	0	0	0	0	0	0	0

3.17 江苏海事职业技术学院人文、社会科学研究与课题成果来源情况表

			课题来源															
			合计	国家社科基金项目	国家社科基金单列学科项目	教育部人文社科研究项目	高校古籍整理研究项目	国家自然科学基金项目	中央其他部门社科专门项目	省、市、自治区社科基金项目	省教育厅社科项目	地、市、厅、局等政府部门项目	国际合作研究项目	与港、澳、台地区合作研究项目	企事业单位委托项目	学校社科项目	外资项目	其他
		编号	L01	L02	L03	L04	L05	L06	L07	L08	L09	L10	L11	L12	L13	L14	L15	L16
课题数(项)		1	181	0	0	0	0	0	1	7	54	19	0	0	54	46	0	0
当年投入人数	合计(人年)	2	39	0	0	0	0	0	0.20	2	12.50	4	0	0	11.80	8.50	0	0
	研究生(人年)	3	0	0	0	0	0	0	0	0	0	0	0	0	0	0	0	0
当年拨入经费	合计(千元)	4	4302.08	0	0	0	0	0	2.16	74	134	183.80	0	0	3805.72	102.40	0	0
	当年立项项目拨入经费(千元)	5	4141.28	0	0	0	0	0	2.16	66	78	97.40	0	0	3805.72	92	0	0
当年支出经费(千元)		6	4056.27	0	0	0	0	0	1.56	27.04	117.98	127.07	0	0	3688.15	94.47	0	0
当年新开课题数(项)		7	118	0	0	0	0	0	1	1	13	15	0	0	52	36	0	0
当年新开课题批准经费(千元)		8	4298.80	0	0	0	0	0	3.60	110	130	143	0	0	3820.20	92	0	0
当年完成课题数(项)		9	86	0	0	0	0	0	0	5	12	8	0	0	37	24	0	0

出版著作(部)	合计		10	15	0	0	0	0	0	0	1	2	0	0	0	0	12	0	0
	专著	合计	11	5	0	0	0	0	0	0	1	2	0	0	0	0	2	0	0
		被译成外文	12	0	0	0	0	0	0	0	0	0	0	0	0	0	0	0	0
	编著教材		13	0	0	0	0	0	0	0	0	0	0	0	0	0	0	0	0
	工具书/参考书		14	0	0	0	0	0	0	0	0	0	0	0	0	0	0	0	0
	皮书/发展报告		15	10	0	0	0	0	0	0	0	0	0	0	0	0	10	0	0
	科普读物		16	0	0	0	0	0	0	0	0	0	0	0	0	0	0	0	0
古籍整理(部)			17	0	0	0	0	0	0	0	0	0	0	0	0	0	0	0	0
译著(部)			18	0	0	0	0	0	0	0	0	0	0	0	0	0	0	0	0
发表译文(篇)			19	0	0	0	0	0	0	0	0	0	0	0	0	0	0	0	0
电子出版物(件)			20	0	0	0	0	0	0	0	0	0	0	0	0	0	0	0	0
发表论文(篇)	合计		21	125	0	0	0	0	0	0	19	78	9	0	0	0	19	0	0
	国内学术刊物		22	91	0	0	0	0	0	0	12	59	6	0	0	0	14	0	0
	国外学术刊物		23	34	0	0	0	0	0	0	7	19	3	0	0	0	5	0	0
	港、澳、台刊物		24	0	0	0	0	0	0	0	0	0	0	0	0	0	0	0	0
研究与咨询报告(篇)	合计		25	60	0	0	0	0	0	0	2	0	8	0	0	29	17	0	4
	被采纳数		26	60	0	0	0	0	0	0	2	0	8	0	0	29	17	0	4

3.18 无锡科技职业学院人文、社会科学研究与课题成果来源情况表

			课题来源															
			合计	国家社科基金项目	国家社科基金单列学科项目	教育部人文社科研究项目	高校古籍整理研究项目	国家自然科学基金项目	中央其他部门社科专门项目	省、市、自治区社科基金项目	省教育厅社科项目	地、市、厅、局等政府部门项目	国际合作研究项目	与港、澳、台地区合作研究项目	企事业单位委托项目	学校社科项目	外资项目	其他
		编号	L01	L02	L03	L04	L05	L06	L07	L08	L09	L10	L11	L12	L13	L14	L15	L16
课题数(项)		1	104	0	0	1	0	0	0	2	52	44	0	0	5	0	0	0
当年投入人数	合计(人年)	2	33.40	0	0	0.20	0	0	0	0.80	13.40	16.70	0	0	2.30	0	0	0
	研究生(人年)	3	0	0	0	0	0	0	0	0	0	0	0	0	0	0	0	0
当年拨入经费	合计(千元)	4	373.50	0	0	20	0	0	0	5	100	82.50	0	0	166	0	0	0
	当年立项项目拨入经费(千元)	5	348	0	0	0	0	0	0	5	100	77	0	0	166	0	0	0
当年支出经费(千元)		6	338.50	0	0	0	0	0	0	0	120	47.50	0	0	171	0	0	0
当年新开课题数(项)		7	60	0	0	0	0	0	0	2	21	35	0	0	2	0	0	0
当年新开课题批准经费(千元)		8	954	0	0	0	0	0	0	7	210	107	0	0	630	0	0	0
当年完成课题数(项)		9	41	0	0	0	0	0	0	0	17	19	0	0	5	0	0	0

出版著作(部)	合计		10	0	0	0	0	0	0	0	0	0	0	0	0	0	0	0	0
	专著	合计	11	0	0	0	0	0	0	0	0	0	0	0	0	0	0	0	0
		被译成外文	12	0	0	0	0	0	0	0	0	0	0	0	0	0	0	0	0
	编著教材		13	0	0	0	0	0	0	0	0	0	0	0	0	0	0	0	0
	工具书/参考书		14	0	0	0	0	0	0	0	0	0	0	0	0	0	0	0	0
	皮书/发展报告		15	0	0	0	0	0	0	0	0	0	0	0	0	0	0	0	0
	科普读物		16	0	0	0	0	0	0	0	0	0	0	0	0	0	0	0	0
古籍整理(部)			17	0	0	0	0	0	0	0	0	0	0	0	0	0	0	0	0
译著(部)			18	0	0	0	0	0	0	0	0	0	0	0	0	0	0	0	0
发表译文(篇)			19	0	0	0	0	0	0	0	0	0	0	0	0	0	0	0	0
电子出版物(件)			20	0	0	0	0	0	0	0	0	0	0	0	0	0	0	0	0
发表论文(篇)	合计		21	42	0	0	0	0	0	0	0	42	0	0	0	0	0	0	0
	国内学术刊物		22	40	0	0	0	0	0	0	0	40	0	0	0	0	0	0	0
	国外学术刊物		23	2	0	0	0	0	0	0	0	2	0	0	0	0	0	0	0
	港、澳、台刊物		24	0	0	0	0	0	0	0	0	0	0	0	0	0	0	0	0
研究与咨询报告(篇)	合计		25	0	0	0	0	0	0	0	0	0	0	0	0	0	0	0	0
	被采纳数		26	0	0	0	0	0	0	0	0	0	0	0	0	0	0	0	0

3.19 江苏医药职业学院人文、社会科学研究与课题成果来源情况表

			课题来源															
			合计	国家社科基金项目	国家社科基金单列学科项目	教育部人文社科研究项目	高校古籍整理研究项目	国家自然科学基金项目	中央其他部门社科专门项目	省、市、自治区社科基金项目	省教育厅社科项目	地、市、厅、局等政府部门项目	国际合作研究项目	与港、澳、台地区合作研究项目	企事业单位委托项目	学校社科项目	外资项目	其他
		编号	L01	L02	L03	L04	L05	L06	L07	L08	L09	L10	L11	L12	L13	L14	L15	L16
课题数(项)		1	402	0	0	0	0	0	0	13	67	76	0	0	3	243	0	0
当年投入人数	合计(人年)	2	78.80	0	0	0	0	0	0	2.60	12.90	15.90	0	0	0.60	46.80	0	0
	研究生(人年)	3	0	0	0	0	0	0	0	0	0	0	0	0	0	0	0	0
当年拨入经费	合计(千元)	4	0	0	0	0	0	0	0	0	0	0	0	0	0	0	0	0
	当年立项项目拨入经费(千元)	5	0	0	0	0	0	0	0	0	0	0	0	0	0	0	0	0
当年支出经费(千元)		6	103.53	0	0	0	0	0	0	0	3.55	4.22	0	0	15.98	79.78	0	0
当年新开课题数(项)		7	162	0	0	0	0	0	0	13	20	53	0	0	0	76	0	0
当年新开课题批准经费(千元)		8	748	0	0	0	0	0	0	555	0	1	0	0	0	192	0	0
当年完成课题数(项)		9	143	0	0	0	0	0	0	13	8	53	0	0	0	69	0	0

出版著作(部)	合计		10	0	0	0	0	0	0	0	0	0	0	0	0	0	0	0	0
	专著	合计	11	0	0	0	0	0	0	0	0	0	0	0	0	0	0	0	0
		被译成外文	12	0	0	0	0	0	0	0	0	0	0	0	0	0	0	0	0
	编著教材		13	0	0	0	0	0	0	0	0	0	0	0	0	0	0	0	0
	工具书/参考书		14	0	0	0	0	0	0	0	0	0	0	0	0	0	0	0	0
	皮书/发展报告		15	0	0	0	0	0	0	0	0	0	0	0	0	0	0	0	0
	科普读物		16	0	0	0	0	0	0	0	0	0	0	0	0	0	0	0	0
古籍整理(部)			17	0	0	0	0	0	0	0	0	0	0	0	0	0	0	0	0
译著(部)			18	0	0	0	0	0	0	0	0	0	0	0	0	0	0	0	0
发表译文(篇)			19	0	0	0	0	0	0	0	0	0	0	0	0	0	0	0	0
电子出版物(件)			20	0	0	0	0	0	0	0	0	0	0	0	0	0	0	0	0
发表论文(篇)	合计		21	42	2	0	0	0	0	0	15	2	7	0	0	0	16	0	0
	国内学术刊物		22	42	2	0	0	0	0	0	15	2	7	0	0	0	16	0	0
	国外学术刊物		23	0	0	0	0	0	0	0	0	0	0	0	0	0	0	0	0
	港、澳、台刊物		24	0	0	0	0	0	0	0	0	0	0	0	0	0	0	0	0
研究与咨询报告(篇)	合计		25	0	0	0	0	0	0	0	0	0	0	0	0	0	0	0	0
	被采纳数		26	0	0	0	0	0	0	0	0	0	0	0	0	0	0	0	0

3.20 南通科技职业学院人文、社会科学研究与课题成果来源情况表

课题来源

编号		合计	国家社科基金项目	国家社科基金单列学科项目	教育部人文社科研究项目	高校古籍整理研究项目	国家自然科学基金项目	中央其他部门社科专门项目	省、市、自治区社科基金项目	省教育厅社科项目	地、市、厅、局等政府部门项目	国际合作研究项目	与港、澳、台地区合作研究项目	企事业单位委托项目	学校社科项目	外资项目	其他
		L01	L02	L03	L04	L05	L06	L07	L08	L09	L10	L11	L12	L13	L14	L15	L16
1	课题数(项)	129	0	0	0	0	0	0	7	51	12	0	0	18	41	0	0
2	当年投入人数 合计(人年)	20.60	0	0	0	0	0	0	1.20	10.90	1.40	0	0	2.90	4.20	0	0
3	研究生(人年)	0	0	0	0	0	0	0	0	0	0	0	0	0	0	0	0
4	当年拨入经费 合计(千元)	833	0	0	0	0	0	0	19	160	41	0	0	493	120	0	0
5	当年立项项目拨入经费(千元)	833	0	0	0	0	0	0	19	160	41	0	0	493	120	0	0
6	当年支出经费(千元)	934.26	0	0	0	0	0	0	17.30	172.54	47.80	0	0	617.60	79.02	0	0
7	当年新开课题数(项)	66	0	0	0	0	0	0	4	16	9	0	0	13	24	0	0
8	当年新开课题批准经费(千元)	880	0	0	0	0	0	0	19	160	41	0	0	540	120	0	0
9	当年完成课题数(项)	58	0	0	0	0	0	0	3	14	11	0	0	14	16	0	0

八、社科研究、课题与成果(来源情况)

出版著作(部)	合计		10	0	0	0	0	0	0	0	0	0	0	0	0	0	0	0	0
	专著	合计	11	0	0	0	0	0	0	0	0	0	0	0	0	0	0	0	0
		被译成外文	12	0	0	0	0	0	0	0	0	0	0	0	0	0	0	0	0
	编著教材		13	0	0	0	0	0	0	0	0	0	0	0	0	0	0	0	0
	工具书/参考书		14	0	0	0	0	0	0	0	0	0	0	0	0	0	0	0	0
	皮书/发展报告		15	0	0	0	0	0	0	0	0	0	0	0	0	0	0	0	0
	科普读物		16	0	0	0	0	0	0	0	0	0	0	0	0	0	0	0	0
古籍整理(部)			17	0	0	0	0	0	0	0	0	0	0	0	0	0	0	0	0
译著(部)			18	0	0	0	0	0	0	0	0	0	0	0	0	0	0	0	0
发表译文(篇)			19	0	0	0	0	0	0	0	0	0	0	0	0	0	0	0	0
电子出版物(件)			20	0	0	0	0	0	0	0	0	0	0	0	0	0	0	0	0
发表论文(篇)	合计		21	39	0	0	0	0	0	0	1	29	1	0	0	0	8	0	0
	国内学术刊物		22	39	0	0	0	0	0	0	1	29	1	0	0	0	8	0	0
	国外学术刊物		23	0	0	0	0	0	0	0	0	0	0	0	0	0	0	0	0
	港、澳、台刊物		24	0	0	0	0	0	0	0	0	0	0	0	0	0	0	0	0
研究与咨询报告(篇)	合计		25	12	0	0	0	0	0	0	0	0	0	0	0	12	0	0	0
	被采纳数		26	11	0	0	0	0	0	0	0	0	0	0	0	11	0	0	0

3.21 苏州经贸职业技术学院人文、社会科学研究与课题成果来源情况表

			课题来源															
			合计	国家社科基金项目	国家社科基金单列学科项目	教育部人文社科研究项目	高校古籍整理研究项目	国家自然科学基金项目	中央其他部门社科专门项目	省、市、自治区社科基金项目	省教育厅社科项目	地、市、厅、局等政府部门项目	国际合作研究项目	与港、澳、台地区合作研究项目	企事业单位委托项目	学校社科项目	外资项目	其他
		编号	L01	L02	L03	L04	L05	L06	L07	L08	L09	L10	L11	L12	L13	L14	L15	L16
课题数(项)		1	236	0	0	4	0	0	1	4	61	78	0	0	16	72	0	0
当年投入人数	合计(人年)	2	105.80	0	0	1.90	0	0	0.20	3	21.50	37.20	0	0	8.70	33.30	0	0
	研究生(人年)	3	0	0	0	0	0	0	0	0	0	0	0	0	0	0	0	0
当年拨入经费	合计(千元)	4	2252.20	0	0	30	0	0	0	0	0	886	0	0	986.20	350	0	0
	当年立项项目拨入经费(千元)	5	2252.20	0	0	30	0	0	0	0	0	886	0	0	986.20	350	0	0
当年支出经费(千元)		6	2527.30	0	0	42.60	0	0	0	112	6.72	1033.26	0	0	712.65	620.07	0	0
当年新开课题数(项)		7	133	0	0	1	0	0	1	0	22	64	0	0	15	30	0	0
当年新开课题批准经费(千元)		8	2350.20	0	0	80	0	0	0	0	0	904	0	0	1016.20	350	0	0
当年完成课题数(项)		9	86	0	0	2	0	0	0	0	5	55	0	0	9	15	0	0

出版著作(部)	合计		10	0	0	0	0	0	0	0	0	0	0	0	0	0	0	0	0
	专著	合计	11	0	0	0	0	0	0	0	0	0	0	0	0	0	0	0	0
		被译成外文	12	0	0	0	0	0	0	0	0	0	0	0	0	0	0	0	0
	编著教材		13	0	0	0	0	0	0	0	0	0	0	0	0	0	0	0	0
	工具书/参考书		14	0	0	0	0	0	0	0	0	0	0	0	0	0	0	0	0
	皮书/发展报告		15	0	0	0	0	0	0	0	0	0	0	0	0	0	0	0	0
	科普读物		16	0	0	0	0	0	0	0	0	0	0	0	0	0	0	0	0
古籍整理(部)			17	0	0	0	0	0	0	0	0	0	0	0	0	0	0	0	0
译著(部)			18	0	0	0	0	0	0	0	0	0	0	0	0	0	0	0	0
发表译文(篇)			19	0	0	0	0	0	0	0	0	0	0	0	0	0	0	0	0
电子出版物(件)			20	0	0	0	0	0	0	0	0	0	0	0	0	0	0	0	0
发表论文(篇)	合计		21	117	0	0	4	0	0	2	3	9	74	0	0	0	25	0	0
	国内学术刊物		22	117	0	0	4	0	0	2	3	9	74	0	0	0	25	0	0
	国外学术刊物		23	0	0	0	0	0	0	0	0	0	0	0	0	0	0	0	0
	港、澳、台刊物		24	0	0	0	0	0	0	0	0	0	0	0	0	0	0	0	0
研究与咨询报告(篇)	合计		25	50	0	0	0	0	0	0	0	0	50	0	0	0	0	0	0
	被采纳数		26	0	0	0	0	0	0	0	0	0	0	0	0	0	0	0	0

八、社科研究、课题与成果(来源情况)

3.22 苏州工业职业技术学院人文、社会科学研究与课题成果来源情况表

			课题来源															
			合计	国家社科基金项目	国家社科基金单列学科项目	教育部人文社科研究项目	高校古籍整理研究项目	国家自然科学基金项目	中央其他部门社科专门项目	省、市、自治区社科基金项目	省教育厅社科项目	地、市、厅、局等政府部门项目	国际合作研究项目	与港、澳、台地区合作研究项目	企事业单位委托项目	学校社科项目	外资项目	其他
		编号	L01	L02	L03	L04	L05	L06	L07	L08	L09	L10	L11	L12	L13	L14	L15	L16
课题数(项)		1	98	0	0	1	0	0	0	1	36	42	0	0	14	4	0	0
当年投入人数	合计(人年)	2	14.60	0	0	0.20	0	0	0	0.20	5	6.40	0	0	2.40	0.40	0	0
	研究生(人年)	3	0	0	0	0	0	0	0	0	0	0	0	0	0	0	0	0
当年拨入经费	合计(千元)	4	1698	0	0	10	0	0	0	0	130	823	0	0	675	60	0	0
	当年立项项目拨入经费(千元)	5	1488	0	0	0	0	0	0	0	130	823	0	0	475	60	0	0
当年支出经费(千元)		6	1798.52	0	0	20.20	0	0	0	0	115.70	961.12	0	0	675	26.50	0	0
当年新开课题数(项)		7	56	0	0	0	0	0	0	0	13	28	0	0	12	3	0	0
当年新开课题批准经费(千元)		8	1488	0	0	0	0	0	0	0	130	823	0	0	475	60	0	0
当年完成课题数(项)		9	54	0	0	1	0	0	0	0	4	35	0	0	14	0	0	0

出版著作（部）	合计		10	0	0	0	0	0	0	0	0	0	0	0	0	0	0	0	0
	专著	合计	11	0	0	0	0	0	0	0	0	0	0	0	0	0	0	0	0
		被译成外文	12	0	0	0	0	0	0	0	0	0	0	0	0	0	0	0	0
	编著教材		13	0	0	0	0	0	0	0	0	0	0	0	0	0	0	0	0
	工具书/参考书		14	0	0	0	0	0	0	0	0	0	0	0	0	0	0	0	0
	皮书/发展报告		15	0	0	0	0	0	0	0	0	0	0	0	0	0	0	0	0
	科普读物		16	0	0	0	0	0	0	0	0	0	0	0	0	0	0	0	0
古籍整理（部）			17	0	0	0	0	0	0	0	0	0	0	0	0	0	0	0	0
译著（部）			18	0	0	0	0	0	0	0	0	0	0	0	0	0	0	0	0
发表译文（篇）			19	0	0	0	0	0	0	0	0	0	0	0	0	0	0	0	0
电子出版物（件）			20	0	0	0	0	0	0	0	0	0	0	0	0	0	0	0	0
发表论文（篇）	合计		21	68	0	0	0	0	0	0	0	27	31	0	0	0	10	0	0
	国内学术刊物		22	64	0	0	0	0	0	0	0	25	29	0	0	0	10	0	0
	国外学术刊物		23	4	0	0	0	0	0	0	0	2	2	0	0	0	0	0	0
	港、澳、台刊物		24	0	0	0	0	0	0	0	0	0	0	0	0	0	0	0	0
研究与咨询报告（篇）	合计		25	45	0	0	0	0	0	0	0	0	28	0	0	14	3	0	0
	被采纳数		26	45	0	0	0	0	0	0	0	0	28	0	0	14	3	0	0

3.23 苏州卫生职业技术学院人文、社会科学研究与课题成果来源情况表

			课题来源															
			合计	国家社科基金项目	国家社科基金单列学科项目	教育部人文社科研究项目	高校古籍整理研究项目	国家自然科学基金项目	中央其他部门社科专门项目	省、市、自治区社科基金项目	省教育厅社科项目	地、市、厅、局等政府部门项目	国际合作研究项目	与港、澳、台地区合作研究项目	企事业单位委托项目	学校社科项目	外资项目	其他
		编号	L01	L02	L03	L04	L05	L06	L07	L08	L09	L10	L11	L12	L13	L14	L15	L16
课题数(项)		1	173	0	0	0	0	0	1	21	62	26	0	0	0	53	0	10
当年投入人数	合计(人年)	2	19	0	0	0	0	0	0.10	2.30	6.30	3.80	0	0	0	5.50	0	1
	研究生(人年)	3	0	0	0	0	0	0	0	0	0	0	0	0	0	0	0	0
当年拨入经费	合计(千元)	4	723	0	0	0	0	0	10	46	400	118	0	0	0	111	0	38
	当年立项项目拨入经费(千元)	5	723	0	0	0	0	0	10	46	400	118	0	0	0	111	0	38
当年支出经费(千元)		6	668	0	0	0	0	0	2.20	40.70	335.70	128.20	0	0	0	144.30	0	16.90
当年新开课题数(项)		7	63	0	0	0	0	0	1	6	20	12	0	0	0	15	0	9
当年新开课题批准经费(千元)		8	762	0	0	0	0	0	10	46	400	143	0	0	0	111	0	52
当年完成课题数(项)		9	41	0	0	0	0	0	0	2	14	11	0	0	0	14	0	0

八、社科研究、课题与成果(来源情况)

出版著作(部)	合计		10	0	0	0	0	0	0	0	0	0	0	0	0	0	0	0	0
	专著	合计	11	0	0	0	0	0	0	0	0	0	0	0	0	0	0	0	0
		被译成外文	12	0	0	0	0	0	0	0	0	0	0	0	0	0	0	0	0
	编著教材		13	0	0	0	0	0	0	0	0	0	0	0	0	0	0	0	0
	工具书/参考书		14	0	0	0	0	0	0	0	0	0	0	0	0	0	0	0	0
	皮书/发展报告		15	0	0	0	0	0	0	0	0	0	0	0	0	0	0	0	0
	科普读物		16	0	0	0	0	0	0	0	0	0	0	0	0	0	0	0	0
古籍整理(部)			17	0	0	0	0	0	0	0	0	0	0	0	0	0	0	0	0
译著(部)			18	0	0	0	0	0	0	0	0	0	0	0	0	0	0	0	0
发表译文(篇)			19	0	0	0	0	0	0	0	0	0	0	0	0	0	0	0	0
电子出版物(件)			20	0	0	0	0	0	0	0	0	0	0	0	0	0	0	0	0
发表论文(篇)	合计		21	119	0	0	0	0	0	0	11	44	22	0	0	0	39	0	3
	国内学术刊物		22	119	0	0	0	0	0	0	11	44	22	0	0	0	39	0	3
	国外学术刊物		23	0	0	0	0	0	0	0	0	0	0	0	0	0	0	0	0
	港、澳、台刊物		24	0	0	0	0	0	0	0	0	0	0	0	0	0	0	0	0
研究与咨询报告(篇)	合计		25	2	0	0	0	0	0	0	0	0	2	0	0	0	0	0	0
	被采纳数		26	0	0	0	0	0	0	0	0	0	0	0	0	0	0	0	0

3.24 无锡商业职业技术学院人文、社会科学研究与课题成果来源情况表

			课题来源															
			合计	国家社科基金项目	国家社科基金单列学科项目	教育部人文社科研究项目	高校古籍整理研究项目	国家自然科学基金项目	中央其他部门社科专门项目	省、市、自治区社科基金项目	省教育厅社科项目	地、市、厅、局等政府部门项目	国际合作研究项目	与港、澳、台地区合作研究项目	企事业单位委托项目	学校社科项目	外资项目	其他
		编号	L01	L02	L03	L04	L05	L06	L07	L08	L09	L10	L11	L12	L13	L14	L15	L16
课题数(项)		1	310	0	0	5	0	0	3	6	75	69	2	0	51	99	0	0
当年投入人数	合计(人年)	2	36.10	0	0	0.70	0	0	0.30	1.10	8.80	7	0.20	0	8.10	9.90	0	0
	研究生(人年)	3	0	0	0	0	0	0	0	0	0	0	0	0	0	0	0	0
当年拨入经费	合计(千元)	4	4865.57	0	0	260	0	0	100	40	320	187	20	0	3938.57	0	0	0
	当年立项项目拨入经费(千元)	5	4167.57	0	0	200	0	0	100	40	280	132	0	0	3415.57	0	0	0
当年支出经费(千元)		6	5143.10	0	0	177	0	0	356	60	249.07	241	20	0	4027.53	12.50	0	0
当年新开课题数(项)		7	108	0	0	3	0	0	1	1	21	41	0	0	17	24	0	0
当年新开课题批准经费(千元)		8	5501.57	0	0	440	0	0	100	100	400	132	0	0	4329.57	0	0	0
当年完成课题数(项)		9	156	0	0	1	0	0	0	0	26	39	1	0	26	63	0	0

八、社科研究、课题与成果(来源情况)

出版著作(部)	合计		10	4	0	0	0	0	0	0	0	2	0	0	0	0	2	0	0
	专著	合计	11	2	0	0	0	0	0	0	0	2	0	0	0	0	0	0	0
		被译成外文	12	0	0	0	0	0	0	0	0	0	0	0	0	0	0	0	0
	编著教材		13	2	0	0	0	0	0	0	0	0	0	0	0	0	2	0	0
	工具书/参考书		14	0	0	0	0	0	0	0	0	0	0	0	0	0	0	0	0
	皮书/发展报告		15	0	0	0	0	0	0	0	0	0	0	0	0	0	0	0	0
	科普读物		16	0	0	0	0	0	0	0	0	0	0	0	0	0	0	0	0
古籍整理(部)			17	0	0	0	0	0	0	0	0	0	0	0	0	0	0	0	0
译著(部)			18	0	0	0	0	0	0	0	0	0	0	0	0	0	0	0	0
发表译文(篇)			19	0	0	0	0	0	0	0	0	0	0	0	0	0	0	0	0
电子出版物(件)			20	0	0	0	0	0	0	0	0	0	0	0	0	0	0	0	0
发表论文(篇)	合计		21	188	0	0	6	0	0	0	3	56	41	0	0	1	81	0	0
	国内学术刊物		22	187	0	0	6	0	0	0	3	55	41	0	0	1	81	0	0
	国外学术刊物		23	1	0	0	0	0	0	0	0	1	0	0	0	0	0	0	0
	港、澳、台刊物		24	0	0	0	0	0	0	0	0	0	0	0	0	0	0	0	0
研究与咨询报告(篇)	合计		25	29	0	0	0	0	0	0	0	0	14	0	0	15	0	0	0
	被采纳数		26	29	0	0	0	0	0	0	0	0	14	0	0	15	0	0	0

3.25 江苏航运职业技术学院人文、社会科学研究与课题成果来源情况表

			课题来源															
			合计	国家社科基金项目	国家社科基金单列学科项目	教育部人文社科研究项目	高校古籍整理研究项目	国家自然科学基金项目	中央其他部门社科专门项目	省、市、自治区社科基金项目	省教育厅社科项目	地、市、厅、局等政府部门项目	国际合作研究项目	与港、澳、台地区合作研究项目	企事业单位委托项目	学校社科项目	外资项目	其他
		编号	L01	L02	L03	L04	L05	L06	L07	L08	L09	L10	L11	L12	L13	L14	L15	L16
课题数(项)		1	150	0	0	1	0	0	0	0	56	82	0	0	0	11	0	0
当年投入人数	合计(人年)	2	22.60	0	0	0.30	0	0	0	0	9.10	11.90	0	0	0	1.30	0	0
	研究生(人年)	3	0	0	0	0	0	0	0	0	0	0	0	0	0	0	0	0
当年拨入经费	合计(千元)	4	383	0	0	50	0	0	0	0	200	133	0	0	0	0	0	0
	当年立项项目拨入经费(千元)	5	383	0	0	50	0	0	0	0	200	133	0	0	0	0	0	0
当年支出经费(千元)		6	370.95	0	0	20	0	0	0	0	170.45	162.50	0	0	0	18	0	0
当年新开课题数(项)		7	65	0	0	1	0	0	0	0	20	44	0	0	0	0	0	0
当年新开课题批准经费(千元)		8	433	0	0	100	0	0	0	0	200	133	0	0	0	0	0	0
当年完成课题数(项)		9	48	0	0	0	0	0	0	0	3	44	0	0	0	1	0	0

出版著作(部)	合计		10	0	0	0	0	0	0	0	0	0	0	0	0	0	0	0	0
	专著	合计	11	0	0	0	0	0	0	0	0	0	0	0	0	0	0	0	0
		被译成外文	12	0	0	0	0	0	0	0	0	0	0	0	0	0	0	0	0
	编著教材		13	0	0	0	0	0	0	0	0	0	0	0	0	0	0	0	0
	工具书/参考书		14	0	0	0	0	0	0	0	0	0	0	0	0	0	0	0	0
	皮书/发展报告		15	0	0	0	0	0	0	0	0	0	0	0	0	0	0	0	0
	科普读物		16	0	0	0	0	0	0	0	0	0	0	0	0	0	0	0	0
古籍整理(部)			17	0	0	0	0	0	0	0	0	0	0	0	0	0	0	0	0
译著(部)			18	0	0	0	0	0	0	0	0	0	0	0	0	0	0	0	0
发表译文(篇)			19	0	0	0	0	0	0	0	0	0	0	0	0	0	0	0	0
电子出版物(件)			20	0	0	0	0	0	0	0	0	0	0	0	0	0	0	0	0
发表论文(篇)	合计		21	123	0	0	0	0	0	0	1	30	92	0	0	0	0	0	0
	国内学术刊物		22	123	0	0	0	0	0	0	1	30	92	0	0	0	0	0	0
	国外学术刊物		23	0	0	0	0	0	0	0	0	0	0	0	0	0	0	0	0
	港、澳、台刊物		24	0	0	0	0	0	0	0	0	0	0	0	0	0	0	0	0
研究与咨询报告(篇)	合计		25	0	0	0	0	0	0	0	0	0	0	0	0	0	0	0	0
	被采纳数		26	0	0	0	0	0	0	0	0	0	0	0	0	0	0	0	0

3.26 南京交通职业技术学院人文、社会科学研究与课题成果来源情况表

			课题来源															
			合计	国家社科基金项目	国家社科基金单列学科项目	教育部人文社科研究项目	高校古籍整理研究项目	国家自然科学基金项目	中央其他部门社科专门项目	省、市、自治区社科基金项目	省教育厅社科项目	地、市、厅、局等政府部门项目	国际合作研究项目	与港、澳、台地区合作研究项目	企事业单位委托项目	学校社科项目	外资项目	其他
		编号	L01	L02	L03	L04	L05	L06	L07	L08	L09	L10	L11	L12	L13	L14	L15	L16
课题数(项)		1	202	0	0	3	0	0	0	4	80	15	0	0	11	89	0	0
当年投入人数	合计(人年)	2	21.10	0	0	0.60	0	0	0	0.70	8.20	1.60	0	0	1.10	8.90	0	0
	研究生(人年)	3	0	0	0	0	0	0	0	0	0	0	0	0	0	0	0	0
当年拨入经费	合计(千元)	4	882	0	0	640	0	0	0	0	0	3	0	0	89	150	0	0
	当年立项项目拨入经费(千元)	5	729	0	0	640	0	0	0	0	0	0	0	0	89	0	0	0
当年支出经费(千元)		6	547.85	0	0	280.35	0	0	0	57.40	1.10	4	0	0	59	146	0	0
当年新开课题数(项)		7	77	0	0	2	0	0	0	1	28	3	0	0	11	32	0	0
当年新开课题批准经费(千元)		8	939	0	0	640	0	0	0	0	0	25	0	0	89	185	0	0
当年完成课题数(项)		9	46	0	0	0	0	0	0	0	18	9	0	0	0	19	0	0

出版著作（部）	合计		10	0	0	0	0	0	0	0	0	0	0	0	0	0	0	0	0
	专著	合计	11	0	0	0	0	0	0	0	0	0	0	0	0	0	0	0	0
		被译成外文	12	0	0	0	0	0	0	0	0	0	0	0	0	0	0	0	0
	编著教材		13	0	0	0	0	0	0	0	0	0	0	0	0	0	0	0	0
	工具书/参考书		14	0	0	0	0	0	0	0	0	0	0	0	0	0	0	0	0
	皮书/发展报告		15	0	0	0	0	0	0	0	0	0	0	0	0	0	0	0	0
	科普读物		16	0	0	0	0	0	0	0	0	0	0	0	0	0	0	0	0
古籍整理（部）			17	0	0	0	0	0	0	0	0	0	0	0	0	0	0	0	0
译著（部）			18	0	0	0	0	0	0	0	0	0	0	0	0	0	0	0	0
发表译文（篇）			19	0	0	0	0	0	0	0	0	0	0	0	0	0	0	0	0
电子出版物（件）			20	0	0	0	0	0	0	0	0	0	0	0	0	0	0	0	0
发表论文（篇）	合计		21	69	0	0	1	0	0	0	0	30	4	0	0	2	32	0	0
	国内学术刊物		22	69	0	0	1	0	0	0	0	30	4	0	0	2	32	0	0
	国外学术刊物		23	0	0	0	0	0	0	0	0	0	0	0	0	0	0	0	0
	港、澳、台刊物		24	0	0	0	0	0	0	0	0	0	0	0	0	0	0	0	0
研究与咨询报告（篇）	合计		25	0	0	0	0	0	0	0	0	0	0	0	0	0	0	0	0
	被采纳数		26	0	0	0	0	0	0	0	0	0	0	0	0	0	0	0	0

3.27 江苏电子信息职业学院人文、社会科学研究与课题成果来源情况表

		编号	课题来源：合计	国家社科基金项目	国家社科基金单列学科项目	教育部人文社科研究项目	高校古籍整理研究项目	国家自然科学基金项目	中央其他部门社科专门项目	省、市、自治区社科基金项目	省教育厅社科项目	地、市、厅、局等政府部门项目	国际合作研究项目	与港、澳、台地区合作研究项目	企事业单位委托项目	学校社科项目	外资项目	其他
			L01	L02	L03	L04	L05	L06	L07	L08	L09	L10	L11	L12	L13	L14	L15	L16
课题数(项)		1	201	0	0	1	0	0	0	1	67	50	0	0	3	79	0	0
当年投入人数	合计(人年)	2	36.10	0	0	0.10	0	0	0	0.50	16	10.50	0	0	0.40	8.60	0	0
	研究生(人年)	3	0	0	0	0	0	0	0	0	0	0	0	0	0	0	0	0
当年拨入经费	合计(千元)	4	403	0	0	50	0	0	0	0	205	69	0	0	10	69	0	0
	当年立项项目拨入经费(千元)	5	403	0	0	50	0	0	0	0	205	69	0	0	10	69	0	0
当年支出经费(千元)		6	344.50	0	0	10	0	0	0	10	152.70	84.90	0	0	4.50	82.40	0	0
当年新开课题数(项)		7	61	0	0	1	0	0	0	0	21	14	0	0	2	23	0	0
当年新开课题批准经费(千元)		8	561	0	0	200	0	0	0	0	205	70	0	0	12	74	0	0
当年完成课题数(项)		9	88	0	0	0	0	0	0	0	12	20	0	0	0	56	0	0

八、社科研究、课题与成果(来源情况)

出版著作(部)	合计		10	1	0	0	0	0	0	0	0	0	1	0	0	0	0	0	0
	专著	合计	11	1	0	0	0	0	0	0	0	0	1	0	0	0	0	0	0
		被译成外文	12	0	0	0	0	0	0	0	0	0	0	0	0	0	0	0	0
	编著教材		13	0	0	0	0	0	0	0	0	0	0	0	0	0	0	0	0
	工具书/参考书		14	0	0	0	0	0	0	0	0	0	0	0	0	0	0	0	0
	皮书/发展报告		15	0	0	0	0	0	0	0	0	0	0	0	0	0	0	0	0
	科普读物		16	0	0	0	0	0	0	0	0	0	0	0	0	0	0	0	0
古籍整理(部)			17	0	0	0	0	0	0	0	0	0	0	0	0	0	0	0	0
译著(部)			18	0	0	0	0	0	0	0	0	0	0	0	0	0	0	0	0
发表译文(篇)			19	0	0	0	0	0	0	0	0	0	0	0	0	0	0	0	0
电子出版物(件)			20	0	0	0	0	0	0	0	0	0	0	0	0	0	0	0	0
发表论文(篇)	合计		21	29	0	0	0	0	0	0	0	9	7	0	0	3	10	0	0
	国内学术刊物		22	29	0	0	0	0	0	0	0	9	7	0	0	3	10	0	0
	国外学术刊物		23	0	0	0	0	0	0	0	0	0	0	0	0	0	0	0	0
	港、澳、台刊物		24	0	0	0	0	0	0	0	0	0	0	0	0	0	0	0	0
研究与咨询报告(篇)	合计		25	0	0	0	0	0	0	0	0	0	0	0	0	0	0	0	0
	被采纳数		26	0	0	0	0	0	0	0	0	0	0	0	0	0	0	0	0

3.28 江苏农牧科技职业学院人文、社会科学研究与课题成果来源情况表

			课题来源															
			合计	国家社科基金项目	国家社科基金单列学科项目	教育部人文社科研究项目	高校古籍整理研究项目	国家自然科学基金项目	中央其他部门社科专门项目	省、市、自治区社科基金项目	省教育厅社科项目	地、市、厅、局等政府部门项目	国际合作研究项目	与港、澳、台地区合作研究项目	企事业单位委托项目	学校社科项目	外资项目	其他
		编号	L01	L02	L03	L04	L05	L06	L07	L08	L09	L10	L11	L12	L13	L14	L15	L16
课题数(项)		1	68	0	0	0	0	0	0	0	57	9	0	0	0	0	0	2
当年投入人数	合计(人年)	2	6.80	0	0	0	0	0	0	0	5.70	0.90	0	0	0	0	0	0.20
	研究生(人年)	3	0	0	0	0	0	0	0	0	0	0	0	0	0	0	0	0
当年拨入经费	合计(千元)	4	220	0	0	0	0	0	0	0	200	10	0	0	0	0	0	10
	当年立项项目拨入经费(千元)	5	220	0	0	0	0	0	0	0	200	10	0	0	0	0	0	10
当年支出经费(千元)		6	218.58	0	0	0	0	0	0	0	185.28	28.50	0	0	0	0	0	4.80
当年新开课题数(项)		7	22	0	0	0	0	0	0	0	20	1	0	0	0	0	0	1
当年新开课题批准经费(千元)		8	220	0	0	0	0	0	0	0	200	10	0	0	0	0	0	10
当年完成课题数(项)		9	14	0	0	0	0	0	0	0	14	0	0	0	0	0	0	0

出版著作（部）	合计		10	0	0	0	0	0	0	0	0	0	0	0	0	0	0	0	0
	专著	合计	11	0	0	0	0	0	0	0	0	0	0	0	0	0	0	0	0
		被译成外文	12	0	0	0	0	0	0	0	0	0	0	0	0	0	0	0	0
	编著教材		13	0	0	0	0	0	0	0	0	0	0	0	0	0	0	0	0
	工具书/参考书		14	0	0	0	0	0	0	0	0	0	0	0	0	0	0	0	0
	皮书/发展报告		15	0	0	0	0	0	0	0	0	0	0	0	0	0	0	0	0
	科普读物		16	0	0	0	0	0	0	0	0	0	0	0	0	0	0	0	0
古籍整理（部）			17	0	0	0	0	0	0	0	0	0	0	0	0	0	0	0	0
译著（部）			18	0	0	0	0	0	0	0	0	0	0	0	0	0	0	0	0
发表译文（篇）			19	0	0	0	0	0	0	0	0	0	0	0	0	0	0	0	0
电子出版物（件）			20	0	0	0	0	0	0	0	0	0	0	0	0	0	0	0	0
发表论文（篇）	合计		21	67	0	0	0	0	0	0	0	57	10	0	0	0	0	0	0
	国内学术刊物		22	67	0	0	0	0	0	0	0	57	10	0	0	0	0	0	0
	国外学术刊物		23	0	0	0	0	0	0	0	0	0	0	0	0	0	0	0	0
	港、澳、台刊物		24	0	0	0	0	0	0	0	0	0	0	0	0	0	0	0	0
研究与咨询报告（篇）	合计		25	0	0	0	0	0	0	0	0	0	0	0	0	0	0	0	0
	被采纳数		26	0	0	0	0	0	0	0	0	0	0	0	0	0	0	0	0

3.29 常州纺织服装职业技术学院人文、社会科学研究与课题成果来源情况表

			课题来源															
			合计	国家社科基金项目	国家社科基金单列学科项目	教育部人文社科研究项目	高校古籍整理研究项目	国家自然科学基金项目	中央其他部门社科专门项目	省、市、自治区社科基金项目	省教育厅社科项目	地、市、厅、局等政府部门项目	国际合作研究项目	与港、澳、台地区合作研究项目	企事业单位委托项目	学校社科项目	外资项目	其他
		编号	L01	L02	L03	L04	L05	L06	L07	L08	L09	L10	L11	L12	L13	L14	L15	L16
课题数(项)		1	318	0	0	2	0	0	0	0	69	75	0	0	48	124	0	0
当年投入人数	合计(人年)	2	41.40	0	0	0.40	0	0	0	0	13.70	9.10	0	0	5.70	12.50	0	0
	研究生(人年)	3	0	0	0	0	0	0	0	0	0	0	0	0	0	0	0	0
当年拨入经费	合计(千元)	4	1141	0	0	70	0	0	0	0	250	15	0	0	94	712	0	0
	当年立项项目拨入经费(千元)	5	1019	0	0	40	0	0	0	0	210	10	0	0	94	665	0	0
当年支出经费(千元)		6	475.86	0	0	20.90	0	0	0	0	208.10	37.60	0	0	37.70	171.56	0	0
当年新开课题数(项)		7	157	0	0	1	0	0	0	0	21	45	0	0	29	61	0	0
当年新开课题批准经费(千元)		8	1341	0	0	100	0	0	0	0	210	10	0	0	351	670	0	0
当年完成课题数(项)		9	115	0	0	0	0	0	0	0	17	55	0	0	6	37	0	0

出版著作(部)	合计		10	3	0	0	0	0	0	0	0	0	2	0	0	0	1	0	0
	专著	合计	11	0	0	0	0	0	0	0	0	0	0	0	0	0	0	0	0
		被译成外文	12	0	0	0	0	0	0	0	0	0	0	0	0	0	0	0	0
	编著教材		13	3	0	0	0	0	0	0	0	0	2	0	0	0	1	0	0
	工具书/参考书		14	0	0	0	0	0	0	0	0	0	0	0	0	0	0	0	0
	皮书/发展报告		15	0	0	0	0	0	0	0	0	0	0	0	0	0	0	0	0
	科普读物		16	0	0	0	0	0	0	0	0	0	0	0	0	0	0	0	0
古籍整理(部)			17	0	0	0	0	0	0	0	0	0	0	0	0	0	0	0	0
译著(部)			18	0	0	0	0	0	0	0	0	0	0	0	0	0	0	0	0
发表译文(篇)			19	0	0	0	0	0	0	0	0	0	0	0	0	0	0	0	0
电子出版物(件)			20	0	0	0	0	0	0	0	0	0	0	0	0	0	0	0	0
发表论文(篇)	合计		21	291	0	0	2	0	0	0	0	44	107	0	0	6	132	0	0
	国内学术刊物		22	291	0	0	2	0	0	0	0	44	107	0	0	6	132	0	0
	国外学术刊物		23	0	0	0	0	0	0	0	0	0	0	0	0	0	0	0	0
	港、澳、台刊物		24	0	0	0	0	0	0	0	0	0	0	0	0	0	0	0	0
研究与咨询报告(篇)	合计		25	1	0	0	0	0	0	0	0	0	0	0	0	1	0	0	0
	被采纳数		26	1	0	0	0	0	0	0	0	0	0	0	0	1	0	0	0

3.30 苏州农业职业技术学院人文、社会科学研究与课题成果来源情况表

			课题来源															
			合计	国家社科基金项目	国家社科基金单列学科项目	教育部人文社科研究项目	高校古籍整理研究项目	国家自然科学基金项目	中央其他部门社科专门项目	省、市、自治区社科基金项目	省教育厅社科项目	地、市、厅、局等政府部门项目	国际合作研究项目	与港、澳、台地区合作研究项目	企事业单位委托项目	学校社科项目	外资项目	其他
		编号	L01	L02	L03	L04	L05	L06	L07	L08	L09	L10	L11	L12	L13	L14	L15	L16
课题数(项)		1	51	0	0	0	0	0	0	0	24	19	0	0	0	8	0	0
当年投入人数	合计(人年)	2	19.40	0	0	0	0	0	0	0	9.80	7.30	0	0	0	2.30	0	0
	研究生(人年)	3	0	0	0	0	0	0	0	0	0	0	0	0	0	0	0	0
当年拨入经费	合计(千元)	4	267.60	0	0	0	0	0	0	0	113	99.50	0	0	0	55.10	0	0
	当年立项项目拨入经费(千元)	5	74	0	0	0	0	0	0	0	52	22	0	0	0	0	0	0
当年支出经费(千元)		6	253.80	0	0	0	0	0	0	0	107	91.70	0	0	0	55.10	0	0
当年新开课题数(项)		7	24	0	0	0	0	0	0	0	16	8	0	0	0	0	0	0
当年新开课题批准经费(千元)		8	204	0	0	0	0	0	0	0	144	60	0	0	0	0	0	0
当年完成课题数(项)		9	37	0	0	0	0	0	0	0	14	16	0	0	0	7	0	0

八、社科研究、课题与成果(来源情况)

序号	项目	数值
10	出版著作(部) 合计	1
11	专著 合计	1
12	专著 被译成外文	0
13	编著教材	0
14	工具书/参考书	0
15	皮书/发展报告	0
16	科普读物	0
17	古籍整理(部)	0
18	译著(部)	0
19	发表译文(篇)	0
20	电子出版物(件)	0
21	发表论文(篇) 合计	21
22	国内学术刊物	21
23	国外学术刊物	0
24	港、澳、台刊物	0
25	研究与咨询报告(篇) 合计	0
26	被采纳数	0

3.31 南京科技职业学院人文、社会科学研究与课题成果来源情况表

			课题来源															
			合计	国家社科基金项目	国家社科基金单列学科项目	教育部人文社科研究项目	高校古籍整理研究项目	国家自然科学基金项目	中央其他部门社科专门项目	省、市、自治区社科基金项目	省教育厅社科项目	地、市、厅、局等政府部门项目	国际合作研究项目	与港、澳、台地区合作研究项目	企事业单位委托项目	学校社科项目	外资项目	其他
		编号	L01	L02	L03	L04	L05	L06	L07	L08	L09	L10	L11	L12	L13	L14	L15	L16
课题数(项)		1	340	0	0	2	0	0	0	2	81	57	0	0	20	178	0	0
当年投入人数	合计(人年)	2	38.70	0	0	0.20	0	0	0	0.20	9.90	6.60	0	0	2	19.80	0	0
	研究生(人年)	3	0	0	0	0	0	0	0	0	0	0	0	0	0	0	0	0
当年拨入经费	合计(千元)	4	1541.50	0	0	60	0	0	0	50	279	112	0	0	824	216.50	0	0
	当年立项项目拨入经费(千元)	5	1451.50	0	0	20	0	0	0	0	279	112	0	0	824	216.50	0	0
当年支出经费(千元)		6	1317.80	0	0	70	0	0	0	50	316	91	0	0	579.30	211.50	0	0
当年新开课题数(项)		7	151	0	0	1	0	0	0	1	24	26	0	0	19	80	0	0
当年新开课题批准经费(千元)		8	1451.50	0	0	20	0	0	0	0	279	112	0	0	824	216.50	0	0
当年完成课题数(项)		9	85	0	0	1	0	0	0	0	22	9	0	0	1	52	0	0

八、社科研究、课题与成果(来源情况)

出版著作(部)	合计		10	2	0	0	0	0	0	0	2	0	0	0	0	0	0	0	0
	专著	合计	11	1	0	0	0	0	0	0	1	0	0	0	0	0	0	0	0
		被译成外文	12	0	0	0	0	0	0	0	0	0	0	0	0	0	0	0	0
	编著教材		13	1	0	0	0	0	0	0	1	0	0	0	0	0	0	0	0
	工具书/参考书		14	0	0	0	0	0	0	0	0	0	0	0	0	0	0	0	0
	皮书/发展报告		15	0	0	0	0	0	0	0	0	0	0	0	0	0	0	0	0
	科普读物		16	0	0	0	0	0	0	0	0	0	0	0	0	0	0	0	0
古籍整理(部)			17	0	0	0	0	0	0	0	0	0	0	0	0	0	0	0	0
译著(部)			18	0	0	0	0	0	0	0	0	0	0	0	0	0	0	0	0
发表译文(篇)			19	0	0	0	0	0	0	0	0	0	0	0	0	0	0	0	0
电子出版物(件)			20	0	0	0	0	0	0	0	0	0	0	0	0	0	0	0	0
发表论文(篇)	合计		21	139	0	0	1	0	0	0	0	49	18	0	0	0	71	0	0
	国内学术刊物		22	139	0	0	1	0	0	0	0	49	18	0	0	0	71	0	0
	国外学术刊物		23	0	0	0	0	0	0	0	0	0	0	0	0	0	0	0	0
	港、澳、台刊物		24	0	0	0	0	0	0	0	0	0	0	0	0	0	0	0	0
研究与咨询报告(篇)	合计		25	1	0	0	0	0	0	0	0	0	0	0	0	1	0	0	0
	被采纳数		26	1	0	0	0	0	0	0	0	0	0	0	0	1	0	0	0

3.32 常州工业职业技术学院人文、社会科学研究与课题成果来源情况表

			课题来源															
			合计	国家社科基金项目	国家社科基金单列学科项目	教育部人文社科研究项目	高校古籍整理研究项目	国家自然科学基金项目	中央其他部门社科专门项目	省、市、自治区社科基金项目	省教育厅社科项目	地、市、厅、局等政府部门项目	国际合作研究项目	与港、澳、台地区合作研究项目	企事业单位委托项目	学校社科项目	外资项目	其他
		编号	L01	L02	L03	L04	L05	L06	L07	L08	L09	L10	L11	L12	L13	L14	L15	L16
课题数(项)		1	284	0	0	4	0	0	0	1	68	83	0	0	45	83	0	0
当年投入人数	合计(人年)	2	54.10	0	0	0.80	0	0	0	0.20	13.40	16.70	0	0	7.90	15.10	0	0
	研究生(人年)	3	0	0	0	0	0	0	0	0	0	0	0	0	0	0	0	0
当年拨入经费	合计(千元)	4	2551.20	0	0	110	0	0	0	0	210	246	0	0	1920.20	65	0	0
	当年立项项目拨入经费(千元)	5	1551.60	0	0	110	0	0	0	0	210	242	0	0	924.60	65	0	0
当年支出经费(千元)		6	1779.60	0	0	88	0	0	0	0	104	102	0	0	1414.10	71.50	0	0
当年新开课题数(项)		7	116	0	0	3	0	0	0	0	21	53	0	0	20	19	0	0
当年新开课题批准经费(千元)		8	1820.60	0	0	300	0	0	0	0	210	246	0	0	954.60	110	0	0
当年完成课题数(项)		9	75	0	0	0	0	0	0	0	4	43	0	0	8	20	0	0

八、社科研究、课题与成果(来源情况)

出版著作(部)	合计		10	3	0	0	1	0	0	0	0	0	2	0	0	0	0	0	0
	专著	合计	11	0	0	0	0	0	0	0	0	0	0	0	0	0	0	0	0
		被译成外文	12	0	0	0	0	0	0	0	0	0	0	0	0	0	0	0	0
	编著教材		13	3	0	0	1	0	0	0	0	0	2	0	0	0	0	0	0
	工具书/参考书		14	0	0	0	0	0	0	0	0	0	0	0	0	0	0	0	0
	皮书/发展报告		15	0	0	0	0	0	0	0	0	0	0	0	0	0	0	0	0
	科普读物		16	0	0	0	0	0	0	0	0	0	0	0	0	0	0	0	0
古籍整理(部)			17	0	0	0	0	0	0	0	0	0	0	0	0	0	0	0	0
译著(部)			18	0	0	0	0	0	0	0	0	0	0	0	0	0	0	0	0
发表译文(篇)			19	0	0	0	0	0	0	0	0	0	0	0	0	0	0	0	0
电子出版物(件)			20	0	0	0	0	0	0	0	0	0	0	0	0	0	0	0	0
发表论文(篇)	合计		21	101	0	0	3	0	0	0	0	47	32	0	0	2	17	0	0
	国内学术刊物		22	101	0	0	3	0	0	0	0	47	32	0	0	2	17	0	0
	国外学术刊物		23	0	0	0	0	0	0	0	0	0	0	0	0	0	0	0	0
	港、澳、台刊物		24	0	0	0	0	0	0	0	0	0	0	0	0	0	0	0	0
研究与咨询报告(篇)	合计		25	42	0	0	0	0	0	0	0	0	23	0	0	19	0	0	0
	被采纳数		26	23	0	0	0	0	0	0	0	0	23	0	0	0	0	0	0

3.33 常州工程职业技术学院人文、社会科学研究与课题成果来源情况表

			课题来源															
			合计	国家社科基金项目	国家社科基金单列学科项目	教育部人文社科研究项目	高校古籍整理研究项目	国家自然科学基金项目	中央其他部门社科专门项目	省、市、自治区社科基金项目	省教育厅社科项目	地、市、厅、局等政府部门项目	国际合作研究项目	与港、澳、台地区合作研究项目	企事业单位委托项目	学校社科项目	外资项目	其他
		编号	L01	L02	L03	L04	L05	L06	L07	L08	L09	L10	L11	L12	L13	L14	L15	L16
课题数(项)		1	265	0	0	3	0	0	0	4	69	91	0	0	35	63	0	0
当年投入人数	合计(人年)	2	26.60	0	0	0.40	0	0	0	0.40	6.90	9.10	0	0	3.50	6.30	0	0
	研究生(人年)	3	0	0	0	0	0	0	0	0	0	0	0	0	0	0	0	0
当年拨入经费	合计(千元)	4	1701.40	0	0	108	0	0	0	0	50	254	0	0	1169.40	120	0	0
	当年立项项目拨入经费(千元)	5	1688.40	0	0	95	0	0	0	0	50	254	0	0	1169.40	120	0	0
当年支出经费(千元)		6	2309.40	0	0	95	0	0	0	0	13	149.50	0	0	1894.40	157.50	0	0
当年新开课题数(项)		7	150	0	0	1	0	0	0	0	21	76	0	0	24	28	0	0
当年新开课题批准经费(千元)		8	1693.40	0	0	100	0	0	0	0	50	254	0	0	1169.40	120	0	0
当年完成课题数(项)		9	136	0	0	0	0	0	0	3	21	80	0	0	11	21	0	0

出版著作(部)	合计		10	6	0	0	0	0	0	0	0	2	4	0	0	0	0	0	0
	专著	合计	11	6	0	0	0	0	0	0	0	2	4	0	0	0	0	0	0
		被译成外文	12	0	0	0	0	0	0	0	0	0	0	0	0	0	0	0	0
	编著教材		13	0	0	0	0	0	0	0	0	0	0	0	0	0	0	0	0
	工具书/参考书		14	0	0	0	0	0	0	0	0	0	0	0	0	0	0	0	0
	皮书/发展报告		15	0	0	0	0	0	0	0	0	0	0	0	0	0	0	0	0
	科普读物		16	0	0	0	0	0	0	0	0	0	0	0	0	0	0	0	0
古籍整理(部)			17	0	0	0	0	0	0	0	0	0	0	0	0	0	0	0	0
译著(部)			18	0	0	0	0	0	0	0	0	0	0	0	0	0	0	0	0
发表译文(篇)			19	0	0	0	0	0	0	0	0	0	0	0	0	0	0	0	0
电子出版物(件)			20	0	0	0	0	0	0	0	0	0	0	0	0	0	0	0	0
发表论文(篇)	合计		21	193	0	0	2	0	0	0	3	55	73	0	0	0	60	0	0
	国内学术刊物		22	193	0	0	2	0	0	0	3	55	73	0	0	0	60	0	0
	国外学术刊物		23	0	0	0	0	0	0	0	0	0	0	0	0	0	0	0	0
	港、澳、台刊物		24	0	0	0	0	0	0	0	0	0	0	0	0	0	0	0	0
研究与咨询报告(篇)	合计		25	15	0	0	0	0	0	0	0	0	0	0	0	15	0	0	0
	被采纳数		26	0	0	0	0	0	0	0	0	0	0	0	0	0	0	0	0

3.34 江苏农林职业技术学院人文、社会科学研究与课题成果来源情况表

			课题来源															
			合计	国家社科基金项目	国家社科基金单列学科项目	教育部人文社科研究项目	高校古籍整理研究项目	国家自然科学基金项目	中央其他部门社科专门项目	省、市、自治区社科基金项目	省教育厅社科项目	地、市、厅、局等政府部门项目	国际合作研究项目	与港、澳、台地区合作研究项目	企事业单位委托项目	学校社科项目	外资项目	其他
		编号	L01	L02	L03	L04	L05	L06	L07	L08	L09	L10	L11	L12	L13	L14	L15	L16
课题数(项)		1	73	0	0	1	0	0	0	0	59	13	0	0	0	0	0	0
当年投入人数	合计(人年)	2	10.30	0	0	0.20	0	0	0	0	7.90	2.20	0	0	0	0	0	0
	研究生(人年)	3	0	0	0	0	0	0	0	0	0	0	0	0	0	0	0	0
当年拨入经费	合计(千元)	4	406	0	0	70	0	0	0	0	200	136	0	0	0	0	0	0
	当年立项项目拨入经费(千元)	5	366	0	0	30	0	0	0	0	200	136	0	0	0	0	0	0
当年支出经费(千元)		6	387	0	0	70	0	0	0	0	196	121	0	0	0	0	0	0
当年新开课题数(项)		7	30	0	0	1	0	0	0	0	20	9	0	0	0	0	0	0
当年新开课题批准经费(千元)		8	436	0	0	100	0	0	0	0	200	136	0	0	0	0	0	0
当年完成课题数(项)		9	22	0	0	0	0	0	0	0	18	4	0	0	0	0	0	0

出版著作(部)	合计		10	0	0	0	0	0	0	0	0	0	0	0	0	0	0	0	0
	专著	合计	11	0	0	0	0	0	0	0	0	0	0	0	0	0	0	0	0
		被译成外文	12	0	0	0	0	0	0	0	0	0	0	0	0	0	0	0	0
	编著教材		13	0	0	0	0	0	0	0	0	0	0	0	0	0	0	0	0
	工具书/参考书		14	0	0	0	0	0	0	0	0	0	0	0	0	0	0	0	0
	皮书/发展报告		15	0	0	0	0	0	0	0	0	0	0	0	0	0	0	0	0
	科普读物		16	0	0	0	0	0	0	0	0	0	0	0	0	0	0	0	0
古籍整理(部)			17	0	0	0	0	0	0	0	0	0	0	0	0	0	0	0	0
译著(部)			18	0	0	0	0	0	0	0	0	0	0	0	0	0	0	0	0
发表译文(篇)			19	0	0	0	0	0	0	0	0	0	0	0	0	0	0	0	0
电子出版物(件)			20	0	0	0	0	0	0	0	0	0	0	0	0	0	0	0	0
发表论文(篇)	合计		21	72	0	0	0	0	0	0	0	52	12	0	0	0	8	0	0
	国内学术刊物		22	72	0	0	0	0	0	0	0	52	12	0	0	0	8	0	0
	国外学术刊物		23	0	0	0	0	0	0	0	0	0	0	0	0	0	0	0	0
	港、澳、台刊物		24	0	0	0	0	0	0	0	0	0	0	0	0	0	0	0	0
研究与咨询报告(篇)	合计		25	0	0	0	0	0	0	0	0	0	0	0	0	0	0	0	0
	被采纳数		26	0	0	0	0	0	0	0	0	0	0	0	0	0	0	0	0

3.35 江苏食品药品职业技术学院人文、社会科学研究与课题成果来源情况表

			课题来源															
			合计	国家社科基金项目	国家社科基金单列学科项目	教育部人文社科研究项目	高校古籍整理研究项目	国家自然科学基金项目	中央其他部门社科专门项目	省、市、自治区社科基金项目	省教育厅社科项目	地、市、厅、局等政府部门项目	国际合作研究项目	与港、澳、台地区合作研究项目	企事业单位委托项目	学校社科项目	外资项目	其他
		编号	L01	L02	L03	L04	L05	L06	L07	L08	L09	L10	L11	L12	L13	L14	L15	L16
课题数(项)		1	123	0	0	0	0	0	1	0	59	27	0	0	9	27	0	0
当年投入人数	合计(人年)	2	26.60	0	0	0	0	0	0.20	0	13.40	5.10	0	0	2.20	5.70	0	0
	研究生(人年)	3	0	0	0	0	0	0	0	0	0	0	0	0	0	0	0	0
当年拨入经费	合计(千元)	4	697.50	0	0	0	0	0	30	0	200	52.50	0	0	375	40	0	0
	当年立项项目拨入经费(千元)	5	697.50	0	0	0	0	0	30	0	200	52.50	0	0	375	40	0	0
当年支出经费(千元)		6	689.80	0	0	0	0	0	4	0	120.90	49.50	0	0	448	67.40	0	0
当年新开课题数(项)		7	52	0	0	0	0	0	1	0	20	17	0	0	4	10	0	0
当年新开课题批准经费(千元)		8	697.50	0	0	0	0	0	30	0	200	52.50	0	0	375	40	0	0
当年完成课题数(项)		9	51	0	0	0	0	0	0	0	20	15	0	0	5	11	0	0

出版著作（部）	合计		10	0	0	0	0	0	0	0	0	0	0	0	0	0	0	0	0
	专著	合计	11	0	0	0	0	0	0	0	0	0	0	0	0	0	0	0	0
		被译成外文	12	0	0	0	0	0	0	0	0	0	0	0	0	0	0	0	0
	编著教材		13	0	0	0	0	0	0	0	0	0	0	0	0	0	0	0	0
	工具书/参考书		14	0	0	0	0	0	0	0	0	0	0	0	0	0	0	0	0
	皮书/发展报告		15	0	0	0	0	0	0	0	0	0	0	0	0	0	0	0	0
	科普读物		16	0	0	0	0	0	0	0	0	0	0	0	0	0	0	0	0
古籍整理（部）			17	0	0	0	0	0	0	0	0	0	0	0	0	0	0	0	0
译著（部）			18	0	0	0	0	0	0	0	0	0	0	0	0	0	0	0	0
发表译文（篇）			19	0	0	0	0	0	0	0	0	0	0	0	0	0	0	0	0
电子出版物（件）			20	0	0	0	0	0	0	0	0	0	0	0	0	0	0	0	0
发表论文（篇）	合计		21	82	0	0	0	0	0	1	0	47	20	0	0	0	14	0	0
	国内学术刊物		22	82	0	0	0	0	0	1	0	47	20	0	0	0	14	0	0
	国外学术刊物		23	0	0	0	0	0	0	0	0	0	0	0	0	0	0	0	0
	港、澳、台刊物		24	0	0	0	0	0	0	0	0	0	0	0	0	0	0	0	0
研究与咨询报告（篇）	合计		25	21	0	0	0	0	0	0	0	4	0	0	0	17	0	0	0
	被采纳数		26	1	0	0	0	0	0	0	0	0	0	0	0	1	0	0	0

八、社科研究、课题与成果（来源情况）

3.36 南京铁道职业技术学院人文、社会科学研究与课题成果来源情况表

			课题来源															
			合计	国家社科基金项目	国家社科基金单列学科项目	教育部人文社科研究项目	高校古籍整理研究项目	国家自然科学基金项目	中央其他部门社科专门项目	省、市、自治区社科基金项目	省教育厅社科项目	地、市、厅、局等政府部门项目	国际合作研究项目	与港、澳、台地区合作研究项目	企事业单位委托项目	学校社科项目	外资项目	其他
		编号	L01	L02	L03	L04	L05	L06	L07	L08	L09	L10	L11	L12	L13	L14	L15	L16
课题数(项)		1	195	0	0	0	0	0	0	1	87	0	0	0	7	100	0	0
当年投入人数	合计(人年)	2	19.30	0	0	0	0	0	0	0.10	8.60	0	0	0	0.70	9.90	0	0
	研究生(人年)	3	0	0	0	0	0	0	0	0	0	0	0	0	0	0	0	0
当年拨入经费	合计(千元)	4	568	0	0	0	0	0	0	0	400	0	0	0	56	112	0	0
	当年立项项目拨入经费(千元)	5	568	0	0	0	0	0	0	0	400	0	0	0	56	112	0	0
当年支出经费(千元)		6	404.20	0	0	0	0	0	0	0	275.70	0	0	0	21	107.50	0	0
当年新开课题数(项)		7	75	0	0	0	0	0	0	0	21	0	0	0	3	51	0	0
当年新开课题批准经费(千元)		8	568	0	0	0	0	0	0	0	400	0	0	0	56	112	0	0
当年完成课题数(项)		9	86	0	0	0	0	0	0	0	34	0	0	0	3	49	0	0

八、社科研究、课题与成果(来源情况)

出版著作(部)	合计		10	12	0	0	0	0	0	0	1	5	0	0	0	0	6	0	0
	专著	合计	11	1	0	0	0	0	0	0	0	1	0	0	0	0	0	0	0
		被译成外文	12	0	0	0	0	0	0	0	0	0	0	0	0	0	0	0	0
	编著教材		13	11	0	0	0	0	0	0	1	4	0	0	0	0	6	0	0
	工具书/参考书		14	0	0	0	0	0	0	0	0	0	0	0	0	0	0	0	0
	皮书/发展报告		15	0	0	0	0	0	0	0	0	0	0	0	0	0	0	0	0
	科普读物		16	0	0	0	0	0	0	0	0	0	0	0	0	0	0	0	0
古籍整理(部)			17	0	0	0	0	0	0	0	0	0	0	0	0	0	0	0	0
译著(部)			18	0	0	0	0	0	0	0	0	0	0	0	0	0	0	0	0
发表译文(篇)			19	0	0	0	0	0	0	0	0	0	0	0	0	0	0	0	0
电子出版物(件)			20	0	0	0	0	0	0	0	0	0	0	0	0	0	0	0	0
发表论文(篇)	合计		21	152	0	0	0	0	0	0	0	61	0	0	0	0	91	0	0
	国内学术刊物		22	152	0	0	0	0	0	0	0	61	0	0	0	0	91	0	0
	国外学术刊物		23	0	0	0	0	0	0	0	0	0	0	0	0	0	0	0	0
	港、澳、台刊物		24	0	0	0	0	0	0	0	0	0	0	0	0	0	0	0	0
研究与咨询报告(篇)	合计		25	4	0	0	0	0	0	0	0	0	0	0	0	4	0	0	0
	被采纳数		26	4	0	0	0	0	0	0	0	0	0	0	0	4	0	0	0

3.37 徐州工业职业技术学院人文、社会科学研究与课题成果来源情况表

		编号	课题来源 合计	国家社科基金项目	国家社科基金单列学科项目	教育部人文社科研究项目	高校古籍整理研究项目	国家自然科学基金项目	中央其他部门社科专门项目	省、市、自治区社科基金项目	省教育厅社科项目	地、市、厅、局等政府部门项目	国际合作研究项目	与港、澳、台地区合作研究项目	企事业单位委托项目	学校社科项目	外资项目	其他
			L01	L02	L03	L04	L05	L06	L07	L08	L09	L10	L11	L12	L13	L14	L15	L16
课题数(项)		1	214	0	0	0	0	0	0	1	62	50	0	0	29	72	0	0
当年投入人数	合计(人年)	2	21.40	0	0	0	0	0	0	0.10	6.20	5	0	0	2.90	7.20	0	0
	研究生(人年)	3	0	0	0	0	0	0	0	0	0	0	0	0	0	0	0	0
当年拨入经费	合计(千元)	4	761	0	0	0	0	0	0	0	200	530	0	0	28	3	0	0
	当年立项项目拨入经费(千元)	5	761	0	0	0	0	0	0	0	200	530	0	0	28	3	0	0
当年支出经费(千元)		6	645.71	0	0	0	0	0	0	3.50	214.88	364.15	0	0	40.39	22.79	0	0
当年新开课题数(项)		7	90	0	0	0	0	0	0	0	20	30	0	0	5	35	0	0
当年新开课题批准经费(千元)		8	761	0	0	0	0	0	0	0	200	530	0	0	28	3	0	0
当年完成课题数(项)		9	62	0	0	0	0	0	0	0	22	23	0	0	5	12	0	0

出版著作(部)	合计		10	3	0	0	0	0	0	0	0	0	1	0	0	1	1	0	0
	专著	合计	11	0	0	0	0	0	0	0	0	0	0	0	0	0	0	0	0
		被译成外文	12	0	0	0	0	0	0	0	0	0	0	0	0	0	0	0	0
	编著教材		13	3	0	0	0	0	0	0	0	0	1	0	0	1	1	0	0
	工具书/参考书		14	0	0	0	0	0	0	0	0	0	0	0	0	0	0	0	0
	皮书/发展报告		15	0	0	0	0	0	0	0	0	0	0	0	0	0	0	0	0
	科普读物		16	0	0	0	0	0	0	0	0	0	0	0	0	0	0	0	0
古籍整理(部)			17	0	0	0	0	0	0	0	0	0	0	0	0	0	0	0	0
译著(部)			18	0	0	0	0	0	0	0	0	0	0	0	0	0	0	0	0
发表译文(篇)			19	0	0	0	0	0	0	0	0	0	0	0	0	0	0	0	0
电子出版物(件)			20	0	0	0	0	0	0	0	0	0	0	0	0	0	0	0	0
发表论文(篇)	合计		21	88	0	0	0	0	0	0	0	40	19	0	0	5	24	0	0
	国内学术刊物		22	88	0	0	0	0	0	0	0	40	19	0	0	5	24	0	0
	国外学术刊物		23	0	0	0	0	0	0	0	0	0	0	0	0	0	0	0	0
	港、澳、台刊物		24	0	0	0	0	0	0	0	0	0	0	0	0	0	0	0	0
研究与咨询报告(篇)	合计		25	21	0	0	0	0	0	0	0	0	16	0	0	5	0	0	0
	被采纳数		26	0	0	0	0	0	0	0	0	0	0	0	0	0	0	0	0

八、社科研究、课题与成果(来源情况)

3.38 江苏信息职业技术学院人文、社会科学研究与课题成果来源情况表

		编号	合计	国家社科基金项目	国家社科基金单列学科项目	教育部人文社科研究项目	高校古籍整理研究项目	国家自然科学基金项目	中央其他部门社科专门项目	省、市、自治区社科基金项目	省教育厅社科项目	地、市、厅、局等政府部门项目	国际合作研究项目	与港、澳、台地区合作研究项目	企事业单位委托项目	学校社科项目	外资项目	其他
			L01	L02	L03	L04	L05	L06	L07	L08	L09	L10	L11	L12	L13	L14	L15	L16
课题数(项)		1	267	0	0	0	0	0	0	1	66	77	0	0	94	29	0	0
当年投入人数	合计(人年)	2	26.90	0	0	0	0	0	0	0.10	6.70	7.70	0	0	9.50	2.90	0	0
	研究生(人年)	3	0	0	0	0	0	0	0	0	0	0	0	0	0	0	0	0
当年拨入经费	合计(千元)	4	2203.50	0	0	0	0	0	0	0	239	105	0	0	1824.50	35	0	0
	当年立项项目拨入经费(千元)	5	2203.50	0	0	0	0	0	0	0	239	105	0	0	1824.50	35	0	0
当年支出经费(千元)		6	1265.14	0	0	0	0	0	0	0	29.99	76.28	0	0	1157.68	1.19	0	0
当年新开课题数(项)		7	106	0	0	0	0	0	0	0	27	29	0	0	43	7	0	0
当年新开课题批准经费(千元)		8	2203.50	0	0	0	0	0	0	0	239	105	0	0	1824.50	35	0	0
当年完成课题数(项)		9	85	0	0	0	0	0	0	1	5	35	0	0	34	10	0	0

出版著作(部)	合计		10	0	0	0	0	0	0	0	0	0	0	0	0	0	0	0	0
	专著	合计	11	0	0	0	0	0	0	0	0	0	0	0	0	0	0	0	0
		被译成外文	12	0	0	0	0	0	0	0	0	0	0	0	0	0	0	0	0
	编著教材		13	0	0	0	0	0	0	0	0	0	0	0	0	0	0	0	0
	工具书/参考书		14	0	0	0	0	0	0	0	0	0	0	0	0	0	0	0	0
	皮书/发展报告		15	0	0	0	0	0	0	0	0	0	0	0	0	0	0	0	0
	科普读物		16	0	0	0	0	0	0	0	0	0	0	0	0	0	0	0	0
古籍整理(部)			17	0	0	0	0	0	0	0	0	0	0	0	0	0	0	0	0
译著(部)			18	0	0	0	0	0	0	0	0	0	0	0	0	0	0	0	0
发表译文(篇)			19	0	0	0	0	0	0	0	0	0	0	0	0	0	0	0	0
电子出版物(件)			20	0	0	0	0	0	0	0	0	0	0	0	0	0	0	0	0
发表论文(篇)	合计		21	67	0	0	0	0	0	0	11	38	18	0	0	0	0	0	0
	国内学术刊物		22	67	0	0	0	0	0	0	11	38	18	0	0	0	0	0	0
	国外学术刊物		23	0	0	0	0	0	0	0	0	0	0	0	0	0	0	0	0
	港、澳、台刊物		24	0	0	0	0	0	0	0	0	0	0	0	0	0	0	0	0
研究与咨询报告(篇)	合计		25	0	0	0	0	0	0	0	0	0	0	0	0	0	0	0	0
	被采纳数		26	0	0	0	0	0	0	0	0	0	0	0	0	0	0	0	0

3.39 南京信息职业技术学院人文、社会科学研究与课题成果来源情况表

		编号	合计	国家社科基金项目	国家社科基金单列学科项目	教育部人文社科研究项目	高校古籍整理研究项目	国家自然科学基金项目	中央其他部门社科专门项目	省、市、自治区社科基金项目	省教育厅社科项目	地、市、厅、局等政府部门项目	国际合作研究项目	与港、澳、台地区合作研究项目	企事业单位委托项目	学校社科项目	外资项目	其他
			课题来源															
		编号	L01	L02	L03	L04	L05	L06	L07	L08	L09	L10	L11	L12	L13	L14	L15	L16
课题数(项)		1	265	0	1	1	0	0	0	13	77	28	0	0	37	108	0	0
当年投入人数	合计(人年)	2	28.40	0	0.30	0.20	0	0	0	2	8.30	3	0	0	3.80	10.80	0	0
	研究生(人年)	3	0	0	0	0	0	0	0	0	0	0	0	0	0	0	0	0
当年拨入经费	合计(千元)	4	1673.50	0	0	10	0	0	0	50	320	132	0	0	1086	75.50	0	0
	当年立项项目拨入经费(千元)	5	1613.50	0	0	0	0	0	0	40	280	132	0	0	1086	75.50	0	0
当年支出经费(千元)		6	1842.33	0	5.95	6.55	0	0	0	40.94	335.06	128.72	0	0	980.55	344.58	0	0
当年新开课题数(项)		7	106	0	0	0	0	0	0	1	22	16	0	0	28	39	0	0
当年新开课题批准经费(千元)		8	1743.50	0	0	0	0	0	0	50	400	132	0	0	1086	75.50	0	0
当年完成课题数(项)		9	71	0	0	0	0	0	0	4	14	4	0	0	9	40	0	0

出版著作(部)	合计		10	2	0	0	0	0	0	0	0	2	0	0	0	0	0	0	0
	专著	合计	11	2	0	0	0	0	0	0	0	2	0	0	0	0	0	0	0
		被译成外文	12	0	0	0	0	0	0	0	0	0	0	0	0	0	0	0	0
	编著教材		13	0	0	0	0	0	0	0	0	0	0	0	0	0	0	0	0
	工具书/参考书		14	0	0	0	0	0	0	0	0	0	0	0	0	0	0	0	0
	皮书/发展报告		15	0	0	0	0	0	0	0	0	0	0	0	0	0	0	0	0
	科普读物		16	0	0	0	0	0	0	0	0	0	0	0	0	0	0	0	0
古籍整理(部)			17	0	0	0	0	0	0	0	0	0	0	0	0	0	0	0	0
译著(部)			18	0	0	0	0	0	0	0	0	0	0	0	0	0	0	0	0
发表译文(篇)			19	0	0	0	0	0	0	0	0	0	0	0	0	0	0	0	0
电子出版物(件)			20	0	0	0	0	0	0	0	0	0	0	0	0	0	0	0	0
发表论文(篇)	合计		21	135	0	1	1	0	0	0	6	56	5	0	0	3	63	0	0
	国内学术刊物		22	135	0	1	1	0	0	0	6	56	5	0	0	3	63	0	0
	国外学术刊物		23	0	0	0	0	0	0	0	0	0	0	0	0	0	0	0	0
	港、澳、台刊物		24	0	0	0	0	0	0	0	0	0	0	0	0	0	0	0	0
研究与咨询报告(篇)	合计		25	11	0	0	0	0	0	0	3	0	0	0	0	8	0	0	0
	被采纳数		26	11	0	0	0	0	0	0	3	0	0	0	0	8	0	0	0

3.40 常州机电职业技术学院人文、社会科学研究与课题成果来源情况表

			课题来源														
			合计	国家社科基金项目	国家社科基金单列学科项目	教育部人文社科研究项目	高校古籍整理研究项目	国家自然科学基金项目	中央其他部门社科专门项目	省、市、自治区社科基金项目	省教育厅社科项目	地、市、厅、局等政府部门项目	国际合作研究项目	与港、澳、台地区合作研究项目	企事业单位委托项目	学校社科项目	外资项目	其他
		编号	L01	L02	L03	L04	L05	L06	L07	L08	L09	L10	L11	L12	L13	L14	L15	L16
课题数(项)		1	243	0	0	8	0	0	1	0	69	90	0	0	18	57	0	0
当年投入人数	合计(人年)	2	32.20	0	0	1.90	0	0	0.20	0	12.80	9.30	0	0	2.10	5.90	0	0
	研究生(人年)	3	0	0	0	0	0	0	0	0	0	0	0	0	0	0	0	0
当年拨入经费	合计(千元)	4	635	0	0	350	0	0	0	0	100	32	0	0	90	63	0	0
	当年立项项目拨入经费(千元)	5	462	0	0	180	0	0	0	0	100	29	0	0	90	63	0	0
当年支出经费(千元)		6	844.59	0	0	284.10	0	0	13	0	221.60	127.35	0	0	89.90	108.64	0	0
当年新开课题数(项)		7	102	0	0	3	0	0	0	0	22	47	0	0	9	21	0	0
当年新开课题批准经费(千元)		8	462	0	0	180	0	0	0	0	100	29	0	0	90	63	0	0
当年完成课题数(项)		9	102	0	0	0	0	0	0	0	23	38	0	0	1	40	0	0

八、社科研究、课题与成果（来源情况）

序号	项目	C1	C2	C3	C4	C5	C6	C7	C8	C9	C10	C11	C12	C13	C14	C15
10	出版著作(部) 合计	0	0	0	0	0	0	0	0	0	0	0	0	0	0	0
11	专著 合计	0	0	0	0	0	0	0	0	0	0	0	0	0	0	0
12	散译成外文	0	0	0	0	0	0	0	0	0	19	19	0	0	0	0
13	编著教材	0	0	0	0	0	0	0	0	0	14	14	0	0	0	0
14	工具书/参考书	0	0	0	0	0	0	0	0	0	0	0	0	0	0	0
15	皮书/发展报告	0	0	0	0	0	0	0	0	0	0	0	0	0	0	0
16	科普读物	0	0	0	0	0	0	0	0	0	16	16	0	0	39	0
17	古籍整理(部)	0	0	0	0	0	0	0	0	0	59	59	0	0	1	0
18	译著(部)	0	0	0	0	0	0	0	0	0	0	0	0	0	0	0
19	发表译文(篇)	0	0	0	0	0	0	0	0	0	0	0	0	0	0	0
20	电子出版物(件)	0	0	0	0	0	0	0	0	0	0	0	0	0	0	0
21	发表论文(篇) 合计	0	0	0	0	0	0	0	0	0	5	5	0	0	0	0
22	国内学术刊物	0	0	0	0	0	0	0	0	0	0	0	0	0	0	0
23	国外学术刊物	0	0	0	0	0	0	0	0	0	0	0	0	0	0	0
24	港澳台刊物	0	0	0	0	0	0	0	0	0	113	113	0	0	40	0
25	研究与咨询报告(篇) 合计	0	0	0	0	0	0	0	0	0	0	0	0	0	0	0
26	被采纳数	0	0	0	0	0	0	0	0	0	0	0	0	0	0	0

3.41 江阴职业技术学院人文、社会科学研究与课题成果来源情况表

			课题来源															
			合计	国家社科基金项目	国家社科基金单列学科项目	教育部人文社科研究项目	高校古籍整理研究项目	国家自然科学基金项目	中央其他部门社科专门项目	省、市、自治区社科基金项目	省教育厅社科项目	地、市、厅、局等政府部门项目	国际合作研究项目	与港、澳、台地区合作研究项目	企事业单位委托项目	学校社科项目	外资项目	其他
		编号	L01	L02	L03	L04	L05	L06	L07	L08	L09	L10	L11	L12	L13	L14	L15	L16
课题数(项)		1	81	0	0	0	0	0	0	0	35	16	0	0	6	24	0	0
当年投入人数	合计(人年)	2	9.60	0	0	0	0	0	0	0	3.70	2.20	0	0	1.20	2.50	0	0
	研究生(人年)	3	0	0	0	0	0	0	0	0	0	0	0	0	0	0	0	0
当年拨入经费	合计(千元)	4	362	0	0	0	0	0	0	0	100	107	0	0	120	35	0	0
	当年立项项目拨入经费(千元)	5	362	0	0	0	0	0	0	0	100	107	0	0	120	35	0	0
当年支出经费(千元)		6	312.30	0	0	0	0	0	0	0	79.50	80	0	0	120	32.80	0	0
当年新开课题数(项)		7	36	0	0	0	0	0	0	0	10	10	0	0	6	10	0	0
当年新开课题批准经费(千元)		8	362	0	0	0	0	0	0	0	100	107	0	0	120	35	0	0
当年完成课题数(项)		9	26	0	0	0	0	0	0	0	1	5	0	0	6	14	0	0

出版著作(部)	合计		10	0	0	0	0	0	0	0	0	0	0	0	0	0	0	0	0
	专著	合计	11	0	0	0	0	0	0	0	0	0	0	0	0	0	0	0	0
		被译成外文	12	0	0	0	0	0	0	0	0	0	0	0	0	0	0	0	0
	编著教材		13	0	0	0	0	0	0	0	0	0	0	0	0	0	0	0	0
	工具书/参考书		14	0	0	0	0	0	0	0	0	0	0	0	0	0	0	0	0
	皮书/发展报告		15	0	0	0	0	0	0	0	0	0	0	0	0	0	0	0	0
	科普读物		16	0	0	0	0	0	0	0	0	0	0	0	0	0	0	0	0
古籍整理(部)			17	0	0	0	0	0	0	0	0	0	0	0	0	0	0	0	0
译著(部)			18	0	0	0	0	0	0	0	0	0	0	0	0	0	0	0	0
发表译文(篇)			19	0	0	0	0	0	0	0	0	0	0	0	0	0	0	0	0
电子出版物(件)			20	0	0	0	0	0	0	0	0	0	0	0	0	0	0	0	0
发表论文(篇)	合计		21	101	0	0	0	0	0	0	0	46	14	0	6	5	30	0	0
	国内学术刊物		22	101	0	0	0	0	0	0	0	46	14	0	6	5	30	0	0
	国外学术刊物		23	0	0	0	0	0	0	0	0	0	0	0	0	0	0	0	0
	港、澳、台刊物		24	0	0	0	0	0	0	0	0	0	0	0	0	0	0	0	0
研究与咨询报告(篇)	合计		25	0	0	0	0	0	0	0	0	0	0	0	0	0	0	0	0
	被采纳数		26	0	0	0	0	0	0	0	0	0	0	0	0	0	0	0	0

3.42 无锡城市职业技术学院人文、社会科学研究与课题成果来源情况表

			课题来源															
			合计	国家社科基金项目	国家社科基金单列学科项目	教育部人文社科研究项目	高校古籍整理研究项目	国家自然科学基金项目	中央其他部门社科专门项目	省、市、自治区社科基金项目	省教育厅社科项目	地、市、厅、局等政府部门项目	国际合作研究项目	与港、澳、台地区合作研究项目	企事业单位委托项目	学校社科项目	外资项目	其他
		编号	L01	L02	L03	L04	L05	L06	L07	L08	L09	L10	L11	L12	L13	L14	L15	L16
课题数(项)		1	162	0	0	0	0	0	0	1	62	31	0	0	17	51	0	0
当年投入人数	合计(人年)	2	39.60	0	0	0	0	0	0	0.40	15.80	7.40	0	0	5.50	10.50	0	0
	研究生(人年)	3	0	0	0	0	0	0	0	0	0	0	0	0	0	0	0	0
当年拨入经费	合计(千元)	4	1400.36	0	0	0	0	0	0	10	200	50.50	0	0	1071.86	68	0	0
	当年立项项目拨入经费(千元)	5	1390.36	0	0	0	0	0	0	0	200	50.50	0	0	1071.86	68	0	0
当年支出经费(千元)		6	1139.36	0	0	0	0	0	0	10	146	64.90	0	0	820.46	98	0	0
当年新开课题数(项)		7	75	0	0	0	0	0	0	0	20	19	0	0	17	19	0	0
当年新开课题批准经费(千元)		8	1439.96	0	0	0	0	0	0	0	200	50.50	0	0	1121.46	68	0	0
当年完成课题数(项)		9	45	0	0	0	0	0	0	0	14	10	0	0	9	12	0	0

出版著作(部)	合计		10	9	0	0	0	0	0	0	0	1	1	0	0	0	7	0	0
	专著	合计	11	1	0	0	0	0	0	0	0	1	0	0	0	0	0	0	0
		被译成外文	12	0	0	0	0	0	0	0	0	0	0	0	0	0	0	0	0
	编著教材		13	8	0	0	0	0	0	0	0	0	1	0	0	0	7	0	0
	工具书/参考书		14	0	0	0	0	0	0	0	0	0	0	0	0	0	0	0	0
	皮书/发展报告		15	0	0	0	0	0	0	0	0	0	0	0	0	0	0	0	0
	科普读物		16	0	0	0	0	0	0	0	0	0	0	0	0	0	0	0	0
古籍整理(部)			17	0	0	0	0	0	0	0	0	0	0	0	0	0	0	0	0
译著(部)			18	0	0	0	0	0	0	0	0	0	0	0	0	0	0	0	0
发表译文(篇)			19	0	0	0	0	0	0	0	0	0	0	0	0	0	0	0	0
电子出版物(件)			20	0	0	0	0	0	0	0	0	0	0	0	0	0	0	0	0
发表论文(篇)	合计		21	187	0	0	0	0	0	0	0	54	35	0	0	0	98	0	0
	国内学术刊物		22	180	0	0	0	0	0	0	0	53	29	0	0	0	98	0	0
	国外学术刊物		23	7	0	0	0	0	0	0	0	1	6	0	0	0	0	0	0
	港、澳、台刊物		24	0	0	0	0	0	0	0	0	0	0	0	0	0	0	0	0
研究与咨询报告(篇)	合计		25	22	0	0	0	0	0	0	0	0	5	0	0	17	0	0	0
	被采纳数		26	16	0	0	0	0	0	0	0	0	2	0	0	14	0	0	0

3.43 无锡工艺职业技术学院人文、社会科学研究与课题成果来源情况表

		编号	合计	国家社科基金项目	国家社科基金单列学科项目	教育部人文社科研究项目	高校古籍整理研究项目	国家自然科学基金项目	中央其他部门社科专门项目	省、市、自治区社科基金项目	省教育厅社科项目	地、市、厅、局等政府部门项目	国际合作研究项目	与港、澳、台地区合作研究项目	企事业单位委托项目	学校社科项目	外资项目	其他
			L01	L02	L03	L04	L05	L06	L07	L08	L09	L10	L11	L12	L13	L14	L15	L16
课题数(项)		1	349	0	0	2	0	0	3	2	62	39	0	0	153	84	0	4
当年投入人数	合计(人年)	2	49.60	0	0	0.40	0	0	0.40	0.20	6.30	4.10	0	0	29.40	8.40	0	0.40
	研究生(人年)	3	0	0	0	0	0	0	0	0	0	0	0	0	0	0	0	0
当年拨入经费	合计(千元)	4	8244.80	0	0	96	0	0	0	0	200	130.30	0	0	7741	50	0	27.50
	当年立项项目拨入经费(千元)	5	8148.80	0	0	0	0	0	0	0	200	130.30	0	0	7741	50	0	27.50
当年支出经费(千元)		6	8210.58	0	0	62.40	0	0	0	0	181.90	144.08	0	0	7741	64.20	0	17
当年新开课题数(项)		7	203	0	0	0	0	0	0	0	20	13	0	0	148	20	0	2
当年新开课题批准经费(千元)		8	8148.80	0	0	0	0	0	0	0	200	130.30	0	0	7741	50	0	27.50
当年完成课题数(项)		9	196	0	0	1	0	0	0	2	8	14	0	0	153	18	0	0

出版著作(部)	合计		10	1	0	0	1	0	0	0	0	0	0	0	0	0	0	0	0
	专著	合计	11	1	0	0	1	0	0	0	0	0	0	0	0	0	0	0	0
		被译成外文	12	0	0	0	0	0	0	0	0	0	0	0	0	0	0	0	0
	编著教材		13	0	0	0	0	0	0	0	0	0	0	0	0	0	0	0	0
	工具书/参考书		14	0	0	0	0	0	0	0	0	0	0	0	0	0	0	0	0
	皮书/发展报告		15	0	0	0	0	0	0	0	0	0	0	0	0	0	0	0	0
	科普读物		16	0	0	0	0	0	0	0	0	0	0	0	0	0	0	0	0
古籍整理(部)			17	0	0	0	0	0	0	0	0	0	0	0	0	0	0	0	0
译著(部)			18	0	0	0	0	0	0	0	0	0	0	0	0	0	0	0	0
发表译文(篇)			19	0	0	0	0	0	0	0	0	0	0	0	0	0	0	0	0
电子出版物(件)			20	0	0	0	0	0	0	0	0	0	0	0	0	0	0	0	0
发表论文(篇)	合计		21	115	0	0	2	0	0	3	2	60	16	0	0	0	30	0	2
	国内学术刊物		22	111	0	0	2	0	0	3	2	57	16	0	0	0	29	0	2
	国外学术刊物		23	4	0	0	0	0	0	0	0	3	0	0	0	0	1	0	0
	港、澳、台刊物		24	0	0	0	0	0	0	0	0	0	0	0	0	0	0	0	0
研究与咨询报告(篇)	合计		25	111	0	0	1	0	0	0	2	5	5	0	0	89	9	0	0
	被采纳数		26	20	0	0	0	0	0	0	0	0	0	0	0	20	0	0	0

3.44 苏州健雄职业技术学院人文、社会科学研究与课题成果来源情况表

		编号	合计	国家社科基金项目	国家社科基金单列学科项目	教育部人文社科研究项目	高校古籍整理研究项目	国家自然科学基金项目	中央其他部门社科专门项目	省、市、自治区社科基金项目	省教育厅社科项目	地、市、厅、局等政府部门项目	国际合作研究项目	与港、澳、台地区合作研究项目	企事业单位委托项目	学校社科项目	外资项目	其他
			课题来源															
			L01	L02	L03	L04	L05	L06	L07	L08	L09	L10	L11	L12	L13	L14	L15	L16
课题数(项)		1	133	0	0	0	0	0	0	0	57	38	0	0	27	11	0	0
当年投入人数	合计(人年)	2	27.10	0	0	0	0	0	0	0	11.60	7.90	0	0	5.40	2.20	0	0
	研究生(人年)	3	0	0	0	0	0	0	0	0	0	0	0	0	0	0	0	0
当年拨入经费	合计(千元)	4	1318	0	0	0	0	0	0	0	490	113	0	0	715	0	0	0
	当年立项项目拨入经费(千元)	5	1308	0	0	0	0	0	0	0	480	113	0	0	715	0	0	0
当年支出经费(千元)		6	1201.60	0	0	0	0	0	0	0	298	165	0	0	727.60	11	0	0
当年新开课题数(项)		7	60	0	0	0	0	0	0	0	20	17	0	0	23	0	0	0
当年新开课题批准经费(千元)		8	1308	0	0	0	0	0	0	0	480	113	0	0	715	0	0	0
当年完成课题数(项)		9	77	0	0	0	0	0	0	0	16	24	0	0	26	11	0	0

八、社科研究、课题与成果（来源情况）

项目			序号	C1	C2	C3	C4	C5	C6	C7	C8	C9	C10	C11	C12	C13	C14
出版著作（部）	合计		10	2	0	0	0	0	0	0	0	0	1	0	0	1	0
	专著	合计	11	2	0	0	0	0	0	0	0	0	1	0	0	1	0
		被译成外文	12	0	0	0	0	0	0	0	0	0	0	0	0	0	0
	编著教材		13	0	0	0	0	0	0	0	0	0	0	0	0	0	0
	工具书/参考书		14	0	0	0	0	0	0	0	0	0	0	0	0	0	0
	皮书/发展报告		15	0	0	0	0	0	0	0	0	0	0	0	0	0	0
	科普读物		16	0	0	0	0	0	0	0	0	0	0	0	0	0	0
	古籍整理（部）		17	0	0	0	0	0	0	0	0	0	0	0	0	0	0
	译著（部）		18	0	0	0	0	0	0	0	0	0	0	0	0	0	0
	发表译文（篇）		19	0	0	0	0	0	0	0	0	0	0	0	0	0	0
	电子出版物（件）		20	0	0	0	0	0	0	0	0	0	0	0	0	0	0
发表论文（篇）	合计		21	166	0	0	0	0	0	0	0	37	31	0	66	32	0
	国内学术刊物		22	166	0	0	0	0	0	0	0	37	31	0	66	32	0
	国外学术刊物		23	0	0	0	0	0	0	0	0	0	0	0	0	0	0
	港、澳、台刊物		24	0	0	0	0	0	0	0	0	0	0	0	0	0	0
研究与咨询报告（篇）	合计		25	0	0	0	0	0	0	0	0	0	0	0	0	0	0
	被采纳数		26	0	0	0	0	0	0	0	0	0	0	0	0	0	0

3.45 盐城工业职业技术学院人文、社会科学研究与课题成果来源情况表

	编号	合计 L01	国家社科基金项目 L02	国家社科基金单列学科项目 L03	教育部人文社科研究项目 L04	高校古籍整理研究项目 L05	国家自然科学基金项目 L06	中央其他部门社科专门项目 L07	省、市、自治区社科基金项目 L08	省教育厅社科项目 L09	地、市、厅、局等政府部门项目 L10	国际合作研究项目 L11	与港、澳、台地区合作研究项目 L12	企事业单位委托项目 L13	学校社科项目 L14	外资项目 L15	其他 L16
课题数(项)	1	172	0	0	2	0	0	0	0	65	48	0	0	39	18	0	0
当年投入人数 合计(人年)	2	19.30	0	0	0.40	0	0	0	0	7.20	5.40	0	0	4.30	2	0	0
当年投入人数 研究生(人年)	3	0	0	0	0	0	0	0	0	0	0	0	0	0	0	0	0
当年拨入经费 合计(千元)	4	577	0	0	20	0	0	0	0	200	233	0	0	78	46	0	0
当年拨入经费 当年立项项目拨入经费(千元)	5	577	0	0	20	0	0	0	0	200	233	0	0	78	46	0	0
当年支出经费(千元)	6	1300.50	0	0	12	0	0	0	0	187.50	153.20	0	0	916.80	31	0	0
当年新开课题数(项)	7	64	0	0	1	0	0	0	0	20	36	0	0	3	4	0	0
当年新开课题批准经费(千元)	8	580	0	0	20	0	0	0	0	200	236	0	0	78	46	0	0
当年完成课题数(项)	9	64	0	0	0	0	0	0	0	11	14	0	0	35	4	0	0

出版著作(部)	合计		10	3	0	0	0	0	0	0	0	0	3	0	0	0	0	0	0
	专著	合计	11	3	0	0	0	0	0	0	0	0	3	0	0	0	0	0	0
		被译成外文	12	0	0	0	0	0	0	0	0	0	0	0	0	0	0	0	0
	编著教材		13	0	0	0	0	0	0	0	0	0	0	0	0	0	0	0	0
	工具书/参考书		14	0	0	0	0	0	0	0	0	0	0	0	0	0	0	0	0
	皮书/发展报告		15	0	0	0	0	0	0	0	0	0	0	0	0	0	0	0	0
	科普读物		16	0	0	0	0	0	0	0	0	0	0	0	0	0	0	0	0
古籍整理(部)			17	0	0	0	0	0	0	0	0	0	0	0	0	0	0	0	0
译著(部)			18	0	0	0	0	0	0	0	0	0	0	0	0	0	0	0	0
发表译文(篇)			19	0	0	0	0	0	0	0	0	0	0	0	0	0	0	0	0
电子出版物(件)			20	0	0	0	0	0	0	0	0	0	0	0	0	0	0	0	0
发表论文(篇)	合计		21	69	0	0	1	0	0	0	0	26	21	0	0	16	5	0	0
	国内学术刊物		22	69	0	0	1	0	0	0	0	26	21	0	0	16	5	0	0
	国外学术刊物		23	0	0	0	0	0	0	0	0	0	0	0	0	0	0	0	0
	港、澳、台刊物		24	0	0	0	0	0	0	0	0	0	0	0	0	0	0	0	0
研究与咨询报告(篇)	合计		25	23	0	0	0	0	0	0	0	0	3	0	0	20	0	0	0
	被采纳数		26	23	0	0	0	0	0	0	0	0	3	0	0	20	0	0	0

3.46 江苏财经职业技术学院人文、社会科学研究与课题成果来源情况表

			课题来源															
			合计	国家社科基金项目	国家社科基金单列学科项目	教育部人文社科研究项目	高校古籍整理研究项目	国家自然科学基金项目	中央其他部门社科专门项目	省、市、自治区社科基金项目	省教育厅社科项目	地、市、厅、局等政府部门项目	国际合作研究项目	与港、澳、台地区合作研究项目	企事业单位委托项目	学校社科项目	外资项目	其他
		编号	L01	L02	L03	L04	L05	L06	L07	L08	L09	L10	L11	L12	L13	L14	L15	L16
课题数(项)		1	322	0	0	1	0	0	1	1	59	41	0	0	130	87	0	2
当年投入人数	合计(人年)	2	38.80	0	0	0.10	0	0	0.20	0.10	6.70	6.80	0	0	15.80	8.90	0	0.20
	研究生(人年)	3	0	0	0	0	0	0	0	0	0	0	0	0	0	0	0	0
当年拨入经费	合计(千元)	4	3323.20	0	0	0	0	0	0	0	120	171.20	0	0	2956	76	0	0
	当年立项项目拨入经费(千元)	5	3323.20	0	0	0	0	0	0	0	120	171.20	0	0	2956	76	0	0
当年支出经费(千元)		6	3418.54	0	0	4.60	0	0	6.50	11	151.76	158.82	0	0	2981.88	103.98	0	0
当年新开课题数(项)		7	178	0	0	0	0	0	0	0	20	28	0	0	90	38	0	2
当年新开课题批准经费(千元)		8	3323.20	0	0	0	0	0	0	0	120	171.20	0	0	2956	76	0	0
当年完成课题数(项)		9	119	0	0	0	0	0	1	0	11	21	0	0	70	16	0	0

八、社科研究、课题与成果(来源情况)

出版著作(部)	合计		10	6	0	0	0	0	0	0	0	5	1	0	0	0	0	0	0
	专著	合计	11	3	0	0	0	0	0	0	0	2	1	0	0	0	0	0	0
		被译成外文	12	0	0	0	0	0	0	0	0	0	0	0	0	0	0	0	0
	编著教材		13	3	0	0	0	0	0	0	0	3	0	0	0	0	0	0	0
	工具书/参考书		14	0	0	0	0	0	0	0	0	0	0	0	0	0	0	0	0
	皮书/发展报告		15	0	0	0	0	0	0	0	0	0	0	0	0	0	0	0	0
	科普读物		16	0	0	0	0	0	0	0	0	0	0	0	0	0	0	0	0
古籍整理(部)			17	0	0	0	0	0	0	0	0	0	0	0	0	0	0	0	0
译著(部)			18	0	0	0	0	0	0	0	0	0	0	0	0	0	0	0	0
发表译文(篇)			19	0	0	0	0	0	0	0	0	0	0	0	0	0	0	0	0
电子出版物(件)			20	0	0	0	0	0	0	0	0	0	0	0	0	0	0	0	0
发表论文(篇)	合计		21	183	0	0	0	0	0	1	1	42	21	0	0	27	91	0	0
	国内学术刊物		22	183	0	0	0	0	0	1	1	42	21	0	0	27	91	0	0
	国外学术刊物		23	0	0	0	0	0	0	0	0	0	0	0	0	0	0	0	0
	港、澳、台刊物		24	0	0	0	0	0	0	0	0	0	0	0	0	0	0	0	0
研究与咨询报告(篇)	合计		25	10	0	0	0	0	0	0	0	0	0	0	0	10	0	0	0
	被采纳数		26	7	0	0	0	0	0	0	0	0	0	0	0	7	0	0	0

3.47 扬州工业职业技术学院人文、社会科学研究与课题成果来源情况表

课题来源

		编号	合计 L01	国家社科基金项目 L02	国家社科基金单列学科项目 L03	教育部人文社科研究项目 L04	高校古籍整理研究项目 L05	国家自然科学基金项目 L06	中央其他部门社科专门项目 L07	省、市、自治区社科基金项目 L08	省教育厅社科项目 L09	地、市、厅、局等政府部门项目 L10	国际合作研究项目 L11	与港、澳、台地区合作研究项目 L12	企事业单位委托项目 L13	学校社科项目 L14	外资项目 L15	其他 L16
课题数(项)		1	239	0	0	1	0	0	1	2	89	44	0	0	66	36	0	0
当年投入人数	合计(人年)	2	24.70	0	0	0.30	0	0	0.20	0.20	9.40	4.40	0	0	6.60	3.60	0	0
	研究生(人年)	3	0	0	0	0	0	0	0	0	0	0	0	0	0	0	0	0
当年拨入经费	合计(千元)	4	3194	0	0	70	0	0	20	0	200	85	0	0	2714	105	0	0
	当年立项项目拨入经费(千元)	5	3194	0	0	70	0	0	20	0	200	85	0	0	2714	105	0	0
当年支出经费(千元)		6	2847.70	0	0	50	0	0	15	0	209.70	84	0	0	2384	105	0	0
当年新开课题数(项)		7	125	0	0	1	0	0	1	1	22	27	0	0	54	19	0	0
当年新开课题批准经费(千元)		8	3838	0	0	200	0	0	20	10	400	109	0	0	2924	175	0	0
当年完成课题数(项)		9	95	0	0	0	0	0	0	0	19	22	0	0	54	0	0	0

出版著作(部)	合计		10	2	0	0	0	0	0	0	0	2	0	0	0	0	0	0	0
	专著	合计	11	2	0	0	0	0	0	0	0	2	0	0	0	0	0	0	0
		被译成外文	12	0	0	0	0	0	0	0	0	0	0	0	0	0	0	0	0
	编著教材		13	0	0	0	0	0	0	0	0	0	0	0	0	0	0	0	0
	工具书/参考书		14	0	0	0	0	0	0	0	0	0	0	0	0	0	0	0	0
	皮书/发展报告		15	0	0	0	0	0	0	0	0	0	0	0	0	0	0	0	0
	科普读物		16	0	0	0	0	0	0	0	0	0	0	0	0	0	0	0	0
古籍整理(部)			17	0	0	0	0	0	0	0	0	0	0	0	0	0	0	0	0
译著(部)			18	0	0	0	0	0	0	0	0	0	0	0	0	0	0	0	0
发表译文(篇)			19	0	0	0	0	0	0	0	0	0	0	0	0	0	0	0	0
电子出版物(件)			20	0	0	0	0	0	0	0	0	0	0	0	0	0	0	0	0
发表论文(篇)	合计		21	88	0	0	0	0	0	1	1	25	24	0	0	12	25	0	0
	国内学术刊物		22	88	0	0	0	0	0	1	1	25	24	0	0	12	25	0	0
	国外学术刊物		23	0	0	0	0	0	0	0	0	0	0	0	0	0	0	0	0
	港、澳、台刊物		24	0	0	0	0	0	0	0	0	0	0	0	0	0	0	0	0
研究与咨询报告(篇)	合计		25	29	0	0	0	0	0	0	0	6	2	0	0	17	4	0	0
	被采纳数		26	29	0	0	0	0	0	0	0	6	2	0	0	17	4	0	0

3.48 江苏城市职业学院人文、社会科学研究与课题成果来源情况表

			课题来源															
			合计	国家社科基金项目	国家社科基金单列学科项目	教育部人文社科研究项目	高校古籍整理研究项目	国家自然科学基金项目	中央其他部门社科专门项目	省、市、自治区社科基金项目	省教育厅社科项目	地、市、厅、局等政府部门项目	国际合作研究项目	与港、澳、台地区合作研究项目	企事业单位委托项目	学校社科项目	外资项目	其他
		编号	L01	L02	L03	L04	L05	L06	L07	L08	L09	L10	L11	L12	L13	L14	L15	L16
课题数(项)		1	245	1	0	4	0	0	1	14	99	26	0	0	40	60	0	0
当年投入人数	合计(人年)	2	72.60	0.40	0	1.30	0	0	0.30	5.10	31.40	9.40	0	0	6.10	18.60	0	0
	研究生(人年)	3	0	0	0	0	0	0	0	0	0	0	0	0	0	0	0	0
当年拨入经费	合计(千元)	4	2058.06	10	0	50	0	0	0	317	720	161	0	0	436.56	363.50	0	0
	当年立项项目拨入经费(千元)	5	912.06	0	0	0	0	0	0	232	135	61	0	0	416.56	67.50	0	0
当年支出经费(千元)		6	2093.86	49.28	0	62.08	0	0	0	268.87	778.85	118.51	0	0	468.66	347.62	0	0
当年新开课题数(项)		7	60	0	0	0	0	0	0	4	18	5	0	0	24	9	0	0
当年新开课题批准经费(千元)		8	1697.56	0	0	0	0	0	0	464	270	122	0	0	706.56	135	0	0
当年完成课题数(项)		9	50	0	0	0	0	0	0	1	32	9	0	0	7	1	0	0

出版著作(部)	合计		10	2	0	0	2	0	0	0	0	0	0	0	0	0	0	0	0
	专著	合计	11	2	0	0	2	0	0	0	0	0	0	0	0	0	0	0	0
		被译成外文	12	0	0	0	0	0	0	0	0	0	0	0	0	0	0	0	0
	编著教材		13	0	0	0	0	0	0	0	0	0	0	0	0	0	0	0	0
	工具书/参考书		14	0	0	0	0	0	0	0	0	0	0	0	0	0	0	0	0
	皮书/发展报告		15	0	0	0	0	0	0	0	0	0	0	0	0	0	0	0	0
	科普读物		16	0	0	0	0	0	0	0	0	0	0	0	0	0	0	0	0
古籍整理(部)			17	0	0	0	0	0	0	0	0	0	0	0	0	0	0	0	0
译著(部)			18	0	0	0	0	0	0	0	0	0	0	0	0	0	0	0	0
发表译文(篇)			19	0	0	0	0	0	0	0	0	0	0	0	0	0	0	0	0
电子出版物(件)			20	0	0	0	0	0	0	0	0	0	0	0	0	0	0	0	0
发表论文(篇)	合计		21	129	2	0	2	0	0	2	11	46	32	0	0	1	33	0	0
	国内学术刊物		22	129	2	0	2	0	0	2	11	46	32	0	0	1	33	0	0
	国外学术刊物		23	0	0	0	0	0	0	0	0	0	0	0	0	0	0	0	0
	港、澳、台刊物		24	0	0	0	0	0	0	0	0	0	0	0	0	0	0	0	0
研究与咨询报告(篇)	合计		25	0	0	0	0	0	0	0	0	0	0	0	0	0	0	0	0
	被采纳数		26	0	0	0	0	0	0	0	0	0	0	0	0	0	0	0	0

3.49 南京城市职业学院人文、社会科学研究与课题成果来源情况表

			课题来源															
			合计	国家社科基金项目	国家社科基金单列学科项目	教育部人文社科研究项目	高校古籍整理研究项目	国家自然科学基金项目	中央其他部门社科专门项目	省、市、自治区社科基金项目	省教育厅社科项目	地、市、厅、局等政府部门项目	国际合作研究项目	与港、澳、台地区合作研究项目	企事业单位委托项目	学校社科项目	外资项目	其他
		编号	L01	L02	L03	L04	L05	L06	L07	L08	L09	L10	L11	L12	L13	L14	L15	L16
课题数(项)		1	160	0	0	0	0	0	0	6	57	0	0	0	3	94	0	0
当年投入人数	合计(人年)	2	21.50	0	0	0	0	0	0	1.90	7	0	0	0	0.30	12.30	0	0
	研究生(人年)	3	0	0	0	0	0	0	0	0	0	0	0	0	0	0	0	0
当年拨入经费	合计(千元)	4	679	0	0	0	0	0	0	147	303.90	0	0	0	3	225.10	0	0
	当年立项项目拨入经费(千元)	5	190	0	0	0	0	0	0	0	96	0	0	0	3	91	0	0
当年支出经费(千元)		6	664	0	0	0	0	0	0	147	290.90	0	0	0	3	223.10	0	0
当年新开课题数(项)		7	57	0	0	0	0	0	0	0	20	0	0	0	3	34	0	0
当年新开课题批准经费(千元)		8	453	0	0	0	0	0	0	0	200	0	0	0	65	188	0	0
当年完成课题数(项)		9	33	0	0	0	0	0	0	3	10	0	0	0	0	20	0	0

出版著作（部）	合计		10	1	0	0	0	0	0	0	0	1	0	0	0	0	0	0	0
	专著	合计	11	1	0	0	0	0	0	0	0	1	0	0	0	0	0	0	0
		被译成外文	12	0	0	0	0	0	0	0	0	0	0	0	0	0	0	0	0
	编著教材		13	0	0	0	0	0	0	0	0	0	0	0	0	0	0	0	0
	工具书/参考书		14	0	0	0	0	0	0	0	0	0	0	0	0	0	0	0	0
	皮书/发展报告		15	0	0	0	0	0	0	0	0	0	0	0	0	0	0	0	0
	科普读物		16	0	0	0	0	0	0	0	0	0	0	0	0	0	0	0	0
古籍整理（部）			17	0	0	0	0	0	0	0	0	0	0	0	0	0	0	0	0
译著（部）			18	0	0	0	0	0	0	0	0	0	0	0	0	0	0	0	0
发表译文（篇）			19	0	0	0	0	0	0	0	0	0	0	0	0	0	0	0	0
电子出版物（件）			20	0	0	0	0	0	0	0	0	0	0	0	0	0	0	0	0
发表论文（篇）	合计		21	81	0	0	0	0	0	0	0	64	13	0	0	0	4	0	0
	国内学术刊物		22	81	0	0	0	0	0	0	0	64	13	0	0	0	4	0	0
	国外学术刊物		23	0	0	0	0	0	0	0	0	0	0	0	0	0	0	0	0
	港、澳、台刊物		24	0	0	0	0	0	0	0	0	0	0	0	0	0	0	0	0
研究与咨询报告（篇）	合计		25	1	0	0	0	0	0	0	0	1	0	0	0	0	0	0	0
	被采纳数		26	0	0	0	0	0	0	0	0	0	0	0	0	0	0	0	0

3.50 南京机电职业技术学院人文、社会科学研究与课题成果来源情况表

			课题来源															
			合计	国家社科基金项目	国家社科基金单列学科项目	教育部人文社科研究项目	高校古籍整理研究项目	国家自然科学基金项目	中央其他部门社科专门项目	省、市、自治区社科基金项目	省教育厅社科项目	地、市、厅、局等政府部门项目	国际合作研究项目	与港、澳、台地区合作研究项目	企事业单位委托项目	学校社科项目	外资项目	其他
		编号	L01	L02	L03	L04	L05	L06	L07	L08	L09	L10	L11	L12	L13	L14	L15	L16
课题数(项)		1	112	0	0	0	0	0	0	1	41	2	0	0	12	56	0	0
当年投入人数	合计(人年)	2	11.20	0	0	0	0	0	0	0.10	4.10	0.20	0	0	1.20	5.60	0	0
	研究生(人年)	3	0	0	0	0	0	0	0	0	0	0	0	0	0	0	0	0
当年拨入经费	合计(千元)	4	32	0	0	0	0	0	0	0	32	0	0	0	0	0	0	0
	当年立项项目拨入经费(千元)	5	0	0	0	0	0	0	0	0	0	0	0	0	0	0	0	0
当年支出经费(千元)		6	222.23	0	0	0	0	0	0	5	89.83	0	0	0	122	5.40	0	0
当年新开课题数(项)		7	32	0	0	0	0	0	0	0	16	0	0	0	0	16	0	0
当年新开课题批准经费(千元)		8	211	0	0	0	0	0	0	0	158	0	0	0	0	53	0	0
当年完成课题数(项)		9	23	0	0	0	0	0	0	0	11	1	0	0	0	11	0	0

出版著作(部)	合计		10	0	0	0	0	0	0	0	0	0	0	0	0	0	0	0	0
	专著	合计	11	0	0	0	0	0	0	0	0	0	0	0	0	0	0	0	0
		被译成外文	12	0	0	0	0	0	0	0	0	0	0	0	0	0	0	0	0
	编著教材		13	0	0	0	0	0	0	0	0	0	0	0	0	0	0	0	0
	工具书/参考书		14	0	0	0	0	0	0	0	0	0	0	0	0	0	0	0	0
	皮书/发展报告		15	0	0	0	0	0	0	0	0	0	0	0	0	0	0	0	0
	科普读物		16	0	0	0	0	0	0	0	0	0	0	0	0	0	0	0	0
古籍整理(部)			17	0	0	0	0	0	0	0	0	0	0	0	0	0	0	0	0
译著(部)			18	0	0	0	0	0	0	0	0	0	0	0	0	0	0	0	0
发表译文(篇)			19	0	0	0	0	0	0	0	0	0	0	0	0	0	0	0	0
电子出版物(件)			20	0	0	0	0	0	0	0	0	0	0	0	0	0	0	0	0
发表论文(篇)	合计		21	62	0	0	0	0	0	0	0	34	0	0	0	10	18	0	0
	国内学术刊物		22	62	0	0	0	0	0	0	0	34	0	0	0	10	18	0	0
	国外学术刊物		23	0	0	0	0	0	0	0	0	0	0	0	0	0	0	0	0
	港、澳、台刊物		24	0	0	0	0	0	0	0	0	0	0	0	0	0	0	0	0
研究与咨询报告(篇)	合计		25	0	0	0	0	0	0	0	0	0	0	0	0	0	0	0	0
	被采纳数		26	0	0	0	0	0	0	0	0	0	0	0	0	0	0	0	0

3.51 南京旅游职业学院人文、社会科学研究与课题成果来源情况表

			课题来源															
			合计	国家社科基金项目	国家社科基金单列学科项目	教育部人文社科研究项目	高校古籍整理研究项目	国家自然科学基金项目	中央其他部门社科专门项目	省、市、自治区社科基金项目	省教育厅社科项目	地、市、厅、局等政府部门项目	国际合作研究项目	与港、澳、台地区合作研究项目	企事业单位委托项目	学校社科项目	外资项目	其他
		编号	L01	L02	L03	L04	L05	L06	L07	L08	L09	L10	L11	L12	L13	L14	L15	L16
课题数(项)		1	110	0	0	1	0	1	0	4	35	26	1	0	17	25	0	0
当年投入人数	合计(人年)	2	17.70	0	0	0.10	0	0.10	0	0.70	4.70	3.80	0.50	0	3.30	4.50	0	0
	研究生(人年)	3	0	0	0	0	0	0	0	0	0	0	0	0	0	0	0	0
当年拨入经费	合计(千元)	4	336	0	0	15	0	0	0	0	113	80	0	0	128	0	0	0
	当年立项项目拨入经费(千元)	5	336	0	0	15	0	0	0	0	113	80	0	0	128	0	0	0
当年支出经费(千元)		6	336.50	0	0	2	0	20	0	8.60	69.20	55.70	0	0	140	41	0	0
当年新开课题数(项)		7	34	0	0	1	0	0	0	0	17	6	1	0	9	0	0	0
当年新开课题批准经费(千元)		8	517.90	0	0	80	0	0	0	0	142	130	17.90	0	148	0	0	0
当年完成课题数(项)		9	34	0	0	0	0	1	0	1	8	6	0	0	8	10	0	0

出版著作(部)	合计		10	3	0	0	0	0	0	0	0	0	0	0	0	2	1	0	0
	专著	合计	11	2	0	0	0	0	0	0	0	0	0	0	0	1	1	0	0
		被译成外文	12	0	0	0	0	0	0	0	0	0	0	0	0	0	0	0	0
	编著教材		13	0	0	0	0	0	0	0	0	0	0	0	0	0	0	0	0
	工具书/参考书		14	0	0	0	0	0	0	0	0	0	0	0	0	0	0	0	0
	皮书/发展报告		15	1	0	0	0	0	0	0	0	0	0	0	0	1	0	0	0
	科普读物		16	0	0	0	0	0	0	0	0	0	0	0	0	0	0	0	0
古籍整理(部)			17	0	0	0	0	0	0	0	0	0	0	0	0	0	0	0	0
译著(部)			18	0	0	0	0	0	0	0	0	0	0	0	0	0	0	0	0
发表译文(篇)			19	0	0	0	0	0	0	0	0	0	0	0	0	0	0	0	0
电子出版物(件)			20	0	0	0	0	0	0	0	0	0	0	0	0	0	0	0	0
发表论文(篇)	合计		21	76	0	0	2	0	1	0	1	36	2	0	0	18	16	0	0
	国内学术刊物		22	76	0	0	2	0	1	0	1	36	2	0	0	18	16	0	0
	国外学术刊物		23	0	0	0	0	0	0	0	0	0	0	0	0	0	0	0	0
	港、澳、台刊物		24	0	0	0	0	0	0	0	0	0	0	0	0	0	0	0	0
研究与咨询报告(篇)	合计		25	0	0	0	0	0	0	0	0	0	0	0	0	0	0	0	0
	被采纳数		26	0	0	0	0	0	0	0	0	0	0	0	0	0	0	0	0

3.52 江苏卫生健康职业学院人文、社会科学研究与课题成果来源情况表

		编号	合计 L01	课题来源														
				国家社科基金项目 L02	国家社科基金单列学科项目 L03	教育部人文社科研究项目 L04	高校古籍整理研究项目 L05	国家自然科学基金项目 L06	中央其他部门社科专门项目 L07	省、市、自治区社科基金项目 L08	省教育厅社科项目 L09	地、市、厅、局等政府部门项目 L10	国际合作研究项目 L11	与港、澳、台地区合作研究项目 L12	企事业单位委托项目 L13	学校社科项目 L14	外资项目 L15	其他 L16
课题数(项)		1	177	0	0	0	0	0	0	2	56	19	0	0	4	96	0	0
当年投入人数	合计(人年)	2	29.50	0	0	0	0	0	0	0.30	11.80	3.40	0	0	0.60	13.40	0	0
	研究生(人年)	3	0	0	0	0	0	0	0	0	0	0	0	0	0	0	0	0
当年拨入经费	合计(千元)	4	302	0	0	0	0	0	0	50	150	10	0	0	0	92	0	0
	当年立项项目拨入经费(千元)	5	302	0	0	0	0	0	0	50	150	10	0	0	0	92	0	0
当年支出经费(千元)		6	355.80	0	0	0	0	0	0	24	164.10	24.80	0	0	38.80	104.10	0	0
当年新开课题数(项)		7	45	0	0	0	0	0	0	1	15	1	0	0	0	28	0	0
当年新开课题批准经费(千元)		8	302	0	0	0	0	0	0	50	150	10	0	0	0	92	0	0
当年完成课题数(项)		9	63	0	0	0	0	0	0	1	17	4	0	0	2	39	0	0

八、社科研究、课题与成果(来源情况)

出版著作(部)	合计		10	0	0	0	0	0	0	0	0	0	0	0	0	0	0	0	0
	专著	合计	11	0	0	0	0	0	0	0	0	0	0	0	0	0	0	0	0
		被译成外文	12	0	0	0	0	0	0	0	0	0	0	0	0	0	0	0	0
	编著教材		13	0	0	0	0	0	0	0	0	0	0	0	0	0	0	0	0
	工具书/参考书		14	0	0	0	0	0	0	0	0	0	0	0	0	0	0	0	0
	皮书/发展报告		15	0	0	0	0	0	0	0	0	0	0	0	0	0	0	0	0
	科普读物		16	0	0	0	0	0	0	0	0	0	0	0	0	0	0	0	0
古籍整理(部)			17	0	0	0	0	0	0	0	0	0	0	0	0	0	0	0	0
译著(部)			18	0	0	0	0	0	0	0	0	0	0	0	0	0	0	0	0
发表译文(篇)			19	0	0	0	0	0	0	0	0	0	0	0	0	0	0	0	0
电子出版物(件)			20	0	0	0	0	0	0	0	0	0	0	0	0	0	0	0	0
发表论文(篇)	合计		21	58	1	0	0	0	0	0	1	24	1	0	0	0	31	0	0
	国内学术刊物		22	58	1	0	0	0	0	0	1	24	1	0	0	0	31	0	0
	国外学术刊物		23	0	0	0	0	0	0	0	0	0	0	0	0	0	0	0	0
	港、澳、台刊物		24	0	0	0	0	0	0	0	0	0	0	0	0	0	0	0	0
研究与咨询报告(篇)	合计		25	0	0	0	0	0	0	0	0	0	0	0	0	0	0	0	0
	被采纳数		26	0	0	0	0	0	0	0	0	0	0	0	0	0	0	0	0

3.53 苏州信息职业技术学院人文、社会科学研究与课题成果来源情况表

		编号	合计 L01	课题来源														
				国家社科基金项目 L02	国家社科基金单列学科项目 L03	教育部人文社科研究项目 L04	高校古籍整理研究项目 L05	国家自然科学基金项目 L06	中央其他部门社科专门项目 L07	省、市、自治区社科基金项目 L08	省教育厅社科项目 L09	地、市、厅、局等政府部门项目 L10	国际合作研究项目 L11	与港、澳、台地区合作研究项目 L12	企事业单位委托项目 L13	学校社科项目 L14	外资项目 L15	其他 L16
课题数(项)		1	57	0	0	0	0	0	0	0	46	5	0	0	4	2	0	0
当年投入人数	合计(人年)	2	11	0	0	0	0	0	0	0	8.40	1.10	0	0	1.10	0.40	0	0
	研究生(人年)	3	0	0	0	0	0	0	0	0	0	0	0	0	0	0	0	0
当年拨入经费	合计(千元)	4	238.20	0	0	0	0	0	0	0	212	0	0	0	25	1.20	0	0
	当年立项项目拨入经费(千元)	5	205	0	0	0	0	0	0	0	180	0	0	0	25	0	0	0
当年支出经费(千元)		6	64.42	0	0	0	0	0	0	0	46.48	8	0	0	9.94	0	0	0
当年新开课题数(项)		7	26	0	0	0	0	0	0	0	18	3	0	0	4	1	0	0
当年新开课题批准经费(千元)		8	208	0	0	0	0	0	0	0	180	0	0	0	25	3	0	0
当年完成课题数(项)		9	10	0	0	0	0	0	0	0	6	3	0	0	1	0	0	0

出版著作(部)	合计		10	0	0	0	0	0	0	0	0	0	0	0	0	0	0	0	0
	专著	合计	11	0	0	0	0	0	0	0	0	0	0	0	0	0	0	0	0
		被译成外文	12	0	0	0	0	0	0	0	0	0	0	0	0	0	0	0	0
	编著教材		13	0	0	0	0	0	0	0	0	0	0	0	0	0	0	0	0
	工具书/参考书		14	0	0	0	0	0	0	0	0	0	0	0	0	0	0	0	0
	皮书/发展报告		15	0	0	0	0	0	0	0	0	0	0	0	0	0	0	0	0
	科普读物		16	0	0	0	0	0	0	0	0	0	0	0	0	0	0	0	0
古籍整理(部)			17	0	0	0	0	0	0	0	0	0	0	0	0	0	0	0	0
译著(部)			18	0	0	0	0	0	0	0	0	0	0	0	0	0	0	0	0
发表译文(篇)			19	0	0	0	0	0	0	0	0	0	0	0	0	0	0	0	0
电子出版物(件)			20	0	0	0	0	0	0	0	0	0	0	0	0	0	0	0	0
发表论文(篇)	合计		21	12	0	0	0	0	0	0	0	12	0	0	0	0	0	0	0
	国内学术刊物		22	12	0	0	0	0	0	0	0	12	0	0	0	0	0	0	0
	国外学术刊物		23	0	0	0	0	0	0	0	0	0	0	0	0	0	0	0	0
	港、澳、台刊物		24	0	0	0	0	0	0	0	0	0	0	0	0	0	0	0	0
研究与咨询报告(篇)	合计		25	4	0	0	0	0	0	0	0	0	3	0	0	1	0	0	0
	被采纳数		26	4	0	0	0	0	0	0	0	0	3	0	0	1	0	0	0

3.54 苏州工业园区服务外包职业学院人文、社会科学研究与课题成果来源情况表

			课题来源															
			合计	国家社科基金项目	国家社科基金单列学科项目	教育部人文社科研究项目	高校古籍整理研究项目	国家自然科学基金项目	中央其他部门社科专门项目	省、市、自治区社科基金项目	省教育厅社科项目	地、市、厅、局等政府部门项目	国际合作研究项目	与港、澳、台地区合作研究项目	企事业单位委托项目	学校社科项目	外资项目	其他
		编号	L01	L02	L03	L04	L05	L06	L07	L08	L09	L10	L11	L12	L13	L14	L15	L16
课题数(项)		1	159	0	0	0	0	0	0	0	55	48	0	0	42	14	0	0
当年投入人数	合计(人年)	2	24.20	0	0	0	0	0	0	0	10	8.10	0	0	4.20	1.90	0	0
	研究生(人年)	3	0	0	0	0	0	0	0	0	0	0	0	0	0	0	0	0
当年拨入经费	合计(千元)	4	3194.36	0	0	0	0	0	0	0	208	134	0	0	2752.36	100	0	0
	当年立项项目拨入经费(千元)	5	3186.36	0	0	0	0	0	0	0	200	134	0	0	2752.36	100	0	0
当年支出经费(千元)		6	3218.46	0	0	0	0	0	0	0	240.90	172.60	0	0	2763.36	41.60	0	0
当年新开课题数(项)		7	87	0	0	0	0	0	0	0	23	20	0	0	42	2	0	0
当年新开课题批准经费(千元)		8	3186.36	0	0	0	0	0	0	0	200	134	0	0	2752.36	100	0	0
当年完成课题数(项)		9	40	0	0	0	0	0	0	0	8	28	0	0	0	4	0	0

出版著作(部)	合计		10	2	0	0	0	0	0	0	0	0	2	0	0	0	0	0	0
	专著	合计	11	1	0	0	0	0	0	0	0	0	1	0	0	0	0	0	0
		被译成外文	12	0	0	0	0	0	0	0	0	0	0	0	0	0	0	0	0
	编著教材		13	1	0	0	0	0	0	0	0	0	1	0	0	0	0	0	0
	工具书/参考书		14	0	0	0	0	0	0	0	0	0	0	0	0	0	0	0	0
	皮书/发展报告		15	0	0	0	0	0	0	0	0	0	0	0	0	0	0	0	0
	科普读物		16	0	0	0	0	0	0	0	0	0	0	0	0	0	0	0	0
古籍整理(部)			17	0	0	0	0	0	0	0	0	0	0	0	0	0	0	0	0
译著(部)			18	0	0	0	0	0	0	0	0	0	0	0	0	0	0	0	0
发表译文(篇)			19	0	0	0	0	0	0	0	0	0	0	0	0	0	0	0	0
电子出版物(件)			20	0	0	0	0	0	0	0	0	0	0	0	0	0	0	0	0
发表论文(篇)	合计		21	53	0	0	0	0	0	0	0	29	16	0	0	0	8	0	0
	国内学术刊物		22	53	0	0	0	0	0	0	0	29	16	0	0	0	8	0	0
	国外学术刊物		23	0	0	0	0	0	0	0	0	0	0	0	0	0	0	0	0
	港、澳、台刊物		24	0	0	0	0	0	0	0	0	0	0	0	0	0	0	0	0
研究与咨询报告(篇)	合计		25	14	0	0	0	0	0	0	0	0	0	0	0	14	0	0	0
	被采纳数		26	14	0	0	0	0	0	0	0	0	0	0	0	14	0	0	0

3.55 徐州幼儿师范高等专科学校人文、社会科学研究与课题成果来源情况表

		编号	合计 L01	国家社科基金项目 L02	国家社科基金单列学科项目 L03	教育部人文社科研究项目 L04	高校古籍整理研究项目 L05	国家自然科学基金项目 L06	中央其他部门社科专门项目 L07	省、市、自治区社科基金项目 L08	省教育厅社科项目 L09	地、市、厅、局等政府部门项目 L10	国际合作研究项目 L11	与港、澳、台地区合作研究项目 L12	企事业单位委托项目 L13	学校社科项目 L14	外资项目 L15	其他 L16
课题数(项)		1	214	0	0	2	0	0	1	0	88	114	0	0	0	9	0	0
当年投入人数	合计(人年)	2	40.50	0	0	0.30	0	0	0.20	0	16.70	21.60	0	0	0	1.70	0	0
	研究生(人年)	3	0	0	0	0	0	0	0	0	0	0	0	0	0	0	0	0
当年拨入经费	合计(千元)	4	242	0	0	0	0	0	0	0	105	137	0	0	0	0	0	0
	当年立项项目拨入经费(千元)	5	236	0	0	0	0	0	0	0	99	137	0	0	0	0	0	0
当年支出经费(千元)		6	274	0	0	3	0	0	0	0	141	130	0	0	0	0	0	0
当年新开课题数(项)		7	66	0	0	0	0	0	0	0	21	45	0	0	0	0	0	0
当年新开课题批准经费(千元)		8	437	0	0	0	0	0	0	0	300	137	0	0	0	0	0	0
当年完成课题数(项)		9	3	0	0	0	0	0	0	0	1	2	0	0	0	0	0	0

出版著作（部）	合计		10	0	0	0	0	0	0	0	0	0	0	0	0	0	0	0	0
	专著	合计	11	0	0	0	0	0	0	0	0	0	0	0	0	0	0	0	0
		被译成外文	12	0	0	0	0	0	0	0	0	0	0	0	0	0	0	0	0
	编著教材		13	0	0	0	0	0	0	0	0	0	0	0	0	0	0	0	0
	工具书/参考书		14	0	0	0	0	0	0	0	0	0	0	0	0	0	0	0	0
	皮书/发展报告		15	0	0	0	0	0	0	0	0	0	0	0	0	0	0	0	0
	科普读物		16	0	0	0	0	0	0	0	0	0	0	0	0	0	0	0	0
古籍整理（部）			17	0	0	0	0	0	0	0	0	0	0	0	0	0	0	0	0
译著（部）			18	0	0	0	0	0	0	0	0	0	0	0	0	0	0	0	0
发表译文（篇）			19	0	0	0	0	0	0	0	0	0	0	0	0	0	0	0	0
电子出版物（件）			20	0	0	0	0	0	0	0	0	0	0	0	0	0	0	0	0
发表论文（篇）	合计		21	82	0	0	0	0	0	0	0	32	37	0	0	0	13	0	0
	国内学术刊物		22	82	0	0	0	0	0	0	0	32	37	0	0	0	13	0	0
	国外学术刊物		23	0	0	0	0	0	0	0	0	0	0	0	0	0	0	0	0
	港、澳、台刊物		24	0	0	0	0	0	0	0	0	0	0	0	0	0	0	0	0
研究与咨询报告（篇）	合计		25	0	0	0	0	0	0	0	0	0	0	0	0	0	0	0	0
	被采纳数		26	0	0	0	0	0	0	0	0	0	0	0	0	0	0	0	0

3.56 徐州生物工程职业技术学院人文、社会科学研究与课题成果来源情况表

			课题来源															
			合计	国家社科基金项目	国家社科基金单列学科项目	教育部人文社科研究项目	高校古籍整理研究项目	国家自然科学基金项目	中央其他部门社科专门项目	省、市、自治区社科基金项目	省教育厅社科项目	地、市、厅、局等政府部门项目	国际合作研究项目	与港、澳、台地区合作研究项目	企事业单位委托项目	学校社科项目	外资项目	其他
		编号	L01	L02	L03	L04	L05	L06	L07	L08	L09	L10	L11	L12	L13	L14	L15	L16
课题数(项)		1	93	0	0	0	0	0	0	7	29	41	0	0	0	16	0	0
当年投入人数	合计(人年)	2	9.30	0	0	0	0	0	0	0.70	2.90	4.10	0	0	0	1.60	0	0
	研究生(人年)	3	0	0	0	0	0	0	0	0	0	0	0	0	0	0	0	0
当年拨入经费	合计(千元)	4	27	0	0	0	0	0	0	0	0	6	0	0	0	21	0	0
	当年立项项目拨入经费(千元)	5	27	0	0	0	0	0	0	0	0	6	0	0	0	21	0	0
当年支出经费(千元)		6	29.10	0	0	0	0	0	0	2	2	6	0	0	0	19.10	0	0
当年新开课题数(项)		7	52	0	0	0	0	0	0	3	13	30	0	0	0	6	0	0
当年新开课题批准经费(千元)		8	28.50	0	0	0	0	0	0	0	0	6	0	0	0	22.50	0	0
当年完成课题数(项)		9	46	0	0	0	0	0	0	3	4	34	0	0	0	5	0	0

八、社科研究、课题与成果（来源情况）

出版著作（部）	合计		10	1	0	0	0	0	0	0	0	0	1	0	0	0	0	0	0
	专著	合计	11	0	0	0	0	0	0	0	0	0	0	0	0	0	0	0	0
		被译成外文	12	0	0	0	0	0	0	0	0	0	0	0	0	0	0	0	0
	编著教材		13	1	0	0	0	0	0	0	0	0	1	0	0	0	0	0	0
	工具书/参考书		14	0	0	0	0	0	0	0	0	0	0	0	0	0	0	0	0
	皮书/发展报告		15	0	0	0	0	0	0	0	0	0	0	0	0	0	0	0	0
	科普读物		16	0	0	0	0	0	0	0	0	0	0	0	0	0	0	0	0
古籍整理（部）			17	0	0	0	0	0	0	0	0	0	0	0	0	0	0	0	0
译著（部）			18	0	0	0	0	0	0	0	0	0	0	0	0	0	0	0	0
发表译文（篇）			19	0	0	0	0	0	0	0	0	0	0	0	0	0	0	0	0
电子出版物（件）			20	0	0	0	0	0	0	0	0	0	0	0	0	0	0	0	0
发表论文（篇）	合计		21	55	0	0	0	0	0	0	20	22	7	0	0	0	6	0	0
	国内学术刊物		22	55	0	0	0	0	0	0	20	22	7	0	0	0	6	0	0
	国外学术刊物		23	0	0	0	0	0	0	0	0	0	0	0	0	0	0	0	0
	港、澳、台刊物		24	0	0	0	0	0	0	0	0	0	0	0	0	0	0	0	0
研究与咨询报告（篇）	合计		25	0	0	0	0	0	0	0	0	0	0	0	0	0	0	0	0
	被采纳数		26	0	0	0	0	0	0	0	0	0	0	0	0	0	0	0	0

3.57 江苏商贸职业学院人文、社会科学研究与课题成果来源情况表

			课题来源															
			合计	国家社科基金项目	国家社科基金单列学科项目	教育部人文社科研究项目	高校古籍整理研究项目	国家自然科学基金项目	中央其他部门社科专门项目	省、市、自治区社科基金项目	省教育厅社科项目	地、市、厅、局等政府部门项目	国际合作研究项目	与港、澳、台地区合作研究项目	企事业单位委托项目	学校社科项目	外资项目	其他
		编号	L01	L02	L03	L04	L05	L06	L07	L08	L09	L10	L11	L12	L13	L14	L15	L16
课题数(项)		1	194	0	0	0	0	0	0	0	34	30	0	0	48	82	0	0
当年投入人数	合计(人年)	2	40.90	0	0	0	0	0	0	0	9.20	7.20	0	0	9.90	14.60	0	0
	研究生(人年)	3	0	0	0	0	0	0	0	0	0	0	0	0	0	0	0	0
当年拨入经费	合计(千元)	4	527.30	0	0	0	0	0	0	0	140	5.50	0	0	312	69.80	0	0
	当年立项项目拨入经费(千元)	5	405.80	0	0	0	0	0	0	0	140	5.50	0	0	221.50	38.80	0	0
当年支出经费(千元)		6	562.98	0	0	0	0	0	0	0	84	11.95	0	0	390.63	76.40	0	0
当年新开课题数(项)		7	89	0	0	0	0	0	0	0	14	20	0	0	25	30	0	0
当年新开课题批准经费(千元)		8	458.50	0	0	0	0	0	0	0	140	9	0	0	255.50	54	0	0
当年完成课题数(项)		9	80	0	0	0	0	0	0	0	9	11	0	0	28	32	0	0

出版著作(部)	合计		10	1	0	0	0	0	0	0	0	0	0	0	0	1	0	0	0
	专著	合计	11	0	0	0	0	0	0	0	0	0	0	0	0	0	0	0	0
		被译成外文	12	0	0	0	0	0	0	0	0	0	0	0	0	0	0	0	0
	编著教材		13	1	0	0	0	0	0	0	0	0	0	0	0	1	0	0	0
	工具书/参考书		14	0	0	0	0	0	0	0	0	0	0	0	0	0	0	0	0
	皮书/发展报告		15	0	0	0	0	0	0	0	0	0	0	0	0	0	0	0	0
	科普读物		16	0	0	0	0	0	0	0	0	0	0	0	0	0	0	0	0
古籍整理(部)			17	0	0	0	0	0	0	0	0	0	0	0	0	0	0	0	0
译著(部)			18	0	0	0	0	0	0	0	0	0	0	0	0	0	0	0	0
发表译文(篇)			19	0	0	0	0	0	0	0	0	0	0	0	0	0	0	0	0
电子出版物(件)			20	0	0	0	0	0	0	0	0	0	0	0	0	0	0	0	0
发表论文(篇)	合计		21	87	0	0	0	0	0	0	0	35	10	0	0	6	36	0	0
	国内学术刊物		22	87	0	0	0	0	0	0	0	35	10	0	0	6	36	0	0
	国外学术刊物		23	0	0	0	0	0	0	0	0	0	0	0	0	0	0	0	0
	港、澳、台刊物		24	0	0	0	0	0	0	0	0	0	0	0	0	0	0	0	0
研究与咨询报告(篇)	合计		25	37	0	0	0	0	0	0	0	0	9	0	0	28	0	0	0
	被采纳数		26	2	0	0	0	0	0	0	0	0	0	0	0	2	0	0	0

3.58 南通师范高等专科学校人文、社会科学研究与课题成果来源情况表

		编号	合计	国家社科基金项目	国家社科基金单列学科项目	教育部人文社科研究项目	高校古籍整理研究项目	国家自然科学基金项目	中央其他部门社科专门项目	省、市、自治区社科基金项目	省教育厅社科项目	地、市、厅、局等政府部门项目	国际合作研究项目	与港、澳、台地区合作研究项目	企事业单位委托项目	学校社科项目	外资项目	其他
			课题来源															
			L01	L02	L03	L04	L05	L06	L07	L08	L09	L10	L11	L12	L13	L14	L15	L16
课题数(项)		1	156	0	0	2	0	0	0	1	0	108	0	0	5	40	0	0
当年投入人数	合计(人年)	2	28.20	0	0	0.50	0	0	0	0.30	0	21.10	0	0	0.80	5.50	0	0
	研究生(人年)	3	0	0	0	0	0	0	0	0	0	0	0	0	0	0	0	0
当年拨入经费	合计(千元)	4	1249	0	0	80	0	0	0	32	0	111	0	0	1008	18	0	0
	当年立项项目拨入经费(千元)	5	1100	0	0	0	0	0	0	0	0	77	0	0	1008	15	0	0
当年支出经费(千元)		6	682.58	0	0	27.77	0	0	0	32	0	47.81	0	0	572	3	0	0
当年新开课题数(项)		7	56	0	0	0	0	0	0	0	0	36	0	0	5	15	0	0
当年新开课题批准经费(千元)		8	1136	0	0	0	0	0	0	0	0	80	0	0	1041	15	0	0
当年完成课题数(项)		9	20	0	0	0	0	0	0	0	0	17	0	0	0	3	0	0

八、社科研究、课题与成果（来源情况）

序号	项目	C1	C2	C3	C4	C5	C6	C7	C8	C9	C10	C11	C12	C13	C14	C15
10	出版著作(部) 合计	0	0	0	0	0	0	0	0	0	0	0	0	0	0	0
11	专著 合计	0	0	0	0	0	0	0	0	0	0	0	0	0	0	0
12	被译成外文	0	0	0	0	0	0	0	0	0	0	0	0	0	0	0
13	编著教材	0	0	0	0	0	0	0	0	0	0	0	0	0	0	0
14	工具书/参考书	0	0	0	0	0	0	0	0	0	0	0	0	0	0	0
15	皮书/发展报告	0	0	0	0	0	0	0	0	0	0	0	0	0	0	0
16	科普读物	0	0	0	0	0	0	0	0	0	0	0	0	0	0	0
17	古籍整理(部)	0	0	0	0	0	0	0	0	0	0	0	0	0	0	0
18	译著(部)	0	0	0	0	0	0	0	0	0	0	0	0	0	0	0
19	发表译文(篇)	0	0	0	0	0	0	0	0	0	0	0	0	0	0	0
20	电子出版物(件)	0	0	0	0	0	0	0	0	0	0	0	0	0	0	0
21	发表论文(篇) 合计	0	0	13	0	0	0	62	0	0	0	0	0	0	0	75
22	国内学术刊物	0	0	13	0	0	0	59	0	0	0	0	0	0	0	72
23	国外学术刊物	0	0	0	0	0	0	3	0	0	0	0	0	0	0	3
24	港澳、台刊物	0	0	0	0	0	0	0	0	0	0	0	0	0	0	0
25	研究与咨询报告(篇) 合计	0	0	0	0	0	0	0	0	0	0	0	0	0	0	0
26	被采纳数	0	0	0	0	0	0	0	0	0	0	0	0	0	0	0

3.59 江苏护理职业学院人文、社会科学研究与课题成果来源情况表

			课题来源															
			合计	国家社科基金项目	国家社科基金单列学科项目	教育部人文社科研究项目	高校古籍整理研究项目	国家自然科学基金项目	中央其他部门社科专门项目	省、市、自治区社科基金项目	省教育厅社科项目	地、市、厅、局等政府部门项目	国际合作研究项目	与港、澳、台地区合作研究项目	企事业单位委托项目	学校社科项目	外资项目	其他
		编号	L01	L02	L03	L04	L05	L06	L07	L08	L09	L10	L11	L12	L13	L14	L15	L16
课题数(项)		1	106	0	0	1	0	0	0	0	67	31	0	0	0	7	0	0
当年投入人数	合计(人年)	2	29.90	0	0	0.10	0	0	0	0	18.30	9.30	0	0	0	2.20	0	0
	研究生(人年)	3	0	0	0	0	0	0	0	0	0	0	0	0	0	0	0	0
当年拨入经费	合计(千元)	4	300	0	0	0	0	0	0	0	186	114	0	0	0	0	0	0
	当年立项项目拨入经费(千元)	5	290	0	0	0	0	0	0	0	176	114	0	0	0	0	0	0
当年支出经费(千元)		6	189	0	0	0	0	0	0	0	111	78	0	0	0	0	0	0
当年新开课题数(项)		7	34	0	0	0	0	0	0	0	20	14	0	0	0	0	0	0
当年新开课题批准经费(千元)		8	329	0	0	0	0	0	0	0	210	119	0	0	0	0	0	0
当年完成课题数(项)		9	16	0	0	0	0	0	0	0	10	6	0	0	0	0	0	0

八、社科研究、课题与成果(来源情况)

出版著作(部)	合计		10	0	0	0	0	0	0	0	0	0	0	0	0	0	0	0	0
	专著	合计	11	0	0	0	0	0	0	0	0	0	0	0	0	0	0	0	0
		被译成外文	12	0	0	0	0	0	0	0	0	0	0	0	0	0	0	0	0
	编著教材		13	0	0	0	0	0	0	0	0	0	0	0	0	0	0	0	0
	工具书/参考书		14	0	0	0	0	0	0	0	0	0	0	0	0	0	0	0	0
	皮书/发展报告		15	0	0	0	0	0	0	0	0	0	0	0	0	0	0	0	0
	科普读物		16	0	0	0	0	0	0	0	0	0	0	0	0	0	0	0	0
古籍整理(部)			17	0	0	0	0	0	0	0	0	0	0	0	0	0	0	0	0
译著(部)			18	0	0	0	0	0	0	0	0	0	0	0	0	0	0	0	0
发表译文(篇)			19	0	0	0	0	0	0	0	0	0	0	0	0	0	0	0	0
电子出版物(件)			20	0	0	0	0	0	0	0	0	0	0	0	0	0	0	0	0
发表论文(篇)	合计		21	30	0	0	0	0	0	0	0	26	3	0	0	0	1	0	0
	国内学术刊物		22	30	0	0	0	0	0	0	0	26	3	0	0	0	1	0	0
	国外学术刊物		23	0	0	0	0	0	0	0	0	0	0	0	0	0	0	0	0
	港、澳、台刊物		24	0	0	0	0	0	0	0	0	0	0	0	0	0	0	0	0
研究与咨询报告(篇)	合计		25	0	0	0	0	0	0	0	0	0	0	0	0	0	0	0	0
	被采纳数		26	0	0	0	0	0	0	0	0	0	0	0	0	0	0	0	0

3.60 江苏财会职业学院人文、社会科学研究与课题成果来源情况表

		编号	合计	国家社科基金项目	国家社科基金单列学科项目	教育部人文社科研究项目	高校古籍整理研究项目	国家自然科学基金项目	中央其他部门社科专门项目	省、市、自治区社科基金项目	省教育厅社科项目	地、市、厅、局等政府部门项目	国际合作研究项目	与港、澳、台地区合作研究项目	企事业单位委托项目	学校社科项目	外资项目	其他
			L01	L02	L03	L04	L05	L06	L07	L08	L09	L10	L11	L12	L13	L14	L15	L16
课题数(项)		1	109	0	0	0	0	0	0	1	42	58	0	0	4	4	0	0
当年投入人数	合计(人年)	2	28.20	0	0	0	0	0	0	0.20	10.60	15.10	0	0	1.40	0.90	0	0
	其中:研究生(人年)	3	0	0	0	0	0	0	0	0	0	0	0	0	0	0	0	0
当年拨入经费	合计(千元)	4	241	0	0	0	0	0	0	2	96	93	0	0	50	0	0	0
	当年立项项目拨入经费(千元)	5	65	0	0	0	0	0	0	0	0	15	0	0	50	0	0	0
当年支出经费(千元)		6	241	0	0	0	0	0	0	2	96	93	0	0	50	0	0	0
当年新开课题数(项)		7	62	0	0	0	0	0	0	0	17	40	0	0	2	3	0	0
当年新开课题批准经费(千元)		8	177	0	0	0	0	0	0	0	69	58	0	0	50	0	0	0
当年完成课题数(项)		9	36	0	0	0	0	0	0	1	13	19	0	0	2	1	0	0

八、社科研究、课题与成果（来源情况）

	出版著作（部）							古籍整理(部)	译著(部)	发表译文(篇)	电子出版物(件)	发表论文（篇）				研究与咨询报告（篇）	
	合计	专著		编著教材	工具书/参考书	皮书/发展报告	科普读物					合计	国内学术刊物	国外学术刊物	港、澳、台刊物	合计	被采纳数
		合计	被译成外文														
	10	11	12	13	14	15	16	17	18	19	20	21	22	23	24	25	26
	0	0	0	0	0	0	0	0	0	0	0	0	0	0	0	0	0
	0	0	0	0	0	0	0	0	0	0	0	0	0	0	0	0	0
	0	0	0	0	0	0	0	0	0	0	0	4	4	0	0	0	0
	0	0	0	0	0	0	0	0	0	0	0	0	0	0	0	2	0
	0	0	0	0	0	0	0	0	0	0	0	0	0	0	0	0	0
	0	0	0	0	0	0	0	0	0	0	0	25	25	0	0	16	0
	1	1	0	0	0	0	0	0	0	0	0	20	20	0	0	0	0
	0	0	0	0	0	0	0	0	0	0	0	0	0	0	0	0	0
	0	0	0	0	0	0	0	0	0	0	0	0	0	0	0	0	0
	0	0	0	0	0	0	0	0	0	0	0	0	0	0	0	0	0
	0	0	0	0	0	0	0	0	0	0	0	0	0	0	0	0	0
	0	0	0	0	0	0	0	0	0	0	0	0	0	0	0	0	0
	0	0	0	0	0	0	0	0	0	0	0	0	0	0	0	0	0
	1	1	0	0	0	0	0	0	0	0	0	49	49	0	0	18	0

3.61 江苏城乡建设职业学院人文、社会科学研究与课题成果来源情况表

		编号	合计	国家社科基金项目	国家社科基金单列学科项目	教育部人文社科研究项目	高校古籍整理研究项目	国家自然科学基金项目	中央其他部门社科专门项目	省、市、自治区社科基金项目	省教育厅社科项目	地、市、厅、局等政府部门项目	国际合作研究项目	与港、澳、台地区合作研究项目	企事业单位委托项目	学校社科项目	外资项目	其他
			课题来源															
			L01	L02	L03	L04	L05	L06	L07	L08	L09	L10	L11	L12	L13	L14	L15	L16
课题数(项)		1	204	0	0	1	0	0	1	0	73	65	0	0	6	58	0	0
当年投入人数	合计(人年)	2	41.90	0	0	0.10	0	0	0.40	0	15.60	10	0	0	1.50	14.30	0	0
	研究生(人年)	3	0	0	0	0	0	0	0	0	0	0	0	0	0	0	0	0
当年拨入经费	合计(千元)	4	128	0	0	24	0	0	3	0	45	56	0	0	0	0	0	0
	当年立项项目拨入经费(千元)	5	78	0	0	24	0	0	0	0	0	54	0	0	0	0	0	0
当年支出经费(千元)		6	202.84	0	0	4	0	0	13	0	113.64	37	0	0	2.70	32.50	0	0
当年新开课题数(项)		7	104	0	0	1	0	0	0	0	19	62	0	0	0	22	0	0
当年新开课题批准经费(千元)		8	229	0	0	80	0	0	0	0	0	61	0	0	0	88	0	0
当年完成课题数(项)		9	70	0	0	0	0	0	1	0	17	52	0	0	0	0	0	0

八、社科研究、课题与成果(来源情况)

	10 合计	11 合计(专著)	12 被译成外文	13 编著教材	14 工具书/参考书	15 皮书/发展报告	16 科普读物	17 古籍整理(部)	18 译著(部)	19 发表译文(篇)	20 电子出版物(件)	21 合计(发表论文)	22 国内学术刊物	23 国外学术刊物	24 港、澳、台刊物	25 合计(研究与咨询报告)	26 被采纳数
1	0	0	0	0	0	0	0	0	0	0	0	0	0	0	0	0	0
2	0	0	0	0	0	0	0	0	0	0	0	0	0	0	0	0	0
3	0	0	0	0	0	0	0	0	0	0	0	0	0	0	0	0	0
4	0	0	0	0	0	0	0	0	0	0	0	0	0	0	0	0	0
5	0	0	0	0	0	0	0	0	0	0	0	0	0	0	0	0	0
6	0	0	0	0	0	0	0	0	0	0	0	0	0	0	0	0	0
7	0	0	0	0	0	0	0	0	0	0	0	73	73	0	0	51	0
8	0	0	0	0	0	0	0	0	0	0	0	11	11	0	0	1	0
9	0	0	0	0	0	0	0	0	0	0	0	0	0	0	0	0	0
10	0	0	0	0	0	0	0	0	0	0	0	0	0	0	0	0	0
11	0	0	0	0	0	0	0	0	0	0	0	0	0	0	0	0	0
12	0	0	0	0	0	0	0	0	0	0	0	1	1	0	0	0	0
13	0	0	0	0	0	0	0	0	0	0	0	0	0	0	0	0	0
14	0	0	0	0	0	0	0	0	0	0	0	0	0	0	0	0	0
15	0	0	0	0	0	0	0	0	0	0	0	85	85	0	0	52	0

3.62 江苏航空职业技术学院人文、社会科学研究与课题成果来源情况表

		编号	合计	国家社科基金项目	国家社科基金单列学科项目	教育部人文社科研究项目	高校古籍整理研究项目	国家自然科学基金项目	中央其他部门社科专门项目	省、市、自治区社科基金项目	省教育厅社科项目	地、市、厅、局等政府部门项目	国际合作研究项目	与港、澳、台地区合作研究项目	企事业单位委托项目	学校社科项目	外资项目	其他
			课题来源															
			L01	L02	L03	L04	L05	L06	L07	L08	L09	L10	L11	L12	L13	L14	L15	L16
课题数(项)		1	74	0	0	0	0	0	0	0	34	17	0	0	0	23	0	0
当年投入人数	合计(人年)	2	20.20	0	0	0	0	0	0	0	8.80	4.30	0	0	0	7.10	0	0
	研究生(人年)	3	0	0	0	0	0	0	0	0	0	0	0	0	0	0	0	0
当年拨入经费	合计(千元)	4	312	0	0	0	0	0	0	0	234	0	0	0	0	78	0	0
	当年立项项目拨入经费(千元)	5	236	0	0	0	0	0	0	0	164	0	0	0	0	72	0	0
当年支出经费(千元)		6	51.06	0	0	0	0	0	0	0	9.47	0	0	0	0	41.60	0	0
当年新开课题数(项)		7	49	0	0	0	0	0	0	0	19	12	0	0	0	18	0	0
当年新开课题批准经费(千元)		8	246	0	0	0	0	0	0	0	174	0	0	0	0	72	0	0
当年完成课题数(项)		9	22	0	0	0	0	0	0	0	1	10	0	0	0	11	0	0

			10	11	12	13	14	15	16	17	18	19	20	21	22	23	24	25	26
			合计	合计	被译成外文	编著教材	工具书/参考书	皮书/发展报告	科普读物	古籍整理(部)	译著(部)	发表译文(篇)	电子出版物(件)	合计	国内学术刊物	国外学术刊物	港、澳、台刊物	合计	被采纳数
				专著										发表论文(篇)				研究与咨询报告(篇)	
		出版著作(部)																	
			0	0	0	0	0	0	0	0	0	0	0	0	0	0	0	0	0
			0	0	0	0	0	0	0	0	0	0	0	0	0	0	0	0	0
			0	0	0	0	0	0	0	0	0	35	35	0	0	0	0	0	0
			0	0	0	0	0	0	0	0	0	1	1	0	0	0	0	0	0
			0	0	0	0	0	0	0	0	0	0	0	0	0	0	0	0	0
			0	0	0	0	0	0	0	0	0	0	0	0	0	0	0	0	0
			0	0	0	0	0	0	0	0	0	7	7	0	0	0	0	0	0
			0	0	0	0	0	0	0	0	0	6	6	0	0	0	0	0	0
			0	0	0	0	0	0	0	0	0	0	0	0	0	0	0	0	0
			0	0	0	0	0	0	0	0	0	0	0	0	0	0	0	0	0
			0	0	0	0	0	0	0	0	0	0	0	0	0	0	0	0	0
			0	0	0	0	0	0	0	0	0	0	0	0	0	0	0	0	0
			0	0	0	0	0	0	0	0	0	49	49	0	0	0	0	0	0
			0	0	0	0	0	0	0	0	0	0	0	0	0	0	0	0	0
			0	0	0	0	0	0	0	0	0	0	0	0	0	0	0	0	0
			0	0	0	0	0	0	0	0	0	0	0	0	0	0	0	0	0

八、社科研究、课题与成果（来源情况）

3.63 江苏安全技术职业学院人文、社会科学研究与课题成果来源情况表

			课题来源															
			合计	国家社科基金项目	国家社科基金单列学科项目	教育部人文社科研究项目	高校古籍整理研究项目	国家自然科学基金项目	中央其他部门社科专门项目	省、市、自治区社科基金项目	省教育厅社科项目	地、市、厅、局等政府部门项目	国际合作研究项目	与港、澳、台地区合作研究项目	企事业单位委托项目	学校社科项目	外资项目	其他
		编号	L01	L02	L03	L04	L05	L06	L07	L08	L09	L10	L11	L12	L13	L14	L15	L16
课题数(项)		1	16	0	0	0	0	0	0	1	5	9	0	0	0	1	0	0
当年投入人数	合计(人年)	2	3.70	0	0	0	0	0	0	0.30	1.30	1.90	0	0	0	0.20	0	0
	研究生(人年)	3	0	0	0	0	0	0	0	0	0	0	0	0	0	0	0	0
当年拨入经费	合计(千元)	4	76	0	0	0	0	0	0	5	21	50	0	0	0	0	0	0
	当年立项项目拨入经费(千元)	5	60	0	0	0	0	0	0	0	12	48	0	0	0	0	0	0
当年支出经费(千元)		6	40.70	0	0	0	0	0	0	5	14.50	17.20	0	0	0	4	0	0
当年新开课题数(项)		7	10	0	0	0	0	0	0	0	2	8	0	0	0	0	0	0
当年新开课题批准经费(千元)		8	68	0	0	0	0	0	0	0	20	48	0	0	0	0	0	0
当年完成课题数(项)		9	1	0	0	0	0	0	0	0	1	0	0	0	0	0	0	0

出版著作(部)	合计		10	0	0	0	0	0	0	0	0	0	0	0	0	0	0	0	0
	专著	合计	11	0	0	0	0	0	0	0	0	0	0	0	0	0	0	0	0
		被译成外文	12	0	0	0	0	0	0	0	0	0	0	0	0	0	0	0	0
	编著教材		13	0	0	0	0	0	0	0	0	0	0	0	0	0	0	0	0
	工具书/参考书		14	0	0	0	0	0	0	0	0	0	0	0	0	0	0	0	0
	皮书/发展报告		15	0	0	0	0	0	0	0	0	0	0	0	0	0	0	0	0
	科普读物		16	0	0	0	0	0	0	0	0	0	0	0	0	0	0	0	0
古籍整理(部)			17	0	0	0	0	0	0	0	0	0	0	0	0	0	0	0	0
译著(部)			18	0	0	0	0	0	0	0	0	0	0	0	0	0	0	0	0
发表译文(篇)			19	0	0	0	0	0	0	0	0	0	0	0	0	0	0	0	0
电子出版物(件)			20	0	0	0	0	0	0	0	0	0	0	0	0	0	0	0	0
发表论文(篇)	合计		21	20	0	0	0	0	0	0	6	8	6	0	0	0	0	0	0
	国内学术刊物		22	20	0	0	0	0	0	0	6	8	6	0	0	0	0	0	0
	国外学术刊物		23	0	0	0	0	0	0	0	0	0	0	0	0	0	0	0	0
	港、澳、台刊物		24	0	0	0	0	0	0	0	0	0	0	0	0	0	0	0	0
研究与咨询报告(篇)	合计		25	0	0	0	0	0	0	0	0	0	0	0	0	0	0	0	0
	被采纳数		26	0	0	0	0	0	0	0	0	0	0	0	0	0	0	0	0

3.64 江苏旅游职业学院人文、社会科学研究与课题成果来源情况表

			课题来源															
			合计	国家社科基金项目	国家社科基金单列学科项目	教育部人文社科研究项目	高校古籍整理研究项目	国家自然科学基金项目	中央其他部门社科专门项目	省、市、自治区社科基金项目	省教育厅社科项目	地、市、厅、局等政府部门项目	国际合作研究项目	与港、澳、台地区合作研究项目	企事业单位委托项目	学校社科项目	外资项目	其他
		编号	L01	L02	L03	L04	L05	L06	L07	L08	L09	L10	L11	L12	L13	L14	L15	L16
课题数(项)		1	117	0	0	0	0	0	1	0	32	37	0	0	0	35	0	12
当年投入人数	合计(人年)	2	11.70	0	0	0	0	0	0.20	0	3.20	3.60	0	0	0	3.50	0	1.20
	研究生(人年)	3	0	0	0	0	0	0	0	0	0	0	0	0	0	0	0	0
当年拨入经费	合计(千元)	4	40	0	0	0	0	0	0	0	0	40	0	0	0	0	0	0
	当年立项项目拨入经费(千元)	5	20	0	0	0	0	0	0	0	0	20	0	0	0	0	0	0
当年支出经费(千元)		6	64	0	0	0	0	0	0	0	7	52	0	0	0	0	0	5
当年新开课题数(项)		7	58	0	0	0	0	0	0	0	16	2	0	0	0	32	0	8
当年新开课题批准经费(千元)		8	308	0	0	0	0	0	0	0	160	20	0	0	0	128	0	0
当年完成课题数(项)		9	20	0	0	0	0	0	0	0	11	8	0	0	0	0	0	1

八、社科研究、课题与成果（来源情况）

	出版著作(部)											发表论文(篇)				研究与咨询报告(篇)	
	合计	专著 合计	专著 被译成外文	编著教材	工具书/参考书	皮书/发展报告	科普读物	古籍整理(部)	译著(部)	发表译文(篇)	电子出版物(件)	合计	国内学术刊物	国外学术刊物	港澳台刊物	合计	被采纳数
	10	11	12	13	14	15	16	17	18	19	20	21	22	23	24	25	26
	0	0	0	0	0	0	0	0	0	0	0	15	15	0	0	0	0
	0	0	0	0	0	0	0	0	0	0	0	0	0	0	0	0	0
	0	0	0	0	0	0	0	0	0	0	0	0	0	0	0	0	0
	0	0	0	0	0	0	0	0	0	0	0	0	0	0	0	0	0
	0	0	0	0	0	0	0	0	0	0	0	1	1	0	0	0	0
	0	0	0	0	0	0	0	0	0	0	0	0	0	0	0	0	0
	0	0	0	0	0	0	0	0	0	0	0	1	1	0	0	0	0
	0	0	0	0	0	0	0	0	0	0	0	12	12	0	0	0	0
	0	0	0	0	0	0	0	0	0	0	0	1	1	0	0	0	0
	0	0	0	0	0	0	0	0	0	0	0	0	0	0	0	0	0
	0	0	0	0	0	0	0	0	0	0	0	0	0	0	0	0	0
	0	0	0	0	0	0	0	0	0	0	0	0	0	0	0	0	0
	0	0	0	0	0	0	0	0	0	0	0	0	0	0	0	0	0
	0	0	0	0	0	0	0	0	0	0	0	0	0	0	0	0	0
	0	0	0	0	0	0	0	0	0	0	0	1	1	0	0	0	0

4. 民办及中外合作办学高等学校人文、社会科学研究与课题成果来源情况表

			课题来源															
			合计	国家社科基金项目	国家社科基金单列学科项目	教育部人文社科研究项目	高校古籍整理研究项目	国家自然科学基金项目	中央其他部门社科专门项目	省、市、自治区社科基金项目	省教育厅社科项目	地、市、厅、局等政府部门项目	国际合作研究项目	与港、澳、台地区合作研究项目	企事业单位委托项目	学校社科项目	外资项目	其他
		编号	L01	L02	L03	L04	L05	L06	L07	L08	L09	L10	L11	L12	L13	L14	L15	L16
课题数(项)		1	3401	10	4	20	0	12	8	79	1801	628	3	0	367	460	1	8
当年投入人数	合计(人年)	2	732.50	3.90	2	10.60	0	4.90	1.80	14.90	386.60	137.30	1.10	0	73	95.10	0.10	1.20
	研究生(人年)	3	1.10	0	0	0.40	0	0	0	0	0	0.20	0	0	0	0.50	0	0
当年拨入经费	合计(千元)	4	28 117.61	804.30	360	372.60	0	1074	590	212	4406.70	1848.80	531.14	0	15 069.15	2715.80	119.12	14
	当年立项项目拨入经费(千元)	5	24 223.31	670	360	120	0	556	590	180	3949	1540.80	531.14	0	13 406.77	2305.60	0	14
当年支出经费(千元)		6	23 501.09	299.47	77.22	423	0	529.51	602.25	333.37	4015.50	1492.88	137.84	0	14 334.87	1057.51	190.86	6.81
当年新开课题数(项)		7	1451	4	2	4	0	5	5	26	592	376	2	0	220	210	0	5
当年新开课题批准经费(千元)		8	29 910.86	760	400	280	0	988	590	273	5071	1793.70	580.71	0	16 825.35	2333.10	0	16
当年完成课题数(项)		9	1066	0	0	6	0	1	4	26	420	305	0	0	194	108	1	1

出版著作（部）	合计		10	55	1	0	0	0	0	0	0	14	16	0	0	17	6	0	1
	专著	合计	11	9	1	0	0	0	0	0	0	6	1	0	0	0	1	0	0
		被译成外文	12	0	0	0	0	0	0	0	0	0	0	0	0	0	0	0	0
	编著教材		13	32	0	0	0	0	0	0	0	7	14	0	0	5	5	0	1
	工具书/参考书		14	1	0	0	0	0	0	0	0	1	0	0	0	0	0	0	0
	皮书/发展报告		15	13	0	0	0	0	0	0	0	0	1	0	0	12	0	0	0
	科普读物		16	0	0	0	0	0	0	0	0	0	0	0	0	0	0	0	0
古籍整理（部）			17	0	0	0	0	0	0	0	0	0	0	0	0	0	0	0	0
译著（部）			18	0	0	0	0	0	0	0	0	0	0	0	0	0	0	0	0
发表译文（篇）			19	3	0	0	0	0	0	0	0	3	0	0	0	0	0	0	0
电子出版物（件）			20	0	0	0	0	0	0	0	0	0	0	0	0	0	0	0	0
发表论文（篇）	合计		21	1672	4	2	16	0	3	8	30	1090	291	1	0	45	167	0	15
	国内学术刊物		22	1628	4	2	14	0	3	8	30	1066	278	1	0	45	164	0	13
	国外学术刊物		23	44	0	0	2	0	0	0	0	24	13	0	0	0	3	0	2
	港、澳、台刊物		24	0	0	0	0	0	0	0	0	0	0	0	0	0	0	0	0
研究与咨询报告（篇）	合计		25	139	4	0	1	0	0	3	3	5	59	0	0	63	1	0	0
	被采纳数		26	64	3	0	1	0	0	2	3	1	31	0	0	23	0	0	0

注：由于篇幅限制，本节不对民办及中外合作办学高等学校人文、社会科学研究与课题成果来源情况进行细分说明。

九、社科研究成果获奖

成果名称	编号	合计 L01	成果形式 L02	主要作者 L03	课题来源 L04	奖励名称 L05	奖励等级 L06	备注 L07
合　计	/	/	/	/	/	/	/	/
1. 南京大学	/	3	/	/	/	/	/	/
寒门如何出“贵子”——基于文化资本视角的阶层突破	1	/	论文	余秀兰	国家社科基金单列学科项目	第六届全国教育科学研究优秀成果奖	三等	/
哲学通识教育的理念、历史与实践研究	2	/	专著	张亮	非项目成果	第六届全国教育科学研究优秀成果奖	三等	/
中美研究型大学本科生深层学习及其影响机制的比较研究——基于中美八所大学 SERU 调查的实证分析	3	/	论文	吕林海	国家社科基金单列学科项目	第六届全国教育科学研究优秀成果奖	二等	/
2. 南京农业大学	/	1	/	/	/	/	/	/
基于 IPOD 框架的博士生教育质量研究——以涉农学科为例	1	/	论文	罗英姿	国家自然科学基金项目	第六届全国教育科学研究优秀成果奖	三等	/
3. 苏州大学	/	3	/	/	/	/	/	/
企业参与职业教育办学的成本收益研究	1	/	专著	冉云芳	国家社科基金单列学科项目	教育部第六届全国教育科学研究优秀成果奖	三等	/
叙事德育模式:理念及操作	2	/	专著	李西顺	省、市、自治区社科基金项目	教育部第六届全国教育科学研究优秀成果奖	二等	/
自我的回归——大学教师自我认同的逻辑	3	/	专著	曹永国	教育部人文社科研究项目	教育部第六届全国教育科学研究优秀成果奖	二等	/

4. 江苏大学	/	1	/	/	/	/	/	/
共和国教育学 70 年·德育原理卷	1	/	专著	张忠华	非项目成果	全国教育科学研究优秀成果奖	三等	/
5. 南京信息工程大学	/	1	/	/	/	/	/	/
学习范式下的教师发展:理论模式与组织建设	1	/	论文	吴立保	教育部人文社科研究项目	第六届全国教育科学研究优秀成果奖	三等	/
6. 南京师范大学	/	7	/	/	/	/	/	/
大学内部治理论	1	/	专著	胡建华	非项目成果	第六届全国教育科学研究优秀成果奖	一等	/
风险社会的道德教育	2	/	专著	章乐	国家社科基金单列学科项目	第六届全国教育科学研究优秀成果奖	三等	/
国民审美素养:社会转型时期的审美资本	3	/	专著	易晓明	非项目成果	第六届全国教育科学研究优秀成果奖	三等	/
回归本真:“教育与人”的哲学探索	4	/	专著	冯建军	国家社科基金单列学科项目	第六届全国教育科学研究优秀成果奖	二等	/
学前教育体制机制改革研究	5	/	专著	虞永平	非项目成果	第六届全国教育科学研究优秀成果奖	一等	/
中国教育现代化的百年书写	6	/	论文	程天君	非项目成果	第六届全国教育科学研究优秀成果奖	三等	/
重估高等教育改革	7	/	专著	王建华	其他项目	第六届全国教育科学研究优秀成果奖	二等	/
7. 淮阴师范学院	/	1	/	/	/	/	/	/
普通高中艺术学科核心素养测试研究报告	1	/	研究或咨询报告	陈培刚	教育部人文社科研究项目	第六届全国教育科学研究优秀成果奖	三等	/
8. 南京财经大学	/	2	/	/	/	/	/	/
财政分权、地区间竞争与中国经济波动	1	/	论文	朱军	国家社科基金项目	第七次全国优秀财政理论研究成果奖	一等	/

续表

成果名称		合计	成果形式	主要作者	课题来源	奖励名称	奖励等级	备注
	编号	L01	L02	L03	L04	L05	L06	L07
中国义务教育财政政策研究	2	/	专著	黄斌	非项目成果	第六届全国教育科学研究优秀成果奖	三等	/
9. 扬州大学	/	1	/	/	/	/	/	/
高校毕业生就业指导服务标准化管理——基于ISO9001:2015	1	/	专著	林刚	教育部人文社科研究项目	第六届全国教育科学研究优秀成果奖	三等	/
10. 江苏理工学院	/	2	/	/	/	/	/	/
省域职业教育校企合作研究:基于江苏实践的考察	1	/	专著	李德方	国家社科基金单列学科项目	第六届全国教育科学研究优秀成果奖	三等	/
现代职业教育心理学:积极范式的实证研究	2	/	编著或教材	崔景贵	非项目成果	第六届全国教育科学研究优秀成果奖	二等	/
11. 江苏第二师范学院	/	1	/	/	/	/	/	/
苏霍姆林斯基教育学说	1	/	专著	孙孔懿	非项目成果	第六届全国教育科学研究优秀成果奖	二等	/
12. 南京交通职业技术学院	/	1	/	/	/	/	/	/
高等教育开放办学的维度探析	1	/	论文	王利平	非项目成果	江苏省 2020 年高等教育科学研究成果奖	二等	/
13. 应天职业技术学院	/	1	/	/	/	/	/	/
认识爱情	1	/	论文	刘玉蓉	其他项目	大学生心理健康教育	成果普及奖	/
14. 扬州大学广陵学院	/	1	/	/	/	/	/	/
《诗经》形态构词研究	1	/	专著	刘芹	省教育厅社科项目	江苏省高等学校哲学社会科学研究成果奖	二等	/

十、社科学术交流

1. 全省高等学校人文、社会科学学术交流情况表

学术交流类别	编号	校办学术会议		参加学术会议			受聘讲学		社科考察		进修学习		合作研究		
		本校独办数	与外单位合办数	参加人次		提交论文（篇）	派出人次	来校人次	派出人次	来校人次	派出人次	来校人次	派出人次	来校人次	课题数（项）
				合计	其中：赴境外人次										
		L01	L02	L03	L04	L05	L06	L07	L08	L09	L10	L11	L12	L13	L14
合计	/	1791	390	15 445	101	9908	2224	3576	2945	2691	4975	2868	1136	1102	593
国际学术交流	1	235	43	2588	22	1141	54	276	90	60	142	97	23	87	20
国内学术交流	2	1553	343	12 655	8	8720	2165	3261	2839	2623	4798	2764	1110	1015	573
与港、澳、台地区学术交流	3	3	4	202	71	47	5	39	16	8	35	7	3	0	0

2. 公办本科高等学校人文、社会科学学术交流情况表

学术交流类别	编号	校办学术会议		参加学术会议			受聘讲学		社科考察		进修学习		合作研究		
		本校独办数	与外单位合办数	参加人次		提交论文（篇）	派出人次	来校人次	派出人次	来校人次	派出人次	来校人次	派出人次	来校人次	课题数（项）
				合计	其中：赴境外人次										
		L01	L02	L03	L04	L05	L06	L07	L08	L09	L10	L11	L12	L13	L14
合计	/	1628	336	13 958	89	8972	1928	3140	2014	1574	2015	1572	965	925	434
1. 南京大学		26	18	1281	4	260	31	97	46	20	9	3	21	52	18
国际学术交流	1	2	4	320	4	43	0	25	0	1	4	0	0	0	0
国内学术交流	2	24	14	959	0	215	31	72	46	19	5	3	21	52	18

续表

学术交流类别	编号	校办学术会议		参加学术会议			受聘讲学		社科考察		进修学习		合作研究		
		本校独办数	与外单位合办数	参加人次		提交论文（篇）	派出人次	来校人次	派出人次	来校人次	派出人次	来校人次	派出人次	来校人次	课题数（项）
				合计	其中：赴境外人次										
		L01	L02	L03	L04	L05	L06	L07	L08	L09	L10	L11	L12	L13	L14
与港、澳、台地区学术交流	3	0	0	2	0	2	0	0	0	0	0	0	0	0	0
2. 东南大学		37	7	367	6	210	148	338	47	24	5	0	25	1	10
国际学术交流	1	2	1	49	3	25	1	80	32	5	4	0	0	0	0
国内学术交流	2	33	6	308	0	182	146	251	15	19	1	0	23	1	10
与港、澳、台地区学术交流	3	2	0	10	3	3	1	7	0	0	0	0	2	0	0
3. 江南大学		16	0	670	0	305	128	250	110	38	1	0	35	41	65
国际学术交流	1	1	0	50	0	25	0	0	0	0	1	0	0	0	0
国内学术交流	2	15	0	620	0	280	128	250	110	38	0	0	35	41	65
与港、澳、台地区学术交流	3	0	0	0	0	0	0	0	0	0	0	0	0	0	0
4. 南京农业大学		29	8	309	12	262	36	40	49	20	34	0	32	41	28
国际学术交流	1	2	2	55	12	16	0	2	0	1	1	0	7	6	1
国内学术交流	2	27	6	254	0	246	36	38	49	19	33	0	25	35	27
与港、澳、台地区学术交流	3	0	0	0	0	0	0	0	0	0	0	0	0	0	0
5. 中国矿业大学		15	3	256	0	193	46	83	62	32	10	4	0	0	0
国际学术交流	1	0	0	11	0	0	0	0	8	2	0	0	0	0	0
国内学术交流	2	15	3	245	0	193	46	83	54	30	10	4	0	0	0
与港、澳、台地区学术交流	3	0	0	0	0	0	0	0	0	0	0	0	0	0	0
6. 河海大学		11	10	234	0	218	216	99	113	102	10	34	6	15	10
国际学术交流	1	1	1	3	0	5	0	0	0	0	0	0	0	0	0

续表

国内学术交流	2	10	8	230	0	212	216	99	113	102	10	34	6	15	10
与港、澳、台地区学术交流	3	0	1	1	0	1	0	0	0	0	0	0	0	0	0
7. 南京理工大学		25	5	2200	0	1500	120	98	59	200	30	40	102	60	16
国际学术交流	1	5	0	200	0	0	0	0	0	0	0	0	0	0	0
国内学术交流	2	20	5	2000	0	1500	120	98	59	200	30	40	102	60	16
与港、澳、台地区学术交流	3	0	0	0	0	0	0	0	0	0	0	0	0	0	0
8. 南京航空航天大学		9	4	1250	0	299	113	82	27	10	15	303	11	51	32
国际学术交流	1	3	2	1104	0	226	0	48	0	0	0	0	0	45	8
国内学术交流	2	6	2	146	0	73	113	34	27	10	15	303	11	6	24
与港、澳、台地区学术交流	3	0	0	0	0	0	0	0	0	0	0	0	0	0	0
9. 南京森林警察学院		0	0	51	0	46	0	0	0	0	0	0	0	0	0
国际学术交流	1	0	0	0	0	0	0	0	0	0	0	0	0	0	0
国内学术交流	2	0	0	51	0	46	0	0	0	0	0	0	0	0	0
与港、澳、台地区学术交流	3	0	0	0	0	0	0	0	0	0	0	0	0	0	0
10. 苏州大学		3	1	265	0	289	28	35	25	36	40	33	19	21	7
国际学术交流	1	0	0	16	0	13	1	1	0	0	2	0	0	0	0
国内学术交流	2	3	1	246	0	271	24	33	25	36	36	31	19	21	7
与港、澳、台地区学术交流	3	0	0	3	0	5	3	1	0	0	2	2	0	0	0
11. 江苏科技大学		6	0	50	0	59	6	38	26	28	12	4	28	26	4
国际学术交流	1	0	0	20	0	24	0	0	0	0	0	0	0	0	0
国内学术交流	2	6	0	30	0	35	6	38	26	28	12	4	28	26	4
与港、澳、台地区学术交流	3	0	0	0	0	0	0	0	0	0	0	0	0	0	0
12. 南京工业大学		8	12	205	0	188	0	46	7	15	9	0	12	24	8
国际学术交流	1	0	2	0	0	0	0	0	0	0	0	0	0	0	0

学术交流类别	编号	校办学术会议		参加学术会议			受聘讲学		社科考察		进修学习		合作研究		
		本校独办数	与外单位合办数	参加人次 合计	其中:赴境外人次	提交论文(篇)	派出人次	来校人次	派出人次	来校人次	派出人次	来校人次	派出人次	来校人次	课题数(项)
		L01	L02	L03	L04	L05	L06	L07	L08	L09	L10	L11	L12	L13	L14
国内学术交流	2	8	10	205	0	188	0	46	7	15	9	0	12	24	8
与港、澳、台地区学术交流	3	0	0	0	0	0	0	0	0	0	0	0	0	0	0
13. 常州大学		2	15	223	0	168	27	14	18	23	37	10	4	1	2
国际学术交流	1	0	1	11	0	3	0	0	0	0	5	0	0	0	0
国内学术交流	2	2	14	212	0	165	27	14	18	23	32	10	4	1	2
与港、澳、台地区学术交流	3	0	0	0	0	0	0	0	0	0	0	0	0	0	0
14. 南京邮电大学		1	2	38	0	37	14	15	3	5	6	7	6	7	6
国际学术交流	1	0	0	2	0	3	0	0	0	0	0	0	0	0	0
国内学术交流	2	1	2	36	0	34	14	15	3	5	6	7	6	7	6
与港、澳、台地区学术交流	3	0	0	0	0	0	0	0	0	0	0	0	0	0	0
15. 南京林业大学		15	6	922	0	75	51	84	99	49	20	6	47	28	25
国际学术交流	1	0	2	33	0	20	1	2	1	0	0	0	0	0	0
国内学术交流	2	15	4	884	0	53	50	81	97	49	20	6	47	28	25
与港、澳、台地区学术交流	3	0	0	5	0	2	0	1	1	0	0	0	0	0	0
16. 江苏大学		10	11	35	0	35	36	47	0	0	18	6	0	0	0
国际学术交流	1	3	2	7	0	7	8	9	0	0	8	2	0	0	0
国内学术交流	2	7	9	28	0	28	28	38	0	0	10	4	0	0	0
与港、澳、台地区学术交流	3	0	0	0	0	0	0	0	0	0	0	0	0	0	0
17. 南京信息工程大学		10	0	296	0	248	37	55	69	62	67	70	16	14	6
国际学术交流	1	1	0	58	0	55	0	0	0	0	0	0	0	0	0

十、社科学术交流

（续表）

国内学术交流	2	9	0	238	0	193	37	55	69	62	67	70	16	14	6
与港、澳、台地区学术交流	3	0	0	0	0	0	0	0	0	0	0	0	0	0	0
18. 南通大学		3	2	105	0	80	60	135	160	155	105	235	0	0	0
国际学术交流	1	0	0	0	0	0	0	0	0	0	0	0	0	0	0
国内学术交流	2	3	2	105	0	80	60	135	160	155	105	235	0	0	0
与港、澳、台地区学术交流	3	0	0	0	0	0	0	0	0	0	0	0	0	0	0
19. 盐城工学院		0	12	0	0	15	2	8	12	3	9	3	0	0	0
国际学术交流	1	0	0	0	0	0	0	0	0	0	0	0	0	0	0
国内学术交流	2	0	12	0	0	15	2	8	12	3	9	3	0	0	0
与港、澳、台地区学术交流	3	0	0	0	0	0	0	0	0	0	0	0	0	0	0
20. 南京医科大学		22	0	70	0	50	3	3	4	3	4	0	0	0	0
国际学术交流	1	0	0	0	0	0	0	0	0	0	0	0	0	0	0
国内学术交流	2	22	0	70	0	50	3	3	4	3	4	0	0	0	0
与港、澳、台地区学术交流	3	0	0	0	0	0	0	0	0	0	0	0	0	0	0
21. 徐州医科大学		0	0	22	0	22	0	13	26	13	66	0	0	0	0
国际学术交流	1	0	0	0	0	0	0	0	0	0	0	0	0	0	0
国内学术交流	2	0	0	22	0	22	0	13	26	13	66	0	0	0	0
与港、澳、台地区学术交流	3	0	0	0	0	0	0	0	0	0	0	0	0	0	0
22. 南京中医药大学		2	0	95	0	92	0	0	28	0	20	0	0	0	0
国际学术交流	1	0	0	0	0	0	0	0	0	0	0	0	0	0	0
国内学术交流	2	2	0	95	0	92	0	0	28	0	20	0	0	0	0
与港、澳、台地区学术交流	3	0	0	0	0	0	0	0	0	0	0	0	0	0	0
23. 南京师范大学		608	10	262	0	990	64	91	20	25	16	17	18	22	9
国际学术交流	1	183	2	24	0	190	14	12	0	0	2	0	0	0	0

学术交流类别	编号	校办学术会议		参加学术会议			受聘讲学		社科考察		进修学习		合作研究		
		本校独办数	与外单位合办数	参加人次		提交论文（篇）	派出人次	来校人次	派出人次	来校人次	派出人次	来校人次	派出人次	来校人次	课题数（项）
				合计	其中:赴境外人次										
		L01	L02	L03	L04	L05	L06	L07	L08	L09	L10	L11	L12	L13	L14
国内学术交流	2	425	8	238	0	800	50	79	20	25	14	17	18	22	9
与港、澳、台地区学术交流	3	0	0	0	0	0	0	0	0	0	0	0	0	0	0
24. 江苏师范大学		26	7	947	62	538	106	388	117	100	249	144	266	214	31
国际学术交流	1	0	3	105	0	78	0	8	0	8	0	8	0	4	5
国内学术交流	2	26	3	780	0	460	106	380	117	92	249	136	266	210	26
与港、澳、台地区学术交流	3	0	1	62	62	0	0	0	0	0	0	0	0	0	0
25. 淮阴师范学院		11	0	334	0	365	62	78	26	24	102	6	0	0	0
国际学术交流	1	0	0	12	0	13	0	0	0	0	0	0	0	0	0
国内学术交流	2	11	0	322	0	352	62	78	26	24	102	6	0	0	0
与港、澳、台地区学术交流	3	0	0	0	0	0	0	0	0	0	0	0	0	0	0
26. 盐城师范学院		4	3	246	1	203	55	86	75	43	83	32	45	37	31
国际学术交流	1	0	0	0	0	0	0	0	0	0	0	0	0	0	0
国内学术交流	2	4	3	245	0	203	55	86	75	43	83	32	45	37	31
与港、澳、台地区学术交流	3	0	0	1	1	0	0	0	0	0	0	0	0	0	0
27. 南京财经大学		539	126	847	0	205	122	83	131	51	502	62	123	113	38
国际学术交流	1	9	5	171	0	82	0	11	0	0	0	0	0	0	0
国内学术交流	2	530	121	676	0	123	122	72	131	51	502	62	123	113	38
与港、澳、台地区学术交流	3	0	0	0	0	0	0	0	0	0	0	0	0	0	0
28. 江苏警官学院		7	1	86	3	82	13	15	7	6	0	0	0	0	0
国际学术交流	1	0	1	18	0	23	0	0	0	0	0	0	0	0	0

续表

国内学术交流	2	7	0	68	0	59	13	15	7	6	0	0	0	0	0
与港、澳、台地区学术交流	3	0	0	0	3	0	0	0	0	0	0	0	0	0	0
29. 南京体育学院		1	2	250	0	220	53	42	26	15	12	0	38	25	15
国际学术交流	1	0	0	0	0	0	0	0	0	0	0	0	0	0	0
国内学术交流	2	1	1	230	0	215	53	42	26	15	12	0	38	25	15
与港、澳、台地区学术交流	3	0	1	20	0	5	0	0	0	0	0	0	0	0	0
30. 南京艺术学院		8	8	171	0	169	58	74	74	69	51	357	20	32	31
国际学术交流	1	0	1	37	0	42	0	2	2	0	1	0	4	0	2
国内学术交流	2	8	6	134	0	127	58	71	72	69	48	357	16	32	29
与港、澳、台地区学术交流	3	0	1	0	0	0	0	1	0	0	2	0	0	0	0
31. 苏州科技大学		0	3	75	0	75	11	15	12	15	14	10	0	0	0
国际学术交流	1	0	0	0	0	0	0	0	0	0	0	0	0	0	0
国内学术交流	2	0	3	75	0	75	11	15	12	15	14	10	0	0	0
与港、澳、台地区学术交流	3	0	0	0	0	0	0	0	0	0	0	0	0	0	0
32. 常熟理工学院		5	0	21	0	21	15	20	8	7	13	5	0	0	1
国际学术交流	1	1	0	1	0	1	0	4	0	0	3	0	0	0	1
国内学术交流	2	4	0	20	0	20	15	16	8	7	8	5	0	0	0
与港、澳、台地区学术交流	3	0	0	0	0	0	0	0	0	0	2	0	0	0	0
33. 淮阴工学院		6	4	455	0	257	0	81	35	103	77	0	0	0	0
国际学术交流	1	2	0	30	0	42	0	13	0	0	2	0	0	0	0
国内学术交流	2	3	4	355	0	205	0	63	35	103	75	0	0	0	0
与港、澳、台地区学术交流	3	1	0	70	0	10	0	5	0	0	0	0	0	0	0
34. 常州工学院		1	0	21	1	20	8	20	10	20	5	0	2	3	2
国际学术交流	1	0	0	7	1	7	0	0	0	0	2	0	0	0	0

学术交流类别	编号	校办学术会议		参加学术会议			受聘讲学		社科考察		进修学习		合作研究		
		本校独办数	与外单位合办数	参加人次		提交论文（篇）	派出人次	来校人次	派出人次	来校人次	派出人次	来校人次	派出人次	来校人次	课题数（项）
				合计	其中：赴境外人次										
		L01	L02	L03	L04	L05	L06	L07	L08	L09	L10	L11	L12	L13	L14
国内学术交流	2	1	0	14	0	13	8	20	10	20	3	0	2	3	2
与港、澳、台地区学术交流	3	0	0	0	0	0	0	0	0	0	0	0	0	0	0
35. 扬州大学		31	11	304	0	279	44	111	58	44	33	61	11	14	5
国际学术交流	1	5	3	32	0	16	0	0	0	0	12	3	0	0	0
国内学术交流	2	26	8	272	0	263	44	111	58	44	21	58	11	14	5
与港、澳、台地区学术交流	3	0	0	0	0	0	0	0	0	0	0	0	0	0	0
36. 南京工程学院		1	1	36	0	36	0	0	0	0	0	0	0	0	0
国际学术交流	1	0	1	0	0	0	0	0	0	0	0	0	0	0	0
国内学术交流	2	1	0	36	0	36	0	0	0	0	0	0	0	0	0
与港、澳、台地区学术交流	3	0	0	0	0	0	0	0	0	0	0	0	0	0	0
37. 南京审计大学		0	0	0	0	0	4	4	0	0	0	0	1	0	0
国际学术交流	1	0	0	0	0	0	3	3	0	0	0	0	0	0	0
国内学术交流	2	0	0	0	0	0	1	1	0	0	0	0	0	0	0
与港、澳、台地区学术交流	3	0	0	0	0	0	0	0	0	0	0	0	1	0	0
38. 南京晓庄学院		59	0	84	0	157	24	80	70	68	4	0	0	0	0
国际学术交流	1	1	0	4	0	37	0	0	0	0	4	0	0	0	0
国内学术交流	2	58	0	80	0	120	24	80	70	68	0	0	0	0	0
与港、澳、台地区学术交流	3	0	0	0	0	0	0	0	0	0	0	0	0	0	0
39. 江苏理工学院		1	0	50	0	167	12	38	0	0	0	0	0	0	0
国际学术交流	1	0	0	0	0	0	0	0	0	0	0	0	0	0	0

续表

国内学术交流	2	1	0	50	0	167	12	38	0	0	0	0	0	0	0
与港、澳、台地区学术交流	3	0	0	0	0	0	0	0	0	0	0	0	0	0	0
40. 江苏海洋大学		5	0	92	0	54	0	14	22	12	20	16	0	0	0
国际学术交流	1	0	0	0	0	0	0	0	0	0	0	0	0	0	0
国内学术交流	2	5	0	92	0	54	0	14	22	12	20	16	0	0	0
与港、澳、台地区学术交流	3	0	0	0	0	0	0	0	0	0	0	0	0	0	0
41. 徐州工程学院		3	3	55	0	40	5	25	42	32	75	0	15	12	8
国际学术交流	1	0	0	0	0	0	0	0	0	0	0	0	0	0	0
国内学术交流	2	3	3	55	0	40	5	25	42	32	75	0	15	12	8
与港、澳、台地区学术交流	3	0	0	0	0	0	0	0	0	0	0	0	0	0	0
42. 南京特殊教育师范学院		6	8	343	0	260	50	125	102	40	22	8	0	0	0
国际学术交流	1	0	3	58	0	40	0	41	40	14	2	2	0	0	0
国内学术交流	2	6	5	260	0	201	50	60	47	18	16	1	0	0	0
与港、澳、台地区学术交流	3	0	0	25	0	19	0	24	15	8	4	5	0	0	0
43. 泰州学院		1	0	36	0	18	6	36	0	0	17	0	20	12	6
国际学术交流	1	0	0	2	0	2	0	0	0	0	4	0	0	0	0
国内学术交流	2	1	0	34	0	16	6	36	0	0	12	0	20	12	6
与港、澳、台地区学术交流	3	0	0	0	0	0	0	0	0	0	1	0	0	0	0
44. 金陵科技学院		30	3	46	0	50	3	28	3	4	23	0	8	3	2
国际学术交流	1	0	0	2	0	5	0	0	0	0	0	0	0	0	0
国内学术交流	2	30	3	44	0	45	3	28	3	4	23	0	8	3	2
与港、澳、台地区学术交流	3	0	0	0	0	0	0	0	0	0	0	0	0	0	0
45. 江苏第二师范学院		11	17	59	0	59	42	26	0	0	39	0	2	6	0
国际学术交流	1	0	0	14	0	14	0	0	0	0	31	0	0	0	0

学术交流类别	编号	校办学术会议		参加学术会议			受聘讲学		社科考察		进修学习		合作研究		
		本校独办数	与外单位合办数	参加人次		提交论文（篇）	派出人次	来校人次	派出人次	来校人次	派出人次	来校人次	派出人次	来校人次	课题数（项）
				合计	其中:赴境外人次										
		L01	L02	L03	L04	L05	L06	L07	L08	L09	L10	L11	L12	L13	L14
国内学术交流	2	11	17	45	0	45	41	26	0	0	6	0	2	6	0
与港、澳、台地区学术交流	3	0	0	0	0	0	1	0	0	0	2	0	0	0	0
46. 南京工业职业技术大学		7	13	123	0	19	46	42	21	0	43	96	22	45	15
国际学术交流	1	1	0	45	0	0	0	0	0	0	0	0	0	0	0
国内学术交流	2	6	13	78	0	19	46	42	21	0	43	96	22	45	15
与港、澳、台地区学术交流	3	0	0	0	0	0	0	0	0	0	0	0	0	0	0
47. 无锡学院		4	0	18	0	12	5	8	5	0	1	0	0	0	0
国际学术交流	1	0	0	0	0	0	0	0	0	0	0	0	0	0	0
国内学术交流	2	4	0	18	0	12	5	8	5	0	1	0	0	0	0
与港、澳、台地区学术交流	3	0	0	0	0	0	0	0	0	0	0	0	0	0	0
48. 宿迁学院		3	0	53	0	25	18	30	160	58	87	0	10	5	3
国际学术交流	1	0	0	0	0	0	0	0	0	0	0	0	0	0	0
国内学术交流	2	3	0	53	0	25	18	30	160	58	87	0	10	5	3
与港、澳、台地区学术交流	3	0	0	0	0	0	0	0	0	0	0	0	0	0	0

注:此表删除了各项交流均为 0 的学校。

3．公办专科高等学校人文、社会科学学术交流情况表

学术交流类别	编号	校办学术会议		参加学术会议			受聘讲学		社科考察		进修学习		合作研究		
		本校独办数	与外单位合办数	参加人次		提交论文（篇）	派出人次	来校人次	派出人次	来校人次	派出人次	来校人次	派出人次	来校人次	课题数（项）
				合计	其中：赴境外人次										
		L01	L02	L03	L04	L05	L06	L07	L08	L09	L10	L11	L12	L13	L14
总计	/	115	38	1130	3	678	254	284	720	979	2313	1173	143	151	136
1.苏州幼儿师范高等专科学校		0	1	5	0	0	0	0	0	0	0	0	0	0	0
国际学术交流	1	0	0	0	0	0	0	0	0	0	0	0	0	0	0
国内学术交流	2	0	1	5	0	0	0	0	0	0	0	0	0	0	0
与港、澳、台地区学术交流	3	0	0	0	0	0	0	0	0	0	0	0	0	0	0
2. 无锡职业技术学院		2	0	19	0	12	3	6	24	62	20	28	0	0	0
国际学术交流	1	0	0	1	0	0	0	0	0	0	0	0	0	0	0
国内学术交流	2	2	0	18	0	12	3	6	24	62	20	28	0	0	0
与港、澳、台地区学术交流	3	0	0	0	0	0	0	0	0	0	0	0	0	0	0
3. 江苏建筑职业技术学院		1	2	12	0	11	11	9	14	17	17	13	21	15	8
国际学术交流	1	0	0	0	0	0	0	0	0	0	0	0	0	0	0
国内学术交流	2	1	2	12	0	11	11	9	14	17	17	13	21	15	8
与港、澳、台地区学术交流	3	0	0	0	0	0	0	0	0	0	0	0	0	0	0
4. 江苏工程职业技术学院		2	0	14	0	14	6	22	7	3	38	30	10	6	4
国际学术交流	1	0	0	0	0	0	0	0	0	0	0	0	0	0	0
国内学术交流	2	2	0	14	0	14	6	22	7	3	38	30	10	6	4
与港、澳、台地区学术交流	3	0	0	0	0	0	0	0	0	0	0	0	0	0	0

续表

学术交流类别	编号	校办学术会议		参加学术会议			受聘讲学		社科考察		进修学习		合作研究		
		本校独办数	与校外单位合办数	参加人次		提交论文（篇）	派出人次	来校人次	派出人次	来校人次	派出人次	来校人次	派出人次	来校人次	课题数（项）
				合计	其中:赴境外人次										
		L01	L02	L03	L04	L05	L06	L07	L08	L09	L10	L11	L12	L13	L14
5. 苏州工艺美术职业技术学院		1	0	10	1	10	3	3	3	3	5	3	0	0	0
国际学术交流	1	0	0	0	0	0	0	0	0	0	0	0	0	0	0
国内学术交流	2	1	0	10	1	10	3	3	3	3	5	3	0	0	0
与港、澳、台地区学术交流	3	0	0	0	0	0	0	0	0	0	0	0	0	0	0
6. 镇江市高等专科学校		1	0	0	0	0	0	0	10	0	15	0	0	0	0
国际学术交流	1	0	0	0	0	0	0	0	0	0	0	0	0	0	0
国内学术交流	2	1	0	0	0	0	0	0	10	0	15	0	0	0	0
与港、澳、台地区学术交流	3	0	0	0	0	0	0	0	0	0	0	0	0	0	0
7. 南通职业大学		0	0	7	0	7	2	7	0	2	6	0	0	0	0
国际学术交流	1	0	0	0	0	0	0	0	0	0	0	0	0	0	0
国内学术交流	2	0	0	7	0	7	2	7	0	2	6	0	0	0	0
与港、澳、台地区学术交流	3	0	0	0	0	0	0	0	0	0	0	0	0	0	0
8. 苏州职业大学		0	0	2	0	2	0	0	0	0	283	0	0	0	0
国际学术交流	1	0	0	0	0	0	0	0	0	0	0	0	0	0	0
国内学术交流	2	0	0	2	0	2	0	0	0	0	283	0	0	0	0
与港、澳、台地区学术交流	3	0	0	0	0	0	0	0	0	0	0	0	0	0	0
9. 沙洲职业工学院		0	0	5	0	5	2	5	11	15	2	0	3	3	0
国际学术交流	1	0	0	0	0	0	0	0	0	0	0	0	0	0	0
国内学术交流	2	0	0	5	0	5	2	5	11	15	2	0	3	3	0

续表

与港、澳、台地区学术交流	3	0	0	0	0	0	0	0	0	0	0	0	0	0	0
10. 扬州市职业大学		6	10	47	0	30	10	3	13	6	155	3	9	9	24
国际学术交流	1	0	0	0	0	0	0	0	0	0	0	0	0	0	0
国内学术交流	2	6	10	47	0	30	10	3	13	6	155	3	9	9	24
与港、澳、台地区学术交流	3	0	0	0	0	0	0	0	0	0	0	0	0	0	0
11连云港师范高等专科学校		2	0	2	0	0	0	2	2	0	0	0	0	0	0
国际学术交流	1	0	0	0	0	0	0	0	0	0	0	0	0	0	0
国内学术交流	2	2	0	2	0	0	0	2	2	0	0	0	0	0	0
与港、澳、台地区学术交流	3	0	0	0	0	0	0	0	0	0	0	0	0	0	0
12. 江苏经贸职业技术学院		10	0	50	0	50	8	10	15	20	100	0	20	15	5
国际学术交流	1	0	0	0	0	0	0	0	0	0	0	0	0	0	0
国内学术交流	2	10	0	50	0	50	8	10	15	20	100	0	20	15	5
与港、澳、台地区学术交流	3	0	0	0	0	0	0	0	0	0	0	0	0	0	0
13. 泰州职业技术学院		0	0	0	0	0	0	4	8	17	18	0	0	0	0
国际学术交流	1	0	0	0	0	0	0	0	0	0	0	0	0	0	0
国内学术交流	2	0	0	0	0	0	0	4	8	17	18	0	0	0	0
与港、澳、台地区学术交流	3	0	0	0	0	0	0	0	0	0	0	0	0	0	0
14. 常州信息职业技术学院		0	0	0	0	0	0	0	0	0	65	0	0	0	0
国际学术交流	1	0	0	0	0	0	0	0	0	0	0	0	0	0	0
国内学术交流	2	0	0	0	0	0	0	0	0	0	65	0	0	0	0
与港、澳、台地区学术交流	3	0	0	0	0	0	0	0	0	0	0	0	0	0	0
15. 江苏海事职业技术学院		5	3	50	0	57	4	3	3	4	15	4	4	5	6
国际学术交流	1	0	0	27	0	31	0	0	0	0	0	0	0	0	0
国内学术交流	2	5	3	23	0	26	4	3	3	4	15	4	4	5	6

学术交流类别	编号	校办学术会议		参加学术会议			受聘讲学		社科考察		进修学习		合作研究		
		本校独办数	与外单位合办数	参加人次		提交论文（篇）	派出人次	来校人次	派出人次	来校人次	派出人次	来校人次	派出人次	来校人次	课题数（项）
				合计	其中：赴境外人次										
		L01	L02	L03	L04	L05	L06	L07	L08	L09	L10	L11	L12	L13	L14
与港、澳、台地区学术交流	3	0	0	0	0	0	0	0	0	0	0	0	0	0	0
16. 江苏医药职业学院		1	0	0	0	0	0	0	0	0	17	0	0	0	0
国际学术交流	1	0	0	0	0	0	0	0	0	0	1	0	0	0	0
国内学术交流	2	1	0	0	0	0	0	0	0	0	16	0	0	0	0
与港、澳、台地区学术交流	3	0	0	0	0	0	0	0	0	0	0	0	0	0	0
17. 南通科技职业学院		0	0	2	0	1	2	0	0	0	0	0	0	0	0
国际学术交流	1	0	0	1	0	0	1	0	0	0	0	0	0	0	0
国内学术交流	2	0	0	1	0	1	1	0	0	0	0	0	0	0	0
与港、澳、台地区学术交流	3	0	0	0	0	0	0	0	0	0	0	0	0	0	0
18. 苏州经贸职业技术学院		24	0	120	0	95	0	0	55	0	0	0	0	0	0
国际学术交流	1	0	0	0	0	0	0	0	0	0	0	0	0	0	0
国内学术交流	2	24	0	120	0	95	0	0	55	0	0	0	0	0	0
与港、澳、台地区学术交流	3	0	0	0	0	0	0	0	0	0	0	0	0	0	0
19. 苏州卫生职业技术学院		0	0	0	0	0	2	1	0	0	21	0	0	0	0
国际学术交流	1	0	0	0	0	0	0	0	0	0	1	0	0	0	0
国内学术交流	2	0	0	0	0	0	2	1	0	0	20	0	0	0	0
与港、澳、台地区学术交流	3	0	0	0	0	0	0	0	0	0	0	0	0	0	0
20. 无锡商业职业技术学院		0	0	145	0	120	11	11	18	42	40	102	0	6	1
国际学术交流	1	0	0	0	0	0	3	1	0	0	4	0	0	0	0
国内学术交流	2	0	0	145	0	120	8	10	18	42	36	102	0	6	1

续表

与港、澳、台地区学术交流	3	0	0	0	0	0	0	0	0	0	0	0	0	0	0
21. 江苏航运职业技术学院		15	0	181	1	26	15	25	200	280	303	269	10	30	0
国际学术交流	1	0	0	0	0	0	0	0	0	0	3	9	10	30	0
国内学术交流	2	15	0	180	0	26	15	25	200	280	300	260	0	0	0
与港、澳、台地区学术交流	3	0	0	1	1	0	0	0	0	0	0	0	0	0	0
22. 南京交通职业技术学院		5	2	18	0	15	11	20	0	0	1	0	0	0	0
国际学术交流	1	0	0	3	0	3	0	0	0	0	0	0	0	0	0
国内学术交流	2	5	2	15	0	12	11	20	0	0	1	0	0	0	0
与港、澳、台地区学术交流	3	0	0	0	0	0	0	0	0	0	0	0	0	0	0
23. 江苏电子信息职业学院		1	0	2	0	2	12	2	60	209	281	80	8	8	8
国际学术交流	1	1	0	2	0	0	0	0	0	0	0	0	0	0	0
国内学术交流	2	0	0	0	0	2	12	2	60	209	281	80	8	8	8
与港、澳、台地区学术交流	3	0	0	0	0	0	0	0	0	0	0	0	0	0	0
24. 江苏农牧科技职业学院		2	4	1	0	3	1	0	11	7	5	3	0	0	0
国际学术交流	1	0	0	0	0	0	0	0	0	0	0	0	0	0	0
国内学术交流	2	2	4	1	0	3	1	0	11	7	5	3	0	0	0
与港、澳、台地区学术交流	3	0	0	0	0	0	0	0	0	0	0	0	0	0	0
25. 常州纺织服装职业技术学院		2	0	26	0	5	1	1	5	0	53	0	0	0	0
国际学术交流	1	0	0	0	0	0	0	0	0	0	2	0	0	0	0
国内学术交流	2	2	0	26	0	5	1	1	5	0	49	0	0	0	0
与港、澳、台地区学术交流	3	0	0	0	0	0	0	0	0	0	2	0	0	0	0
26. 南京科技职业学院		0	0	0	0	0	0	0	0	0	0	0	19	0	19
国际学术交流	1	0	0	0	0	0	0	0	0	0	0	0	0	0	0

学术交流类别	编号	校办学术会议		参加学术会议			受聘讲学		社科考察		进修学习		合作研究		
		本校独办数	与外单位合办数	参加人次 合计	参加人次 其中:赴境外人次	提交论文(篇)	派出人次	来校人次	派出人次	来校人次	派出人次	来校人次	派出人次	来校人次	课题数(项)
		L01	L02	L03	L04	L05	L06	L07	L08	L09	L10	L11	L12	L13	L14
国内学术交流	2	0	0	0	0	0	0	0	0	0	0	0	19	0	19
与港、澳、台地区学术交流	3	0	0	0	0	0	0	0	0	0	0	0	0	0	0
27. 常州工业职业技术学院		0	0	3	0	3	10	0	0	0	10	0	0	0	0
国际学术交流	1	0	0	0	0	0	0	0	0	0	0	0	0	0	0
国内学术交流	2	0	0	3	0	3	10	0	0	0	10	0	0	0	0
与港、澳、台地区学术交流	3	0	0	0	0	0	0	0	0	0	0	0	0	0	0
28. 常州工程职业技术学院		3	1	8	0	8	0	2	4	12	4	6	13	12	24
国际学术交流	1	0	0	0	0	0	0	0	0	0	0	0	0	0	0
国内学术交流	2	3	1	8	0	8	0	2	4	12	4	6	13	12	24
与港、澳、台地区学术交流	3	0	0	0	0	0	0	0	0	0	0	0	0	0	0
29. 江苏农林职业技术学院		0	0	20	0	16	45	0	0	0	0	0	0	0	0
国际学术交流	1	0	0	0	0	0	0	0	0	0	0	0	0	0	0
国内学术交流	2	0	0	20	0	16	45	0	0	0	0	0	0	0	0
与港、澳、台地区学术交流	3	0	0	0	0	0	0	0	0	0	0	0	0	0	0
30. 江苏食品药品职业技术学院		0	0	11	1	9	7	6	12	16	20	18	0	0	0
国际学术交流	1	0	0	0	0	0	0	0	0	0	0	0	0	0	0
国内学术交流	2	0	0	9	0	9	7	6	12	16	20	18	0	0	0
与港、澳、台地区学术交流	3	0	0	2	1	0	0	0	0	0	0	0	0	0	0
31. 南京铁道职业技术学院		2	6	38	0	28	6	18	40	130	20	462	0	0	0

国际学术交流	1	1	2	16	0	10	2	2	0	18	0	50	0	0	0
国内学术交流	2	1	4	22	0	18	4	16	40	112	20	412	0	0	0
与港、澳、台地区学术交流	3	0	0	0	0	0	0	0	0	0	0	0	0	0	0
32. 徐州工业职业技术学院		4	0	16	0	4	12	16	24	30	30	48	8	12	6
国际学术交流	1	0	0	0	0	0	0	0	0	0	0	0	0	0	0
国内学术交流	2	4	0	16	0	4	12	16	24	30	30	48	8	12	6
与港、澳、台地区学术交流	3	0	0	0	0	0	0	0	0	0	0	0	0	0	0
33. 南京信息职业技术学院		5	0	21	0	17	17	13	42	43	46	42	0	0	0
国际学术交流	1	0	0	0	0	0	0	0	0	0	0	0	0	0	0
国内学术交流	2	5	0	21	0	17	17	13	42	43	46	42	0	0	0
与港、澳、台地区学术交流	3	0	0	0	0	0	0	0	0	0	0	0	0	0	0
34. 常州机电职业技术学院		0	0	10	0	8	0	0	0	0	0	0	0	0	0
国际学术交流	1	0	0	0	0	0	0	0	0	0	0	0	0	0	0
国内学术交流	2	0	0	10	0	8	0	0	0	0	0	0	0	0	0
与港、澳、台地区学术交流	3	0	0	0	0	0	0	0	0	0	0	0	0	0	0
35. 江阴职业技术学院		4	0	10	0	7	5	5	4	0	9	0	0	0	0
国际学术交流	1	0	0	0	0	0	0	0	0	0	0	0	0	0	0
国内学术交流	2	4	0	10	0	7	5	5	4	0	9	0	0	0	0
与港、澳、台地区学术交流	3	0	0	0	0	0	0	0	0	0	0	0	0	0	0
36. 无锡城市职业技术学院		0	0	0	0	0	0	0	25	0	85	0	0	0	0
国际学术交流	1	0	0	0	0	0	0	0	0	0	0	0	0	0	0
国内学术交流	2	0	0	0	0	0	0	0	25	0	85	0	0	0	0
与港、澳、台地区学术交流	3	0	0	0	0	0	0	0	0	0	0	0	0	0	0
37. 无锡工艺职业技术学院		1	1	11	0	9	5	10	26	18	38	16	5	18	4

十、社科学术交流

续表

学术交流类别	编号	校办学术会议		参加学术会议			受聘讲学		社科考察		进修学习		合作研究		
		本校独办数	与外单位合办数	参加人次		提交论文(篇)	派出人次	来校人次	派出人次	来校人次	派出人次	来校人次	派出人次	来校人次	课题数(项)
				合计	其中:赴境外人次										
		L01	L02	L03	L04	L05	L06	L07	L08	L09	L10	L11	L12	L13	L14
国际学术交流	1	0	0	0	0	0	0	0	0	0	0	0	0	0	0
国内学术交流	2	1	1	11	0	9	5	10	26	18	38	16	5	18	4
与港、澳、台地区学术交流	3	0	0	0	0	0	0	0	0	0	0	0	0	0	0
38. 苏州健雄职业技术学院		0	0	12	0	12	0	0	0	0	19	0	0	0	0
国际学术交流	1	0	0	0	0	0	0	0	0	0	0	0	0	0	0
国内学术交流	2	0	0	12	0	12	0	0	0	0	0	0	0	0	0
与港、澳、台地区学术交流	3	0	0	0	0	0	0	0	0	0	19	0	0	0	0
39. 盐城工业职业技术学院		0	0	15	0	15	0	0	0	0	0	0	0	0	0
国际学术交流	1	0	0	0	0	0	0	0	0	0	0	0	0	0	0
国内学术交流	2	0	0	15	0	15	0	0	0	0	0	0	0	0	0
与港、澳、台地区学术交流	3	0	0	0	0	0	0	0	0	0	0	0	0	0	0
40. 江苏财经职业技术学院		3	1	120	0	9	8	21	18	9	25	10	5	0	3
国际学术交流	1	0	0	0	0	0	0	0	0	0	0	0	0	0	0
国内学术交流	2	3	1	120	0	9	8	21	18	9	25	10	5	0	3
与港、澳、台地区学术交流	3	0	0	0	0	0	0	0	0	0	0	0	0	0	0
41. 扬州工业职业技术学院		0	0	5	0	3	7	5	4	3	3	0	0	0	0
国际学术交流	1	0	0	0	0	0	0	0	0	0	0	0	0	0	0
国内学术交流	2	0	0	5	0	3	7	5	4	3	3	0	0	0	0
与港、澳、台地区学术交流	3	0	0	0	0	0	0	0	0	0	0	0	0	0	0

十、社科学术交流

续表

42. 江苏城市职业学院		2	0	17	0	11	0	20	0	0	10	0	0	0	0
国际学术交流	1	0	0	0	0	0	0	0	0	0	0	0	0	0	0
国内学术交流	2	2	0	17	0	11	0	20	0	0	10	0	0	0	0
与港、澳、台地区学术交流	3	0	0	0	0	0	0	0	0	0	0	0	0	0	0
43. 南京城市职业学院		1	1	0	0	0	0	1	0	0	0	0	0	0	1
国际学术交流	1	0	0	0	0	0	0	0	0	0	0	0	0	0	0
国内学术交流	2	1	1	0	0	0	0	1	0	0	0	0	0	0	1
与港、澳、台地区学术交流	3	0	0	0	0	0	0	0	0	0	0	0	0	0	0
44. 南京机电职业技术学院		0	3	30	0	15	1	0	0	0	0	0	0	0	0
国际学术交流	1	0	0	0	0	0	0	0	0	0	0	0	0	0	0
国内学术交流	2	0	3	30	0	15	1	0	0	0	0	0	0	0	0
与港、澳、台地区学术交流	3	0	0	0	0	0	0	0	0	0	0	0	0	0	0
45. 南京旅游职业学院		0	0	4	0	0	0	0	0	0	0	0	0	0	0
国际学术交流	1	0	0	0	0	0	0	0	0	0	0	0	0	0	0
国内学术交流	2	0	0	4	0	0	0	0	0	0	0	0	0	0	0
与港、澳、台地区学术交流	3	0	0	0	0	0	0	0	0	0	0	0	0	0	0
46. 江苏卫生健康职业学院		1	1	7	0	7	0	2	4	6	5	0	0	0	0
国际学术交流	1	0	0	0	0	0	0	2	0	6	3	0	0	0	0
国内学术交流	2	1	1	7	0	7	0	0	4	0	2	0	0	0	0
与港、澳、台地区学术交流	3	0	0	0	0	0	0	0	0	0	0	0	0	0	0
47. 苏州信息职业技术学院		0	0	0	0	0	0	0	0	0	61	0	0	0	0
国际学术交流	1	0	0	0	0	0	0	0	0	0	0	0	0	0	0
国内学术交流	2	0	0	0	0	0	0	0	0	0	61	0	0	0	0
与港、澳、台地区学术交流	3	0	0	0	0	0	0	0	0	0	0	0	0	0	0

学术交流类别	编号	校办学术会议		参加学术会议			受聘讲学		社科考察		进修学习		合作研究		
		本校独办数	与外单位合办数	参加人次		提交论文（篇）	派出人次	来校人次	派出人次	来校人次	派出人次	来校人次	派出人次	来校人次	课题数（项）
				合计	其中：赴境外人次										
		L01	L02	L03	L04	L05	L06	L07	L08	L09	L10	L11	L12	L13	L14
48. 苏州工业园区服务外包职业学院		0	0	0	0	0	0	0	0	0	30	0	0	0	0
国际学术交流	1	0	0	0	0	0	0	0	0	0	1	0	0	0	0
国内学术交流	2	0	0	0	0	0	0	0	0	0	29	0	0	0	0
与港、澳、台地区学术交流	3	0	0	0	0	0	0	0	0	0	0	0	0	0	0
49. 徐州幼儿师范高等专科学校		0	0	0	0	0	12	7	0	0	35	21	0	0	0
国际学术交流	1	0	0	0	0	0	12	7	0	0	35	21	0	0	0
国内学术交流	2	0	0	0	0	0	0	0	0	0	0	0	0	0	0
与港、澳、台地区学术交流	3	0	0	0	0	0	0	0	0	0	0	0	0	0	0
50. 徐州生物工程职业技术学院		2	0	20	0	5	12	10	20	14	30	15	0	0	0
国际学术交流	1	0	0	0	0	0	0	0	0	0	0	0	0	0	0
国内学术交流	2	2	0	20	0	5	12	10	20	14	30	15	0	0	0
与港、澳、台地区学术交流	3	0	0	0	0	0	0	0	0	0	0	0	0	0	0
51. 江苏商贸职业学院		0	0	0	0	0	1	9	26	0	192	0	0	0	0
国际学术交流	1	0	0	0	0	0	0	0	0	0	0	0	0	0	0
国内学术交流	2	0	0	0	0	0	1	9	26	0	192	0	0	0	0
与港、澳、台地区学术交流	3	0	0	0	0	0	0	0	0	0	0	0	0	0	0

52. 南通师范高等专科学校		0	0	0	0	0	0	0	0	0	3	0	0	0	0
国际学术交流	1	0	0	0	0	0	0	0	0	0	2	0	0	0	0
国内学术交流	2	0	0	0	0	0	0	0	0	0	1	0	0	0	0
与港、澳、台地区学术交流	3	0	0	0	0	0	0	0	0	0	0	0	0	0	0
53. 江苏护理职业学院		3	2	16	0	19	2	5	6	11	165	0	8	12	23
国际学术交流	1	0	0	0	0	3	0	0	0	0	0	0	0	0	0
国内学术交流	2	3	2	16	0	16	2	5	6	11	165	0	8	12	23
与港、澳、台地区学术交流	3	0	0	0	0	0	0	0	0	0	0	0	0	0	0
54. 江苏城乡建设职业学院		0	0	12	0	8	0	0	0	0	0	0	0	0	0
国际学术交流	1	0	0	0	0	0	0	0	0	0	0	0	0	0	0
国内学术交流	2	0	0	12	0	8	0	0	0	0	0	0	0	0	0
与港、澳、台地区学术交流	3	0	0	0	0	0	0	0	0	0	0	0	0	0	0
55. 江苏安全技术职业学院		0	0	0	0	0	0	0	6	0	8	0	0	0	0
国际学术交流	1	0	0	0	0	0	0	0	0	0	0	0	0	0	0
国内学术交流	2	0	0	0	0	0	0	0	6	0	8	0	0	0	0
与港、澳、台地区学术交流	3	0	0	0	0	0	0	0	0	0	0	0	0	0	0
56. 江苏旅游职业学院		4	0	6	0	0	0	0	0	0	5	0	0	0	0
国际学术交流	1	0	0	0	0	0	0	0	0	0	0	0	0	0	0
国内学术交流	2	4	0	6	0	0	0	0	0	0	5	0	0	0	0
与港、澳、台地区学术交流	3	0	0	0	0	0	0	0	0	0	0	0	0	0	0

注:此表删除了各项交流均为 0 的学校。

4. 民办及中外合作办学高等学校人文、社会科学学术交流情况表

学术交流类别	编号	校办学术会议		参加学术会议			受聘讲学		社科考察		进修学习		合作研究		
		本校独办数	与外单位合办数	参加人次		提交论文(篇)	派出人次	来校人次	派出人次	来校人次	派出人次	来校人次	派出人次	来校人次	课题数(项)
				合计	其中:赴境外人次										
		L01	L02	L03	L04	L05	L06	L07	L08	L09	L10	L11	L12	L13	L14
合计	/	48	16	357	9	258	42	152	211	138	647	123	28	26	23
1. 三江学院		5	0	45	0	45	5	8	30	30	6	0	4	5	1
国际学术交流	1	0	0	0	0	0	0	0	0	0	0	0	0	0	0
国内学术交流	2	5	0	45	0	45	5	8	30	30	6	0	4	5	1
与港、澳、台地区学术交流	3	0	0	0	0	0	0	0	0	0	0	0	0	0	0
2. 九州职业技术学院		0	0	3	0	2	8	11	58	35	66	103	5	4	1
国际学术交流	1	0	0	0	0	0	0	0	0	0	0	0	0	0	0
国内学术交流	2	0	0	3	0	2	8	11	58	35	66	103	5	4	1
与港、澳、台地区学术交流	3	0	0	0	0	0	0	0	0	0	0	0	0	0	0
3. 南通理工学院		0	0	41	0	30	0	49	0	0	4	0	0	0	0
国际学术交流	1	0	0	0	0	0	0	0	0	0	2	0	0	0	0
国内学术交流	2	0	0	41	0	30	0	49	0	0	1	0	0	0	0
与港、澳、台地区学术交流	3	0	0	0	0	0	0	0	0	0	1	0	0	0	0
4. 硅湖职业技术学院		0	2	5	0	6	2	5	4	6	1	0	2	6	3
国际学术交流	1	0	0	1	0	2	0	0	0	0	0	0	0	0	0
国内学术交流	2	0	2	4	0	4	2	5	4	6	1	0	2	6	3
与港、澳、台地区学术交流	3	0	0	0	0	0	0	0	0	0	0	0	0	0	0
5. 应天职业技术学院		2	0	7	0	3	0	6	26	0	55	0	0	0	1
国际学术交流	1	0	0	0	0	0	0	0	0	0	0	0	0	0	0

国内学术交流	2	2	0	7	0	3	0	6	26	0	55	0	0	0	1
与港、澳、台地区学术交流	3	0	0	0	0	0	0	0	0	0	0	0	0	0	0
6. 东南大学成贤学院		12	3	4	4	3	4	8	5	10	16	12	0	0	0
国际学术交流	1	0	0	0	0	0	0	0	0	0	0	0	0	0	0
国内学术交流	2	12	3	4	4	3	4	8	5	10	16	12	0	0	0
与港、澳、台地区学术交流	3	0	0	0	0	0	0	0	0	0	0	0	0	0	0
7. 太湖创意职业技术学院		1	3	12	0	12	3	5	3	5	10	0	3	4	3
国际学术交流	1	0	0	0	0	0	0	0	0	0	0	0	0	0	0
国内学术交流	2	1	3	12	0	12	3	5	3	5	10	0	3	4	3
与港、澳、台地区学术交流	3	0	0	0	0	0	0	0	0	0	0	0	0	0	0
8. 钟山职业技术学院		3	0	0	0	0	0	0	0	0	5	0	0	0	0
国际学术交流	1	0	0	0	0	0	0	0	0	0	0	0	0	0	0
国内学术交流	2	3	0	0	0	0	0	0	0	0	5	0	0	0	0
与港、澳、台地区学术交流	3	0	0	0	0	0	0	0	0	0	0	0	0	0	0
9. 江南影视艺术职业学院		2	1	33	0	2	0	0	0	0	0	0	0	0	0
国际学术交流	1	0	0	0	0	0	0	0	0	0	0	0	0	0	0
国内学术交流	2	2	1	33	0	2	0	0	0	0	0	0	0	0	0
与港、澳、台地区学术交流	3	0	0	0	0	0	0	0	0	0	0	0	0	0	0
10. 金肯职业技术学院		0	0	0	0	0	0	0	4	2	8	0	0	0	0
国际学术交流	1	0	0	0	0	0	0	0	0	0	0	0	0	0	0
国内学术交流	2	0	0	0	0	0	0	0	4	2	8	0	0	0	0
与港、澳、台地区学术交流	3	0	0	0	0	0	0	0	0	0	0	0	0	0	0
11. 建东职业技术学院		0	0	0	0	0	0	0	0	0	33	0	0	0	0
国际学术交流	1	0	0	0	0	0	0	0	0	0	0	0	0	0	0
国内学术交流	2	0	0	0	0	0	0	0	0	0	33	0	0	0	0

十、社科学术交流

续表

学术交流类别	编号	校办学术会议		参加学术会议			受聘讲学		社科考察		进修学习		合作研究		
		本校独办数	与外单位合办数	参加人次		提交论文（篇）	派出人次	来校人次	派出人次	来校人次	派出人次	来校人次	派出人次	来校人次	课题数（项）
				合计	其中：赴境外人次										
		L01	L02	L03	L04	L05	L06	L07	L08	L09	L10	L11	L12	L13	L14
与港、澳、台地区学术交流	3	0	0	0	0	0	0	0	0	0	0	0	0	0	0
12. 江海职业技术学院		2	0	4	0	4	0	0	0	0	2	0	0	0	0
国际学术交流	1	0	0	0	0	0	0	0	0	0	0	0	0	0	0
国内学术交流	2	2	0	4	0	4	0	0	0	0	2	0	0	0	0
与港、澳、台地区学术交流	3	0	0	0	0	0	0	0	0	0	0	0	0	0	0
13. 无锡太湖学院		0	0	15	1	15	0	0	1	0	100	0	0	0	0
国际学术交流	1	0	0	1	1	1	0	0	0	0	0	0	0	0	0
国内学术交流	2	0	0	14	0	14	0	0	1	0	100	0	0	0	0
与港、澳、台地区学术交流	3	0	0	0	0	0	0	0	0	0	0	0	0	0	0
14. 中国矿业大学徐海学院		0	0	15	0	11	0	0	0	0	0	0	0	0	0
国际学术交流	1	0	0	0	0	0	0	0	0	0	0	0	0	0	0
国内学术交流	2	0	0	15	0	11	0	0	0	0	0	0	0	0	0
与港、澳、台地区学术交流	3	0	0	0	0	0	0	0	0	0	0	0	0	0	0
15. 南京大学金陵学院		0	0	9	0	0	0	0	0	0	2	0	0	0	0
国际学术交流	1	0	0	0	0	0	0	0	0	0	0	0	0	0	0
国内学术交流	2	0	0	9	0	0	0	0	0	0	2	0	0	0	0
与港、澳、台地区学术交流	3	0	0	0	0	0	0	0	0	0	0	0	0	0	0
16. 南京航空航天大学金城学院		0	0	0	0	0	0	3	0	0	5	0	0	0	0
国际学术交流	1	0	0	0	0	0	0	0	0	0	0	0	0	0	0

国内学术交流	2	0	0	0	0	0	0	3	0	0	5	0	0	0	0
与港、澳、台地区学术交流	3	0	0	0	0	0	0	0	0	0	0	0	0	0	0
17. 南京传媒学院		8	4	22	1	19	4	0	0	0	59	0	0	0	0
国际学术交流	1	8	4	3	1	4	3	0	0	0	0	0	0	0	0
国内学术交流	2	0	0	19	0	15	1	0	0	0	59	0	0	0	0
与港、澳、台地区学术交流	3	0	0	0	0	0	0	0	0	0	0	0	0	0	0
18. 金山职业技术学院		0	0	0	0	0	0	5	0	0	60	0	0	0	0
国际学术交流	1	0	0	0	0	0	0	0	0	0	0	0	0	0	0
国内学术交流	2	0	0	0	0	0	0	5	0	0	60	0	0	0	0
与港、澳、台地区学术交流	3	0	0	0	0	0	0	0	0	0	0	0	0	0	0
19. 南京理工大学泰州科技学院		0	0	6	0	4	0	8	0	0	26	0	4	4	4
国际学术交流	1	0	0	0	0	0	0	0	0	0	0	0	0	0	0
国内学术交流	2	0	0	6	0	4	0	8	0	0	26	0	4	4	4
与港、澳、台地区学术交流	3	0	0	0	0	0	0	0	0	0	0	0	0	0	0
20. 苏州百年职业学院		3	2	4	3	0	6	11	32	28	10	7	0	0	0
国际学术交流	1	0	1	0	0	0	3	2	7	5	0	2	0	0	0
国内学术交流	2	3	1	4	3	0	3	9	25	23	10	5	0	0	0
与港、澳、台地区学术交流	3	0	0	0	0	0	0	0	0	0	0	0	0	0	0
21. 昆山登云科技职业学院		5	0	0	0	0	0	0	0	0	70	0	0	0	0
国际学术交流	1	0	0	0	0	0	0	0	0	0	0	0	0	0	0
国内学术交流	2	5	0	0	0	0	0	0	0	0	70	0	0	0	0
与港、澳、台地区学术交流	3	0	0	0	0	0	0	0	0	0	0	0	0	0	0
22. 南京中医药大学翰林学院		0	0	4	0	2	0	4	0	0	3	0	0	0	0
国际学术交流	1	0	0	0	0	0	0	0	0	0	0	0	0	0	0

续表

学术交流类别	编号	校办学术会议		参加学术会议			受聘讲学		社科考察		进修学习		合作研究		
		本校独办数	与外单位合办数	参加人次		提交论文（篇）	派出人次	来校人次	派出人次	来校人次	派出人次	来校人次	派出人次	来校人次	课题数（项）
				合计	其中：赴境外人次										
		L01	L02	L03	L04	L05	L06	L07	L08	L09	L10	L11	L12	L13	L14
国内学术交流	2	0	0	4	0	2	0	4	0	0	3	0	0	0	0
与港、澳、台地区学术交流	3	0	0	0	0	0	0	0	0	0	0	0	0	0	0
23. 苏州大学应用技术学院		0	0	1	0	1	0	0	2	2	0	0	0	0	0
国际学术交流	1	0	0	0	0	0	0	0	0	0	0	0	0	0	0
国内学术交流	2	0	0	1	0	1	0	0	2	2	0	0	0	0	0
与港、澳、台地区学术交流	3	0	0	0	0	0	0	0	0	0	0	0	0	0	0
24. 苏州科技大学天平学院		0	0	23	0	18	0	6	0	0	5	0	2	0	1
国际学术交流	1	0	0	0	0	0	0	0	0	0	0	0	0	0	0
国内学术交流	2	0	0	23	0	18	0	6	0	0	5	0	2	0	1
与港、澳、台地区学术交流	3	0	0	0	0	0	0	0	0	0	0	0	0	0	0
25. 扬州大学广陵学院		0	0	1	0	0	0	0	0	0	0	0	0	0	0
国际学术交流	1	0	0	0	0	0	0	0	0	0	0	0	0	0	0
国内学术交流	2	0	0	1	0	0	0	0	0	0	0	0	0	0	0
与港、澳、台地区学术交流	3	0	0	0	0	0	0	0	0	0	0	0	0	0	0
26. 江苏师范大学科文学院		0	0	6	0	1	0	0	4	0	38	0	0	0	0
国际学术交流	1	0	0	0	0	0	0	0	0	0	0	0	0	0	0
国内学术交流	2	0	0	6	0	1	0	0	4	0	38	0	0	0	0
与港、澳、台地区学术交流	3	0	0	0	0	0	0	0	0	0	0	0	0	0	0
27. 南京财经大学红山学院		0	0	12	0	12	0	0	0	0	0	0	0	0	0
国际学术交流	1	0	0	0	0	0	0	0	0	0	0	0	0	0	0
国内学术交流	2	0	0	12	0	12	0	0	0	0	0	0	0	0	0

与港、澳、台地区学术交流	3	0	0	0	0	0	0	0	0	0	0	0	0	0	0
28. 江苏科技大学苏州理工学院		0	0	0	0	0	0	2	0	0	0	0	0	0	0
国际学术交流	1	0	0	0	0	0	0	0	0	0	0	0	0	0	0
国内学术交流	2	0	0	0	0	0	0	2	0	0	0	0	0	0	0
与港、澳、台地区学术交流	3	0	0	0	0	0	0	0	0	0	0	0	0	0	0
29. 南通大学杏林学院		0	0	0	0	0	0	0	7	0	30	0	0	0	0
国际学术交流	1	0	0	0	0	0	0	0	0	0	0	0	0	0	0
国内学术交流	2	0	0	0	0	0	0	0	7	0	30	0	0	0	0
与港、澳、台地区学术交流	3	0	0	0	0	0	0	0	0	0	0	0	0	0	0
30. 南京审计大学金审学院		0	0	10	0	0	0	0	12	10	22	0	0	0	0
国际学术交流	1	0	0	0	0	0	0	0	0	0	0	0	0	0	0
国内学术交流	2	0	0	10	0	0	0	0	12	10	22	0	0	0	0
与港、澳、台地区学术交流	3	0	0	0	0	0	0	0	0	0	0	0	0	0	0
31. 苏州高博软件技术职业学院		1	1	22	0	20	8	10	10	5	6	0	5	0	5
国际学术交流	1	0	0	0	0	0	0	0	0	0	0	0	0	0	0
国内学术交流	2	1	1	22	0	20	8	10	10	5	6	0	5	0	5
与港、澳、台地区学术交流	3	0	0	0	0	0	0	0	0	0	0	0	0	0	0
32. 西交利物浦大学		3	0	52	0	47	2	9	13	5	5	1	2	3	4
国际学术交流	1	3	0	32	0	30	2	1	0	0	0	0	1	2	3
国内学术交流	2	0	0	20	0	17	0	8	13	5	5	1	1	1	1
与港、澳、台地区学术交流	3	0	0	0	0	0	0	0	0	0	0	0	0	0	0
33. 昆山杜克大学		1	0	1	0	1	0	2	0	0	0	0	1	0	0
国际学术交流	1	0	0	0	0	0	0	0	0	0	0	0	1	0	0
国内学术交流	2	1	0	1	0	1	0	2	0	0	0	0	0	0	0
与港、澳、台地区学术交流	3	0	0	0	0	0	0	0	0	0	0	0	0	0	0

注：此表删除了各项交流均为 0 的学校。

十一、社科专利

1. 全省高等学校人文、社会科学专利情况表

指标名称	专利申请数（件）	其中：发明专利数（件）	有效发明专利数（件）	专利所有权转让及许可数（件）	专利所有权转让与许可收入（百元）	专利授权数（件）	其中：发明专利数（件）	集成电路布图设计登记数（件）
合计	1402	153	303	97	8031.5	958	79	12

2. 公办本科高等学校人文、社会科学专利情况表

指标名称	编号	专利申请数（件）	其中：发明专利数（件）	有效发明专利数（件）	专利所有权转让及许可数（件）	专利所有权转让与许可收入（百元）	专利授权数（件）	其中：发明专利数（件）	集成电路布图设计登记数（件）
合计	/	752	111	240	11	7640.5	597	58	1
南京大学	1	8	8	8	0	0	8	8	0
东南大学	2	8	6	18	0	0	16	15	0
江南大学	3	182	17	0	0	201	177	0	0
南京农业大学	4	0	0	1	0	0	1	1	0
河海大学	5	16	11	20	4	340	6	4	0
南京理工大学	6	0	0	0	0	0	0	0	1
南京工业大学	7	14	2	0	0	0	34	3	0

江苏大学	8	13	1	2	0	0	16	0	0
南京医科大学	9	57	9	9	0	6800	57	9	0
江苏师范大学	10	8	3	8	0	0	13	3	0
淮阴师范学院	11	132	0	0	0	0	46	0	0
南京财经大学	12	30	4	4	0	0	21	1	0
南京体育学院	13	8	4	0	0	0	5	0	0
南京艺术学院	14	24	1	66	0	0	24	1	0
常熟理工学院	15	40	17	17	3	250	26	9	0
常州工学院	16	5	2	1	0	0	10	1	0
南京工程学院	17	6	0	0	0	0	0	0	0
南京特殊教育师范学院	18	4	0	23	0	0	19	0	0
金陵科技学院	19	39	14	14	1	6	24	2	0
江苏第二师范学院	20	26	4	48	1	10	12	0	0
南京工业职业技术大学	21	62	8	1	2	33.5	29	1	0
宿迁学院	22	70	0	0	0	0	53	0	0

注:此表删除了各类专利数均为 0 的高校。

11

3. 公办专科高等学校人文、社会科学专利情况表

指标名称	编号	专利申请数（件）	其中:发明专利数(件)	有效发明专利数(件)	专利所有权转让及许可数(件)	专利所有权转让与许可收入(百元)	专利授权数（件）	其中:发明专利数(件)	集成电路布图设计登记数(件)
合计	/	542	37	41	83	391	271	20	5
盐城幼儿师范高等专科学校	1	12	0	0	0	0	8	0	0
无锡职业技术学院	2	32	6	2	0	0	12	1	0
苏州工艺美术职业技术学院	3	23	9	9	0	0	21	9	0
南通职业大学	4	55	0	0	0	0	20	0	0
苏州职业大学	5	39	0	0	2	230	35	0	0
泰州职业技术学院	6	16	0	0	0	0	8	0	0
常州信息职业技术学院	7	5	2	0	0	0	0	0	0
江苏海事职业技术学院	8	6	2	2	1	20	2	1	0
南通科技职业学院	9	5	0	5	0	0	5	0	0
江苏航运职业技术学院	10	4	0	0	0	0	4	0	0
南京交通职业技术学院	11	10	0	0	0	0	5	0	0
常州纺织服装职业技术学院	12	124	0	0	18	0	0	0	0

常州工程职业技术学院	13	3	0	0	0	0	3	0	0
江苏信息职业技术学院	14	10	0	0	4	8	9	0	0
南京信息职业技术学院	15	31	0	0	0	0	0	0	0
常州机电职业技术学院	16	30	15	9	3	9	25	5	5
江阴职业技术学院	17	1	0	1	0	0	1	0	0
无锡城市职业技术学院	18	22	0	5	2	12	16	3	0
无锡工艺职业技术学院	19	82	0	0	51	100	72	0	0
江苏财经职业技术学院	20	9	0	6	0	0	6	0	0
南京旅游职业学院	21	1	1	1	1	2	1	0	0
苏州信息职业技术学院	22	3	0	0	0	0	3	0	0
徐州幼儿师范高等专科学校	23	6	1	0	0	0	6	1	0
南通师范高等专科学校	24	1	1	1	0	0	0	0	0
江苏财会职业学院	25	3	0	0	0	0	0	0	0
江苏旅游职业学院	26	9	0	0	1	10	9	0	0

注:此表删除了各类专利数均为 0 的高校。

4. 民办及中外合作办学高等学校人文、社会科学专利情况表

指标名称	编号	专利申请数(件)	其中:发明专利数(件)	有效发明专利数(件)	专利所有权转让及许可数(件)	专利所有权转让与许可收入(百元)	专利授权数(件)	其中:发明专利数(件)	集成电路布图设计登记数(件)
合计	/	108	5	22	3	0	90	1	6
南通理工学院	1	29	0	0	0	0	20	0	0
硅湖职业技术学院	2	16	2	0	0	0	10	1	0
苏州工业园区职业技术学院	3	0	0	0	0	0	5	0	0
江南影视艺术职业学院	4	0	0	0	0	0	1	0	0
南京大学金陵学院	5	3	0	4	0	0	2	0	0
南京航空航天大学金城学院	6	6	0	6	0	0	6	0	6
南京理工大学泰州科技学院	7	3	0	0	0	0	3	0	0
南京师范大学泰州学院	8	9	0	9	0	0	9	0	0
南京视觉艺术职业学院	9	3	3	3	3	0	0	0	0
扬州大学广陵学院	10	8	0	0	0	0	6	0	0
常州大学怀德学院	11	0	0	0	0	0	3	0	0
南京审计大学金审学院	12	3	0	0	0	0	3	0	0
苏州高博软件技术职业学院	13	28	0	0	0	0	22	0	0

注:此表删除了各类专利数均为0的高校。